21世纪大学旅游教材 | 沈祖祥 主编

（新编 第三版）

ZHONGGUO MINSU LüYOU

中国民俗旅游

巴兆祥 主编

海峡出版发行集团 THE STRAITS PUBLISHING & DISTRIBUTING GROUP | 福建人民出版社 FUJIAN PEOPLE'S PUBLISHING HOUSE

“21世纪大学旅游教材”编辑委员会

总　序

沈祖祥

改革开放四十多年来，中国旅游业一路高歌猛进，取得了举世瞩目的成就，步入持续发展的快车道。与之相伴的是，我国的高校旅游教材也从无到有，从孕育到繁荣，现在不仅门类齐全，而且成果丰硕。但是当用“特色”和“水平”这两个坐标体系来衡量、定位时，我们不得不坦承，中国高校旅游教材总体仍处于“摸着石头过河”的阶段，大多属于“简单累积”、“资料堆砌”，存在许多问题。就现状而言，教学实践积累日益丰富，教材体例日趋完备，编写也很容易，但本质的、决定教材发展的是旅游发展自身，或者说是社会需求。由于旅游发展总是充满着不确定性，没有太多的规范和标准可以依循，因此，高校旅游教材的编写，面临着诸多的难题和困惑。

难题一：中国的旅游学术研究与旅游教材编写大体上同步。总体来说，中国的旅游学术研究理论性不强，深度不够，学术水平不高，这就使得我国的高校旅游教材编写缺乏应有的厚实基础，许多理论问题本身还在不断探索和形成之中。

难题二：旅游涉及多学科多领域的知识，尤其在这个“旅游＋”时代，编好旅游教材，既要求有较深厚的学术功底、渊博的历史文化知识，同时又要求有旅游学、经济学等相关学科的理论知识融入其中，还必须与时俱进，这对于作者的综合学术素养是极大的考验。

难题三：编教材易，编好的教材不易。教材不同于学术著作，不能仅仅是阐述理论和观点，成一家之言，更不能天马行空，有感就发。教材有教材的特点和要求，必须充分考虑教学实际，编写一套特色鲜明的、适合学生学习的旅游教材实为不易。

困惑一：高校旅游教材要不要创新，能不能创新，如何创新？

困惑二：高校旅游教材要不要形成一个体系，体现一定的理论水平和学术高度？

困惑三：高校旅游教材侧重的是旅游各学科的知识构建，还是整体学科构建？

基于上述这些难题和困惑，我们对“21世纪大学旅游教材”整套丛书的规划控制和体系安排着重做了以下工作：

首先是对丛书进行明确定位，为此进行了方方面面的思考：目前国内有哪些不同类型和层次的旅游院校、旅游专业？学生各有哪些特点和需求？是否需要编制不同的旅游教材？不同类型的旅游教材是否存在共同点？它们之间的差异有哪些？核心差异是什么？什么样的旅游教材比较适合我国当前的现状和实际？旅游教材如何体现学术深度和理论高度？什么样的旅游教材模块更符合未来发展的要求？现有各种旅游教材改进的方向在哪里？什么样的旅游教材可以称得上是一套好教材？我们在深入调查和分析、评价的基础上，对这些问题进行多方考量和比较，明确做出了以高校本科旅游管理专业为本系列教材主要对象的定位选择。

其次是有的放矢地对教材组成体系做了精益求精的调整。在原先“大学旅游教材”这套书的基础上，一方面继续发挥、强化“文化”优势与特色，另一方面，由点及线及面，不断拓展教材选题的广度，挖掘亮点。

第三，对作者队伍进行了重组和扩容，多学校、多学科、多专业整合作者队伍，以期使本教材有更广泛和坚实的“基石”。

通过对教材规划控制体系的构建，我们着力从以下两个方面提升这套教材的品质：一是努力符合教材特征，二是着力体现学术水平。

努力符合教材特征，是本系列教材的核心理念、突出特色和努力方向。本系列丛书明确了教材定位，并且将最大限度地按照教材的要求构建框架体系。

本系列教材的教材特征具体从以下六个方面体现：

（1）注重信息量。本系列教材有计划、有目的、有系统地收集、整理、分析和总结各相关学科的信息，以尽可能减少和规避因旅游基础知识不足给学生带来的学习困难。

（2）注重知识面。本系列教材注重将旅游作为一种知识节点进行学习、传播和推广。

（3）注重思考力。本系列教材在立足于传递信息和传播知识的基础上，特别注重对学生独立思考能力的培养，而不是死读书、读死书式的简单灌输。

（4）注重方法论。旅游学科的学习归根结底是方法的学习，而不全是知识和理论的学习。本教材的核心目的在于提供一种观察、了解和研判旅游相关事象的方法。

（5）注重整体性。系统性和完整性是本系列教材的又一显著特征，不仅注重旅游作为一种知识和理论的完整性和系统性，而且还特别注重旅游作为一门学科乃至一个独立系统的完整性和系统性。

（6）注重案例法。在具体的编写中，我们采用了一些案例，试图找到规范学习与启发引导的理想结合点。

没有规矩不成方圆，但是，如果为了规矩而使教材降低学术价值，那是对规矩的曲解和误解。我们按照教学发展规律和学生特征，制定出主要是基于掌握和理解的控制图则，为教师和学生留下了相当的余地，但某些基础性知识节点却又很具体、带有强制性。在我们的观念中，这可能更是一种“底线”。

中国的高校旅游教材编写再也不能“摸着石头过河”，到了该总结、该提升的时候了。为我国旅游业的腾飞，为中国旅游教育的发展，编写有特色的、适合我国高校旅游专业学生学习的好教材，是我们的努力方向。为此，我们这些参与“21世纪大学旅游教材”编写的作者，愿担负起一名教师、一个作者应尽的义务和责任。同时，我们愿与全国各旅游院校的同仁加强交流、学习与合作，共同努力。我们期待着更多高质量的大学旅游教材面世。

2020年3月

序

乌丙安

当代中国的旅游文化，严格说来发端于20世纪80年代初，我国的改革开放成为旅游产业开发和旅游文化发展的重要契机。这种开放，不仅是打开国门吸引外国人前来观光的对外开放，更重要的是对国内广大民众的开放。特别是经济体制的改革，使人民生活水平普遍提高了，人们的生活消费逐渐打破了衣、食、住三方面的局限，开始了向“行”的消费方面迅速发展，加上不断受外来的新兴的旅游文化影响，真正意义上的旅游在我国出现了。

旅游文化观念在国内传播不久，便显示出它现代化发展的巨大生命力。西方发达国家的现代化旅游产业，形象生动地向我国民众展示了形形色色的当代旅游的新鲜模式和现代科技装备，使中国的旅游业几乎在一夜之间超速发展起来。中国旅游文化立即以商品化的形式进入市场。抢占旅游景点，修建电动西游记宫、封神榜殿和“鬼城”；到处仿造微缩景观，乱建游乐园，等等，耗资巨大，盲目上马，造成严重的浪费。实践证明，旅游产业的发展过分超前冒进了。相比之下，有关旅游文化的理论研究远远滞后了。90年代初期，学术界开始了对于旅游文化的理论研究及多种学科有关旅游的应用研究。一些民俗学者也逐渐把目光集中到当代生活中最为敏感的焦点、热点上来，对旅游文化展开了有益的理论性探讨，对开发旅游文化的资源起到了一定的引导作用。直到近几年，一些大学的文科专业才把旅游文化作为新兴专业纳入教学与科研体系中来。

尽管如此，旅游文化课程的设置依然是比较薄弱的环节，与当前旅游业的需求很不相称。旅游文化事业及旅游产业经济迫切需要有关理论的武装。复旦大学巴兆祥先生的《中国民俗旅游》正是根据这种需要出版的一部关于民俗旅游学这一分支学科的新著。

该书的构架自成体系，把民俗与旅游科学地融为一体。作者力求避免泛论民俗文化本身偏重民俗学的议题，着重从指导实践入手，以浓重的笔墨对民俗旅游及其资源开发进行多角度的科学论析，这是本书的一大特色。这部新著显然在阐发民俗文化学、丰富民俗学理论的同时，更具有民俗旅游学实用手册的功能。它对于从事旅游业的企业家、设计专家、旅游文化官员和旅游文化工作者具有不容忽视的指导意义。

我相信巴兆祥先生这部新著一定会在民俗文化学界及民俗旅游的支柱产业界产生很好的效应，为中国民俗旅游做出新贡献。

目　录

前　言

巴兆祥

旅游业是当今世界发展最快的产业，对它的关注度已经远远超出了经济本身。我国的旅游业是改革开放的产物，自20世纪80年代以来，一直保持着快速的增长，获得了巨大的成功。旅游业已不折不扣地成为我国国民经济的新增长点，在国家的经济、文化生活中扮演着越来越重要的角色。2007年，旅游业总收入10957亿元，入境旅游人数1.32亿人次，国内旅游人数16.1亿人次。[①] 我国旅游业提升、发展的空间很大。

此后随着2009年国务院发布《关于加快发展旅游业的意见》，将旅游业列为国家战略性支柱产业，以及《国民旅游休闲纲要（2013－2020年）》的实施，我国旅游业进入高速增长期。2015年，我国实现旅游业总收入4.13亿元，国内旅游人数40亿人次，出境旅游人数1.17亿人次，入境旅游人数1.34亿人次，成为世界第一大出境旅游客源国和第四大入境旅游接待国。[②] 至2019年实现旅游业总收入6.63万亿元，国内旅游人数达60.06亿人次，入境旅游人数达1.45亿人次，出境旅游人数达1.55万人次[③]，旅游业对GDP的综合贡献达10.94万亿元，占GDP总量的11.05%。[④] 据英国《卫报》援引欧睿国际（Euromonitor International）研究成果报道，到2030年中国将成为

① 国家旅游局：《2007年中国旅游业统计公报》，http://www.gov.cn/ztzl/2008－09/16/content_1096575.htm。

② 国家旅游局：《中国成为世界第一大出境旅游客源国》，https://www.thepaper.cn/newsDetail_forward_1587616。

③ 文化和旅游部：《2019年文化和旅游发展统计公报》，http://www.gov.cn/xinwen/2020－06/22/content _ 5520984.htm。

④ 文化和旅游部：《2019年旅游市场基本情况》，https://www.mct.gov.cn/whzx/whyw/202003/t20200310_851786.htm。

全世界头号旅游目的国。①

如何实现我国旅游业从旅游大国到旅游强国的历史性跨越呢？要做的工作应该是多方面的，其中重要的是提高旅游从业人员的文化素质，高质量地开发旅游资源，为旅游者提供越来越多、越来越好的旅游产品。民俗在这方面大有用武之地。民俗是各民族、各地区经年积久、世代传承、积淀的民间文化，是重要的历史文化遗产，是该民族、该地区的重要表征。随着当今世界各地经济、文化的大交流，人员流动的加速，"'地球村'的说法已成为反映今天各民族、各国家信息交换之神速的新概念，而各具特色的民族民俗文化就日趋成为世界人民关注的热点"②。我国历史悠久，民族众多，民俗文化奥妙深邃、绚丽多彩，民俗旅游资源丰富多样，千姿百态，既有看不完的古村寨、古民居，又有吃不遍的风味饮食；既有过不完的节日，又有数不胜数的游乐活动……不仅能给旅游者以知识的启迪、情趣的陶冶和心灵的愉悦，而且能使旅游者的视野得以开阔。故而，民俗也将成为21世纪中外文化交流的重要桥梁，成为境外旅游者了解中国文化、认识中国的主要载体，当然也将是我国旅游开发的重点之一。

自改革开放以来，旅游界在大力开发自然景观、名胜古迹的同时，也从商业、旅游的角度对地方民俗文化予以关注，开发了"十里秦淮"、"古运河之旅"等民俗景观。特别是20世纪80年代末90年代初"锦绣中华"、"中国民俗文化村"横空出世以来，我国出现了持续的民俗旅游开发热，一座座"民俗村"、"民俗文化公园"、"民族村"、"风情园"拔地而起，"民俗旅游节"、"民族文化节"……纷至沓来，好不热闹。然而，在这种繁荣的景象下，也出现了这样那样的问题，值得反省和深思。90年代初，民俗学界、旅游学界的一些学者开始把各自的视点集中到民俗旅游上，对有关民俗旅游的一些理论问题进行有益的探讨。代表性的，如刘丽川《民俗学与民俗旅游》（1990年）一书，概述了民俗的种类、特征和开发民俗旅游资源的重要性、民俗旅游资源开发的原则、民俗旅游市场及其发展趋势等。邓永进等《民俗风情旅游》（1997年）一书，论述了民俗风情旅游的基本概念、内容和民俗旅游市场、民俗旅游资源开发诸方面，此书实际上是《旅游学概论》的原理在民俗旅游中的运用。吴忠军《中外民俗》（2001年）和张世满《旅游与中外民俗》（2002年），则从旅游从业人员素质培养的角度，分类叙述中外民俗文化。

① https://m.huanqiu.com/article/9CaKrnKjcVk? w=280。

② 杨太：《中国消费民俗学·前言》，沈阳出版社，1998年。

从目前的学术成果看，比较偏重对各地民俗旅游资源的介绍，而进行理论抽象概括的相对比较少。

本书拟在总结前人研究成果和民俗旅游开发实践的基础上，做进一步深入、全面、系统的研究。我们写作的目的非常明确，即发展旅游学，拓宽民俗学研究的新领域，构建“民俗旅游学”的框架体系，力求确立“民俗旅游学”的学科地位；同时，满足高等院校旅游专业的教学需要，指导当前飞速发展的民俗旅游事业。据此，本书的内容主要是从民俗学和旅游学交叉的角度论述民俗的定义与种类，民俗与旅游的关系，民俗的旅游价值；阐释民俗诸方面的特性，及其旅游功能；探讨对民俗文化开发与评估的特点、原则、方法、途径，以及应注意的事项；探索民俗旅游区的划分，并从可持续发展的角度，对民俗文化的旅游开发进行理论思考，以具体案例分析民俗旅游开发如何走向成功。在写作过程中，力图做到：

（1）以民俗学、旅游学为理论基础，以民俗旅游活动为切入点，探讨民俗的旅游应用。

（2）以民俗文化为纲，也就是把民俗文化定位在“无时不有，无所不在”的旅游资源这个基点上，展开理论抽象与概括。

（3）注重民俗文化的内涵、特性分析，并从诸方面探讨、把握民俗文化与旅游的本质联系。

（4）注意理论视野与思维空间紧贴现实，注重“理论－实践－理论－实践”的认知过程的培养。

（5）兼顾整体与局部，既考虑全书结构的统一，又顾及各章的相对独立，以便读者各取所需。

（6）要求做到有叙有议，总揽百家，提出创见，把《中国民俗旅游》写成一部大学教材型的学术著作。

由于教材的特殊性，我们感到写作的最大困难在于如何处理系统性与深入性的矛盾，有些论题只能浅尝辄止，无法深入展开，还有就是如何界定哪些民俗是旅游开发和旅游业所必需的。如果条件允许，今后应对民俗旅游开发如何才能脱离对民俗表层形式的重现、民俗旅游市场与一般旅游市场如何分解、民俗旅游景点的经营模式等问题做进一步的深入探讨，把民俗文化旅游资源化利用的研究提高到新水平。

第一章

民俗旅游的基本理论

本章提要：民俗是重要的旅游资源，又是旅游从业人员必须掌握的文化知识。本章为全书之总纲，主要阐述民俗、风俗、习俗、礼俗、民俗旅游等相关概念，探究民俗与民俗旅游的类型，构建民俗旅游的框架体系以及民俗与旅游的关系。

旅游已走进千家万户，民俗旅游也以其特有的迷人情趣风靡全世界。我国历史久远，民族众多，民俗资源丰富多彩，发展民俗旅游的潜力巨大。随着旅游业的发展，民俗旅游在我国旅游事业中越来越重要。全面系统地研究民俗旅游既是旅游事业的需要，也是时代的要求。为了让读者了解什么是民俗，什么是民俗旅游，以及民俗旅游的类型及其理论构架等，有必要首先探讨民俗旅游的一些基本问题。

第一节　民俗的定义及相关概念

中国民俗源远流长，古往今来，它无时无刻不在影响着华夏子孙的思想与行为。在当今的中国，无论是学术界还是旅游界，对它的关注更是与日俱增。然而，因认识的角度不同，人们对中国民俗事象的理解存在着一些明显的差异。所以，在论述中国民俗旅游之前，有必要对民俗的相关概念与民俗的类型进行解析和概说。

一、民俗

有关民俗的概念，中外学术界有数十种之多，真可谓众说纷纭，莫衷一是。

（一）中国古文献的界定

“民俗”一词，在中国早已有之。《管子·正世》就曾提道：“料事务，察民俗。”《礼记·缁衣》载：“故君民者，章好以示民俗，慎恶以御民之淫，则民不惑矣。”《史记·孙叔敖传》：“楚民俗，好庳车。”《汉书·董仲舒传》也说：“变民风，化民俗。”

在这些古文献中，民俗之“民”字系指普通百姓，换句话说，就是庶人，可以衍申为民间的意思。它与《尚书·五子之歌》的“民惟邦本”以及《孟子·尽心下》的“民为贵，社稷次之，君为轻”中的“民”字含义基本相同。而“俗”字则为习惯、习尚。汉文“俗”字最早见于卫鼎等西周青铜铭文中，《说文解字》训为“习也”，《吕氏春秋·孝行览·长攻》注谓“常也”，《荀子·富国》将其解释为“民之风俗也”。也就是说，某一种行为经屡次、经常的重复或模式化，便演变成为俗。所以，阮籍在《乐论》中称：“习而行之谓之俗。”由此可见，中国古代的民俗，即为百姓习尚、民间习俗。

（二）现代学者的阐释

虽然民俗的概念在我国早已确立，但作为民俗学上的一个术语的“民俗”，则是从外国传来的。19世纪上半叶，欧洲流行一种叫“大众古俗”（Popular Antiquities）的学问。英国学者汤姆斯对此非常不满，在1846年首次提出“民俗”这一概念，引起英国学术界的轰动。1878年10月，世界上第一个民俗学会在英国成立，从此，“民俗”在欧洲成为通用语。“民俗”传入中国则是20世纪20年代的事。1922年12月，北京大学歌谣研究会出版《歌谣周刊》，在它的《发刊词》中第一次使用“民俗”术语。1927年11月，中国第一个民俗学会在广州成立。翌年3月21日，《民俗周刊》出版。这样，民俗学意义上的“民俗”在中国逐步得到社会各界的广泛承认和运用。

有关民俗这一概念的理论阐述，现代学者分歧较大，现择几家较具代表性的介绍如下：

美国民俗学家格特鲁德·普罗科希·库拉撒认为，民俗实际是一种公共的产品，是一代一代传下来的。①

乌丙安《中国民俗学》对民俗下了如下定义：民俗是世代传袭下来的，同时继续在现实生活中有影响的事象，是形成了许多类型的事象，是有比较稳定形式的事象，是表现在人们的行为上、口头上、心理上的事象，是反复出现的深层文化事象。②

---

① 梁钊韬、张寿祺：《试论民俗形成的社会根源》，见王文宝：《中国民俗学论文选》，第162页，中国民间文艺出版社，1986年。

② 乌丙安：《中国民俗学》，第7页，辽宁大学出版社，1985年。

陶立璠《民俗学概论》认为：民俗是一种悠久的历史文化传承，是一种相沿成习的东西，简言之，就是民间风俗。①

高丙中在《民俗文化与民俗生活》一书中认为：民俗是具有普遍模式的生活文化和文化生活。②

这些纷纭的民俗定义，大多言之成理，持之有故，也各有所长，各有所短，但其中形成共识的有：

1. 民俗的主体是群体而非个人。无论学者对群体的理解如何，都没有否认过这一点。他们都认为，民俗是人类社会的产物，伴随着人类社会的出现、发展而发展。虽然在某一特定的历史时刻，某个人物的行为对民俗有一定的影响，但效果是有限的。只有当个体行为被集体所接受、仿效、传承，它才能演变为民俗。

2. 民俗是一种特殊文化。文化是人类在其历史发展过程中创造的物质财富和精神财富的总和。从人类文化结构看，文化可以分为三个层次，一是乡土农民文化，二是城镇市民文化，三是仕官文化。自民俗学诞生以来，中外学者无不把民俗看作最重要和最基本的文化现象之一。例如，加利福尼亚大学教授威廉·巴斯寇姆在1953年发表的《民俗学与人类学》一文中说：对人类学家来说，民俗是文化的一部分，但不等于整个文化。③

3. 民俗事象具有模式性。民俗是由众多民俗事象构成，民俗事象在社会中一旦形成，就表现为民俗模式，成了一个自控又自动的表演系统。民俗模式体现在时间的节律上就是，只要适合这一民俗事象的政治、经济、社会等条件不消失，它会在群体“被人们遵照，无止境地重复出现”④；体现在民俗构建上，即为按某种稳定的程式或步骤有秩序地展开，如春节就要进行扫尘、祭灶、吃年夜饭、守岁、燃放爆竹、祭祖、敬财神、拜年等程序。“我们对民俗的认知是与我们对民俗模式的把握密不可分的。当我们观察个体的活动以及群体在特定情境中的活动的时候，我们并不能直接就把它们当作民俗，因为它呈现给我们时，它们只是个别的、一次性的。只有当我们观察到它们的重复呈现之后，我们才能确认它们为民俗。也就是说，只有当我们确认它们体现了某种

① 陶立璠：《民俗学概论》，第6页，中央民族学院出版社，1986年。

② 高丙中：《民俗文化与民俗生活》，第11页，中国社会科学出版社，1994年。

③ 转引自高丙中：《民俗文化与民俗生活》，第52页。

④ 张紫晨：《中国民俗与民俗学》，第5～6页，浙江人民出版社，1986年。

模式之后，我们才能确认它们为民俗。”①

综上所述，民俗是在人类历史的发展过程中，一定的群体为适应生产实践和社会生活而逐渐形成的一种程式化的行为模式和生活惯制，以民族的群体为载体，以群体的心理结构为依据，表现在广泛而富有情趣的社会生产与生活领域的各个方面，是一种集体性的文化积淀，是人类物质文化与精神文化的一个最基本的组成部分。它创造于民间，传承于社会，并世代延续承袭。

二、风俗

风俗，顾名思义，是风尚习俗的意思，是风与俗二字联用而成的专门词语。它在我国文献典籍中频频出现。毛亨《诗序》就提道：“先王以是经夫妇，成孝敬，厚人伦，美教化，移风俗。”《汉书·平帝纪》记公元 4 年（西汉元始四年）“遣太仆王恽等八人置副，假节，分行天下，览观风俗”。魏晋时，阮籍著《乐论》，也说“心气和洽，则风俗齐一”。不仅如此，“风俗”还常被用作书名或篇名。例如，东汉应劭著《风俗通义》30 卷，民国周振鹤撰《苏州风俗》，南宋范成大纂《吴郡志》立“风俗门”，明顾清、陈威纂修《弘治松江府志》于卷四列“风俗”。

（一）什么是“风”

“风”为何意？我们的前人多有阐述，归纳起来，大致有以下几种观点：

1. “风”是由于地理环境或自然条件的差异而形成的不同风情时尚。持这种观点的多为史学家，如班固、应劭。《汉书·地理志》称“凡民函五常之性，而其刚柔缓急，音声不同，系水土之风气，故谓之风”，所以，班固在叙述地方风情时重视其与地理环境的关系。如《地理志》称赵、中山等地（今河北中部、南部）“地薄人众”，故“丈夫相聚游戏，悲歌慷慨，起则椎剽掘冢，作奸巧，多弄物，为倡优。女子弹弦跕屣，游媚富贵，遍诸侯之后宫”。周地（今河南洛阳及附近地区）处中州，四通八达，故“巧伪趋利，贵财贱义，高富下贫”。应劭《风俗通义·序》也有类似看法：“风者，天气有寒暖，地形有险易，水泉有美恶，草木有刚柔也。”他们都强调了“风”的自然属性。

2. “风”又分为“上风”、“下风”。“上以风化下，下以风刺上，主文而谲谏，言之者无罪，闻之者足以戒，故曰风。”② 这里的“上以化下”的“风”，

---

① 高丙中：《民俗文化与民俗生活》，第 148 页。

② 《诗·周南·关雎》（毛传），见《十三经注疏·毛诗正义》，中华书局，1979 年。

指统治者所崇尚的用来教化百姓的礼教制度、“贵族之风”，能够正得失，动天地，厚人伦。而“下以刺上”的“风”系反映社会风情、民间疾苦，条陈和体现时弊，议讽政治的诗赋歌谣。《诗经》十五国风所收诗歌均属此类“下风”。换句话说，“下风”就是民间百姓之风。所以，孔子在论礼乐教化时讲到的“移风易俗，莫善于乐；安上治民，莫善于礼”，即强调“上风”教化“下风”，以“上风”整合“下风”。《荀子·强国》所说“入境，观其风俗”；《礼记·王制》所说“命太师陈诗，以观民风”，都是上面所讲的“下风”，即民风时尚。

（二）什么叫“俗”

“俗”，前面已有说明，它是一种模式化的行为。那么，这种模式化行为是怎样产生的呢？汉代学者有深入论述。班固《汉书·地理志》说：“好恶取舍，动静无常，随君上之情欲，故谓之俗。”应劭《风俗通义·序》也称：“俗者，含血之类，像之而生。故言语歌讴异声，鼓舞动作殊形，或直或邪，或善或淫也。”班固、应劭把“俗”的形成同政治统治、人的行为联系起来，赋予“俗”以社会属性。也就是说，由社会环境因素而形成的风情习尚叫作“俗”。

综上所述，“风”兼具自然属性和社会属性，“俗”独具社会属性，二者有差异，然也可相互通用。孔颖达说：“风与俗对则小别，散则义通。”①《康熙贵州通志·风俗》称：“被于上曰风，成于下曰俗；俗也者，上之所风也。”因此，我们认为：风俗是人类的群体因特定的地理环境与社会条件、社会需要而逐步形成的，传承于社会的，具有一定的流传范围或区域、一定的流行时间，甚至始终生生不息的趋同性的行为模式和生活惯制，是一种群体性的社会文化创造。

三、习俗与礼俗

（一）习俗

习俗这个名词出现在先秦时期。《荀子·荣辱》：“注释习俗之节异也。”《战国策·赵策》也记：“常民溺于习俗。”秦汉以降，习俗一词的使用相当普遍。《史记·秦始皇本纪》说：“遂登会稽，宣省习俗，黔首斋庄。”董仲舒《春秋繁露·王道通》亦讲：“人主以好恶喜怒变习俗。”

俗字如前所叙。习字最早见于商代的甲骨文，字形作“習”，上部象形鸟的羽毛，下部为声符，东汉《说文解字》解释为“数飞也”，即反复飞翔的意思。后来，随着汉文化的发展，习在本义的基础上又引申为复习、学习、习

① 《诗·小雅·谷风序》（孔颖达疏），见《十三经注疏·毛诗正义》。

惯、习性。习与俗的意义相近或相通。[①] 根据以上解释，简而言之，习俗即为地域性很强、阶层性明显、相沿积久的一种群体性的习惯和非强制性的行为规范。故《荀子·儒效》说："习俗移志，安久移质。"杨倞注："习以为俗，则移其志；安之既久，则移本质。"颇有道理。

（二）礼俗

中国向来就有"礼仪之邦"的美称。礼俗实为礼仪与风俗的缀合。

礼，朱熹注《论语》曰："谓制度品节也。"章太炎《检论》释礼为"法度之通名，大别为官制、刑法、仪式是也"。它泛指我国自周以来维护统治阶级专制统治的礼节仪式，是一种制度化了的道德规范与行为规范，具有导向性和强制性的特征。根据现代学者的研究[②]，礼源于俗，俗先于礼。礼一经形成，成为一种"理想形态"的行为规范，并凝结成典章制度，就与俗有了明确的分野。但是，礼对俗具有极大的渗透、影响和制约力量，统治者在实践礼的过程中，当一部分风俗发展到符合统治者需要时，统治者便将礼的原则融进这部分风俗中，从而将礼与俗不同程度地统一起来——这部分风俗就升华为礼俗，成为"礼制"的道德规范和行为规范。与此同时，礼俗一经统治者纳入礼仪之道，加以推广，对整个社会生活便产生巨大的调控和影响作用，它的普及也得到大大加强。

四、风俗、习俗、民俗、礼俗的相互关系

风俗、习俗、民俗、礼俗在中国历史长河中普遍存在，它们一方面成为中华传统文化的重要组成部分，另一方面又对中华传统文化和中华儿女的社会生活施以重大影响。

从宏观的角度讲，风俗、习俗、民俗、礼俗关系十分密切，彼此相互依存，互为表里。它们既源于社会生产和社会生活，又与社会生产、生活水乳交融，浑然一体；既是社会生产与生活的一部分，又是没有个人版权的群体文化；既是倾向性的社会行为，又具规范性的特征。在某种特定场合，它们可以通用。

从微观的角度分析，它们之间是有差异的。

1. 概念界定的范围广狭不同。风俗概念的外延最广，不仅限民间习俗、

---

① 郑若葵：《中国全史·中国远古暨三代习俗史》，第1～2页，人民出版社，1994年。

② 杨志刚：《礼俗与中国文化》，《复旦学报》1990年第3期；赵丕杰：《中国古代礼俗》，第1～4页，语文出版社，1996年。

礼俗，还包括朝野上下、雅俗共有的风气、时尚和惯制。习俗次之，它包含官方和民间的习惯。民俗再次之，礼俗最窄。

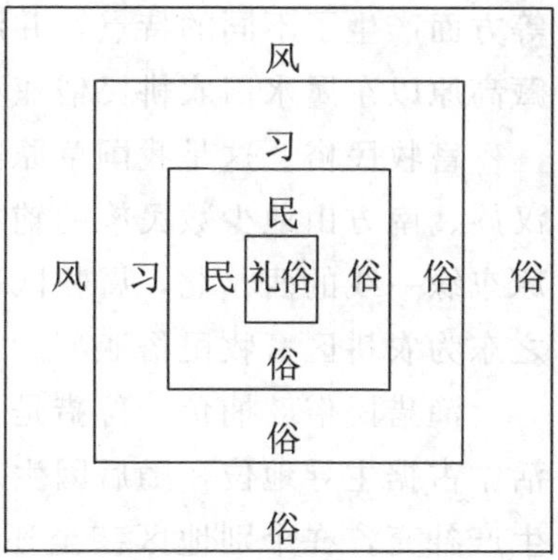

图 1－1　风俗系统图

2. 传承时间不一。习俗、民俗、礼俗和风俗中的绝大部分均具有历史传承性，但风俗中的有些风尚只能短期被仿效、“趋同”，不能长久地传承下去，转化为俗。

3. 功用强弱相异。风俗、习俗、民俗是人们为应对各种环境、满足各种需要而不断积累创造出来的，它们对人们的生活影响无所不在。这种影响不是急风暴雨、强制性的，而是和风细雨、耳濡目染、潜移默化的。它一经形成，便长久传习，融入人们的意识和行为之中。礼俗既具民俗、习俗的特征，又具礼制的特性。它对社会的规范，带有强制性和整合性。一个人的行为如果有悖于礼俗，便会遭到严厉的责难和制裁。

民俗和风俗、习俗、礼俗关系紧密，给我们的研究工作带来一些困难。但通过上面的分析，它们的本质已比较清楚，界定也较明确。民俗就是民间习俗，我们开展特色旅游，需要大力开发的，就是中国的民俗。

第二节　民俗的类型划分

中国民俗凝聚着几千年来中华儿女对美好生活的追求、向往以及文化创造，它存在、表现、渗透于社会生产与生活的各个领域，用“无时不有，无所不在”来形容是最恰当的。归纳起来，我国的民俗不外乎物质民俗、社会民俗和意识民俗三大种类。

一、物质民俗

物质民俗，是中华民族在物质生产、消费和流通中所形成的文化传承，系中国民俗的多层次结构中的基础层面。物质民俗归纳起来大体有以下九个方面。

农耕民俗。我国是一个古老的农业大国，由于气候、地形、土壤等自然条件因素差异，各地在农耕的作业方法、农具使用、作物品种、生产仪式和信仰等方面产生了不同的特点，并沿积成俗。大体上说，秦岭—淮河一线以南、青藏高原以东属水田农耕民俗亚型，秦岭—淮河以北归旱地农耕民俗亚型。

畜牧民俗。这是我国草原民族蒙古族、裕固族、藏族等的主要生产民俗和汉族、南方山地少数民族的辅助生产民俗。大兴安岭—阴山—贺兰山—青藏高原东缘一线的西、北，属牧区畜牧民俗亚型，以草原为生产空间。分界线之南之东为农耕区畜牧民俗亚型。

渔猎民俗。捕鱼、狩猎是一种古老的生产方式，起初在我们先民的社会生活中占据主导地位，随后因生产力的发展，退为次位，但至今仍为乡民的物质生产补充，在个别地区甚至还相当重要。从民俗地理学的角度看，只要有山林、江河、湖海的地方，都分布有渔猎民俗。渔猎民俗，根据其内容，存在着渔业民俗与狩猎民俗两种亚型。

手工业民俗。手工业是我国的传统行业，分工很细。长期以来，它们是作为传统农业的辅助而存在的。由于各地经济水平参差不齐，手工业的种类和技术含量差别较大，因而反映在民俗行为和习惯上，也就千差万别。一般而言，少数民族地区的手工业民俗比较贫乏，汉族地区相对丰富。

商业民俗。这是指商业领域中的习俗惯制，从商业经营的对象来考察，商业民俗又有贸易民俗与金融民俗两种亚型之分。

服饰民俗。这是指人们（主要是平民百姓）衣着穿戴的习俗惯制。其产生多源于抵御风寒、保障人身安全。后来，随着物质文明的进步、文化的发展，服饰民俗由简趋繁，由粗至精，由少到多，日益体现出一个地方、一个民族、一个群体的审美情趣和伦理观念。质料、款式、色调、工艺构成了服饰民俗的基本要素。

饮食民俗。这是人类在维持生命和进行节日庆典时，渗透进自然、社会、历史因素，而升华形成的饮食文化。包括饮食惯制、饮食结构、饮食口味、饮食器具和烹调方式等。大兴安岭—阴山—贺兰山—青藏高原东缘分界线以北、以西区域，饮食结构属动物脂肪蛋白质型；分界线以南、以东区域，属植物淀粉型。中国饮食民俗还讲究餐具与菜式的搭配，让人们在饮食中得到美的享受。

居住民俗。居住源于人类保障身体健康、安全的栖身行为。中国居住民俗经历了洞穴居、巢居—穴居、半穴居—地面居的进化过程。民居的类型主要有窑洞式、穹庐式、干栏式、上栋下宇式等。民居的建筑讲究选址、布局。

行旅民俗。这一民俗又称交通民俗，在我国主要表现为三方面的传承形态：旅行的习惯路线，出行凭借的交通工具，出行的仪式。

二、社会民俗

社会由人组成，人与人之间通过生产、生活形成各种各样的群体，群体的结合和交往便产生了社会民俗。社会民俗一旦约定俗成，人们的言行就受到它的制约。社会民俗具体包括：

人生礼仪民俗——人从生到死都必经几个阶段，作为人生旅途中各阶段标志的界点礼仪，构成了人生礼仪民俗。人生礼仪民俗的核心为育儿礼、成年礼、婚礼、寿礼和葬礼。在中国传统习惯中，五大礼仪都有隆重而繁琐的仪式，深受中国封建礼制、礼教的影响，它是所有民俗事象中礼制成分最浓、传承最为稳定、最受人们重视的民俗。例如婚姻，从先秦"六礼"开始，后虽几经简化，但其主要礼仪仍在传承，为全体中国人所遵循。

岁时节令民俗——是人类社会发展到一定历史阶段的产物，它的产生、发展与天文历法、农业生产以及原始崇拜、宗教信仰有密切的关系。它的构成有两个必备条件，一是有具体、稳定的日子，二是有一定的民俗活动。我国民俗性的岁时节令很多，从内容上考察，大致有农事节日、宗教节日、祭祀节日、纪念节日、文化游乐节日、庆贺节日、商贸节日、社交节日等八类。节日的活动越来越丰富，娱乐性、礼仪性也日益增强。

社会结构民俗——社会是个共同体，在这个共同体中存在着许多大大小小的基本结构单位，如家庭、家族、亲族、乡里聚落、社团、帮会等。这些基本结构单位为维持其延续和发展，维系成员间的感情，逐步形成了传承民俗与习惯。社会结构民俗具有很强的社会性，它包括组成形式、管理职能、交往礼仪、惯用语言等方面的内容。

游艺民俗——指历朝历代民间以娱乐为主要目的、群众所喜闻乐见、具有表演（演示）性和广泛群众基础的文化娱乐活动的总称。游艺民俗是人类社会生活的调节剂，广泛分布在各个时节，尤以重大节庆和庙会集市最为丰富精彩。常见的有游戏、竞技、歌舞、工艺美术、技艺、口承文学等门类。

三、意识民俗

意识民俗是深层次的民俗事象的总和。它体现的是人们以信仰为核心的心理活动和操作行为。意识民俗涉及的范围相当广泛，有原始信仰方面的，包括对天地、日月、星辰、云雾、风雨、雷电、山石、水火等大自然的崇拜，对虎、熊、鹿、貂、鸟、蛇、桃树、柏树等动植物崇拜以及图腾、祖先崇拜；有宗教信仰方面的，如对道教、佛教、伊斯兰教、天主教、基督教等人为宗教的信仰，对财神、灶神、门神、福神、禄神、喜神、土地神、药王、关帝、河神等民间神灵的信仰；有禁忌方面的，包括岁时禁忌、人生禁忌、饮食禁忌、起居禁忌、出行禁忌、社会交往禁忌、生产禁忌、语言禁忌，等等；还有巫术方面的，如占卜、灵符、诅咒、测字、算命等。意识民俗五花八门，渗透到社会生产、生活的方方面面。

以上是中国民俗种类的基本概括，随着社会的发展、进步以及民俗学研究的深入，中国民俗的内容必定会不断扩大和变化，民俗对社会的作用特别是在旅游业方面的贡献将越来越大。

第三节　民俗旅游的诠释

旅游学理论告诉我们，旅游既是一种经济行为，又是一种认知文化的文化创造。从内容结构上看，旅游可分为自然景观旅游、历史文化旅游两大块。民俗旅游是历史文化旅游的深化和发展。

一、民俗旅游的含义

（一）什么是民俗旅游

民俗，我们在上一节已有详细的论述，它是民间习俗的简称，是民间相沿成习、长期传承的，具有稳定性的模式，并表现在人们行为上、心理上、口头上的“固化”、“活化”的文化事物；它是一定地域人民的社会生活的真实而直观的写照。对于身居异域的旅游者而言，他们来旅游，除了欣赏旅游地的自然风光、文物古迹外，大都抱有认知异地他乡民俗风情的愿望和好奇心，希望利用一切机会“入乡随俗”、“入境问俗”，到浓郁的民俗氛围中去感受异域风情，自觉或不自觉地比较居住地与旅游地人民生活方式的差异，或达到文化上的认同。民俗与旅游有着密不可分的联系。以民俗为内容，开展各项旅游活动，已经成为我国旅游界的一大热点。

那么，什么是民俗旅游呢？国内部分学者对此做了积极的探讨，如：

陆景川认为，民俗旅游是一种高层次的文化型旅游，它欣赏的对象为人文景观，而非自然景观，任何一个国家、地区和民族的传统节日、婚丧嫁娶、建筑风格、民间歌舞……都是民俗旅游的珍贵资源与欣赏对象。①

① 陆景川：《民俗旅游发展浅探》，《民俗研究》1988年第2期。

温锦英给民俗旅游下了这样的定义：民俗旅游就是借助民俗来开展的旅游项目，它以一国家或地区的民俗事象和民俗活动为旅游资源，在内容和形式上具有鲜明、突出的民族性和独特性，给人一种与众不同的新鲜感，它的魅力就在于其深厚的文化内涵。①

国内学者对民俗旅游的定义虽然表述各异，但本质实际上是一致的，可以界定为：

民俗旅游属高档次的文化旅游范畴，是指旅游者为异域或异族独具个性的民俗文化所吸引，以一定旅游设施为条件，离开自己的居所，前往旅游地（某特定的地域或特定的民族区域），进行民俗文化消费的一个动态过程的复合体，是人类文明进步所形成的一种文化生活方式。

（二）民俗旅游的构成要件

近年来，我国各地都很重视开展民俗旅游活动，并做了较多有益的尝试。如何树民族风情之奇，立区域民俗之特，已成为我国各地在国际与国内旅游业中展开竞争的一种有效手段。例如，深圳 1991 年建成的中国民俗文化村，以其浓郁的民族风情和游客可主动参与的特色，引起中外游客的极大兴趣，1991～1993年日均游客量达 1.2 万人次以上，创造了中国旅游史上的一个奇迹。然而从旅游业务的实际看，在民俗旅游产品的开发、组合、宣传上，还存在着不少混乱。比如，把“西游记迷宫”、“魔幻宫”之类称为“民俗旅游”，把“孔子节”称为“民俗旅游”，这些都失之偏颇。细究起来，主要是对民俗旅游的内涵、本质缺乏全面理解。

民俗旅游应该具备下列五个条件：

1. 旅游者出游观赏的主要对象是民俗。旅游有三大要素：主体、客体、介体。旅游客体就是资源，旅游资源主要包括两大类：自然景观和人文景观，人文景观又由民俗风情、名胜古迹、文物遗址等构成。旅游者旅游考察的目标是我们进行旅游分类最重要的标准，如果旅游者的出游动机是中国各地万花筒般的民俗风情的磁力所致，那么，他的旅游活动即为民俗旅游。

2. 旅游地向旅游者提供的核心产品为民俗产品。旅游业是一种生产服务行业，它的主要职能是向旅游者供给旅游活动中所需要的各类产品。旅游者在完成其旅游经历的过程中，需要旅游地提供的产品涉及面很广，有住宿方面的，有交通方面的，也有购物方面和娱乐方面的，更主要的是游览方面的。游览方面的产品很多，如名山胜水、幽洞岩谷、园林宅第、寺庙宫庵、塔桥牌

① 温锦英：《文化，民俗旅游开发的灵魂》，《广东民族学院学报》1997 年第 3 期。

坊、陵墓遗址、民俗风情等。只有当旅游者享用和消费的产品是旅游地供给的以民俗风情为核心的系列产品，这样的旅游活动才能归入民俗旅游之列。

3. 民俗产品必须由纯正地道的民俗开发而成。民俗是民间群体生活的体现，是一个国家或一个民族或一定地域传统文化的承载体之一，具有乡土性、民族性、区域性、稳定性等特征，它的魅力在于独特——某地域（民族）内的民俗事象为本地域（民族）所专有；在于质朴——来自民间的泥土味、俚俗味；在于神秘——不为外人所理解；在于体现传统——民间文化的积淀；在于氛围——其他环境无法创造。可以说，民俗是考察、了解一个国家、地区或民族生活和传统文化最形象、最直观的窗口。开发民俗必须保持原味，切忌亵渎、歪曲。

4. 民俗旅游既是一种经济行为，又表现为一种文化行为。一方面旅游者到民俗旅游地去旅游，是一种消费行为，但同时更是追求一种文化享受，国外游客到中国来品尝地方风味固然有“物欲”满足在里面，然而其主要动因还是欣赏中国各地博大的饮食文化；另一方面，旅游地开展民俗旅游活动是商业性的行为，以营利为目的，游客消费民俗旅游产品要支付一定的费用。同样，旅游地出售民俗旅游产品，实质上是让游客享受一个国家、地区或民族的民俗文化，向游客宣传自己的传统文化。

5. 民俗旅游的服务对象为公众，主要是离开经常居住地到民俗旅游地进行旅游活动的人，也包括民俗旅游点所在区域的永久性居民。

除以上几点外，旅游服务中的民俗服务，饭店建筑中的民俗装饰等也是应当注意的。

二、民俗旅游的类型

对旅游进行分类已成国际旅游业的通例，民俗旅游的分类自然是我们研究的重要方面。民俗旅游分类的意义在于：有利于细分市场，明确推销对象，更有效地制订营销计划，销售旅游产品；便于游客选择自己喜欢的旅游形式、旅游类型；便于旅游企业比较各种类型民俗旅游的优势与特点，深化民俗旅游资源开发。

关于民俗旅游的分类，由于人们理解和研究的角度不同，因而类型多种多样：

按客源地，可以分为涉外民俗旅游、涉内民俗旅游。

按旅游地，大可以分为东北地区民俗旅游、东南地区民俗旅游、西北地区民俗旅游、西南地区民俗旅游等；中可以分为云南省民俗旅游、贵州省民俗旅游、广西壮族自治区民俗旅游、湖南省民俗旅游等；小可以分为本县民俗旅游、邻县民俗旅游。

按组织方式，可以分为团队民俗旅游、散客民俗旅游。

按旅游活动范围，可以分为纯民俗旅游、辅助型民俗旅游等。

陶思炎教授在《略论民俗旅游》[①] 一文中，则从以下四方面进行了类型划分：

1. 根据民俗旅游涉及的民俗范畴，民俗旅游可分为物态民俗游、动态民俗游、心态民俗游、语态民俗游四种。

2. 根据民俗生活的空间，民俗旅游可作市井民俗游、水乡民俗游、山村民俗游、渔村民俗游等划分。

3. 根据产品性质，民俗旅游可作观览型、参与型、休闲型、运动型的类型区分。

4. 根据旅游产品的服务功能，民俗旅游的类型又可分成认识型、教化型和满足型等支系。

民俗旅游是个庞大的系统工程，它不仅涉及民俗旅游者、民俗旅游吸引物和民俗旅游接待服务，而且关联国民经济许多部门和行业，所以随意地从某个角度将民俗旅游分类定型，都存在其合理性，但也往往流于一般和缺乏鲜明性。寻觅整个民俗旅游系统我们发现，只有旅游者始终处于主导地位，尤其是当前旅游市场已由卖方市场转向买方市场的形势下，旅游者的主导地位得到了进一步的增强。因此，从某种意义上讲，旅游者的行为决定着民俗旅游业的成败与兴衰。按旅游者的行为动机来进行分类，民俗旅游主要有以下几种类型：

（一）消遣观光型民俗旅游

自有旅游行为发生以来，观光、消遣，是旅游者出游的最普遍的一种动机。这种动机，一方面是就自然风光而言，即到风景名胜区去领略名山胜景、大自然的造化；另一方面则是针对人文景观，尤其是民俗风情而言。世界上民族众多，民族风情多姿多彩，异族情调的“磁性”常常吸引着旅游者前去观光、消遣、游览。消遣、观光心理是旅游者进行旅游行为决策时首先要考虑的。从目前我国民俗旅游的人次、规模看，消遣观光型民俗旅游所占比例最大。

消遣观光类型的旅游者多为自费旅游，在民俗旅游地停留的时间一般不很长，总想在有限的时间里多逗留几个民俗旅游地，尽可能多地游览民俗景点，

---

① 《旅游学刊》1997 年第 2 期。

了解民俗旅游地的民俗风情。由于自费的缘故，他们大多希望民俗旅游产品货真价实，物有所值；要求交通费、住宿费不要过于昂贵。他们对民俗旅游地的选择及旅行启程的时间选择有比较大的自由度，随机性较强。所以一旦民俗旅游系统的某一方面出了问题，就可能影响这一类旅游者的旅游行为，为竞争对手争取客源提供了机会。对这一类型的旅游者，旅游地应当在确保民俗旅游产品质量的基础上，加强宣传促销，变随机性为趋向性。

（二）参与型民俗旅游

参与型民俗旅游又称体验型民俗旅游，是近几年飞速发展的一种旅游行为。消遣观光民俗旅游能够给旅游者带来感官上的满足，却难以达到深层次的了解。在现代文明发展日新月异的今天，旅游者越来越对自身所在地的生活感到平淡，缺乏激情和新鲜感，而异域他乡的风土民情充满神奇色彩，他们迫切希望到民俗旅游地亲身体验当地的风土民情。西方的旅游者到我国来进行民俗旅游，大多有这种参与、体验心理。例如，上海开展的“做一天上海人”，内蒙古举办的“草原风情游”（住蒙古包、穿蒙古袍、喝奶茶、吃手扒羊肉），云南西双版纳傣族的泼水节等，都属于这种类型。

参与型民俗旅游重在体验。旅游者在民俗旅游地逗留的时间一般较长，旅游地的选择具有一定的方向性，旅游点要求少而精，不想走马观花，对民俗旅游产品要求原汁原味。对民俗旅游者而言，这种类型旅游的时间性较强，除离退休者外，在职人员几乎都是利用带薪假期外出旅游的；对民俗旅游地而言，民俗存在于平日的社会生活之中，不具季节性，可以随时接待这类旅游者。

（三）考察型民俗旅游

考察型民俗旅游是由于旅游者探索异国他乡民俗风情奥秘的心理而形成的民俗旅游模式。这种类型的旅游，人数、规模的比例相对低些，但层次较高。主体多为文化素养较高的知识分子和广大青年学子。他们的旅游行为除一般的观光、消遣外，主要通过对特定的民俗旅游地的考察，获取某方面科学研究的第一手资料，或者以考察为契机印证自己所学、所读的知识。因而，对目的地的选择目标明确，在民俗旅游地停留的时间较长，出行次数较为频繁。

由于他们的旅行出于工作或学习需要，费用多为单位、基金会资助，他们的民俗考察旅游受时间的影响较小或没有时间限制，对民俗旅游产品质量要求较高，但在价格方面并不十分敏感，这一方面是因为他们的旅行并非自费，另一方面是因为考察目标早已确定，难以临时更改。对这样的旅游者，除提供一般的服务外，还应当满足他们的特殊要求，以提高民俗旅游地的档次。

（四）娱乐型民俗旅游

娱乐是一种重要的旅游动机。当今世界，生活节奏日益加快，工作十分繁忙，于工作之余或工作之闲暇时间进行一些娱乐活动愈来愈成为一种时尚。娱乐旅游在美国等西方国家相当发达，在我国，近些年也有较快发展。我国民俗旅游活动繁多，诸如杂技、灯会、放风筝、扭秧歌、划旱船、抢婚、火把节等等都具有很强的娱乐性，许多旅游者外出旅游就是为了去观看或参加某一民俗娱乐节目，放松自己。所以此类旅游者在旅游过程中舍得花钱，较强调舒适、方便、兴致。发展娱乐民俗旅游，势必极大增强民俗旅游地的吸引力，提高经济效益。

三、民俗旅游的特点

旅游者的旅游动机是复杂多样的，有什么样的动机便有什么样的旅游行为。不同的旅游行为，其所表现出的特征也是不一样的。民俗旅游自然属于旅游活动的一个门类，具有旅游的一般特性：审美性、暂时性、异地流动性、休闲娱乐性，① 但因其考察对象的特殊性，还具有如下特点：

（一）文化性

旅游学认为，现代旅游既是一项经济活动，还是一种文化活动，关联旅游主体、客体的种种文化内涵和文化现象。民俗旅游是所有现代旅游类型中文化性最显著、最独特的一种。民俗旅游的文化性主要表现为两方面：

其一为考察对象的文化性。民俗属于生活文化的范畴，传承的历史非常久远。“任何民俗都包蕴着一定人群的某种意愿，并由此而展现的文化形态。如中国渔船的龙鱼形貌、男女衣服的左右开襟、傣族人民的竹楼和沿海居民住房的龙脊、飞檐等，都以物质文化形态寄托人们的愿望，民俗是这种文化意识的反映和表现。”② 民俗旅游是一种以民俗文化为消费对象的旅游活动，民俗文化景观不仅能给旅游者带来民俗事象本体的文化信息，而且还能让旅游者沉浸在浓郁的文化氛围中，享受文化。加上民俗景观的地域差异和民族特性，民俗旅游的文化特性更突出，旅游吸引力更强。

其二是旅游者的文化性。“民俗旅游属于文化旅游范畴。旅游本身是一种文化行为，是以享受为主的人类文化生活。旅游者不论其以何种动机外出旅游，不论其属于何种类型的旅游者，都不可避免地要接触东道主社会的文化，

① 赵长华：《旅游学概论》，第17～19页，福建人民出版社，1999年。

② 温锦英：《文化，民俗旅游开发的灵魂》，《广东民族学院学报》1997年第3期。

因为文化范围之广在旅游者的活动环境几乎无处不见。”① 民俗旅游的对象主要是民俗文化景观，如果旅游者没有一定的文化修养和生活积累，要想真正地理解和欣赏好旅游地的民俗文化是很难想象的。因此，要开展民俗旅游就必须宣传民俗，让旅游者认识民俗，提高旅游者的文化知识水平。旅游经营者应当充分认识到旅游者文化素养的提高对民俗旅游可持续发展的重要性。

（二）禁忌性

禁忌是民俗的重要特征，普遍存在于各民族、各地区的社会生产、生活和意识之中。从人类早期的愚昧状态，到科学高度发达的今天；从人的呱呱坠地，到一命呜呼，人们无时无刻不处在民俗禁忌的包围下。现实生活中诸如岁时禁忌、生产禁忌、交往禁忌、婚姻禁忌、丧葬禁忌、生育禁忌、宗教禁忌等等，都是人们趋吉避凶的心理反应和行为实施。诚如现代学者所指：“人们生存在一个动荡的自然和社会环境中，为了能平安地度过生活中的种种艰难，就试图依靠各种禁忌来趋吉避祸。禁忌首先是人类对生存问题的关切所激生的产物。它随着自然、社会条件的改变，渗透在社会结构组织、礼俗、法律与习惯的各个领域。”②

民俗的禁忌性直接导致了民俗旅游必须遵循尊重民俗习惯，了解、熟悉民间禁忌的特点。民俗旅游的禁忌性也表现为两方面：一方面，俗话说“十里不同风，百里不同俗”，“走一乡，问一俗”，“入乡问俗”，这不仅体现了民俗的地域异样性，而且也道出了民俗旅游的禁忌性。换言之，旅游者前往旅游目的地进行民俗旅游，必然会碰到旅游地的风俗习惯，甚至是各种生产、生活、观念的各种禁忌，对此，旅游者要做的就是尊重，切忌说三道四，评头论足。另一方面，对旅游地而言，旅游者来自四面八方，他们的风俗习惯及其禁忌也多种多样，旅游接待者同样应尊重旅游者的风俗习惯，在接待服务中处处为旅游者着想。旅游者与旅游接待者在民俗禁忌方面的互动性，构成了民俗旅游的重要特性。

（三）交往性

旅游是由旅游者的异地流动而产生的社会现象，旅游者在整个旅游消费过程中要和多方面发生关系，其中最主要的为观赏对象。因观赏对象的不同，旅游者与其发生关系的方式与程度也相异。民俗旅游提供的产品，除部分如民居、桥梁、渡船、服饰等为物态的景物外，多是以人的穿着和行为所体现的民俗活动和民俗氛围，民俗旅游不仅是人与物的对话，更是人与人的

---

① 吴忠军：《民俗旅游学的几个问题》，《桂林旅游高等专科学校学报》1999年第1期。

② 胡申生主编：《社会风俗三百题》，第365页，上海古籍出版社，1992年。

情感交流。

“假如我们把海洋旅游看作是人与自然的亲近，把宗教旅游看作是人与上帝的对话，把森林旅游看作是人对树木的访问，把探险旅游看作是人对生命的超越的话，那么，我们为什么不能把民俗风情旅游看作是人与人的亲近，人与人对话，人对人的访问，人对异化的超越呢！事实上，在众多的旅游类型当中，民俗风情旅游的确是与人交往最多、最富有人情味的一种。”①

（四）立体性

民俗旅游与其他旅游还有一个重要的区别就是立体性。虽然各种类型的旅游活动的核心内容基本一致，就是观赏，但观赏现象的丰富多彩程度却差异甚大。山水旅游主要看名山大川，生态旅游主要看原始状态的森林、湿地、草原，宗教旅游主要参观寺庙、道观、教堂，名胜古迹游主要欣赏各种建筑遗存，工业旅游主要参观工厂厂房和生产流水线，等等，而民俗旅游的观赏内容则要丰富得多。民俗旅游是以旅游地的人类生活和环境为考察对象的，立体感极强。

民俗旅游的立体性首先表现为观赏目标的多样性。民俗旅游提供观赏目标，可以是民居、服饰、土特产品、乡土工艺品，可以为饮食、婚俗活动、接待礼仪、传统手工工艺展示、农业生产活动，也可以是节庆活动、庙会活动，甚至是人居环境，也就是说，一定区域内人的生活及其赖以生存的环境都是民俗旅游的内容。其次还表现在旅游方式上。民俗旅游不仅仅让旅游者观赏，更重要的是参与、体验、休闲。旅游者可以在观赏的同时休闲，休闲的同时参与，从而体验生活，享受民俗活动所带来的情趣、快乐，增长知识。全身心投入是旅游者获得民俗旅游立体感的关键。正由于民俗旅游的立体性，旅游开发更应重视对平民百姓生活内容与情趣的挖掘，以更好地满足不同层次、不同需求的旅游者的消费要求。

（五）高效益性

发展旅游的重要目的之一是发展地方经济。近年来，我国的旅游业得到了很大的发展。2010 年，我国入境旅游人数为 1.34 亿人次，比 2005 年增长约 11.67%；旅游（外汇）收入达 458.14 亿美元，比 2005 年增长约 56.38%。2009 年国内旅游人数达 19.02 亿人次，比 2005 年增长约 56.93%；国内旅游收入达 10183.69 亿元人民币，比 2005 年增长约 92.66%；全国旅游业总收入

① 邓永进、薛群慧、赵伯乐：《民俗风情旅游》，第 16 页，云南大学出版社，1997 年。

已达1.29万亿元，相当于当年国内生产总值的3.85%。[①] 这些成就的取得，有相当部分是民俗旅游做出的贡献。

要发展旅游就必须开发产品，开发旅游产品就需要投资，建筑景点等，这里自然有一个投入与产出的问题。民俗旅游的产品除少部分需要建筑特别的场景，移植外地民俗外，基本上都是就地取材，利用本地民俗设施和民俗物件、民俗活动，重新策划包装而成。如古村落之旅，可以利用村落的原始布局、民居和各种生活设施，让游客参观，用不了多少资金投入。在各种旅游产品中，民俗旅游产品投资最少，开发周期最短，重复调整设计的成本最低，旅游开展成功率高。如山东省安丘石家庄村，早在20世纪80年代就发挥鲁中地区乡村民俗的特色，以外国旅游者在农民家中“吃农家饭，住农家房，做农家活，随农家俗”的民俗旅游内容，吸引了来自世界各地的旅游者。据不完全统计，从1983年至1988年底，已有世界五大洲80多个国家和地区的旅游者4500多人次来到石家庄参加民俗旅游活动。潍坊市杨家埠村是我国著名的木版年画和风筝产地，该村也是山东省乃至全国较早通过民俗旅游带动当地经济发展的村庄。1986年至1991年，该村共接待游客90万人次，旅游收入200万元；1992年接待中外游客50万人次，经济收入210万元。1992年后，杨家埠民俗旅游业得到突飞猛进的发展，每年接待游客四五十万人次，其中港、澳、台、闽、粤及外国游客占52%，年平均旅游收入250余万元，2000年上半年甚至高达247万。旅游收入成为杨家埠村经济收入的主要来源。[②] 火把节是四川西昌彝族的传统节日，每年农历六月廿四日举办，持续三天。自20世纪80年代以来，西昌市将这一传统节日打造成吸引四方游客的现代节庆，取得了较好的经济效益和社会效益。2011年的火把节（7月24日至29日）共接待游客136.02万人次，同比增长19.61%。其中，过夜游客18.92万人次，同比增长20.38%；一日游游客117.1万人次，同比增长19.49%；实现旅游收入25459.5万元，同比增长20.03%；接待自驾车3.77万辆，同比增长88%。[③] 2019年的火把节，接待游客达390.69万人次，同比增长3%。其中，过夜游客86.24万人次，同比增长7.65%；一日游客304.45万人次，同比增长

① 根据国家旅游局网站的统计数字。

② 参阅叶涛：《关于民俗旅游的思考》，《东岳论丛》2003年第3期。

③ 《2011中国·西昌凉山彝族火把节情况综述》，http：//cd.qq.com/a/20110801/001094.htm。

1.75%；实现旅游收入18.87亿元，同比增长23.01%；接待自驾车15.43万辆。[①] 民俗旅游在我国各地，特别是古镇、农村、西部落后地区得以较好地开展，主要应归因于民俗旅游的高效益性。

第四节 民俗旅游的架构

一、民俗旅游的构成

民俗旅游系旅游业的一个分支，可归为“特色旅游”、“专项旅游”之列。它的构成主要有：

（一）民俗旅游主体

旅游是人的活动，脱离了人也就不存在旅游，旅游者是旅游的主体，是旅游活动的维系核心。

民俗旅游者，为旅游者中的专类，是民俗旅游的主体，民俗旅游业赖以生存和发展的重要因素。它的定义，顾名思义，就是指暂时离开自己的居所或常住地，前往民俗旅游地作民俗风情的观光、消遣、娱乐、考察、领略或直接参与民俗活动的人。

专门的民俗旅游者目前还不算多，但已显现出与众不同的特点，如文化素质较高，好奇心强，重参与，注重民俗文化内涵等。随着民俗旅游的发展，这一群体将不断壮大。

（二）民俗旅游介体

民俗旅游介体，是联系民俗旅游主体与民俗旅游客体的桥梁，是推动民俗旅游发展的基本动力。它的中心任务是向民俗旅游主体介绍民俗旅游客体，宣传民俗旅游客体的旅游价值，为民俗旅游者提供安全、舒适的食、宿、行等方面的服务。将民俗旅游者安全地送达目的地，以及返回常住地（或居所）。

民俗旅游介体由旅行社、饭店、交通部门等组成。旅行社负责民俗旅游活动的组织、宣传，游客的接送，导游。饭店主要提供食、宿、娱服务。交通部门则利用交通工具和交通线路，解决游客在常居地（居所）与目的地间以及一个目的地与另一目的地间的往返。

---

① 《2019火把节，390.69万游客做客大凉山》，http://www.lsz.gov.cn/jrls/tpxw/201908/t20190803_1233054.html。

因民俗旅游的专门化时间不长，业务还不是很丰富、繁忙，因此，专门的民俗旅游介体还没有诞生。目前，民俗旅游介体的职能都是由综合性的旅游介体兼顾。但我们相信，不久的将来，民俗旅游一定会有自己的专门介体，尤其是民俗旅行社。

（三）民俗旅游客体

民俗旅游客体即民俗旅游产品，它是民俗旅游者游览的对象，或者称为民俗旅游的吸引物。它种类繁多，形式多样，内涵丰富，为民俗旅游产生发展的物质基础。

二、民俗旅游系统

民俗旅游是个大系统，民俗旅游主体、民俗旅游介体、民俗旅游客体（产品）组成这一系统的基本因子，每个基本因子又有若干个分因子。

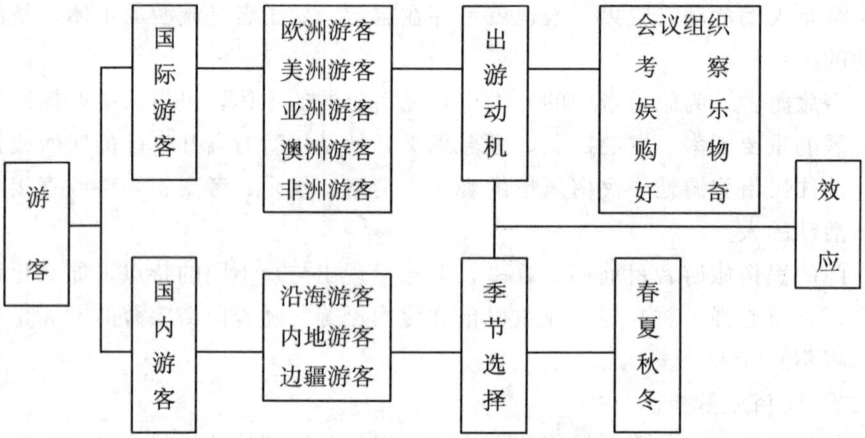

图 1－2　民俗旅游主体因子体系图

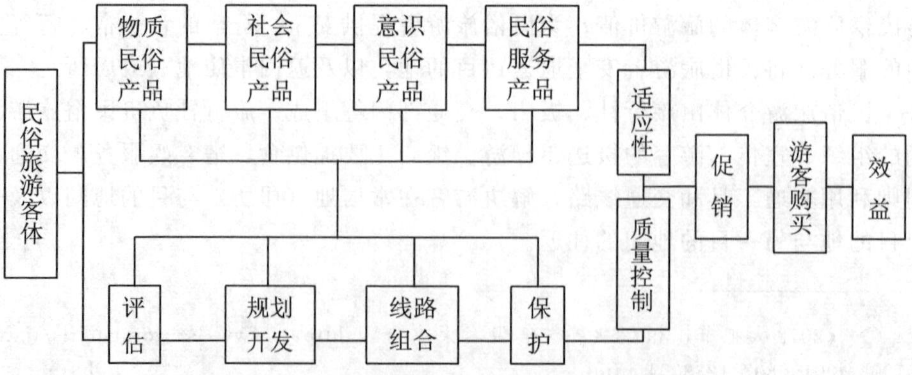

图 1－3　民俗旅游客体（产品）因子体系图

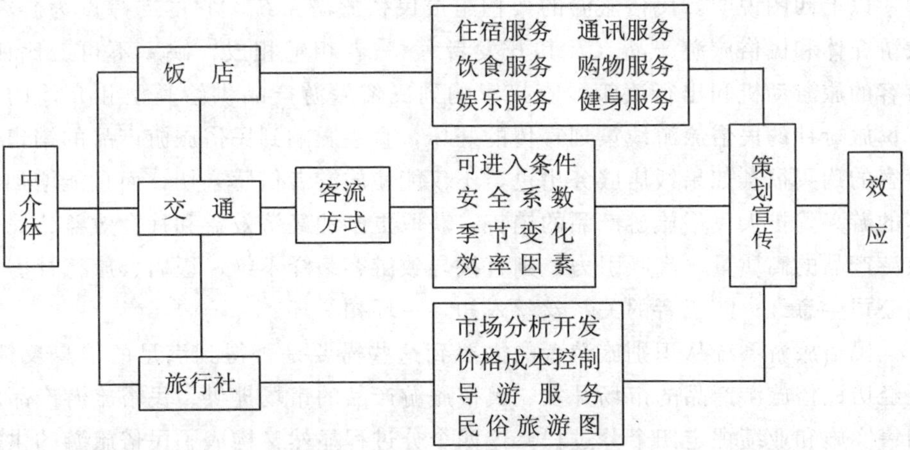

图 1－4　民俗旅游介体因子体系图

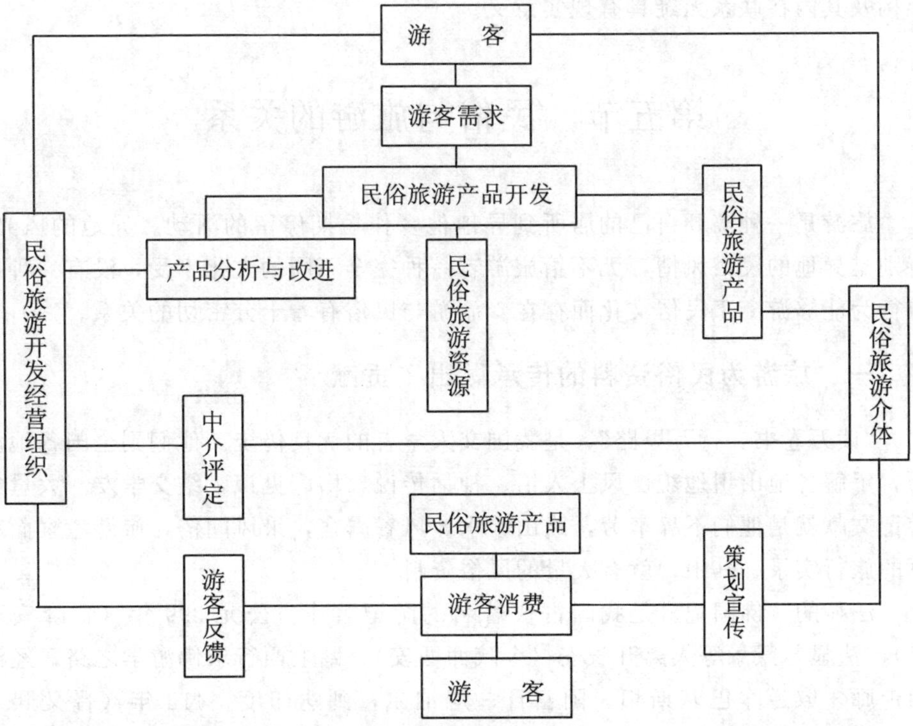

图 1－5　民俗旅游结构图

以上四图说明：民俗旅游的架构组成民俗旅游系统，它的支撑点为游客、旅游介体和民俗旅游产品（及其开发者）。三者相辅相成，缺一不可。比如，游客的旅游动机和出行决策，直接影响到民俗旅游产品供给类型和介体的工作；旅行社的民俗旅游线策划宣传的好坏，直接影响到民俗旅游产品的销售和游客的购买欲；如果饭店服务出色，不仅能使旅游者倍感亲切，而且能增加游客的游兴，扩大民俗旅游产品的销售，获取更多的经济效益和社会效益；民俗旅游产品的高质量、高吸引力，则直接导致游客络绎不绝，饭店、旅行社、运输公司生意红火。三者的关系丝丝入扣，一环扣一环。

民俗旅游系统从识别旅游者的需要到这些需要是否得到满足的信息反馈，要经历民俗旅游产品的市场开发、民俗旅游产品的市场提供、民俗旅游产品的销售实施和业绩评定四个分过程。这四个分过程显然又构成了民俗旅游的供需环。把握好民俗旅游的供需环，就有利于民俗旅游产品销售，有利于民俗旅游事业的发展。民俗旅游产品的供需环还描述了民俗旅游的质量控制过程，它为我们建立民俗旅游的全面质量保证体系提供了基本依据。因此，研究民俗旅游架构及其内在联系无疑具有现实意义。

第五节　民俗与旅游的关系

旅游是一种离开自己的居所到异地他乡作短期停留的活动。异地的风光，特别是异地的民俗风情，无不给旅游者一种完全不同的文化享受，没有一种旅游行为能够游离于民俗文化而存在。旅游与民俗有着十分密切的关系。

一、旅游为民俗资料的传承做出了贡献

“读万卷书，行万里路”，是我国文人学者的优良传统。他们到全国各地游历，了解各地山川地貌、风土人情、神话传说，增广见识，结交学友。大量的游记文献就是他们不辞辛劳，跋山涉水，风餐露宿，采风问俗，旅游考察而写下的旅行实录。其中，就有大量的风俗资料。

法显的《佛国记》是我国古代著名的游记著作。公元 399 年（晋隆安三年），法显与慧景等人离开长安（今陕西西安），踏上西行求佛游学之路，经河西走廊，取道今巴基斯坦、阿富汗、尼泊尔，到达印度。412 年（晋义熙八年），法显等由海道东归。回国后，法显将前后 14 年游历 30 多个国家和地区的所见所闻，如山川、城池、民俗等，著成《佛国记》。它是研究 5 世纪中西

交通、西域民俗的重要史料。

明代大旅行家徐霞客的《徐霞客游记》，更是以其记录游历地区之广，对山川源流、地形地貌、民情风俗、民族关系记载之详而著称于世，成为研究明代历史、地理、风俗史的必读书。

浩如烟海的历代游记文献不仅是我国旅游发展历史的见证，也为我国保存了大量不同朝代的民俗资料，为今天民俗史的研究奠定了基础。

二、旅游丰富了民俗内容

中国旅游历史相当久远。出游的人群，在古代基本上有两类：一是士人仕宦，二是宗教布道者及其信徒。在现代则涉及各行各业，士、农、工、商，包括为消遣、事务、健康而出行者，为公务、会议而出行者，为商业、学习而出行者，等等。他们在长期的旅游活动中，逐渐形成模式化的旅游行为和旅游思维模式，并经久传承，成为民俗的重要方面。

中国古代的旅游民俗，是在交通不便、行路难、路途充满危险的背景下形成的，旅游者的旅游心理、旅行习惯、旅游观念和旅行程式等都充满神秘、慎重的色彩，处处表现出旅游者对平安的期盼。

现代旅游已是大众化的行为、社会的风尚。它的民俗意识正向安全、便捷、健康、娱乐方向发展。

随着旅游业的进步，旅游民俗的内容会越来越丰富，旅游对中国民俗的贡献也一定越来越大。

三、察风观俗是推动旅游发展的重要动力

在古代中国，封建统治者十分重视民俗的作用，把民俗看作一面镜子，以此了解民间疾苦、生活状况，考察政治得失。早在周朝，周天子就设置“輶轩之使”，出使四方，负责收集天下民俗善恶，以观政绩。汉代置“风俗使”、“乐府令”，出巡四方，观览民俗。大凡历史上政治清明之世，无不与重视民俗观察有关。

察风观俗，是历代统治者实施和巩固统治之道，同时又成为统治者巡游天下的理由。中国古代，上自帝王，下至府县仕宦，以“观风察俗，与民同乐”，“祭神禳灾”等说辞进行旅游的例子不胜枚举。

宋朝著名学者范成大一生为官，酷爱旅游，自号“佳山水”。他受奸佞排挤，外任到西南边地。其间，他借察风问俗之机，游历了静江（今广西桂林市）、成都等地，并写了一部集方志、游记于一体的著作《桂海虞衡志》。

清代著名地理学家、方志学家洪亮吉也热衷旅游，47 岁时任贵州学政，为通晓当地山川形势、民情风俗，游历了贵州十二府州，一时传为佳话。

采风问俗既推动了旅游发展，又丰富了民俗资料，增添了旅游资源。

四、民俗充实了旅游内容

旅游丰富了旅游者的文化知识，使旅游者得到精神享受。恩格斯曾把人的需求分为生存、享受和发展、表现自己三方面。旅游显然不属于生存需要的范畴，它已经超出人类维持个体生存和发展的基本需要。旅游是一种以美的享受和精神愉悦的获得为目的的、较高层次的人类文化生活。

旅游者出游，固然有吃、穿、住等生理方面的基本需求，但更主要的是追求享受。这种享受既有吃得好、穿得好、住得好等“物欲”方面，又有自然景观自然美的“眼福”方面，还有人文景观的“文化陶冶”方面。从现今旅游发展的方向看，文化享受日益成为旅游者的第一旅游需要。

我国是一个多民族的国家，各个民族都有灿烂的文化、多彩的民俗风情。不同民族有不同的民俗，同一民族的不同区域，民俗也有差异。民俗文化的差异性吸引着旅游者（无论是国内的，还是国外的）离开自己的居住地到旅游地去旅游，旅游地的民俗成了旅游者十分重要的观赏内容之一。

旅游是旅游者对旅游地的旅游景观的一种观赏行为，又是一次对旅游地的认知过程。民俗既反映了旅游地的历史，又体现了旅游地的文化和社会生活。考察旅游地的民俗，阅读有关民俗图书，可以帮助旅游者扩大视野，丰富文化知识，增加旅游的兴趣和愉悦度。

五、民俗能为旅游景点的开发提供第一手资料

旅游活动的中心内容之一就是游览观光旅游景点。在中国跨进 21 世纪后，旅游业正以前所未有的速度蓬勃发展。保护固有旅游景点、景区的生态平衡，开发新的旅游资源，建设新的旅游景点，成为各地迫切的任务。随着新世纪文化旅游热的到来，各个历史时期、各个民族、各个地区的民间古老文化、传统民俗的形象再现，更能激发和满足生活在现代社会里的人的好奇心。因此，有必要加强民俗资料的发掘、研究，加大民俗开发的投入，加快民俗文化的产品化，以适应时代的需要。目前许多地方都在挖掘本地的民俗为开发旅游景点服务，如上海的新天地、多伦路文化一条街，昆山市的周庄，南京的夜游秦淮河，黄山市的宏村、古成岩，宁波市的梁祝婚俗节，等等，不胜枚举。

旅游在发展，民俗在演进，我们更应重视发挥民俗在旅游业中的重要作用。民俗应用于旅游，它的最佳结合点就是发展民俗旅游。

思考题

1. 归纳民俗的种类与特点。
2. 分析构成民俗旅游的要件。
3. 简述民俗旅游的分类及其对发展旅游的意义。
4. 简述民俗旅游体系。
5. 举例说明民俗与旅游的关系。

第二章

服饰民俗旅游

本章提要：服饰是民族文化鲜明的外在表征，它直接或间接地反映着民族的认知心理、审美情趣和风俗习惯，是发展旅游的重要资源。本章着重叙述历代服饰的基本形制、服饰民俗形成的各种要素、各时代服饰及服饰民俗的发展变化，并从旅游地理的角度论述某些少数民族的服饰特色以及服饰民俗的旅游价值。

服饰是民俗文化的重要组成部分。中国人习惯把服饰、饮食、居住、交通并列，称之为“衣食住行”。在这四项中，“衣”居其首，反映了服饰在民俗事象中的重要位置。中国是一个历史悠久的文明古国，加上地域广大，民族众多，有着极为丰富的服饰民俗，研究与学习服饰民俗，有助于在旅游资源的开发利用上开阔思路，增加旅游活动的审美情趣。

第一节　服饰民俗概说

服饰与服饰民俗既有联系又有区别。服饰是指人体的穿戴之物，是物质的东西，而服饰民俗除了物质层面之外，还包括服饰的穿戴身份、使用场合、流行时尚、禁忌律令等惯例，是社会生活和精神文化的体现。服饰与服饰民俗是历史的产物，它们有的在历史的岁月中早已磨灭，有的得到传承，也有的在新的历史条件下又陆续产生，因此，学习和研究服饰民俗要具备历史的眼光。

一、服饰的基本组成

服饰是装饰人体的物品的总称，它既可指服装、鞋帽、袜子、手套、围巾等有遮羞御寒实用价值的穿戴之物，也可指发饰、耳环、戒指、项链等起人体装饰作用的配饰，以及提包、手表、阳伞等具有部分装饰作用的物品。此外，广义的服饰还包括发式、妆容等内容。

我国历代服饰的形制非常丰富，按其穿戴部位和作用可大致分成头衣、体衣、足衣、配饰四个大类。

（一）头衣

泛指头部的服饰，又称首服。其名称有冠、巾、帻、幞头、帽、笠、抹额等。

冠，是一种戴于头顶，用来固定发髻的罩子，以木、玉、金属等硬质物制作，有的外被丝帛。戴冠之时，以笄横穿发髻与冠相连。冠两旁有线绳垂下，可在颔下打结。在古代，冠是有身份之人所戴的礼帽。其种类主要有：皇帝戴的冕冠，诸王戴的远游冠，文臣戴的进贤冠，武将戴的武冠，法官戴的獬豸冠，后妃和命妇戴的凤冠等。下层百姓一般不能戴冠，但晚近民间女子结婚亦有戴凤冠者。

巾，起初为平民所戴头帕，使用时裹住发髻，在脑后或额前打结。东汉晚期士人亦开始戴巾，出现幅巾、纶巾、角巾等多种样式。明朝时巾的花样最多，有网巾、方巾、汉巾、晋巾、唐巾、诸葛巾、纯阳巾、东坡巾、阳明巾、九华巾、逍遥巾等多种款式。入清以后，男子依满族习俗剃发垂辫，用巾风气衰减，但直至近现代，北方及川湘等地的农民仍然有用巾帕裹头的习俗。

帻，由巾发展而来，用较厚实的布帛折叠成固定形状，用以裹住发髻，可以单独戴，也可和冠一起戴。帻产生于汉朝，流行于魏晋，唐朝以后消失。

幞头，亦从巾发展而来，是将方巾延伸出四根带子，覆巾于发髻上，两根带子从后脑朝前反搭，系于额前，另两根带子从前额往脑后围裹，系结后让其自然下垂。幞头最初出自北周武帝宇文邕，唐代流行。后发展出用木料预制头箍，并用铁丝把下垂的带子撑起的幞头。宋朝起成为官帽。

帽，本为北方少数民族所戴，东汉末开始被汉族接受。依作用可分两类，一类用于御寒，用质地厚实的布帛制作，有的还纳以絮棉。此类帽子有南北朝的风帽、突骑帽，隋唐时的锦帽、珠帽，明清时的暖帽、风兜等；另一类用于约发，用质地轻薄的纱縠、鬃、麻、藤、竹等制作。有六朝的圆帽、方帽、高屋帽，宋元时的仙桃帽、高桶帽、东坡帽，明清时的鬃帽、凉帽等。明清至民国流行的瓜皮帽由六瓣合缝，形似圆顶瓜棱，其质料夏秋用纱縠，冬春用呢缎。清末民国，受西方文化的影响，西式礼帽进入我国。后来又有八角帽、解放帽、鸭舌帽、网球帽等各种款式的帽子流行。

笠，以竹篾或棕皮等制作，用作雨帽，也可遮阳。《诗经》中就有“笠”字，可见其起源甚早，现代在农村仍可见到。

抹额，束在额前的头箍状巾饰。早在商代已出现，使用者无分男女贵贱。汉魏时期，男子常用抹额。宋至明清，男子崇尚巾帽，抹额渐成女子装束，上面常施以彩绣，有的还缀以珠翠宝玉。冬季则用兽皮制作，称作暖额。

（二）体衣

即现代人所称的服装。我国古代的服装最初采用上下分开的上衣下裳制，春秋战国时出现将上衣下裳缝合成一体的深衣，之后，服装便沿着这两种类型发展。上衣下裳型的上衣有襦、袄、裲裆、半臂等，下裳有裳、裙、胫衣、蔽膝、裤等；深衣型的有深衣、襜褕、袍、衫、褂、褙子、直裰等。这些服装在现代生活中只有袄、衫、褂、袍、背心有时还能见到。

襦，为长短仅到腰部的上衣，男女通用。先秦时已有，东汉后多为女子所穿。分单襦和复襦，单襦是单衣，复襦是夹衣，也可纳以絮棉。襦的衣襟一般为大襟，隋唐时出现对襟之襦。其衣领最初是交领、直领和圆领，隋唐出现翻领。两宋时褙子流行，穿襦者多为农村妇女。元代襦再度流行，清中叶后基本绝迹。

袄，从襦演变而来，比襦稍长，有大襟也有对襟。有衬里者称夹袄，纳絮棉者称棉袄。男女皆可穿。

裲裆，古代的无袖上衣。最初为前后两片布帛，肩部用带连接，无袖。后出现肩部与衣身合成一体的款式。可夹可绵，男女通用，称作“背心”、“马甲”或“坎肩”。宋元时有一种无袖无领，对襟，两侧开衩，长至臀部或膝部的马甲，称作“比甲”。

半臂，古代的短袖上衣。初现于东汉。大襟，交领，袖口宽敞。隋唐时盛行，常穿在长袖短襦外。

裳，是最早的下体之服。一片蔽前，一片蔽后，左右留有两道缝隙，上端有裳腰，使用时在腰间系结。其主要功用在于遮羞。

裙，由裳发展而来，用多幅布帛拼接成一片，上端围以裙腰，两旁有缚带系结。穿时由前朝后围，背部留一道缝隙，后发展成连成一体的筒裙。裙约出现于汉代，开始时男女通用，不久变为女性专用。

胫衣，也称“袴”，没有裤腰和裤裆，只在小腿部分起遮护作用。先秦时是与蔽膝、裳一起使用的下体之服，贴身穿着。宋明时的膝裤也只有两只裤管，与胫衣类似，但是是穿在裤子外面的，起装饰之用。清代称膝裤为套裤。

蔽膝，先秦时的下体之服，用布帛或皮革制作。上窄下宽，自腰间下垂，用以遮挡大腿及隐私部位。后演变为贵族祭服上的一种装饰。汉魏时民间有用大幅织物围在前身的装束，形似后世的围裙，也称蔽膝。

裤，最早是北方草原民族的服装，穿着长裤便于骑马。战国时赵武灵王“胡服骑射”，把原本属于胡服的裤子引入中原，在军旅中使用。裤子穿着方便，可单可夹，或纳以絮棉，男女皆可穿着，受到人们的欢迎，后来便在民间流传开来。长裤之外也有短裤，西汉著名文人司马相如年轻时就曾穿着短裤“犊鼻裈”在临邛的酒肆里洗盘刷碗。

深衣，是一种把上衣和下裳分裁之后再缝合成一体的长衣，男女通用。春秋战国至西汉盛行。深衣的衣襟一片大一片小，大的一片呈斜角形，称“曲裾”，可绕身一周，将身体包裹严实，外面再用带子绾结。东汉后这种曲裾相掩的服式渐渐消失。

襜褕，一种上下一体的单长衣。由深衣变化而来，出现并流行于东汉，男女通用。与深衣不同的是，曲裾改成直裾，即把衣襟接长一段，穿着时折向身背，直通到底。

袍，一种上下一体的长衣。先秦时已有，男女通用。与深衣不同的是没有从身后绕至前身的大襟，是用交领、两襟叠压的方式形成的长筒状服式。袍最初为纳有絮棉的内衣，外面要罩深衣，汉代后变为外衣。因与襜褕式样相似，后世便与襜褕融为一式，无论有无絮棉，都可称“袍”。

衫，最初出现于东汉，是一种对襟、大袖、夏天穿的单衣。本为男子服装，晚唐五代后女子也穿衫。衫的样式除大袖外，也流行过窄袖衫、长不过膝的短衫，以及夹衫，并出现过大襟圆领与袍接近的式样。

褂，有大褂、小褂、马褂之分，大褂是一种身长过膝的单外衣；小褂是贴身穿的内衣；马褂是清代罩于袍服外的短褂。

褙子，一种由半臂、中单发展而来的上衣，始于唐朝，盛行于宋明。男女通用。对襟，两侧从腋下起不缝合，多罩在其他衣服外穿着。

直裰，古代一种男子穿的长衣，流行于宋朝至明朝。衣长过膝，交领，后背有中缝直通下面。

（三）足衣

中国古代把鞋袜称为足衣。古代的袜字写作“韤”，鞋的名称有履、屦、屐、靴等。

韤，最早的袜是用兽皮制作的，故称“韤”。后世出现麻布、丝绢、毛毡、棉布等材质的袜。早期的袜平头、无跟，袜筒后部开口，缀以带子，穿时用带缚在踝部。东汉时出现有跟之袜，宋代还有一种无底之袜专为缠足女子使用。

履，古代鞋子的总称，常用皮、葛、丝、麻等材料制作。早期冬用皮履，夏穿葛履和麻履。春秋战国时丝履渐多，有的纯用丝帛制成，有的用丝帛在履的头、身部起装饰作用。魏晋南北朝丝履盛行。古代鞋履款式丰富，鞋头有圆头、方头、歧头、高头、笏头、云头、虎头、凤头等各种形式；宋代以后缠足女子的脚呈弓形，所穿鞋名“弓鞋”；清代满族女子所穿高底鞋在鞋底中部置一木质高底，前后两端腾空，状如花盆，俗称“花盆底鞋”。

屩，古代一种草编的鞋履，亦有用棕、麻制作的，后者可兼作雨鞋。

屐，古代一种木底鞋，亦称木屐。鞋底有一前一后两个齿，在雨天泥地上行走不易滑倒。魏晋南北朝时木屐盛行，出现后齿高于前齿的高跟木屐。木屐两齿可以拆卸，诗人谢灵运登山时，把木屐的前齿拆去，下山时拆去木屐的后齿，以使人体保持平衡，人称“谢公屐”。明清的广东、福建一带女子多天足，加上天气炎热，男女都喜穿木屐，此时的屐已无齿，状如今日的木拖鞋。

靴，以皮革制成的高筒之履。先秦时属北方游牧民族的胡服，战国时传入中原，被汉族接受。隋唐起成为官服，民间百姓很少穿着。

（四）配饰

我国配饰历史悠久，早在新石器时代已有石、玉、骨质的配饰问世，后世有金银等材料加入。历代配饰中多数为女子饰物，按其装饰的部位可分头饰、耳饰、颈饰、手饰等几类。头饰有簪、钗、步摇、花钿等；耳饰有耳玦、耳珰、耳环、耳坠等；颈饰有项链、项圈、锁片等；手饰有手镯、臂钏、戒指等。

簪，也叫笄，新石器时代已有，用于绾束头发，男女通用。早期发簪多用石、玉、骨、蚌、竹、木、铜制作，后来有金簪、银簪、犀簪、玳瑁簪、玻璃簪、翠羽簪等，清朝易发变装后，男子用簪的历史终结。

钗，也是绾束头发的佩饰，与簪类似，不同处在于插入发中的股，簪是一根，钗是两根。钗为女子专用，钗首常制成各种精美的花朵，起鬓花的作用。

步摇，女子插于发髻的饰物，上缀可以摇动的花枝或垂珠，走动时不住地摇曳。步摇在战国时已有，魏晋至唐代盛行，明清时此类头饰称“珠钗”。

花钿，也是女子插于发髻上的饰物，常以金银、珠翠、宝石制作，因多数制成花状，故名。另有一种花钿是用金箔、纸等剪成花样饰物，用胶贴在女子额头，此饰物起源于南朝宋，唐宋时流行。

耳玦，一种扁平圆形有环状缺口的耳饰。使用时将缺口夹入耳垂。耳玦多为玉质，新石器时代已有，商周时流行，至汉代逐渐被新出的耳珰取代。

耳珰，古代的一种耳饰，多为女子佩戴。流行于战国至魏晋南北朝时期。常用琉璃、金玉、水晶、玛瑙等材料制作。圆柱体，有的中心有孔，两端宽大，中部收腰，呈喇叭口状。使用时先在耳垂上穿孔，将耳孔撑大后置入。耳珰两端较粗，戴上后不易脱落。

耳环，一种耳饰，多为女子使用。夏商周时期已出现。早期多以青铜制成，后常见金银耳环。戴耳环先要在耳垂上穿孔，唐代女子穿耳者少，戴耳环者多为歌女舞姬。宋以后耳环在汉族女子中流行，其风气及于当代。

耳坠，一种耳饰，多为女子饰物。是在耳环之下悬挂的坠子，常以金玉、珠宝制作。初为北方胡族配饰，魏晋时传入中原。耳环与耳坠间并无固定联系，使用时不必取下耳环就能更换耳坠。民国时有种耳夹式的耳坠，用夹子直接夹在耳垂上，可免耳朵打洞之苦。

项链，颈部饰物，主要为女子佩戴。早在新石器时代，先民已将兽牙、贝壳、玉珠等串联，做成类似项链的颈饰。后世使用青铜、金银、珍珠、宝石制作颈饰，有的颈饰的链索下面还附有坠饰。但总体而言，我国古代女子佩戴颈饰者不多。民国时期，受西方文化影响，项链才在年轻女子中流行，金质项链及珍珠项链尤其受欢迎，直至今日仍是女子最为常见的配饰。

项圈，古代的一种颈饰，常以金银制作，有的镶以珠翠宝石。最初流行于少数民族中，男女通用。唐代为汉族女子所接受，宋元明清的妇女也有佩戴项圈者。

锁片，一种儿童的颈饰，用以避祸辟邪，福佑长命。多用金、银、铜、玉等材料制作，用红绳系挂在儿童的颈部。锁片上有祝福吉祥的文字，有的还雕有人物、山水、花鸟、动物图案。晚清至民国盛行的银锁片多为银楼打制，有的银楼还有专门制作的生肖锁片，很受欢迎。儿童戴锁片的习俗至今仍有沿袭。

手镯，一种戴在手腕处的饰物，源自新石器时代，男女通用。最初取石、玉、牙、骨等天然材料制成，商周时始有金属手镯。汉魏六朝流行铜镯、银镯，唐宋手镯多以金银模铸制作，明清及民国手镯朝轻巧精致的方向发展，嵌宝手镯、翡翠手镯流行，余风泽及当代。

臂钏，一种套在上臂的环形臂饰，适合女性佩戴。西汉时已流行，隋唐至宋朝女子戴钏者很普遍，后世亦有流传。臂钏多用捶扁的金银条制作，绕成盘旋状，如弹簧样式，少则三圈，多则十几圈，两端用金银丝编成环套，以调节松紧。上面还常刻有繁复的纹饰，

戒指，本称“指环”，一种戴在手指上的饰物。新石器时代已有，男女皆可佩戴。古代指环使用的材料有骨、牙、玉石、宝石及各种金属，有圆环形、圆箍形、马镫形、嵌宝形、动物形、印章形等。近世受西方文化的影响，钻戒及用祖母绿、水晶、翡翠和红绿宝石镶嵌的戒指日益流行。

二、影响服饰民俗的多维要素

服饰民俗是人类社会生活的重要组成部分，它的形成和发展受到社会方方面面的影响，是诸多因素综合反应的结果，这些因素主要有下列数端：

（一）经济生产

服饰是物质的产物，其存在和变化离不开物质的条件，和经济生产密切相关。拿服装制作的材料而言，上古及中古时代的服装多用苎麻、葛藤、蚕丝以及动物皮毛为原料；元朝以后，棉花种植渐渐普及，棉质服装开始唱起主角；到了现代，随着化纤工业的出现，各种化纤服装登堂入室，进入了百姓的生活。服装的制作技术与工艺也是如此，茹毛饮血时代的衣服和农耕稼穑时代的衣服在技术与工艺方面固然不能相比，农耕时代的服装与今日社会的服装在技术与工艺方面更是不能同日而语。服饰是服饰民俗形成的基础，经济生产直接影响服饰的面貌，因此是服饰民俗形成和发展中一个不可或缺的因素。

（二）地理环境

人类生活在地球上，要受到地理环境的影响，服饰是最能体现地理环境的生活要素之一。我国幅员辽阔，从北往南纵跨寒温带、中温带、暖温带、亚热带、热带；地势从西往东横亘三大阶梯，第一阶梯和第三阶梯间的平均海拔落差超过 3500 米；加上地形复杂，各地的气候条件差别很大。自然环境与气候的差别是各地服饰差异的重要因素。如我国北方地区冬季严寒，人们习惯戴皮帽，狗皮、狐皮、貉皮帽到处可见。而南方地区潮湿多雨，又盛产竹子，南方人习惯戴斗笠，穿蓑衣。北方的皮帽，南方的斗笠、蓑衣成为当地特有的服饰。

（三）历史传统

我国历史悠久，民族众多，千百年来积淀了极为丰厚的历史传统，其中包括服饰的传统。南宋王朝初建时，一批原来居住在北方的官员不习惯临安炎热的气候，纷纷穿上白色的凉衫，然而，不久就遭到礼官的反对，原因是白色的衣服好似凶服，不吉利，结果凉衫被禁止。红色是喜庆的象征，汉族人结婚首选红色的礼服，近代以来，受西方文化的影响，新娘时兴穿白色婚纱，但是在喜宴上许多新娘还是不忘换上红色的婚服。以上两例都是历史传统对服饰产生的影响。近代以来，传统服饰受西方文化冲击的力度很大，但是，只要一有机会，传统还是会以各种方式重现的。如 2001 年，我国在上海主办 APCA 会议，给与会的各国元首提供了“唐装”，这款服装在设计上吸取了我国传统服饰的许多做法，如立领、连袖、对襟、盘纽，面料选用织锦缎。

我国许多少数民族都有自己的服饰，少数民族服饰是民族的标志，它们代代相传，经久不易，也为历史传统影响服饰民俗提供了有力佐证。

（四）社会风尚

服饰是社会生活的晴雨表，对社会风气、时尚的反应最为敏感。在封建时代，百姓的衣着一般都比较朴谨，然而，某些时期因各种原因亦会产生服饰去朴从艳、追求新异的社会现象。《梦粱录》记载南宋后期临安的风尚，人们“巧制新装，竞夸华丽”。[①]“自淳祐年来，衣冠更易，有一等晚年后生，不体旧规，裹奇巾异服，三五为群，斗夸美丽。”[②]《客座赘语》记载明后期南京的服饰：“南都服饰，在庆、历前犹为朴谨，官戴忠静冠，士戴方巾而已。近年以来，殊形诡制，日异月新。于是士大夫所戴其名甚夥，有汉巾、晋巾、唐巾、诸葛巾、纯阳巾、东坡巾、阳明巾、九华巾、玉台巾、逍遥巾、纱帽巾、华阳巾、四开巾、勇巾。巾之上或缀以玉结子、玉花瓶，侧缀以二大玉环。而纯阳、九华、逍遥、华阳等巾，前后益两版，风至则飞扬。……足之所履，昔惟云履、素履，无它异式。今则又有方头、短脸、毬鞋、罗汉靸、僧鞋，其跟益务为浅薄，至拖曳而后成步，其色则红、紫、黄、绿，亡所不有。即妇女之饰，不加丽焉。”[③] 这些都是社会风尚影响服饰民俗的例证。

（五）统治意志

在封建社会中，最高统治者具有绝对的权威，其意志可以影响民间的服饰民俗，使之发生改变。北魏孝文帝改革中有一项措施是让鲜卑人汉化，包括穿汉族的服装。这项措施开始时遭到反对，然而在皇帝权威的影响下，鲜卑族人接受了汉族的服饰。清朝立国之初，下令汉族男子易发改装，遭到激烈的抵抗。然而，在血腥镇压的高压政策下，汉族百姓的服饰习俗终究被动地改变了。上述两例是历史上的个案，至于很多皇朝发布禁黄令，禁止民间服饰使用皇家专用的黄色，也是统治阶级意志影响民间服饰的体现。

（六）上层喜好

在一个社会中，上层人士的喜好对包括服饰在内的社会风尚的影响往往较大，所谓“城中好高髻，四方高一尺；城中好广眉，四方且半额；城中好大袖，四方全匹帛”。历史上不少服饰的流行是上层人物推动的。如，汉灵帝喜好西域文化，在他的倡导下，京师掀起“胡风热”，胡服、胡床、胡舞、胡笛

① 〔宋〕吴自牧：《梦粱录》卷一《元宵》。

② 〔宋〕吴自牧：《梦粱录》卷十八《民俗》。

③ 〔明〕顾起元：《客座赘语》卷一《巾履》。

一时盛行；唐宋时广为流行的幞头最初出于北周武帝宇文邕的喜好；女子缠足的风习最初源于南唐李后主眷恋其嫔妃窅娘的金莲小脚。

（七）身份地位

在古代社会中，服饰是一个人身份地位的象征。中国古代对人的社会等级非常重视，不少王朝对官员和社会上各色人等的服饰都有严格规定。如，古代重农轻商，商人的地位不高，许多王朝限制商人穿华丽的衣服。西汉初规定，商人不许穿用锦、绣、绮、縠、絺、纻、罽之类的衣料制作的服装，只能穿朴素无纹的粗布之服。隋朝规定，商人服色用黑。五代后唐规定，商旅服色用白。明朝规定，商贾之家只许穿绢、布，不许穿绸、纱。商人以外的人等穿的服饰也是有规定的。明朝时，朝廷规定儒生应头戴软巾，腰系垂带，身穿襕衫；衙门皂隶头戴漆布冠，上插孔雀翎毛，身穿青色布衣，腰束红布织带。教坊乐人头戴卍字顶巾，系红绿两色帛带，足穿毛猪布靴。明朝甚至对各色身份人等的衣长袖宽也做出规定，不准随便使用。

封建社会对各种人群的服饰进行规定，是要使“贵贱之别，望而知之”。这种陈腐的等级观念早就被人们抛弃了，但是，现代社会中许多行业还是有自己的制服，使人一眼就能看出其从事的职业，如，军人、警察、法官、厨师、环卫工人等。这些服装已完全没有旧时地位高低的区分，而仅仅是职业标签。

（八）宗教信仰

宗教信仰对服饰民俗也有相当大的影响。中国不是一个宗教国家，但是很多宗教都在中国得到发展的机会，其中有佛教、伊斯兰教、基督教这世界三大宗教，也有中国本土产生的道教，以及历史上曾经流传于中国的摩尼教、袄教等。有些宗教的信众有特殊的服饰，如，信仰伊斯兰教的回族男子喜爱戴白色的小圆帽，回族妇女常戴盖头。而同样信仰伊斯兰教的维吾尔族男女头上戴的是绣花小帽。回族和维吾尔族头上戴的帽子都来自伊斯兰教的信仰。不同宗教的神职人员穿的服饰也是各具特点的，佛教的僧侣穿的是袈裟，道教的道士穿的是鹤氅和道袍，天主教的神父穿的是祭衣。

民间信仰在服饰上也有表现，如，四川凉山的彝族以黑虎为图腾，崇尚黑色，他们喜欢穿黑衣，男服的襟边上以绣“虎”字为荣。苗族有鸟的始祖崇拜，贵州、广西交界的月亮山和大苗山一带的苗族在鼓藏节上穿的百鸟衣，就是鸟的始祖崇拜在服饰上的反映。

（九）文化交流

服饰与民族文化有密切关系，不少服饰因之成为民族文化的象征。然而，文化是可以传播与交流的，不同地区不同民族之间的文化交流，不可避免地会带来服饰民俗的相互渗透和涵化，导致产生新的服饰民俗。在中国历史上，战国时期赵武灵王“胡服骑射”是众所公认的文化交流改变服饰的例子。这样的事例还有很多。唐代是中外文化交流频繁的时期，不少来自异域和外族的服饰被汉族采纳，“幂篱”即为其中之一。它是自西域传入的一款帽子，用藤席或毡笠做成骨架，糊裱缯帛，然后将一幅黑纱缀于帽檐上，使之下垂，黑纱称作“帽裙”，长度可以障身。后来，帽裙缩短至颈部，称“帷帽”，其四周垂挂一圈网帘，可以不遮挡视线。这款帽子专为女子设计，意在使出行的女子面容不易为路人所窥视。

近代的中山装和旗袍也是文化交流的产物。中山装在西式服装的基础上加以改革，前面的四个口袋寓意“礼义廉耻”国之四维，前襟的五粒纽扣表示立法、行政、司法、考试、监察五权分立，袖口的三粒扣子代表民族、民权、民生三民主义。这种把中国文化融入西服的尝试，显示了对传统的继承与创新。旗袍原是满族的服饰，男女皆可穿，清朝时渐渐为汉族所接受。辛亥革命后，清王朝被推翻了，但旗袍并未因此消失。它经过改良，融入了西方服装的因素，腰身收紧，两边开衩，衣领紧扣，袖管变短变窄，甚至无袖露臂，突出了曲线美，成为女性喜爱的时装。旗袍因此也成为中西文化在服饰上结合的又一范例。

（十）区域特色

中国地域广大，各地的服饰除了因气候、地理条件不同产生的区别外，某些区域还有一些具有当地文化特色的服饰。例如，绍兴人过去时兴戴一种黑色的毡帽，鲁迅笔下闰土、阿 Q 的形象，都戴这种帽子。所以，在杭州或上海，看到头戴乌毡帽的人，人们都认为是绍兴人。旧时中国农民有些地方习惯于头上裹一条白色的包头巾，裹巾的方式有区域特点。山东农民头上的白巾是从前额拉到脑后打结，山西和陕西的农民却是在额头上打结的。

福建惠安县崇武、小岞等沿海村镇的汉族女子服饰和其他地区有别。她们头上披一条宽大的彩色花头巾，头巾颜色明快鲜艳，从后脑勺往前掩住双颊下颌，几乎把整个脸面全包了，上面再加一顶压得很低的黄色斗笠，遮住前额及大部分脸庞，只露出眉眼和嘴鼻。惠安女在室外一年四季斗笠、头巾不脱，即使劳动时挑担子也如此，使人难以一窥其真容。

惠安女的上身穿一件又短又窄的斜襟短衫，短衫常见的色彩有蓝、绿、黑或白底柳条花纹等，其袖管狭小，长度仅及小臂的一半，胸围紧束，而肚脐却露出在外。惠安女的下身多穿一条硕大的黑色或深蓝色肥裤，白裤腰上还系有少则一二股、多则八九股的银裤链，为结婚时男方赠送的定情物。惠安女的服饰因此被人戏称为“封建头、民主肚、节约衫、浪费裤”。惠安女由于上衣短紧，裤筒肥大，又有裤链扎紧裤腰，走起路来裤筒飘动，十分潇洒飘逸。

第二节　民俗服饰的流变

中国历史上官与民在服饰上有明显的区别，前者出自庙堂，有一套规整细密的体系；后者散见民间，三教九流杂乱纷呈。历史上服饰的记载有重官轻民的倾向，然而，民俗服饰的重点应放在民间服饰上，故本节的内容不包括官服系统的演变。①

一、先秦时期

人类最早的服饰可能来自动物的皮毛，《后汉书·舆服志》曰：“上古穴居而野处，衣毛而冒皮。”离事实应是不远的。考古发现，我国新石器时代的遗址中有纺轮、骨针，证明那时开始有了人工制作的服饰。

从甲骨文及殷墟考古发现的陶俑、玉人等人形雕塑来看，殷商时期，人们已用葛麻、蚕丝和动物毛皮来制作服饰，穿着左右交衽的大襟服装，上衣下裳，衣前有下垂至膝的蔽膝。头发或梳成辫子，垂于两侧及脑后，或结发于顶，上有插笄，有的还戴有冠弁。

西周至春秋战国时期，文献增多，为后人了解当时的服饰提供了便利。据《诗经》等记载，当时服饰的质料虽然仍为葛麻、蚕丝和动物毛皮，但品质有了提升，如葛布中较粗的称“绤”，比“绤”细的称“絺”，更为精细的称“绉”；《周颂·丝衣》以“丝衣如紑”来赞美丝衣的鲜盛光洁。《诗经》中还提到用彩色的丝制成的锦衣，以及羔裘、狐裘。当然，这些服饰不是所有人都能穿着的，社会下层之人所穿的是一种被称为“褐”的粗劣的毛麻织物，甚至“无衣无褐”。

《诗经》所载服饰的主要形制是上衣下裳，男女通用。但个别细节有别，如男服的蔽膝称“芾”，女服的蔽膝称“襜”。蔽膝源自远古时期先民挂在前身遮挡阴私部位的兽皮。《诗经》中的颜色词有十余个，当时正统的衣裳色彩是上衣用青、赤、黄等正色，下裳用间色，即经过数次浸染的颜色。然而，也有一些离经叛道之人偏要穿绿衣黄裳，以之与世俗观念抗衡。

① 主要参阅高春明：《中国古代的平民服装》，第110～162页，商务印书馆，1997年。

春秋战国时期，深衣逐渐流行。深衣将上衣下裳连成一体，“被体深邃”，全蔽两股阴私，穿起来也比上衣下裳方便，因而受到欢迎。便服、礼服乃至祭服都有深衣。庶民虽无专门的祭服，但是参加祭祀时穿的吉服也是深衣。

商周以来，中原地区的华夏风习穿上衣时都把左前襟掩向右腋系带，将右襟掩覆于内，此称右衽，无论深衣还是上衣下裳的服式皆如此。因为当时人认为，左衽为人死之后的穿法，以示阴阳有别。而华夏之外的胡族服饰则是左衽的。

西周至春秋战国是我国礼文化发展的重要时期，诸如冠、婚、丧、祭等礼制都源于此时。其中有不少在特定场合的服饰穿着规定，见于《仪礼》、《礼记》、《周礼》等书。如冠礼要分别戴上缁布冠、皮弁、爵弁三种帽子，丧礼所穿的丧服使用麻衣，按照与死者关系的远近分成斩衰、齐衰、大功、小功、缌麻五服，麻衣的质料中斩衰最粗，其余依次稍细。这些特定场合的服饰从今日的眼光看，都属于民俗服饰的范围。

二、秦汉至魏晋南北朝时期

春秋战国时期，各诸侯国的服饰基本相似，但也有自己的特点，如楚国崇尚戴高冠，穿丝履；魏国男子在黑衣外加以白色罩衣；齐国上下皆好穿紫衣。秦统一后，创立新的服饰制度，规定衣服牦旄节旗皆尚黑，平民以黑巾裹头，称为“黔首”。然而秦朝为期甚短，其统一服制的效果如何值得怀疑。汉高祖原是楚国人，西汉建立之后，高祖采用楚制的长冠作为祭祀大典的冠服。可见“汉承秦制”在服饰制度上并不尽然。

秦汉的一般服饰沿袭战国，深衣仍然盛行。西汉士庶男子居家时，常穿的曲裾禅衣就是一种深衣。西汉女子的深衣比战国深衣的衣襟绕转层数增多，衣服的下摆也增大。此外，女子还穿一种与深衣样式相似的长衣，因衣服底部的衣襟盘绕，形成两个上广下窄形如刀圭的装饰，得名“袿衣”。深衣曲裾，所费衣料较多，后来出现的一种直裾长衣，衣料较为节省，名曰“襜褕”，东汉时开始流行。除深衣、襜褕外，袍也在秦汉流行。袍原为内衣，汉代变为外衣，东汉时也作为礼服，魏晋南北朝和襜褕合一，统称为袍服。魏晋玄学流行，士人不愿中规中矩地穿衣，一种春夏时穿着的对襟直领衫受人青睐，其衣身宽松，两袖博大，暑天时能敞开衫领，特别潇洒。魏晋南北朝时的女子也有一种新潮服饰，由两片布帛组成，一片挡胸，一片遮背，用带子系于肩腋，称作“裲裆”。

长衣褒服宽袖，不适合劳动时穿着，劳动阶层所穿一般为粗布短襦及布裙，男子上身穿襦，下身着犊鼻裈，外罩布裙；女子布裙外常加以蔽膝。裤子在战国时期已传入中原，但汉代无裤腰和裤裆的胫衣仍然流行，需穿在裙裳里面。东汉至魏晋南北朝时，独立穿在外面的满裆裤才在民间流行。南北朝时有一种叫作“裤褶”的便服，其上身是称作“褶”的左衽窄袖短衣，下身是满裆长裤。这是在西域胡风影响下产生的一款服饰，穿着者主要为北方男子。

秦汉至南北朝的首服有巾、冠、帽三种。汉朝人喜戴的巾帻有幅巾、纶巾、角巾；南北朝受胡风影响，风帽、破后帽、突骑帽得以流行。这一阶段的足衣开始有了“鞋”这一名称。在古代，履曾被用作足衣的总称，汉代出现一种以生革制成的皮履叫作“鞋”，到了后世，鞋替代了履成为足衣的总称。

三、隋唐两宋时期

隋唐两宋是经济发达、文化繁荣、对外交往频繁的时代。这一时期服饰的质料及印染技术比以前有了提高，款式和纹彩趋于丰富。

隋唐男子的着装主要有袍、衫、袄、裤。袍为外衣，官宦穿绫袍，庶民一般穿葛、麻布制作的布袍，以及用粗毛织成的罽袍，冬季袍内纳以絮棉以御寒。隋唐的袍服多为圆领，衣襟左掩，长及足跗，袖子紧窄。衫是单衣，也穿在外面，与袍式样相仿，但袖子较宽大。衫的长短不一，儒者穿长衫，劳力者穿短衫，长不过膝，且在胯部前后左右各开一衩，以便劳动时撩起掖在腰际。此种短衫因胯部缺裁，得名“缺胯衫”。袄是穿在里面的内衣短袄，多用质地厚实的布料制作，冬天亦可纳以絮棉。满裆长裤隋唐时已普遍流行，人们无论上身所穿为袍为衫，下体都穿长裤，裤长至脚踝，穿履时裤脚盖住脚面，穿靴时裤脚塞入靴内。

隋唐的服饰受胡风影响很大，沈括《梦溪笔谈》曰：“中国衣冠自北齐以来，乃全用胡服，窄袖绯绿短衣、长靿靴、有鞢躞带，皆胡服也。”鞢躞带是一种可悬挂饰物的腰带，鞢躞带的使用和上述袍服袖管的紧窄、裤管塞进靴内都是受胡风影响所致。

隋唐男子多戴幞头。幞头本属头巾，有各种系法。隋唐时出现一种叫“巾子”的幞头内的衬垫物。巾子样式有很多，使用时先把巾子扣在头上，然后将头巾覆上，系裹成型，这种幞头称“软裹”。晚唐时又出现一种新的幞头，先把头巾裹在木头做的头型上，使用时取下便可直接戴在头上，无须临时系裹，称之为“硬裹”。

两宋男子的服饰在沿袭隋唐的基础上有所变化，出现襕衫、直裰、道服等新名称。襕衫是一种圆领宽袖长衫，多以白细布制成，腰间有褶裥，下摆处有一道横襕，以示不忘上衣下裳的祖制。士大夫和儒生多穿襕衫。直裰和道袍也是长衫，直裰大襟交领，腰下无褶裥及横襕，直通上下，故得其名。其色以黑为主，也有浅褐和深灰等色。道服也是大襟交领，两袖宽大，衣长过膝，因其领、袖处缀以黑边，与道士法服相近，故名道服。

隋唐时的幞头发展到宋代已成为一种官帽，一般士民日常所戴仍为头巾。宋人头巾花样很多，士农工商、诸行百户头巾各异，一望便知其职业、身份。士大夫的头巾更是名目繁多，有东坡巾、浩然巾、仙桃巾等。

隋唐女子服饰纷繁，常见的着装有短襦、衫子、长裙、半臂、帔巾等。短襦是这一时期最普遍的女子服装，秋冬至初春尤为常见。富贵人家女子以绫罗制襦，上面还有绣花，贫者穿布质短襦。盛唐之前，襦服的样式较紧身，袖管狭小。盛唐后渐趋宽松，袖子宽大，领式亦变化多端，有圆领、方领、交领、直领、鸡心领等，年轻女子中还流行袒领，不衬内衣，露胸于外。襦服不是单衣，炎夏时节，女子改穿窄而短小的单衣，称衫子。

隋唐女裙崇尚长大、宽、松，多褶，常见以六幅布帛制作一条裙子。穿着时上沿提至胸口，下摆拖至脚面。富室女子裙长更是拖到地上，走路时裙裾曳地，有“裙拖六幅湘江水”的美誉。裙子的色彩也很丰富，有白色的柳花裙、绿色的翠裙、红色的石榴裙、混色的晕裙等，年轻女子最爱穿红裙，以至于石榴裙成为女子的代称。

半臂和帔巾是隋唐新出现的女装。半臂如今日的短袖衫，一般为对襟，衣长至腰，袖子宽大，长不过肘。帔巾是长条形的罗纱，上有印绘的花纹。帔巾的形式有两种，一种巾幅较阔，但长度短，使用时围于肩背，称“帔子”，为已婚女子使用；一种巾幅狭窄，但长度很长，使用时由后背披于臂间，犹如两条飘带，称“帔帛”，多为未嫁女子使用。

唐代女子讲究妆饰，华胜、步摇、花钗、假髻、花钿、口红、额黄、画眉、傅粉等妆饰都很流行，在喜好胡风的俗尚影响下，甚至出现化妆成哭相的“啼妆”、“泪妆”等新异妆饰，称为“时世妆”。幂篱、帷帽等来自胡俗的头衣也很是风行，还出现了女子穿男装的风尚。

宋朝女服除了唐时已有的襦、袄、衫、半臂、裙、裤以外，新增了背子、背心等服装。背子是长袖服，直领对襟，腋下开衩，衣长至膝或与裙齐，衣袖有宽窄两式。多穿在襦袄之外。背心也是直领对襟，其与半臂相比少了短袖，穿着时两襟之间用带襻系连。背心男女都可穿，女子常罩在襦袄之外，男子单穿，夏季常见城镇市民及商贩穿着背心、短裤、麻鞋出没街衢。

宋朝女裙依然为长裙，但是裙围的上沿由胸部降至腰际，裙身褶裥细密的，称“百褶裙”。宋裙的色彩比较淡雅。其与唐朝相比，少了几分丰腴华丽，但也不失典雅清秀。

隋唐两宋的鞋履有布鞋、丝履、棕鞋、麻鞋、皮履、木屐等，形制丰富。宋朝时，由于女子缠足之风渐兴，一种名叫“弓鞋”的小脚女鞋开始流行。

四、元明清时期

元明清时期，棉花种植得到推广，棉布逐渐成为服装的主料。晚清时期，又有西洋呢绒及机制布进入中国。这些都为服饰的制作增添了新元素。

元朝，蒙古人入主中原。蒙古人的装饰是将额上的一小绺头发梳成桃形，其余的编成两条辫子，绕环后垂在耳后，头上戴笠子帽，身穿一种称作“质孙服”的较短的长袍，腰间有细褶，穿时腰部紧束，便于骑马。元统治者没有要求汉族易装，因此，汉族男女仍然沿袭以前的服饰，但宋朝流行的背子此时多见于妓女，普通妇女很少穿着。

明朝立国后，颁令“复汉官之威仪”，禁穿胡服，并定下严密的服饰制度，对各色人等的衣着做出限定。但是，到明中后期，由于城市繁荣，经济发展，市民阶层趋于活跃，追求新潮服饰成为潮流，一些刻板的限定渐被冲决。

明朝男子的服饰仍然为袍衫类，其名称有襕衫、道袍、曳撒、褶子、罩甲等。襕衫、道袍沿袭前朝。曳撒从质孙服变化而来，是一种大襟、长袖的便服。其后背为一整片，前身分制成两截，腰上部分与后背同，腰下部分两侧打成细褶，中间留有空隙。褶子有圆领的，也有交领的，两袖宽大，衣长过膝，其腰部以下也有细褶，状如裙子。罩甲原属戎服，罩在窄袖戎衣之上，后为百姓效仿，罩在长袖衣外作为外套，其式圆领大襟，衣身紧窄，下长过膝。

明代女子所穿以衫为主。团衫原是金元时北方妇女的常服，明代继承，由左衽改为右衽，并将长度伸至足跗，成为女子流行之服。比甲也是明代女子喜好的服式，其形制如背心，但比背心长，无袖，对襟直领，下摆过膝。衫子外加罩比甲，其下长裙曳地，是明代女子最为流行的装束。

明代以前，妇女的衫子以宽松为主。明中后期出现了紧身衫，衣身紧窄，袖管也狭小，穿着时紧裹身子，能显示女子的曲线美。更为大胆的是把对襟衫子的领口敞开，露出被称为“主腰”的抹胸内衣。明代还有一种称作“水田衣”的女服，是由各色不同形状的布帛拼缀成衣，纹路交错如同水田，穿在外面很是美观。

明代的首服以巾、帽类为主，形制达三四十种，较为流行的有网巾、方巾和六合一统帽。网巾是以丝绳、马尾、棕丝等编成渔网状的束发网罩。方巾以黑色纱罗制成，可折叠，打开后呈方形。明初杨维桢戴此巾见朱元璋，称其为“四方平定巾”，博得朱元璋欢心，将它定为儒生专用之巾。六合一统帽以六瓣罗帛合缝，状如西瓜皮，民间俗称“瓜皮帽”。明代流行的巾帽还有四带巾、六角巾、八角巾、鬃帽等。

清代的满族统治者为了巩固政权，强迫汉人依从满族的习俗薙发易服，但妇、孺、隶、伶、释、道、婚、丧等例外，民间称之为“十从十不从”。在此情况下，虽然官场服饰已全用满式，但民间还有汉人服饰，尤其是女子仍然以汉服为主。

清代薙发易服，所谓薙发是把前脑的头发剃去，后脑的头发编成一条辫子垂于脑后；易服是放弃交领、右衽、宽袖、无扣为主要特色的汉服，改穿立领、对襟、盘扣、窄袖的满装。易服之后，男子所穿的袍衫由原来宽衣大袖的交领服变为窄袖筒身的立领服。下身则一律穿裤。

马褂是清代男子独特的服装，原为方便骑马出行所用。其衣长度仅至腰际，下摆多有开衩，衣袖有长短两式，长者袖窄，短者袖宽，袖口不装马蹄袖。马褂原在军旅中使用，康熙末传至民间，成为便服。

清代的官宦或士商男子家居时的着装一般为头戴瓜皮帽，身着长袍、马褂、长裤，腰带上悬挂钱袋、扇套、小刀、香荷包，脚着白布袜、黑布鞋。劳力者的装束为头戴毡帽或斗笠，身着短衣、长裤，扎着裤脚，外罩马甲，或加一条套裤，下着蓬草鞋。

清代满族女子梳“两把头”、“架子头”等满洲发式，身穿旗袍，年轻女子脚着木底高跟的旗鞋。旗鞋的木底一般置于鞋的中部，高寸许，有的状如花盆，有的状如马蹄，走起路来步态轻盈，袅袅婷婷。汉族女子的着装大抵沿袭明朝旧制，上衣有衫、袄、披风等，下体多穿裙子。晚清时裤子流行，穿裙者渐少。

清代女子的服饰随时代而变。乾隆年间，女子喜欢穿镶有花边的袄、衫，式样比较宽大，长度一般在膝下。嘉道以后，袄、衫趋于窄小，长度也有所缩短。光绪末，又出现大镶滚的袄、衫。女子的裙装有凤尾裙、弹墨裙、月华裙、百褶裙等，分别在不同时期流行。明朝流行的水田衣在清代也一度受欢迎。此外，清代女子缠足盛行，各式小脚绣鞋层出不穷。

有清两百多年间，满汉服饰互有影响。旗袍的样式原为圆领、窄袖、裹身、下摆宽大。清中叶后，受汉服影响，袍身变得宽敞，外形平直，出现高领、宽袖，下摆垂至脚面的旗袍。马褂传到民间后，也变化出圆领、大襟、缺襟等新形式。清代满汉杂居，满人有模仿汉装的，汉女也有效仿满装者。汉女原先梳牡丹头、荷花头等发式，清中叶时，民间热衷满族宫女的高髻，叉子头、燕尾头等高髻发式出现在汉女中。晚清时，已婚女多把头发梳成一个圆髻团在脑后，未婚女梳长辫或双丫髻、二螺髻，刘海等发式也在妇女中广泛流行。

鸦片战争后，随着西风东渐，华夷大防的服饰观念受到冲击。戊戌变法时，维新派提出“剪辫”、“易服”的主张，把它提到强国的高度。维新运动虽然失败，但其后的清朝新政还是在局部实行了维新派的主张，先是参照西装和日本和服样式的军服和警服问世，后来在大城市的中小学出现了吸收西服、和服和军警服优点的统一制作的学生装，而正规的西服洋装也在悄悄地登陆，甚至连末代皇帝溥仪的父亲载沣也穿上了西装，但是闹出没把衬衫掖进裤子里的笑话。清末已有部分留洋学生、外事官员和洋行买办率先剪除了发辫，朝廷对此默然置之，而朝野要求剪发易服的呼声日高。1910 年底，根据资政院奏请，清廷被迫准许官民自由剪辫。①

五、民国至新中国成立以来

辛亥革命推翻了清王朝的封建统治，在革命党的倡导下，剪辫、易服作为告别旧时代，迎接新时代的标志，迅速在全国展开。据当时的《民立报》刊登的消息，1911 年 11 月，上海制帽公司原来积压的西式毡帽在旬日间被抢购一空；次年初，武汉、天津等地进口的洋服、洋帽数量激增。

1912 年（民国元年）7 月，参议院公布了男女礼服的规定，将礼服定为中式与西式两种，中式礼服为长袍马褂，西式礼服分大礼服与常礼服。至此，西服洋装正式在华登堂入室，与西装配套的洋式衬衫、绒线衣、针织衫裤、西裤、纱袜、胶鞋、皮鞋等也逐渐被中国民众接受。

辛亥革命后，民国政府几次下令革除缠足陋习，规定未缠足的禁止再缠，已缠足的也应放足。之后，在中国绵延千年的小脚弓鞋终于逐步退出了历史舞台。

20 世纪 20 年代初，孙中山有感于西服穿着不便，于是参照南洋华侨中流行的“企领文装”和西服，设计出了中山装。20 年代中晚期至 30 年代，改良后的旗袍逐渐在城市女性中流行。

民国时期中国民众的穿着是既有长袍马褂等旧式服饰，也有西装革履等新潮装束，又有中山装、旗袍等改良衣装，形成了中西并存、华洋杂处的多元服

① 秦永洲：《中国社会风俗史》，第 36～39 页，山东人民出版社，2000 年。

饰格局。在这一环境下，不同的社会群体对服饰有各自的喜好。

官职人员、部分趋新的知识分子和工商人士爱穿西装、中山装，有的还头戴礼帽，手持文明棍。守旧的知识分子、工商人士以及乡村绅士仍穿着长袍、长衫、马褂等服装。青年男学生常穿直立领、胸前一个口袋的日式学生服，女学生上穿素色大襟袄，下穿黑色长裙。城市职业女性多穿旗袍，有的穿高跟鞋，有的烫发。而乡村农民还穿着大襟襦服、对襟衫褂、中式裤子，头戴瓜皮帽或黑毡帽。

随着时间的流逝，后来又有列宁装、青年装、棉大衣、工装服、两用衫、夹克衫、连衣裙等陆续加入新的服饰行列。

1949 年中华人民共和国成立后，长袍马褂等传统服饰逐渐退出了历史舞台，中山装、解放帽成为城市职业男性的正装。50 年代，在学习苏联的潮流影响下，列宁装和一种名曰“布拉吉”的俄罗斯风格的连衣裙大受欢迎，一度成为流行服饰。国家公职人员则多穿由中山装改良而来的人民装，外国人称其为“毛式制服”。

20 世纪 60 年代提倡艰苦朴素，“节约领”大行其道，青年学子纷纷以穿打补丁的衣服为荣。1966 年在“破四旧、立四新”的口号下，尖头皮鞋、小裤脚管被视作资产阶级的奇装异服列入“横扫”之列，人们普遍穿着蓝色或灰色的人民装、青年装，而青年学子以穿绿军装为荣。

20 世纪 70 年代中期，一种名为“的确良”的化纤衬衣风靡一时。80 年代至 90 年代，喇叭裤、牛仔裤、蛤蟆镜、太空衫、幸子衫、滑雪衫等名目繁多的新潮服饰开始登场，正宗的西装也衍生出职业装和休闲装。90 年代至今，我国的国家领导人在正式场合的穿着都是西装。2001 年，在上海举行的 APEC（亚太经济合作组织）会议上，中国作为东道主请前来参会的亚洲及太平洋经济体的领导人穿上融有我国传统服装元素的“唐装”。会后，跟风者掀起穿唐装的新潮。

进入新世纪以来，中国人在穿着上已与国际潮流同步。在新形势下，服装除了满足保暖、美观的需要外，又新增了社交、求职等功能，人们根据风尚、场合、职业等置衣着装，体现个性，追求美观得体，憧憬着未来的生活。

第三节　民族服饰巡礼

我国民族众多，在漫长的岁月中，各民族形成了富有特色的民族服饰，为我国的服饰民俗增添了多姿多彩的风貌。

一、东北、内蒙古地区民族服饰

东北、内蒙古地区居住着满族、朝鲜族、蒙古族、鄂伦春族、鄂温克族、达斡尔族、赫哲族等民族。

满族主要分布在辽宁。其民族服饰有旗袍、马褂、坎肩、乌拉（靰鞡）鞋等。旗袍、马褂保留着历史风貌，坎肩为无袖的紧身式短上衣，男女都可穿，有大襟、对襟、琵琶襟、一字襟等样式，有的镶有花边或绣有图案。满族的服饰多选用天蓝、玫瑰紫、泥金、浅灰、深绛等色，将此视为“福色”，此外，也崇尚象征吉祥如意的白色。乌拉鞋是用黄牛皮制成，鞋头有“包子褶”，鞋面有称作“乌拉脸儿”的舌头，穿用时絮上乌拉草，能抗冬季的严寒。

朝鲜族居住吉林的白山黑水间。男女上身都穿长袖的斜襟短袄，左衽，无扣，用带打结。男子外罩一件深色对襟坎肩，下穿肥腰大裤裆的长裤，裤筒下口扎带。女子下穿长裙，裙子上沿齐胸，下摆至足跗。年轻妇女喜用色彩鲜艳的衣料，常穿黄色上衣、粉红色长裙，袖口、衣襟处还用彩绸饰边。

蒙古族主要分布在内蒙古自治区。蒙古袍是这一民族最富特色的服饰，其袍长袖，男袍宽大，女袍稍窄，高领、右衽，下端不开衩。袍子的领口、袖口和边沿常以绸缎饰边。蒙古袍的颜色，男子多穿蓝色、棕色，女子喜欢红、粉、绿、天蓝。蒙古人最崇尚白色，遇到节日和盛典场合，多穿白色的袍服。

鄂伦春、鄂温克和达斡尔族生活在大兴安岭的森林里，以狩猎为生。其传统服饰的原料原本都用兽皮，现也使用绸、布等衣料。衣服样式为大襟长袍及长裤，袍长过膝，束有腰带，足蹬长靴，裤管塞入靴筒内。鄂伦春族过去常以狍子皮为衣，头戴以狍头为饰的皮帽。鄂温克族因打猎需要，不喜穿易被动物发现的浅色衣服，白茬皮料要经染色后方能制衣。

赫哲族住在乌苏里江边，靠打鱼为生。他们的传统服饰是用鱼皮制成的，男女穿的大襟长袍、短褂、坎肩、裤子、腰带、围裙甚至鞋都可以用鱼皮制作。其工艺是先将鱼皮剥下晒干，用木槌反复捶打、揉搓，直至柔软，再用野花染色，然后制衣。令人称奇的是缝衣的线也是用鱼皮制成。赫哲族的鱼皮服具有防湿、防水、抗寒、耐磨等特性，堪称一绝。

二、西北地区民族服饰

西北地区包括新疆、青海、甘肃、宁夏、陕西和内蒙古的西部，居住着维吾尔族、哈萨克族、塔吉克族、塔塔尔族、乌兹别克族、柯尔克孜族、俄罗斯族、锡伯族、土族、撒拉族、回族、东乡族、保安族、裕固族、蒙古族、藏族、达斡尔族等十多个少数民族。这里择要介绍维吾尔族和回族的民族服饰。

维吾尔族是新疆人口最多的少数民族。维吾尔族男子一般内着贯头衬衣，外穿名为“袷袢”的竖长条纹长袍，宽袖对襟，无领无扣；穿着时腰间系一条长方巾，里面可以放置食物和其他物品；下身穿裤子和长筒靴。维吾尔族女子内着长及膝部的各色衬衣，外穿宽袖连衣裙，有圆领、大开领、大翻领等样式，领口不扣。有的女子还在连衣裙外套一件黑色金丝绒对襟坎肩。下身着长裤。维吾尔族服装用料考究，色彩鲜艳，衣服的襟边常以金银片或花纹装饰。以一种用古老的扎染法染色的“艾得丽丝绸”制作的裙装尤其受到妇女的欢迎。维吾尔族男女老少外出都戴绣花帽。

回族人口分布广泛，西北地区的回族主要集中在宁夏回族自治区。回族的祖先与来自中亚、西亚的穆斯林有关，其服饰中留有不少阿拉伯语和波斯语印记，如准白、戴斯达尔、麦赛海等。准白是阿拉伯语，意为袍子，用棉布、化纤或毛料制作，有白、灰、黑等色，是阿訇（宗教事务人员）和回族老人喜穿的服装。戴斯达尔来自波斯语，意为缠头巾，是清真寺的满拉（经学堂学生）与阿訇的装束。麦赛海也是阿拉伯语，意为牛皮袜，穿上后，在每日五次的礼拜中只要用湿手从袜尖到袜根抹一下，可免去“小净”的洗脚程序。回族男子除了戴戴斯达尔外，还多见戴白色无檐小圆帽的。白色是回族最崇尚的颜色，头戴小白圆帽，身穿对襟白衬衫，外套黑色坎肩，下着一条白长裤，脚穿白布袜，是中年回族男子最常见的打扮。回族女子习惯披一种称作“盖头”的头巾。盖头的颜色有讲究，老年妇女戴白色的，中年妇女戴黑色的，未婚女子戴绿色的。使用时要把头发、耳朵、脖子全遮住，只露出面孔。

三、中南、东南地区民族服饰

中南、东南地区的少数民族主要指湖南、广西、广东、福建沿海一带的少数民族，其族源来自古代氐羌、百越、苗蛮三大族系，现代居住在这一地区的少数民族有壮族、瑶族、仫佬族、毛南族、京族、土家族、黎族、畲族等。在此简要介绍壮族、瑶族、黎族、土家族和畲族的服饰。

壮族是我国人口最多的少数民族，主要分布在广西壮族自治区。壮族擅长纺织，壮锦是中国四大名锦之一，常和土布一起用作服饰的衣料。壮族的男子头戴斗笠，腰束长腰带，其上衣有右襟衫和对襟衫两种，右襟衫反膊无领，衣纽从右腋下开至腰部又转向正中，再开出三四寸而止，衣襟镶嵌一寸多宽的色布边，使用铜扣纽。对襟衫有六至八对布纽扣，胸前缝一小兜，腹部有两个大兜，下摆往里折成宽边。女子头戴绣花巾，身穿青色或深蓝色矮领右衽衫，衣领、袖口、襟边绣有花边。男女下身都穿黑色肥裤管长裤，女子也穿黑色百褶裙。

瑶族分布于广西、广东、湖南、贵州等地。其民族支系较多，各支系的服饰有差异，即便同一支系因居住地不同，服饰也不尽相同。这使得瑶族的服饰款式多样、色彩斑斓。瑶族的男装以对襟、斜襟、琵琶襟短衣为主，但也有穿交领长衫的，其裤子长短不一；头上扎有头巾，腿上打有绑腿。女子服饰式样也很多，有穿大襟上衣配长裤的，有穿圆领短衣配百褶裙的，也有穿长衫配裤子的。人们常以服饰的特点来区分瑶族的支系，如广西南丹有“白裤瑶”，广西龙胜有“红瑶”，贵州荔波有“青裤瑶”、“长袍瑶”，湖南隆回有“花瑶”等。

黎族居住在海南岛。历史上黎族的棉纺织业曾领先汉族。传说宋末元初，年少的黄道婆流落海南岛，向黎族人学习了棉纺织技术，40 年后回到故乡松江，传授技艺，才使汉族的棉纺织业发展起来。黎族的织物曾是给朝廷的贡品，聪明的黎女能在一块布幅上运用直线、平行线、方形、三角形、菱形等几何花纹，织出人、龙、鹿、斑鸠、蛙、蛇、藤果、花草等上百种动植物图案。用这些布制作的服饰俏丽迷人。黎族居住的地区属于热带，长夏无冬，其服饰无严格的季节区分。男子一般穿对襟无领上衣和长裤，女子穿对襟圆领贯头式上衣，下着色彩绚丽的花筒裙。盛装的黎女周身戴有许多银饰，包括头上的银钗，颈项上的银链、银项圈，手上的银圈，有的胸前还挂有珠铃，行走时周身闪光，叮当作响。

土家族主要分布在湘、川、鄂、黔边区。男子穿宽边对襟上衣，头包巾，着布履。女子则穿大襟衣，下身为长裙、长裤，边缘都有很宽的花纹装饰，喜围腰。爱将发辫盘于头上，或用红布卷成头箍。土家锦又称“斑布”，是集丝、棉、毛线于一体的五彩织锦，是土家族最出名的面料。姑娘人生中重要的嫁妆被和跳“摆手舞”时穿的披甲都是用土家锦制成的。

畲族主要居住地在闽浙山区，因其长期与汉族杂居，生活习性受到汉族影响，但服饰上仍保留自己的特色。畲族传统服饰过去大多用自织的苎麻布制作。男子一般穿青色圆领大襟短衫，外罩坎肩，下穿深色长裤，裤管较肥，裤脚处镶有朱红、孔雀蓝、天蓝等色的边饰。结婚时穿青色长衫为礼服，祭祖时则穿红色长衫。女子一般头戴布帕，身穿大襟上衣和围裙，下着长裤，其服色尚黑，领圈、衣襟、袖口和围裙处镶有彩色花边，并有刺绣图案。畲族女子的装束过去有“凤凰装”之称，其头上置有一银箔包裹的短截竹筒，外包红帕，以银钗，瓷珠、银牌为饰，耳边还插有银簪，挂有银耳垂，状如凤凰头；衣装和围裙上用大红、桃红、金黄等色的丝线刺绣出各种彩色花纹，象征着凤凰身上美丽的羽毛；周身佩挂的银器叮当作响，则象征着凤凰的鸣叫。

四、西南地区民族服饰

西南地区包括四川、重庆、云南、贵州、西藏和陕西南部地区，在这片土地上分布着 30 多个民族，是我国少数民族最多的区域，仅云南一省就有彝族、白族、壮族、傣族、苗族、回族、藏族、满族、傈僳族、哈尼族、拉祜族、佤族、纳西族、水族、瑶族、景颇族、布朗族、布依族、普米族、怒族、德昂族、阿昌族、独龙族、基诺族、蒙古族等 25 个少数民族。这一地区的民族服饰绚丽多彩，各具特色，在此以彝族、苗族和傣族、白族的民族服饰为例做简要介绍。

彝族分布在四川、云南、贵州、广西等省区，主要集中四川凉山和云南楚雄等地。凉山彝族服饰古朴，男子身穿大襟右衽窄袖上衣，下着多褶宽脚长裤，头顶留有 3 寸长的一缕头发，称“天菩萨”，将其视为灵魂的藏身之地，不许人触摸。外以数丈青蓝色布帕裹头，右前方扎成拇指粗的锥形“英雄结”。女子一般上穿大襟右衽上衣，下着百褶裙。女子生育前戴饰花头帕，生育后戴帽或缠帕。男女还以耳环为饰，女子戴双耳，男子只戴左耳。凉山地处高寒，男女均喜身披称为“查尔瓦”的羊毛披毯，此毯有昼为衣、雨为蓑、夜为被的功能。楚雄等地彝族的装束为对襟或大襟上衣，下着长裤。彝族崇尚黑色，服饰以黑为贵、美，上面还常描有虎纹、火镰纹等出自动植物和大自然崇拜的纹样。

苗族原居洞庭湖，秦汉时称“五溪蛮”，唐以后称“苗”。贵州、四川、云南、广西、广东、海南及湖南、湖北都有苗族居住。苗族服饰的样式及色彩众多，仅黔东南的苗服就达 200 种以上。苗服的式样有左襟、右襟、对襟、长衫、短褂、长裤、裙装、披肩、马褂等，其服饰制法保持着民间织、绣、挑、染等传统工艺技法，其中的苗绣被艺术大师刘海粟赞为可与湘绣、苏绣相比的刺绣。苗女节日盛装时一身组件有头帕、上衣、围腰、背肩搭、裙子、裹腿、鞋等四五十种，几乎遍施彩绣。此外，周身皆有银饰，其头上戴银冠、银梳，耳边戴银耳环、银耳坠，项上挂银项圈、银枷，项圈少则两圈，多的有六七圈，银枷下垂有银质珠穗，手上还戴着银手镯、银戒指，极其风光美丽。

傣族主要居住在云南的西双版纳。傣族男子上身穿无领对襟或大襟小袖短衫，下着宽腰无兜长裤，多用白色、青色布包头。女子上着各色紧身内衣，外罩紧身无领短衫，衣衫下摆仅及腰间，袖管又长又窄。下穿长及脚面的彩色筒裙，裙上织有各种图纹，有的还束以精美的银质腰带。傣族女子喜将长发盘于头顶，上插梳、簪或鲜花，外出时头戴尖顶斗笠，或打个小绸伞。傣族女装紧身、修长的特点，能凸显女性的曲线，再配以笠、伞等动感的装束，充分展示出亭亭玉立、婀娜多姿的女性美。

白族以大理附近为聚居地。好穿浅色窄袖上衣，外罩宽缘边斜竖领或大襟坎肩。下着深色长裤，裤管略肥短。腰系一彩绣围腰，腰带绣上各种花卉。头饰为横宽条状头饰罩住发髻，头饰上垂下长穗，有的穗长可至后背中部。白族服饰的最大特征是色彩对比明快，映衬协调，挑绣精美，都有镶边花饰；其次，往往上身头饰比较华丽，而下身较朴素；再者，姑娘服饰艳丽，中老年妇女服饰比较朴实。可以说，“大襟衣外罩比甲，紧束腰带系围裙，上衣前短后摆长，白绵羊皮当披肩”是各地白族妇女的装束共性。男子则着白衫、长裤、裹腿、草鞋，外罩鹿皮坎肩。坎肩前有密密的纽扣、宽缘边，裹腿和腰带习惯以绒球为饰。如遇喜庆节日跳龙舞，男子亦着大红裤、白衣、黑坎肩，戴六角帽。

五、青藏地区民族服饰

青藏地区包括青海、西藏、四川西部等地，该地区分属中国的西北和西南，但是由于其具有高海拔的特点，且居住的民族主要为藏族，因此专门做一介绍。

藏族服饰的基本形式是长袍，其袍大襟、右衽、肥腰、长袖。牧区藏袍为皮袍，农区常着氆氇袍。藏袍有着两千余年的历史，是与青藏高原变化急骤、冷热无定的气候相适应的服饰。藏民穿藏袍时，遇热常脱掉一袖，袒露右肩，有时干脆脱掉两袖，将袖子掖在腰间。宽大、厚实的藏袍，白天当衣，夜晚可当被，适合藏民游牧的生产方式。

藏族男子多穿黑色或白色的藏袍，袍子的领、袖、襟、底部用色布、绸子或毛皮镶边，头戴毡帽、皮帽或金花帽，腰间束带，足蹬藏靴；藏族女子冬穿有袖藏袍，夏穿无袖藏袍，内衬色彩鲜艳的衬衣，衬衣领外翻，袖管比胳膊长一至二倍，平日卷起，舞蹈时放下，舒展飘逸，挥洒自如。已婚藏女还在腰间围以被称为“帮典”的彩条围裙。

藏族男女喜欢佩饰，所戴佩饰既有用金银、玛瑙、松石、珊瑚、琥珀、宝石等制作的头饰、发饰、鬓饰、耳环、项链、胸饰、腰饰、戒指等装饰品，也有腰刀、火镰、奶钩等实用品和佛盒、佛珠等护身符。藏族还用纱或丝绸织成哈达，哈达可有多种颜色，但最常见的还是洁白的白哈达。遇有喜庆之事、远客来临、拜见尊长及远行送别时，都要用献哈达的方式以示敬意。

六、台湾地区民族服饰

台湾属于中国的东南地区，台湾少数民族是中华民族大家庭的重要一员，是中国少数民族独特的一支。台湾少数民族传统服饰男有腰裙、套裙、挑绣羽冠、长袍等，女有短衣、长裙、围裙、膝裤等，多用红、黄、黑等色彩鲜艳的颜色，并辅以贝珠、玻璃球、猪牙、熊牙、羽毛、兽皮、竹管、花卉等自然的饰品，极具原始古朴的风情。

台湾少数民族现有泰雅、赛夏、布农、曹、鲁凯、排湾、卑南、阿美、雅美 9 个支系，各支系的服饰各有特点。

台湾北部的泰雅人、赛夏人、阿美人，用麻布为衣料制作服饰。男穿无袖上衣、腰裙，女着长袖短衣、长裙。泰雅人有一种珠衣，是以白色贝类穿孔，磨成小如绿豆的贝珠，穿缀于整件衣服上，一件珠衣要用几万颗贝珠细心缝制才能做成。赛夏人有一种叫作“背响”的饰物也很有特色，其物状如背心，上窄下宽，上有彩绣花纹、流苏和小铜铃，舞蹈时戴在身上，响成一片，煞是好听。

台湾中部的曹人、布农人以鹿皮为衣料，上穿带毛的鹿皮背心，外披鹿皮披肩，胸前挂一方形的纹饰胸袋，可放置槟榔、烟袋和杂物，腰间用一块方形斜布折成三角形腰袋遮蔽下体。台湾南部的排湾、卑南、鲁凯和南部阿美人穿对襟长袖上衣、背心型短褂、半腰裙，排湾、卑南人还用豹皮做披肩，以鹿角制头冠。

台湾南部的兰屿岛气候炎热，生活于其中的雅美男人头戴藤盔或木盔，上身穿对襟短衣或背心，下面只用一条宽约三四寸的丁字带遮挡私部。

台湾少数民族男子的服装常配有羽冠、角冠、花冠。花冠在其他民族一般为女子的装饰，但在台湾少数民族却是男子所用。有些部族的男子还佩戴耳环、头饰、脚饰、手镯和臂镯。此外，黥面、文身、穿耳、凿齿、染齿、拔毛、箍腰等以身体为对象的装饰行为在过去也很流行。

总之，服饰民俗是最能直接标识我国各地、各民族的文化风情和文化差异的民俗事象之一，理当成为重要的旅游资源。我们发展民俗旅游，不仅要注重开发当代的民族服饰，而且还应积极挖掘古代服饰民俗，以满足日益增长的旅游需要。

第四节　服饰民俗与旅游

服饰民俗是一个民族、一个地区的重要标志。当旅游者来到目的地时，首先映入他们眼帘的是当地人的服饰和民居建筑。服饰以其鲜明的实用性、审美性、文化性特征成为一项重要的旅游资源。

一、服饰民俗的旅游文化内涵

旅游，从本质上说，是一种认知文化活动。离开了文化，就谈不上旅游。旅游涉及认知文化的广泛领域，又关联认知文化的各种形态。尤其是随着生活水平的提高、社会的发展，人们对新颖而又奇异的文化的认知愿望就越来越强烈，旅游也因之迅速发展。服饰民俗，是一个民族或地区在穿戴佩饰方面的物质创造，它既表现为“物”的文化形态，又体现了“精神”的文化形态，是该民族、该地区文化的重要载体。旅游的目的是认知文化、享受文化，作为众多文化类型之一的服饰民俗自然成了旅游者观光、游赏的重要目标。服饰民俗所体现的旅游文化内涵相当丰富，主要有：

（一）服饰民俗是旅游审美不可或缺的主要内容

旅游活动在相当程度上为一种审美活动，是旅游者对旅游景观、旅游资源进行观照、审视，从而获得美的享受与心灵愉悦的动态过程。服饰民俗的美是多方面的，不仅有色调美、装饰美，而且还有结构美、搭配美、神秘美，它能给旅游者带来多方面美的享受与满足。如云南大理白族生活在苍山洱海的白雪、霞光、碧波之间，妇女常着白色上衣，外罩红坎肩，或蓝色上衣黑坎肩，下穿深色长裤，围彩腰，色调明快，对比鲜明，映衬协调，令观者赏心悦目。

（二）服饰民俗是一个民族或区域历史的缩影

服饰是时代的产物，透过服饰民俗可以看见不同民族或地区的历史发展轨迹、经济基础与宗教、文化对服饰民俗发展的驱动。比如苗族服饰图案丰富，黔东南多以花鸟虫鱼为图，象征吉祥幸福；黔西北的图案多反映民族的历史，有的表示居住过的城郭、田园、山水，有的表示祖先迁徙经过的江河、平原。上衣下裳是先秦华夏族的服饰，水田衣为明代的女服，旗袍则是清代满族的服装，中山装为民国的服装。服饰民俗旅游犹如阅读一部“无言的史诗”，给人以文化启迪。

（三）服饰民俗是民族的标记

服饰民俗与居住民俗一样是建立在每一个民族共同的民族心理和审美情趣基础上的，它一经形成，便被赋予强烈的情感，成为本民族的“族徽”。通过服饰，便能很快识别民族。身穿藏袍，佩藏刀，头戴藏帽的，肯定是藏族；头戴绣花帽，身着竖长条纹长衫的，无疑是维吾尔族；着蒙袍，穿船型月牙高筒靴的，自然属于蒙古族。考察、观赏服饰民俗的过程，也是旅游者增长见闻、丰富文化知识的过程。

二、服饰民俗的旅游资源学分类

服饰是人类生存、生活的基本需要，它形成的最主要条件为地理环境、历史传统与经济发展水平。服饰民俗是不同地区与民族各自独特的地理条件、历史文化传统的积淀。由于服饰民俗具有丰富的旅游文化内涵，国内外的旅游者才为它所吸引。服饰民俗是一种重要的旅游资源，这是学术界、旅游界的共识。

从有利于激发旅游动机的角度看，服饰民俗旅游资源可以分为少数民族服饰民俗旅游资源与汉族传统服饰民俗旅游资源两大类。我国有55个少数民族，有些民族还有许多支系。少数民族服饰各有独特风格，且形成了种种类型及亚型。像瑶族有蓝瑶、红瑶、板瑶、山瑶之分，他们的服饰既有相同之处，又有差异。藏族服装，男女都是大襟袍式，但牧区的藏袍更肥大宽绰，农区妇女多内穿一件衬衣，外罩肥大的长坎肩，腰系彩色横条围裙。少数民族服饰民俗旅游资源多姿多彩，旅游价值弥足珍贵。我国民族地区发展经济、开发民俗旅游都应以此为基础。

就服饰民俗旅游资源开发利用的现状而言，少数民族服饰民俗旅游资源已得到相当的重视，但深度还不够，有待进一步提高。在中国，汉族人数最多，分布极广。汉族除极个别地区，如福建惠安外，服饰民俗虽然也有地域上的差异，但个性特征多不及少数民族鲜明。从景观旅游的角度分析，现当代汉族服饰的旅游景观价值不是很大，也就是引起旅游兴趣、诱发旅游动机的内在动力不足。然而，汉族的传统服饰民俗绚丽缤纷，不仅头衣、体衣、足衣、配饰各有花样、款式，而且上下五千年中的各朝代又有各自不同的风格和特征；既有实用性的一面，又具备民俗旅游资源所必备的“新鲜感”、“奇特感”、“快乐感”、“美感”四性，理当成为重要的旅游资源。遗憾的是，旅游界对这一重要旅游资源的认识严重不足，开发上大大滞后，这不能不说是民俗旅游的一大损失、民俗旅游资源开发的一大欠缺。所以，对旅游从业人员来讲，开发服饰民俗旅游资源，首先必须加强有关民俗旅游资源的理论学习，更新观念。凡是能激发旅游者的旅游动机的服饰民俗都是服饰民俗旅游资源，都是我们应当认真研究和开发的目标与对象。

三、服饰民俗可供旅游开发的思路

服饰民俗是人们穿戴方面的习俗惯制。人们穿戴服饰的目的，除御寒保暖外，还以服装、饰物来体现人们的伦理观念和审美情趣，表现人的形体美、修饰美以及工艺美。服饰民俗的这种外显特征，实际上也就构成了民俗文化景观的重要组成部分。一个民族或地区的服饰民俗的外显特征越显著，它的旅游价值就越突出，景观效果就越好，同时所产生的感染力也越强烈。

基于服饰民俗的鲜明外显特征，服饰民俗旅游资源的开发可以按下列方式进行：①博物馆陈列。建立专门的博物馆，或在综合博物馆中设置专厅，展示我国各民族及历朝历代的服饰民俗物品，供游人参观。②民俗服饰装扮。在旅游景点、景区及其他旅游接待场所，让旅游接待人员、从业人员以及所有民俗文化景观的组成人员身着民俗服饰，烘托民俗氛围。这种方式，目前普遍被采用，在民俗文化景点、民族文化村尤为多见，如深圳中华民俗文化村、昆明云南民族村、贵州凯里郎德苗族村等无不如此。③民俗服饰体验。服饰的观赏可以获得美的享受，假如再穿戴上民族服饰或古代的民俗服饰，做一回某某族人或某某朝代的人，则更多一重体验，更能找到感觉。你踏上草原，住进蒙古包，再穿上蒙古袍，系上长长的腰带，骑着骏马，当一回蒙古骑士，这样的旅游怎能不让人留恋不已、铭记在心呢？簪花是福建泉州一带妇女头饰习俗，2024年爆火，吸引大量游客到泉州簪花、拍照。④服饰商品。民俗服饰是我国各族人民的穿戴物品，这些物品不仅能满足我国各族人民的生活需要，而且由于它们具有实用性、纪念性、艺术性、审美性的特点，还能开发为旅游商品，供旅游者选购。在我国的民俗旅游资源中，民俗服饰的商品化开发潜力是最大的，种类也最为丰富。目前，苏绣、湘绣、贵州蜡染、旗袍、壮锦、苗族银饰、藏刀等服饰商品已受到旅游者的喜爱，只要我们进一步开发，旅游民俗服饰商品的市场前景一定会更加广阔，社会效益也会愈益显著。⑤服饰仿制。这里有两个方面的内容，一是建立在翔实资料和认真研究基础上的仿制古代民俗服饰；二是吸取民俗服饰的精华，继承其风格，创制新的民俗性服饰。仿古民俗服饰可以在民俗文化村、古城镇等众多民俗旅游地使用，而新的民俗性服饰则仅限于宾馆、餐厅的服务人员穿戴，以体现接待服务的民族特色，否则，就有假民俗服饰泛滥之嫌。

服饰民俗是以人为载体的民俗，而人又有民族、文化素养等方面的差异；因此，开发服饰民俗旅游资源还须特别注意以下五点：①与其他旅游资源组合开发。服饰民俗可以开发成辅助型的旅游文化景观，但不能成为主体性的旅游吸引物，它一般须与其他民俗旅游资源或其他旅游资源一起构成一个独立的景观体系。②与环境相协调。服饰民俗景观应当与周围的民俗环境相适应，也就是说服饰民俗景观与自然环境景观、民居景观在文化内涵上要有一致性。不能穿着蒙古袍，却出现在傣族的竹楼前，如此就不伦不类了。③把握民族服饰的本质特点，注意多样性与独特性的统一，不能张冠李戴。④开发的方式既可采用单一方式，也可以多种方式组合开发。⑤要充分利用节庆，集中展示民俗服饰。节庆不但是一次民族或地区的盛会，也一定是民俗服饰的盛会。节日里，人们自觉不自觉地盛装打扮，服饰民俗更加绚丽多彩。节庆是开展服饰民俗旅游的最佳时机。

思考题

1. 请谈谈少数民族服饰对汉族服饰的影响。
2. 比较我国西北与西南地区少数民族服饰的差异。
3. 服饰民俗的发展变化受哪些因素的影响较大？
4. 中山装、旗袍为什么能成为国服？
5. 请查找资料，并论证汉族惠安女的服饰为什么能长久地保持下来。
6. 分析我国各地旅游中服饰民俗利用的差异。
7. 汉服节能否带动景区的人气？

第三章
饮食民俗旅游

本章提要： 本章从多个角度，结合历史发展的特点，详细分析了中国饮食民俗的发展、主要内容及其变迁，特别详细考察了地方风味和菜系的特色以及中国的茶俗与饮酒习俗，并阐述饮食民俗的旅游价值。

饮食是人类生活方式的一个重要组成部分，是人类生存和改造身体素质的首要物质基础，也是社会发展的前提。在我国，不同的地区、不同的民族由于各自特殊的历史、地理条件和经济文化因素，在漫长的历史进程中形成了各具特色的饮食民俗。饮食民俗已成为中国悠久文化的一个重要方面，体现着中国社会和文化的特点；也成了重要的旅游资源，为国内外旅游者所叹服。

第一节　饮食民俗述略

关于饮食，从有文献记载以来，许多古圣先贤不断强调对于它的重视态度。孔子曾说："食不厌精，脍不厌细。"[①] 体现了他对饮食的较高要求，也得到后世人们的肯定，成了人们追求饮食品位的榜样。饮食的重要意义，可以用孟子的话来概括，那就是食、色有重于礼者，也就是《孔子家语·观乡射》中所谓的"饮食、男女，人之大欲存焉"。意思是说，人的一生有两大欲望，一是吃喝，二是情欲。孟子把吃喝与人的繁衍后代并列，更把饮食行为上升到了前所未有的高度。从孔孟以后，上至王侯贵族，下至平民百姓，对于饮食尽管有不同的追求，但其中有许多习惯是一样的。

一、饮食民俗及其特征

由于中国幅员广大，民族众多，地区差异很大，饮食民俗便相应地有许多

① 《论语·乡党》。

不同。大的来说，是南方与北方的差异，细的来讲，还有不同民族之间饮食行为的区别。但如果从概念上来总括这个饮食民俗，则本质大体一致，是指有关食物和饮料，在加工、制作和食用过程中形成的习俗，是民俗中最活跃、最持久、最有特色的事象之一。

饮食民俗是伴随着人类社会的产生而产生，伴随着经济文化的发展而发展，伴随着科学技术的进步而进步的。它的形成和发展主要由中国的环境、历史、经济、政治、文化诸多因素所决定。

就地理环境看，饮食民俗对自然环境有很强的选择性和适应性。地域和气候不同，农副产品的种类、品性不同，食性和食趣自然也不同。如，东淡、西浓、南甜、北咸口味嗜好的分野，春酸、夏苦、秋辣、冬咸季节调味的变化。又如，西北迎宾多羊馔，东南待客重海鲜，朝鲜族爱吃苹果、梨、泡菜，壮族会做竹筒糯米饭，这些均与"就地取食"、"因时制菜"的生存习性相一致。这种饮食上的时空差异，正是各种菜系或乡土菜种风味特征形成的主要外因。

就历史传统看，中国稳定、漫长的农业生活和中国人重历史、重家族和传统技艺（包括特殊的烹饪、酿造等方面的技术）的传统，使祖传的烹饪手艺得以留传，并不断赋予新的内容与形式，精益求精。在中国，最享盛誉的"老字号"、"百年老店"都是经过众多"无名氏"世世代代的创造经验积累而成的。例如，北京的全聚德烤鸭店、东来顺饭庄、前门大栅栏内的张一元茶庄、都一处烧卖馆，天津的狗不理包子铺与耳朵眼炸糕店，上海的功德林饭庄，杭州的楼外楼，广州的陶陶居，苏州的松鹤楼等，都是其中的代表。而不分食的围炉共醮合家欢的传统吃法，既有感情的交流，又有维系家族和家庭的重要作用。

从经济上看，食俗的孕育和变异无疑受到社会生产发展状况的制约。换言之，有什么样的物质生产基础，便会产生相应的膳食结构和肴馔习俗。如，秦岭—淮河以南地区以种植水稻为主，自然以稻米为主食，以蔬菜、鱼、肉、禽、蛋为副食。而西北是我国主要的畜牧区，牧民也就以牛、羊肉为主食，喝马奶、马奶子酒等饮料。

从政治上看，饮食民俗还时常受到政治形势的影响，尤其是当权者的好恶和施政方针的影响。像唐王朝崇奉道教，视鲤鱼为神仙的坐骑，加上"李"为国姓，民间讲究避讳，故而唐人多不食鲤鱼，唐代也极少见鲤鱼菜谱。

从文化交流看，民族间的文化交流，也大大丰富和影响着我国的饮食民俗。如汉张骞通西域后，西域的核桃、蚕豆、黄瓜、香菜、胡萝卜、葡萄酒传入内地，为中原人所采用。北方少数民族食用的茶叶、豆腐、麻花等也是长期文化交流的结果。

从宗教信仰看，不少食俗是信仰崇拜或某些仪式演变而来的。像蒙古族尚白，以马奶为贵；台湾少数民族造船后举行“抛船”盛典，宴请工匠和村民；水族供奉司雨的“霞神”完毕后，大伙才能分享祭品；回族只吃牛羊肉；佛教徒只吃素食，均如此。

上述诸因素与饮食民俗有着相伴共生的关系，表面上似乎只是各类饮食习俗的影响因素，但实际上都从各个不同方面表现出了饮食民俗的主要特征：地区性、民族性、宗教性、融合性等。

二、饮食结构与类型

饮食结构是指日常生活中一日三餐的食物搭配。饮食结构，是一个复杂的问题，它常常和生活区的自然地理环境、生产力发展水平、物产资源及经济条件有关，一般由主食、菜肴、饮料组成。

（一）主食

在古代，人们的主食主要是饭、粥，也有饼。饼在北方有很多种，比如魏晋以来民间经常吃的“蒸饼”，是现在馒头之类的面食；而“汤饼”就是今日的面条；今天所说的饼当时叫“胡饼”，大概到东晋以后才流行起来。

现在我国民间主食主要有米饭、面食和牛羊肉三种类型。粮食作物是主食的重要原料，但由于各地自然条件的差异，粮食作物品种不同，主食的原料和制作方式也就不同。

南方和部分北方种植稻米的地区，以米饭为主食；而秦岭—淮河以北广大地区及部分南方山地种植小麦的地区，则以面食为主食；还有些高寒和高山地区，种植玉米、青稞、高粱、谷物等作物，日常生活自然以杂粮为主食。此外，土豆、薯类作物也是我国人多地少的部分丘陵地区的主食。不同的粮食作物，用不同的制作方法制成食品，供人们食用，于是形成有关主食的不同习俗。比如青藏高原，由于气候寒冷，作物生长期短，适合青稞的种植。生活在这里的藏族人民创造了独特的食品——糌粑。它是将青稞炒熟，磨成面，和茶水食之。吃糌粑，喝酥油茶，是藏族特有的食俗。

（二）菜肴

菜是蔬菜的总称；肴是做熟了的鱼肉。菜肴通常有素和荤之分。

我国常食用的菜肴原料有鱼肉、蛋乳、油脂、蔬菜、瓜果、调味六种类型：① 鱼肉类。这是古食俗中以动物为菜食原料的传承，包括家畜中的牛、羊、猪及家禽中的鸡、鸭、鹅的肉及大部分脏器；也包括野兽及野禽的肉；还包括水产中的鱼、虾、蟹等。② 蛋乳类。这是由家禽、野禽派生出来的蛋类和由家畜派生出来的乳类组成的。③ 油脂类。包括家畜、家禽和鱼类提供的脂肪和植物种子榨取的可食用油。④ 蔬菜类。包括食用野菜和人工栽培蔬菜，有茎叶的白菜、韭菜、芹菜、菠菜等，块根、块茎的萝卜、莲藕、甘薯等，还有覃菌类的蘑菇、木耳以及笋类、番茄类等。另外，蒜、葱等的应用也十分广泛。⑤ 瓜果类。通常称为干鲜果品的有：枣、栗、莲子、瓜子、核桃、松子、榛子、椰子、槟榔等及桃、李、梅、杏、梨、苹果、葡萄、石榴、柿、荔枝、枇杷、柑橘、菠萝、香蕉等多种果、核、壳类食料，还有冬瓜、南瓜、黄瓜、丝瓜、西瓜、甜瓜等。⑥ 调味类。包括盐、糖、醋、酱、姜、辣椒、芥末、胡椒、花椒、桂皮、茴香以及现代的味精之类，还有米酒等特殊调料制品。

把这六种食料进行合理搭配和烹制而产生出成千种菜肴，各有不同的风味，于是便形成了各种菜食的类型。由于各地方的习惯口味不同，烹调方法各异，逐渐从民间风味发展成特定类型。这种从地方风味发展而来的菜肴很多，其中较有代表性的类型如川菜、粤菜、京菜、鲁菜、苏菜、湘菜、徽菜、鄂菜、闽菜等，都各具特色。①

（三）饮料

饮料，是饮食内容的重要组成部分，在日常生活中也不可缺少。饮料有酒、茶、奶等，其中又以酒和茶为主。

茶开始被当成饮料使用，是中国古代饮食上的一件大事。饮茶的风气起于魏晋南北朝的南方，至唐代而大盛。到宋代，茶才成为中国人日常的饮料。中国是茶的起源地，全世界的饮茶之风都是直接或间接地从中国传过去的。

饮酒是我国各民族普遍盛行的习俗。由于原料、配制方法和饮酒习俗不同，酒在各民族饮食结构中的地位也就不同。北方地区的人们喜饮烈性白酒，南方地区的人们喜饮低度米酒和果酒。另外，不同的民族还有自己特制的酒类饮料和饮酒习俗。比如，马奶酒在哈萨克族生活中必不可少，婚礼、宴会上更是待客的名贵饮料。贵州的布依族，家家户户都有自酿米酒的习俗，客人来家即先斟一大碗酒表示敬意，而饭桌上的酒更是不可少的。

近年随着对外交往的增加和生活习惯的变化，咖啡、矿泉水、汽水、可乐、果汁等日益成为人们的日常饮品。

总之，饮食结构和类型的形成，受到客观生活水平的制约。随着我国经济的发展、生活水平的提高，传统的饮食结构和类型也在变化。在南方城市，面食、杂粮的食用日渐增加，北方城市中食米饭的也十分普遍。果汁、可乐等新

---

① 乌丙安：《中国民俗学》，第106～108页，辽宁大学出版社，1985年。

型饮料更是发展迅速。

三、饮食的惯制

从古代到今天，饮食惯制出现了较多的变化，就今天存在的饮食习惯来讲，大致有三：

日常生活的食制。这是维持正常的生理需要而形成的习惯。它包括餐数、时间和配餐方式。先秦时期采用早晚两餐制，第一顿叫朝食，上午八九点钟吃；第二顿叫晡食，在下午四点左右吃。汉代，因农业有了进步才渐渐采用一日早、中、晚三餐制。三餐制古称“三食”，既利于生活，也利于生产。我国有些地方还按生产季节的不同，采用定期的两餐制，与三餐制相间使用，如苏北地区过去农闲时就实行一日两餐制。配餐方式指每餐的食物搭配。如南方普遍早餐为粥，中、晚餐吃米饭、蔬菜。

节日仪礼需要的惯制。这是饮食民俗中最具民族特色、区域特色的部分。它是人们为满足各种社会需要，如庆丰收、亲朋好友团聚联谊等而约定俗成的习俗，有节日食俗与人生礼仪食俗两大类。我国民间传统节日很多，民间有“四大节、八小节、二十四个末末节”的说法。较为大型的有春节、清明节、端午节、中秋节、重阳节、冬至节、腊八、小年等。不同节日里都有其固定的食俗。所谓“宁穷一年，不穷一节”，正说明了节日饮食的重要。比较起来，节日食俗以春节最丰富精彩，但不同节日有各自的食俗特色。如正月十五吃元宵，清明吃冷饭，端午食粽子、饮雄黄酒，中秋吃月饼。人生礼仪食俗多为宴食，宴席上的座次、饭菜品质、上菜的顺序、劝酒敬酒的礼节、酒令的内容与方法、参加男女人数等都有不同的惯例。

祭祀上的饮食惯制。我国自古以来就有崇古、敬祖、敬神的传统，人们期盼通过食物来沟通现世与彼岸的联系，所以在举行各种祭祀仪式时，都要有“牺牲”供奉各种神灵和祖先，并遵循一定的饮食惯制。如，云南兰坪白族信奉“天鬼”，祭天时设立祭天台，杀牛献祭，祭毕，牛肉牛皮分给各家各户享用。青海河湟地区治丧期间，要每晚烧一锅粥撒于屋四周及空旷地。

第二节　地方风味与菜系

中国地域广大，各地自然条件、地理环境及物产资源有许多差别，菜肴的制作、口味也有诸多不同。先秦时期，中国菜已出现初步的南北分野，以黄河流域为中心的北方使用的食料多为陆产，南方长江流域的食料有许多水产、禽类。秦汉以后，中国版图扩大，边疆与中原的联系加强，北方人口多次迁徙南方，但南北食的口味分野依然存在，且出现进一步的区分。在唐代，有人已注意到南方的扬州、巴蜀、岭南地区口味不同；到了宋代，南食、北馔、川饭、虏食等标记地方风味的饮食进入了大城市的酒楼饭馆。值得一提的是素食——用素料仿制鸡鸭鱼肉的菜肴，已进入上品饮食领域，中国第一本素食菜谱《本心斋蔬食谱》就出现在这个时期。到明清，尤其是近代以来，随着农业和交通的发展、饮食原料的极大丰富、城市经济的逐步繁荣，各地涌现出一批富有特色的名店、名厨和名菜，其间又经名人文士的品评提倡，最终形成了帮派众多的地方菜系。

由于对菜系的理解不同，今日中国有多少菜系至今尚未形成统一的看法。常见的有三种划分方法：一是四大菜系，即淮扬菜、川湘菜、粤菜、京菜，或鲁菜、川菜、苏菜、粤菜；二是八大菜系，为京菜、鲁菜、苏菜、徽菜、川菜、湘菜、粤菜、闽菜；三是十大菜系，即上述八大菜系加沪菜、鄂菜。其他如豫菜、秦菜及东北菜等也都较有地方特色，少数民族的风味饮食更是别具一格。众多地方风味与菜系支撑起中国菜的丰美形象，中国因此成为名副其实的烹饪王国。

中国众多的地方风味与菜系如果稍加归纳，可以按其方位分为东西南北四个区域。以下介绍的京菜与鲁菜、苏菜与徽菜、川菜与湘菜、粤菜与闽菜分别是中国北方、东方、西方与南方地方风味的代表，少数民族风味饮食则反映边疆少数民族的饮食习尚。当然，现代社会由于文化的繁荣和交通的便利，地方风味与菜系已不再属于某一地区的专利。尤其是改革开放以来，各地的名馔和特色小吃流布甚广，在一些大城市中，固守一地吃遍天下已不稀罕。但是，从人们的心理来说，去他乡异地亲口品尝当地的风味饮食还是会有更多的乐趣。因此，无论将来饮食业如何发达，去外地亲啖当地风味将始终是引发人们旅游冲动的因素之一。

一、京菜·鲁菜

（一）京菜

京菜是北京菜的简称。北京为历史悠久的古都，元、明、清三代为全国政治中心，五方人士杂处，因而北京菜的组成复杂多元。它包括以牛羊肴馔为主的清真菜，从明清皇宫又回到民间的宫廷菜，从士大夫家传出的官府菜，以及适合北京人口味的山东菜及个别其他地方的菜肴，兼容并蓄是它的最大特点。

北京的清真菜有悠久的历史渊源。元忽思慧《饮馔正要》记录当时北京的饮食，所记95种肴馔中有76种使用羊肉。清代涮羊肉为宫廷府邸筵席的常备肴馔。晚清至民国，北京清真馆大批涌现，仅前门外开设的羊肉馆就有元兴堂、又一村、两益轩、同和轩、同益轩等十几家，东西长安街还有东来顺、西来顺等著名清真馆，所治全羊席、烧羊席、烤羊席、涮羊肉极负盛名，清真小吃爆肚儿、羊肉锅贴等也备受人们欢迎。

北京的宫廷菜名闻遐迩。所谓宫廷菜是指从清代宫廷传出的菜肴。清宫本有满族食俗饮食，入关后，继承了明代宫廷饮食，康熙、乾隆两朝，皇帝多次南巡，又将大量南方名肴引入宫廷，使宫廷菜更加丰富。宫廷菜中规格最高的是满汉全席，这道宴席以满洲烧烤和南菜中的鱼翅、燕窝、海参、鲍鱼等为主菜，穿插满洲糕点饽饽，佐以淮扬、江浙羹汤，全席菜点近两百道，令人叹为观止。

宫廷菜在清时已开始流向民间。如白肉，曾被视为宫廷名菜之首，乾隆六年（1741年），北京和顺居开张，专门向社会供应白肉等猪肉肴馔，因其用砂锅煮肉，民间称之为砂锅居。民国以前，砂锅居每日售猪肉限一头，去晚了吃不到。嘉庆时诗人学秋氏《叙都门竹枝词》"缸瓦市中吃白肉，日头才出已云迟"①，即为此景的记述。北京菜中极负盛名的烤鸭原本也是宫廷菜。其源出于明成祖迁都北京时，将金陵（南京）烧鸭带入宫廷。清同治年间，河北蓟县人杨全仁创办全聚德，聘请的就是曾在宫中制作烧鸭菜的厨师。清末民国以来，宫廷菜继续传布民间，现今北京著名的宫廷菜馆北海仿膳饭庄和颐和园听鹂馆的许多菜点即出自晚清御膳房，如仿膳的抓炒鱼片、抓炒里脊就是被慈禧封为"抓炒王"的厨师王玉山传下来的拿手菜。

北京历来为士大夫云集之所，各地士大夫到京赴任多携有家乡的厨师，一些士大夫美食家还有发明创新。自士大夫家流向社会的肴馔，被称为官府菜。官府菜多取各地菜肴之精华。如潘鱼，是用活青鱼加羊肉清汤烹制，取鱼加羊为"鲜"之意，出自晚清翰林潘炳年家。潘炳年，福州人，潘鱼实际上是在福州菜神仙活鱼的基础上增添香菇、海米等发展而成。② 又如吴鱼片，由清代宦居京城的苏州人吴闰生创制，被称为"富有江浙色彩的北京菜"。③ 今日声名颇广的谭家菜也是北京官府菜，它出自清末翰林谭宗浚家，后由其家厨传入

① 杨米人等：《清代北京竹枝词十三种》，第59页，北京出版社，1962年。

② 王世襄：《谈北京风味》，见范用：《文人饮食谭》，第106页，三联书店，2004年。

③ 王学泰：《华夏饮食文化》，第149页，中华书局，1993年。

餐馆。

各地风味对京菜影响最大的要算山东菜。晚清民国时期，在北京开饭馆的山东人很多，几乎垄断了北京的餐饮业。北京能承办红白喜事的大饭庄庆丰堂、聚贤堂等“十大堂”都是山东菜馆，名饭馆“八大居”中的广和居、同和居是山东菜，东兴楼、致美楼等“八大楼”中有七家是山东菜，不以“居”、“楼”为号的山东菜馆还有丰泽园、便宜坊等一大批。因此，有人总结称：“五六十年前，在北京，有名的大饭店，什么堂、楼、居、春之类，从掌柜的到伙计，十之七八是山东人，厨房里的大师傅，更是一片胶东口音，不只是大饭店，就连一般菜馆，甚至街头的小饭铺，也是山东人经营的居多。”①

由于山东风味菜馆在北京饭馆中唱主角，京菜中经常使用的爆、煽烹技及爱用葱、酱的风格和山东菜如出一辙。山东菜对北京饮食的影响甚至还深入一般居民家庭，现今北京人日常炒菜惯用的葱花炝锅就是源自山东菜。当然，京菜在吸取山东风味的同时也对其进行了改造。如锅煽豆腐，山东的做法是用酱油，颜色灰暗；京菜不用酱油，色泽金黄悦目。酱爆鸡丁，山东的做法是用甜面酱，甜而不香；京菜使用黄酱，或黄酱加甜面酱，增添了菜肴的香味。因此，北京的山东菜馆，其经营的已不是纯粹意义上的山东菜，而是具有山东风味的北京菜。

北京小吃众多，灌肠、爆肚、茶汤、豆汁、炒麻豆腐、豌豆黄、芸豆卷、艾窝窝等都是京味甚浓的小吃。其中，豆汁颇受老北京人喜爱。这是一种用绿豆渣粉发酵后制成的食品，味道酸怪，外地人不易接受，而老北京人对它情有独钟，甚至有“不喝豆汁儿，算不上北京人”的说法。②

（二）鲁菜

鲁菜为山东菜的简称。其渊源可上溯至春秋战国时代的齐鲁两国。秦汉时期，山东的烹饪技术已相当发达。1967年山东诸城出土的东汉画像砖有一幅庖厨图，上面绘有43人忙碌准备宴席的场面，从宰杀、分割、洗涤、切配到烹烧井井有条。南北朝时，山东人贾思勰撰写《齐民要术》，载有不少山东肴馔的制作经验。宋代饮食业繁荣，宋人所称的“北食”主要即山东菜。③ 明清时期，山东菜在华北及东北一带影响广泛，其菜肴传入皇宫，成为御膳的主干。明太监刘若愚在《酌中志》中记载万历皇帝爱吃的一道菜，是用海参、鲍

① 张友鸾：《北京菜》，见范用：《文人饮食谭》，第85页。

② 韩少华：《喝豆汁儿》，见范用：《文人饮食谭》，第259页。

③ 薛麦喜：《黄河文化丛书·民食卷》，第52页，山西人民出版社，2001年。

鱼、鲨鱼翅、肥鸡、猪蹄筋放在一起烩食，这一菜式即鲁菜中的烩海鲜。

鲁菜的制作选料考究，刀工精细，烹饪技法以爆、炒、烧、炸、烩、扒、焖、煽见长。其中，爆、煽两技尤为突出。袁枚《随园食单·特牲单·猪肚二法》称："滚油炮炒，加作料起锅，以极脆为佳，此北人法也。"① 袁枚所说的北人烹技"炮炒"，即鲁菜的爆技。其法是将油锅烧旺，主料、辅料下锅，火焰飞腾，一爆即起。爆双脆为用爆技烹制的山东名菜，此菜用肚头和鸡胗做原料，成菜红白相间，入口清脆。此外尚有油爆鸡丁、油爆海螺等。煽是鲁菜发明的烹技，其法是先用调料腌渍主料，或夹入馅料，再沾粉或挂糊，入锅煽煎至两面金黄，放入调料或清汤，慢火收汁而成。煽技名菜有锅煽豆腐等。清人梁章钜在《归田琐记》中记述其在山东为官时吃过此菜，至老不忘。"尔后此味不可追矣，而每每触思此菜，则馋涎辄不可耐。"② 以汤为菜肴增鲜也是鲁菜特长，所制汤分清汤、奶汤两种。清汤澄清如水，奶汤色泽乳白，味道都极鲜美。有名的汤菜有清汤蝴蝶、清汤燕菜、奶汤蒲菜、奶汤银肺等。

鲁菜有三大支系：齐、鲁风味和孔府佳肴。齐地风味为胶东菜，其地临海，以烹饪海鲜著称，代表菜肴有绣球海参、红烧海螺、炸蛎黄、烤大虾等；鲁地风味是济南菜，多以淡水鱼、猪肉、蔬菜为原料，代表菜肴有奶汤鲫鱼、糖醋黄河鲤鱼、油爆双脆、锅烧肘子等。孔府菜典雅华贵，精巧细致，富有特色。其菜肴名称有不少用"一品"字样的，如"当朝一品锅"、"钟鼎一品锅"、"燕菜一品锅"、"鱼翅一品锅"等。即使豆腐菜，也有"一品豆腐"，制作极为精细。它用一块整豆腐挖出馅心，填入鸡肉、猪肉、海参、鱼肚、虾仁、冬菇等剁成的馅料，上面覆以一片豆腐为"盖"，又以鸡肉片、猪肉片置于豆腐上蒸制，熟后去掉鸡肉片、猪肉片，用火腿丝在豆腐上摆出"一品"字样，另用清汤勾芡浇淋而成。其复杂的工艺尽显孔府菜的尊贵身份。

二、苏菜·徽菜

（一）苏菜

苏菜是江苏菜的简称，为我国东部长江下游地区有代表性的地方风味。

长江下游气候温和，河网密布，为物产丰饶的鱼米之乡，自古以来就有以水产、禽类闻名的肴馔。晋朝时，吴郡人张翰不愿在洛阳为官，以思念家乡的美味菰菜、莼羹、鲈鱼脍为由，辞官归隐。宋朝时，酒楼饭馆出现"南食"招

① 〔清〕袁枚：《随园食单》，第19页，江苏古籍出版社，2000年。

② 薛麦喜：《黄河文化丛书·民食卷》，第54页。

幌，此为后世苏菜的雏形。明清时，因运河、长江和海洋交通的发展，苏菜更独树一帜，成为知名的地方菜系。

苏菜内部分若干地方风味。徐珂《清稗类钞·各省肴馔之特色》说，清末肴馔之有特色者，为京师、山东、四川、广东、福建、江宁（南京）、苏州、镇江、扬州、淮安。所云十个地方有五个在江苏，也即今天通称的淮扬、南京、苏锡、徐海四种风味。

苏菜以淮扬菜为代表。淮扬指运河沿岸的扬州、镇江、淮安周围地区。淮扬菜以河鲜、家禽和时令蔬菜为主要原料，具有选料严谨、讲究鲜活、主料突出、刀工精细、注重原汤原汁、口味咸甜适中、平和清鲜等特点。烹调技法多用炖、焖、蒸、煨、焐，与山东菜的急火快炒成鲜明对比。其名肴有清炖狮子头、拆烩鲢鱼头、扒烧整猪头、三套鸭、清蒸鲥鱼、清汤火方等。小吃制作也精细，口味鲜香，扬州火煮干丝、汤饺、翡翠烧卖、蟹黄汤包、三丁包、黄桥烧饼、千层油糕、没骨鱼面、水晶包等远近驰名。

南京菜在口味上注重五味调和，咸淡适中；在用料上鸡、鸭、鱼、虾较为普遍，尤以制作鸭馔闻名。北京烤鸭最初就是明成祖迁都北京时从南京带去的金陵烧鸭。当今南京出名的鸭子是盐水鸭、板鸭。盐水鸭以八月中秋时的“桂花鸭”为原料，具有皮白肉红、鲜香适口的特点；南京板鸭属于腊味，肉质肥嫩，咸中透鲜，宜蒸透食用。

苏锡菜流行于江南苏州、无锡等太湖周围地区，虾蟹莼鲈、糕团船点为其特色。菜肴清雅和谐，口味趋甜，无锡尤甚。在烹调上，白汁清炖、糟鲜红曲独具一格。名肴有松鼠鳜鱼、梁溪脆鳝、三虾豆腐、白汁元鱼、莼菜塘鱼片、胭脂鹅、鲃肺汤、镜箱豆腐、常熟叫花鸡等。

徐海菜以徐州为中心，因地接山东，风味迹近齐鲁。菜肴色调浓重，口味偏咸，习尚五辛，多用煮、煎、炸等烹技。有沛县狗肉、板浦荷花铁雀、霸王别姬、彭城鱼丸等名肴。

苏菜美味纷呈，许多菜肴非精湛厨艺不能为之。如文思豆腐，要将一块豆腐切成五千根丝条，显示绝佳刀工。此菜丝缕纷呈，莹白如玉，乾隆南巡时被列入行宫御膳。松鼠鳜鱼，是先在鱼身上刻上牡丹花刀，挂上淀粉糊，然后分三次炸熟、炸透、炸酥。此菜造型漂亮，色泽金黄，皮脆骨酥，肉腴汁浓，乾隆皇帝食后赞其为“天下第一菜”。三套鸭是在清代《调鼎集》所载双套鸭技艺上改进制作，用家鸭、野鸭、菜鸽三禽做主料，拆骨后以大套小，空隙处塞入冬菇、火腿、冬笋片，然后置砂锅内，以小火宽汤炖至酥烂。此菜家鸭鲜肥、野鸭香酥、菜鸽细嫩，汤汁浓而不腻，三禽酥烂脱骨不失其形，口味极佳。

（二）徽菜

徽菜是安徽菜的简称，包括徽州、沿江、沿淮三个地方风味。徽州菜是其代表。

徽州菜出自明清时的徽州府，擅烹山珍野味，有重油、重色、重火功的“三重”烹饪特色。其不少菜肴是用木炭小火炖煨而成，保持原汤原汁，风味醇厚。有清炖马蹄鳖、石耳炖鸡、问政山笋、腌鲜鳜鱼等名菜。沿江菜指芜湖、安庆等沿长江地区的风味菜，后也包括合肥。沿江菜以烹制河鲜、家禽见长，讲究刀工，善用糖调味，其烟熏烹技别具一格。沿淮菜以蚌埠、宿州市、阜阳等地为代表，口味咸中带辣，有卤煮、白汁等独到烹技。沿江、沿淮名菜有无为熏鸭、符离集烧鸡、葫芦鸭子等。

徽菜与苏菜属于各自独立的菜系。然而，历史上徽菜对苏菜有过深刻的影响。明清时期，扬州、淮安为东南盐业重镇，有大批盐商巨贾辐集。盐商多数为徽州人，徽州食物因此在淮扬盛行。乾隆初年，徽州人在扬州开设了“徽包店”，出售徽式汤包。后来，又有人模仿歙县岩镇街的没骨鱼面，用鲭鱼为料，开设了合鲭面店。此外，仿效的还有槐叶楼火腿面等。从此，扬州城内的酒楼面馆中，诸如鸡、鱼、肉三鲜连面，蚌蛾糊涂徽饼，徽州圆子，徽式灌汤包子等徽州点心盛极一时。当时，富有的徽商几乎家家都有厨艺精湛的徽菜厨师，设宴时常常互借厨师，每位厨师献出一两个拿手菜点，便是一桌精美的筵席。由于徽菜的流行，不少淮扬名菜就借鉴了徽菜的烹技。如乾隆年间的扬州名菜荷包鱼，是把肉馅塞入鲫鱼腹内，以形似荷包而得名。此菜原是徽州盐商的故园俚味，由徽菜沙地鲫鱼演变而来。① 淮扬菜中因徽厨之故而成的名菜还有文思豆腐、十样猪头、没骨鱼面、肉笑靥、玉练槌等。无怪乎有人总结说：“扬州的吃，就是给盐商培养起来的。”②

徽菜对苏菜的影响不限于淮扬一地。明清徽商实力雄厚，足迹遍天下，有“无徽不成镇”的俗谚。长江和运河沿岸的扬州、汉口、南京、苏州、上海、杭州等地，都是徽商活跃的地方。徽商的发展带动徽菜的广泛流传，且对当地饮食产生影响。如现今常为人称道的苏州汤包，原本就是徽式汤包，上海人喜食的三鲜面、虾仁面最初也是出自徽州馆的面点。

当然，徽菜在向外埠发展的同时，自身也受到其他菜系的影响。二十世纪

① 逯耀东：《肚大能容：中国饮食文化散记》，第225页，三联书店，2002年。

② 曹聚仁：《扬州包厨》，见范用：《文人饮食谭》，第124页。

二三十年代，上海徽菜馆有500余家，但它们大多数不是来自皖南徽商的故乡，而是和上海的徽商一样，由扬州过渡而来，因此，上海的徽菜馆又多杂有淮扬菜的风味。①

三、川菜·湘菜

（一）川菜

川菜是四川菜，为西部地区的代表菜。

川菜有悠久的历史，其渊源可上溯至先秦。东晋《华阳国志》就有川中人喜食辛香的记载，唐诗文中也屡见“蜀味”、“蜀蔬”的名称。据南宋《梦粱录》记载，都城临安（今杭州）已有专卖川饭的酒楼饭馆。到清末民初，川菜的麻辣、鱼香、怪味等独特味型已成熟定型。

川菜由成都、重庆、自贡等地方风味菜组成，成都菜为其代表。川菜使用的食料多很普通。然而，川菜的长处就是能用那些普通的食料，做出各种风味独特、入口生香的美味佳肴。

川菜的烹饪技法很多，但以小煎、小炒、干煸、干烧最具特色。小煎、小炒，食料不过油，不换锅，急火短炒，一锅成菜。干煸是将纤维较长的食物如牛肉、萝卜等切成细丝，置锅内翻炒，直至见油不见水再加调料，成菜干香酥软。干烧是将汤汁用小火收干，再加豆瓣酱或辣椒等调料。川菜的菜肴讲究色、香、味、型，有七滋（甜、酸、麻、辣、苦、香、咸），八味（鱼香、麻辣、酸辣、干烧、辣子、红油、怪味、椒麻）之说。因常见的菜肴鱼香肉丝、宫保鸡丁、回锅肉、麻婆豆腐、水煮肉片、毛肚火锅等，多是辛辣味，人们常由此以辣来形容吃川菜的感受。其实，川菜不完全是辣，还有麻、怪、咸、鲜等，如川菜中的一品熊掌、虫草鸭子等菜，口味清鲜温和，并无辣味。川菜的滋味其实远不止七滋八味，四川号称“天府之国”，土特产品十分丰富，以调味品来说，就有中坝酱油、保宁食醋、三汇特醋、涪陵榨菜、永川豆豉、茂汶花椒、自贡井盐、内江白糖、叙府芽菜、南充冬菜、郫县豆瓣、成都辣子等几十种。这些调味品经过不同配比，能化生出麻辣、酸辣、椒麻、麻酱、蒜泥、糖醋、芥末、五香、咸鲜、荔枝、红油、香糟、姜汁、葱油、卤香、鱼香、怪味等几十种不同的味型。而且，同一味型在不同菜肴中味道亦有差异。如同是麻辣，水煮牛肉的麻辣与麻婆豆腐的麻辣就有很大不同。因而，川菜有“一菜一格、百菜百味”的美誉，总的特点是：味美、味多、味浓、味厚。

① 逯耀东：《肚大能容：中国饮食文化散记》，第243页。

川菜的小吃花样繁多，棒棒鸡、怪味鸡、龙抄手、赖汤圆、夫妻肺片、灯影牛肉、小笼牛肉等驰名全国，有的还走向海外。

（二）湘菜

湘菜是长江中游地区的代表菜系，包括湘江流域、洞庭湖区和湘西山区三个风味菜。湘江流域是指以长沙、衡阳、湘潭为中心的区域，菜肴特色为油重色浓，注重鲜香，以煨菜和腊菜著称。洞庭湖区指湖南北部的常德、岳阳、益阳等地，其菜肴以烹制河鲜和畜禽见长，口味咸辣香软，以炖菜、烧菜出名。湘西为张家界、吉首、怀化一带，湘西菜擅长烹制烟熏腊肉，口味侧重咸香酸辣。

湘菜取料广泛，刀工精细。它与川菜一样，是一个以辣闻名的菜系，独特的口味有酸辣、麻辣、香辣、焦麻等，其中酸辣尤为突出。湘菜的酸不是加醋形成的，而是使用酸泡菜。酸泡菜的酸比醋醇厚柔和，与辣味加在一起，便形成以辣为主、酸寓其中的独特的复合风味。湘菜的另一特色是有较多的腊味，湘西的腊味菜常用柴炭为燃料，具有浓郁的山乡风味。

湘菜的烹调技法多样，比较突出的烹技是煨。其煨法有根据菜肴色泽的“红煨”、“白煨”，有用汤料不同的“清汤煨”、“浓汤煨”、“奶汤煨”。煨法虽有不同，但都讲究小火慢烧，以取得原汤原汁的效果。用此法烹制的湘中名菜，如组庵鱼翅、洞庭金龟等，都是汤浓汁醇，鲜香软嫩。其他名菜还有东安仔鸡、腊味合蒸、红烧腊牛肉、发丝牛百叶、吉首酸肉、冰糖湘莲、火宫殿臭豆腐等。

四、粤菜·闽菜

（一）粤菜

粤菜是广东菜的简称。广东地处岭南，古为百越民族所居，与中原交通不便，有许多独特的食俗，食料庞杂。秦汉以后，与中原联系加强，中原移民将北方汉族的一些食俗带入广东。粤菜中至今仍有的鱼生、虾生、蚝生等就是古代北方汉族喜食的脍品类食物。本地的土著和北方的移民经过长期的融合，至唐宋时形成独特的饮食风味，即俗称的“南烹”。明清至近代，粤菜在保持传统风味的基础上，博采京鲁、淮扬等菜系的精华，并吸收西餐的某些烹调技艺，日趋精美完善。

粤菜在国内外影响很大，清代后期已获“食在广州”的佳誉。在海外，中国餐馆经营的大多是粤菜。粤菜包括广州菜、潮州菜、东江菜三种地方风味，以广州菜为主要代表。广州菜选料精当，品种多样，善于变化，口味较清淡。

潮州靠近福建，潮州菜兼有闽粤两种风味，以善烹海鲜和甜食见长，口味清纯，汤菜为其特色。东江菜亦称客家菜，保留较多古代中原食俗遗风，乡土气息浓郁，口味偏咸。

粤菜选用的食料广博奇杂。粤菜的调料别具一格，有蚝油、豉汁、鱼露、果汁、咖喱、蛏油、精醋、卤水、喼汁、五香盐、酸梅酱、沙茶酱等其他菜系不用或少用的品种。其中，许多调料为特制的复合调料，如喼汁是用姜、葱、蒜、糖、盐、香料等制成，精醋为白醋、片糖、精盐、茄汁、辣酱油等制成，卤水是用花生油、姜、葱、绍兴酒、冰糖、八角、桂皮、甘草、草果、丁香、沙姜粉、陈皮、罗汉果等制成，五香盐以精盐、白糖、五香粉、八角末调成。这些调料是粤菜形成独特风味的重要原因。

粤菜的烹调技法也有独到之处，有熬、煲、煒、泡、焗等烹技。焗是一种源自西菜的烹饪法，为粤菜所吸收。其原理是让食料受热膨胀变松软，蒸发水分，将辅料的味道吸收。粤菜使用的焗有酒焗、盐焗，如东江盐焗鸡的做法是“把熟鸡用纸包裹，一次放入盐堆之中，少许时日后即可食用”[①]。这一道菜，鸡皮爽，肉嫩，骨香，为粤菜中的名菜。粤菜的品种据说有五千余种，其总体特点是口味尚清淡，滋味丰富，讲究鲜嫩、滑爽，有五滋（香、松、软、肥、浓），六味（酸、甜、苦、辣、咸、鲜）之别。粤菜还讲究时令，夏秋尚清淡，冬春讲浓郁。其名菜有三蛇龙凤大会、五蛇羹、脆皮鸡、烤乳猪、盐焗鸡、蚝油牛肉、叉烧肉、白灼基围虾等。

粤菜的点心也十分丰富。广东人有喝早茶的食俗，广式早茶的点心分荤蒸、甜点、小笼蒸、大笼蒸、粥、煎炸六个大类，品种有凤爪、排骨、牛腩、糯米鸡、蛋挞、椰丝球、叉烧酥、虾饺、奶黄包、肠粉、鱼生粥、皮蛋瘦肉粥、煎饺、春卷等上百种。早茶之外，中午、晚上也有茶市供应点心。

（二）闽菜

闽菜是福建菜的简称。福建沿海，盛产海鲜，蛎黄、蚌肉等为人喜食。闽菜以善烹海味著称，重视刀功，讲求火候，好汤菜。所谓汤菜，并非一般的汤，而是富于汤汁之菜，类似古人饮食的羹。汤菜重在调汤，富于变化，有“一汤十变”之说。闽菜的口味偏淡，略有酸甜，这和食料多海味有关。因为淡能突出鲜味，甜能增鲜，酸则可以祛除海产品的腥味。闽菜的调味品亦有特色，有虾酱、红糟等特殊味料。红糟用红曲、糯米酿造，色彩鲜艳，酒香浓郁。红糟不仅可用于烹饪鸡鸭鱼肉，也使用于螺蛤蚌蚶，甚至用于蔬菜竹笋，

---

① 赵珩：《老饕漫笔》，第134页，三联书店，2001年。

用途十分广泛。以海鳗、猪肉、虾仁、淀粉为料精制的鱼丸和将猪肉捶烂和以面粉制成的肉燕，也是闽菜中颇具特色的风味食品。

闽菜可细分为福州、闽南、闽西三种地方风味，以福州菜为代表。福州菜清鲜淡雅，偏于酸甜，善用红糟。闽南菜甜中带辣，常以辣椒酱、芥末酱等为调料。闽西菜偏于咸辣，食料多山珍。闽菜中的名菜有七星丸、蚝仔煎、荔枝肉、酸甜竹节肉、汆西施舌、白炒鲜竹蛏、佛跳墙等。其中，七星丸以鱼丸为主料，西施舌是指蚌肉。佛跳墙一菜是把鸡、鸭、鱼、虾、海参、鲍鱼、干贝、鱼肚、香菇、笋尖等18种主料和蚝油、盐、冰糖、加饭酒、葱、姜、老抽等12种辅料分别加工调制后，分层装入绍兴酒坛中，炭火煨烧而成。此菜开坛香气扑鼻，滋味异常鲜美。自道光年间问世后，先后得名"坛烧八宝"、"福寿全"。后来一位秀才在席间吟诗助兴："坛启荤香飘四邻，佛闻去禅跳墙来。"① 众人齐说"佛跳墙"好，于是佛跳墙便成了此菜的佳名，一直流传至今。

五、少数民族的风味饮食

我国幅员广大，民族众多。汉族以外的55个少数民族各有自己的风味饮食。它们与汉族的地方风味交相辉映，共同构成绚丽多姿的中华风味饮食体系。以下择要介绍一些有代表性的少数民族风味饮食。

（一）满族

满族主要居住于东北地区。满族菜曾经因清朝的统治而传向关内，与汉族菜交流，形成满汉全席这一代表古代饮食文化发展高峰的高规格筵席。现今的满族菜是东北地区著名风味饮食，菜肴以猪肉为主要原料，辅以野味及干鲜果品。满族菜的烹饪常用烧烤、白煮、煨、炖、扒、拌等法，并喜用火锅汆涮肉食。口味以咸鲜、辛香、浓郁为主。有白肉血肠、烧小猪、白煮肉、双色皮冻、炒肉拉皮、扒犴鼻、葱烧飞龙鸟、白肉酸菜火锅等风味菜肴。满族还有养蜂采蜜的传统，擅长制作蜜制食品，有萨其马、果蜜子、蜂糕、黄米饽饽、艾窝窝等传统糕点。

（二）朝鲜族

朝鲜族菜也是东北地区的著名风味。肉食喜用牛肉、狗肉为原料，其中狗肉被认为有滋补作用，最宜夏天食用，三伏狗肉汤是朝鲜族名肴，狗肉火锅又被称作"补身炉"。常用的烹调法有炖、蒸、煮、烤、熬、煎、拌等。口味以

① 林其泉：《八闽山水的民俗与旅游》，第51页，旅游教育出版社，1996年。

辛辣、脆嫩、鲜香为主。狗肉汤、狗肉火锅、八珍菜、酱牛肉萝卜块、铁锅里脊、生拌鱼、烤牛肉、朝鲜泡菜均是其风味食品。其特色食品还有冷面和打糕。朝鲜族冷面用荞麦粉、小麦粉、淀粉按一定比例压制而成，食用时加牛肉汤或鸡肉汤，再加香油、胡椒、辣椒、牛肉片、鸡蛋丝、苹果片等，味美可口，常用以待客。打糕是把糯米或黄米蒸熟后，用木槌捶打，切成块，蘸蜂蜜、白糖进食。逢年过节，朝鲜族家家户户都做打糕，用以自食或馈赠客人。

（三）蒙古族

蒙古族分布于东北及北方广大地区，其菜肴多以牛羊肉为主，常用烧、烤、炖、煮、涮、氽等烹调方法。口味咸浓，注重鲜嫩肥美，煮肉时往往断生即食。烤全羊是蒙古族的著名风味菜，羊皮酥脆，羊肉香嫩。制作时，一般选用膘肥、体重20公斤左右的绵羊，宰杀后，去毛留皮，腹内塞以葱、姜、椒、盐等调料，整体烤制。这道菜端上时，是一外形完整、色泽金红的羊跪于方木盘内。其他名肴还有涮羊肉、烤羊腿、手扒肉、烤牛鞭、烧牛蹄筋、扒驼掌、糖醋驼峰等。此外，蒙古族喜食奶制品，马奶酒、奶皮子、奶酪、酥油、酸奶子、奶茶等名目众多的奶制品也是蒙古族有特色的风味饮食。

（四）维吾尔族

维吾尔族是新疆地区人口最多的民族，风味饮食很有特色。主食为馕、抓饭。馕是一种用小麦粉或杂谷粉烤制的饼状食品。加有白糖、鸡蛋和奶油的馕，吃起来香甜可口。抓饭是用大米、羊肉、羊油、胡萝卜、洋葱、葡萄干、杏干、瓜干等放在一起煮焖而成，食用时用右手的三个指头抓食，故名抓饭。维吾尔族信奉伊斯兰教，肉食主要为牛羊肉。烤全羊、烤羊腿、手抓羊肉等菜肴和蒙古族的同类菜肴风味相似，但维吾尔族还有独具特色的风味羊馔，最具代表性的为烤羊肉串，维语称之为“嘎巴布”。维吾尔族常见的风味食品还有羊肉馅包子、拉面等。其中，薄皮的包子，维语称“匹提尔芒达”，厚皮的称“波拉古芒达”，烤包子称“萨木萨”，手抻的拉面称“思依嘎茨西”，刀切面称“维古拉”。[①] 维吾尔族的拉面无汤，食用时装入盘内，上面放一些用辣椒、洋葱、茄子、羊肉等炒制的菜。奶茶和瓜果也是维吾尔族不可缺少的常见食品，此外，还常饮加糖的红茶。

（五）回族

回族主要居住于西北的宁夏、新疆以及西南的贵州、云南等地，并广泛分

① 〔日〕都竹武年雄：《维吾尔族的饮食文化》，见〔日〕中山时子主编：《中国饮食文化》，第202页，中国社会科学出版社，1992年。

布于全国各地。回族信奉伊斯兰教，回族菜也属清真菜系，其食俗上的禁忌和维吾尔族相同。由于回族分布广泛，其清真饮食也有差异。在西北地区保留较多的阿拉伯饮食特色，常用孜然、胡椒、辣椒粉等辛香调料。长江以北的回族清真馆受京、鲁菜的影响，烹调方法较精细，擅长烹制牛羊肉。江南和南方的回族清真馆则常用水产、家禽为原料，口味较清淡。回族的清真菜点中，牛羊肉泡馍是著名的风味小吃，西安的同盛祥和老孙家清真馆制作的牛羊肉泡馍名闻全国。油香也是回族的特色风味食品，用面制作，油炸而成，在节庆时常用以自食或馈赠亲友。回族菜以擅长烹制羊馔出名，有涮羊肉、葱爆羊肉、酱牛羊肉、抓炒里脊、炒羊肝、炝羊腰、黄焖牛羊肉等名肴。有的清真馆还能烹制全羊席，一桌宴席或蒸、或煮、或炒、或烹、或爆、或溜、或炸、或熏，有菜、有羹、有汤，甜、酸、咸、辣诸味齐备，原料都取自羊身。全羊席属回族菜中规格最高的筵席。

（六）藏族

藏族主要分布于青藏高原，是西南地区的主要少数民族。藏族的日常食物主要有糌粑、牛羊肉、酥油茶、青稞酒。糌粑是以青稞麦炒熟后磨成的面粉，拌和酥油茶或青稞酒，以手捏成的小团。藏族人吃牛羊肉，常将大块肉放在盐水中煮熟后，用刀割食。此外，还有一些特殊的肉食加工法，如把牦牛或羊的内脏掺入糌粑、血和调味品，灌入肠子，制成被称作“久玛”的腊肠。食用时，吃多少割取多少，用以油炸、炖煮或烤食。把牦牛肉切成条，置盐水中腌渍，然后用烟熏干或晒干制成的肉干，叫作“夏·坎布”。它是牧民前往宗教圣地朝拜时经常携带的食品，可单独食用，也可把它和奶酪一起碾碎，拌在糌粑中食用。[①] 藏族的烹调在牧区和农区有所不同，牧区烹调简单粗放，调味品只用盐。农区烹调方法多一些，调味品也较丰富，风味菜肴有手抓羊肉、氽灌肠、烤牛肉、虫草炖雪鸡、蘑菇炖羊肉、藏经花肉丸等。此外，还有蕨麻米饭、人参果拌酥油大米饭等风味食品。

（七）傣族

傣族居于云南南部，地处亚热带，以糯米为主食，竹筒糯米饭是其风味饭食。傣族菜肴取料广泛，常用原料除猪肉、牛肉外，有狗肉、鱼、螺、竹笋、白菜等，火雀、蚂蚁、青苔也可入馔。烹调有烘、烤、煎、炸等技法，一般不用炒法。嗜酸、嗜辣与多用香料是傣族菜的一大特点。傣族家庭有一种特制的

① 毕玛·嘎尔布：《藏族的饮食文化》，见〔日〕中山时子主编：《中国饮食文化》，第209页。

干酸菜，是傣族菜必备的调料，做菜时加入少许，便有很浓的酸味。其制作方法是先把青菜晒干，用水煮熟，加入酸木瓜汁，使其变酸，再晒干存放。傣族人民烹制食品时，一般不用酱油，而用盐、辣椒、香草和干酸菜作调料。有名的风味菜肴有香茅草烤鱼、酸肉、番茄喃咪（“喃咪”为傣语，意为酱腌品）、炸竹蛆、蚂蚁卵酱、青苔菜等。

（八）壮族

壮族生活于广西，是我国少数民族中人口最多的。壮族人善于烹调，其菜肴选料广泛，家禽、家畜、飞禽、走兽、蔬菜、昆虫均可入馔。糯米、狗肉、猫肉是其爱吃的食品。[①] 壮族人食猫的习俗和广东人相近，其烹调中的调味品也多与广东人相似。壮族菜使用的调味品，除常见的桂皮、八角、胡椒、花椒、草果、陈皮外，也用沙姜、酸梅、柠檬、椿芽、紫苏等。口味偏辣、偏酸，这又和西南、中南地区的其他少数民族菜口味一致。常用的烹调手法有炒、烤、焖、炖、扣、腌等。有火把肉、子姜野兔肉、白切狗肉、白炒三七花田鸡、清炖破脸狗、香叶烧油鱼等名肴。

第三节　中华茶俗

中国是茶的故乡，茶是中国传统的也是最流行的饮料。种茶、制茶、饮茶都起源于中国，并通过多种渠道，对许多国家发生影响。直至今天，中国的茶仍以它那特有的东方神韵和芬芳，吸引着世界许多国家的人民。这不仅因为茶有解渴的功用，更因为它拥有几千年历史，早已和华夏悠久而丰富的文化融为一体，直接或间接地渗透到人的精神之中。在数千年的饮茶历史中，随着历史、文化的不断发展和积淀，以及各民族自身的特点与习俗，饮茶已演变为一种有差异性的富有社会文化内涵的民俗习惯，并形成了特有的茶文化。

一、饮茶的历史与传统

我国是世界上最早种茶、制茶和饮茶的国家，茶文化源远流长。从发现茶这种植物，到利用它使之成为遍及千家万户的“比屋之饮”，是一个漫长的历史过程。[②]

---

① 陈诏：《美食寻趣：中国馔食文化》，第 91 页，上海古籍出版社，1991 年。

② 刘修明：《中国古代的饮茶与茶馆》，第 1～17 页，商务印书馆，1995 年。

巴蜀地区是我国茶业的摇篮，先秦已有“茗饮”。成书于晋代的《华阳国志》中有多处记载了茶，如涪陵郡，“出茶、丹漆、蜜蜡”；什邡县，“山出好茶”；平夷县，“山出茶蜜”。西汉成帝时王褒写的《僮约》文中“脍鱼炰鳖，烹茶尽具”和“武阳买茶，杨氏担荷”两句，反映了西汉成都及武阳地区烹茶已成为重要的日常活动，并形成了初级茶叶市场。

秦汉的统一，使茶的饮用和生产，由巴蜀转向湘、粤、赣等毗邻地区，向华东和华南发展。《三国志・吴志・韦曜传》载：“皓每飨宴，无不竟日，坐席无能否率以七升为限，虽不悉入口，皆浇灌取尽。曜素饮酒不过二升，初见礼异时，常为裁减，或密赐茶荈以当酒，至于宠衰，更见逼强，辄以为罪。”从中可看出，当时善饮者大有人在，而吴地饮茶已较为流行。两晋时期，随着种茶、制茶业的逐步发展，南方饮茶更为普遍，形成一种社会风气。其时，宴会备茶水已属司空见惯。史书称，桓温设宴每次都离不开茶与果。不独社会上层如此，民间也不例外。此时，随着南方饮茶风气的形成，茶叶也开始受到愈来愈多中原人士的青睐，北方大有追赶南方、悄然兴起饮茶风气的势头。南北朝时，僧人坐禅，为防止打瞌睡，便饮茶驱除睡魔，僧人的崇尚使饮茶风气愈加盛行。

随着隋唐南北大统一，茶叶生产空前发展，饮茶之风以不可阻挡之势蔓延全国各地。当时关西、山东一带的村落里，可以一天不吃饭，但“不得一日无茶”。边疆少数民族由于以肉食为主，更把茶叶作为生活中不可缺少的饮料。茶叶已不再是贵族的享用品，而成为百姓的日常饮料。唐人出游，必带茶叶。“顾渚紫笋”是唐茶极品。正是由于唐代饮茶的普及和茶叶生产的发展，我国第一部茶学的经典著作《茶经》诞生了。这也是世界上现存最早、最完整、最全面介绍茶的专著，对中国茶文化的发展有重要推动意义。作者陆羽后来还被茶叶行业奉为祖师神来崇拜。

到宋代，出现了许多以茶为业的农户和大规模的官营茶园，饮茶已成为当时全国老少咸宜、贫贱同尝的习俗。在宋辽互市中，茶成了宋辽贸易的大宗货物。宋代城市生活渐趋多元，商贾络绎市中，因而休息、饮宴、娱乐的场所如酒楼、食店、妓馆到处都是。茶坊也随之兴起。当时汴京茶肆、茶坊最多，有些大茶坊成为市民娱乐的场所，而且脱离唐代茶肆附属于旅舍、饭店的形式，完全独立出来了。南宋临安的茶坊也很多，经营规模大，装潢有如酒楼，门口设花架，内部悬挂名人字画，摆设奇松异柏等物，以吸引顾客。茶肆的顾客涵盖了僧道、妇人、商贾、官员、秀才、公吏等阶层，不论道俗、男女、职业、身份都光顾茶肆，那里俨然成为上流阶层与庶民阶层的接触点。宋代茶肆不仅在大城市十分兴旺，小城镇也是比比皆是。茶成为民间社交不可或缺的媒介，而茶肆、茶馆也成为自宋始民众休闲的另一个去处。由于茶的需求量很大，1083 年（北宋元丰六年），宋用臣曾利用汴河水推动茶磨制茶。茶和柴、米、油、盐、酱、醋一样，成为开门七件事，是不可缺少的一种生活必需品。

明清时代，民间饮茶空前普及，茶叶的生产与消费达到前所未有的水平。明代茶叶产地日益增加，名茶品种日益繁多。据明代黄一正的《事物绀珠》记载，从江浙到云南，从江南至山东，出产有雷鸣茶、仙人掌茶、虎丘擦痕、天池茶、罗岕茶、阳羡茶、六安茶、日铸茶等 97 种茶。除绿茶的大宗生产外，黑茶、花茶等也得到发展。洪武初年黑茶产自四川，后随着明王朝和北方少数民族茶马贸易的发展以及边疆民族对黑茶的需要增加，湖南的许多地方在万历年间也改制黑茶。明代花茶有较大发展，用以窨香的鲜花除茉莉花外，还扩展到木樨、玫瑰、蔷薇、兰蕙、橘花、栀子、木香、梅花、莲花等十几种。红茶创制于明代徽州。清代以后，红茶迅速传到江西、浙江、湖南、云南、四川等地，并形成许多名品。明清以后，由于市镇的发展，市民阶层的壮大，大众化的茶馆、茶棚、茶亭、茶社也处处皆有，对茶叶的质量、用水、茶具、火候、冲沏技术都很讲究。使茶文化成为人民大众的俗文化，茶成了全民族的饮用品。

二、茶叶的品类和饮茶方式

（一）茶叶的品类

我国茶叶主要分为成形茶与散茶两大类型。

1. 成形茶。多为绿茶制成，又分为数种：其一为团茶，又称饼茶，以形状似团饼而得名。先将茶叶放在甑釜中蒸，然后用杵臼捣碎，拍成团饼，焙干，封存，唐宋时非常流行。其二为砖茶，即把茶叶蒸热、压缩成砖状，始于明代，主要是为了解决中原地区与西北少数民族茶马贸易中的运输、收藏问题而发明的。不仅绿茶有砖茶，红茶、乌龙茶、黑茶、沱茶都有。

2. 散形茶。也有两种，一种叫“觕茶”——即粗茶，茶的芽及嫩叶采摘完后，把所余的大叶细梗捋下、切碎；一种叫“散茶”，茶叶采摘后加工成散粒（片）状。散形茶按其发酵与否，大体可分为三种：

（1）不发酵者为绿茶。把采摘下的鲜茶，或蒸或炒以杀青，再揉捻以成眉状或粒状、片状，然后炒干、烘干、晒干。绿茶中的珍品有江苏太湖洞庭山的碧螺春，浙江杭州西湖的龙井，安徽黄山的毛峰，湖南洞庭湖君山的银针，江西庐山的云雾茶，四川蒙山的蒙顶茶，安徽太平猴坑的猴魁等。绿茶贵细嫩，谷雨、清明前一旗一枪（即一芽一叶）时采摘为佳。

(2) 发酵的是红茶。先将采摘下的茶叶用一天的时间晒干，然后经过揉捻和发酵两道工序，以破坏酶的活性，并放进20℃的温室里发酵。当发酵到一定程度时，停止高温处理，刹住发酵，制成红茶。红茶汤色艳红，香气袭人，有一股甜香之气。红茶名品有安徽祁门红茶、云南凤庆红茶等。

(3) 半发酵的是乌龙茶。乌龙茶茶味介于绿茶、红茶间。福建的武夷岩茶、铁观音、大红袍、武夷水仙、佛手柑都是乌龙茶的珍品。另外，独具风味的花茶也属绿茶类，只是加工时加了花熏。采用不同的花熏可制成不同香型的花茶，如茉莉花茶、珠兰花茶、玉兰花茶、玫瑰花茶等。

（二）饮茶方式

远古时代，人们从野生茶树上采嫩叶生嚼，后来加水煮成汤饮。秦汉以后，用米膏状的茶饼打碎并研成细末倒入壶中煎煮，加上葱、姜、橘等调料饮用。中唐以后，经陆羽和卢仝提倡，饮茶日趋讲究。需饮茶时，将茶饼捣碎，用风炉、木炭或硬柴和釜煮茶，茶汤趁热饮用。元代以散茶为主。自明太祖朱元璋下令禁制饼团茶后，散茶便盛行于世。而饮法也以冲泡为主，并逐渐形成了泡茶的技艺及饮茶的游艺，流传至今。

三、饮茶游艺

随着饮茶的普及，人们对泡茶用水、茶与水的用量比例、水的温度、茶具的选择、饮茶的时间等都有讲究，大大丰富了饮茶民俗文化。

茶具是使饮茶富于艺术性的重要条件。人类最初煮饮茶叶，都用当时的饮食器具，没有专用的茶具。只有当饮茶成为人们的专门嗜好时，人们才会考虑设计和制造与饮茶有关的贮茶、煮茶和饮茶的专门器皿，形成茶具。唐代朝野上下嗜好饮茶，饮茶成为一种“雅道”，茶具也成为一种雅器。《茶经·四之器》第一次集中而准确地记载了各种茶具的名称、规格、造型和用途，并对唐代各地所产的茶具做了细致的比较和评论，如“碗，越州上，鼎州次……邢不如越”。唐朝饮茶一般用碗，宋朝以后改用盏。宋代的茶盏有黑釉、酱釉、青釉、青白釉等五种釉色，而以黑釉茶盏为贵。明清至现代以冲泡茶为主，因之普遍使用茶壶、茶杯、茶盘等茶具。特别是茶壶，千姿百态，美不胜收，其中最有名的是宜兴紫砂壶。茶具是代表着各个时代的工艺美术品之一，也是饮茶艺术整体中不可分割的一部分。

中国的茶艺，是茶与水的艺术配对和组合。好茶需好水，只有好水，才能显出好茶的香醇甘美，绿茶得以见其碧，红茶得以显其艳。“佳茗配佳泉”在饮茶民俗上是不可或缺的。除了茶好、水好，还必须火候到家，没有这几个因素和谐有机的结合，就谈不上泡好一壶好茶。陆羽在《茶经·五之煮》中说，一沸水，气泡如鱼眼，微微有声；二沸水，涌泉连珠；三沸水，腾波鼓浪。第三沸时就要烹茶。再沸，“水老，不可食也”。泡茶强调水要烧得恰到好处。水不开，茶叶中的水溶性物质不能浸出，香气就会不足；水烧过头，溶于水中的气体不断逸出，泡出的茶汤就缺乏鲜爽味。

唐宋以后，流行分茶和斗茶的饮茶游戏。分茶从点茶引申而来，是一种比试点茶技艺的游戏。点茶与今日之沏茶类似，就是先把茶盏预热，然后在茶盏中把茶与少量水调成膏状，用汤注之。所谓分茶，指在点茶时用茶筅搅动茶盏中已融成膏状的茶末，边注汤边搅动，令水茶彼此交融，并使泛在汤面上的汤花形成各种图案。分茶虽为小艺，却能体现出分茶者的心灵手巧。①

斗茶又称“茗战”，即品茗比赛。斗茶始于唐而盛于宋，最初仅是评比茶叶的质量，只流行于茶叶产地。后因煎茶、点茶、分茶都带有技艺性质，斗茶也逐渐演变成烹茶技术的全面较量，不仅看茶叶的色香味，而且还“斗”水、茶具。

明清时代，文人雅士品茗之风仍然盛行，冲茶术的讲求，茶器的考究，及区分茗品的高下，品茗场合的雅俗等，都显示文人茶风的趣味。文人集团的园亭茶会、山寺茶会也蔚然成风。不过，因为旧的团茶法逐渐式微，新的散茶法转为主流，饮茶游艺也由精致华丽回归自然清雅。

四、茶的礼俗

茶作为“国饮”，随着历史、文化的不断发展和积淀，进而变为礼俗的一部分。

（一）客来敬茶

茶俗中最普遍、最悠久也最具生命力的内容，即“客来敬茶”。自古以来，上起将相贵胄，下至贩夫走卒、平民百姓，不论是家居或公共场所，无不以茶为应酬品。客人到来，即泡茶献客。饮茶时，“举茶齐眉”以示敬意，然后慢慢品啜。一杯清茶，一份至诚。

我国“以茶敬客”的礼俗多种多样。江南人沏茶，水斟至七分上下，主人须不断地为客人斟茶，忌杯中茶“见底”。蒙古人以奶茶待客，藏族人以酥油茶待客，佤族以苦茶待客，栗粟族以酽茶待客，德昂族以煨茶待客。东乡族在

① 王学泰：《华夏饮食文化》，第175～177页，中华书局，1993年。

客人坐定后，即端上盖碗茶，茶水中加糖，主人提沸水为客人殷勤添水，开水冲入，沸腾入花，因称“牡丹花”。哈尼族家中来客，主人先敬一碗“闷锅酒”，酒尽，再从火塘中取出茶罐，向客人敬浓茶。闽西客家人多备有嫩、粗两种茶，粗茶置于暖壶内冲泡，自饮解渴，嫩茶为待客之用。客来，以小茗壶冲泡嫩茶，用小杯敬茶品茗。大理白族待客用“三道茶”，“头苦、二甜、三回味”。广东、福建的“工夫茶”十分讲究，贵客临门，“工夫茶”是必喝的。

（二）喜庆茶礼

茶的礼俗还表现于冠礼、婚礼、寿礼等重大喜庆典礼中。例如，茶礼贯穿于婚礼的全过程，成为我国民间普遍的习俗。江南之江苏、江西、安徽，北方之山东、河北一带，婚嫁行聘礼曰“下茶”；浙江一带，正聘时，纳定金若干，不拘数，谓“送茶”或曰“受茶”。结婚时有“交杯酒”、“闹茶”及“新娘奉茶”等俗。土家族迎亲时，带一只羊、两块茶砖，表示吉祥富贵。为什么婚礼中喜用茶？除饮茶为国俗外，还在于“茶不移本”、“植必生子”，象征坚贞、子孙繁盛。

五、饮茶的文化意蕴

饮茶是中国人生活的一部分，它除满足人们的物质享受外，还凝聚着丰富的人文意蕴，给人们带来精神上的愉悦，满足人们的文化需求。茶成为中华文化和文明的一个缩影。

中国素有礼仪之邦的美称，人们的行为无不以礼仪为规范。饮茶作为一种民俗习惯，体现着这种礼仪文化的渗透。人们把茶品与人品、茶德与人德联系起来，就是很好的例证。早在唐代，刘贞德就概括出茶的“十德”：以茶散郁气，以茶驱睡气，以茶养生气，以茶除病气，以茶利礼仁，以茶表敬意，以茶尝滋味，以茶养身体，以茶可行道，以茶可雅志。后来，经过历史岁月的洗礼，饮茶由一种物质民俗行为，升华为精神（意识）民俗文化心理。如，从茶汤清澈，升华为清廉、清静、清心；从茶香的温和淡雅，引申出和谐、谦和、中庸、幽雅；从茶性的天然纯真，类比人性纯正朴实、返璞归真；以茶敬客，以茶会友，表示敬意、亲切、和气、淡雅的人情关系，等等。这一切都体现了中国文化的深厚意蕴。

此外，在中国茶民俗的发展演变中，还逐渐形成了茶的品饮艺术，使饮茶向艺术化、审美化的方向演进，茶树、茶叶、茶具及品饮过程都被赋予了美的意义和形式，借以陶冶人们的自我性情，增添生活的艺术情趣。

第四节　饮酒的习尚

中国是饮酒大国。酒与国计民生、与人们的精神生活密切相关，融进了人们的日常生活，出现在人生的许多重大场合，形成一幅色彩斑斓的民俗风情画卷。

一、酒的起源与发展

酒是先民在饮食方面的伟大创造，它是人工制造的一种迥异于自然风味的食物。酒的产生，有两大因素、两个源头：一是原始的祭祀，二是原始人对天然酒的利用和认识，两者结合，产生了造酒术。人类在野蛮时代，燔黍捭豚、污尊抔饮、茹毛饮血时，就开始了祭天敬神，即有了"礼"；衣食文化的发展使祭祀文化也跟着发展，整套礼制渐次产生，森严的伦理体系逐步建立。酒作为祭品，正是在祭祀活动中孕育起来并经许多阶段演化而臻于成熟。

由于存在着原始的祭祀和对天然果酒的利用，我们的祖先经过反复努力、不断尝试，成功酿造了人工果酒。在新石器中期大汶口文化遗址中发现有酒具和造酒用的瓮、滤缸，就可说明这一重大步骤是在仰韶文化时期即六千年前的新石器中期完成的。在此基础上，随着原始祭祀的发展和人们对酒类的嗜好，特别是随着农业的发展、粮食的增多，酿酒的原料由水果改成粮食，酿果酒的单发酵技术("酒化")发展成双发酵的复杂工艺（先"糖化"，再"酒化"）。夏商时代，酒有了较大规模的生产，其制造方法亦日趋完善。[①] 春秋战国酿酒成了重要行业，酒可以自由买卖。

秦朝严禁三人以上聚饮，但允许百姓在国家庆典之时尽情欢乐饮酒。而汉代的统一和稳定，以及科学与迷信的并行，又使汉代饮酒逐渐与各种节日联系起来，形成了独具特色的饮酒日，如腊日饮酒、伏日饮酒、节日饮酒、婚礼饮酒等。汉代皇室官僚地主宴饮成风，"日夜饮醇酒"，酒成为席间必备品。民间郡县还有"乡饮"的仪式，婚丧嫁娶，送礼待客，无不用酒。当时宴饮场合很多，有"百礼之会，非酒不行"的说法。汉代饮酒还与当时的诗人和诗歌密切相关，饮酒赋诗，咏志抒怀，成为汉代文人的一大雅事。汉代还出现了酒店，具有卖酒与饮酒的双重职能。

---

①　周望森：《酒的起源和先秦酒政》，《中国史研究》1993 年第 1 期。

三国时，那位“挟天子以令诸侯”的曹操，曾经下令天下禁酒，理由是为了节约粮食。此事据说遭到孔融的反对，说是也有以女人亡国的，何以不禁婚姻？其实，曹操本人也是很爱喝酒的。他的诗《短歌行》中就有“何以解忧？唯有杜康”一句。这个杜康，传说是夏朝的第五位王，也是一位善于造酒的名匠。他的历史贡献在于发明了秫酒的酿造方法。所谓秫酒，就是用粮食造的酒。杜康奠定了我国白酒制造业的基础，被后人尊崇为酿酒鼻祖和酒圣。后来，杜康也就成了酒的代称。

酒作为具有刺激性的饮料，可加速人的血液流动，使人的精神亢奋起来，激情勃发。于是魏晋以来的士族、文人对它情有独钟，酒的地位得到了提高。伴随着酒的普及，酒肆日益增多，到唐代，酒令、拇战风行，酒文化融入中国人的日常生活中。

宋代因粮食产量的增加和城市化的发展，酒风日滋，与喝酒有关的小店和酒楼随处可见。如北宋开封的酒楼，大型的称为“正店”，造酒兼卖酒；小的称“脚店”，从正店沽酒贩卖，约有正店七十二家，脚店近万家，饮酒之盛可谓空前。酒楼中最负盛名的是樊楼，高达三层，五楼相向，彼此联结成为庞大的建筑，可容饮酒客千人以上，下属脚店有三千家。元后，蒸馏烧酒大发展，并逐渐取代黄酒成为我国酒的主流。

二、酒的种类和名酒

中国民间食用酒品种繁多，酒名不可胜计，地方特色浓郁。大致有六大类型：黄酒、白酒、果酒、药酒、乳酒、啤酒。

黄酒因色泽黄亮得名，又称老酒，是中国特有的品种，有三千多年的历史。《诗经·豳风·七月》中写到“十月获稻，此为春酒”，其中的春酒即黄酒。黄酒以糯米或大米为主要原料，酒精度数在15°～16°之间，含丰富的氨基酸，热量高，有多种糖类，营养成分多。著名黄酒有绍兴花雕酒和加饭酒、无锡惠泉酒、丹阳百花酒、龙岩蜜沉沉、大连黄酒、九江封缸酒等。

中国白酒被列为世界六大蒸馏名酒之一，又名烧酒、白干、高粱酒。中国白酒首要的特色是香型齐全，风格多样。浓香型以四川泸州老窖、宜宾五粮液、安徽古井贡酒为代表；酱香型以贵州茅台酒为代表；米香型以桂林三花酒为代表；清香型以山西汾酒为代表；混合香型以陕西西凤酒为代表。

果酒以水果为原料酿制，如椰子酒、石榴花酒、猕猴桃酒，名声最著的是葡萄酒。葡萄酒源远流长，最早产于西域，东汉时内地即有酿造，唐朝时有“葡萄美酒夜光杯”之名句。

药酒是酒与中药结合的产物，民族特色、文化特色最浓。它有治疗性药酒与滋补性药酒两大类，具有治病、强身、延年、美容之功，如北京虎骨酒、山西汾阳竹叶青、上海华佗十全大补酒、五加皮酒等。

乳酒，主要流行于少数民族之中。其中，马奶酒是用马奶酿制成的美酒，是北方游牧民族的智慧产物，在今日蒙古族、哈萨克族等少数民族中盛行，也是这些民族自饮、飨客的主要酒种。

啤酒是舶来品，已成为现代城乡居民主要饮用酒之一。著名的有青岛啤酒、燕京啤酒、光明啤酒等。

三、饮酒的习俗

自古以来，酒就是我国人民喜爱的饮料之一，每逢佳节，亲朋聚会、宴飨宾客、喜庆丰收、婚丧嫁娶都少不了酒，于是形成了各种饮酒习俗。

古代饮酒的礼仪与习俗，是在酒的发展过程中形成、完善并有所损益和嬗变的。在以人为本体，以大小家庭、宗族为基础的农耕社会，对生命的繁衍、家庭的亲和十分重视。妇女“来喜”，一朝分娩，均大事庆贺，喝报生酒，以后又有三朝酒、满月酒、百日酒、周岁酒。相亲结婚的“六礼”，也与酒分不开。订婚要喝订婚酒，迎亲要办结婚酒，新婚夫妻共饮合卺酒（交杯酒），过生日更要喝寿酒。走到生命尽头，也须置酒席，既是答谢吊唁者的赙仪与辛劳，又是洗涤心中对逝者的悲哀。

民间往来、酬谢、欢庆更离不开酒。有客人自远方来，置酒一壶，或对酌共饮，或数人一席，酣饮述衷肠。有人外出远行，请喝送行酒，为之饯行。民间造房开工、上梁、进屋都要办酒。岁时节令、祭祖酬神更是非酒不行。

与饮食联系在一起，酒宴上的礼节自然成为酒礼制的重要组成内容。在古代的酒宴上，不仅各人的进出次序、座位方向、膳馔种类、摆宴方法等都有严格的规定，就连谁在什么时候说什么话也有规定，以体现尊卑、长幼、身份等级的不同。就座次规矩来讲，以东向为尊，以右为尊。饮酒的习俗多而繁杂，在地区分布上也各有其特色，尤其是在一些少数民族地区表现得更为明显。如在贵州少数民族地区，多有用雕花牛角杯敬酒的习惯。客人进寨时，于进寨路上设置“拦路酒”，以“阻拦”客人进寨的特殊方式隆重迎接客人。布依族家家户户都有自酿米酒的习俗，在客人来时，先斟一大碗酒以表敬意。哈萨克族人则以马奶酒敬客，婚礼、宴会待客也非马奶酒不用。

四、饮酒的情趣

在饮酒的习俗中，人们还创造出多种形式，增加饮酒的情趣。

酒令是宴会上助兴取乐的一种游戏。兴于两汉，盛于唐宋，沿传至今。形式多样，行令方法也各异，普遍的有骰子令、猜枚、划拳等。在宴席上，酒令虽属游戏，但玩起来还是很认真的，“酒令如军令”。其分类大体有四种：古令，为古代流传下来的酒令；雅令，即须引经据典、分韵联吟的酒令；通令，是游戏性较强、要借助骰子、牙牌等器具的通行之令；筹令，是只能用筹（令签）才能行的令。

另外，俗称“划拳”的拇战也是酒令的通俗表现形式。在大多数场合，以划拳定输赢，由胜者定“酒底”，“酒面”（即酒令词）则由输者说。拇战一般是由两人对手，以猜测双方所伸手指的数目之和而计算胜负。拇战时，多伴有高声呼叫，且花样繁多。令辞往往通行南北，只在用词上略有差异。

行酒令的直接作用是佐酒助兴，延长饮酒时间，并提高饮酒的乐趣与兴致，使饮者不醉，而从酒宴中得到充分享受。它还有间接的作用：第一，行酒令把竞争引入饮酒娱乐中，逼人思考，调动起与宴者的竞赛意识，使其兴奋点全集中在输赢上，从而消除因酒酣易于造成失礼行为的隐患。其次，酒令既是比赛，使在一个筵席上的人们有了均等的机会，泯灭了因年龄、名位、性情所形成的差别，饮酒者的思想感情也得到了交融。第三，行酒令趣味性强，有的出语诙谐，令人忍俊不禁；有的迂回典雅，因难见巧；有的喧腾热烈；有的意趣深长，这使饮宴常常处于有起伏的活跃气氛之中。同时，与宴者在精神上得到了最大的享乐。第四，由于酒令采用了赋诗、添词、对句等形式，而酒的刺激、酒令的激发往往使人心旷神怡、思路敏捷，使酒、酒令与中国古代的诗词创作产生了密切的关系。

喝酒行令既是古人好客传统的表现，又是他们饮酒艺术与聪明才智的结晶，不但能增加酒宴上的乐趣，而且能获得许多有益的知识。所以，随着人们饮酒的日益普遍，酒令也在不断丰富和发展，至今仍然深受人们的喜爱。

第五节　饮食民俗与旅游

我国饮食文化源远流长，民族特色鲜明，成为灿烂民俗文化的重要组成部分。随着旅游业的发展，饮食民俗在旅游业中的地位和作用越来越明显。由于旅游业的带动，各地的饮食民俗不断的交流和促进，渐成民俗旅游的主要发展方向。

一、饮食是旅游业存在、发展的基础之一

饮食业本来就是提供中国人日常需要的重要服务业之一。自古以来，除了家居的日常饮食，那些大小城镇中的饭馆、酒楼甚至小食摊，都构成了中国人日常生活消费的一个主要方面。饮食文化的形成发展与各种人文景观、文化现象、特殊的历史事件及其发生地等内容紧密联系在一起，形成多姿多彩的饮食文化景观。这种景观是旅游业的重要资源，也是旅游业得以发展的一个重要基础。

例如在杭州，由于旅游业发展的需要，城内的饮食业一直十分昌盛。根据抗战以前《杭州市公司行号年刊》的记载，城内经营饭店业的有252家、面点业190家。杭州的饮食业以经营类别区分，有酒菜馆、饭馆、面馆、点心店（馄饨粥店）、酒店（楼）等；以帮派划分，则有杭帮、京帮、苏扬帮、粤帮、清真帮、川帮以及各地风味小吃等。仅就杭州菜来说，按其服务对象、用料、工艺制作方面的不同，又可以分作两大流派：一是以楼外楼、天外天等西湖名胜古迹景点的著名菜馆为代表的“湖上帮”，主要服务对象是达官贵人、巨贾豪商、社会名流、文人墨客、四海游人，特别注重食材的新鲜、嫩美，并以西湖所产鲜活鱼虾和近郊的时鲜蔬菜为主要原料，工艺技术则注重刀工、火候、风味特色；二是以商贾、市民、公务人员为主要服务对象的“城里帮”，其菜肴制作原料以肉类、鱼鲜、家禽、蔬菜为主，其烹饪技艺粗细结合、高雅与实惠结合。①

在酒民俗中，酒楼是不可或缺的。著名的武汉黄鹤楼，原本就是一个酒楼。作为酒文化结晶的黄鹤楼，千百年来一直是旅游胜地，屡坏屡修。楼内琳琅满目的历代咏赞黄鹤楼的诗词楹联书画题刻，显现了黄鹤楼的旅游文化品位。从这一点上说，酒楼不仅是一种商业现象，也是一种民俗文化的表征。附有故事、诗词、歌舞、绘画、雕刻等文化色彩的酒楼，才能构成酒文化的组成部分。而在饮茶民俗中，饮茶之乐可与游赏自然山水之乐结合起来，在领略自然景观之美时，又享受了茶文化的美。因此，饮食民俗旅游，兼具了自然与人文两种属性。

民以食为天。在旅游地，如果没有饮食业相伴随，是不可想象的。在旅游

---

① 周峰主编：《民国时期杭州》，“杭州历史丛编之六”，第219～221、233页，浙江人民出版社，1997年。

中，人们在欣赏自然美景与人文胜地时，优雅的饮食环境、丰富而具地方特色的食品与饮料，显然也是重要的选择内容。可以说，没有饮食业的发展和推动，旅游业是无法生存与发展的。

二、风味饮食是重要的旅游吸引物

吸引广大旅游者前往游览观光，不仅要有秀丽的自然风光、绚烂的历史文化古迹，还要有独具特色的风味饮食。

我国各地因饮食习俗不同而形成了各具特色的风味饮食，这些风味饮食可谓百花齐放、各有千秋。旅游期间，能在游玩之余品尝当地的风味、领略当地的饮食风情，别有一番情趣。

有“天府之国”美称的四川，其风格独特的饮食早已为人们所认识，而以辛、辣、麻、怪、咸、鲜为特色的小吃影响更大，为众多人所喜爱。如闻名全国的麻婆豆腐、夫妻肺片、灯影牛肉、赖汤圆、担担面等，都是非常精美可口的食品。到四川旅游观光，不品尝一下这些令人垂涎的小吃，算是枉来一趟了。“龙井茶，虎跑水”，这是中外闻名的旅游胜地杭州西湖的双绝。龙井茶就产在杭州西湖群山之中，中外游人不仅为天堂般秀丽的湖光山色所吸引，也深为这中国名茶所吸引。来杭州西湖游览的人，如能到群山环抱、林木幽深的龙井村细细品尝，回味龙井茶的历史与传说，在幽静的环境氛围中体会远离喧嚣之地的情调与意境，更能得到一种清旷、超逸的享受。藏族的酥油茶、蒙古族的奶茶，也是极富特色的，来到藏区或草原的游人没有不想喝上一口的。而在少数民族众多的云南，具有地方特点的风味饮食更是数不胜数。与明永历皇帝有关的食品“大救驾”，是云南腾冲的特产，在饵块片中加入鸡蛋、火腿、蔬菜等烹炒而成。它和著名的过桥米线一起吸引着南来北往的旅游者。大理有名的乳扇、乳饼，是用羊奶或牛奶做成的奶制品，是居家不可少的食物，它也成了一项别具特色的旅游资源。还有闻名遐迩的汽锅鸡，白族的“三道茶”，等等。这些饮食，对于旅游者来说都是莫大的享受，怎不让人流连。

对风味饮食的大力宣传，会吸引更多的游客，进一步推动当地旅游事业的发展，增强旅游目的地的魅力。

三、必须尊重游客与旅游地各自的饮食习惯

我国是一个统一的多民族国家，由于各民族所处的自然条件、社会经济条件的不同，人们在长期的生产、生活实践中，经过世代的传承与变异，逐渐形成了本民族特有的传统饮食民俗。例如，西北地区的饮食民俗与畜牧业经济有

着十分密切的关系。西北人民喜爱吃牛羊肉，用牛羊的头、蹄、内脏加调料煮成的杂碎汤，是他们的风味食品；涮羊肉是秋冬的美馔，立春到端午节前后是食用红烧羊肉的最好季节。居住在新疆的哈萨克族人用手抓羊肉待客；在甘肃、青海居住的人也有吃手抓羊肉的民俗，称为“手把肉”。一些少数民族有食虫、蚁、鼠的习俗，如布朗族、黎族、傣族、苗族、侗族等。许多少数民族有嗜酒的习俗，比如说彝族，有“有酒便是宴”、“饮酒不用菜”的习惯，无论何地，也不分生人与熟人，即拿出酒来席地而坐，围成圆圈，边喝边谈，称为“转转酒”。

每个民族都有其特殊的民俗习惯。无论哪一个民族，对自己的饮食习俗所具有的特点、形式，不但怀有深厚的感情，而且极为敏感。对民族的饮食习惯，如果不尊重，就很容易刺激感情。“一个民族往往以自己的风俗习惯是否受到尊重来衡量和处理同其他民族的关系，把风俗习惯受到尊重看成对整个民族的尊重，因而持以欢迎和友好的态度；相反，在自己的风俗习惯受到歧视、干涉与破坏时，就会看成对整个民族的侮辱和损害，其结果，小则造成民族矛盾和隔阂，大则可以酿成民族间的不幸事件。”① 作为风俗习惯重要因素之一的饮食习惯，也有相同的情形。各民族有其各自的文化，并影响到他们的行为方式及民俗，所以不同的地区、不同的民族，会有不同的饮食习惯。同样，中西文化的差异对人们的饮食习惯和民俗观念的影响也十分明显。因此，旅游者到一地旅游，应该考虑当地的民俗习惯，其中包括饮食习俗。应尊重当地人民的饮食习惯，尽量与之保持和谐。相应地，旅游地的主人也应该顾及外地旅游者的饮食习惯和饮食喜好，比如，可以引入一些客源地有名的风味饮食，增加当地饮食的品类，丰富其饮食的内容。

注意保护和弘扬地方饮食民俗习惯，尊重旅游者的饮食要求，是促进当地旅游事业发展的必需，是增进旅游者与旅游地人民友情的桥梁。

四、以旅游促进饮食民俗的发展

在人们生活得到提高的今天，享受生活的要求提高了，旅游业随之兴旺起来，并成为世界第一大产业。旅游业的发展，推动了各类服务业，以及与旅游有关的生产部门的发展。在旅游业的带动下，许多原来受到冷落的行业日益发展起来，与旅游业形成相互依赖、相互促进的关系。饮食业就是这样的情况，它既是旅游业存在发展的基础，同时又因为旅游业的推动而呈现出规模大型

① 王文宝：《中国民俗学论文选》，第268页，中国民间文艺出版社，1986年。

化、时尚新潮和特色品牌的三大趋势。旅游者对于饮食的特色需要，在许多地方已作为旅游活动的重要组成部分。因此，旅游业不断发展，饮食民俗也会相应地得到促进和发展。

求新、求异、求特、求名和求美是人类的一般需要。旅游者对旅游饮食菜点的要求，不仅要可以果腹充饥、增加热量，而且还要有一定的审美意义和价值。于是，具有色、香、味、形、质、意以及制作工艺精巧的风味饮食、特色饮食备受青睐。这就必然刺激各地的饮食服务者想方设法地提高饮食的质量并有所创新，使之适应旅游发展的需要。

旅游活动同时也是一种文化交流活动。国内外的旅游者都感兴趣于旅游地的民间文化、风土人情、礼俗习尚，对于饮食更不例外。旅游者了解了一地的民俗，自然会加以传播，使民俗的知名度得到提高。同时，由于旅游业的开发，挖掘出更多不受人注意的饮食民俗，进而拓展各地饮食的内容、丰富各民族的饮食文化。这不仅让旅游者尽兴，也让当地人民受益。

由此可见，旅游对饮食民俗有着其他行业不可比拟的促进作用。

思考题

1. 中国的饮食民俗具有哪些主要特征？形成这些特征的原因主要是什么？
2. 在宋代以后，茶成为大众饮品，其中的主要原因是什么？
3. 如何理解“东淡、西浓、南甜、北咸”，“春酸、夏苦、秋辣、冬咸”？
4. 你认为菜系形成有哪些基本条件？我国主要菜系的特点是什么？
5. 请谈谈对中国茶文化的看法。
6. 举例说明酒在旅游业中的应用。
7. 请根据所学知识策划一个“美食文化节”。
8. 举例讨论美食视频对旅游消费行为决策的影响。

第四章

居住民俗旅游

本章提要：居住是人类生存活动的基本行为之一，由于地理、历史、民族、宗教、文化、社会等因素的影响，各地的居住习惯各具特色。本章从居住的基本内涵着手，就住宅的选址规则，住宅建设和迁入的礼仪、信仰和禁忌，各地民居的样式、类型及历史沿革，日常生活中的居住习惯等进行了探讨。

居住民俗是人们在居住活动过程中形成的民俗习惯，是人们在寻找、选择、获取、建造、使用居住空间的过程中，逐渐形成的规则和惯例。以传统民居、村落、街区为主要旅游对象的居住民俗已经成为重要的旅游资源。

第一节　居住民俗的一般理论

居住民俗是物质民俗的一个重要事象，它的形成和发展经历了漫长的历史过程。人类在适应和改造自然环境的历史进程中，最富有创造性意义的一项成果，就是居宅的发明。先民们通过建造居宅，有效地提高了对付自然界风雨炎寒气候变化和野兽蛇虫侵害的能力，以保障人身的生存安全。人们的饮食宿息、婚姻家庭、生儿育女、生产活动等，都离不开居宅这一生活场所。学者于省吾曾认为“宀”是“宅”字的初文①，正是有了“宀”，人才可以睡觉（“寝”），可以生子（“字”），可以聚财（“宝”），可以敬祖（“宗”），可以有所“安”。从汉字的构成中我们就可以发现居室对人的重要性，难怪人们要精心地设计、营建、保护自己的住宅，并由此形成了一系列的民俗习惯。

一、什么是居住民俗

居住民俗，顾名思义，就是人们在居住活动过程中形成的习俗惯制。在社

① 于省吾：《甲骨文字释林》，第334页，中华书局，1979年。

会发展过程中，每一民族、每一地域乃至每一阶层的人们，都会在居住活动中形成属于本群体的独特的习惯模式，这就是他们的居住民俗。

从现有的考古资料来看，大约在旧石器时代晚期，人类居住的最早习惯已经基本形成。人类的祖先或是利用自然物来营建人工住所，如用树木枝叶架巢，即古代所谓的“构木为巢”；或利用天然山洞、树洞为掩蔽所。《太平御览》卷七八引项峻《始学篇》说：“上古皆穴处，有圣人教之巢居，号大巢氏。今南方人巢居，北方人穴处，古之遗俗也。”这些原始的居住习惯，就是居住民俗的萌芽。人类由巢居穴处发展到终于建造房屋住宅，这是人类从适应大自然条件到战胜大自然的一项创造。随着人类文明的渐进，居住活动不断丰富，与居住相关的习俗也不断完善。

《文献通考》中有一段话：“黄帝始经土设井，以塞争端……使八家为井，井开四道，而分八宅，凿井于中，一则不泄地气，二则无费一家，三则同风俗，四则齐巧拙，五则通财货，六则存亡更守，七则出入相司，八则嫁娶相媒，九则无有相贷，十则疾病相救……”① 由此可见，随着社会的发展，人们的居住行为不仅具有保持生态、节约土地的环境功能，理财货、有无相贷的经济功能，出入相司、存亡更守的保卫功能，更有着塞争端、齐巧拙、相救济、同风俗等社会功能。

一般而言，居住行为是人为了寻求和获得更好的栖身场所，寻找、选择、获取、建造、使用自己的居住空间的方式和手段，而居住民俗就是某一共同地域、民族、阶层的人们在寻找、选择、获取、建造、使用居住空间的过程中，逐渐形成的规则和惯例，如住宅的选址规则，住宅建设和迁入的礼仪、信仰和禁忌，各地民居的样式、类型及历史沿革，日常生活中的居住习惯等，都属于居住民俗。

学术界认为文化可以划分为三个层次，即器物层、制度层和观念层，与之相对应的则是物质文化、社会文化和精神文化。同样，居住民俗也可以分成这三个层次。器物层，是物质文化，是人的物质生产活动及其产品的总和。在居住民俗中表现为房屋的样式及其建设、装饰、布置等一系列的过程。制度层，是由人类在社会实践过程中的各种社会规范构成的，包括社会经济制度、婚姻制度、家族制度、政治法律制度以及礼仪制度、生活方式等，在居住民俗中主要是指与居住有关的规范、礼仪、禁忌等，有成文的，但更多则是“约定俗

① （元）马端临：《文献通考》卷一二《职守考》，《景印文渊阁四库全书》第610册，台北商务印书馆，1987年。

成”。观念层，指人类在社会实践和意识活动中长期形成的价值观念、审美情趣、思维方式，是流淌在每个人的血脉中的深层心理结构，虽然隐而不露，但是可以从器物与制度中发现它们的痕迹。这三个层面相互联系，相互作用，相互渗透，器物是外表，制度是骨架，观念是灵魂，共同将居住民俗变成一个有无限生命力的动态集合体。

二、居住民俗的制约因子

不同时代，不同地区，不同民族的居住民俗千差万别，各自精彩，这是由文化、民族、社会、经济、自然、历史等多种因素相互作用而表现出的综合现象。总体而言，影响居住民俗的因子(因素）主要有：

（一）地理环境

自然地理环境往往是影响居住民俗的最主要因素，所谓“百里不同风，千里不同俗”正反映了民俗因地而异的特点。早期人类建筑居室大多就地取材，如黄土高坡用的是黄土，山区用的是石头，林区多用木材，地理环境往往决定着居所的材料、式样和结构。当然，房屋的发明本来就是人对自然环境的一种改造，因此居住民俗的形成也是人类主动让自然为自己服务的过程。所以大部分地区的民居都善于利用地形，取长补短，因地制宜。如南方的民居往往开敞通透，以便排除湿气；北方的民居往往坚固封闭，以便躲避风沙。又如中国大部分民居都是坐北朝南，这与中国大部分地区处于北半球中纬度地带、阳光南来的条件相适应。但云南大理的房屋大部分朝东，这与著名的大理四景之一“下关风”有关系。下关风大，一年四季风向是偏西风，民居朝东就为了避风，大理民谣就说：“大理有三宝，风吹不进屋是第一宝。”这些都是为了克服环境所带来的不便，适应自然，改造自然，人与自然不断尝试和谐相处，相互作用的产物。

（二）历史变迁

居住民俗是在不断的历史变迁中，经过长年累月的积淀逐渐形成的。往往可以从居住民俗看到传统的延续与发展。美国社会学家希尔斯就认为，传统是人类在历史长河中创造性想象的沉淀，是对社会行为具有规范作用和道德感召力的文化力量。[①] 一个社会既不可能完全破除其传统，一切从头开始，也不可能只是传统的简单延续。所谓传统，顾名思义，可以流传下来的才是“传”统，能够为现时所接受的才是传统，否则只是化石或者往昔的残余，所以往往

① 傅铿：《译序》，希尔斯《论传统》，第1—2页，上海人民出版社，1991年。

是要在旧传统的基础上对其进行创造性改造。居住习俗也是一样，其发展变迁的过程其实是一个融合继承与更新，保全与创造于一体的动态发展运动过程。从居住民俗中，既可以看到延续千年的不变因素，也可以看到随着时光的推移，某些因素逐渐消亡和改造的过程。比如说中国很多民族都有祭灶的习俗，“灶”本指灶坑，因此“灶”字古写作“竈”，从“穴”，后用土砌制而成，故改从“土”。考古资料表明，远古旧石器时代人们穴居的地方，在中央或迎门处，往往有一火塘，或是坑，用以炊煮食物，保存火种。在今天，很多少数民族的居室中仍然有火塘存在。祭灶之俗的产生，显然与火的崇拜有关。所以《论语·八佾》中才有“宁媚于灶”之说，可见祭灶之俗在古代的重要性。但是从火塘到灶，虽然对火的崇拜依然延续，却已经有了很多的变化。如《说文解字》言：“釁，血祭也，象祭灶也，从爨省。”段玉裁注：“祭灶亦血涂之，故从爨省，爨者，灶也。”可见，古代祭灶要以血涂。但这个习俗到明清时在中原地区已经极其少见了。今天，随着煤气、天然气的广泛运用，传统的灶也逐步消失了，不过与火有关的习俗在很多地方依然保留。比如说搬家时还是要先打开燃气灶暖灶，又比如说春节前要在燃气灶前祭灶神，这些都是居住民俗随着历史的发展逐步变迁的表现。

（三）民族文化

2005 年，中共中央、国务院召开了中央民族工作会议，印发《中共中央、国务院关于进一步加强民族工作，加快少数民族和民族地区经济社会发展的决定》。这一文献对“民族”作了定义：“民族是在一定的历史发展阶段形成的稳定的人们共同体。一般来说，民族在历史渊源、生产方式、语言、文化、风俗习惯以及心理认同等方面具有共同的特征。有的民族在形成和发展的过程，宗教起着重要作用。”① 一个民族总是要强调一些有别于其他民族的民俗习惯，并赋予强烈的心理认同，以此来维系其作为本民族的联系和依赖。

每个民族都有自己独特的生产方式，如蒙古族、藏族、哈萨克族等是以畜牧业为主的游牧民族，所谓“逐草而居”，其民居就要求结构简单、易于搭建和拆卸，方便随车迁移，所以蒙古包、毡房、帐篷等穹庐式房屋就是最适合本民族的民居形式。而汉族多是农耕民族，较少迁移，生活区域较为固定，所以无论身处哪一种地理环境，庭院式建筑都是汉族最重要的建筑形式。又如每个民族都有自己喜欢的颜色和装饰符号，如汉族喜欢红色，蒙古族喜欢蓝色和白色，他们对居室进行装饰时往往就会使用自己民族喜爱的颜色。又如许多民族

① 《中央民族工作会议精神学习辅导读本》，第 29 页，民族出版社，2005 年。

在形成的过程，宗教起着重要的作用，所以在民居的最重要地方往往可以看到他们宗教信仰的存在。如藏族民居，无论是帐篷的正中，还是碉房的最高处，都供奉着藏传佛教的神像。

（四）社会制度

居住民俗是在一定时代和一定社会中产生的，因此往往受到所在社会的众多因素的影响。如中原地区大部分都采用合院式布局，有层次序列和明确的中轴线，符合传统的方正严明的儒家思想，位于中轴线上的堂屋位置和规模最为尊贵，是用于接待客人，举行仪式和供奉牌位的地方。又如泉州民居六壁大厝是由五间房子加主厅堂和六道横墙组成，五间房子完全按照长幼秩序来分配，这是传统家族宗法观念的体现。又如传统院落中，妇女住在后院，后院与前院之间设置中门，中门是代表男性空间的前院与代表女性空间的后院之间的重要通道，因此对于妇女出入中门有严格的规定，这也是封建社会男尊女卑思想的体现。

同时，居住民俗也受到政治、军事、经济等因素的影响。如客家土楼、藏族碉房等堡垒式建筑都有防御的作用，最初建造时都是为了抵御外界的侵袭。又如徽州人多经商，发财思想在民居设计中多有反映。徽派建筑为了防盗，外墙很少开窗，采光、通风全靠天井，天井的设计强调“聚财”。晴天阳光自天井泻入堂前，称为“洒金”；雨天雨水流入天井，称为“流银”。四面屋顶均向天井倾斜，导致雨水全部流入堂前，称为“四水归堂”。中国人认为“水”就是“财”，“四水归堂”就是“肥水不流外人田”，“四面财气滚滚来”。又如传说元代时在原来南宋统治地区，每个百姓家中都要驻扎一名元兵，元兵住在楼下，因此明代的房子楼下故意建得低矮，楼上抬高。直到清代，中原楼房建筑才改成底层高，上层矮。

三、从人·居·环境到人居环境

任何一种民俗都是适应需要而产生的，没有人这个主体的社会需要，没有为了满足需要而对客体进行选择并不断去追求，就不可能产生民俗。居住民俗，同样是由人这个主体为了满足自身的各种需要，对客体——居室进行不断改造而产生的。主体固然会受到客体即居所及其社会生活环境的制约，但只有人这个主体才能创造出居住民俗来。建筑学的“聚落理论”强调不仅要看到房屋—聚落的空间以及其“实体”的方面，还要看到生活于其中的人们的行为。[①] 而对于民俗学而言，更是如此。人类的居住行为创造了居住习俗，同时

① 吴良镛：《人居环境科学导论》，第 44 页，中国建筑工业出版社，2001 年。

又是在一定的地理环境、历史变迁、民族文化、社会制度等环境下进行的。由此我们就可以看到居住民俗构成的三大要素，即主体——人，客体——居所，条件——环境。人是主体，居室是客体，环境既是赖以生存、发展的条件，又是人类生存、发展的制约因素。所以居住民俗的核心是人的居住行为，但又不仅仅是简单的居住行为，而是在一定环境下，以居住为核心的人类生存系统。

1993年，著名建筑学家吴良镛先生提出“人居环境科学”（the Sciences of Human Settlements）理论。人居环境，是人类聚居生活的地方，是人类利用自然、改造自然的主要场所。人居环境的核心是“人”，人居环境以满足“人类居住”为目的。大自然是人居环境的基础，人的生产生活及具体的人居环境建设活动都离不开更为广阔的自然背景。人居环境是人类与自然之间发生联系和作用的中介，理想的人居环境是人与自然的和谐统一。人在人居环境中结成社会，进行各种各样的社会活动，努力创造宜人的居住地，并进一步形成更大规模、更为复杂的支撑网络。人创造人居环境，人居环境又对人的行为产生影响。①

通过人居环境理论，可以重新审视人、居、环境这居住民俗三大要素之间的关系。居住民俗的发展过程可以概括成，人通过人工之巧，将自然改造、整合成人居住地的过程。因此，只有充分了解人、居、环境三者之间的关系，了解人居环境的变迁过程，才能够深入理解和认识居住民俗。

第二节　民居的建筑与居住

中国客家人有句俗语：“打墙盖屋娶媳妇，从小到大一辈子。”盖房子和娶媳妇可谓是人生中最重大的两件事。房子是人们生活的空间，人生难得的幸福与“房子”有莫大关系，因此大多数人都不遗余力去办好这件大事。对如何建筑民居，新居如何摆设，落成之后如何入住，我国各个地方、各个民族都很讲究，由此就形成了相关的趋利避害的传统民俗仪式。

一、风水和民居

古代中国人很早就认识到天地、日月、风云、山川等自然环境都与他们的生产生活密切相关，因此在居宅的建筑营造中，就强调尊崇自然，顺应自然，

① 吴良镛：《人居环境科学导论》，第38～39页，中国建筑工业出版社，2001年。

与自然相互依存。《诗经·大雅·公刘》:“逝彼百泉，瞻彼溥原，乃陟南冈，乃觏于京”，说的是选择建筑基址时，要仔细考察自然地形，丈量土地，观测日影，进而确定建筑朝向和范围。《周礼·考工记》也说:“匠人建国，水地以县，置槷以县，视以景，为规，识日出之景与日入之景，昼参诸日中之景，夜考之极星，以正朝夕。”这些观念逐渐演化成中国传统建筑文化中的风水说，成为古代中国人对自然、人文及二者相互关联性的一种特殊认知方式，对中国几千年来的建筑活动和居住方式产生了极为广泛的影响。

（一）“风水术”

“风水术”又称堪舆，或称卜宅、相宅、图宅、青乌、青囊、形法、地理、阴阳、山水之术等等。古代对风水最早的解释出自托名晋人郭璞的《葬经》。“葬者，乘生气也。经曰：气乘风则散，界水则止，古人聚之使不散，行之使有止，故谓之风水。”即运用风和水这两个因素来构建一个能够藏风聚气的理想环境，用现代地理学知识来解释，就是审慎周密地考察自然环境，顺应自然，协调好各自然地理要素对居住环境的影响，有节制地利用和改造自然，创造良好的居住环境。

风水术对我国各民族的居住习俗有普遍的影响，不仅汉族讲风水，满族、蒙古族、壮族、土家族、白族、纳西族等少数民族都讲风水。在各民族的居住习俗中，许多重大问题都是由风水来回答的。

风水学的核心内容是人们对居住、生存环境进行选址和处理的一种学问，其反映在居住民俗上主要有三个方面：第一是对基址的选择，选择能在人们生理上和心理上产生良好信息的地理环境条件；第二是对居所住处的布置和处理，包括自然环境的利用和协调，房屋的朝向、位置、高低、大小、出入通道、供水排水等方面的定位和布置；第三是在上述基础上增加一些符号信息，以满足人们避凶趋吉的心理需求。也有一些风水书把选择吉日动工建房或入住也列入风水术，俗称“日法”。在以上几个方面的具体实践过程中，各地域、各民族之间各具特色，但也有许多相通的原则。

风水术选址和布局的方法，大体上有形法、理气两派。形法主要是对住宅周边的环境进行审视，侧重于山川大地的形势与环境的选择；理气则考察四周山岗、流水、池塘、林木、道路、建筑物的关系，侧重于方位坐向与阴阳五行的应用。风水术的不少概念涉及中国传统哲学范畴，例如气、阴阳、五行、八卦等。“气”是风水的核心，古人认为，气散即充盈天地，气聚则变化万千，凝结成有形的天、地、人及万物。“气”即“生气”。“生气”是古人在把握地理环境的基础上构建一个适合人类居住的理想小环境，就是在局部地区通过各种物种、各种景观、各种地理要素的有机组合形成具有稳定性和生命力的良性生态小系统，强调人与自然和谐相处，达到天人合一的理想境界。从生态学的角度来讲，不管是气的形成、气的运动还是气与局部环境中各要素之间的关系，都是为了使环境各要素之间达到生态平衡，使可持续发展成为可能。阴阳在风水中是一个属性概念，古人通过对自然界相互对应景象的观察和联想，在自然主义和神秘主义的影响下逐渐形成了阴阳的观念。老子在《道德经》提出："万物负阴抱阳，冲气以为和。""阴阳和谐"即指"人"与"地"相互适应，相互协调，和谐平衡，持续发展。五行在风水中既是一个属性概念，又是一个本体概念。古人认为"金木水火土"五大要素之间是可以相互转换、相互克制的，用相生相克的自然规律解释世间万物的衍生和发展。人地关系就是人类与"金木水火土"五大类物质要素系统之间的变化关系。在研究协调人地关系时，不仅要关注"人"的变化，还要关注地理环境的变化，更要关注地理环境各部分的变化。只有这样才能把握人地关系在发展演变过程中的规律，更好地协调人与地理环境的关系。

风水学是古代人民长期生产生活经验的积累，是古代人民智慧的凝结，包含着丰富的地理学思维和合理的科学内核，深刻影响着社会的各个方面。风水学讲究和谐美（对称美、曲线美）、生机美的美学思想对我国古代建筑布局、造型等都有着深刻的影响。但同时也要看到，由于古代的科学知识水平有限，大量的学问都处于一知半解的状况，难免会存在着盲目迷信和原始思维的内容。

（二）住宅的选址

中国古代有所谓宅者人之本，人以宅为家，宅安即家代吉昌，宅不安即门族衰微的传统说法，所以自古以来人们对住宅选址就十分重视。风水术选址的目的就是要找到住宅在自然中和在周围建筑中的合适的位置。在实施过程中主要分为觅龙、察砂、观水、点穴、取向五个步骤。"觅龙"就是对山脉整体走势进行判断，从地理大环境把握住方向；"察砂"是对周围环境的群山进行考察，了解区域内的局部小环境；"观水"是对区域内水流河道形式、水质好坏进行检验；"点穴"即根据"觅龙"、"察砂"、"观水"的结果，在区域内选定具体位置；"取向"则是对选定的位置确定其合适的朝向。这套专业术语，带有一定的神秘色彩，一般人很难看懂，只有通过专门学习和有相关经验的人才能掌握，于是就有了专门的阴阳先生、风水先生来从事这一行当。

风水术以玄武、朱雀、白虎、青龙"四灵"分别代表北、南、西、东四个方向，理想的基址是负阴抱阳，背山面水，左青龙、右白虎、前朱雀、后玄武。《葬经》曰："玄武低头、朱雀翔舞、青龙蜿蜒、白虎驯顺。"

根据风水学说，人居环境的最佳建筑风水模式是：基址背后有主峰来龙山，也称靠背山；来龙山后面要有龙脉，即连绵高山群峰为屏障，并与大山形势相连通；基址左右有略次于来龙山的低岭岗阜，俗称扶手，即左辅山青龙砂山，右弼山白虎砂山，青龙在左，白虎在右，青龙白虎环抱围护；基址前面要有月牙形池塘，或是河流蜿蜒经过；水的前面又有远山近丘的对景呼应；基址恰好处于这个山水环抱的中央，内有千顷良田，山林葱郁，河水清明，安详和谐。在四周没有山水的情况下，则可以用建筑、路、树、街道等来代表风水术中的各种意象，全凭经验、直觉来灵活掌握。如土家族、侗族建造吊脚楼时，强调"宁愿青龙高万丈，莫使白虎猛抬头"，就是受到汉族风水术的影响。

（三）住宅的布局

住宅的布局，包括住宅的整体布局，住宅内部的布局和住宅外部的布局三个部分，强调的是住宅内外的协调关系。住宅的布局，既要服从基本的建筑原理，又要根据居住民俗来安排。中国传统社会的住宅，大多数根据风水来安排布局。

民间安排住宅，仍然是围绕一个"气"字来进行的。天地之气是"万物之生"的根本，所以要辨明宅内外各种气的性质，即所谓"察气"。察气采取"迎气"、"纳气"、"聚气"、"藏气"等方法，适当接受调理宅外环境，结合宅内的布局整理，使住宅能满足人们生理和心理的需要。察气所审之气共有"一地、二门、三衢、四峤、五曰空缺"，俗称"五机"或"五气"。

"地气"是指宅基大小高低、土质、地温及湿度等因素对于人生理或心理的影响，其中还包括环境氛围所体现的家庭内聚力或亲和力。地气过强过弱，都会让人感到不适，需要设法纠正和调节。

"门"是住宅的气口，不仅是宅内外联系的孔道，还涉及居住者的出入平安、防卫、邻里关系的和谐或门第尊卑秩序等。

"衢"，即四通八达的道路之意。衢气指宅外道路交通导向及对住宅的影响。在观察衢气时，既要考虑交通便利，又要避免外界的不良影响。

"峤"，为山尖而高之意。"峤气"指以高山为屏障所形成的氛围。如围合适度，会产生出安定感，如围合过紧，使人有压迫感。当然还有"回风反气"之说，即高屋遮拦对住宅的通风、防寒等小气候因素的影响。

"空缺之气"指宅内外环境因空间流通渗透而产生的影响效果，适度的宅内外空间围合会给人带来宽松、开敞或通透之感。

根据上述要求，民间住宅的布局基本要求有：居址选择方面讲究地基方正，间架整齐，端正肃穆，气象豪迈；建筑高度上强调北高南低，前高后低；周边环境强调宅周流水，道路不能直硬冲射，要弯曲有情；在宅居营造方面讲究墙垣周密，四壁光明，天井明洁，前檐近则宜矮，前檐稍远则略高；小堂宜团聚，中堂略阔而亦要方正，大堂宜阔大。在门窗开启方面讲究挡煞、避煞、幽曲，在床榻安放方面讲究“坐煞向生”，在环境美化方面讲究“前不植榆，后不种桃”，等等，表现的均是传统社会人们运用风水这一独特的文化样式以寄托生活理想、寻求精神安慰的人文情怀，体现了民众对安居乐业、发家致富、儿孙满堂理想生活的向往和追求，属生活文化的范畴。当然，在住宅的布局中，有许多情况是和居住习惯相关的，应该与之联系起来加以理解。

（四）住宅环境

风水还用来指导住宅环境与村落的改善。为了追求完美的风水，人们常常采用一些方法来弥补自然风水局面的缺陷。福建、安徽、浙江等地的村落常常“引水聚财”，开沟渠把水引到村落里，因为据说水是财富的象征。在有些平原或没有靠山的地区，通常采用“植树补基”的办法，以起到挡风聚气的功效。村落布局中“发科甲、兴文运”的意识在各地都有强烈的表现，要求有水口之山要笔直尖耸，类似文笔，如果不理想，则要按风水先生的指点，在一定方位“立文笔”，建文峰塔或魁星阁，兴文运。在风水学中，水口指某一地区水流进或流出的地方，水口处宜迂回收束，关拦重重，这样才能“聚气”，因此沿河的村落在河水流入处建塔，称“水口塔”，植树，称为“水口树”，这样就可以让财气不外流。有的地方还把水口树称为树娘娘，逢年过节加以祭祀。此外还要挖塘、造塔、修桥、筑坝，这些都是对不理想地理环境进行改造，使整体景观趋于平衡与和谐，使村落显得完整而有生气。而且根据风水要求而引水植树，客观上起了保护生态、方便生活、美化环境的作用，因此成就了许多村落优美的景观。

湖南岳阳张谷英村的格局对村落的风水观念做了全面而又生动的诠释。这里四面青山环抱，溪水淙淙，张谷英村就建在当地的龙形山下。龙形山是一座小山，位于盆地中央，形状像条龙，故而得名。从外观上看，龙形山下的这大片房屋是连在一起的，因此当地人又把张谷英村称为“张谷英大屋”。龙形山昂首向东南，逶迤向西北摆尾。山的两侧各有一条小溪，在“龙头”前方汇合。恰巧龙头正前方百米开外有一块直径约3米的天然巨石，被称为“龙珠”。“大门”前原有一条环带小溪经过，溪上建有两座八字形石桥，被称为“龙须”。这样，“龙头”、“龙须”、“龙珠”齐全，从而构成了张谷英村“巨龙戏珠”的风水格局。龙头前的环带小溪因为形状很像帝王将相腰间所系的玉带，又被村里人称作“玉带水”，村里人认为这“玉带水”能给大家带来运气和财富。

二、建房流程与礼仪

居室的创造，是人类文明发展史上的标志性事件之一。自从有了居室，从阴暗的洞穴到粗糙的茅屋，再到帐篷、石屋、木屋或瓦屋，甚至是为贵族、帝王修建的辉煌宫殿……人类终于为自身创建了一个庇护之所，而且构建了一个精神的栖息之地。在古代，人们安土重迁，民居的营造往往是一个家庭甚至是一个家族、一个村庄的“百年大计”。俗话说，日求三餐，夜求一宿。动工建房、大兴土木在任何时代都是一项复杂繁重的任务，是一种细致精密的技术，又是一种分工协作的工程。建筑工作的好坏，影响入居者的生活和安全。各民族各地域的人民在长期的建房实践中，形成了各自独特的营建方法、营建规则及营建仪式，这些方法、规则、仪式和各民族的宗教信仰、宗法制度、社会心理等混合起来，演变成营建礼仪和营建禁忌。古代民间建筑营造著作《鲁班经匠家镜》就不仅涉及“起造伐木、起工破木、动土平基、定磉扇架、竖柱、上梁、拆屋、盖屋、泥屋、砌地”等工序的操作技术，还记载了相关仪式、择日、禁忌。这些礼仪和禁忌随着营建的工序逐渐展开，本质是一种求吉礼仪，人们举行这些礼仪的目的是祈求房屋永固、富贵长久、子孙满堂，是历代施工经验及风水地理观念的累积，有迷信的成分，但从科学的角度观之，也有一定的道理。另外，建筑工匠和其他行业一样，有自己的行业定规、自己的祖师崇拜和自己的行业习俗，这些行业内的习俗，也融合在建房礼仪中。

一家人建新屋，往往是惊动全村落的事情。在许多地方，修建房屋时全村人都会来帮忙，房主则按惯例给帮忙的人提供饭食酒菜。这种惯例很可能是古代社会的遗风。侗族人盖木楼，至今仍保留这种习俗：全村人把杉木梁柱抬到房基，大家一起动手，很快就能把木楼盖好。

对建房的工匠或帮工的热情招待，也是风行全国的习俗。淮河及长江中下游地区建房的东家招待工匠和帮工十分优厚，除了每天三餐的饭菜以外，还要摆开工酒、上梁酒、完工酒，总称为“待匠酒”。湖南等地的工匠营建新屋完毕后，主人办酒时还要先敬工匠的祖师鲁班，这一席酒称为“鲁班酒”。哈尼族在开工前和完工后也有隆重的祭谢神祖仪式，并享受主人家置办的茶饭酒菜，称之为“突玛活”，意为“献工匠神祖”。布依族还要唱歌谣来歌颂开工的木匠：“天下安乐太平春，起楼师傅到堂心。这间新楼师傅造，留给主人万年春。天下安乐太平春，起楼师傅到堂心。楼房虽是凡人造，手艺赛过活神仙。”①

各个地方的营建程序大同小异，但也各有特色，如安徽是选宅基、动工、上梁、乔迁；江苏是择址定向、破土兴工、砌墙、上梁、盖屋顶；云南有选择房基、备料、竖柱、上梁；山西为择地与择日、破土与起基、上梁与合口、起墙与装修、乔迁与谢土。大致来说可分为开工、立中柱、上梁、立门、落成等五大类。很多地方都会由风水先生根据房主全家的生辰八字和生肖等来选定营造过程中重要节点吉和凶的日子与时辰，日子与时辰的选择大致依照施工的实际进度来选定，由风水先生选出“上吉”、“吉”、“次吉”、“平”等不同时刻供房主选择。如果确定了吉日，当天由于天气等不可抗因素导致工序无法按时进行，则由工匠师傅在吉时时刻象征性地做开工或完工动作，并燃放鞭炮驱邪避害。

（一）开工礼仪

各地建房时对开工都十分重视。泥水匠挖出第一铲土谓之“动土”，木匠锯出第一段木谓之“破木”。动工是营建工程的开始，须格外讲究，不仅要选择吉时，还要考虑动土的方位。为避免冒犯神灵，主家要在工匠动工之前举行祭祀仪式。贵州岑巩县一带的侗族人，选择基宅时，事先就要请堪舆来定屋向，定开基动土的日期和时辰。届时先焚香烧纸，供“刀头”（一般是半斤左右的肥猪肉，不能有骨头和精肉），再动工。若选中无人住过的新地开宅基，得宰杀一只开叫的雄鸡，用鸡血念过咒语祭奠。民间还有“不敢在太岁头上动土”的说法。太岁是居住于土地中的大神，在动工时如果冒犯了太岁便会有灾祸，因此要斋祭太岁，祈求太岁不要怪罪于建房主人。全年只有清明节和大寒日才可任意动土，其余时间动土都要请风水先生选定吉日。在旧时苏州吴县，小户人家的祭太岁仪式较简单，祭品有猪头、全鸡、全鱼、豆腐、鸡蛋、团子及太岁纸模等。祭拜时，将祭品置于地上，点上香烛，全家跪拜。然后主家给工匠发喜钱，工匠才开始挖地基。大户人家的祭太岁仪式较隆重，还要请道士念经。

木工的开工仪式主要是祭告鲁班师傅，以保佑施工顺利。在开工仪式后，一般要将梁的一头削去一小段，将削去部分交给建房主人。这一仪式在苏州俗称开木墩，在大理地区则俗称圆木架马。云南白族的圆木架马仪式是在泥工砌好地基和墙基之后。圆木是木神的化身，大木匠师傅从正梁的梁头锯下一段厚

① 中国民间文学全国编辑委员会、《中国歌谣集成·云南卷》编辑委员会编：《中国歌谣集成·云南卷》，第 244 页，中国 ISBN 中心出版，2003 年。

度约5厘米的木片，然后将锯下的木片交给建房主人。在锯圆木的过程中，建房主人要保证不能让锯下的圆木掉落在地上。然后大木匠师傅在圆木上写“圆木大吉”，口中念“圆木大吉、开工大吉，新房开工，鲁班师傅保佑一切顺利”之类的祈祷词，而后建房主人将圆木放在灶上或高处供起来。

（二）立中柱

工匠根据房屋的具体形制和规格确定各木构件的大小和数量，加工完毕后运送至建房基址，等到风水先生选定的吉日与吉时就可以将主木构件立起，作为房屋的柱子，搭建房屋的基本构架，这一过程就叫立中柱，又叫立木竖屋。对于海南黎族来说，上午立柱是好的时辰，立柱后，要在柱头插上篓叶和红藤刺叶，并在屋顶中央用竹子来挂起葵叶，表示神鬼勿近，新居安宁。云南大理地区在立木竖屋时有明确的禁忌，被称为“竖屋不空心”。说的是竖屋时忌讳空腹，所有人必须吃过早点才能动手，如果空腹立柱就好像柱子也是空心的一样，不稳固不安全。一般在立木之前，主人都会准备好糯米饭等食物请来工匠和亲朋邻里们吃。纳西族人上山砍中柱，一定要寻找笔直粗壮的大树，大树要倒向东方，树叶须摘下来烧天；立中柱时，要包点银、谷、麦粒放在中柱与梁的交接处。傣族人建竹楼要选八根中柱，有男柱、女柱之分。中柱由德高望重的老年人去选，选好以后，由寨中年长的男子用两对蜡烛、一串槟榔、一杯酒去祭拜。中柱运到寨里，大家去迎接，泼水祝福。立中柱时，要给八根中柱分别穿上男女不同的衣服，分别表示它们是男柱或女柱。竹楼盖好以后，中柱也是先受祭的对象。在立柱的时候，木工工匠要在柱子的底部放置铜钱，寓意屋主一家吉祥富贵。现代没有铜钱，就多用硬币代替。安徽地区的铜钱或硬币多是在立柱之前直接放置在柱底的石基上，用柱子压住即可。云南大理地区则是在立柱完成之后，将铜钱用锤子钉入柱子的尾端。柱子立好后，还要选年轻男子将事先准备好的红对联贴到相应的地方上。安徽地区是在正梁下方的桌壁上贴写有“紫微高照”的大红纸，在桌壁两边的柱子上贴红纸对联，内容多为“立柱喜逢黄道日，上梁巧遇紫微星”。云南大理地区按照东南西北中各方向分别对应木火金水土五方位，相应贴上“金（木、水、土）德星君在此，诸邪回避”等联，正中的柱子上贴“竖柱欣逢黄道日，上梁正遇紫微星”，正中照面上贴“天无忌、地无忌，阴阳无忌大吉大利”。白族还会在柱子底部倒贴“好”字，“好”字在白族语言中有“房屋”的意思，倒贴好字为“顶好”，即为顶住房屋之意。

（三）上梁

正梁在一户房舍中一般来说并不具备实际功用，却是中国传统民居中最具符号和象征意义的存在，上梁仪式也成为传统民居建房过程中最为重要的代表性仪式。民间以为，上梁是否顺利，关系到房屋的结构是否牢固，更关系到一家人今后的生活是否兴旺发达。

在江苏苏州地区，正梁的梁木必须在上梁前夜才能砍伐，正梁不能在自己山场砍，必须到别人的山场去偷砍。树主发现也不上门索赔，若树主当众骂街，被视为“越骂越发”。将偷偷砍伐的梁木送至家门口时，主人要放鞭炮来迎接，称之为“迎梁”。梁木砍伐下来之后不能沾地，要架在木工师傅制作的两只木马上，由木工师傅按照屋舍尺寸将梁木制作成正梁。江苏苏州地区的香山帮工匠们还会对梁木进行一番夸赞，实际上是对主人的赞美，祝福主人人丁兴旺，财源滚滚，这个过程称之为“祝梁”。梁木上要布彩，山西地区一般称布彩为“披红挂花”，“披红”即用三尺红布披在中梁中部，“挂花”即把预先准备好的避邪之物挂在中梁上，有桃弓柳箭、五色丝线、梭子、铜钱串、五谷、柏叶、镜子等物。有的地方将道士画的符贴在大梁上，称为“归土符”；有的地方用红布三角袋内藏五谷种子、金属币挂在梁上，称为“挂财角”；还有的地方用红线绑上几根筷子挂在梁上，称为“吊筷子”。

上梁前要准备祭台。房主在正坊中间摆放八仙桌，桌上摆放墨斗、曲尺等木工常用工具和糖果、米面、鸡鱼肉等各类贡品。有些地区还会在祭台中间摆放鲁班牌位，以求鲁班保佑弟子建房顺利。

上梁这一天，要选黄道吉日，鸣鞭炮。上梁一般由大师傅主持。首先是升梁，就是将正梁梁木安置在山墙最上缘的檩口处的过程，木工师傅将梁木升到最顶端的檩口处，将梁木安放进去，一边口念赞词一边用斧头将梁木拍击进去。安徽地区的升梁是由木匠和泥匠两位师傅从两端抬起，踩着梯子登高而上，每登高一层就要喊句吉祥话。云南大理的升梁习俗则是要挑选两个年轻的木匠爬到房梁上，从房梁两头抛下红绳，由另外两名年轻木工在下面将梁紧系在红绳上，点燃鞭炮的同时，房梁上的木工将正梁逐渐提上去，掌墨师傅大声唱念祝词，围观的众人则齐声应和“好”。

正梁安放完毕后，木工大师傅拿着装有吉利食物的篮子登上梁木，口念贺词并向下抛撒，众人在下面抢着接，这个过程又被称为抛梁或接宝。一般木匠会按照东南西北四个方位分别撒掷，而主人也要站在房子的正中间承接木匠专门抛下的吉祥物件。安徽地区木匠抛洒的是米袋，里面不仅有大米，还有金属钱币、红枣、花生等，寓意福禄寿喜；云南大理地区的掌墨师傅在梁上放下红绳，将一瓶酒，一瓶“风水”，一盆硬币，一筐馒头提升到梁顶，每朝一个方向打一锤，就一边口念贺词，一边抛出一个用红纸包裹的大馒头，红纸包裹的大馒头里面放一枚硬币，向四个方向抛出，让众人哄抢，撒完四方后要向正中抛一个馒头，这个馒头是特别为房主准备的，由房主恭谨地跪在中央接，同时接受掌墨师傅的大声祝福。苏州地区的抛梁仪式抛撒的主要是钱币、定胜糕、馒头、糖果等，木工大师傅在鞭炮声中给众人抛撒吉祥物品并口唱颂词："脚踏兴隆财源地，手把花木彩云梯。口出彩语多富贵，手托珠玉万年粮。"安徽地区的抛梁仪式结束后，众人还要退出新屋，让阳光照射到屋架上，驱除邪煞之气，称之为晒梁。上梁完毕，照例办上梁酒，庆祝建房中最关键的工序顺利完成。

（四）立门

上梁意味着新居即将落成，接下来便是立门和砌灶。门对住宅来说，具有许多象征意义，故此建房到立门时，也有一定的礼仪。大门的安放问题一般交给风水先生。风水先生依据建房主人一家的生辰八字，选择安门的吉日吉时和门的朝向。立门仪式一般由风水先生主持，要在门框中间部位扎上红布，并将鸡血点在大门上方或中间，然后焚香烧纸。各地区的立大门仪式略有差异。江苏地区安门时，要在门槛下方以及门楣上方各放两枚"太平钱"，以示出入平安；云南、贵州等地区还要举行踩门或开财门仪式。湖南等地的汉族居民，要举行祈祷仪式，俗称"安朝门"。河西走廊地区的汉族在立大门时，于门楼下挂筷子一双、古书一卷、内装五谷的红布袋一个，寓意招财进宝和文运兴旺。

（五）落成礼

房子建成后，还要举行工匠、帮工、乡亲参加的酒宴，以庆贺新房全面竣工。主家备好酒、烟、水果、糕点招待工匠。为祝贺主人新屋兴旺发达，工匠要猜拳行令，热闹一场。在苏州地区，完工酒俗称"圆屋"。在山西地区，完工酒必食油糕，寓意步步登高。有些地方除设酒宴以外，还有另外一些礼节。青海河湟地区的汉、藏、土、撒拉族人要选择光洁的白石四块，置于房顶四角，称为"置白石"。瓦匠上最后一片脊瓦称作"合龙口"或"闭龙口"。在云南和山西，合龙口时要将文房四宝（纸、墨、笔、砚）藏于屋顶正脊中央。

三、入住仪式与居住惯制

（一）入住仪式

对于一个家庭来说，迁居不仅意味着全家人将从旧居转移到新居，还意味着生活道路上的一个转折，从此面临新的环境、新的邻居、新的生活方式甚至新的奋斗方向。迁居民俗中最主要的内容，是对未来的祈福和盼望。

1. 择日择时。在搬入新居之前，人们首先要做的是选择入住的日子。人们在选择入住日子时都会考虑许多因素，其中最讲究的是黄道吉日。风水术称择日为“日法”，从事“日法”的人称为“日者”。乔迁新居前，主家要选择“黄道吉日”举行隆重的庆贺活动。常用树枝蘸上糯米水清洗新宅或焚香驱除邪气。搬迁当天，要祭祀祖宗家神，同时，在门上贴红纸对联，鸣放鞭炮。民间还有新屋不出煞便会有灾煞降临的讲究。因此要请风水先生选定吉时，张灯结彩，驱除“三煞”，以保主家平安。具体过程为：风水先生和木匠师傅坐在关着大门的新房内。待吉时一到，一名有名望且多子多福的长者前来“开大门”，燃放鞭炮，口中念着“华堂吉庆、玉室生辉、房房富贵、世代昌辉、财丁兴旺、人才辈出”一类的祝颂词。

2. 迁火种。又叫“新屋进（开）火”。从表面看，火似乎有种种吉祥的意义和驱邪的作用，但实际上应该是古代迁居时带走原居住地火种这一习惯的长期延续。乔迁头一天，要在新灶上生火，把灶烘干，预示主家生活红红火火。这一仪式在安徽地区俗称“暖灶”、“暖屋”，山西地区俗称“暖家、暖房”，苏州地区俗称“烧发禄火”。在苏州地区，主家要将用新灶做的圆子分给左邻右舍，称“发禄圆子”，或者在新灶上炒蚕豆，让大家抢吃，称“头头利市”。在闽南入宅礼中，乔迁日，户主要备保家灯一对，象征出丁平安；备烘炉一个，象征兴旺发财。迁入时，户主手端烘炉前导。广西汉族迁居时先将一盆旺火搬进新屋，随后再搬其他财物。布朗族人在新房建好以后，主人要从头人家取来火种，点燃新房中的火塘。浙江杭州、绍兴一带，主人进新屋时，虽在白昼亦请人以灯烛、火把为先导。山西地区要带锅灶和灯，俗称“继烟火”。

3. 拜祖宗和拜神仙。入住礼仪中重要性仅次于火的是祖宗神位。祖宗神位是祖宗灵魂依附之所，是许多中国家庭中精神生活的核心部分。江浙一带人搬家时，主人手捧祖宗神主牌位，进入新居后安放停当，然后再去应付其他杂务。吴县百姓要举办祭家神，家神是包括祖宗在内的守护之神。祭家神时，要在祖宗牌位前供奉一桌酒席，并准备 24 双筷子。祭毕，撤桌，将祖宗牌位安置于家堂楼上或明间后间顶上，然后再以一桌酒席祭拜宅神，保佑家宅平安。少数民族中也有不少是这样做的。有些少数民族信奉佛教，则优先考虑佛像的搬入和安放。山西地区新屋建成后，要奉请土神回新宅居住，称之为“安神谢土”。有的地区还将天地爷、家神、灶王爷、门神一同供奉起来，保佑新宅平安兴旺。届时，风水先生写符画符、设坛诵经。主家需准备镇宅之物及三牲、点心等供品，行焚香、奠酒之礼，全家老小跪谢诸神。祭毕，风水先生用五谷或净水洒遍家宅，在门前贴上灵符。无论是祖宗神位、土地神还是佛像，都是在提示一个家庭在迁居时不单单是物品和人的移动，人的精神世界也需随之而移动到新的居所。

4. 搬家。搬家时需要先搬入的物品有：放有红包的米桶或米缸、放有双数筷子的水桶、系有红布的扫帚和簸箕等。不同地区所带物品略有差异：云南地区要带几只小鸡，以示人丁兴旺；苏州地区要带晾衣竿，讨口彩“节节高”。此外，搬家时还有很多需要注意的禁忌。如果家中有孕妇，要避免搬家，以免动了胎气，如果非搬不可，就要让孕妇回避。搬家当天要多说吉利话，不可骂小孩、不可生气、不可与人打招呼。

5. 办进屋酒。入住民俗中最为普遍的是办进屋酒，各地形式和名称虽略有区别，但实际上是一回事。陕西渭南一带的进屋酒称为“哄庄子”，亲友邻居都到新居主人家祝贺，主人设宴待客，鸣放鞭炮，富户还请人唱戏奏乐。广西东南部的进屋酒称为“入火酒”，“入火”指搬家时搬入火炉。中原和东北地区的进屋酒称为“燎锅底”，迁入新居后，必须用新锅新灶烧饭做菜，既有先生火的遗风，又招待了诸位亲友。一般由本族长辈或风水先生坐首席。开席时，先请长辈、师傅说吉利话，然后开宴。在山西地区，民间有谚：“搬家不吃糕，一年搬三遭。”主家在宴席上要准备油糕或馒头，取高升、发家之意。参加搬家酒的亲朋好友要送礼庆贺。不同地区所送礼品各有差异，常送的礼品有礼幛、贺联、匾额、发糕、发馍等。山西地区面食制作技术发达，民间将馒头做成各种形状，取其吉祥寓意祝贺建房主人乔迁之喜，如寓意“蛇盘兔，必定富”的白面馒头、寓意“步步登高”的红枣糕等。

（二）居住惯例

居住惯例是居住民俗中最为繁杂的一部分，是多种因素互相影响、互相作用而形成的，是一个复杂的综合性体系。

1. 家庭关系影响到居住惯例。一般房屋会按辈分、男女、主客等情况进行分配，体现了尊卑、长幼、男女、内外之别的家庭关系准则，这样的情况在各民族中随处可见。

人类历史上，居室最初出现时，其实是家族共同居住的场所，不分你我，只要是同家族的人都可以居住，此后随着家庭的出现，家族同居一室的现象逐步消失，取而代之的是：同一家族的人同居于一个村寨。

在我国少数民族民居习俗中，尚可看到家族形态在居住惯例中的影响。云南基诺族有一种“大房子”，不仅巨大而且修长。一座大房子，实际上就是一个父系大家族，大房子内有家族中的诸多家庭，是由同一父系祖先及若干男系后裔组成，已婚的儿孙和他们的小家庭同父辈都住在同一个大房子里。每座大房子楼上都设有一个或若干个火塘，为做饭、吃饭、谈话和取暖的地方。火塘实际上是由几厘米厚的木条圈成，内壁有厚厚的黏土层，上面是鼎足而立的三块锅庄石，烧柴时因有黏土层与竹楼地板相隔，可以防火。火塘四周是木凳，人们可以围坐在一起。大房子内诸小家庭都有自己的居住位置；还有些地方用于祭祖、祈福和娱乐。云南独龙族亦是一个父系家族同住一个长屋。长屋门设在纵向两端，门口有竹（独木）梯。楼下饲养猪鸡之类。长屋居住平面中央为通道，左右是诸小家庭居住隔间，每个隔间内有一火塘。一座长屋内火塘（小家庭）数从五六个到十余个不等。每个长屋（大家族）有公共财产，除共同占有土地以外，干栏住房、杵臼、斧、锅、铁三脚架等均为公有。大家族内的平和气氛，一直是独龙族引以为豪的。

房屋里的居住也体现长幼尊卑秩序。基诺族的大房子里进入前门右边的第一间是家长或族长的住房，两旁是等距离排列的等面积的住房，第一个火塘是象征家长的总火塘，然后依次排列各个小家庭的小火塘。哈尼人也按辈分大小有“母房”与“子房”之分，母房是家长或当家的兄长居住的房屋，子房是子女或弟弟建立小家庭后的住房。北方普通人家睡炕，很多时候是一家人睡在一个炕上，男性家长睡炕头，其次是女性家长，以下依次排列，最小的在炕尾，炕头近炉灶，其实也是以火塘为中心区分次序的遗风。北京四合院，往往是按长幼排列的次序分配居室，父母住正院正房，即上房，兄弟住东西跨院，即厢房，女儿住后院，东西配房为护院和其他使役人员居住。中国古代还有右为上的惯例，所以就有“哥东弟西”的居住惯例，弟弟住在西边下首房，表示对兄长的尊重。

男女之别在居住惯例中也体现得非常突出。普米族在火塘周围设铺，左侧为男铺，右侧为女铺，互不逾越。哈尼人的住房也分两部分，靠近前门的叫“波罗坡”，或“包楼”，是男性成员的住室，兼作客厅，用来接待客人。靠近后门的一间叫“拥玛坡”，是女性成员的住室，兼作厨房。男女有别不光是性别的分隔，还体现了“男尊女卑”，“男主内，女主外”的传统理念。如蒙古包内，男主人和客人坐在中间和右边，女人则坐在左边。朝鲜族居住习俗中，当客人来房时，男客有专门的客室招待，女客则进灶间大铺炕。白族女性到别人家做客，绝对不能随便在男人的床上坐卧。中国古代的富贵人家大致一般以中门为界，女性成员不能逾越这一界限，即所谓“男处外庭，女处内闻”。福建永定土楼中的环报楼严格按照男女有别的风俗习惯进行设计。女性一般是不见男客的，家里来客人时，女主人在内屋把茶水沏好后放在客厅一侧墙上设置的小拉门后面，敲击该门告知男主人，随后关上自己内部的小门，这样就避免与外面男人相见。

2. 房屋结构对居住惯例的影响。单间的民居只能在有限的空间内依照居住惯例划分功能区。裕固族的牧民帐房，左侧为坐卧的地方，右侧置炉灶，用来做饭和取暖。蒙古包内中央设炉灶，上有通风口，灶北面是家长的卧处，左面是男子的卧处，右面是子女的卧处。

古代中国汉族和农耕民族基本上有多间的房屋，汉族大部分农民民居自西汉初年开始已经有所谓"一堂二内"双开间布局，大都备有房屋、炉灶、土窖、水井、厕所、土沟、仓房、畜圈，并逐渐形成向平面发展的庭院式民居。庭院式民居的样式变化很多，但基本上本着"前公后私"、"前下后上"、"主次分明"的位序，基本上都中间正屋作为堂，堂后为室，是主人的起居室。在室或堂的两侧建筑厢房、侧室，可以作为卧室、仓房等。由于北方地区气候寒冷，在东北的房屋中，人们的衣食起居、接待来客、家庭聚会等种种生活行为都在炕上进行，炕是家庭生活的中心。住宅的空间布局便形成了厨房在住宅中间，两边房间成对称分布的形态，方便厨房烧柴火，并把暖气直接送达东屋和西屋。新疆的维吾尔族也是以大厅为中心，两面平摊居室，周围绕以院墙，天气暖和时，多在庭院生活起居。南方的干栏式住宅，都是在木桩上盖屋，楼上住人，楼下养猪、牛和堆放农具、木柴。楼上分为火塘、卧室、晒台、粮仓等几个部分。著名的干栏式傣楼，第二层住人，往往有一道隔板将室内分成两半，内侧叫"黄暖"，是家人就寝的卧室，卧室严禁外人入内；外侧称为"那晃"，比卧室宽敞。"那晃"内为堂屋，外设火塘，既是接待客人的场所，又是厨房、饭厅。不过晋商的住宅则与之相反，强调上库下宿，聚财不露，俗称"七上八下"。

3. 原始遗风。公房是传统民居中的独特景观，来源于原始社会的淳朴遗风，是族外婚的遗存，著名民族学家马学良比喻为"青年男女的交际厅、俱乐部、音乐晚会"①。

景颇族的"晚只"、"绍胆"就是公房的代表，"晚只"和"绍胆"都是干栏式建筑，只是室内没有间隔，中间设有火塘，凡已成年的男女，都要分别加入自己氏族的"晚只"、"绍胆"。住在"晚只"的男青年可以到"绍胆"去"串"姑娘，几个女子也可以去"串"男子，当地称为"干总脱"。他们通常双双对对地围坐在火塘边，互相对唱，诉说衷情，并互相赠送爱情的信物——简帕或烟盒。滇中一带彝族人的男公房叫"阿木里若依德"，女公房为"楚里若

① 马学良：《青年男女的夜会》，《马学良文集》中卷，第341页，中央民族大学出版社，2009年。

依德”；西南东南部的珞巴族则称为“莫休普”和“雅胜”；而白族的支系勒墨人则有专门为姑娘建造的“姑娘房”——“古乃蒿”。

另外，很多聚落还有一些公共建筑和辅助性建筑，用于村落和家族的各种活动。汉人祭祖的祠堂就是其中的代表，另外村庄附近还有山神庙、土地庙等。布朗族人在村寨门口、大路旁修建凉亭，实际上是专供路人途中休息的公共竹房。竹房内有竹床、火塘和水缸，过路人可以进房乘凉、喝水、引火做饭，离开时把水加满，把火熄灭。侗族的鼓楼因楼内或门前悬有一面皮鼓而得名，是侗族聚众议事、裁决纠纷、聚会娱乐、祭祖庆典及文化活动的场所。京族村寨里唱哈节用的“哈亭”，侗族用来放哨的“卡房”，公共议事厅鼓楼“堂瓦”，供奉女神用于祭祀的“祖母堂”，苗族用来娱乐活动的龙船廊、木鼓房、铜鼓房、芦笙堂，布依族的歌台、跑马道等，都是村民社会生活中不可缺少的硬件。公共建筑不仅是村民的公共活动场所，也承担着凝聚村人或族人的功能，更是村落文化与历史得以延续的物质载体。做好乡土文化的传承与延续，提升品质，激发活力，是做好村落公共建筑和公共空间活化利用的重要前提。

（三）信仰影响居住习惯

一个民族的宗教信仰与民间信仰对居住惯例也有重要的影响，主要表现是突出信仰对象在住宅中的位置。在住室内部，许多民族都有供奉神灵或祖先的特定地方，往往这也是一个居室中最重要、最神圣的地方，不许家人和外人亵渎。在古代中国，祖先的神主牌是最重要的，逢年过节要祭祀，乔居必先迁祖宗，家具摆设也须注意不能冲了神主牌。朱熹在《家礼》中就说：“君子将营宫室，先立祠堂于正寝之东。”这是明以前民间还没有大规模建造祠堂时，士大夫立家庙的通行做法。客家土楼的心脏是供奉列祖列宗的正堂，也叫祖堂，各种祭祀、红白喜事均在此处进行。又如满族居室中的西墙，为供奉祖先的神圣地方，不准悬挂其他东西。

除了祖先牌位外，家中还要供奉其他神灵，如天地君亲师、灶神、财神乃至厕神的牌位。灶神崇拜起源于古代对火的崇拜。纳西族在主室（公共住处）右侧的墙上，供奉灶神“詹巴拉”，其下设灶。房子盖好后要在这里举行升火仪式。同样，在许多少数民族地区有敬奉火塘的习俗。火塘不仅是取暖、煮物的处所，或是会客的空间，更被看成火神居住的地方。火神是保佑家宅平安的神明，严禁人们对它有任何触犯行为。苗家的火坑周围是一块神圣的地方，祖宗的灵位也设在这里。平时不烧火的时候，这块地方总是打扫得非常干净，不准生人随便上去。湖南侗族要在火塘边设火塘神位，神位旁是家长男性老人席位，逢年过节要烧香纸，献供品。彝族每逢正月初一或初二、初三还要祭火塘。傣族火塘神称“宰岛裴”，每建新居要举行“闹火塘”仪式。

住宅中突出神龛，也与人们的生活需要和信仰有关。汉族的信仰，以祖宗神为先，其次才是佛教或道教以及其他神灵。祖宗牌位或神龛一般设在堂屋正中靠后，或是沿后墙摆在厅堂内的案桌正中，大家族则另设有祠堂，祖宗牌位两侧有的还设有陪供，如观音菩萨等。大户人家也有专设佛堂的。藏、蒙等族人民大都皈依佛教，住宅中佛像居主要地位。如云南一颗印住房，楼上中明堂，即正房中间即为祭祀祖宗的祖堂，或是诵经的佛堂。南方的吊脚楼楼上中间为堂屋，供奉历代祖先。纳西族的正房楼上正中一间靠后墙壁上安神龛，神龛分三格，中间靠左供观音菩萨，靠右供财神，左边一格供天地君亲师，右边一格供祖先牌位。丹巴地区的藏族碉房仅有一间高出屋顶的碉室，就是祭山神的地方。蒙古和藏族的帐篷中则将佛像等放置在中轴线上，与入口相对。裕固族住的帐房内正上方为供佛之所。锡伯族的习惯，西屋为上、东屋为下，所以佛像都供奉在西屋。有些村落也会形成以宗祠或以庙宇为聚落中心的独特景观。如甘肃临夏回族自治州，是回民聚居的地方，教徒每天要多次去清真寺进行礼拜，于是就形成了以清真寺为中心、住宅围绕清真寺分布的聚落布局，著名的八坊十三巷就是依托八座清真寺形成发展的。而台湾省鹿港镇则在四个方位设立了四座土地公祠，作为街镇四境的标志。

四、民居装饰与家具陈设

中国传统文化博大精深，传统民居建筑中的装饰、装修和家具陈设也有着悠久和深厚的历史底蕴。这些装饰、装修和家具陈设既是艺术的结晶，能美化空间，让建筑更具美感建筑，反映了各个时代、各个地域、各个民族的能工巧匠认识把握客观事物规律、建筑工程营造及技术与艺术的能力和水平；另一方面也凸显中华传统文化、人居环境文化艺术独特的精神和观念，体现出一定的时代特征和人们的精神追求。

(一) 民居装饰

中国传统建筑的民居装饰主要集中在门、窗、墙、房顶、铺地、栏杆等各种构件上，其所蕴含的文化内涵既依附于建筑实体，同时又超越了建筑的使用功能，透过那些巧夺天工的艺术形式，我们可以感受到不同地域、不同文化、不同信仰所塑造出的人文景象。

1. 门

门在中华文明中不仅是建筑主人身份和地位的象征，更直接关系到建筑的等级，折射着礼制制度，并通过“门面”这一具体的物化形式表现出来，形成了影响深远的所谓“门第”观念。

传统民居的门结构主要包括门扇、门框、门槛、门枕、门楣、门头等主要部分。现在所能见到的最早的建筑物自身的门是一尊西周时期青铜器兽足方鬲上塑出的房门模型。这尊方鬲的中下部铸成屋形，三面棂窗，一面是门，门呈板门形双扇，门扇上下两格，设有插闩一类的装置。门上有门钉、看叶和门环。大户人家往往会铜制门钉镏金，木制门钉漆黄漆，朱门金钉就成了一种表现威严和豪华的手段。门扇上下往往两头包一铁皮，称为“看叶”，上面有时还会镂空，会刻上如意、“寿”字、“卍”字等纹样。叩门要有门环，门环上要加金属底座，使之成为“门钹”或是“铺首”。门钹的形式变化多样，钮头和圈子都带有吉祥符号，外圈边多做如意纹。

门槛又叫阃、埕等，是在门框下面紧贴地面的一条横木。门槛横伏于门口，是划分内外的界线，似乎越是有钱的人家，门槛做得越高，久而久之，门槛变成了身份与地位的象征，人们常用高门槛来形容豪门大户。固定门扇下轴的是“门枕”，多用石料加工而成，所以也称为“门枕石”。门枕在门外的部分多做有装饰，或为方形的墩，或为圆形的鼓，俗称“抱鼓石”。圆鼓子两侧图案以转角莲最为常见，稍讲究者还可做成其他图案，有麒麟卧松、蝶入兰山等，正面雕刻一般为如意，也有做成宝相花、五世同居等。

门楣即门框上边的横木，发展于唐宋，随着民宅建筑装饰的兴盛，到明清时期形成规模。传统的门楣一般以吉祥图案为装饰主题，从形象或装饰意象的角度来看，图案可分为几何纹、禽兽纹、植物纹、器物法宝纹、吉祥文字纹、风景纹以及由数种图案组成的综合形图案。

大户人家还有门匾，“匾”古字通“扁”，本意为户册，后来引申为门户上的名牌，如“某府”或“某宅”，文人墨客还会专门题写一些匾额，多悬于堂室或家院的亭榭中。

门的书画装饰还有门联、门笺、门神画等。门联可以张贴在门面上，也可以张贴在门两旁的门柱上。门笺是汉、满族吉祥装饰物，流行于南北农村和城镇。门笺在春节时张贴，贴在门楣上，内容很丰富，有动物和植物纹样，也有“福”、“禄”、“寿”、“财”、“喜”等吉祥字样。门神流行于全国广大地区，传说中是守护大门之神，常见的有秦琼、尉迟敬德、钟馗等。贴门神原来是汉族风俗，后来传到了许多少数民族中。

2. 窗

我国最早的窗饰实物形态出现在1976年陕西扶风庄白村出土的西周刖人守门鬲中，鬲中空的下部被巧妙地铸成屋形，房屋的三面设计十字棂格窗。另外战国出土的伎乐铜屋，两侧设计了落地式棂格长窗，后面是十字棂格窗。这时的窗是固定窗，已经有了格扇的特点。宋代《营造法式》里已经有破子棂窗、版棂窗、睒电窗和阑槛钩窗等窗样式的记载。明清时期窗饰图案由粗犷单一趋向细腻，变化丰富，工艺手法更趋成熟，成为民居建筑装饰中最为精美、独特的装饰构件之一，木质雕刻窗饰艺术、砖雕石刻窗饰艺术在全国各地广泛流行。清代中叶以后开始使用玻璃，格心出现带大片空格的疏棂做法。

窗的样式有不能开合的死扇窗，如直棂窗和漏窗；有能开合的活扇窗，如槛窗、支摘窗，还有只有窗框而无窗棂和窗扇的洞窗等。宋代以前，窗户基本上都不能开合，最典型的就是直棂窗，也叫一码三箭，形如栅栏，在窗框中纵向排列许多方形的直棂，上下侧各置横木三根，线条简单。直棂像栏杆一样排列在窗口，非常简朴。槛窗是产生于宋代的可开合的活扇窗，因最初安装在殿堂门两侧的槛墙上而得名，是由格扇门演变而来的，故又称格扇窗。支摘窗，分成支窗和摘窗，支窗是可以支撑的窗，摘窗是可以摘下来的窗，两者合在一起使用，就叫支摘窗：上下两扇窗，上扇可以支起，下扇不能支起，但能摘下。漏窗又叫什锦窗，用于住宅和园林的亭、榭、廊、围墙等处，只有装饰作用，形态多样，如方、圆、六角、八角等，再以瓦、薄砖、木竹片和泥灰等材质构成几何图形，或用砖石雕刻的动植物形象作窗棂。在明代计成《园治》中已经有十六种漏窗式样，而到了清代图案更是多达上千种，如鱼鳞、钱纹、波纹等。洞窗是窗的最古老的形式，最初除了通风、采光外，还能排烟，所以汉字中先有囱，再有窗。洞窗主要用于园林的内围墙上，可以起到移步换景的作用。

窗棂格是古代窗户糊纸和嵌明瓦的骨架，从古到今变化多端，纹样不计其数，大致可以分成以下几类。一是横竖棂子，就是用直棂条拼成各种花样，如一码三箭（即直棂窗）、斜方格、豆腐块、回字、井口字、步步锦、八块柴等。二是拐子纹，如万字、灯笼框、盘长、方胜、亚字等。一般来说，在槛窗窗扇上用灯笼框比较普遍，在支摘窗用汉字纹较多。拐子纹应用广泛，细节处灵活多变，极富韵味，有时拐子纹的窗棂图案中心还会裱糊绘有图案、书法、剪纸的纸帛等。三是菱花，早期叫“锁花”，也有叫“网户”，是由六十度夹角的直棂条网布组成，形式简单但变化丰富，如六角形、蛛网形都是其变形。常用在等级较高的建筑上。《营造法式》中的毬纹格窗就是菱花窗，清代宫殿常见的菱花图案有三交六椀、双交四椀等做法。此外还有雕花类棂子，在徽州民居也有存在，不过这种形式的窗棂格耗时费工，设计难度大，留存较少。

3. 墙

民居的墙体，按照建筑材料来区分，有石墙、砖墙、抹灰墙、夯土墙、石坯墙、木架抹泥墙、井干木墙、木板墙、编席墙等。西北黄土高原的民居大多用黄土夯制，西南丛林地区的墙多用木料，贵州地区山石嶙峋，山坡上错落有致的民居大都是用石板墙，形成石头世界。中国民居的墙多取材于大自然，不同的建筑材料，既与周围的自然环境取得协调，也会产生不同的审美效果，其实也是中国哲学天人合一境界的体现。

石材在山区是最优质的建筑材料，可就地取材，物美价廉，各种各样的石材经过民间石匠的艺术加工，丰富了中国民居外墙的质地与外观。石墙分为毛石墙、石板墙、乱石墙、条石墙。毛石墙，又叫虎皮石墙，是使用规格大小不等的石块，不加修饰，利用垫托、咬砌、搭插等技术砌筑而成，一般用在驳岸、园林，川藏少数民族地区也广泛使用，沿海地区还用鹅卵石筑墙，澎湖列岛还有礁石墙，也都是毛石墙的一种。条石墙是比较高级的石墙，多在平原地区，是把石块加工成砖块一样，分层砌筑，福建惠安地区的石墙是典型代表。石板墙分成两种，一种为横砌石板，在浙江绍兴比较普遍，一种是竖立石板，在浙江天台较多。贵州安顺、贵阳，浙江黄岩、温岭一带的石板墙则将岩石切割成形，镶于柱间，再用木条压住。

泥墙又称为土墙，分为筑土墙和土坯墙。筑土墙即夯土墙，就是古代所说的“版筑”，是历史最久远、最为经济的墙体。施工方法是将木板夹持在墙两边，中间填土夯实，用于建筑的夯土墙外墙面一般需抹面防雨，农舍则多抹草泥，有的还会在墙面加设竹钉、麻缕、白灰。福建客家土楼民居墙体以当地黏性红土为主，掺入适量的石子和石灰，经过反复捣碎、拌匀，做成俗称的“熟土”，一些关键部位还加入适量糯米饭、红糖，增加其黏性。夯筑时，还要在土墙中埋入杉木或竹片作为“墙筋”，以增加其拉力。经过反复的夯筑，再加上施工精细，不仅坚固异常，而且非常美观。土坯墙的历史也十分悠久。土坯就是未经烧制的生土砌的墙。生土有两种，一种是由黄土淋湿闷熟脱坯干燥而成，称土坯砖；一种是麦地风干后，在现场切割铲出的带草根的土块，称土堑砖，东北人又称垡子。东北地区的干打垒墙也是一种土堑墙。另外新疆垛泥墙是用潮湿的泥团垛起来的，也是土墙的一种。

砖墙是全国南北各地应用最为广泛的墙体，朴素大方，经久耐用。中国传统的砖墙类型有山墙、檐墙、院墙、照壁、园墙等。山墙是房屋左右两侧的墙体，多为实体墙。根据屋顶的形式不同以及当地的人文环境、生活习惯的差异，山墙的造型也是不一样的。如皖南和江南的马头墙，闽南和粤东的五行山墙，都具有当地的鲜明特色。檐墙是房屋前后两侧的墙体。建筑的前檐墙，多设置门窗，并在檐廊或柱廊的内侧，檐檩和檐椽多外漏，墙体不封檐，称为露檐墙。后檐墙一般一直砌筑到屋檐下，封住檐檩和檐椽，称为封护檐墙。照壁是中国传统建筑的院落大门内或大门前的一道屏障，也称为影壁或照墙。照壁的设置在古代也是分等级的。据古代西周礼制规定，只有宫殿、诸侯府邸、寺庙建筑才可以使用照壁。到明清时期，照壁使用就很普遍了。照壁在院落的布局上，具有使用和装饰两种功能。在使用功能上，一方面，照壁会使大门处的视线发生转折，在门外不能看到院内的活动及景物，来访的客人，在照壁前下马，整理衣冠，方可入内拜访主人。与此同时，照壁还可以使外来的风不能够直接穿堂入室，起到辟邪趋吉的作用。照壁作为院落的入口，往往是居室装饰的重点，院外走过的行人，也可以通过照壁上的装饰，知道主人的生活情趣，有时候照壁还会和其他墙面形成对景效果。

有些大户人家，院中设有园墙，是庭院或院中园林的围合墙体。园墙的造型非常讲究，富于变化，在空间上起到分割的作用，在视线上却留有观赏的位置，是墙体造型艺术性较高的一种。园墙主要的形式有花墙、漏窗墙等。花墙是用砖、瓦或专门烧制的花砖砌筑的全部或部分半隔半透的有花纹的墙体。造型变化丰富，用料考究，图案装饰华丽。漏窗墙是为了加强通透的效果，在墙体上开造型各异的漏窗，为墙体增添了很多情趣和变化。

装饰砖墙的工艺有砖雕，发展于汉代，以瓦当和画像砖为代表，住宅砖雕多用于山墙墀头、廊墙、照壁和门楼，在元明清很多地方都出现了专事此业的“凿花匠”，无论是北京的四合院门头，还是徽州、广东，砖雕都屡见不鲜，砖雕兼具石雕的刚毅质感和木雕的柔润平滑，具有刚柔并济、质朴清秀的特征，为砖墙平添很多韵味。

4. 屋顶

屋顶是中国传统建筑有别于西方建筑最主要的部分之一，其造型多变、装饰繁盛、意蕴颇多，尽展中国人的审美情趣与精神崇拜。

中国传统建筑屋顶的形式丰富多样，往往代表中国的等级划分，也是建筑承载社会生活内涵与传统文化精神的重要表现。中国传统建筑屋顶形式分为庑殿、歇山、悬山、硬山、攒尖等。每一种屋顶造型都有严格的等级划分，是权力的象征。总体来看，中国传统建筑屋顶造型不仅是为了美观，也具有十分重要的功能。

从美观来看，屋顶曲线的造型赋予建筑物天际线柔和、典雅的特点；向外挑出的屋檐赋予建筑物外观流畅、舒展的特点；犹如飞翼般扬起的檐角则给予整个屋顶生动活泼的动感与朝气。中国传统建筑屋顶曲直搭配，收放自如，端庄中蕴含生动。

中国传统建筑屋檐屋脊上往往具有极其丰富的装饰纹样与饰物，其功能主要是为了安煞镇邪、驱魔逐鬼，象征逢凶化吉；并通过龙、凤等的崇拜，寄托人们希望得到神兽庇佑的美好愿望；同时也可以对屋顶施以装饰，丰富原本单调的屋顶造型，使其显得更加富有生机与活力。屋顶上的饰物繁多，如鸱吻、兽头、金凤、火珠、蹲兽、垂兽、戗兽等。其中鸱吻是殿堂正脊两端的饰物，又名正吻。正脊两端的饰物并非一开始就是鸱吻，汉代崇凤，最初正脊两端的饰物是凤凰的形象，而后改为鸱吻，是以其形似鱼尾，寄托"以水克火"的愿望，防止房屋发生火灾。屋脊上的走兽也颇有一番讲究，其数目根据建筑规模和等级的不同而有所不同。屋脊上的走兽数目越多，表示屋主级别越高。走兽装饰物丰富多彩，应有尽有，有十二生肖的造型，有飞禽走兽、花草树木，有各式各样的仙人神佛，而更多的是龙、鸱吻、凤、狮子、天马、海马、狻猊、押鱼、獬豸、斗牛等瑞兽，包罗万象，各具特色。屋脊走兽不仅外观优美，而且以其寂静、丰富的建筑语言，展现了古人对天道的敬畏，以及"天人合一"的中国建筑意境，更蕴含深厚的中国传统文化内涵。

5. 铺地

明人李渔在《闲情偶寄》中曾说："土不覆砖，尝苦其湿，又易生尘。"因此就有了铺地的需求。根据考古发现，至晚在新石器中期，如湖南澧县城头山古城遗址中已使用卵石铺地。晚周时期已经出现铺地砖，如陕西扶风就出土了方形铺地砖。春秋、战国的地砖已经有米字纹、绳纹、回纹等。唐朝时已经现出了预制地砖，著名的宝珠莲纹就是其中的代表。明清时期，铺地艺术伴随着中国古典园林的发展而发展。一般来说，室内地面要求平整光洁，往往用青灰方砖磨制，棱角齐整，表面镜平，严丝合缝，沉实净洁而雅素。所以计成《园治》说："厅堂广厦，中铺一概磨砖。"而《园治》又说："庭下宜仄砌。"即将砖的侧面向上，立起来铺砌，形成一定铺度，便于排雨水。而园林中的道路，则要变化曲折。所以造园师在营造庭院时利用各种建筑废料，如碎砖瓦片、废陶瓷片、卵石、片石等组成多种构图，如几何纹样、动植物、博古等，既变化多端，又不喧宾夺主。著名的花街铺地就是代表。而在山堂、水坡、台端、亭际，则要用乱青石板斗冰裂纹。

6. 栏杆

栏杆一般是建筑物内外，用纵横木、石制构件组成的遮拦构造物。由栏杆柱、栏板、连杆或扶手等组成，有透空的带花格或图案的栏杆，也有实心的栏板局部透空或全部不透空的栏杆。栏杆常常与楼梯、台阶、门窗、柱廊、台基等构造方式联系起来，已经成为中国传统建筑的一个重要组成部分。有学者曾如此评价："大概世界上自古至今的建筑形式中，只有中国古典建筑曾经运用过以栏杆为建筑构图的主题，或者说让它占据着相当显著和重要的地位。"① 在古代若以材料分，栏杆基本上是以木栏杆和石栏杆这两类为主；而从形式看，栏杆大致有寻杖栏杆、靠背栏杆、坐凳栏杆、直棂栏杆、花栏杆等几类。栏杆是人们经常倚靠抚摸的构件，人们休憩时依偎栏杆之上，从所在的空间望向对面的另一个空间，取得视线交流，而居高者，又尽可放眼远眺，风光无限。处在栏杆所提供的这个空间往往容易引发诗人们的兴致，"凭栏"、"倚栏"、"拍遍栏杆"等意象常常出现在古典诗词之中，形成一种引人入胜的意境美和有着深厚传统文化内涵的诗意美。

纵观中国传统民居的装饰，从造型艺术角度看，主要分彩绘、雕塑、符镇三大类。

彩绘。画栋雕梁，沥粉彩华，是中国古代建筑及其装饰的基本特征之一，有着鲜明的民族特色。《论语·公冶长》就有"山节藻棁"之语，可知当时建筑上已有彩绘髹漆的做法。民居建筑彩绘，主要用在墙面、门窗、梁枋、柱头等部位，其作用一在于减弱日晒雨淋的侵蚀，二在于防止木材自身的腐朽，三在于增加美观，强化装饰效果。清代有三大官方彩绘，和玺彩绘、旋子彩绘和苏式彩绘，前两者只用于宫殿建筑，民居主要限于苏式彩绘，苏州明代住宅凝德堂就是集苏式彩绘之大成。苏式彩绘从江南的包袱彩画演变而来，用料丰富，色彩多样，工艺成熟，代表了中华彩绘的艺术高度。此外，中国各地都有百花竞艳的民居彩绘艺术，如 2008 年入选国家级非物质文化遗产名录的大理白族民居彩绘艺术，以独特的色彩和图案装饰房屋，与白族的青砖、白墙、灰瓦相映成趣。大理董家大院就是其中的代表作。安徽徽州彩绘整体风格繁而不缛，丽而不俗。福建、广东一带的民居彩绘则多用墙面与屋面的过渡部分，富丽堂皇，金碧辉煌。新疆维吾尔族民居阿依旺赛来的彩绘往往将彩绘与石膏花饰结合，立体感较强，富丽典雅，体现了中西方文化元素的融合。山西农村民居的炕周围墙壁上都画上多彩的画，称为"炕围画"。内容大多为戏曲故事、花鸟鱼虫和吉祥图案。我国许多地方，特别是江南地区甚至连厨房的灶台也实施彩绘，称为灶头画、灶壁画、灶花，一般以红蓝黑为基本色调，以白墙为底，描绘图案，具有淳朴的艺术风格。

雕塑。中国民居有著名的三雕，即木雕、砖雕、石雕，这是民居建筑装饰

① 李允鉌：《华夏意匠——中国古典建筑设计原理分析》，第 251 页，天津大学出版社，2005 年。

常用的手段，通过丰富而精美的纹饰，使民居呈现出富有特征的外观，同时传达趋利避害、喜庆吉祥的美好理想和愿望。木雕多用于梁柱、斗拱、飞檐、栏杆、门楣、匾额等地方，浙江、广东、福建等地的民居都保留很多精美的木雕。以浙江东阳木雕和广东金漆木雕最有名，相对而言，东阳木雕更重情节，广东木雕上漆贴金，绚丽夺目。维吾尔族的阿依旺赛来民居以极具地方民族特色的廊柱木雕闻名遐迩，其柱础、柱身、柱头均为木制并加以雕刻，其中以柱身和柱头装饰雕刻为主，花纹多采用几何纹样和植物纹样，装饰色彩中整体采用白色和绿色为主调，体现了伊斯兰文化风格。廊柱的装饰雕刻又与顶部的梁和檩上的雕刻相呼应，构成檐廊华丽精美的装饰效果。砖雕大量应用到门楼、门罩、牌楼、飞檐、屋脊、额枋等处，画面布局常借用中国画立轴或者手卷式样的章法，徽州砖雕细腻复杂，层层深入，工艺精巧。晚清民国以后，出现了中西合璧的混搭风格，浙江南浔的张石铭宅第就是其典范。石雕用于民居较少，徽州牌坊是石雕代表作，民居则往往以石狮、石柱为多，优美精致。

符镇。符镇是风水法的一种，源于道教，主要是以符箓及其他特定物对住宅进行镇禁，并举行相应仪式，以祈求吉祥、消除灾祸，分为文字符号符镇、图像符号符镇和动物形象符号符镇。最常见的符镇是石敢当。石敢当是一块长方体石碑，或嵌入墙中或独立而置，上刻“石敢当”或“泰山石敢当”。传说石敢当是古代的勇将，每当住宅房屋、大门直冲巷口、桥梁或高大建筑时，就要在其正对处立“石敢当”。另外还有“山镇海”，作用与石敢当相同。此外，还有镜子符镇，即“照妖镜”，或叫“太平镜”，悬挂于门楣或屋脊正中，以达到镇压不祥的作用。此外，挂太极图案，挂宝剑，门环用虎、蛇形等，都有镇邪的作用。

（二）家具陈设

有学者曾写道：“在人类社会中，自从有了盖房子的活动起，就有了做家具的活动。”[①] 由此可见，家具在人类生活中很早就占据着重要的地位，家具与建筑所提供的室内空间是紧密相连的，而且随着人类社会经济和文化的发展，家具的结构与样式也在不断地变化并影响着室内陈设的改变。

早期传统家具源自夏商周时期。商代时，青铜工艺技术成熟，产生了世界闻名的青铜文化。此时出现了非常有代表性的青铜器：俎和禁。春秋时期案是一种新兴家具，主要以漆案为主。战国时的案，美观实用，工艺复杂，制作精良，同时，出现了真正意义上的床。汉代时，案在战国的基础上品种增多，形

① 杨耀：《明式家具研究》，第 43 页，中国建筑工业出版社，2002 年。

制加宽，更加美观实用。西汉时出现了坐榻，高度较矮，体量较小，轻便易搬动。两汉时，漆器家具和器物最为流行，是漆器历史上的鼎盛时期。当时漆器基本为木竹胎，大部分为红里黑外，黑漆上再绘红或赭色花纹，做工精美，色彩鲜艳，纹饰优美。魏晋南北朝时期，少数民族文化与中原文化碰撞交融，开始出现垂足高坐的起居方式，高型家具也开始萌芽。唐朝高坐型家具及高型桌案类家具开始逐渐在上层社会流行。唐代的木榻逐渐变高变宽，有些可供多人坐卧。从五代时期绘画作品《韩熙载夜宴图》可以看出，高坐型家具已经很普及。南宋是中国起居方式的重大转折期，垂足坐完全代替了过去的席地而坐。明代政治较为稳定，手工业得到很好的发展。明代家具是中国家具史的巅峰。也是中华民族的文化精粹。明式家具造型简练大方，榫卯结构紧严稳固，严丝合缝。外观上凸显木材的天然纹理和颜色，少有繁缛的雕刻和装饰，在世界家具史上有着里程碑的意义。

中国传统家具发展到明清时期，其形制已经相当完备。主要分为：以床榻为主的坐卧类家具；以箱、柜、橱为主的盛装类家具；以桌、案为主的摆放类家具；以椅凳为主的倚坐类家具；以及架类、屏障类室内装置、装饰用的家具。同时，每一类家具又有丰富的形制和品种：或因样式而分；或因用途而分；或因工艺而分。在不同的时代和地区可能会有不同称谓。

中国的家具，尤其是明代家具受文人影响很深，最典型的特征即“简约”。明代学者文震亨《长物志》就强调“精洁雅素”，所谓“斋中仅可置四椅一榻，屏风仅可置一面，不宜太杂。”① 以上均体现了文人士大夫追求精简适宜的审美态度和人生追求。著名家具研究专家王世襄总结明代家具有“简、厚、精、雅”的特征，即造型洗练、庄重大方、做工精巧、气质典雅。②“简”的审美取向还体现在陈设物品的材质要求当中，“榻者，如花楠、紫檀、乌木、花梨有古断纹者，其制自然古雅，其他如大理石镶嵌，有退光朱黑漆，中刻竹树，以粉填者，有新螺钿者，非大雅器。”清代家具则一改明式家具的挺秀简洁，表现为繁复、华丽、宽大、雕琢，总体特征是材质优良，做工细腻，庄重威严，装饰华丽。明清家具取材十分考究，多选用花梨、紫檀、红木等硬质木材，运用雕、镂、嵌、描等各种复杂的工艺手法，大量使用如珐琅、螺钿、竹、牙、玉、石等工艺用材，花样翻新，层出不穷。

明清家具已经逐渐形成厅堂、书斋与卧室三个系统，各类家具制作呈现出

---

① （明）文震亨：《长物志》，第349页，江苏科学技术出版社，1984年。

② 参见王世襄《明式家具研究》，三联书店，2020年。

明显的与居室功能相适应的特征。

厅堂是正房、正堂，是传统家族活动的重要场所，其建筑等级是民居中最高的，而且占地面积较大，不仅在此迎宾待客，同时也是祭祖等礼仪活动举行的场所，是体现主人地位和身价的地方，是一家的门面。因此厅堂家具也就最为讲究，同时也相对保守。一般而言，小规模的住宅中厅、堂合一，多进的宅院中厅、堂分为两处，前厅后堂，也可以在一条中轴线上建造一堂多厅。厅堂的家具讲究规范化和对称性。如厅堂中间挂有一幅中堂画，两边附有楹联，下面有长条案，用来供奉神灵，民国之后也经常会摆自鸣桌，钟的东边摆瓶，西边摆镜，取“平静”的谐音。条案前是八仙桌，桌的两边各置一把太师椅，厅堂的东西两墙（俗称两山）对称放椅子和茶几，由此形成一堂八椅四几的基本陈设格局。多余的空间可以放博古架、花瓶等。

卧室是休憩睡眠之所，同时也是私密空间，家具以舒服、清静为特色，而且一般是女方的嫁妆。北方卧室设坑，而南方则为床，基本上有满顶床一件，一般由 7 块床板组成，表达日后生下五男二女的愿望。小衣橱和椅凳一套，大衣橱一对，鞋箱一对，净桶和箱。卧室一侧，一边放梳妆台，另一侧放小型方桌。新婚夫妇的卧房家具都是朱漆油饰，金粉描画，配件都是黄铜，如合页、吊扣、角、锁等，寓意吉利，俗称“一房红”。

书斋又称文房，书房，一般在住宅较为幽静的角落，体现主人精神追求和艺术氛围的地方，一般会营造一种古朴而高雅的格调。常见的书斋家具有书桌、书案、画桌、书架、太师椅、棋桌等，尤以宽大的书桌或画桌最为讲究，一般陈设在较为明显的位置，桌案上置放有笔筒、书架、砚台、笔洗、镇纸等文房四宝，周围则置有博古柜。靠墙往往放置一长案或几，上面摆放文玩。此外还可以适当放置屏风、茶几、长榻等。

八仙桌和太师椅是民居陈设中的标志性家具。八仙桌，多用硬木做成，桌面正方形，四脚，每边可以坐两人，一桌八人合坐。清翟灏《通俗编》引宋晁补之《鸡肋集》、《八仙案铭》，称“东皋松菊堂，饮中八仙案”，则八仙桌至少自北宋即已有之，“八仙”是唐代饮中八仙，即李白、贺知章、李适之、李琎、崔宗之、苏晋、张旭、焦遂善。但明代以后，在民间，“八仙”就变成了八仙过海传说故事中的八仙，即铁拐李、汉钟离、张果老，韩湘子、何仙姑、吕洞宾、蓝采和、曹国舅。八仙桌可用于进餐，也可以用于祭祀或棋牌游戏。八仙桌有暗八仙和明八仙两种，桌面以下四周雕花围板，如果雕有八仙人物，即明八仙，雕有八仙器物，即暗八仙。太师椅，是以质地坚细的木料制成的有靠背及圈状扶手的椅子。靠背和扶手上往往雕有各式花纹，通常成对放置于厅堂八仙桌之上首，也可以放入卧室和书斋，因往往是身份高贵的人所坐，所以叫太师椅。宋代张端义《贵耳集》就说："今之校椅，古之胡床也"，因有人奉承秦桧，专门为椅子制了荷叶托首，而且"凡宰执、侍从皆有之，遂号太师椅"。《贵耳集》这里所说的太师椅其实是圈椅，并且是可以折叠的交椅，到了明代太师椅才变成一种有靠背和扶手的大圈椅，而到了清代则不再是圈椅，而是扶手与椅背成直角，样子庄重严谨，尺寸宽大的扶手椅。

传统民居室内的墙壁和家具多为单色调，为了克服单调感，也为了显示主人的社会地位和文化修养，还会增加很多陈设。如墙上挂的对联、挂屏、字画，案几上陈列供观赏品味的艺术品，如古玩、盆景、盆花等，地上陈列的炉架、围屏，以及天花上悬挂的灯笼、帐幔等，都为房间增添了一份雅致。

第三节 民居类型

我国地域辽阔，地形和气候多种多样，民族众多，民居建筑在长期的历史发展中，形成了丰富多样的地方特点，几乎每个民族、每个省乃至每个地区都有各自不同的民居建筑形式，我们的祖先在认识自然环境，利用天然材料方面表现出了出众的才能，其建筑种类和式样之多可谓世界少有。近现代以后，随着中西方文化冲突和交流加剧，海外各国的住宅也在我国也有一席之地。今天，随着科技的发展，民居更是有了充分的发展，千变万化的类型，绚丽多彩的特色，融会贯通的风格，构成了蔚为壮观的中国民居景观。

一、干栏式

干栏式建筑，又称之为"带脚的房屋"，是一种为适应低洼潮湿地面而设计的栽桩架板的居住形态，特点是支柱架空，离地而建，所谓"悬虚构屋"，其目的是抬高居住面，使潮湿的地面和居住面相隔离，在我国古代曾广泛流行于长江流域及其以南地区，可以说在古代，整个南中国都是以干栏式建筑形制为主。另外，在东南亚、日本等地也有发现。直到今天，在云南、贵州、四川、广西、湖南、台湾以及海南岛等省区还普遍使用着这种建筑。有人甚至认为楼与阁也应该是一种演变了的干栏建筑。

"干栏"一词是西南少数民族对自己住房的称呼，有"楼居"之意。由于汉语转译音变，又有不少别称，如"高栏"、"阁栏"、"葛栏"、"栏房"等。中国古代文献不乏关于干栏的记载。最早见于《魏书·獠传》："獠者，盖南蛮之别种……种类甚多，散居山谷……依树积木，以居其上，名曰‘干栏’。”最早的遗迹见于新石器时代早期的长江三角洲地区，如在距今10000—8000年的浙江浦江县上山遗址，距今8000年的浙江萧山跨湖桥遗址、下孙遗址，以及距今7000—6000年的余姚河姆渡文化遗址均有干栏建筑的遗迹发现。

有学者将干栏建筑排列成如下的发展顺序，即巢居—栅居—干栏—半干栏—地面木构房屋。[①] 南方地区多为山地，林木茂盛，河流纵横，地形复杂，气候湿润，夏季易发洪灾，远古时期毒蛇猛兽横行肆虐，先民要生存繁衍下去，只有白天下地渔猎觅食，晚上寄居于树上过夜，利用纵横交错的树枝铺设居住面，上蔽以遮风挡雨之物，同鸟类窝巢颇为类似，这种巢居形式即干栏式的早期形态。此后随着人口的增加，生产技术的提高，人们改造自然的能力增强，逐渐架屋定居以便从事生产劳动。这种以竹木为建材，将底层架空，上层住人，具有良好通风和预防虫蛇侵害条件的建筑就是干栏。宋代，干栏建筑的功能已有扩展，把底层围起来养猪养鸡，所以宋代周去非《岭外代答》言："民编竹苫茅为两重，上以自处，下居鸡豚。"正是沿着这一顺序，中国古代竹木结构建筑技术不断完善，最后发展出了成熟的榫卯技术和比较严整的木构架体系。2009年，中国传统木结构建筑营造技艺入选联合国教科文组织非物质文化遗产名录。至今中南和西南少数民族如傣、景颇、佤、布依、壮、侗、水族人民仍喜欢住在这种民居中。

干栏式民居按照下层透空的柱梁高度划分，有高楼式和低楼式两种。而按照因地制宜、就地取材的习惯，干栏有全竹、全木、半竹半木式的三种，屋顶也有草、瓦、树皮等三种。干栏建筑最大限度地适应、利用各种地形条件，充分发挥框架结构的灵活性，拓宽视觉，不破坏原生地貌生态环境，是十分优美的人文景观。2010年上海世博会中国馆，底层四根立柱，形成宽敞通透的架空层，再由其上部建筑主体层层出挑，就是借鉴了干栏式建筑的生态理念。比较典型的干栏式建筑，有傣族的竹楼和湖南、贵州的吊脚楼等。

傣族竹楼，流行于云南的西双版纳傣族自治州、德宏傣族景颇族自治州，是傣族传统民居。传说，竹楼是傣族建筑始祖帕雅桑目蒂发明的。由于他对傣族住房的形式和功能整天冥思苦想，感动了天神，天神变成一只凤凰冒雨飞到了帕雅桑目蒂面前，展开双翅，低头藏尾，暗示住房要盖成"人"字形的屋

① 李先逵：《论干栏式建筑的起源与发展》，中国民族研究会编《族群·聚落·民族建筑：国际人类学与民族学联合会第十六届世界大会专题会议论文集》，第8页，云南大学出版社，2009年。

脊，有四个坡面，高脚木柱支撑着楼室。帕雅桑目蒂欣然仿建，于是在西双版纳诞生了这种凤凰展翅式的干栏式傣家竹楼。竹楼的特征是房屋由石柱、木柱或者竹柱支撑着，屋顶呈“人”字形（歇山式），屋脊长于屋檐，正檐两端向上翘起，屋面用草排覆盖，骨架一般用粗竹子搭成，竹编篾子做墙体，楼板用竹篾或者木板。建筑平面呈正方形，是上下两层的高脚楼房。整个竹楼非常宽敞，空间较大，也少遮挡物，通风条件极好。竹楼与孔雀舞、泼水节、热带原始森林一起构成享誉海内外的旅游资源。

吊脚楼，也叫“吊楼”，为苗族、土家族、壮族、布依族、侗族、水族等民族的传统民居，在桂北、湘西、鄂西、黔东南等特别集中。这些地区山水相连，村民们就地取材，依山傍水修建吊脚楼。吊脚楼的后半部分往往建筑在倾斜度较大的山坡上，前半部分以木柱支撑，形成吊脚柱，故称之为“吊脚楼”。吊脚楼一般三层，上层储谷，中层住人，下层堆放杂物或关牲畜。由于一般干栏建筑是全部悬空的，所以吊脚楼也被称为半干栏式建筑。在贵州省黔东南苗族侗族自治州的雷山县，坐落有享誉中外的中国苗都、世界上最大的苗寨——雷山西江千户苗寨。这里吊脚楼栉比相连，次第升高，蔚为壮观，被誉为“民族建筑之瑰宝”。2006年，雷山苗族吊脚楼营造技艺入选第一批《国家级非物质文化遗产代表性项目名录》。2011年，土家族吊脚楼营造技艺入选第三批《国家级非物质文化遗产代表性项目名录》。

黎族的船型屋流行于海南五指山中的黎族聚居区，相传黎族的祖先渡海来到海南，为纪念祖先，故以倒覆的船体建造住屋，故名船型屋。南宋赵汝适《诸蕃志》卷下《海南》中记载：“屋宇以竹为棚，下居牲畜，人处其上。”船型屋有高架船型屋与低架（落地式）船型屋之分，外形似船篷，拱形，用红、白藤扎架，盖以厚厚的芭草或葵叶，几乎一直延伸到地面上。海南岛气候无寒潮之忧，但四季多有台风，这种圆拱造型利于抵抗台风的侵袭，茅草屋面也有较好的防潮、隔热功能。船型屋分上下两层，上层住人，下层关牲畜。船型屋中间有三根主柱，黎语称为“戈额”，意为男子，六根侧柱，称之为“戈定”，意为女子，即一个家由男人和女人组成。海南省东方市江边乡白查村，是海南船型屋保存得最为完整的自然村落之一。2008年，黎族船型屋营造技艺入选第二批国家级非物质文化遗产。

二、庭院式

庭院住宅是中国传统民居中最基本的形式，是中国传统住宅建筑发展到后期最典型、最成熟的住宅形式。由于是木质为主的结构体系，建筑形体并不高大，但特别擅长运用庭院造成空间纵深，营造出“庭院深深深几许”“重门深锁无寻处”的唯美意境。所谓的“庭”是指建筑物阶前的空地，依其位置不同有前庭、中庭、后庭之分；“院”则是指房屋围墙以内的空地，庭院就是由建筑物围合的空间，其平面形制为口型。早在西周时代已有了布局完备的庭院，陕西岐山凤雏村出土的西周建筑遗址就被誉为“中国第一四合院”。至明清、民国，庭院建筑技术的造诣和水平达到了顶峰。庭院住宅是中国分布最广、数量最多、变化最丰富的民居类型。从南到北因地区间的差异，形成了不同的种类，表现出不同的特征。大抵而言，北方以四合院为代表，墙厚而院落宽敞；南方以江南民居、徽派建筑等天井式院落为代表，地域特色鲜明，院落紧凑。

（一）四合院、三合院和东北大院

四合院是分布最广的传统民居类型，几乎成了中国民居的代名词。考古发现公元前 11 世纪时的周原遗址宫殿就有这种四合院的布局。四合院，一般是指由东南西北四面围合的青砖瓦房加上院墙构成的建筑形式。四合院以我国北方居多。如果一座院子的四面都有房屋，就称为四合院；三面有房屋的，则称为三合院。北京四合院是比较典型的四合院，起源于元代，现存最早的四合院是西直门里的后英房元代遗址。明清时期是四合院的发展高峰，形成典型的四合院形式，有不同的等级和规模。

四合院以“进”为单位，有几个院子就称为几进。一进四合院是最普遍的四合院，由正房、厢房、倒座组成封闭院落，往往为中下层平民的民居。大型的四合院有两个或三个院落，各院一般为纵向串联。四合院为对称式的平面和封闭式的外观，一般坐北朝南。主要有以下几个特点：一是呈现中轴对称、向心凝聚的格局，较重要的房屋如厅堂等总是贯穿在中轴线上，次要房屋如卧室等居于中轴线两侧，均齐对称、主次分明。二是内部庭院方阔，尺度合宜。三是外部有封闭的宅墙，各房屋都朝向院落开窗，院外除了宅门，完全被院墙或屋墙包围，独门独户。有一个特点是大门开在东南角，称为“青龙门”。按八卦，北为坎，东南为巽，因此这种布局又称“坎宅巽门”。不过由于北京王侯的宅门是设在中轴线上的，因此大门就开在正南中轴线上，著名的恭王府住宅就是这样的大型四合院。

以东南开门的四合院为例，进入四合院大门，迎面是内院东厢房南山墙上的砖影壁一座，与大门组成一个小小的过渡空间，向西便进入了外院。外院对着中轴的南房称“倒座”，一般做客房。倒座最西一间即院落的西南角为厕所，隔以门墙，相当隐蔽，厨房则要放在院落的东侧。由外院正中向北，进入内院：北面三间正房称“堂”，是长辈尊者的居所；东西两侧是厢房，是后辈居所；仆人住在南面“倒座”之房。可谓有序分布，等级分明。正房、厢房朝向院落都有前廊，可以沿廊走通。2011 年北京四合院营造技艺入选第三批《国家级非物质文化遗产代表性项目名录》。

山西大院专指明清时期山西境内的一批具有特色的北方深宅大院，主要分布在晋中的太谷、平遥、祁县、介休、榆次、阳泉，晋北的保德、大同、浑源，晋东南的沁水、阳城和晋南的临汾、襄汾等地。山西大院有着独特的古朴风格，高大简朴的围墙，大门多设在东南角，除大门外不另开门。院落呈狭长的四合院制式，封闭性强，宛如一座城堡。正房房基高，前面有走廊，东西厢房及倒座均为三间，略低于正房。大宅门侧有跨院，形成三进或五进院落；最后一进常做成楼房，为看家楼，便于瞭望守卫。山西大院往往是著名晋商的宅第，最著名的就是乔家大院，乔家大院位于晋中地区祁县东环镇乔家堡村，有院落 19 进，房屋 313 间，中式结构的院落构思精巧，平面布局呈“双喜”字形。单坡屋面，屋面内倾，单坡屋顶背后的高墙对准院外，楼高院深，墙厚基宽，具有防御功能。屋面内倾，雨水向内流，寓意“肥水不流外人田”，反映了晋商对财富的追求。多年前，建筑大师梁思成和林徽因曾评价山西大院“由庄外遥望，十数里外犹可见，百尺矗立，崔嵬奇伟，足镇山河，为建筑上之荣耀”。①

在东北地区，因纬度较高，地广人稀，往往扩大四合院的庭院空间以引纳阳光，演化为东北大院。其特点是大院小宅，南大窗，北小窗，屋内有火坑、火墙。

（二）天井院

天井院是南方合院式民居的最主要形式，其形制是将四周房屋联结，中间围成一个小天井，围合成的天井空间为这类民居最突出的特点，且天井成为组织其他空间的主导，故称之为天井院。天井院在南方地区分布较为广泛，例如江苏、浙江、安徽、江西、湖南等。最著名的天井民居聚落有江南水乡民居、徽州民居，另外湖南的张谷英村也是保存较完好的天井院建筑群。

天井院有两种基本形式，一种是由三面房屋与一面墙围合而成，正屋三开间居中，两边各设置一开间的厢房，正前为高墙，高墙中间位置设置大门，俗称为“三间两搭厢”。这是一般小型天井院落的规格，当然也有正房不止三间，厢房不止一间的情况，一般还会出现五间两厢、五间四厢等。另一种形式为四

① 梁思成、林徽因：《晋汾古建筑预查纪略》，《梁思成文集》，第 341 页，中国建筑工业出版社，1982 年。

面都由房屋围合而成的天井院，在浙江称之为“对合”。在这种形式中，正房称为上房，上房东西两侧为厢房，隔天井靠街的为下房，大门一般设于下房的中央开间。正房的中央开间不设门窗，与天井直接连通，称为堂屋。

由于江南地区建筑密集，失火后易延烧成片，故很多民居采用硬山式山墙，砌有高耸的马头墙，并衍生出如观音兜、五花墙等形式，形成高低错落、粉墙黛瓦、庭院深邃的建筑群体样貌。排水是构屋建房不得不考虑的问题。基于江南自然环境特性，天井院建筑屋面一般皆是内坡向天井，四方屋面的雨水向天井汇集，俗称“四水归堂”。雨水先通过天井地下蓄水池聚集起来，再通过天井周边明沟排出屋外与周围水系相连。雨水密集时，屋内可听雨观雨，雨水如珠帘般沿檐口落下，形成江南水乡雨季独特的景观。2008年徽派传统民居营造技艺、浙江婺州传统民居营造技艺分别入选第二批《国家级非物质文化遗产代表性项目名录》。

（三）“一颗印”、“三坊一照壁”和“四合五天井”

“一颗印”流行于陕西、安徽、云南等地，尤其以云南最为盛行。一颗印民居的典型形式为“三间四耳倒八尺”，即正房三间；两厢为耳房，每耳两间，共四间；门廊即倒座，常见进深为八尺，大门在门廊正中间，中间被围成一个小天井，共同组成四合院，平面整体方如印章，故名“一颗印”。根据需要，一颗印还可以组合成两颗印、三颗印或灵巧小屋半颗印。一颗印一般都是楼房，房间全为二层。正房楼下居中的一间是起居待客的堂屋，堂屋左右做卧室，楼上的中明堂做佛堂，另两间房间供住人或储存粮食等，子女一般住在耳房的楼上，楼下是厨房或牲畜圈或杂物间，天井四周的房屋全带前廊，即“厦子”，而楼上有的也可周围环绕行走，即形成“跑马廊”。云南地处高原，每年日照时日多，冬暖夏凉，但冬春多风、夏秋多雨，所以一颗印天井小、墙厚、瓦重，外墙只开很小的窗户，更强调遮阴和避风，这和北京四合院以纳阳为主、南方天院以加强通风为主有很大不同。

大理白族自治州的白族和玉龙纳西族自治县的纳西族都是受汉文化影响较大的民族，在本土文化与汉文化不断交融中，建筑风格也逐渐向中原风格倾斜，从而形成了被称为“汉式”的民居建筑，最典型的就是“三坊一照壁”和“四合五天井”。坊，是白族房屋的建筑单位，指一栋三开间两层的楼房。三坊一照壁，就是将合院式建筑去其一坊改为一壁，既减弱了建筑的压抑感、拥挤感，又为展现民族文化提供了载体。三坊一照壁由一坊主房，两坊耳房加上照壁组成，在主房和耳房的交角处各有一个漏角天井和一间耳房（又称漏角），主房正面的照壁与两间耳房的山墙连接，形成一个封闭的三合院落。“四合五天井”，是由四坊房屋围合而成的方形院落，院落四角有四坊耳房（又称“漏阁”）和四个小天井，中间为大天井。“四合五天井”的布局实质上是“三坊一照壁”的改进，即在其照壁的位置是一坊两耳，并形成两处漏阁天井，使全局左右前后形成对称之势。内院为四周房屋所围合，四角共四个漏阁加上内院正好四合五天井。大门一般设于与正房相对的其中一个小天井处。各坊依西、北、南、东顺序区分主次；同坊之中，左侧为上。

（四）维吾尔族的“阿依旺赛来”

“阿依旺赛来”是我国新疆和田、喀什等地区的地方传统民居形式，“阿依旺”是维吾尔语，指房顶中间凸出的方形的建筑，含有明亮、透风的意思，“赛来”是指这种建筑里的客厅或招待客人的地方，整体建筑称为“阿依旺赛来”，是维吾尔族居民为了防风沙和太阳直射而建造出来的独特居住样式。其形成的原因和当地的气候有很大的关系。新疆地区是典型的温带大陆性气候，全年降水稀少，风沙大，光照充足，为了规避风沙、减少太阳的直射，当地的建筑外墙很少开窗且开窗面积极小，这就导致了室内空间的闭塞昏暗，为了增加室内的采光和通风，人们就在承担中心区域的前室创造性地建造了带有可开启天窗的室内空间，形成了具有开放性和舒适性的小型气候群室内空间。

阿依旺厅是阿依旺民居中最具特色的生活单元，整个民居也是以阿依旺厅而得名的。据考证，这种建筑形式大约在汉末唐初就已经初具雏形，以后逐渐完善。阿依旺厅是民居中面积最大、层高最高、装饰最好、最明亮的厅室。阿依旺厅为民居中的夏室，是夏季维吾尔居民起居、会客的多功能综合性空间，是适应当地夏季恶劣自然气候（沙尘、干热）的室内活动场所。

阿依旺赛来式民居的建筑面积不固定，可大可小，根据家庭经济和人口情况而定。一般都是单层建筑，以阿依旺厅为中心布置，平顶内向型，全封闭式布局。除了主入口大门，建筑外立面基本上没有其他的门窗存在。既可以有效抵抗风沙袭击，又使得空间布局具有很强的私密性，还有利于保暖，居住的安逸舒适性也得以提高。阿依旺赛来的建筑形制为土木混合结构，承重部分是立柱式木制构架造型，顶部为圈梁和檩条相互结合的构造方式，而建筑布局则采用以“阿依旺厅”为中心的柱式框架和泥土筑墙相结合的结构，这种柱与墙体兼用的建筑是中西方建筑风格的融合。

在新疆地域恶劣的自然环境下，维吾尔居民创造出了这种既适应当地恶劣自然气候条件，又富有本民族文化特征的阿依旺赛来民居，体现着民居与自然环境的完美结合，同时也体现出很强的民族文化特征。2011 年维吾尔族阿依旺赛来民居营造技艺入选第三批《国家级非物质文化遗产代表性项目名录》。

三、洞穴式

穴居和干栏一样，是我国非常古老的民居类型。《诗经·大雅·绵》曰："古公亶父，陶复陶穴。"《礼记·月令》孔颖达疏云："复穴者，谓窟居也。古者窟居，随地而造，若平地则不凿，但累土为之，谓之为复，言于地上重复为之也。若高地则凿为坎，谓之穴。"北方的洞穴方式按照从穴居到半地穴再到地面建筑这一路线逐次嬗变，技术不断进步，最后孕育出了木骨泥墙、白灰抹面和夯筑等技术，最终和南方的干栏式建筑互相融合，取长补短，共同创造了中国古代木结构建筑的辉煌成就。① 洞穴式建筑的代表是窑洞，目前主要分布在我国西北、华北的黄土高原上。这里深居内陆，黄土层深厚致密，气候干燥，自然环境恶劣，植被稀少。由于缺少建造房舍的木料及燃料，窑洞作为基本的居住形式被广泛采用，并延续至今。

黄土地区地形十分复杂，有沟、坡、梁、峁。窑洞多沿崖坡沟边带状分布，为避风向阳，取水便利，它们顺应地势建造，形成大致三种类型的窑居形式，即靠崖式窑、地坑院式窑、锢窑。

（一）靠崖窑

陕北窑洞以靠山窑最为典型。它们是在天然土壁内开凿横洞，往往数洞相连，或上下数层，有的在洞内加砌砖券或石券，以防止泥土崩溃，或在洞外砌砖墙，以保护崖面。规模较大的在崖外建房屋，组成院落，成为靠崖窑院。黄土高原多沟壑，因黄土层的垂直节理，沟多沿崖向上形成壁立的断崖，人们便在断崖上水平地挖掘进去，这种窑洞称为"靠崖窑"，是最简单的窑居形式。一户人家一般有三孔或五孔窑洞。有的深沟边断崖很高，自然形成几层错落、狭窄的台地，每层都挖有窑洞，乡人便叫这种窑洞群为"板架窑"。有些很高的断崖，常见有一户人家开挖上下两层窑洞的。上层的称"高窑"，比较矮小，用来贮存杂物。在崖壁凿出蹬道来走上去，也有用梯子的。黄土高原典型的地形是塬，就是因冲刷形成的高地，四边陡，顶上平。在塬面上，大路形成道沟，深约 6 米。两侧的崖壁也常被用来挖窑洞，成为"沟崖窑"。2008 年，甘肃庆阳窑洞营造技艺入选第二批《国家级非物质文化遗产代表性项目名录》。2011 年，陕北窑洞营造技艺入选第三批《国家级非物质文化遗产代表性项目名录》。

---

① 徐怡涛：《中国建筑艺术史》，第 2 页，宁夏人民出版社，2002 年。

（二）地坑院

又称“天井窑”、“地阴坑”、“地窑”、“下沉式窑洞”，是在黄土塬的地面下开挖出来的窑洞院落。在没有垂直崖面的地区，选取黄土高岗向下挖掘深坑，坑平面为方形、长方形、丁字形等多种，在河南、陕西、山西都有。宣统《长武县志》载有清人李大成《自分州回道中即事十首》，其中第八首写道：“远树知村落，斜崖尽麦田。山腰开户牖，岩腹出炊烟。门绕羊肠道，厨供瀑布泉。古风仍在目，陶穴缅遗篇。”形象地展示了地坑窑的特点。地坑院的做法是：通常先在平整的塬面上向下挖一个四方形或长方形的土坑，作为内院，然后在每边的土壁上挖窑；根据土坑的大小，可在每翻崖壁上开挖两窑、三窑或五窑；还有将几个地坑院挖通成套院。地坑院以各种形式的阶道通至地面上，如附近有天然崖面，则挖隧道与外部相通。百姓有这样的顺口溜来形容地坑院：“上山不见山，入村不见村，院落地下藏，窑洞土里生。”把地坑院的奇异景观真实地展现出来。2008 年，山西平陆地坑院营造技艺入选第二批《国家级非物质文化遗产代表性项目名录》，2011 年，河南陕县地坑院营造技艺第三批《国家级非物质文化遗产代表性项目名录》。

（三）锢窑

锢窑是在平地上用土坯、砖石砌筑的类似窑洞的拱顶房屋，人称箍窑或锢窑。锢窑是平地上完全由人工建造的窑洞式房屋，顶部做平后，上面可以再加建木结构房屋，在布局上以四合院式为主。数座锢窑组成的院落，称之为锢窑窑院。

四、穹庐式

“穹”是指似天之穹隆，为笼状型，指物体的形态中间高而四周下垂，“庐”即房屋，“穹庐”一词，是汉代人对匈奴居住的毡房的称呼。《盐铁论》云：“匈奴处沙漠之中，生不食之地……无坛宇之居，男女之别，以广野为闾里，以穹庐为家室”。《汉书》言：“匈奴父子同穹庐卧。”颜师古注：“穹庐，旃帐也，其形穹隆，故曰穹庐。”著名的《敕勒歌》：“敕勒川，阴山下，天似穹庐，笼盖四野。”“弯庐”的居室部分呈半圆形，在朔风强劲的漠北，这种弯隆形的居室最能有效地回避呼啸朔风的破坏。大致而言，古代“穹庐”的居室部分呈半圆形，居室周壁用柳枝编织成笼状结构，屋顶盖以毡，其入口处悬垂毡帐，而且一般与车辆部分是固定在一起的①，因此，搭建、拆散、搬运都很

① 马骏骐：《“穹庐”考释》，《贵州文史丛刊》1996 年第 4 期。

方便，适用于游牧民族的生活，因而为我国许多少数民族沿用至今。现在还在使用的有蒙古包、哈萨克族的毡房、藏族的帐篷以及裕固族的帐房等。

（一）蒙古包

蒙古包流行于内蒙古、甘肃、青海、新疆等地，是藏族、蒙古族、柯尔克孜族、哈萨克族等民族为适应游牧生活而搭建的毡帐。“蒙古包”的“包”字是“家”、“屋”之意，“蒙古包”是满族人对毡帐的称呼。《马可·波罗游记》里说，蒙古包“房屋轻便，易于携带，每次编结其屋之时，门皆向南。彼等有车，上覆黑毡甚密，雨水不透。驾以牛驼，载妻儿于其中”。[①] 其注云：“蒙古人结枝为垣，其形圆，高与人齐。承以椽，其端以木环结之，外覆以毡，用马尾绳系之，门亦用毡，户永向南，顶开天窗以通气，吐炊烟，灶在中央，全家皆寓此居宅之内。”[②]

蒙古包主要由架木、苫毡、绳带三大部分组成。蒙古包的建造技艺包括搭建、拆卸和运载等程序。蒙古包的搭建步骤包括建立框架结构、搭盖苫毡、捆扎带子和围绳等过程。建立框架结构首先要建立哈那和乌德。“哈那”是蒙古包围壁的木架，一般用粗细匀称、长短一致的木棍制成。蒙古包以“哈那”的多少来衡量大小，因为每一面围壁的大小是固定的，4 面、6 面、8 面、10 面、12 面等偶数围壁的蒙古包最常见。木棍首先用火烤弯，再在两端和中间处钻眼用革线穿结成栅栏状。“乌德”是蒙古包的门，多为红或棕色。搭建哈那时要从西南开始，相邻的两个哈那口需捆绑好，搭好“哈那”后用内围绳将“哈那”两边的口与门框绑在一起，接着要竖好“套脑”和“乌尼”。“套脑”是蒙古包的天窗，“乌尼”是连接套脑和哈那的柳条椽子。再接着要支柱子，最后用压绳捆绑包体。框架搭建完成后需进行苫毡的覆盖。苫毡中最主要是顶毡和围毡两部分，分别粘在乌尼和哈那外。最后用围绳捆绑加固“哈那”，防止蒙古包走形，用压绳固定顶毡、系好坠绳以防大风掀起。

在蒙古族眼中，蓝色（蒙语为“呼和”）是天空的颜色，所以蒙古包建筑外部顶毡和室内装饰图案常用蓝色缝缀，蒙古族的服饰也常以蓝色为底。白色（蒙语为“查干”）被认为是最圣洁、美好、吉祥的颜色之一。整个蒙古包从外观看，是以白色为主要颜色基调，在其上装饰不同颜色和题材的图案和花

① （法）沙海昂注，（意）马可·波罗著《马可波罗行纪》，第 135 页，商务印书馆，2017 年。

② （法）沙海昂注，（意）马可·波罗著《马可波罗行纪》，第 139 页，商务印书馆，2017 年。

纹。在绿绿的草地上，白色的蒙古包格外醒目，给人们心理带来了平和、安宁和清净。

蒙古族是游牧民族，会随着季节迁徙转移牧场，因此所有的生活用品都须具备轻便实用的特点，加上草原上自然环境恶劣，冬天天气酷寒并且多变，在这种条件下，蒙古包无疑是最适合的住宅。蒙古包具有圆形结构和衔接系统，因此搭建拆卸方便，易于维修，制作成本低廉，能应对草原上的任何自然灾害。而蒙古包的外形结构和它的装饰花纹则充分表现了蒙古族独特的审美情趣。2008 年，蒙古包营造技艺入选第二批《国家级非物质文化遗产代表性项目名录》。

（二）哈萨克族毡房

哈萨克族毡房有2000 多年的历史。毡房看起来简洁，用料简单，但建造一座毡房却很复杂。毡房所用的建材全来自手工。建造毡房的外围墙篱选用的芨芨草，要求长短相等，粗细相同，每根都必须绕上红、黄、绿、白、黑等颜色的毛线，缠绕后还要能排成美观的网案。围墙用细红柳木做材料，横竖交错成菱形。扎围墙用的是宽 20～40 厘米的彩色主带，全部是五颜六色的毛线织成的，主要用来捆扎房墙和房杆接头处，以使毡房牢固。毡房的骨架也是红柳木做的。四周是环形的毡墙，上面是圆形的屋顶。用牛皮绳和牛筋来连接。用松木制作门框和房门，门制作很讲究，雕有花纹，绘有图案，吊在门上的毡子也用彩色的绒线绣出各种鲜艳夺目的图案，大方、厚实、美观。最后还要用大量的毡子和毛绳包裹和覆盖，整座毡房没用一枚钉子。2008 年，哈萨克族毡房营造技艺入选第二批《国家级非物质文化遗产代表性项目名录》。

（三）藏族帐篷

青藏高原上藏族牧民的传统住房是帐篷，《新唐书·吐蕃传》载：“联帐以居，号大拂庐，容数百人。”在藏区，帐篷分牛毛帐篷（黑帐篷）和布帐篷两种，布帐篷小巧轻便，更富有装饰性。牛毛帐篷是用牦牛毛织成的粗褐子拼缝而成，其平面形状一般为方形或长方形，篷顶呈坡面分披式，用木杆支撑高约两米的框架，上覆黑色牦牛毛毡毯，四周用牛毛绳牵引，固定在地上，外观呈双坡形。帐篷中央置锅灶，左边居男，称“阳帐”，一般铺着牛皮、羊皮等垫子，下角放有马鞍；右边居女，称“阴帐”，也是妇女们打酥油、制作奶酪或做饭的地方。帐篷正中最里面的位置往往是祭祀的地方，常挂着装有珊瑚、绿松石、青稞、大米、羊毛等物的“央口”，禁忌较多。帐顶有宽约50 厘米，长 1.5～2 米的天窗，用来透光、散烟、通风，天窗上有活盖，夜晚和雨雪天时可以盖上。

五、井干式

井干式住宅，是用原木或楞木层层相叠构成围墙，形状如井壁，且从房屋的平面看，彼此十字交叉的圆木好似汉字“井”字，故名“井干式”，又称“木楞房”。井干式住宅历史非常悠久，产生于商代以前。云南晋宁石寨山和江川李家山出土的战国时代青铜器纹饰上有它的形象：墙为方木叠成的井干式壁体，平面有一间或两间两种，外观为悬山屋顶，倒梯形屋面，山面中柱较檐柱突出，并在中柱上部用木斜撑支撑山尖屋脊，下挂一牛头。从这些出土文物可见早期的井干式建筑形态。井干式建筑的具体做法是：将圆木两端凿出榫卯，每两根柱垂直交叉咬合，向上一层层垒叠成墙面，上部覆盖屋顶即可。井干式民居大多盛行于木材资源丰富的林区，如云南、四川以及东北大小兴安岭地区。

（一）纳西族

纳西族是古代羌人的后代，现分布于云南丽江和川南部分地区。按照纳西族习惯，建房要全村支援，一日建成，否则就是不吉利。其布局以正房带一耳房较为典型，畜圈可大可小，内院较为紧凑。正房的进深大，是平日就餐及节日团聚的地方。朝向上，正房坐北朝南，经堂坐东朝西，外观上，明暗对比强。经堂内的装饰较为华丽、讲究，吊有平顶，门窗雕有花饰，外廊装有木花栏杆。

（二）普米族

普米族的木楞房一般建在山腰缓坡地带，形式多样，一般来讲，每户是由正房、面房、厢房组成院落，院门正对的正房建于高台之上，正房的四角立柱，中央竖柱被称为“擎天柱”，意为神灵居住之处，还有祖先神灵护佑之意。木楞房采用去皮杉木，四角探头垛成木墙，再使用 1 米长左右的顺木纹劈成的木板瓦从屋檐向屋脊一层一层地搭着头，铺成“人”字形的屋顶。正房屋架为三角形屋架，三角形屋架底边的构件称为“大杈”，斜边的构件称为“人字木”，屋脊通过“骑马柱”直接搭接在“大杈”和木楞子的墙体上来进行荷载的传递。在正房的搭建中还有许多小部件，像“中挂”、“干心”、“包柱”等，都提高了建筑的稳定性。普米族从前没有文字，在建造房屋的过程中为了避免搭建材料的前后左右的混淆，会在每一根木楞子上刻画出方位以及层位的标记符号。一般位于木楞子的中部，符号的标记也为日后的拆除重建提供了方便。

（三）东北井干式民居

东北井干式民居历史悠久，宋代《三朝北朝会编》中记载：“其俗依山谷而居，联木为栅。栅高数尺，无瓦，覆以木板，或以桦皮，或以草绸缪之。墙垣篱壁皆以木，门皆东向。环屋为土床，炽火其下，相与寝食起居其上，谓之坑，以其取暖。”可以说是井干式房屋的雏形。

井干式房屋首先在林里选择合适的木头，根据家里的人口数确定炕的大小，再根据炕的大小确定房子的大小，以两间、三间房为主，间宽 3 米，进深 6 米。然后确定房子的四个角，利用麻绳“赶斜”确定四个边等长（两个对角等长），确保房子的方正。选定的这四个角用石头找平。接下来就是用选好的圆木头一层层叠落，屋顶用松树枝子，一般用柏松和臭松，相对枝子树密，在上面再压土或黄泥，有的会在屋顶铺桦树皮或木瓦；最后，再把和有羊草的泥巴抹入缝隙中。

长白山地区井干式民居施工速度快，几个壮劳力盖一个三间井干房，三四天即可完工。建屋的木头不锯不雕，以圆木垒垛，有的甚至连树皮也不剥掉。虽然加工粗放，但恰恰体现了东北人豪放、淳朴的建筑特色。为了适应东北冬季长而寒冷的气候，南窗稍大，北窗小，炕位于房间的北侧，主要是有利于保暖。同时北边的火炕散热，可以解决北侧木头易潮湿、发生沉降的问题。

六、堡垒式

住宅主要是供人们生活起居的建筑物，本身具备抵御自然灾害和提防野生动物侵入的功能，然而在战争频发、社会动荡、各种矛盾比较尖锐的时代和地域，住宅就必须有防御外来进犯的特殊功能，于是就产生了堡垒式的住宅。堡垒式住宅的特点往往是聚族而居，对外封闭，对内开放。

（一）塞北堡子

塞北堡子，又称堡塞，是城堡式的建筑群，它们的创始年代可以追溯到汉代。汉武帝起在北方和西北边塞上筑有大量防御建筑，称坞壁，又称坞、营坞或坞候，是一种较城为小的防御工事，与此同时，地方豪强也仿照坞壁营建自己的庄院。特别是西晋永嘉之乱（公元 4 世纪初）后，中国进入了长达 300 余年的战乱和民族大迁徙时期，留在北方的汉族，在塞北、黄河流域聚族而居，构筑坞壁、坞堡，军民合一，耕戍自保。坞壁呈城堡式，周围为高墙，门上有门楼，四角有角楼，坞中有的还有高层的楼橹建筑，门楼、角楼和楼橹乃至墙垣高处开有瞭望孔。隋唐以后，中原地区的坞壁、坞堡逐渐消失，但在山西北部、陕西北部、宁夏和甘肃河西走廊地区，因特殊的地域环境和军事需要，这种构筑城堡式建筑的习俗一直延续到近代。堡子一般是用生土筑成厚厚的庄墙，然后以庄墙为后墙，在墙内建造房屋形成院落。庄墙上一般不开窗，具有防风、挡沙、保温、隔热等性能。堡中一般布置有宗祠、住宅、晒谷场、牲畜圈、磨坊、地窖等。四角或一角设置瞭望楼。如全国重点文物保护单位山西灵石县的王家大院、甘肃民勤县的瑞安堡就是现存保护较完整、有特色的堡子。

（二）客家土楼

客家先民是黄河流域的汉人，因避战乱，以宗族为单位，结队南下迁徙，有一批深入赣、闽、粤、桂地区，因为与当地人的文化习俗相差太远，他们始终保持着自身的文化特征，因而被称为“客家人”。

目前现存始建年代最早的是漳浦县绥安镇马坑村的一德楼，门额石匾刻有“嘉靖戊午年（即嘉靖三十七年，公元1558年）季冬吉立”字纪年款。明万历《漳州府志》云：“嘉靖四十年以来，各处盗贼生发，民间团筑土围、土楼日众，沿海各地尤多。”这是最早关于土楼的文献记载。可见，早期土楼应该是明代为了防倭御盗而建。

客家土楼以群聚一楼为特征，楼高耸而墙厚实，用土夯筑，称为土楼。现存客家土楼主要遗留在福建永定、南靖、龙岩和广东梅县、兴宁、大埔等客家人民居中。土楼的形态主要分圆形、方形两种，福建永定古竹乡的承启楼、永定湖坑乡的振成楼是圆形土楼的代表，福建永定高陂乡的遗经楼是一座特大型的方土楼，而著名的南靖田螺坑“四菜一汤”土楼则兼具方圆两种形态。成千上万的土楼既像“天上掉下的飞碟”，又像“地上长出的蘑菇”，被誉为世界上独一无二的神话般的山村建筑模式。

不同地区的土楼虽然形式和做法略有区别，但形制上有共同之处。第一，土楼以祠堂为中心，供奉祖先的中堂位于建筑正中央；第二，均为轴对称，保持合院的传统格局，基本居住模式是单元式住宅。土楼一般都建于坡地或荒草地，尽量不占用农田。客家土楼的营造技艺是北人南迁后结合当地气候条件创造的。首先，出于防守需求，外墙厚实，一般土楼墙厚1米以上，如诏安在田楼甚至厚2米多。在做法上，把竹筋、松枝放入生土中起到加筋作用，再在土内配以块石，夯筑后十分牢固。土楼的夯土墙技术，是中原夯土版筑技术经过几千年积累提高的技术结晶，是夯土文明最高成就的实物，堪称建筑一绝。其次，注意防晒，在内墙、天井、走廊、窗口及屋顶将檐口伸出，利用建筑的阴影，减少太阳辐射。三是在建筑物内部采用活动式屏门、扇，空间宽敞、通透，有利于空气流通。四是注重风水，宅基“负阴抱阳”。

土楼建筑中蕴含着天人合一的理念，融安全防卫和生产生活需要和崇文重教意识于一体，土楼营造工艺精巧，规划构筑考究，充分利用自然空间，合理安排房屋布局，或依山或傍水，使居住的楼屋与自然环境相协调。土楼结构千姿百态，内部空间丰富有序，装饰工艺精湛高超。土楼的营造工艺是客家建筑文化的生动表现，继承了中原古老的生土构筑技艺，保留了大量优秀的建筑传统，成为古建筑技艺研究中的活化石。2006 年和 2011 年，福建永定和南靖客家土楼营造技艺分别入选第一批和第三批《国家级非物质文化遗产代表性项目名录》。2008 年，福建龙岩、漳州两市所属的永定、南靖、华安三县的土楼被正式列入《世界遗产名录》。

（三）羌族碉楼和藏族碉房

川西北高原的羌族传统民居是碉楼，古称“邛笼”。《后汉书西南夷传》就有羌人“依山居止，垒石为室，高者至十余丈”的记载。碉楼外形有四角形、六角形、八角形甚至更多边形。底层全部封闭，在二层开小门一道，自二层起四周开无数内大外小的长方形小窗，以作通风、瞭望之用。各层间有随时可抽取的独木梯上下。建筑主体主要用乱石和黄胶泥砌成。建造前，需由“释比”选址、做法。在整个建筑过程中不绘图、不吊线，不用柱架支撑，全凭工匠的经验目测心绘，充分显示了羌人高超的建筑技术。

藏族的碉房多为石木结构，碉房按形式可分为碉楼式、碉塔式、独立式和院式。一般分为两层，以柱来计算房间数，外墙向上收缩，因为依山而建，内坡垂直。远远看起来，显得端庄稳固，古朴粗犷。一般底层为牧畜圈和贮藏室，层高较低；二层为居住层，大间作堂屋、卧室、厨房、小间为储藏室或楼梯间。若有第三层，则多作经堂和晒台之用。为了防寒、防风、防震，当地居民也用开辟风门，设置天井、天窗等方法，解决气候、地理等自然环境不利因素对生产、生活的影响。拉萨的碉房，多为内院回廊形式，特别是贵族府邸宏伟壮观，主楼高三至四层，底层是马圈和仆役居住的地方，二层多为仓库和管家住处，三层是主人的起居室和卧室，最高一层为经堂。放眼望去，全是碉房的窗户，进入院内，如同进入了迷宫。

2008 年，藏族碉楼营造技艺入选第二批《国家级非物质文化遗产代表性项目名录》。2011 年，羌族碉楼营造技艺入选第三批《国家级非物质文化遗产代表性项目名录》。

七、近代民居

鸦片战争后，列强入侵中国，西方的建筑式样传入中国，在中国城市中出现了新的民居类型，很多民居建筑逐渐摆脱了中国传统建筑的束缚，逐步吸收西方建筑的元素，一些西方民居形态也开始传入中国，民居形式更加丰富多彩。

（一）花园住宅

“花园洋房”最早出现于上海，是近代中国在开埠之后伴随着西方文化与建筑技术的传入而出现的一种建筑形式，常被称为“独院式住宅”、“花园式住宅”及“老洋房”。上海市近代花园洋房初期多为在上海从事政务、经商的外国人兴建，建筑风格在流派上覆盖了欧洲文艺复兴、古典主义、现代主义风格，从地域上又有法国式、英国式、德国式、西班牙式、北欧式、地中海式、意大利式以及美国殖民地式等建筑式样。这些花园洋房大多设计、施工精良，建筑构造和装饰考究，体现出当时中西建筑文化的交融和精湛的设计施工技术，具有很高的建筑艺术价值。

（二）石库门房子

里弄住宅最早出现在上海，此后汉口、天津、南京、福州、青岛等地均有出现。里弄住宅大致可以分成早期石库门里弄、后期石库门里弄、新式里弄、花园住宅里弄和公寓式里弄五种①，其中最多的是石库门里弄。根据学者考证②，1860年代，上海租界“华洋分居”界限打破，小刀会起义后华人大量涌入租界避难，在租界的外国人建筑一些结构简单的木屋出租给华人，由此形成里弄街坊的雏形。由于木板结构房屋容易引起火灾，因此逐渐被租界当局拆除，转而开始营建石库门式建筑。石库门式建筑采用了伦敦住宅的毗连排列形式，内部结构又近似三合院。特征是各户前面有高高的院墙和门，里面有相当于院子（即天井）的空间，因此称之为“库门式”或者“石库门”式建筑，英文名为Chinese House。《申报》曾介绍石库门是“自成单元的建筑，大都是两幢或三幢，连成单元，所谓‘石库门’者是。”③ 石库门房子的布局最典型的是“三上三下”，即三开间两厢房的两层楼房，大门为石框黑门，称石库门。进门后是客堂间，客堂间后是楼梯间，楼梯间后是灶间，灶间上是亭子间，亭子间上是晒台。楼梯旋转向上，把亭子间、二楼、晒台的门全部串联起来。上海的苏州南路斯文里、北京东路兴仁里、北京西路联珠里、中山南路吉祥里、淮海中路宝康里、云南中路老会乐里等都是石库门里弄住宅。2011年上海石库门里弄建筑营造技艺入选第三批《国家级非物质文化遗产代表性项目名录》。

---

① 郑时龄：《上海近代建筑风格》，第146～151页，上海教育出版社，1999年。

② 参见马学强《近代上海城市内部的构造：石库门街区形成与演变的考察》，第231～255页，《中日城市史研究论集》，商务印书馆，2019年。

③ 《申报》1946年10月21日第6版。

总之，民居是民俗中最引人注目、分量最重的部分之一，是传统文化的重要载体和有机组成部分，与每个人的生活息息相关，蕴藏着深厚的文化内涵，应当加以继承和发展。然而遗憾的是，在急速的社会转型过程中，大量的传统民居和近代民居正在被拆除和破坏。如何在城市更新过程对民居进行保护和利用，保持其可持续发展的态势，以便更好地继承和发扬中国建筑文化的精髓，是摆在我们面前的一个重要课题。

第四节　居住民俗与旅游

居住民俗，承载着中国乡土千百年的历史记忆，蕴含了大量物质文化与非物质文化，是历史文化旅游的稀缺资源和空间载体。随着城市化程度越来越高，城市中的人们渴望回归自然、亲近自然，以得到解脱和放松。不同地域、不同民族的居住民俗成为旅游休闲消费的新时尚。居住民俗中所蕴含的厚重的历史文化气息和自然淳朴的乡土民风越来越受到人们的关注，成为热门的旅游资源。居住民俗旅游带来的巨大经济利益，使很多传统民居得到了社会的重视和保护，但同时也产生了一系列的问题，给传统民居的保护带来前所未有的挑战。

一、传统民居的旅游价值

传统民居既包括传统民居建筑，也包括与人们生活密切相关的部分公用建筑。传统民居既包括民居的社会形态，如民居的历史、文化、信仰、习俗和观念等社会因素，也包括居住形态，即民居的平面布局、结构方式和内外空间、建筑形象等。传统民居是居住民俗的物质形态，有形式外观多样、地域色彩浓重、兼具实用性和审美性、蕴含浓厚的文化背景等特点，既可观，又可游，还可居，是居住民俗中最有吸引力的一部分。

（一）传统民居作为旅游资源的优势

旅游资源又被称作旅游吸引物（Tourist attraction），是指旅游地吸引旅游者的所有因素的总和。可见，所有的旅游资源都是有吸引力的。中国传统民居蕴含建筑学、历史学、文物考古学、民俗学、文学、民族学等多方面知识，承载着古代人民的智慧，具有独特的魅力，在众多方面都对旅游群体具有吸引力，能够对旅游者产生心理刺激，进而激发旅游者的旅游动机并进一步促成旅游行为的产生。一般而言，民居作为旅游资源具有以下几方面的优势：

1. 民居的自然美

传统民居往往与山野、竹林、清溪、草原等自然环境因素融为一体，是对地方气候的适应及地方材料的运用，真实地反映了传统民居由于地域、气候、民族风俗甚至人的性格爱好等差异所形成的鲜明特色。无论是徽派建筑的青砖白墙，还是蒙古包的蓝白两色；无论是贵州布依族的“石头寨”，还是东北森林的木楞房；无论是热带气息浓郁的傣家竹楼，还是江南水乡的枕河人家，都以其与自然环境的完美结合散发着强烈的乡土气息，充分显示了“人是自然界的一部分”这一理念，给旅游者以新奇生动之感。

2. 民居的建筑美

不同的地域、不同的民族，民居的布局思想、建筑类型、装饰色彩和使用的材料各不相同，由此创造出了极其生动丰富的变化，或是依山傍水，或是小院青青，各地的民居仿佛是一个建筑博物馆。即使是同一村落、同一类型的建筑，由于各建筑之间疏密有致的排列，虚实相间的布局，呈现出高高低低，起起伏伏，大大小小，虚虚实实，协调统一却不千篇一律的变化。每一个民居，屋顶和屋檐的交错跌宕，屋顶与墙面的色彩对比，门窗洞口的间隔排列，让人感觉到音乐般的节奏和韵律，从建筑结构到装饰布局、家具陈设，都给人以强烈的艺术感受。

3. 民居的文化美

民居是社会历史的记录者，能最直接地反映各个历史时期当地居民的生活状况与经济、体制、生产力等社会状况。一座传统民居从选址、择位、营建、细节装饰到使用，无处不传达着中国传统的制度文化、物质文化、意识文化。儒释道的精神内涵，中国传统的宗族结构，在民居建筑及聚落的空间结构中都有明显的反映。如在宅地选址和择位上，讲究风水观，并形成了一套完整的住宅风水理论，其实是研究如何依循自然环境建造人工环境，使其和谐共生的学问。又如在民居整体和细节元素上往往强调求吉求福，如布局喜方圆“和合”，寓意和睦、团圆；大门喜东南向开，迎合“紫气东来”等，其实是中国吉祥文化的体现。又如民居的布局环境往往与古典诗词、绘画相呼应，如李白的“樵夫与耕者，出入画屏中”，刘禹锡的“朱雀桥边野草花，乌衣巷口夕阳斜”，陶渊明的“方宅十余亩，草屋八九间。榆柳荫后园，桃李罗堂前。暧暧远人村，依依墟里烟。狗吠深巷中，鸡鸣桑树颠。户庭无尘杂，虚室有余闲。久在樊笼里，复得返自然”，杜牧的“千里莺啼绿映红，水村山郭酒旗风”，都能在现实中找到与这些诗句相对应的情景，而江浙地区的“小桥流水人家”更是脍炙人口。历代画家笔下也多有民居的描绘，正所谓风景如画，如《富春山居图》、

《清明上河图》、《盛世滋生图》，带着名画、名诗去欣赏民居，也成为旅游者观赏传统民居的一种动力。

4. 民居的乡土美

民居往往与民族风情、乡土特色融合。我国56个民族各有自己的风俗习惯，占人口大多数的汉族也因地域差别，而有着丰富多彩的风貌习俗。社会形态、民族文化传统以及风俗习惯的不同，所形成的建筑形式也千姿百态，异彩纷呈。不同的地域、不同的民族带来了不同的生活习俗与文化，不同的生活习俗又带来了不同的建筑风格，这些生活和习俗也就和当地的民居融为一体。傣族的竹楼，藏族的碉房，普米族的木楞房，内蒙古的蒙古包……各地的风景加上各民族的音乐、服饰、文化、艺术，都在向人们展示着它的风情，吸引旅游者前去观光。

（二）传统民居开发旅游的必要性

有效利用传统民居的文化价值，以传统民居为载体，将各个区域、各个民族的居住民俗及文化生动形象地展现在游客面前，充分展示当地的形象，创造经济效益和社会效益，不仅是振兴文化旅游，实现我国旅游业可持续性发展的需要，同时也是保持文化的延续性，增强我国传统文化对外表现力，焕发传统民居生命活力的最佳选择。

1. 传统民居保护与利用的需要

作为文化载体的传统民居，最好的利用方式就是充分发挥其丰富的文化内涵。随着我国经济迅速增长而日新月异发展起来的旅游需求，尤其是伴随现代化发展逐渐出现的追寻自然生态和强烈的返璞归真旅游方式的兴起，为传统民居的旅游开发提供了可能。开发传统民居旅游资源，不仅可以发挥民居的社会、环境效益，同时也可以创造经济效益，并将经济效益用于民居的保护、更新上，推进传统民居的有效保护、永续利用。

2. 传承弘扬优秀传统文化的需要

从文化的继承、发扬和交流层面讲，传统民居旅游有利于重视、传播、弘扬优秀的传统文化，促进历史文化传承。旅游者通过参观、欣赏保存完好的传统民居，体验不同地域、不同民族、不同文化的人们的日常生活，享受在长期历史发展过程中流传下来的鲜活文化，满足旅游者追逐差异文化的心理。而当地居民重新审视习以为常的居住场所和居住文化，可以体会到本地域、本民族的文化价值，增强对传统文化的自信心，激发潜在的自豪感，提高保护和传承民族优秀传统文化的自觉性，使得这些宝贵的遗产在旅游业发展中得到保护和发扬。

3. 推进乡村振兴的需要

近年来，国家提出实施乡村振兴战略，明确要按照“产业兴旺、生态宜居、乡风文明、治理有效、生活富裕”的总要求，加快推进农业农村现代化。加强传统村落保护，弘扬优秀传统文化，是建设文化强国的重要内容，也是乡村振兴的重要措施。民居作为乡村重要的人文资源，乡村历史、文化的传承载体，是独特的资源。开发传统民居旅游，保护、传承、发展传统民居特色，挖掘民居旅游资源，提炼文旅元素，已经成为拉动乡村经济，增强乡民参与自觉性，推进乡村振兴的重要路径。

（三）民居的旅游产品体系

民居作为旅游观光产品向旅游者展示的，通常有点、线、面三种方式。既有单体住宅，又有街巷、村落和社区，还有规模更大的古镇和古城。

1. 住宅

最典型的单体住宅旅游就是名人故居游。名人以自己的优秀品质、聪明才智、卓越贡献载入史册，成为后人学习的楷模，名人曾经生活和居住过的住所，可以成为供后人参观、瞻仰的场所，历史文化旅游的热点。如韶山冲的毛泽东故居、湖南凤凰古城的沈从文故居、浙江乌镇的茅盾故居等。另外还有一些不太著名的人物，但是其住宅具有特别出色的建筑式样，精美的“三雕”、彩绘等工艺品，这些住宅也可能成为单独的旅游观光产品。

2. 街区

《历史文化名城名镇名村保护条例》指出：历史文化街区，是指经省、自治区、直辖市人民政府核定公布的保存文物特别丰富，历史建筑集中成片，能够较完整和真实地体现传统格局和历史风貌，并具有一定规模的区域。街区不仅包括其中的民居，还包括内部街道、河流的格局，以及古树名木、公共建筑等。江南水乡河网密布，市镇繁荣拥挤，街巷常常随河道走势延伸，一般遵循“小河—房屋—街道—房屋”的建筑格局，大都贴水而筑，临水而建，前门通巷，后门临水，桥多、弄堂多是其特色。北京的街区格局则呈方格网状，以鱼骨式街巷为主脉，鱼刺两侧是胡同。而山区街巷则更别具一格。重庆石柱西沱古镇有著名的云梯街，云梯街从江边盘绕山岸而上，弯弯曲曲，随形就势，状如云梯，直上云霄，仿佛一条巨龙。两侧商铺店面林立，层层叠叠，错落有致，青瓦屋面像鳞甲般银光闪烁。左右对称、浑圆如珠的两座石拱桥则恰似一对龙眼，活灵活现。

3. 村落

村落是人类聚集、生产、生活和繁衍的基础空间，进入现代社会后，在一些特定的区域，仍有幸保存着特定历史时期的一些村落，其环境、建筑、历史文脉、传统氛围保存良好。这些村落有历经岁月沧桑，遗留下来的传统民居建筑，有具有历史传统特色的古巷、宗祠、寺庙、园林，是传统思想、文化、宗教、民俗的外化表象。而且这些村落在选址方面，往往遵循古代堪舆学的理论，讲究“择吉而居”，建筑布局大多以“天人合一”为基本思路，一般有河山作为自然屏障，因此大多风景优美。而且由于村落所处的自然环境、发展的历史过程、本土文化和民族文化的影响，物产及经济结构等各方面的不同，形成了千姿百态的个性特征，所以有建筑学家曾将传统村落诗意地比喻为“空间说书者”，“像说书人一样为游客讲述自己深刻的生命故事”。① 因此，从旅游的角度上来说，这样的村落自然景观和人文景观得到较好的结合，是可观、可游和可居的旅游资源，具备综合开发价值。

4. 古城镇

除了政治中心和军事中心的城市之外，中国古代城镇发展模式基本有两种，一种是从商业化的“市”到“市镇”，一种是军事化的“镇”到“市镇”。前者的原始形态是集、场、墟，几日一市，随着时间的推移，商户密集，便变成定期市，加以人烟稠密便变成了市镇，最后演变成有着举足轻重地位的大市镇。后者的形态是交通要道或者是军事重地，官方在此设镇把守，导致商贾的聚集，最后也变成市镇。部分市镇因为地处交通要道，经济发达，人口繁衍，烟火万家，就成了“城”。古城镇就是这些历史悠久的城镇保留至今，形成的包括民居住宅、街区河流、自然环境、公共建筑、人类生产活动等在内的综合景观体。古城镇分布于全国各地，如北方以山西平遥为代表，江南古镇以江苏同里、周庄和木渎及浙江的西塘、乌镇和南浔等为代表，中部以景德镇、婺源、歙县为代表，华南则以福建的和平、云水谣，广东的开平、赤坎为代表，西南部则以云南的丽江、大理，广西的阳朔、黄姚和龙胜，贵州的镇远、青岩，四川的阆中，重庆的瓷器口、龚滩，湖南的凤凰等为代表。这些古镇风格千差万别，如山西平遥承袭了北方民族粗犷、厚重的风格，江浙古镇依水筑屋，形成了水、路、桥、居、镇一体的江南韵味，徽州古镇推崇高墙深院、青瓦白墙、小窗和马头墙的奇妙民居组合，福建、广东，将民居设计成土楼和碉堡，彰显了人文因素对建筑景观的影响。西南部融入少数民族元素，无论是吊脚楼云集的凤凰，重檐悬山的青岩，一进两院的丽江都反映出少数民族文化与

① 萧百兴：《空间的说书者与逐梦者：语言·文学在当前“一带一路”合作发展中的地位》，《2017年“一带一路”文化艺术交流合作国际学术研讨会论文》，2017年。

中原文化的交融，风土人情更成为一大亮点。

二、民居旅游的体验模式

旅游体验是旅游活动最本质的特征。旅游业通常把居、行、食、游、娱、购称为旅游的六大要素，其中居直接和民居的居住方式发生关系，其余五项要素程度不同地和居住方式或传统民居有关。在旅游经营者的策划下，民居通过各种方式，如居住、观赏、购物等变成旅游产品，使旅游者得到特殊的生活体验。

(一) 居住体验

民居的居住体验，是指旅游者在旅游目的地度假或住宿时采用的当地传统民居的起居方式。旅游的目的之一，是体验异域他乡的生活。而居住在传统民居，在其中生活起居，可以最直观地感受当地的风土人情和居住民俗。

1. 传统民居风格的宾馆酒店。中国是个幅员辽阔的国家，不同地域的地形、地貌、气候等自然条件相差很大，各地方的建筑文化、建筑形式和材料也有很大区别，正是由于这些地域特色，很多宾馆在设计时从当地气候、地理环境等自然条件出发，结合地方文化，建造了很多有着地域民居风格的宾馆酒店，侧重于表现民居的地方、民族传统。这些酒店或是基本沿袭了传统民居的形式，或是对原有形式进行简化或变化，在当代技术和传统文化中寻找一个契合点，形成独特的风格，常常得以获得旅客的青睐。如福建武夷山庄具有浓厚的闽北民居风格，新疆吐鲁番宾馆则脱胎于维吾尔族的民居“阿依旺赛来”，腾冲玛御谷悦榕庄采用的是“三坊一照壁”的云南传统民居风格，杭州西溪悦榕庄则是利用了江南水乡居民的布局模式，北京春秋园宾馆本体建筑是老北京的四合院，这些酒店和宾馆并非对传统民居的机械复制，也不仅只是传统建筑符号的简单拼接，而是追求传统民居文化的理念重现，不仅使得旅客可以产生独特的居住体验，民居建筑背后蕴含的文化与智慧也得以展现与传承。

2. 名人名宅。很多地方在修缮更新名人故居时，将其改造为酒店宾馆，感受昔日名人的生活成为这些酒店宾馆吸引游客的地方。如苏州探花潘祖荫的故居改造为探花府苏州文旅花间堂精品酒店。上海历史文化风貌和优秀历史建筑保护项目思南公馆内有 21 幢建于二十世纪二三十年代的法式花园洋房和历史建筑，其中 15 幢用来作为别墅式客房，每一栋都有自己的装饰风格和特色。福建林氏是当地望族，位于厦门鼓浪屿的林氏府公馆酒店就是以林氏家族府第为基础改成的酒店，由公馆楼、精品楼、水晶楼、总统别墅和作为林氏家族博物馆的八角楼共五幢独立别墅组成，将酒店的舒适性、豪华性与林氏西洋式建筑的历史风貌结合在一起，独具韵味。和顺总兵府客栈是和顺最后一个总兵张松林的官邸，与古村浑然一体，全木风格给人一种别样的怀旧感觉。北京的竹园宾馆，原来是太监安德海的西花园，后来是盛宣怀的私邸，园内楼阁相续，长廊曲折，竹林荫翳，假山喷泉，幽静清雅。浙江的绍兴饭店原来是著名文人张岱所居的快园、鲁园旧址，曲径回廊，花木扶疏，建筑古色古香，引人入胜，让宾客流连忘返。

3. 民俗度假村。“度假旅游是指在一定的闲暇时间内，以享受自然环境、调剂生活、消除疲劳、缓解紧张情绪、养精蓄锐为目的，以消遣娱乐或休憩方式所进行的旅游。”① 从20世纪90年代以来，中国的旅游业由提供单一的观光型旅游产品转向提供观光与度假型相结合的旅游产品，度假村随之应运而生。度假村是为人们在旅游景区和郊外提供休闲、娱乐、养生、购物、住宿、餐饮场所的一种设施。随着我国旅游事业的发展，各地的度假村建设也发展得很快。据不完全统计，全国已有上万个不同类型的度假村，结合各地的特点，针对游客的需求，形成了如海滨度假、草原度假、乡村度假、滑雪度假、温泉度假、养生度假、健康度假等为主题的各种各样的度假村。其中有些度假村的建筑形式和室内陈设采用了当地有特色的传统民居设计，同时提供富于当地特点的饮食和娱乐活动，这就是民俗度假村。如北京密云遥桥峪民俗度假村有建于明代万历年代的古堡，村内居住着明代戍边将士的后代，游客可以从中领略古堡和边塞风情。西藏雄巴拉曲民俗度假村传说是著名的圣水所在，有着清澈的温泉、古朴的藏族民居、神秘的藏传佛教寺院，还可以欣赏优美的藏戏。在很多民俗度假村，游客还可以学习民族手工工艺，磨豆腐，摸鱼，捞虾，采摘新鲜水果和蔬菜，充分参与当地的农家活动，感受当地的民俗风情。

（二）购物体验

购物是旅游过程中的一个重要环节，在心情愉悦地进行观光活动之后，游客总希望带一些旅游纪念品或当地的土特产品回家。这时，风味独特的土特产，工艺精湛的乡村手工艺品，设计独特的地方纪念品，都成为游客选购的对象。各个民居旅游景点也开发了大量的旅游产品，如剪纸、刺绣、插花、竹雕、木雕、砖雕、蜡染服饰、高粱穗、麦秆、芦苇、动物毛布的编制品等，这些商品都具有纪念性和实用性的特点，具有当地特色，受到游客的欢迎。近年来，很多地方的旅游商品已经不再停留在原汁原味的层次上，而是加入众多的文创元素，融入新内涵，推出新商品，塑造当地的品牌形象。同时也强调游客

① 沈祖祥、张帆：《旅游策划学》，第250页，福建人民出版社，2000年。

的参与过程，让游客参与到商品的生产、制作过程中，充分调动游客的好奇心，既满足了游客的心理需求，又让游客在参与中体验到商品的地方特色。

由于游客注重场景化的体验，很多地方通过组织庙会、集市，形成购物游的热点。乡村市场中定期进行商品贸易的场所称为“集市”，到集市做买卖，在北方称为“赶集”，在南方称为“赶墟”、“趁墟”，在四川、贵州、湘西称为“赶场”、“赶闹子”，有两日一次、三日一次、五日一次，或一旬一次、半月一次等。随着贸易的发达和交通的顺畅，有的集市已经发展到天天进行。庙会是与民间宗教有关的岁时风俗，一般与寺庙的宗教活动有关，在重大节日或宗教纪念日，如观音诞辰、如来生日等日期举行，多设在寺庙周边，将祭神、娱乐和购物融为一体。无论是庙会还是集市，都是当地人自觉不自觉的系统而全面展示其传统习俗的场所，是民间土特产品、民间技艺、民族服饰、民间游艺、民俗传统的大汇集，最能展示当地的民情风貌，很多逐渐淡化的传统风俗在集市、庙会上往往可以得到一定程度的恢复和强化，由此受到游客的关注。游客既可以购买到自己的土特产品，又能体验到当地的风物、人情和习俗。

不同地域、不同民族都有本民族的特色饮食，民居旅游的同时也是品尝不同风格的美食的过程。云南的过桥米线，四川的腊肉，上海的南翔小笼包，宁波的汤圆，徽州的臭鳜鱼，新疆的油馓子，西藏的酥油茶等“舌尖上的美食”都能让游客食指大动，同时领略当地的饮食文化。特别是在充满地方特色的民居中品尝当地菜肴，如在苗族的吊脚楼里品尝血灌肠、酸汤鱼、绵菜粑、油茶等地道苗家美食，在新疆的阿以旺里品味酸奶、奶茶、奶酒，在陕北窑洞里品尝陕北的面食，更是别有一番风味。很多地方还结合民居旅游，对地方美食进行开发，如丽江土司木氏当年曾大摆宴席，宴请著名旅行家徐霞客，“大肴八十品，罗列甚遥，不能辨其孰为异味也，抵暮乃散”，[①] 在此基础上开发的木府宴成为丽江旅游的一个经典产品。又如贵州清水江施洞古镇的苗族，每年农历三月十五要吃“姐妹饭”，这是糯米染成的七彩饭。届时游客吃着七彩糯米饭，看着彩鼓舞，同时开展吹笙、斗牛、赛马、斗鸡等娱乐活动，高潮一个接着一个。

随着旅游需求的多样化、个性化，发生了从观光旅游到休闲度假到文化体验的消费转变，人们更加注重能够满足精神需求的产品，购物体验的方式也开始日益多元化。有着深厚的历史积淀和浓郁文化氛围的民居还成为旅游地产的代表产品，很多人选择投资购买民居作为自己的第二居所，产权酒店、分时度

① （明）徐弘祖：《徐霞客游记》，第645页，齐鲁书社，2007年。

假、景观民居等模式层出不穷。如云南楚雄的彝人古镇以楚雄、武定等地的彝族风格民居为原型，又博采大理、丽江、江南水乡等民居建筑之长，形成既有民族风格又融优秀建筑文化的独特风格，形成了一个住宅地产和古城景区相融合的旅游综合体开发模式。

（三）休闲娱乐体验

很多民居旅游都结合了本民族、本地区的有特色的休闲娱乐活动，如广西、贵州、海南的苗族、侗族、黎族所喜欢的斗牛、斗鸡活动，彝族、白族、傈僳族、纳西族、哈尼族的火把节，蒙古族的那达慕大会，都有赛马、摔跤、射箭，再伴以歌舞、拔河等各种文体活动。近年来，很多民居旅游的休闲模式结合本地特色不断创新，如四川阆中古城的休闲娱乐项目包括张飞巡城、巴象鼓舞、游艇巡江，夜间有皮影戏表演、民歌对唱、更夫打更、放河灯等，丰富的消费体验让人流连忘返。又如张艺谋等策划的《印象刘三姐》，提出“山水实景剧”概念，以漓江与田家河交汇的水域为舞台，以书童山、玉屏峰、雪狮岭等12座山峰环绕为背景，展示了漓江人民田园牧歌式的生活和绚丽多姿的壮族歌舞文化。此后又开发了《印象丽江》、《印象西湖》等一系列产品，产生了深远的影响。此外，很多古城镇还通过举办各种节庆、会展活动丰富休闲娱乐体验。如著名的乌镇“互联网大会”、“乌镇戏剧节”，平遥的“平遥国际摄影节”、“平遥国际电影展”等，为古城镇平添了无限的魅力，也吸引了更多的国内外游客前来观赏。

养生养老是一种方兴未艾的旅游休闲模式，传统村落特有的自然环境，以及人与人、人与自然和谐相处的状态成为越来越稀缺的资源。远离污染的环境，走近大自然，通过旅游进行养生养老成为一种新的趋势。2015年11月，国家中医药管理局和国家旅游局联合发布了《关于促进中医药健康旅游发展的指导意见》，对中医药养生养老旅游这类新型业态给予了充分支持。各地将拥有良好生态环境的传统村落与养生养老产业结合在一起，发掘传统中医药、民族医药资源，引入现代先进医疗技术，围绕健身保健、康复养生、养生养老等主题，将休闲、保健、中草药种植、药膳、中医文化体验等与旅游融合在一起，打造健康村、健康小镇等，让游客在享受养生养老服务的过程中回归自然，达到强烈且持续的身心愉悦状态。如位于广西的巴马瑶族自治县被誉为世界长寿之乡、中国人瑞圣地，巴马长寿养生已经成为全国养生养老的示范基地。

（四）文化体验

文化是旅游的灵魂，旅游是文化发展的重要路径，文化体验既可让游客体验到不同地区、不同民族的特色文化，还可以让游客在旅游中增长知识，丰富阅历，获得收益，同时也能有助于保护和开发特色文化，丰富和完善旅游产品的内涵，助力当地经济的转型与发展，推进乡村振兴和民族繁荣。

随着时代的发展和社会的进步，人们文化素质不断提高，单纯的观光、度假、休闲、娱乐的旅游模式已经不能满足旅游者的需求，获得精神享受，了解不同民族、不同地域的人文传统，追寻文化名人遗踪，已经成为很多旅游者主要的旅游目的。如婺源的民居旅游，就结合了傩舞、徽剧、徽派三雕、抬阁、灯彩、朱熹与儒文化等非物质文化遗产的整理、复兴和传承。

一般而言，民居旅游的文化体验包括通过了解民居的历史知识，厘清民居的发展变迁；通过了解民居的地理知识，学习民居选址、建设过程中的思想观念；通过了解民居的建筑知识，掌握民居的结构、布置、选材、装饰；通过了解民居的民俗知识，感受当地的服饰、生活习惯和风俗；通过了解民居的文学知识，了解与民居有关的诗歌、绘画、楹联、民间传说等；通过了解民居的艺术知识，了解与民居有关的雕刻、工艺、音乐、戏曲等。

三、民宿：民居旅游的新发展

民宿旅游是经济文化，特别是乡村经济文化发展到一定阶段后，形成的以特色住宿为基础，提供吃、住、游、购、娱等综合服务，衍生文化艺术等休闲业态，满足游客体验当地自然、文化、生活和生产方式的一种高级乡村旅游发展模式。近年来，国内民宿数量不断增加，市场井喷，是旅游业发展的新业态和新热点。

（一）民宿的定义与标准

民宿，英文名为 Homestay Inn，在国内又被称为家庭旅馆、民居客栈，另外，具有住宿功能的农家乐也包括在内。“农家乐”，是农户利用乡村资源，以农家自住庭院为载体，以农家生活为特色，为游客提供具有乡村情趣的餐饮、住宿、观光度假、休闲娱乐、农村生活劳动体验等服务的旅游设施。2017 年 10 月 1 日起《旅游民宿基本要求与评价》（LB/T065—2017）行业标准制定，提出了民宿的五项评价原则，即传递生活美学，追求产品创新，弘扬地方文化，引导绿色环保，实现共生共赢，并从土地利用、安全管理、卫生环境、接待服务等方面提出了原则性的要求，又将民宿分为金宿、银宿两个等级，并要求民宿单幢建筑客房数量不应超过 14 间。这是国内对民宿行业的初次统一规范性文件。2019 年 7 月 3 日，《旅游民宿基本要求与评价》（LB/T065—2019）正式实施，对民宿的定义是，利用当地民居等相关闲置资源，经营用客房不超4层，建筑面积不超过800平方米，主人参与接待，为游客提供体验当地自然、文化与生产生活方式的小型住宿设施，并将旅游民宿等级由金宿、银宿两个等级调整为三星级、四星级、五星级3个等级。

（二）民宿的分类

一是按照民宿的分布地区可以分为乡村民宿和城镇民宿。乡村民宿主要分布在广大乡村地区，带着浓厚的“乡土”味，生态田园风景和乡野气息以及乡间劳作画面吸引着游客，也有按照乡村建筑风格建在城市或城郊地区的民宿，也称为乡村民宿。城镇民宿主要坐落在城区，基本上设置在旅游景点或附近，是居民利用自家闲置空房间，以副业的形式接待游客的民房。乡村民宿和城镇民宿根据特色环境区域可以进一步分为农家民宿、海滨民宿、生态山林民宿、草原民宿、天然温泉民宿等。

二是按照民宿景区提供的服务功能可分为单一服务型民宿和综合服务型民宿。单一服务型的民宿，只提供住宿服务，一般紧紧依靠大型旅游景区和服务功能较齐全的城市，借此来补充住宿以外的其他服务功能。综合服务型民宿除提供住宿服务以外，很多民宿区还提供如餐饮、观光休闲、民俗风情体验等综合服务。

三是按民宿的规模可分为独立型和集群型民宿。独立型民宿，是单独的一栋或几栋民宅改造成民宿，或是在交通要道旁，或是景区，注重周边环境，其主要功能是居家感，即房屋主人把多余的房间整理出来，自己仍然住在自己房内，方便接待游客。集群型民宿，是依托古村、古镇或民族地区，由一个村庄或一条街区，或者由村落、街区的一部分整体规划改造而成的民宿集中区。其特点是有规模，有民俗风情特色，管理比较完善。目前还有的在一块新的土地上规划建设成片的民宿，逐渐摆脱依附周边景区的模式，独立开发体验型活动项目，娱乐活动体验项目更加注重人文因素与文化内涵，民宿旅游体验更加纯粹化。

四是按照民宿所依托的民居形式分为传统民居式民宿与现代民居式民宿两类。传统民宿大多是由传统民居改造而成，在外观上基本保留民居的原貌，内部环境进行适当的装修布置。这类民宿通常具有历史感，较完整地保存了当地的历史建筑风格和文化遗存，具有一定的历史和文化研究价值。现代民宿则是依照本地、本民族的建筑风格开辟新地进行建造，也有移植其他地区、其他国家不同风格的民居而建成的民宿。如莫干山裸心谷民宿就设计成非洲土著小屋。很多民宿，无论是在传统民居的基础上改造的，还是重新设计新建的，对内部装饰都会倾注很大的精力，讲求精致的用材、独到的装饰设计、和谐的色彩等，有些民宿内部的美感体验度和舒适体验度等甚至胜过高等级宾馆。如以花艺体验为特色的隐藏在北京西四南大街的胡同深处的北平花园民宿，曾被《英国卫报》评选为全球最酷、最时尚的TOP10旅社之一，也登上过《国家地理》杂志。民宿主人将一个有着百年历史的四合院进行改造，在屋顶开辟了空中花园和阳光暖房，把大厅和院子装饰成葱郁的室内森林，每天清晨都会亲自去采购各种各样的新鲜花卉，把空间布置得如同一个真实的迷你花园。不仅如此，民宿主人还在院落开辟土地，自己种花和一些瓜果，热情地招待每一位游客，开展一些爱花人士交流会，让民宿游客不仅可以观赏到花园王国，更能体验到种花、插花、装饰等过程，感受花艺的魅力。

（三）民宿的特点和价值

民宿的特点和价值主要有以下几个方面：

一是民宿住宿设施规模较小，大多数民宿的规模在5间到10间左右，一般不超过25间，多由原有的民居改建而成。民宿经营者和民宿的主人往往合二为一，由于房间数量少，规模小，民宿经营者不必花太多时间来进行房间管理，可以提供温馨的家的环境、个性化的住宿设施，与客人同吃同住，有着浓厚的人情味。民宿经营者一般都注重与游客的交流互动，为其介绍当地的人文自然景观和文化特点，让游客可以直接感受到乡民们的热情与友好、善良与淳朴，体验居家的氛围。游客在感受到民宿经营者创意和心意的同时，还能够对当地的文化进一步了解，并产生一种认同感。

二是民宿往往是由当地有特色的民居建筑改造而来，其所处的环境一般在乡村或者远离城市的山林之间。在这种环境下兴建的建筑物，成为民宿的依托，并与自然景观相互衬托和融合，能够给旅游者带来一种新的体验。独特的建筑造型和气质，田园式的居住环境，富有特色的美食，风格各异的自然景观，让游客可以真切地感受到当地人的生活，体验生活的魅力和美好，使得民宿本身就具有旅游吸引力。如丽江的花间堂民宿的各个分店都是极具纳西族特色的“四合五天井”老宅院落，营造出私密、幽静、古朴、素雅的休闲意境。如莫干山裸心谷是利用农舍小院改造而成的民宿居所，民宿周边有大规模的竹林环绕，还有一望无际的碧绿茶园，充满闲逸气息，使游客远离城市忙碌生活和工作困扰，回归大自然，养身养心。

三是民宿注重营造文化艺术氛围，提供富有当地特色和历史气息的文化生活体验，使游客通过文学阅读、音乐欣赏、绘画写真、工艺品制作、花艺品茶等活动，感受到富有诗意的文化艺术生活。在民宿旅游发展过程中，若要使当地的民宿脱颖而出，不因与其他地方的民宿雷同而变得平凡，就需要对当地的历史与人文资料进行挖掘，以营造自己的特色。以品书体验为主的苏州慢书房书舍民宿，不仅有大量的图书供游客休闲翻阅，还有以不同的书本文学意境装饰的住宿环境。其中一间以汤显祖的《牡丹亭》为主题，蓝绿色调，复古家具，以国画颜料手绘的《墨袖集》装饰，柳梦梅和杜丽娘的形象跃然墙面，古典文学填满书架，被最多人喜欢。又如丽江花间堂·编织人家原来是纳西族编织文化教习所，保留了古老的纳西族织机，放置有一百多年历史的白族绣花鞋，纯手工编制的“牛勒巴”、“氆氇”，还有纳西、白族、藏族、彝族等多个民族的竹编、草编、线编和刺绣工艺品的展示。

四是民宿旅游是乡村振兴的重要途径。能够让当地居民在较少的资金和人力投入的情况下，依靠家庭式经营模式完成游客的接待。当地居民可以据此有效地解决自身的就业问题，同时依靠科学经营，有效地增加收入。此外，与民宿相关的行业也将因此受惠，使得地方经济得到可持续发展。同时，民宿依靠整合旅游与当地的文化资源，突出了当地文化的特色，能够将乡村人文特点尽可能地展示出来，促进城乡之间的文化交流，并进一步促进经济的发展、产业的转型和升级。

四、传统民居的保护与更新——旅游与可持续发展

近年来，文化旅游也越发受到旅游消费者的青睐，欣赏地方独有的特色建筑，品尝地方特色美食，感受地方文化生活情怀和淳朴的文风民情，是很多旅游者最基本的旅游期盼。居住民俗由此成为重要的旅游资源，是地方旅游发展的重要依托。在这种情况下，做好传统民居的保护与更新，实现居住民俗的传承与弘扬，就成为一项重要的课题。

（一）传统民居面临的困境

民居是一个地区、一个民族的人民生活栖息的地方，是本地区、本民族文化艺术的表现，从一个侧面反映了一个地区、一个民族在特定环境中形成的生活习俗、思想观念和文化特征。我国传统民居由于受气候、土质、地形、民族文化及生产力水平等诸多因素的影响，有着样式独特、世代传承、取材容易、建造方便、实用美观等特点。从旅游角度来看，民居作为旅游产品有很强的地域性、垄断性、独特性，可以说是优质的旅游资源。在旅游业迅速发展的今天，传统民居作为传统建筑文化的一种有效载体，对旅游者具有极强的吸引力，也受到各个地方的重视与保护，特别是近年来传统民居的保护与更新利用方面也积累了很多的经验，但是也不能否认，传统民居开发仍然处于诸多困境之中。

一是区位条件差。我国保存比较完好的传统民居所在地区有安徽徽州地区、浙江楠溪江流域、福建北部山区以及西南山区等地方，其保存较好的原因

就是与外界隔绝程度较高，较少受外界的影响，破坏较少，但是另一方面就是交通不便，经济条件有限，基础设施建设不足，导致目的地的可进入性较差。

二是传统民居保护与城市化、现代化进程矛盾突出。中国正处于城市化迅速发展的时期，高速的城市发展水平对中国传统民居造成强烈的冲击，特别是在20世纪90年代以来持续数十年的房地产热中，旧城改造使许多千百年来幸存下来的民居被成片地拆毁，如北京、西安的旧城已很难找到一片完整的四合院群落。一些富裕起来的乡镇，民居破坏尤为严重，如胶东海边渔村的海草房现在只在个别村落中才能见到，有的县城甚至连一座旧时完整的民居都找不到了，古老的传统民居正成为当前经济发展最直接的牺牲品。同时，传统民居深层次的文化内涵对民居的保护、利用也带来一定的影响。传统民居所容纳的是传统宗族制度下的大家族，现在的家庭的集聚方式和过去已不可同日而语，核心家庭是城市乃至市镇、乡村的主要居住单元，现代化设备运用得越来越多，传统民居已经不再适应这样的变化，由此导致了很多人放弃传统民居迁居到新建的现代化的公寓、小区中，很多传统民居被丢弃、空置，逐渐破败。

三是传统民居保护模式的错位。长期以来，我国对传统民居的保护主要采取消极、静态、片面、单一的保护，由此导致了传统民居保护的困局。如很多地方对民居的保护往往采用“限制”型保护模式，没有把保护与利用有效地结合起来。民居保护往往以划定保护范围，限制建筑高度、建筑体量甚至建筑风格、形式为主要内容，“开发”与“保护”变得势不两立，同时让居民失去了保护的动力，在某种程度上限制了这些民居的更新和发展。又如中国传统民居并不是单纯的建筑或者装饰，更是一种人文环境，一种生活方式，每一座建筑都装载着当地居民的生活回忆以及各种各样的社会关系。而今天的民居保护往往重视单体的建筑，轻视整体的保护，如街巷、河道；重视物质的保护，而轻人文环境的保护，如传统习俗、传统手工艺、传统人际关系的保护，很多地方将居民从民居中迁出，只留下一个空荡荡没有人气、烟火气的建筑。也正是由于这个原因，在对民居进行更新时，经常出现严重的建设性破坏。如随意改变原有的天然河道，破坏自然水系，随意拓宽街道，破坏传统街巷尺度，不加选择地拆除旧有的民居建筑，在原址上修建“假古董”，修建与整体聚落形态在形象尺度上不符的“标志性”建筑等，千篇一律、照抄照搬、片面西化、破坏环境的问题在很多地方都非常严重。

此外，民居还遇到了岁月侵袭，灾害破坏等自然因素的影响。中国传统民居绝大多数是土木结构建筑，怕火、怕虫、怕水淹，面对岁月侵袭和自然灾害，不易保存，易于毁坏，留存时间较短，维护成本较高，也影响了民居的更新和保护。

（二）传统民居保护与更新的措施

传统民居的保护，并不只是完全维持现状的消极保存，更需要在现状基础上创造性发展，以满足新的需求。一般而言，对传统民居这样有特色的历史建筑的保护和更新，并不只是绝对地保护某些特定的建筑，而是既保护其建筑、街巷、街区、村落，同时也保护其整体的自然环境和聚落特征，对可能有损于历史环境、自然环境、景观特色的建设项目予以规划控制，进而保护街区、村落、市镇乃至整个城市的独特个性和魅力，增强其吸引力。这就是民居保护与更新的理念所在。21世纪以来，随着民居保护与更新的理念逐渐深入人心，各地逐步加强了传统民居的保护工作，其中较有成效的方法和措施有以下几种。

一是立法保护，科学规划。我国古民居保护的相关法律法规近年来不断完善和发展，1982年11月19日，我国第一部文物保护的国家性法规《中华人民共和国文物保护法》就明确将“具有重大历史、艺术、科学等价值”的古建筑纳入文物保护单位的范畴。1994年，建设部颁布的《历史文化名城保护规划编制要求》是我国首个针对名城保护规划的技术要求。2005年10月1日，《历史文化名城保护规划规范》（GB50357—2005）正式施行，是首个名城保护规划的国家标准，确定了保护原则、措施、内容和重点。2008年7月1日，《历史文化名城名镇名村保护条例》正式施行，规范了名城、名镇、名村的申报标准。2014年，住房和城乡建设部颁布《历史文化名城名镇名村街区保护规划编制审批办法》，住房和城乡建设部和国家文物局联合发布了《历史文化名城名镇保护规划编制要求》。2018年，住房和城乡建设部颁布了《历史文化名城保护规划标准》（GB/T50537—2018），成为历史文化名城和街区保护规划的最新技术规范。各个地方也陆续出台了历史文化街区、名城、名镇和民居的保护条例和保护规划，1997年，《安徽省皖南古民居保护条例》就是首个针对古民居保护的地方性法规，首次明确了古民居保护的相关要求，如古民居保护对象、保护方法、资金来源、管理要求等。还有很多地方在规划中把民居纳入保护单位和风貌保护区，例如上海市作为历史文化名城，规划了虹口近代居住建筑风貌保护区、上海花园住宅风貌保护区、上海古城风貌保护区等。通过全国各地对历史文化名城和历史文化街区保护工程的开展，古民居的保护办法日趋完善，规划日益合理科学，“传统民居价值评估——传统民居分级保护——传统民居合理利用”的保护模式逐渐完善。当然值得注意的是，在现有法律、法规、条例和规划要求等相应的制度安排中，还存在着从管理体系、保护原则到具体操作的一些问题，如违法违规行为界定不明晰，惩罚约束机制不健全，管理部门产权设置模糊不清等问题。相信随着时间的推移和实践的发展，随着相关法律和规划体系的更加全面、更加协调、更加科学，民居保护和更新将取得更多的进展。

二是可持续发展和系统性保护。1987 年，以挪威前首相布伦特兰夫人为首的世界环境与发展委员会在《我们共同的未来》报告中正式提出了可持续发展的概念："能满足当代人的需要，又不对后代人满足其需要的能力构成危害的发展。它包括两个重要概念：需要的概念，尤其是世界各国人们的基本需要，应将此放在特别优先的地位来考虑；限制的概念，技术状况和社会组织对环境满足眼前和将来需要的能力施加的限制。"[①] 对于当代人而言，最大的需求往往是经济发展的需求，因此传统民居的更新和发展必须考虑满足经济的发展，否则只能是纸上谈兵，最终免不了消亡的命运，是不可持续的。对传统民居和聚落而言，它们作为一种历史资产，是不可再生的，即使作为普通的物质资源，也应该是可以循环使用的，所以无论是消极的保护，任其空置，还是随意拆除，都是不可持续的。

系统性保护就是保护传统民居的系统性与整体性，应坚持两个理念：一是传统民居保护与环境保护并重的理念。环境是传统民居赖以存在的物质基础，要力图使传统民居的保护与传统民居的外部环境达到融洽和谐，以传达历史文化的意蕴。二是"表"、"里"并重的理念。要做到既保护传统民居的实体这一"表"，又要保护传统民居本身所蕴含的文化内涵这一"里"，具体包括对具有历史文化价值的和富有传统特色的民居的实物保护、传统民居本身所包含的文化底蕴的保护和其所在的生态环境和社会环境的保护。

思考题

1. 风水是迷信吗？为什么？
2. 你的家乡有民宿吗？谈一下你对民宿的印象。
3. 请介绍一下你家乡的建房仪式。
4. 分析我国民居的类型及其特点。
5. 旅游度假村如何利用居住民俗？

---

① 世界环境与发展委员会编，国家环保局外事办公室译：《我们共同的未来》，第 16 页，世界知识出版社，1989 年。

第五章

交通民俗旅游

本章提要：交通民俗产生于人类的交通生产与生活之中，并随着交通的发展而变化。交通民俗产生的原因，主要有自然环境、人类需要、文化传播等。其中陆路交通民俗包括道路、桥梁、关塞等交通设施，车辆、动物等交通工具，以及道神等交通信仰；水路交通民俗包括水道、渡口、港口、船闸、航标等交通设施，船筏等交通工具，以及妈祖等交通信仰。交通民俗作为重要的旅游资源，能够以传统的交通方式为现代旅游者提供交通服务，并且经过科学的开发，还能成为对旅游者具有吸引力的旅游产品。

交通是社会的纽带，便捷的交通可以使人们快速地互通有无，增加接触与交流，传递知识和信息，从而促进文化的发展。我国在漫长的历史进程中，建立了相当完备的水陆交通体系，积累了丰富的多姿多彩的交通民俗。这些交通民俗，不仅是人们交通生产与生活的习惯和规范，也是民俗旅游资源的重要组成部分。科学合理地开发交通民俗旅游资源，能够使旅行和游览更密切地结合在一起，既可以有效地满足旅游者的旅游需要，也可以在相当程度上消除旅游者对我国旅游业交通落后的不良印象。

第一节 交通民俗概述

当人类有意识地选择路线穿越陆地或跨越江河时，最初的交通和交通民俗便产生了。随着交通领域的扩大，交通设施和交通工具的日益发展，相关的交通信仰和习惯不断产生、发展，交通民俗日趋丰富多彩。

一、什么是交通民俗

交通民俗产生于人类的交通生产与生活之中，又为交通生产与生活的存在与发展服务。交通是交通民俗的源泉。所谓交通是指借助一定的交通设施、交通工具，实现人员和物资的空间位移。其中交通设施和交通工具是构成交通的基本要素。交通民俗就是在交通设施和交通工具的创造与使用过程中产生的和交通有关的民间习俗与惯制。如道路或航线的开辟、桥梁的建筑、车船的制造与使用、交通管理的规约、交通信仰、送别与欢迎的仪式、交通动力的使用等，都是重要的交通民俗。

交通民俗具有自己的特征。从其构成来说，包括实物、工艺技术、仪式、信仰、禁忌等，有物质民俗，也有意识民俗。从其存在的形态来说，主要有文化的民俗和生活的民俗。如果交通民俗作为文化而存在，那么，它表现为符号、知识的积累和文明的成果，相对稳定、静止，如有关交通的语言、概念，各种交通设施和交通工具。如果交通民俗作为生活而存在，那么，它表现为活动、知识的运用和文明的事件，它是动态的，是人正在进行的过程，如使用交通工具，进行奠基仪式或竣工仪式，制造车船。① 从其产生和流行的范围来说，交通民俗具有地域性。交通设施、交通工具和交通的信仰、禁忌等，在民间很大程度上取决于当地的地域环境。北人骑马，南人乘船，马帮穿行在云贵川的崇山峻岭中，驼队跋涉在西北的沙漠上；黄河上漂着羊皮筏，乌苏里江上行驶着桦皮船，特定的地域环境造就了不同的交通民俗。

二、交通民俗产生的原因

（一）自然环境

自然环境是决定人类生活方式的重要因素。交通民俗作为人类生活方式的组成部分之一，是在人类适应和改造自然环境中产生和发展的。交通民俗是体现在交通运输中的习惯化的行为方式，必然和人所处的自然环境有密切的关系。人类经常接触的自然环境因素，包括地形、物产和气候等，都对交通民俗有直接而深刻的影响。在降雨较少、河道不多的平原地区，适宜修筑宽阔笔直的道路，形成陆上交通网，通行各种车辆。在河道纵横、水网密集的平原地区，遍布渡口和桥梁，穿梭行驶各种船筏。进入崇山峻岭、沟壑纵横的山区，修筑栈道、石阶路、盘山道、各类桥梁，步行或使用背篓、背架、舆桥、滑竿等交通工具，就成了必然选择。干旱多风的沙漠上，戈壁连绵，黄沙漫漫，只有不怕风沙、能忍饥耐渴的骆驼才是最理想的交通工具。在冬季严寒，冰雪覆盖的大小兴安岭，人们广泛地使用冰道、雪道，以雪橇、爬犁、冰床等为工

---

① 高丙中：《民俗文化与民俗生活》，第 104 页，中国社会科学出版社，1994 年。

具，以人、狗、马、驯鹿等为动力，进行交通运输。物产主要影响交通设施和交通工具的建筑与制造材料，如石板的路桥，多在多石的山区或丘陵地带，竹筏使用于产竹的亚热带，桦皮船流行于桦木生长的寒温带，从而产生各具地方特色的交通民俗。天后信仰是海上交通民俗中最具特色的民俗事象之一。而天后信仰正是建立在航海技术和气象科学不发达，人们对海洋环境无法控制，从而产生恐惧，并进而祈求神灵保佑航运安全的心理基础上的，它是环境的产物。

（二）人类需要

美国民俗学家萨姆纳认为，民俗建构的动力是人类需要，民俗是为了一时一地的所有生活需要而设立。[①] 马林诺夫斯基也认为，人为了生活，必须永远改变他的四周。在所有和外界重要接触的交点上，他创造器具，构成一个人工的环境。如开辟道路，使用交通工具，以满足自己的需要。[②] 交通民俗正是为了人类交通生产和生活的需要而产生，同时也为人类交通生产和生活的存在与发展服务。不同时代人类的需要不同，导致了不同时代的交通民俗的差异。独木舟时代有独木舟时代的民俗，远洋帆船时代有远洋帆船时代的民俗。历史在发展，社会在进步，人类沟通与交流的需要日益迫切而复杂，交通民俗也就以越来越快的速度产生、传承、变异和发展。古往今来，人类的交通需要总是领先于当时的交通民俗，成为交通民俗发展的动力，促使新的民俗事象不断产生。如车辆的动力，从人到牲畜，再到内燃机，动力越来越大，速度越来越快，但依然无法完全满足人类交通的需要。而无法满足的交通需要，将导致交通神话和新的交通观念的产生，为交通民俗的发展描绘未来的远景。

（三）发现与发明

发现与发明是一切交通民俗产生的根本源泉。人们发现与发明的新事物，可以是有形的实物，如道路、车辆、牲畜、桥梁等；也可以是无形的新观念、新思想。发现是给知识增添新的东西，发明则是知识的新运用。但是，发现与发明并非总能导致交通民俗的产生或变迁。只有当社会接受了发现或发明，并且有规律地加以运用，才谈得上交通民俗的产生或变迁。[③] 如中国人养马的历

---

① 高丙中：《民俗文化与民俗生活》，第 83 页。

② 〔英〕马林诺夫斯基著，费孝通等译：《文化论》，第 4 页，中国民间文艺出版社，1987 年。

③ 〔美〕C·恩伯—M·恩伯著，杜杉杉译：《文化的变异——现代文化人类学通论》，第 532～534 页，辽宁人民出版社，1988 年。

史，至少有4000年，这已为山东章丘龙山文化遗址的发掘所证实。但马的单骑在战国以前还很罕见，人们宁愿坐在马拉的车上，以无法和单骑相比的速度行进。一直到了公元前307年，赵武灵王冲破重重阻力下胡服令，单骑才开始普及，成为历代相传的交通民俗。

（四）文化传播

除了自身的发现与发明之外，一个社会新的交通民俗的出现，也可能来源于另外一个社会。这种从其他社会借用交通民俗，并且将其融合到自己固有的民俗文化之中的过程，就是传播。传播的模式有三种，三种模式可以单独产生，也可以同时发生于一个社会之中。

1. 直接接触。一个社会的发现或发明，先被它周围的社会所接受，然后逐渐传到远方，这就是直接接触，赵武灵王胡服骑射的例子就非常典型。赵国位于今河北、山西一带，其东北有东胡，西北有林胡和楼烦，都是游牧民族，经常以骑兵侵扰赵国，赵国的步兵和战车很难与之抗衡。赵武灵王只好下胡服令，向“三胡”学习，放弃车战，训练骑兵，使单骑风俗在赵国普及，而后又迅速传遍中原各国。我国的指南针，大约在12世纪末到13世纪初，由海路传入阿拉伯，然后再由阿拉伯传入欧洲，使欧洲航海导航术发生了飞跃。

2. 媒介接触。两个社会之间没有直接交往，但以第三者为媒介，使某种交通民俗得以交流。通常情况下，商人、士兵、使节和旅行家是最常见的媒介。中国的水密舱技术就是以商人、旅行家和传教士为媒介传到欧洲的，在18世纪被欧洲人用于船舶制造。

3. 刺激传播。某个社会掌握了某项知识后，刺激了另外一个社会，给对方以灵感及启发，使之有了类似的发现或发明。如，在出租汽车普及上海前，大街小巷有很多载人三轮车，其发展历史就是一个比较有趣的例子。黄包车是日本人于1870年发明的，1874年3月，法商米拉将它输入中国。二战结束以后，上海三轮车公司把自行车和黄包车结合在一起，制成了后来通行的三轮车。所以，刺激传播产生的结果，并非原型的翻版，而是一种相似的东西。①

第二节　陆路交通民俗

迄今为止，人类最古老而且仍是最普遍的交通方式是步行。对这一方式最

① 童恩正：《文化人类学》，第278～281页，上海人民出版社，1989年。

初的文化改进就是路。路从存在之日起就对人们产生了深远的影响，为人们生产与生活的活动提供了通道。而且路的特点必然随着人们使用的交通工具的变化而变化，并不断呈现新的形式。在以道路为起点的交通设施和以步行开始的交通工具的产生和演变过程中，人们在交通生产和生活中，逐渐形成了丰富多彩的陆路交通民俗。

一、交通设施

（一）道路

道路是路的总称，因其大小、形式和用途，可以分为很多种类，形成了多种各具特色的民俗事象。

1. 栈道。又名阁道，是沿悬崖峭壁修建的一种道路。其主要形式有：（1）在山崖上凿孔，支架木排柱来支撑的简支梁桥，上覆土石；（2）在山崖上凿孔插入木梁，梁的另一端以柱支撑或仅为悬梁，上铺木板后再覆土石；（3）在石壁上凿出台阶做成攀缘上下的梯子崖；（4）在陡岩上凿成半隧道或隧道。此外，还有这些形式组合而成的栈道。[①] 栈道是中国陆路交通的一大奇迹，也是非常有开发价值的旅游资源。古栈道本身可以进行旅游开发，更重要的是旅游开发时，可以以古为鉴，有意识地使用栈道这种交通设施，增加旅游者的交通乐趣。

2. 纤道。是古代水上交通的陆路辅助设施，为纤夫提供拉纤的通道。这种道路曾经普遍存在于各地的水上交通线。位于浙江萧山、绍兴、上虞的浙东运河古纤道，又名官塘、运道塘，始建于唐元和十年（815 年），明清、民国各代屡次修葺。这条古纤道全部用形状不一的石头砌筑而成，贴近水面，绵延百里，中心段约 7 公里，位于绍兴柯桥到钱清一带，是浙东平原特有的水乡文物，具有浓郁的民俗风情。它形体纤巧，造型别致，宛如长虹卧波，伸向水天，构成江南水乡的绮丽风光，至今保持完好，是全国重点文物保护单位。

3. 盘山道和石阶路。是民间创造出的适合山地地形起伏较大的道路。盘山道的形式，有石阶式，也有平面式，狭窄的盘山道只能通行人或牲畜，宽阔的盘山道可以通行各式车辆。石阶路在山地交通中使用得比盘山道更广泛，也是现代山地旅游区中最主要的游步道形式。

4. 冰雪道。是冬季严寒的地区利用天然河道，或用冰雪人工修建的道路。冰雪道可以通行滑板类交通工具，如雪橇、爬犁、冰床，也适合行人使用冰鞋

① 《中国大百科全书·交通》，第 627 页，中国大百科全书出版社，1986 年。

或滑雪板。

5. 城镇道路。民间传统上，根据路的大小和用途，分别称为街、巷、弄、胡同。城镇交通的道路，称为马路或道，起始于上海和香港，有传统的影响，也带有租界或殖民地色彩。顾野王在《玉篇》中认为："街，四通道也。"可见街是沟通市区四方的交通干道。巷的名称非常古老，许慎《说文》中以为："巷，里中道，从邑从共，皆在邑中所共也。"古人往往街巷或巷陌连称，是贯穿居民区的小街。现在以巷命名道路，多见于南方。弄和胡同的出现比较晚。杨荫深《事物掌故丛谈》中认为，弄就是巷，是街之最小者，即俗所谓"弄堂"。上海人最喜欢用弄命名小街，市区到处是某路某弄的门牌。胡同起始于元代，明代沈榜《宛署杂记》中有明确记载。最早出现于北京，现在流行于华北和东北地区，但以北京最为典型。弄和胡同，现在都已经作为旅游资源在开发。上海民俗旅游中就有走弄堂，看石库门，"做一天上海人"的活动项目。北京民俗旅游中，转小胡同，看四合院，也是颇受旅游者欢迎的活动项目。

（二）桥梁

桥梁是道路的组成部分，是为了使道路跨越江河、湖泊、海峡、山谷或人工建筑物所修建的建筑物。根据文献记载，中国人在4000多年前的夏代已经开始建造和定期维护桥梁。桥在最初称为"梁"，到了秦代，才出现"桥"这一名称，所以许慎《说文》中解释："桥，水梁也。"传统的桥梁，按其建筑材料，可以分为木桥、石桥、砖桥、铁桥、竹桥和藤桥；按其结构，可以分为梁桥、拱桥、浮桥、索桥和吊桥。

1. 石桥。主要有蹬步、梁桥、拱桥和风雨桥等形式。

(1) 蹬步又称踏石，是最简单的一种石桥，多设在水浅的河流溪涧上。蹬步的建造方法非常简单，只要把石块按一定距离有规律地安放稳固，连接河流两岸，就可以供人过渡。

(2) 梁桥是我国石桥采用较多的形式，现存的很多石桥属于这种结构。石梁桥以福建省滨海地区最为集中，很多石桥屡经沧桑，依然雄姿犹在，让人叹为观止。如泉州洛阳江上的万安桥，又名洛阳桥，建成于1059年（北宋嘉祐四年），全长540米，当年有天下第一桥之称，历代屡经修缮，至今未废。泉州安海镇还有世界最长的石梁桥——安平桥。原桥长2500米，362孔，所以习称"五里桥"。石梁桥中石梁最大最重的是漳州江东桥，建于1565年（明嘉靖四十四年），桥长280米，共有16孔，最大跨径近24米，最重的石梁达200吨。结构最精巧的石梁桥，当推绍兴八字桥。此桥始建于1256年（南宋宝祐四年），单孔，桥面用条石并列铺成，跨径4.5米，桥宽3.2米。此桥布局较好地解决了三条街、三条河交错的复杂交通问题。

（3）拱桥是石桥的主要形式，早在东汉时期，我国已开始建造石拱桥。现存最古老的石拱桥是河北的赵州桥，又名安济桥，俗称大石桥，建于隋代，是大工匠李春主持建造的。采用单孔大弧券形式，跨度37.02米，并在主拱券两端各设两个小拱，桥面两旁有拦板、望柱等，全长50.82米。该桥造型优美，结构科学，至今仍巍然屹立，被誉为北方四大胜迹之一。南方著名的石拱桥，当数苏州宝带桥为第一。宝带桥建成于819年（唐元和十四年），总长317米，宽4.1米，共有53孔，全桥形成连拱。此外，苏州的枫桥、北京的卢沟桥、颐和园的十七孔桥和玉带桥、天安门前的金水桥、杭州的断桥和拱宸桥、扬州瘦西湖的五亭桥和廿四桥等等，都是非常著名的石拱桥。石拱桥是我国古代建筑科学上的重大创造，是中国人民智慧的结晶，是重要的交通民俗事象之一。

（4）风雨桥，又称廊桥，民间也叫回龙桥、花桥、龙桥、福桥等。风雨桥是石桥的变异形式，有拱桥，也有梁桥，桥身和桥墩多为石结构，桥上亭廊为木结构。如桂林七星岩公园入口处的花桥，就是典型的风雨桥。该桥始建于宋代，原为木桥，1540年（明嘉靖十九年）改建为11孔石拱桥，全长125.2米，桥宽6.4米，跨水部分的桥身上建有精美的廊式桥亭。广西三江侗族自治县林溪乡的程阳桥，当地称为永济桥，始建于1916年，全长64.6米，交通通道宽3.4米，是我国最著名的风雨桥，每年都吸引大量海内外的旅游者。砖桥也是石桥的变异形式，以砖代石，但多以拱桥形式出现，普及度不及石桥。

2. 木桥。木桥的历史比石桥还悠久，最迟在西周时代，中国人已经在渭水上建造梁桥和浮桥。而遍及民间的独木桥的历史，肯定比梁桥和浮桥更为久远。中国历史上曾有许多著名的木桥，但由于木材的特点和历代的兵火与天灾，几乎没有一座木桥能够保留下来。木桥形式很多，有多跨式木梁桥、木拱桥、浮桥、吊桥。木拱桥比较少见，建于1032年（北宋明道元年）的开封虹桥，净跨20米，是典型的木拱桥。浮桥多以木排或舟船连系在一起建成，如《诗经》中提到的"造舟为梁"。浮桥得以保留下来，绝无仅有的一例是广东潮州横跨韩江的广济桥，又名湘子桥。其始建于南宋乾道年间（1165～1173年间），东西两岸各有一段石梁桥，中间用18只梭形船搭成浮桥相连，可开可合，是我国古代唯一特殊构造的开启式桥梁。吊桥多用于古代城市交通的护城河上，是一种仰开桥。把桥面放平，行人和车马可以顺利通过；如把桥面的一端用绳索高高吊起，则桥断路隔，无法通行。

3. 索桥。是以竹篾、藤条或铁索等为索具架在河涧之上，以便通行的设施，主要流行在西南和西北地区。最简单的索桥是溜索，它是以竹、藤或铁索，架设于河涧较窄的地方，运送两岸的人或物。人们过溜索时，把系在吊环上的索绳下端缚在腰间，利用双手向前滑动。① 这种独溜索桥，现在西南各地仍有很多，但索绳大部分已被钢索取代，更加安全可靠。在溜索的基础上，不断改进，出现了双索桥、多索桥、多索网状桥、多索多孔索桥等索桥。如四川都江堰市的珠浦桥就是多索多孔竹索桥，是秦代李冰父子建都江堰时主持建造的。长 330 多米，宽约 3 米，最大跨度 60 米，岸上建有桥台和桥亭，当中用 7 组木排架支撑，上部悬竹索 24 根，其中平行并列 10 根底索，上铺木板，构成桥面，两侧木板上各压竹索一根，另外 12 根竹索，垂直排列两旁，形成栏杆扶手，被称为中华乃至世界第一索桥。铁索桥的建造也有悠久的历史。四川泸定大渡河上的铁索桥，因毛泽东的《长征》诗而闻名天下。其建于 1705 年(清康熙四十四年)，桥长 104 米，宽 3 米。桥面采用 9 根铁索，上铺木板，桥侧左右各用 2 根铁索作扶栏。铁索粗如碗口，每根重达 2000 斤，长 130 米。东西桥台均有桥亭，站在桥亭上，远望大雪山和二郎山高插云天，俯视大渡河流急浪怒，奇险万状。此外，索桥中，有很多是以藤为材料建造的，如独龙江上的藤篾桥、西藏洛渝地区的藤网桥等，都是当地民间的重要交通设施。

（三）关塞

关塞是战争的产物，中国治乱相仍的历史，留下了很多著名的关塞。通常情况下，设于国境之内，城防完备的称为关，设于边界险要处的军事据点称为塞，现在统称为关塞。关塞在战争时期主要用于凭险御敌，和平时期主要用于管理交通，征稽商税。所以，关塞既是军事设施，也是交通设施。西周时代，就在王畿四周设置了 12 座关，开中国关塞之先河。春秋战国时代，战争频繁，各国纷纷设置关塞，其形式、规模、数量大为发展，奠定了以后历代王朝设关塞以守疆土的基础。关塞大多设在交通要道的险山峻岭之中、大江大河之滨，形态壮美，景色宜人。如长城沿线的山海关、居庸关、嘉峪关等，丝绸之路上的玉门关、阳关，黄河之滨的虎牢关、孟津关、潼关、金锁关等，岭南门户的梅关、韶关，抗日战争中蜚声中外的平型关、昆仑关。众多的险关要塞，是中国交通民俗文化最为独特的组成部分。很多留存至今的著名关塞，已经成为旅游胜地，还有些关塞极具旅游开发价值，有待于进一步规划开发。

二、交通工具

交通工具是载人载物、用于运输的工具，陆路交通工具主要有直接附着于

① 高曾伟主编：《中国民俗地理》，第 106 页，苏州大学出版社，1997 年。

人体的工具，如扁担、背篓等，各种车辆、动物以及用于冰雪路上的雪橇等，是交通民俗的重要组成部分。

（一）车辆

车辆是我国陆路交通中使用历史较长、范围最广的交通工具。按车轮数量，可以分为独轮车、两轮车、三轮车、四轮车等；按动力，可以分为人力车和畜力车；按车轮质地和结构，可以分为有辐车、无辐车、木轮车、铁轮车、胶轮车等；按车辕数量，可以分为单辕车和双辕车。

独轮车，又称小车、羊角车、鸡公车等，各地叫法不一。独轮车适用范围广，山地平原均可使用。最原始的车轮是用整片圆木制作的，后来出现木轮，外包铁皮，现在多用胶轮。车轮可以装在车的最前面，也可以装在车的中间，前后左右设置货架。太行山区有种独轮车，车上装有帆，可以减轻人的劳动强度，很有特色。

两轮车是最常用的车，大多数牲畜力车采用两轮结构。人力车、自行车也是重要的两轮车类交通工具。还有一种人力两轮车，民间称板车、手推车、浪子车等，主要用于短途货运。畜力车常用牲畜为牛、马、驴、骡，现代车型多为双辕两轮，可用一匹牲畜，也可用多匹牲畜。如蒙古族常用的勒勒车、杭盖特日格，陕西等地的硬辕车、平头车，旧时代北京、上海等地的马拉轿车等。现代旅游区中，也有使用畜力两轮车的，如山东曲阜从孔庙到孔林，就用马或驴拉车载客，鞭声清脆，铃声悠扬，旅游者可以悠闲自在地观赏风景，别有风味。

三轮车属于人力车，有载人载货两种，是由东洋车发展而来的。载人三轮车通常是车把与一轮相连，位于前面，车厢和另外两轮相连，位于后面，车厢设软座，上有顶棚遮阳挡雨。载货三轮车有和载人三轮车结构相同的一种，也有两轮和车厢在前，车把和一轮在后的一种，东北民间戏称之为“倒骑驴”。

四轮车是畜力车，稳定性好，但对路况要求较高，既可载人，又可载货，如新疆乌鲁木齐、吐鲁番等城市的四轮马车，主要用于载人，当地称为“畜力小巴士”；华北、东北等地有载物四轮马车或牛车，称为太平车或胶轮大车，载重量大，但不常用。

（二）动物类交通工具

动物除了用于牵引车辆外，还可以单独作为交通工具使用。民间常用的动物主要有马、牛、驴、骡、骆驼、牦牛、狗、羊和驯鹿等，一般称为牲畜。多数牲畜既可以骑乘，也可以载物。最常见的单骑是马、驴、骡，尤其是骑马更为普遍。用马驮运货物，组成马帮，曾流行于云贵川地区。马帮的头领，称为“马哥头”，由他管理马帮全部事务。“沙漠之舟”是人们对骆驼的誉称，是内蒙古、新疆、甘肃等地蒙古族及其他民族在戈壁沙漠中的重要交通运输工具。牦牛是藏族人在雪域高原上常用的交通工具，可以骑乘，也可以载物。驮羊藏语称“鲁开巴”，主要用于驮运食盐，每只羊可载一二十斤的食盐，有时用几百只羊组成壮观的驮队，跋涉在高原的碧草蓝天之间，极具民俗风情。狗和驯鹿主要流行于东北高寒林区，是鄂温克等民族的传统交通工具。

（三）其他交通工具

包括冰雪类交通工具和直接附着于人体的交通工具。使用于冰雪路上的交通工具有狗或马拉的雪橇，是赫哲族人常用的冬季交通工具，流行于东北三江平原地区。爬犁一般可用狗、马、驴、骡等牵拉，在冰雪上滑行，载人载物都可以，也是一种流行于东北少数民族地区的交通工具。冰床曾流行于明清时代的北京，据富察敦崇《燕京岁时记》记载，冰床长约五尺，宽约三尺，用木制作，下装铁条，可坐三四个人，一个人拖曳，速度很快，现在已经罕见。此外，冰鞋和滑雪板也是常用的冰雪交通工具。直接附着于人体的交通工具，适用于以人载物的交通运输方式，主要有扁担、背篓、背架、绳索、布或皮袋、滑竿、轿子，等等。其中滑竿流行于重庆和峨眉山区，也叫“故轿”，因为它全部用滑溜的竹竿绑扎而成，所以称它为“滑竿”。滑竿用两根结实牢固的长竹竿做支架，前后两端各绑一截短竹，作为肩架用，中间用绳子串起一排竹片编成软床，前面再吊一根踏脚的竹竿，后面用竹做一个背枕。软床可以自由摆动，上山下山乘坐者都很舒服。[①] 轿子在全国各地都曾流行，有两人抬、四人抬、八人抬等几种形式。轿子现在已经在人们的生活中消失了，只在婚礼上偶尔有人使用。有些旅游区有意识地保留了轿子，作为一种参与性的旅游项目。

三、陆路交通信仰与习惯

“出门事事难”，一句话道出了传统上对旅行的畏惧。由于交通落后，行路艰难，尤其是长途跋涉，更让人焦虑不安，从而相应产生了很多有关陆路交通的信仰和习惯。信仰的目的是祈求神灵保佑旅行平安，而习惯更多的是为了表达对行人的美好祝愿、对平安归来的惊喜等。道神又称行神，是主管道路旅行的神灵，有的说是共工之子脩，有的称是黄帝之子累祖。出门旅行前对道神的

① 林新乃：《中华风俗大观》上，第344、353页，上海文艺出版社，1992年。

祭祀称“祖道”，先秦时代已有这种风俗。《诗经·大雅·韩奕》：“韩侯出祖，出宿于屠。显父饯之，清酒百壶。”饯是家人朋友设宴给旅行者送行，祖饯往往连在一起，先祭神，后娱人。中国人对道神的信仰原本就不太虔诚，后来更加淡化，到了晋代以后，祖道逐渐让位于饮饯。人们在祖道仪式上主要抒发的不再是对道神的敬畏，而是对人的依依惜别之情。人们越来越重视送别的宴饮和礼物，以及对远行归来者的欢迎。

折柳送行是中国民间历史悠久的送行习惯。《诗经·小雅·采薇》中写道：“昔我往矣，杨柳依依。今我来思，雨雪霏霏。”已经开始用杨柳依依的意象表达依依不舍的送别情怀。古乐府中有折柳曲，就是送别的曲调。折柳送行的习俗起于汉代，《三辅黄图》说：“霸桥在长安东，跨水作桥，汉人送客至此桥，折柳赠别。”以后历代相承不衰，而以唐代最为流行，唐诗中折柳送别的诗句比比皆是。折柳送别，除了表达依依惜别之外，可能和古人认为柳能驱鬼，可护人行路平安有关系。所以古人认为带着亲朋送的柳枝上路，百鬼也会远远躲避。

此外，接风洗尘是另外一个传统的有关陆路交通的风俗习惯。旅行者远行归来，或有客自远方来，亲朋故旧往往为他们设宴欢聚，洗去一路风尘，庆贺旅途平安，称之为接风或洗尘。这一习惯，直到今天，还流行在中国人的日常生活之中，是人际交往的重要仪礼。

第三节　水路交通民俗

江河湖海本来是隔断人类交通的天堑，但是，当人类受到自然现象的启发，使用技术和工具征服它们、用来航运的时候，江河湖海就被赋予了路的意义，成了陆路以外的重要交通通道。而且人类逐渐认识到，水路交通的运输量和速度是传统的陆路交通无法比拟的，从而不断地整治江河、开辟航线、挖掘运河、建造舟船，使水路交通的范围日益扩大，交通体系越来越完备，形成了丰富多彩的水路交通民俗。

一、水道及其交通设施

（一）水道

水道又可以称为航道或航线，按其形成过程，可以分为天然水道和人工水道；按其所处地理位置，可以分为内河水道和海上水道。在水道中，航运安全、使用频繁的水道，又被称为“黄金水道”。

1. 天然水道。是指自然形成、可以航运的江河湖海。江河湖海能否航运，取决于地质、气候和水文条件。江南水乡，地势平坦，江湖密布，水量丰沛，形成了纵横交错的天然水道，水路交通活跃发达。西南地区，很多地方山高峰险，河流落差极大，水流湍急，航运艰难，往往成为交通的障碍。东北地区，大江大河不少，但封冻期长，水路交通只能是陆路交通的补充。中国有18000千米的海岸线，但是，在现代动力的船舶出现以前，人类能够航运的海域不多，中国人开辟的航线不是很多。

2. 人工水道。是指人工开凿的、可以航运的河渠，通常称为运河。如战国时代的邗沟、鸿沟，秦代的灵渠，隋代的大运河，元代的京杭大运河等，都是非常典型的人工水道。其中灵渠对岭南地区的开发，大运河对江南与中原及西北的沟通，起到了举足轻重的历史性作用，是有丰富文化内涵的水路交通民俗事象和不可多得的交通民俗旅游资源。在人工水道中，还有另外一种类型，就是水库。古代水库可以分为四类：灌溉水库、航运水库、军事水库和防洪治河水库，多数水库都有航运功能。①

（二）交通设施

水路交通中还有很多其他设施和航运有密切的关系。

1. 渡口。一般设在没有桥梁的江河湖及海峡岸上，使用船只摆渡行人、车辆和物资。历史上曾有很多著名的渡口，如黄河的孟津渡、风陵渡，长江的瓜洲渡，钱塘江的西兴渡，金沙江的绞车渡，秦淮河的桃叶渡，杭州的西泠渡、赣江的造口渡等。更多的是遍布各地、默默无闻的乡村渡口。渡口这种交通设施至今还在公路与水路交叉点上发挥作用，没有废弃。现代渡口一般使用机动船，比传统渡口使用小木船或木帆船，要安全、方便、快捷。

2. 港口。是具有一定面积的水域和陆域供船舶出入和停泊、货物和旅客集散的场所。港口按其所在位置，可以分为内河港、海岸港和河口港；按其用途，可以分为商港、军港、渔港、工业港和避风港。② 现在进行旅游开发较多、民俗风情浓郁的港口，主要是军港、渔港和避风港，已经开发的基本上是海港，至于河港，尤其是五大淡水湖的港口，还没有受到旅游业应有的关注。加快开发河港旅游资源，应该是更新旅游商品的较好策略和思路。

---

① 熊达成等：《中国水利科学技术史概论》，第113～117页，成都科技大学出版社，1989年。

② 《中国大百科全书·交通》，第80页。

3. 船闸。是用以保证船舶顺利通过航道上集中水位落差的厢形水工建筑物，大多建在河流或运河上。船闸又名陡门、斗门或闸门。中国是最早建造船闸的国家，秦始皇三十三年（公元前214年）凿灵渠，设置陡门，用以调整陡门前后的水位差，以便船只顺利通行有落差的航道。这种陡门构成单门船闸，简称单闸或半船闸。用两座陡门控制河道水位，最早是南朝宋景平年间，建造在今扬州扬子桥一带。船闸最多的河道是京杭大运河，而且相当集中，主要分布在北京至通州区的通惠河河段和临清至夏镇的会通河河段。随着京杭大运河的旅游开发逐渐展开，船闸是必不可少的民俗旅游项目。

4. 航标。是用来帮助船舶定位、引导航向、指示障碍的人工标志。传统水路交通中的航标主要是各种目视航标，包括建在陆地或岛屿上的塔、灯塔和水中的灯船。古塔遍布各地，山巅临水的塔，有航标的作用。灯塔起源于古埃及的信号烽火，最著名的灯塔是亚历山大港外法罗斯岛灯塔，建于公元前280年，高达85米，日夜燃烧木材，为船只导航。中国最早见于文献记载的灯塔，建于1412年（明永乐十年），位于上海宝山区临海的人工土山上，高90多米，昼则举烟，夜则明火，为海上船舶导航。1760年，沿海渔民集资在澎湖列岛渔翁岛西南端建成了一座灯塔。灯塔用石块砌成，高9米，上置油灯，灯罩用蚌壳制成，能照亮周围约1海里的范围。最早的灯船是1855年（清咸丰五年）设置的长江口铜沙灯船。使用最久的灯船可能是天津大沽口灯船，设于1880年（清光绪六年），1978年被灯塔取代，使用了近100年。[①] 此外，尚有各种标志船道的浮标，主要设置在内河水道上。现在留存较多、特色突出的是各类灯塔，海上旅游中可以把它们纳入旅游线路，增加旅游商品的内容。

二、舟船·筏

（一）舟船

舟船的历史非常悠久。最原始的舟船是独木舟。从考古证据来看，我国独木舟起码有7000年历史。到了汉代，舟船已经很成熟了，有舵有帆有橹有锚，除水密舱外，此后中国舟船就是在此基础上的不断改进。海上航行的船称为舶。另有一种船称为舫。早期的舫是用木板联结两条船而成，后来逐渐演变，人们开始把方头方尾、平底、甲板宽阔的单体船称为舫。三国末期，已经可以造大船，作连舫，称之为舟舰。唐代发明了水密舱，北宋普及了水密舱技术，

① 熊达成等：《中国水利科学技术史概论》，第237页。

使中国的传统造船技术走上了顶峰。传统的舟船，从独木舟到远洋帆船，基本上都是木结构的，但也有些重要部件使用其他材料，如帆是船的动力部件之一，有用竹片或蒲草编的方形帆，有用布做的各种形状的帆，最常用的是以竹竿做骨节，以布蒙面的竹节布帆。锚是泊船的主要工具，最早是木制的，后来改为石制，称为碇。铁锚的使用不晚于南北朝，因为此时顾野王《玉篇》中出现了锚字，解释为停船具。然铁锚的普及是在元明时代，尤其是四爪铁锚是中国人的发明，日本称之为唐人锚。① 此外，船桨虽多为木质，但偶尔也有铁桨。浅水行船时，撑船工具为篙，一般用结实的竹竿。流行于东北地区鄂温克、鄂伦春和赫哲人中的桦皮船，在木结构舟船中别具特色。桦皮船的骨架用松木或树条做成，再用桦树皮包制，接头处用红松根当线缝制。除桦皮船外，还有兽皮船、鱼皮船，制作方法和结构与桦皮船极为相似，也是当地的重要交通工具。藏族人在雅鲁藏布江上使用牦牛皮制作的牛皮船，也是一种比较独特的舟船。这种船浸水后又韧又滑，即使是锋利的礁石，对它也奈何不得，非常适合在水流湍急、礁石密布的雅鲁藏布江上航行。

（二）筏

筏的问世可能比独木舟还要早，是人类最早的水路交通工具。筏有很多不同的名称，如桴、槎、排等，都是指筏。筏的种类，大致有竹筏、木筏和皮筏三种。竹筏也称竹排，多用于长江以南多竹地区。现在溪涧漂流旅游中，大多使用竹筏，如浙江天目溪、楠溪江、永安溪，江西龙虎山等地，基本上以竹筏为漂流工具。木筏的使用地域更为广大，但很多情况下，都是因为找不到船只，为生产和生活临时制作，用过以后很快拆散。在传统的林业生产中，夏季经常使用木筏沿江河溪涧运送原木，称之为放排。皮筏多是用羊皮或牛皮制作的，主要流行在西北和西南地区。皮筏交通运输，尤为著名的是西北地区黄河上的皮筏。一般用羊皮筏载人载物渡河，或进行短距离运输，用牛皮筏来载货，进行长途运输。此外，还可以用单个羊皮或牛皮制成皮囊，吹气后用作渡河工具。但是，这种渡河工具现在已经基本上不用了。1949 年以来随着汽车、火车运输的发展，已很少用皮筏进行长途运输了，但黄河沿岸的各族群众仍将羊皮筏作为渡河和短途运输的工具。四川藏族、羌族的同胞仍使用牛皮筏子；云南普米族也还使用羊皮筏子；至于黄河沿岸的大城市兰州，乘羊皮筏子游览黄河胜景已成为极受游客欢迎的项目。②

① 上海交通大学：《造船史话》，第 31 页，上海科技出版社，1979 年。

② 汪受宽：《高原飞舟——皮筏》，《民俗研究》1996 年第 1 期。

三、水路交通信仰

水路交通和风浪打交道，危险性大，因而特别祈望得到神灵的保佑。全国各地信奉的神灵形形色色，十分庞杂。这些神灵都负有水上保佑之责，可以统称为水神，依据他们各自管辖的水域，分别称之为河神、江神、湖神和海神等等。其中除少数神灵为祖师神之外，多数是单纯的保护神，如天妃、尚书、金龙四大王、洞庭王爷、禹王、姜太公、伏羲、水府菩萨、河伯、褚太尉、湘君、湘夫人、伍子胥、宓妃，等等。多数水神司职地方，属于区域性水神。在众多水神中，管辖区域最大，遍及江河湖海，不仅限于中国，而且漂洋过海的水神是天妃。

天妃又称天后、天上圣母、湄州圣母、妈祖、马祖、海神娘娘、护海女神，甚至被专称为海神。天妃是北宋以来沿海与某些内河交通中普遍供奉的专司水上安危之神，也有些地方供奉的天妃兼及保佑儿童平安和司职生产生活的各项事务，但她的主要神职是水神。关于天妃的身世和来历，民间历来有不同的说法。《集说全真》列举了几种歧异较大的传说，或称天妃为福建莆田都巡检林愿女，或称浙江温州方士林灵素女，或称闽中蔡氏女；其生或称在唐玄宗朝，或称在五代间，或称在宋太祖时，或称在宋徽宗时；其地福建、浙江相隔两省；其时自唐迄宋，相距数百年。此外，还有天妃是渔家女子说和、实为三个女子的说法。在诸多说法中，最为流行的是天妃为福建莆田都巡检林愿之女的说法。传说天妃本名林默或林默娘。天妃信仰自北宋初流行于泉州、兴化等地，南宋时已遍及福建沿海，并扩展到浙江等东部沿海地区。元明清以来，则已遍及中国沿海地区和一些内河地区。天妃庙在沿海地区几乎每城每镇都有，有些大的港口城市还不止一座，如天津一处就曾有 16 座天妃庙。天妃庙又称天后宫、娘娘庙、海神庙、马祖庙、妈祖庙等，各地叫法不一。①

第四节　交通民俗与旅游

交通民俗在现代旅游中的位置，可以从两方面加以定位。首先，交通民俗可以和旅游交通相结合，以传统的交通方式为现代旅游者提供交通服务。其次，交通民俗可以作为旅游资源进行开发利用，使之成为对旅游者有吸引力的

---

① 李乔：《中国行业神崇拜》，第 311～316 页，中国华侨出版公司，1990 年。

旅游景观。

一、交通民俗与旅游交通

旅游交通是一种为旅游者提供直接或间接交通运输服务的社会经济活动。其基本功能是向旅游者提供从居住地到旅游目的地的空间位移，是旅游活动不可缺少的物质条件之一。中国旅游业，从20世纪80年代开始才真正进入现代化的发展轨道。虽然旅游交通发展速度很快，但依然是旅游业的薄弱环节。滞后的交通不仅阻碍了旅游业的发展，也引起了国内外旅游者的批评和不满。解决这一问题的根本方法，当然是加大投资力度，尽快建成水陆空立体交通网络，为旅游业的持续稳定发展提供旅游交通保障。在现代化旅游交通建设中，在不影响交通条件质量的前提下，应尽可能多地采用传统的民俗形式，力争使交通本身就成为旅游景观，使旅行和游览密切地结合在一起，提高旅游者的旅行兴趣，丰富他们的旅游享受。此外，在旅游区内的短途交通中，不妨使现代交通和交通民俗共存共荣，用交通民俗弥补现代交通的不足，也给旅游者更多的交通方式选择的机会。同时，传统的交通设施和交通工具本身就构成旅游景观，增加了旅游区的观光游览项目。现代旅游者越来越不满足于传统的观光商品，期待更多地参与旅游商品的生产过程，通过自己的活动，完成商品的生产与消费。传统的交通工具很容易操作使用，多数情况下一学就会，完全可以把这些交通工具开发成参与性旅游商品，满足旅游者的需要。

使交通民俗和旅游交通相结合，具体的操作思路和方法，主要有以下几点。第一，在区域之间的远距离交通中，即在“进得来”和“出得去”两个环节上建设交通设施时，可以使用具体的交通民俗形式，使交通民俗和旅游交通密切地结合。如与水陆交通都有关系的桥梁，可以使用石梁桥、石拱桥和铁索桥或钢索桥。公路的路线，如有可能可以尽量与传统的驿道或商路的路线接近或重合，使旅游者有机会领略交通发展的历史。如果旅游者知道自己经过的路线是金牛道、丝绸之路、五尺道、周道等道路的故址，旅行的过程就已经带上了游览的色彩。比较大型的车站，可以适当按古代驿站的样式进行建设。马可·波罗说中国的驿站接待王公贵族都非常合适，那么接待旅游者应该不成问题。第二，在旅游区内的短距离交通中，即在“散得开”环节上建设交通设施、使用交通工具时，可以大量采用交通民俗形式，使交通民俗既能弥补现代交通的不足，又可以成为旅游景观，满足旅游者多方面的旅游需要。在陆路交通方面，盘山路、石阶路、石板路、栈道、石桥、木桥、吊桥、索桥、风雨桥等形式，均可在道路体系中有机使用，各式车辆乃至轿子也可以各显神通。在冬季严寒的东北、西北及华北部分地区，各式冰雪道和冰雪类交通工具可以为旅游者提供交通方便。此外，动物类交通工具，如马、驴、骡、骆驼等比较常见的牲畜，进行骑乘训练后，也可租借给旅游者。现在多数旅游区把这些牲畜作为拍照的道具，还没有充分利用它们的潜力，只要安全措施得力，这些牲畜的交通功能可以充分体现。在水路交通方面，渡口、运河、船闸等设施，各类船筏等工具，都可以加以利用，使水道较多的旅游区有更多姿多彩的水路交通。各类船筏的使用，在旅游区中比较多。如绍兴有乌篷船专项旅游，杭州、桂林等地有游船画舫，兰州有黄河羊皮筏，拉萨有拉萨河牛皮船旅游，等等。但最有特色的大中型远洋帆船，至今为止，还无人问津。实际上，在各大湖泊，如太湖、洞庭湖、鄱阳湖、青海湖，乃至于类似于湖泊的乐清湾旅游中，可以使用古代的远洋帆船，但要加装现代动力和通信系统，以备不虞，保证旅游者能安全地体验扬帆远航的乐趣。第三，在旅游交通服务中，旅游从业者应尽量吸收民俗传统的精华，融会现代服务规范，做好旅游交通的接待服务工作，让旅游者乘兴而来，满意而归。

给远道而来的宾客接风洗尘，表达热诚欢迎的心意，是我们几千年的传统，也应是交通服务的第一个环节。当然，宴会的形式烦琐而浪费，但一杯酒、一杯茶或一杯饮料，加上热情友好的欢迎辞可以代替宴会，营造出良好的气氛，使宾主双方在浓郁的人情味中一起踏上旅途。旅游者经过长途跋涉，到达了中转站或目的地，交通站点的服务，要使他们有宾至如归的感觉。尽量用耐心细致的工作，消除旅游者的陌生、惶恐和焦虑，为他们的游览、住宿、餐饮提供翔实可靠的咨询，并为有特殊要求的旅游者提供特别服务。俗话说："千里搭长棚，没有不散的筵席。"旅游者旅行的目的是游览，交通服务的最后环节是送别。传统上表达依依惜别心情的方式是折柳送别，旅游从业者不妨借用：送别客人时，送上新折的柳枝，说些祝福的话语，让旅游者带着满意的心情告别。

二、交通民俗旅游资源的分类及特点

交通民俗是旅游资源，对此人们早已达成共识。从交通民俗旅游资源开发利用的现状来看，可以分为现实的旅游资源和潜在的旅游资源。已经被人们认识、经过开发、可供旅游者享用的交通民俗旅游资源是现实的旅游资源。现实的旅游资源是旅游从业者劳动的产物，是旅游商品的重要组成部分。未被人们认识、有待开发、现在无法供旅游者享用的交通民俗旅游资源是潜在的旅游资源。潜在的旅游资源将不断地被认识、被开发，从而纳入现实旅游资源中。

对旅游从业者来说，开发潜在的交通民俗旅游资源，是充实旅游商品内容，增加旅游商品类型，调整旅游商品结构的重要途径之一。要做好这项工作，首先必须在认识上改变观念，打开思路。旅游业拥有的资源是整个世界，交通民俗的任何事象，不论以什么形式存在，只要能够满足旅游者的需要，就是可以开发的旅游资源。由于观念滞后，思路封闭，交通民俗旅游资源的开发水平远远落后于其他旅游资源的开发水平，这是旅游业和旅游者的双重损失。著名的丝绸之路，至今没有被充分开发，只有疏疏落落的点，而没有成为连贯的旅游线。很多旅游者已经等不及旅游业的缓慢动作，只好把本应是黄金旅游线的丝绸之路作为冒险之路，自己去探索。海上丝绸之路更加冷落，旅游从业者似乎已经忘记了这个世界知名的中国交通民俗的重要事象。其次，必须了解旅游市场需要的状况，努力把握交通民俗旅游资源和市场需要的契合点，开发受旅游者欢迎的交通民俗旅游商品。如京杭大运河，全长1782公里，是世界第一运河，至今大部分河段可以通航，其中南起杭州北到济宁的约800公里水道，可以全年通航，是浙苏鲁三省之间的重要内河水运通道。可以说，这是一条独一无二的交通民俗旅游线，具有广阔的市场前景。张帆曾对国内外旅游者的古运河旅游需求做过系统的抽样调查，结果国内旅游者认为有需要开发的占被调查人数的68.09%，国际旅游者认为有需要的占被调查人数的71.95%，其中最受旅游者偏爱的河段是江南段和京津段。旅游者最感兴趣的项目有沿河的民俗风情、古建筑、历史人物、水利设施、古典游船、皇帝游踪等。① 这些具体的旅游项目就是大运河交通民俗旅游资源和市场需要的契合点，也是沿岸各地大运河旅游开发比较成功的城市全力经营的旅游商品。可惜，在交通民俗旅游资源开发方面，这样成功的开发和科学的研究太少了。

如果想科学合理地开发交通民俗旅游资源，就必须对它的特点有比较深入的了解。在充分认识交通民俗旅游资源的特点基础上进行规划和开发，才有更大的成功可能性。交通民俗旅游资源的特点，主要有以下几个方面。第一，实用性和审美性有机结合。交通民俗旅游资源既能满足旅游者的交通需要，又能使他们产生浓厚的兴趣，具有很高的欣赏价值。很多交通设施和交通工具本身是使用的对象，也是审美的对象，旅游者可以在使用中获得审美体验，同时，

① 张帆：《古运河旅游现状研究及其开发的宏观性思考》，第49～53页，华东师范大学旅游系硕士论文，1998年。

在享受美感中使用，解决实际的交通问题。如精美的桥梁、华贵的画舫、惊险的栈道、古朴的车辆等，就体现了交通民俗旅游资源的实用性和审美性的完美结合。第二，自然存在的属性。交通民俗旅游资源是在人类交通生产和生活中形成的，为满足交通生产和生活的需要而存在，随着社会的发展和历史的演变，逐渐增加了为旅游服务的功能。对于旅游来说，交通民俗旅游资源早已形成，而自然存在的专门为旅游而创造的交通民俗几乎没有。旅游业和旅游者能够做的，是认识它们、开发它们、欣赏它们，从而生产旅游商品，满足旅游需要。第三，丰厚的文化内涵。交通民俗旅游资源是中国人几千年智慧的结晶，凝结着中国人的哲学思想、科学思想、工程技术成就及宗教信仰等，有阳春白雪的高雅，也有下里巴人的质朴。传统的两大文化系统——雅文化和俗文化，在交通民俗旅游资源中水乳交融、和谐并存。在民俗旅游资源中，也许只有建筑民俗的文化内涵可以和交通民俗媲美，而人们常常认为，一部建筑史实际上就是一部中华文化史，那么，一部交通史，何尝不是另一种版本的中华文化史。中外旅游者可以通过交通民俗旅游，非常直观亲切地了解中华文化史，尤其是中国传统科技的发展脉络。文化动机一直是重要的旅游动机，开发好具有丰厚文化内涵的交通民俗旅游资源，无疑会引起旅游者的兴趣，诱发他们的旅游动机，从而占有更大的市场份额。

三、交通民俗旅游资源的开发

交通民俗旅游资源是重要的旅游吸引物，但要使它转化为旅游商品，进入旅游市场，必须进行科学合理的旅游开发。

交通民俗旅游资源开发要有严肃的科学性，不合理的开发将造成对资源的浪费甚至破坏，其损失可能是无可挽回的。进行交通民俗旅游资源开发时，从交通民俗旅游资源的内容和特点出发，除遵守民俗旅游资源开发的一般原则外，还必须注意做好下面两方面的工作。第一，处理好实用性和审美性的关系，不能破坏交通民俗旅游资源实用性和审美性有机结合的特点。第二，做好交通民俗旅游资源的保护和再生工作，即对那些有历史文化遗产属性、不可再生的资源，进行保护性开发，以免造成破坏。再生是指按交通民俗本来的内容和形式，进行复制和生产，作为旅游资源加以开发利用。进行再生工作时，必须防止不合时宜、不实用的假古董的出现乃至于泛滥。上述两方面的工作，要做好是非常困难的，对旅游从业者的历史文化修养、专业素质和敬业精神都提出了较高的要求。

交通民俗旅游资源开发的实际操作，从资源特点和旅游业实践来看，主要有两种模式，一是以交通民俗旅游资源为主体吸引物；二是以其他旅游资源为主体吸引物，交通民俗旅游资源为附属吸引物。在这两种模式的框架内，具体的开发方法主要有以下几种：①博物馆方法。建立专门的交通博物馆，或在其他博物馆中收藏和展出交通物品，展示中国的交通民俗及其历史发展的脉络。②旅游目的地方法。有以交通民俗旅游资源为主体建设旅游目的地和在其他旅游目的地中建设交通民俗旅游项目两种方法。京杭大运河、长江三峡、丝绸之路、长城关塞、天妃宫等旅游，就是以交通民俗旅游资源为主体，建成旅游线或旅游区和风景区。其他旅游目的地建设中，有意识地集中采用传统的交通设施和交通工具，推出交通民俗旅游项目，或专门开辟交通民俗旅游景点，就属于后一种方法。③单项旅游方法。即开展以交通民俗的一种或几种事象为目的的旅游活动。如程阳桥、赵州桥、卢沟桥等旅游；各类江河溪涧漂流，黄河皮筏、拉萨河牛皮船、乌苏里江桦皮船等旅游。单项旅游主要通过交通设施和交通工具的观赏、考察或使用的方式进行，尤其是使用交通设施和交通工具，参与性极强，是最受旅游者欢迎的一种旅游方式。此外，天妃信仰等交通信仰类旅游也可以纳入单项旅游的范围，但要注意引导旅游者从民俗的角度观赏、考察或参与这类活动，尽量降低其迷信色彩，达到移风易俗的目的。④竞技旅游方法。交通民俗竞技旅游是以交通工具的竞技性使用为主要形式的旅游活动。目前开展比较多的项目是龙舟竞渡和赛马。其中龙舟竞渡可以观赏，也可以参与；赛马以观赏为主。此外，滑冰、滑雪也是比较有潜力的竞技旅游项目。自行车传入我国已有百年历史，而且体育比赛中也有自行车项目，竞技旅游不妨把自行车比赛列入，但要增加其民俗色彩。⑤旅游工艺品方法。在交通民俗中，很多民俗的内容和形式适合开发旅游工艺品，如桥梁、车辆、舟船、动物等，都可以用各种材料制成工艺品，销售给旅游者。对旅游者来说，这些工艺品，既有纪念性，又有艺术性，而且有丰富的历史文化内涵，如果题材得当，制作精良，市场前景应该是很好的，唐三彩和各种船模受到旅游者的欢迎就是最好的例证。

综上所述，交通民俗旅游资源开发的模式和方法是多样的，实际工作中，可以使用一种方法，也可以使用多种方法的组合，可以采用单一模式，也可以采用组合模式，必须根据实际情况灵活运用。

思考题

1. 什么是交通民俗？
2. 简述交通民俗产生的原因。
3. 举例说明道路和桥梁的分类。
4. 举例说明水道、渡口、港口的分类。
5. 简述妈祖信仰。
6. 试论交通民俗与旅游交通结合的方法。
7. 简述交通民俗旅游资源的特点。
8. 试论交通民俗旅游资源的开发。
9. 大运河旅游开发如何利用交通民俗？

第六章

人生礼仪民俗旅游

本章提要：诞生、成年、结婚、寿庆以及死亡是人的一生必须经历的过程，而不同的民族由于文化背景、历史传统、宗教信仰的不同，人生礼仪差异很大。作为一位中国人应当了解自己民族有关人生节点的礼仪。本章以旅游活动中利用较多的婚礼、寿礼、葬礼为对象，重点论述其操作程序及相关仪式、惯制。

人生成长发育的不同阶段，都有与之相适应的礼仪。这种标志人生不同阶段、反映人的社会属性的礼仪，就是人生礼仪民俗。它既是社会物质生活状况的反映，又表现为一个民族的心理状态。我国通常以“岁”为单位来安排一定的礼仪活动。纵观人生的全过程，主要有五大礼俗，即诞生礼、成年礼、婚礼、寿礼、葬礼。

第一节　婚姻民俗

世界上每个民族都有其独特的婚嫁民俗。我国传统的婚姻民俗是在中华民族长期的历史文化积淀中形成的，凝聚着中华民族五千多年文明史的精华和中华民族传统美德，也沉淀了几千年封建社会遗留下来的糟粕，至今仍影响着人们的婚姻生活。

一、婚姻形态

我国是个具有悠久历史、幅员辽阔的多民族国家，在漫长的历史发展过程中，形成了众多独特的婚姻形态。不同的历史时期、不同的地区、不同的民族，其婚姻形态的表征是不一样的，主要有：抢劫婚、转房婚、表亲婚、交换婚、买卖婚、服役婚、招赘婚、童养婚等。

抢劫婚，一种原始社会残留下来的婚姻形态。在母系氏族社会解体、向父系氏族社会过渡时，妇女不情愿出嫁到男方氏族，男方氏族便采取强制性手段将妇女嫁到男方氏族，于是出现了抢劫婚。这种遗俗发展到后来，往往只是保留了“抢”的形式，成为两相情愿的佯战，并非真正的抢劫。抢劫婚遗俗在汉族中早已消失，但在少数民族中依然遗风很盛。景颇族把抢妻称为“迷鲁”，而且抢婚时事先不通知女子，也不管女子本人及其家庭是否同意，先去强行抢回。如果同时有几个男子看中一个女子，抢婚时还常发生械斗。景颇族把偷婚称为“迷考”，娶妻称为“迷确”，两者差别不是很大。一般先遣媒人求婚说合，如果女方家不同意，就把女儿藏起来，男方和媒人设法把女子引诱出来后便可成婚。即使男女双方家庭及本人都愿意，举行婚礼也还要进行“抢劫”仪式。此外，傈僳族、瑶族、壮族、彝族、黎族、苗族都流行过各种各样的抢劫婚。

转房婚，指弟纳兄嫂或兄娶弟媳的一种寡妇内嫁制的婚姻。我国历史上各个时期、各个民族都曾流行过，而且持续时间很长。近代仍屡见不鲜。

表亲婚，指平辈表兄表妹间的重亲联姻。这种表亲婚在历史上十分普遍，直到1950年《中华人民共和国婚姻法》颁布才从法律上予以禁止。表亲婚从血缘关系上看分两种，一种是姑表兄妹的通婚，属父系血亲联姻；一种是姨表兄妹的通婚，属母系血亲联姻。

交换婚，源于原始社会父系氏族社会，即将女子嫁入对方氏族为妻，对方氏族则回嫁一女子到本氏族为媳妇。历史上交换婚也十分普及，持续时间也较长。交换婚也是重亲联姻的一种方式，但是它不同于表亲婚。尽管互为婚姻，亲上加亲，但两对夫妻间没有直接的血缘关系。所以按照现代法律，只要两相情愿，仍然可以结婚。换亲习俗现在仍在民间流行，尤其在偏僻落后地区屡见不鲜。之所以换亲，有的是因为买卖婚姻聘礼太重，若以女儿换媳，双方不吃亏；有的是因为儿子痴呆、面丑或其他生理缺陷，娶妻困难，于是以女儿交换成婚。所以，在换亲中悲剧层出不穷。大多数换亲都属父母包办婚姻。

买卖婚，男方以相当数量的钱财为代价，娶女方为妻妾的婚姻形态。这是一种以经济因素为先决条件的婚姻，是私有制社会的经济行为在婚姻上的反映。财礼聘金多少取决于当事人家庭政治经济地位。买卖婚姻在历史上很普遍，因为它不是以爱情为基础，所以造成了许多婚姻悲剧，而且也带来了不少社会问题。在我国近现代社会中，仍存在买卖婚和变相的买卖婚姻现象。

服役婚，娶妻的男方在婚前或婚后一定时间内，到妻家服劳役，作为对妻方家庭损失劳动力补偿的一种婚姻形态。也即以役代聘，是一种变相的买卖婚姻。服役时间的长短没有规定，一般以双方缔结婚姻时的契约而定，少则一年，多则十几年。我国少数民族，如彝族、瑶族、傣族、壮族、普米族、拉祜族、纳西族等都曾流行过服役婚习俗。

招赘婚，一种男嫁女娶的婚姻形态。从男方来看，因兄弟多或穷困，拿不出足够的聘礼娶妻成家，便只好入赘到女方家。从女方的角度看，是因为家中无男子只好给女儿招赘夫婿，以养老送终。还有一种情形是，寡妇丧夫后招赘夫婿，抚养原夫全家子女。入赘女家的男子大多要改女家姓，并享有财产继承权，赡养女家双亲，为女家传宗接代传香火。目前，这种婚姻形态在一些农村依然存在。

童养婚，指子嗣之家抱养人家的女儿为养女，待其子和养女长大到适婚年龄，再将他们结为夫妻。童养媳结婚，俗称“圆房”。童养媳女子一般都出身于贫穷又多子女之家。将女儿送给人家做童养媳，既减轻抚养负担，而且还可以得到一些财礼补助。童养婚多是小男大女。此外，收养童养媳还是一种补充劳动力不足的办法。直到中华人民共和国成立前夕，童养婚在民间仍较流行。

二、传统婚姻观念

传统的婚嫁民俗观念千百年来一直支配着婚嫁行为的价值取向，它从不同的角度展示了我国社会以及民族心理、伦理道德、审美意识等多方面的变迁。直到今日，仍有重要的影响。

（一）父母之命、媒妁之言

“父母之命、媒妁之言”是传统婚姻的首要要求。它反映的是封建包办婚姻的价值观。包办婚姻从根本上讲就是父母或尊长包办，所谓“媒妁之言”只是代为奔走说和而已，婚姻当事人自己无法做主的，不可自专，甚至不能自言嫁娶。由父母或尊长包办儿女婚姻，不仅在礼俗上得到肯定，甚至在政治、法律上得到认可和巩固。所以，封建社会，青年男女要想冲破父母包办婚姻的禁锢，而通过自由恋爱选择伴侣喜结良缘几乎是不可能的。即使是自主婚姻，也必须得到父母的承认，否则就不合礼仪。包办婚姻有着各种各样的目的：有些是借儿女婚姻进行政治联姻，以扩大自己的政治权力和社会地位，维护和扩大其既得的利益；有的是为了门当户对，维护家门的荣誉，保持“高贵”的血统；有的是为了亲朋好友的情谊；有的是为了聘金和嫁妆。无疑，包办婚姻是以父母和尊长对子女的所有权为前提的。除少数外，大多数都是以牺牲子女爱情而服从“父母之命”而告终。正因为如此，历史上演出了难以计数的爱情悲剧。

在过去，从订婚到结婚必须请媒人牵线搭桥，只有通过“媒妁之言”才合乎礼教和道德。即使一些父母尊重子女的意愿，在成婚时也要经过三媒六证，明媒正娶。如果婚嫁没有媒人，就会被人笑话。在媒妁婚制下，婚姻的满意程度常常取决于媒人是否信实可靠，传递信息是否准确。大多数婚姻中欲知对方的品貌，只能听媒人介绍。只有到洞房花烛夜，新郎、新娘的谜底才揭开。此时，无论惊喜还是哀叹，一对陌生男女的婚姻已成为事实。

（二）婚龄和婚时观

我国古代崇尚早婚，讲究多子多福。男子一般在二十岁、女子一般在十五岁便可结婚。农村至今仍流传“早种稻子早得谷，早娶媳妇早得助，早生儿子早得福”的谚语。古代社会，人口繁殖就意味着生产力的增加，土地的耕种和其他生产活动都依赖于人力。所以，传统婚姻观一直主张早婚。此外，在夫妻婚龄差上，一般情况下都是男比女大三至五岁。如果年龄相差太大，就会被人嘲笑。若是老夫少妻，被称为“枯杨生华（花）”。明清以来，民间婚姻中女子大于男子的现象开始普遍，俗云：“女大三，抱金砖。”

婚姻是人伦之首，人生大事，举行婚礼多选择良辰吉日。中国传统文化观念中，讲究一切活动要顺应天时，反映在婚俗中便是婚嫁多选择在春天和秋冬时节，尤其是农历春节前后。因为这些时间，既是农闲，又是万物化育的时刻，经济也较为宽裕。婚礼的日期，一般要请阴阳算命先生挑选，推算黄道吉日。此外，民间在选择婚期上还有一种名为“冲喜”的习俗，认为婚姻可以冲掉疾病凶事，若是父母病危，甚至新郎重病，举办婚礼冲喜，疾病便能早日痊愈。

（三）门第观

传统婚姻的价值取向是强调门当户对的门第观。门第观念主要表现在双方家庭、家族所处的社会政治和经济地位上。也就是缔结婚姻时，要看对方的血统、政治和经济地位是否和自己相匹配。在社会上层，天子家族只能与诸侯或王族通婚，诸侯、王族的婚姻要在不同姓的诸侯或王族间缔结，公主下嫁必须是列侯及名门贵族。至于民间，家庭的贫富、嫡庶、社会地位、族里声望等都是男女缔结婚姻的重要条件。

（四）贞节观

先秦以来，儒家和历代统治者一直倡导一女不更二夫、从一而终的贞节观，并将其作为贞女烈妇的道德规范。到宋代，贞节观念被理学家发展到登峰造极的地步。“饿死事极小，失节事极大。”明清两代，全国各地建贞节堂，立贞节牌坊，蔚然成风。贞节观念的发展，更迫使女子重视自己的童贞，守身如玉。历史上女子为了保住自己的贞节，宁愿舍弃性命的事例，不胜枚举。

（五）禁忌观

传统婚姻民俗充满着各种各样的禁忌观念，成为婚姻的制约因素。就通婚禁忌而言，有宗法血亲上的性禁忌，有社会文化上的禁忌，有迷信观念所产生的禁忌等。在宗法血亲上，有同姓不婚，同母异父或同父异母不婚。在社会文化方面，有五不要的禁忌：一是逆家子不要，以免败坏家风；二是淫荡不贞之女不要，以免辱没家门清白；三是有犯罪判刑前科家的女儿不娶，以免受人歧视；四是有恶疾人家的女儿不娶，以免传染和遗传恶疾；五是死了母亲的女子不娶，因为这样的女子没有母教，不懂妇道。此外，还有“仇雠不婚”。在迷信观念方面，生辰八字不合不通婚，属相生肖不配者不通婚，如兔不能与虎配、鸡不能与猴配，马不能与牛配，所谓“白马犯青牛，鸡猴不到头”等。

在我国传统婚姻风俗观念中，有形形色色的禁忌，这些禁忌大多为今人所遗忘，但有部分禁忌至今仍在民间流传。

三、“六礼”

结婚是人的终身大事。结婚仪式标志着一个人进入建立个人家庭、发展家族的重要阶段，是人生仪礼中划时代的仪礼，是社会发展的必需仪礼。在传统的人生仪式中，没有一种仪礼能像婚礼那样受到家庭和社会的重视，受到人们的向往和喜爱。传统婚礼的基本程式是“六礼”。所谓“六礼”，是指婚礼六阶段的仪式，即：纳彩、问名、纳吉、纳征、请期、亲迎。时至今日，它对当代新婚俗仪仍有重大影响。

纳彩是议婚阶段。男方请媒提亲，女方同意议婚，男方备礼去女家求婚。纳彩必须用雁作礼物。雁是一种候鸟，顺乎阴阳的往来，用雁作礼，象征顺乎阴阳。以后民间用雁，又产生新意，说雁失配偶，终身不再成双，以取其忠贞。

问名是求婚后托请媒人问女方姓名及出生年月日，准备合婚的仪式。因为《礼记·曲礼》说，古代婚姻“男女非有行媒，不相知名”，所以要派媒人前往问女方姓名及出生年月日。问名回来后，要通过占卜凶吉决定成婚与否。后来，问名扩大到问门第、职位、财产以至容貌、健康等。

纳吉是把问名后占卜合婚的好结果再通知女方的仪式。后世称“订盟”，现代称“订婚”。男家卜吉，再备礼到女家决定婚约是纳吉的主要内容。

纳征又称纳币，是订盟后男方派媒人和押礼人将聘礼送往女家的仪式，俗称“完聘”、“大聘”或“过大礼”。征即“成”的意思；币指财物，以后泛指聘金。在进行这项仪礼时，往往男方将备有礼单、装有聘礼的箱笼由人挑抬，甚至伴以鼓乐，还应有“回礼”，即将聘礼中食品的一部分退回男方。聘礼之物品，多有吉祥如意的含义，数目取双忌单。近代以来，聘礼往往用现款，把纳征商品化。

请期即选择结婚日期，并征求女方同意，民间俗称“提日子”、“定日子”。多用红纸“请期礼书”或口头协商。

亲迎是新婿亲往女家迎娶新娘的仪式。这是婚礼的主要内容。亲迎的仪式很烦琐，要鼓乐齐奏、管弦齐鸣，一路来去都要吹吹打打，以示喜庆气氛。狭义的婚礼，是指亲迎的有关礼仪，主要包括哭嫁与上头、催妆与铺房、迎娶、拜堂和合卺、闹房、庙见和回门等仪式。

哭嫁与上头。哭嫁的习俗源于上古的抢劫婚风俗，遭抢劫凌辱的女子必然号啕大哭。遗留到后代，其性质已发生变化。后世女子出嫁之所以要哭嫁，主要出于以下原因：女儿出嫁前一直生活在父母身边，受父母养育之恩，一旦完婚前去夫家，不胜思念；传统婚姻全凭“父母之命，媒妁之言”，女子对夫家和丈夫一无所知，对进入陌生的家庭和陌生的夫妻生活忧心忡忡；过去妇女地位低下，小媳妇难当，不知如何侍候公婆和丈夫，不能不感到忧虑。哭嫁是我国各地和各民族普遍的婚俗，至今仍在我国广大农村，尤其是偏远乡村、山区流行。不论女子如何哭泣，结婚毕竟是人生的大喜事，新娘新郎都要衣着鲜洁。女子在出阁时要艳服盛装、胭脂铅粉、金银花钗，打扮得花枝招展、雍容典雅。一般是内穿绫罗锦缎的大红袄，足蹬绣花鞋，腰系流苏飘带，头戴凤冠，身披霞帔，头挽发髻，面涂脂粉，头顶大红盖头。接下来便是上迎娶的花轿了。新娘必须在鼓乐声、鞭炮声和自己的哭泣声中被抱上花轿，双足不能沾地。因为天有天神，地有地神，天地之间有各种各样的鬼神和邪祟，所以要给新娘蒙上盖头以免冲撞天神，足不沾地以免冲撞地上鬼神。上花轿多由长兄或舅舅、叔伯抱上。

催妆与铺房。新娘出阁前梳妆打扮颇为费时，所以新郎家要派人前去催妆，希望新娘梳妆快一些，以便婚礼按预定的良辰吉时举行。这时，一方面男家迎亲的队伍鼓乐大作，另一方面，新娘躲在闺房里故意不出来，并且娘家的女宾要存心拦住新郎和迎亲的车轿起哄、讨利市。于是新郎及迎亲队伍要给红包，要散发花生、糖果给娘家宾客和围观民众。这样，新娘才肯走出闺房。在新郎和迎亲队伍赴女家催妆的同时，女家也要派人赴男家布置新房，称之为“铺帐”或“铺床”。铺房时主要布置毡褥、帐幔、衾被之类的物品，这些物品都是女家的嫁妆。在布置新房时，还要贴红喜字及婚联。

拜堂和合卺。新娘迎娶到夫家，下轿，走上铺有红毡或席子的路时，婚礼司仪要在鞭炮声中念下轿诗，撒谷豆。执事人将谷豆一把一把地向新娘及伴娘身上撒去，边撒边念歌谣："一撒花似锦，二撒金满堂，三撒夫妻贵，四撒福寿昌，五撒粮满仓，六撒子孙旺，七撒灾病去，八撒人安康，九撒凶神远，十撒大吉祥。"各地撒谷豆诗或歌谣不尽相同，但内容都是禳灾祝吉的语言。接着新娘"跨马鞍"，步入或被新郎背着进入厅堂，在花烛前，行夫妻之成婚大礼——拜堂。"跨马鞍"的民俗含义是象征以后夫妻生活安安稳稳，一切顺利，万事如意。拜堂又称"拜天地"或"拜花烛"，就是在司仪的口令声中"一拜天地，二拜高堂，夫妻交拜，齐入洞房"，夫妻交拜行礼，拜天地、祖先、父母、宾客朋友等。入洞房时新郎用一条红锦绸或绿锦绸把新娘牵入洞房，称为"牵巾"。这种牵巾仪式象征新郎新娘会合的桥梁，从宋至明清及近现代传统婚礼中都有此仪式。进洞房后，要进行合卺仪式，即新婚夫妇在洞房里共饮合欢酒，共吃合卺饭。合欢酒俗称"交杯酒"，象征夫妻两体合一。合卺饭由夫妻同吃一碗饭，象征成为一家人。

闹房。闹房是民间婚礼程序中的一个高潮。婚姻是大喜之事，闹房则表示大家同喜，闹房闹得越欢，就越显得喜气洋洋。闹房的主要内容是谑郎和戏妇，亲戚、宾朋、贺客对新郎新娘进行戏弄，调笑逗乐。在闹房时，戏弄新娘带有露骨的性色彩，人们毫无隐讳地问新娘洞房床笫之事，有时言语亵渎粗鄙、难以入耳，使新娘面红耳赤，难以启齿回答。若新娘拒绝回答，就进一步调戏，甚至动手动脚，扯衣拽裙，哄闹取乐。闹房的目的是表示对新婚之喜的祝贺。

庙见和回门。所谓庙见，是指新娘入夫家门三日之内要拜见舅姑、尊长、同宗。娶进媳妇等于引进一个新家族成员，所以，要认识家族中尊亲长辈，一则便于以后称呼，二则确定新娘在整个家族中的尊卑地位。拜见时，新娘往往被赠见面礼。所谓回门，是指女儿出嫁夫家完成各项嘉礼后，数天之内新郎、新娘要共同回女方家拜见岳父岳母。女家要招待新婿，亲族要给新婿贺礼。

第二节　传统寿庆礼俗

古往今来，人们一直十分重视生命的价值，把长寿视为人间诸种幸福之首，一方面希望自己和子孙平安长寿，另一方面希冀父母和祖辈长命百岁。所以，上祈于天地神灵，下求于山川万物，外顺于阴阳寒暑，内求于修身养性，于是形成了祈祷、祝寿等寿庆礼俗。

一、祈寿礼俗

健康长寿是人生的理想，从出生的第一次洗礼开始，人们就满怀希望地铺设着长寿之路的每一块基石。

在中国民间，婴儿出生之后，自三朝、满月到百天、周岁，都有许多祈祷礼仪活动。例如三朝，女方娘家要送来寿桃、福寿糕；满月，给小孩穿百家衣和长命锁。百家衣用各家各户讨来的碎布做成，百家的碎布寓意为百岁，婴儿穿了这种衣服能够驱邪避病，保佑婴儿长命百岁。长命锁又称百家锁，一般由外祖母送。百家锁须用百家的钱来购置，而凑齐百家的钱较困难，所以采用变通的办法，即向乞丐换取百文左右的铜钱以代替。长命锁上一般刻着“长命百岁”、“长命富贵”等吉祥语和图案，象征福寿绵延。周岁则剃百岁毛、送百岁钱、吃百家饭(米)和穿虎头鞋。

认干亲也是一种较为普遍的祈求婴儿健康长寿的民间习俗活动。这样做的寓意有两个：一是担心婴儿娇贵孱弱，不易养活；二是婴儿命相不好，克父或克母，认干亲可以转命相，以求合家健康长寿。

人的一生中，每过十余年就会重复一次本命年。民间认为，人在本命年里，会遇到许多灾，只有祈求神灵保护，进行禳解，才能逢凶化吉。于是产生了许多祈福求寿免灾的习俗活动，如“祭顺星”、“祭本命星”，去寺庙拜菩萨等。

民间还有“借寿”的习俗。当老人病重时，子女斋戒沐浴，泣告上天，愿意减去自己若干年的寿数，借给老人以延长其寿命。假如病人转危为安，那就意味着上天已经准许借寿，出借者就应焚香许愿，答谢上天；若病人并未转好而是去世了，出借者也要烧香祈告，取消借寿的话，以免阎王判官阴差阳错，把出借的寿数借给别人。

祈寿的意识不仅表现在生前，也同样反映在死后。民间流行为死去的亲人做“冥寿”。冥寿又称“冥庆”、“阴庆”、“阴寿”，就是给死去的长辈做生日，追行祝寿礼仪。做冥寿时，子女都穿彩服，设寿堂，宗族、亲友送纸扎银锭，登堂拜礼，一如死者生前。

二、寿诞礼俗

敬老尊老是中华民族的一项优秀传统。这种传统美德突出反映在庆祝寿诞上。

（一）做寿的规矩

做寿是一件十分庄重的事。虽然每个人每年都要过生日，但并不是每个人都有资格做寿。按习惯，人不满60岁，只能叫过生日，而不能做寿。只有满60岁的老人才有资格做寿。之所以如此，是和天干地支60年一轮回有关。满60岁，意味着已经度过宇宙的一个完整周期。因此，满60岁的老人享有和祖宗一样的礼遇，每逢生日，就能接受儿女子孙的祝拜。古时正式的做寿是从满60岁开始的，后来随着生活水平的提高，逐渐演变为从50岁开始做寿，逢10（个别地方以逢9计算）的生日做大寿。综观老人的寿礼，最隆重、最具特殊意义的寿诞有以下这些：

花甲寿。60岁活满了一个甲子，60岁生日即花甲寿诞，其礼仪比一般的寿礼隆重。

六六寿。这是专为年满66的老人做寿的寿诞习俗，主要流行于长江下游地区。在这一天，女儿要将猪腿肉切成66块，形如豆瓣，俗称“豆瓣肉”，红烧后盖在一碗米饭上，连同一双筷子一起放在篮子里，并盖上红布，由女儿女婿送给父亲（岳父）或母亲（岳母）品尝。66块肉寓意多福多寿，老人在鞭炮声中高高兴兴地美餐一顿。“六十六，女儿家中吃碗肉”，便是指这一习俗。

古稀寿。特指给80岁老人生日举行的寿礼，俗称“庆八十”。古时候人活到80岁是很少见的，所以被称为老寿星。

此外，许多地方还有“做九”和“过九”的习俗，也就是提前一年做满十寿。

（二）贺寿仪式

做寿这一天，儿女子孙及亲友都来贺寿，送来寿幛、寿烛、寿桃、寿面、寿联等贺礼。同时要设立寿堂，挂起大红的寿幛，供桌上放着寿桃、寿面、寿果，张灯结彩，接受晚辈和亲朋好友的叩拜、祝贺。礼毕，共享寿宴。寿宴上，老寿星坐在主席、正位，贺寿人不断向寿星敬贺。在不同地区，贺寿仪式存在着差异，如苏州献礼上寿时唱《祝寿歌》等。

三、寿庆物语

伴随寿庆礼俗的发展，许多与寿庆相关的、颇具特色的寿庆物品和寿庆文学、戏曲艺术逐步形成。它们既是中国人长寿观念的表征，也体现了寿庆礼俗的民俗。主要的寿庆物语有几方面：

（一）食品类

寿酒，是寿宴中不可缺少的饮料。因为酒跟“久”谐音，寓意“长久”，祝酒就是“祝久”。所以古人用“奉觞”和“称觞”来作为祝寿的代称。寿酒因地而异，较常用的是椒酒、桂花酒、黄酒、白酒。寿宴时应先敬寿星，然后宾客同饮。

寿面，做寿都离不开面条，民间称为“长寿面”。面条寓意绵长。寿面一般要求根根长三尺，每束百根，盘成塔形。寿宴必以寿面为主食。

寿桃，是寿礼中必备的物品。寿宴时，亲朋好友邻里向寿星献寿桃。所献寿桃一般为九个，一个象征长寿，八个象征八仙，意为“八仙庆寿”。九个寿桃相叠为一盘，共摆三盘，陈列在寿堂桌上。

菜式，因地而异，但都有祝福祈寿的寓意，如“八仙菜”、“九斗碗”和“十大碗”等。

（二）字画类

寿幛，是流行十分广泛的一种祝寿礼物，是布置寿堂时必备的一种装饰。一般是在整幅或大幅的红色或金色布帛上撰写吉祥的祝语贺词，向寿星表示祝贺。寿幛大小如中堂。

寿屏，是指用作祝寿的书画条幅，其上题写吉语贺词或画上八仙、寿星之类内容的画。寿屏有两种，一种是四条幅、六条幅或八条幅，联列成组，挂在墙上；另一种是雕刻或镶嵌而成的座屏或插屏，陈设在案几之上。

百寿图，可用于寿幛，也可用于寿屏。基本形式为：在一个大“寿”字的笔画中，布满一百个字体不相同的小“寿”字。

福禄寿图，画面通常是一个和蔼可亲的老寿星形象，持杖牵鹿，杖头挂葫芦或仙桃，也有手捧仙桃的，身旁有几只飞舞的蝙蝠。一般悬挂于寿堂正中。

子孙万代图，画面常为圆形，其上是一个大葫芦，两侧各一个小葫芦，葫芦与葫芦根蔓相连，中间穿插几片葫芦叶，大葫芦下部，又生小葫芦，寓意“子孙不断”。子孙万代图常用来为老年妇女祝寿。

松鹤长寿图，画面一般是挺拔苍翠的青松，树上(旁)立一只美丽的白鹤，白云、远山、太阳为背景。松、鹤历来是我国民间崇尚的长寿动植物。画面题词为“松鹤延年”或“松鹤遐龄”之类。

寿山福海图，图案大体为巨大的岩石兀立于大海之中，天空有飞来的蝙蝠。画面寓意“福如东海，寿比南山”。

富贵耄耋图，常用于为年满 70 岁或 80 岁的老人祝寿。画面为一株盛开的牡丹，几只彩蝶在花丛中飞旋，花旁有几只惹人喜爱的小猫作跳跃欲扑状。猫谐音“耄”，蝶谐音“耋”，艳丽的牡丹花被认为是大富大贵的象征，三者合一就是“富贵耄耋”。这是广泛流行于我国东部、北部的一种吉祥祝寿图案。

此外，民间用于寿庆的图案还有“龙凤图”、“八团圆”、“长春白头”、“群仙拱寿”、“富贵白头”、“福禄双全”、“百龄食禄”、“万年如意”等。

（三）文学艺术类

主要是寿舞、寿乐、寿戏、贺寿诗文，如《八仙献寿》、《蟠桃会》、《盗仙草》等。寿联和寿文也很常见。寿联是客人为祝寿或主人为庆寿而写的对联，一般用来布置寿堂，烘托寿庆热烈喜庆的气氛。

此外，寿礼中还少不了寿烛、爆竹营造欢乐喜庆的气氛。

第三节　丧葬礼俗

世间一切生物都有生有死，对于具有反思能力的人类来说，死更在其思考中占有重要的地位，因此丧葬成为人类社会生活中的要事，逐渐形成了形形色色的神秘而隆重的仪式。丧葬礼仪是人生礼仪一项十分重要的内容。

一、葬式

丧葬礼俗是指人死后，亲属、友人、邻里为之举行殓殡、祭奠、哀悼的习俗惯制。它涉及的范围非常广，内涵极其复杂。我国又是一个历史悠久、祖先崇拜盛行、民族众多的国家，葬礼的形式多种多样。从葬法上来看，主要有土葬、火葬、天葬、风葬、水葬、塔葬、悬棺葬等。

（一）土葬

土葬是我国历史上使用最为普遍的埋葬方法，不仅汉族以土葬为主要葬式，满族、蒙古族、赫哲族、维吾尔族、傣族、珞巴族、景颇族、苗族、布依族、瑶族、高山族等大部分少数民族也流行。土葬的基本方法是用棺木盛尸，挖墓穴，埋在土中，以土丘为标记。虽然各民族在入葬的方式、葬具、葬式上各有特点，但基本的观念几乎都是一致的，即让死者“入土为安”。

在远古时代，人们死后不一定能得到掩埋，往往弃之于荒野。人类历史经历了300多万年，直到10万年前才开始有墓葬。我国现今发现最早的土葬在北京周口店山顶洞内，距今约18000年。到新石器时代，土葬开始大量普及。开始时，死者可能被直接埋入土中。到距今6000年左右，才使用葬具殓尸埋入土中。土葬的历史悠久，源远流长，一直延续到近现代。

（二）火葬

我国的火葬由来已久。远在新石器时代，就出现了火葬。最初的火葬方式是纵火焚尸于荒野。从商周到秦汉间，火葬一直在我国氐族、羌族、鲜卑族、突厥族等少数民族地区流行。到了唐代，由于佛教盛行，作为古印度佛家葬法的荼毗火葬法——积薪焚燎开始向中原地区流行。宋辽金时期，这种与儒家丧葬礼俗背道而驰的火葬，更是盛极一时。元明两代，各地火葬习俗依然常盛不衰。纵观我国的火葬习俗，不外乎有三种：

一是焚尸后将骨灰置于木盒、陶罐、石棺之中，然后埋入墓中。采用这种火葬方式主要是因为信奉佛教，受佛教荼毗火葬法的影响。

二是尸体火化后，将骨灰放在佛教寺院、漏泽园或家中，逢节祭奠。

三是将火化后的骨灰撒到野外荒山和河川之中。

我国有不少少数民族流行火葬，且其火葬习俗富有鲜明的民族个性。

（三）天葬

天葬又名“鸟葬”，主要流行于藏族地区。藏语称天葬为“杜垂杰哇”，意为“送(尸)到葬场”，又称“恰多”，意为“喂鹫鹰”。藏族实行天葬主要是受佛教施舍为善观念的影响。10 世纪前后，佛教在青藏高原复兴，波及整个藏族社会。佛教经典如《本生轮》和《贤愚因缘经》中的故事——《菩萨舍身饲鹰》、《尸毗王舍身饲鹰救鸽》和《兔子菩萨舍身侍婆罗门》所阐述的施舍为善观念深入民心。

此外，我国的蒙古族、土族、普米族、怒族、羌族、拉祜族、畲族、裕固族等也有天葬的习俗，但葬俗各异。

（四）水葬

水葬也是我国颇为流行的一种葬俗，其方法是将尸体投入江河之中，常见于藏族、傣族等少数民族中，近年汉族部分地区也开始崇尚尸体火化后实施水葬。从佛教的观点看，将尸体投入河中喂鱼，乃是利益众生的布施行为。

傣族靠近大河的地区也实行水葬，尤其对暴病、传染病、难产或凶死者，都投入水中，任其浮走。

我国沿海省区还有置棺海滩，利用潮水冲入大海实行水葬的。

（五）风葬

风葬又称“树葬”、“挂葬”、“悬空葬”或“空葬”，流行于我国苗族、鄂伦春族等少数民族中。

以苗族为例，苗族的风葬形式多样，一是露棺风葬，将尸体入棺后，放在葬井内长期风化，不急于封土，等尸体完全腐烂后才埋土；二是地面停棺风葬，将棺放到人迹罕至的深谷山林中，任凭风吹雨打；三是悬棺于悬崖上风葬；四是利用自然树木架棺或人工支架架棺而葬。

关于风葬的缘起，有的学者认为与游猎经济有密切关系；有学者认为，风葬直接来源于巢居，是远古人类巢居社会形态在葬俗中的反映。

（六）塔葬

塔葬又称塔屋葬，是我国一种传统的葬法，主要流行于僧侣阶层。按照佛教习俗，有名望的僧人死后，一般将尸体用药物处理，然后风干，摆放在灵塔之内，或将僧侣荼毗火葬后的骨灰舍利葬入塔内。早在唐时这种葬俗就开始流行。唐代不仅僧侣习用塔葬，士大夫也实行塔葬。自唐至近现代，塔葬一直在我国僧侣阶层中流行。

此外，尚有悬棺葬。这是一种悬棺于依山傍水的悬崖峭壁上的葬俗，始于商周，持续到明清，广泛分布于我国长江流域及其以南广大地区。详见本章第四节。

二、丧礼

在人生各项礼仪中，丧葬礼的内容最为复杂。各种社会成分和信仰习俗的相互交错，赋予丧礼更加丰富和神秘的内涵。它既有家人和亲朋好友对死者一生事业、贡献和社会影响的评价，也有对死者的追念；既有家人和亲朋好友对死者进入另一个信仰世界的祝福，也有希望死者保佑和赐福后代子孙的愿望。正因为如此，自古以来历代都十分重视丧礼。概而言之，丧礼包括殡殓之礼、治丧之礼和居丧守孝之礼三部分。

（一）殡殓之礼

殡殓之礼为葬前之礼，这一阶段主要包括招魂、沐浴、饭含、大小殓和哭丧、停尸等程序。具体地讲，有以下内容：

初终，乃病人临终前，为他换上新的内衣和外衣，如果来不及穿好衣服就咽气，即意为“光着身子走了”。

复，即招魂。家属拿着死者的衣服呼唤死者的名字。

易服，凡是与死者有关的亲人和内外亲戚及友好，都要换上白布青缣的素服。

楔齿和缀足，就是对尸体进行整治。楔齿是用角木器插入死者的口中，撬开死者的牙齿，以便“饭含”。缀足是用燕几（小几）将死者的双足固定，以便为死者穿鞋。

沐浴，即为死者洗头、洗身、理发等美容处理。沐浴毕后，给死者换衣、穿鞋，称“袭尸”。

饭含，即在死者口中放入米、玉、贝等，目的是不让死者的口空着。

停尸，即把尸体安放在规定的地方，设立灵堂。

报丧和吊丧，报丧即将死讯告诉死者的亲友及上司下属，吊丧即由亲戚、朋友到丧家吊唁死者，安慰死者家属。吊丧时要穿素服，拜哭灵柩，忌脂粉、艳妆。

小殓，即为死者穿寿衣，在堂中停尸数日。小殓期间，亲友前来致奠，主人要拜谢。

大殓，就是入棺仪式，即将尸体移入棺中。大殓一般在死者去世后的第三天举行，意在“礼缘人情”。

至此，殡殓之礼结束，进入丧葬礼仪的第二阶段——治丧之礼阶段。

（二）治丧之礼

治丧礼仪也名目繁多，主要有：

朝夕哭，即在下葬之前，每天早、晚要对着灵柩哭奠。

相墓地，中国人信奉“入土为安”，对墓地的选择十分重视。民间认为选择死者的墓地要讲风水，风水好，则死者的灵魂就安宁，其后代就人丁兴旺、荣华富贵。相墓要请卜人、家人选定，并在选定的墓址上举行隆重的仪式。

造墓和备明器，造墓就是掘土营造墓室、墓地，并雕刻墓碑。明器即冥器，指用于随葬供死者阴间使用的物品。

启殡和送葬，启殡就是将灵柩移到正堂正中，准备出殡。送葬就是将灵柩送到下葬处。届时，仪仗、僧道鼓乐，孝子驾灵扛幡，孝子孝孙及亲朋好友护送灵柩。灵柩途经之所，要烧幡倒茶，进行路祭。到墓地后要进行墓地祭奠，然后举行下葬仪式。

至此治丧之礼结束，进入居丧守丧之礼阶段。

（三）居丧守孝之礼

居丧守丧，其本意是为了表达对死者的哀悼之情，儒家的居丧守丧礼仪对居丧者的饮食起居和行为举止都有严格的规范，并要根据与死者的亲疏关系予以区别。如在饮食方面，忌食荤菜；在穿着方面，忌穿华丽衣服，要穿孝服，此外在起居和言语方面都有严格的规定。在居丧守丧期间，还要举行各种追荐仪式，如“七七追荐”，每七天设斋会追荐一次，共追荐七次，即七七四十九天，以超度亡灵。此外还有百日祭、周年祭等。

第四节 悬棺之谜

悬棺葬是一种非常奇特的历史遗迹和丧葬习俗。这种葬俗不同于传统的土葬，而是将殓尸的棺木高置于临江面海、依山傍水的高峻陡峭的崖壁上。置放棺木的形式是在悬崖峭壁上凿孔打桩，或利用天然崖洞和岩石裂隙，亦可以在绝壁上开凿洞穴。它是所有丧葬礼俗中最具旅游观赏价值的一种，当游人们昂首仰望那一处处高悬在峭壁绝岩上的悬棺时，无不为之惊叹。①

一、悬棺葬的起源

悬棺葬广泛分布在我国南方自然环境相近的省区。这些地区，古代的居民多是越人、濮人、獠人等。他们虽然生活的区域有所不同，但生活的习俗相仿，在族源上也属同族，有亲缘关系。这种葬俗有两个特点，一是葬址选在依山傍水的悬崖峭壁上，二是葬具多为船形棺。

悬棺葬源于商周，经秦汉、唐宋，直至明代，绵延不绝。最早的悬棺葬出现于闽浙赣交界的武夷山区，最晚的存在于川南和云南的东川。据现代学者研究，这种葬俗始于越族最早的首领武夷君（无余君），后来，随着越族的迁徙，悬棺葬的习俗被带到各地并保留、传承下来。如，福建武夷山白岩和观音岩保存了两具较完整的船棺，全长 3.5～5 米，宽约 0.55 米，高 0.6～0.7 米。其形状是棺底微微上翘，如同梭形，尾部分叉，与现在闽北地区江河中和闽南厦门等沿海地区使用的无篷木船和渔船的形式基本相同。棺盖套合以后，又与今闽北建阳地区江河中加了船篷的木船十分相似。再如，重庆冬笋坝的船形棺，均长 4～5 米，宽 1～1.2 米，厚在 0.12 米以上。这种船棺从形状大小等方面看，都与今天江河中使用的木船大致相同。从这两个例子看，悬棺葬是近山水而居的民族，生于斯、长于斯的生活习俗在心理、意识方面的反映。

关于悬棺葬的起源，近 60 年来一直是中外学者关注的热点，分歧很大，有的认为它与土墓葬有关，有的主张它与原始人类的洞处穴居有关，归结起来，主要有下列观点：

一是普度灵魂说。这种观点认为，以船为棺的习俗反映了古越人的宗教信

① 主要参阅陈明芳：《中国悬棺葬》，第 15～28 页、第 36～103 页、第 110～112 页、第 139～150 页，重庆出版社，1992 年。

仰。在古越人、濮人、獠人看来，同他们的生产与生活密切相关的船，会把他们的灵魂载回故乡，或驶向另一个美满世界去。船是“普度死者灵魂的器具”，是将死者灵魂“送往天堂的超渡船”。

二是升天说。从悬棺葬的葬处选择在临水高山的悬崖绝壁的特点看，世代生活在武夷山等崇山峻岭中的古越人、濮人、獠人，崇敬高耸入云的大山，甚至把大山幻想成“天神上帝”和“百鬼”的居住地，期待自己死后也能如“天神”和“百鬼”一样居住其间。

上述两种观点，分别试图从悬棺葬所使用的葬具和葬址的特殊地理环境，来说明悬棺葬的起因。其中固然有合理的因素，然而明显存在着受到外来的宗教神学思想影响的痕迹。悬棺葬流行的时间那么长，其根本原因还得从中国人的传统观寻找。

远古时代，我们的先民对死者的处理与兽类相差无几：弃之荒野，不封不葬。到旧石器时代中期前，灵魂不灭的观念产生了。人们相信人死灵魂不死，仍能祸福子孙、干预人事，因此要善待亲人的尸体。

灵魂不灭观念的最早反映是祖先崇拜。最初的祖先崇拜是对氏族共同祖先的崇拜，随着家庭和私有制的产生与发展，人们愈加重视祖先一脉的血缘关系，认为祖先的灵魂是善灵，具有能赐福和保佑子孙后代的神秘力量。这样，丧葬便成了一件关乎子孙后代生活和命运的大事，为人们所重视。为此，古越人、濮人、獠人就将殓装祖先尸体的棺木高悬于陡崖绝壁之上，避免人兽或其他因素对尸骸的伤害，并以此期盼得到祖先在冥冥之中的赐福和保佑。

另一个重要原因是人们总是对自己长期生产、生活的环境有深厚的依恋感情。所以，悬棺葬地的选择几乎都在临江面水的悬崖绝壁上，表现出行悬棺葬的民族具有“水行山处”的生产和生活特点。生前在依山傍水的环境中生活，死后也依然如此。至于棺木放置得很高，一则是人迹罕至，尸骸能保持长久，二则表示“高显”之意，寓意子孙后代发达。

对处在依山傍水、河川交错地理环境中的古越人、濮人、獠人来说，船在他们的生产、生活中有特殊的地位。为了让死者能在阴间继续享用生前的生产、交通工具和生活用具，人们便选择了以船为棺。

综观我国南方各地的悬棺葬，其最重要的目的是“秘藏祖骨”，使其不受人兽侵害，灵魂得到安宁，它所反映的是建立在灵魂不灭观念基础上的鬼神崇拜和祖先崇拜。

二、悬棺葬的地理分布

我国的悬棺葬分布于东南沿海、长江流域及其以南的广大地区，主要有：

（一）福建

福建是我国悬棺葬的主要分布区，集中在闽北以建阳、崇安为中心的武夷山区，宋元以来的史书及地理志多有记载。武夷山位于闽、浙、赣三省交界地，这里群山环抱，交通闭塞，悬棺葬遗迹保留较多。其中，九曲溪的三曲、四曲是现存悬棺葬最集中之处，有十多处。经测定，武夷山悬棺葬年代距今约3000年。

（二）江西

江西的悬棺葬大多集中在赣东北信江流域，以及赣境武夷山西侧、西北侧。据史书记载，贵溪、铅山、余江、资溪、南丰、广昌、横峰、弋阳、兴安、上饶等县市都有悬棺遗迹。目前仅贵溪仙岩保留较多且较完好，其余各地破坏严重。

（三）浙江

衢州、金华及温州沿海一带的龙游、临海、瑞安、永嘉等地都有过悬棺葬俗。遂昌县瓯江支流松阳溪两岸的悬崖峭壁上至今尚保存有悬棺葬遗迹。

（四）湖南

湖南是我国悬棺葬分布最为密集的地区之一，湘西地区的沅江流域和澧水流域尤多。沅江流域主要分布在龙山、花垣、保靖、永顺、泸溪、辰溪、沅陵、桃源和常德等地。澧水流域主要分布在慈利县境内，有三十多处。

（五）湖北

湖北的悬棺葬主要分布在鄂西的长江三峡地区和鄂西南的清江流域。长江三峡地区的悬棺葬遗迹主要在宜昌、秭归及巴东县的西陵峡和巫峡一带，一般距水面100米以上；清江流域的悬棺葬主要分布在恩施土家族苗族自治州和长阳地区。

（六）四川、重庆

这里不仅是悬棺葬分布最密集的地区，而且是保留遗迹最多、最完好的地区。无论是川南还是川东南，抑或是川东的长江三峡地区，都可看到较多保存完好的棺木、人骨架和数量可观的随葬品。川南宜宾地区的珙县、兴文县、高县、筠连县等地，是古代少数民族僰人劳动生息的地方，自古以来就有“僰人悬棺”的美名。川东南的悬棺葬主要分布在乌江和酉水流域的彭水苗族土家族自治县、黔江区、秀山土家族苗族自治县、酉阳土家族苗族自治县等地。奉节、巫山、巫溪县等地，都有较完好的悬棺保存。

（七）贵州

贵州的悬棺葬主要分布在黔东北与川东南、湘西交界的乌江和沅江流域，即遵义、铜仁地区的正安、沿河、德江、铜仁等地。

（八）云南

在滇东北昭通、镇雄、威信、盐津等县的金沙江流域有悬棺葬分布，以盐津县较为密集。

（九）广西

广西的悬棺葬分布在桂北湘江流域和桂西南的左右江流域，全州田东、隆安、龙州、扶绥等地有遗迹发现。

（十）台湾

三国时这里流行悬棺葬俗，新竹上坪溪上游马巴来山腹洞穴和兰屿有悬棺遗迹。

三、悬棺葬的葬式与葬法

悬棺葬是一种十分奇特的丧葬习俗，它的葬式与葬法迥异于别的丧葬类型，所反映的文化内涵十分丰富。

（一）葬式

悬棺葬不同于传统的土葬，也不同于崖葬，它和崖葬的本质区别在于墓地必选在临江面海（水）的悬崖峭壁上。棺木距水面一般十几米至数十米不等，甚至有的高达百米或几百米。武夷山九曲溪两岸，沅江及其支流酉水两岸，长江及其支流黄柏河、九弯溪、龙船河沿岸，金沙江支流横江和牛寨河两岸，鸥江支流松阳溪畔的悬棺葬无不如此。

悬棺葬具安置的方式，大体有以下几种方式：

1. 木桩架壑式。棺木一头置于天然岩洞或岩石裂缝之中，另一头架于绝壁的木桩之上。这种形式在福建武夷山悬棺葬中较为多见。由于年代久远，船棺坠毁后，岩壁上还残留着许多木桩，又被人们称为"红桥板"、"仙人晾衣"。

2. 天然洞穴式。利用临河峭壁上的天然洞穴，略加修整，然后置棺其内，这种形式在我国各地悬棺葬中普遍存在。

3. 人工开凿横穴式。在临江崖壁上人工开凿出长方形横龛，置棺其内，棺侧外露。这种形式存在于四川南部和长江三峡、云南盐津和镇雄、贵州东北、湖南慈利和桃源等地。

4. 人工开凿方穴式。在临江崖壁上人工开凿出方洞，置棺其内。这种形式在湖南湘西、四川、贵州和湖北等地一些地方较为常见。

5. 悬崖木桩式。在临江崖壁上，开凿出高、宽约 10～15 厘米的小方孔，打入木桩，然后架棺其上。这种形式多见于四川南部的珙县、兴文县、高县、筠连县和滇东北的盐津、镇雄等地。

此外还有将棺木置于临江悬崖峭壁上、凸出或凹下的岩石上。葬具多成船形棺，也有整木挖凿而成的圆形棺、方形棺，还有用木板拼合的棺。总的来说，悬棺葬中绝大多数葬具是整木刮制而成，棺身、棺盖均用子母口套合，多数棺木上凿有方孔。

（二）葬法

要将重达数百公斤的棺木放置到几十米甚至数百米高的悬崖峭壁之上，主要通过以下两种方法：

1. 栈道法。一般用在崖壁距江面高度不大的情况下。从地表往上沿崖面打洞插桩，架上横木，建立栈道，通过栈道升置悬棺。如瞿塘峡西口南岸孟良梯，现存 65 个方形凿孔，分三段“之”字形排列，转折处多一两个凿孔，这便是升置悬棺用的栈道遗迹。

2. 悬索下柩法。面对峭立的山崖，下有湍急的河水，悬棺民族发明了自山上悬索下柩的方法，即从山崖背后或侧面较为平缓的地方将棺木运至悬崖峭壁的顶部，再从山顶将棺木吊下去。悬棺棺身带柄，或者棺身、棺盖的头、尾两端均凿有几个方孔，便是系绳索方便升降的明证。

此外，还有部分学者认为，机械吊装也应是悬棺的葬法之一，不过此说未被学界广泛接受。

第五节　人生礼仪民俗的旅游应用——博物馆

人生礼仪是民俗旅游资源的一个重要组成部分。利用人生礼仪民俗，不仅可以丰富和充实旅游资源，增添旅游者的生活情趣，扩大旅游者的见闻，而且可以不断开拓旅游的新领域。

人生礼仪习俗，无论是寿庆礼俗、婚嫁礼俗，还是丧葬礼俗，都具有鲜明的民族特点和地方特色，对国内外游客来说，都会有极大的吸引力。开发人生礼仪旅游资源，建立人生礼仪人文景观设施——博物馆，是一种行之有效的办法。

一、博物馆：重要的文化旅游设施

现代博物馆既是一个国家、一个地区重要的文化教育机构，也是公众游览休息的重要场所，从旅游学的角度看，它还是重要的文化旅游设施。旅游业发达的国家，莫不重视博物馆的建设，并以此吸引大量游客。巴黎是国际著名的旅游城市，有近130个不同种类的博物馆，如卢浮宫博物院、蓬皮杜文化中心、法国历史博物馆、法国自然史博物馆、法国民族学博物馆、法国科学技术博物馆等。博物馆数量之多，藏品之精，闻名于世，每天吸引着海内外大量的游客。“游欧洲，不能不到巴黎；游巴黎，不能不到卢浮宫”已成为一句旅游名言。博物馆成了巴黎旅游业一个十分重要的组成部分。

国际上以博物馆为发展旅游业的模式，并取得了成功，究其原因主要是，博物馆具有其他旅游设施所无法比拟的优势和特点：博物馆是展示一个国家、一个地区历史、文化、习俗和经济的重要窗口，也是一个国家、一个地区文明的象征。一般来说，博物馆展示的内容都具有鲜明的地方特色和民族特色，不同民族、不同地区的文化差异，在博物馆的陈列内容中得到了集中反映。这种差异正是吸引游客之所在。博物馆展示的藏品涉及政治经济、文化艺术、民俗习惯、风土人情等方面，其特有的高度集中性、典型性和丰富性最能满足各种游客的求知、审美等方面的需要。正因为如此，全世界每天有数以百万计的游客涌向博物馆，把参观博物馆作为重要的旅游观光活动。世界上许多博物馆的兴建，也是出于吸引旅游者的需要。

传统的人生礼仪，贯穿于人生的全过程，既是中华民族物质生活的反映，也是伦理道德、宗教信仰、民族心理和社会价值观念的体现。我国历史悠久、幅员辽阔、民族众多，所以各地区在人生礼仪方面表现出较大的差异性。国外各民族也都有人生方面相关的礼仪，但因历史、社会制度和信仰的不同，差异很大。所以，无论国内游客，还是国外游客都对我国传统的人生礼仪具有浓厚的兴趣。通过参观、考察，不仅可以了解中国人在生、死、寿、婚等方面的传统价值观念和宗教信仰，而且能增进各国、各民族、各地区人民之间的相互了解，促进友好往来和民间文化的交流。

将人生礼仪民俗直接引入旅游活动中，可以利用现代媒体方式来进行展示。在这方面，博物馆无疑大有用武之地。博物馆能借助实物、标本、道具、绘画、录像、幻灯及灯光、VR技术，把某项人生礼仪的全过程真实、形象、生动、通俗易懂地再现给游客。为此，旅游部门应该和文博部门携手建立各类人生礼仪民俗博物馆，如婚姻博物馆、寿庆博物馆和丧葬博物馆，以适应我国旅游事业蓬勃发展的需要。近年来，全国各地已建立了不少内容包含人生礼仪方面的民俗博物馆，并在旅游业中发挥了重要作用，深受广大游客的欢迎。

二、婚姻博物馆

婚姻博物馆是从历史学、文化学和民俗学的角度来保存、研究和传播有关婚嫁习俗藏品资料的专门博物馆。这种博物馆的内容主要包括：传统婚姻的起源、发展和流变；传统婚姻习俗的伦理道德和社会观念，如媒人制、婚龄婚时观、门第观、贞节观、天命观、禁忌观和审美观；传统婚姻的民俗形态：抢劫婚、表亲婚、转房婚、交换婚、买卖婚、服役婚、招赘婚、妻妾制、童养婚、冥婚等；婚礼的仪式程序：从说媒、聘礼、请期到哭嫁、亲迎、拜堂、洞房花烛、回门全过程，以及各地不同的婚礼习俗。

婚姻博物馆既可以办成综合性的婚姻博物馆，也可以办成专题性，即从传统婚姻习俗中选取某个局部或专题进行展示。贵州兴义市的民族婚俗博物馆就是综合性的婚俗博物馆。该馆利用兴义市下五屯刘氏庄园而建，分序厅、恋爱厅、婚礼厅、家庭厅、情歌厅等五个厅，多侧面、多角度地展示了贵州高原上苗、布依、侗、水、土家、仡佬、回、瑶等少数民族瑰丽多姿的婚俗风情。但目前综合性、专题性的婚姻博物馆还很少见。今后，有条件的地区应把建立婚姻博物馆纳入旅游发展的总体规划中去，以满足游客对传统婚姻习俗方面的兴趣。

现在，我国各地比较多的是在综合性民俗博物馆中设置婚俗专馆，如苏州民俗博物馆设有婚俗厅，便是以婚礼作为其展示的内容，主要展示了苏州传统婚姻中婚礼习俗的场景：厅内陈列一顶苏州婚礼中常用的宝塔花轿，这顶花轿木质镂花，朱漆鎏金，红缎作幔，美观豪华；大厅一侧模拟举行结婚仪式的喜堂，果盘里盛满枣子、胡桃、桂圆等，取其“早生贵子”、“和和气气”、“团团圆圆”的吉祥口彩；一对蜡制新人在拜堂成亲，充满喜庆气氛；另一侧是“洞房”，一套精美典雅的苏式家具，以及新娘待嫁时亲手制成的绣品。整个婚礼场景充满喜庆气氛，给人以身临其境的感觉，深受游客喜爱。

三、寿庆博物馆

寿庆博物馆是以展现我国传统寿庆礼俗为主题的博物馆，其内容主要包括：

中华民族独特的祈寿心理和祈寿礼俗。包括中国人追求延年益寿、长命百岁的人生理想，对虚无缥缈的神仙世界的向往，对新生命诞生后三朝、满月、百岁、周岁及至长大成人和年老时的种种祈寿习俗。

庆寿礼俗。包括庆寿的各种规矩，庆寿的仪式，庆寿的物品如寿酒、寿面、寿桃、八仙菜、寿屏和寿图，以及各种各样表示吉祥如意的寿戏、寿乐、寿诗、寿文等。

中华民族长寿之道、颐养天年的种种方法和知识。包括随遇而安、清心寡欲、知足常乐的心境，四季的养护保健、饮食之道，中医疗法等。

寿庆博物馆的任务，主要是通过调查、搜集、研究、保存寿庆民俗物品资料，举办通俗易懂、趣味性和知识性强的寿庆展览，展示我国各民族的寿庆礼俗文化，传播寿庆礼俗文化中健康、有益的精华成分，为发展旅游服务。我国的寿庆文化和习俗具有鲜明的民族特色和地方特色，蕴含着丰富的历史、文化、生活和风土人情方面的知识，对外国游客具有较强的吸引力，对生活在现代文明中的国内游客来说无疑也会有浓厚的兴趣！

以前，我国尚未有专门的寿庆博物馆，只在各地的民俗博物馆中有所反映，但它们很受观众的青睐。随着旅游业竞争日趋激烈，建立寿庆博物馆不失为吸引旅游者前来参观旅游的一项重要举措。2007 年长寿博物馆在广西巴马开馆。

四、墓葬博物馆

墓葬是丧葬礼仪的一个主要方面，也是丧葬礼仪的物化表现形式。墓葬作为死后尸体的埋葬处，受到人们的重视。坟墓的形制和随葬物品，还反映了墓主的社会经济地位。墓葬极富民族特色和地方特色，不同民族、不同地区、不同阶层的墓葬表现出的风格差异极大，且具有人文景观和自然景观相结合的特点。墓葬选地十分讲究，往往有山有水，山清水秀，风景如画。士绅富室的墓葬，地面建筑多宏伟壮观，墓前石刻精美，地下文物较多。此外，墓葬本身也深具神秘感。因此，墓葬是一种重要的旅游资源，具有极大的旅游开发潜力和发展前景。

目前，我国已建立起一批墓葬博物馆，如四川乐山崖墓博物馆、河南洛阳古墓博物馆等，受到中外游客的热烈欢迎，每年吸引成千上万的游客前去参观，在各地旅游业的发展中起到了重要作用。

墓葬博物馆基本上可分为两种类型，即原地保护型和集中迁建复原型。原地保护型博物馆主要适用于士绅富室的墓葬。集中迁建复原型墓葬博物馆应用面广，如洛阳古代墓葬博物馆和四川乐山麻浩崖墓博物馆均属这一类型。前者占地 7600 平方米，地下墓区分西汉、东汉、魏晋、唐宋四大展厅，展示历代葬俗。后者是专业性的古墓葬博物馆。同类墓葬博物馆还有山西稷山金元墓葬博物馆和河南邓州市汉魏画像石和画像砖墓博物馆等。

我国墓葬旅游资源极为丰富，建设墓葬博物馆具有广阔的发展前景。

思考题

1. 论述婚姻的主要形态。
2. 论述婚姻“六礼”的主要内容及其对当今婚姻的影响。
3. 结合你家乡的婚俗，谈谈你对开展婚俗旅游的看法。
4. 如何挖掘婚俗博物馆的教育价值？
5. 根据所学知识，策划一个寿礼。
6. 传统丧葬礼仪需要继承或改革吗？
7. 请对武夷山悬棺葬做一次书面导游。

第七章

节日民俗旅游

本章提要： 节日就是一种具有民俗意义或者纪念意义的社会性活动的日子，与旅游的关系密切。本章探讨节日、节日民俗与民俗节日的联系与区别，节日民俗的产生原因及其内涵，民俗节日的类型，并就五大传统节日的演变进行论述。

节日民俗与旅游有着不解之缘。自古以来，旅游游乐便是节日的重要内容之一。现代社会，旅游更是人们过节时的热门活动。人们喜欢节日旅游，不仅是因为节日期间有较多的闲暇时间，还由于节日有着多姿多彩的民俗风情。

第一节　节日民俗概说

节日是我们经常过的、非常熟悉的特殊日子，现在各地还出现了一股办节热，但对什么是节日和节日民俗还存在混淆。

一、节日的定义

节日是人类社会生活的一种重要文化现象，是人类社会发展到一定阶段的产物。凡是人群居住的地方便有节日，人们对节日已司空见惯。

翻开我国的一些语词类或文化类辞典，对节日的解释多较简单。如《辞海》(2020 年版）这样解释："节日；节令。如：春节；国庆节。"《现代汉语词典》(2021 年版）的释义："①纪念日，如五一国际劳动节等。②传统的庆祝或祭祀的日子，如清明节、中秋节等。"《文化学辞典》曰："节日，原专指举行宗教仪式的日子；现也包括举行世俗纪念活动的日子。"[①] 这些解释只对

① 覃光广、冯利、陈朴：《文化学辞典》，第 226 页，中央民族学院出版社，1988 年。

节日或其类属做了某些列举，而且列举的范围也欠齐全。

以我们目前见到的节日来说，大致有以下四种：

1. 传统节日。如汉族的春节、藏族的雪顿节、傣族的泼水节等。此类节日数量最多，赵杏根编著的《中华节日风俗全书》采撷的汉族民间节日就有150个。莫福山主编的《中国民间节日文化辞典》收录的主要为少数民族的节日，多达1572个，除去同名的，亦有上千条。可见此类节日之丰富。

2. 现代节日。包括我国政府及国际组织规定的节日，如国庆节、建军节、三八妇女节、五一劳动节等。也包括一些地方政府或部门为振兴商贸、旅游等目的发展的新兴节日，如上海旅游节、哈尔滨冰雪节、潍坊风筝节等。

3. 外来民俗节日。如圣诞节、母亲节、情人节、愚人节等。此类节日近年来有发展的倾向。

4. 伟人如马克思、恩格斯、列宁、毛泽东、孙中山等的诞辰、忌日，国际组织规定的活动日，如世界电信日、国际戒烟日、国际扫盲日等。

上述节日中的第四类能否算作节日，尚有不同的见解。不过，把生日、忌日作为节日在传统节日中所在多有，如农历八月廿七是孔子生日、十一月十七是弥陀生日等。若依此惯例，近现代人物的生日、忌日亦可列入节日范畴。至于国际组织规定的活动日似也不应排除在节日之外，如为纪念英国杰出的护士南丁格尔设立的南丁格尔日，现已化身国际护士节并为世界各国广泛接受。

节日的范围如此广，该如何为节日定义呢？许多学者曾对此发表过见解。如，乌丙安认为：节日是一年当中由种种传承线路形成的固定的或不完全固定的活动时间，以开展有特定主题的约定俗成的社会活动日。① 徐万邦认为：节日就是具有群众性、周期性和相对稳定活动的特殊日子。② 两位学者的定义概括了节日的一些基本要点，即节日的时间、参加对象、活动内容等，这些都是涉及节日本质的基本要素。应当说，这些定义对规范节日的概念做出了可贵的贡献。

然而，这些定义也存在一些缺陷，如乌丙安的定义是在阐述岁时节日时所下的，他讲到的传承线路、约定俗成等与现代节日的特点并不完全相符。徐万邦的定义较为宽泛，一些有固定日期的体育、文娱活动（如学校、单位、社区组织的比赛），或民间团体组织的聚会虽然符合群众性、周期性和相对稳定活动的特征，但它们并不为现代社会视作节日。

我们认为在给节日下定义时应该考虑两方面的情况：其一，不要把节日范

① 乌丙安：《中国民俗学》，第311页，辽宁大学出版社，1985年。

② 徐万邦：《节日文化与民族意识》，《云南社会科学》1994年第2期。

畴划得过小，以传统岁时节日概念取代全部节日的概念；其二，要将节日与一般的民间团体的聚会加以区分。因此，我们认为，节日就是一种具有民俗意义或者纪念意义的社会性活动的日子，一般有固定的日期，有特定的主题，有群众的广泛参与。

二、民俗节日与节日民俗

（一）民俗节日

民俗节日是指约定俗成的具有群体性、模式化活动的日子。前面所叙的四类节日可区分为两种情况，一种是民俗意义较强的节日，一种是纪念意义较强的节日。前者主要体现于传统民间节日、外来民俗节日和部分新兴地方节日。传统民间节日一般都已流传数百年甚至数千年，自然有着丰厚的传承性民俗事象的底蕴。外来民俗节日虽是从国外传入的，但维系节日的主要因素也是历代相传的民俗事象。新兴地方节日的情况比较复杂，其中有些是在旧有的地方民俗基础上加以改进而成，如哈尔滨冰雪节是由该地原有的制作冰灯的传统工艺发展而来。另一些地方新兴节日虽然没有历史因缘，但在新创的节日活动中吸收了传统民俗的素养，如曲艺、杂技、花灯等，也大体可归入民俗节日的范畴；但也有些新兴节日无民俗活动，不应归入民俗节日。

节日的另一种情况是纪念意义较强的节日，这主要是指现代的纪念节日，伟人的诞辰、忌日，以及国际组织规定的活动日，它们的纪念意义比较突出，和民俗的关系距离较远。当然，从理论上说，纪念性节日年长日久，也可成为民俗节日的一部分，我国的传统民间节日中有一些便是古代的纪念性节日。但是，拿目前的情况来说，这些节日传承年代尚短，民俗活动不多，民众自发参与性不足，还不能称之为民俗节日。充其量，只有个别的称得上准民俗节日。

（二）节日民俗

节日民俗与节日、民俗节日不同，它主要指节日中的民俗内容。上述四类节日中，虽然有的民俗意义较强，有的纪念意义较强，但是并非民俗意义较强的节日的所有内容都是民俗性的，纪念意义较强的节日的活动都是非民俗性的。如某些新兴节日的主题是有民俗事项的活动，但也夹杂着贸易洽谈、评奖、拍卖等很难与民俗相连的一些活动，而国庆节、劳动节等纪念节日中的观灯、游园却是民俗活动。因此，节日民俗应是存在于所有类型的节日中的，只是民俗意义较强的节日民俗内容相对而言比较集中。

节日民俗还有新旧之分，传统节日的节日民俗流传年代久远，属于旧的节日民俗，或称传统节日民俗。现代节日中出现的节日民俗可称新的节日民俗。

然而，由于新的节日民俗出现较晚，有的尚在形成过程中，因此，人们说到节日民俗，一般都是指的传统节日民俗。民俗旅游的视野较广，所说的节日民俗既包括传统节日民俗，也包括新的节日民俗或节日民俗的萌芽。

节日民俗不是一种单纯的民俗事象，而是一种综合性的民俗事象。如，节日的饮食、服饰、娱乐绚丽多彩，节日还是男女间谈情说爱、婚聘嫁娶的重要日子。节日的神话传说、祭祖祀神活动及节日禁忌也与信仰民俗有关。因此，节日民俗实际上是各项民俗的综合展现。

综上所述，节日、民俗节日、节日民俗关系密切。节日包含有民俗节日、节日民俗，民俗节日必然有节日民俗内容，但节日与民俗节日的范围广狭则有所不同。节日有民俗节日，也有非民俗节日；节日的内容可以是民俗内容，也可以是非民俗内容。民俗节日则是具有民俗性的节日，是节日的主体，我们研讨的对象主要是民俗节日。民俗节日与节日民俗，虽然大多学者认为是同义反复，但实质上还是有些差异的，一个强调节日，一个注重节日中的活动内容。

三、节日民俗的形成原因

节日民俗是一种复杂的综合性民俗，受到多种因素的影响。

（一）节日所处的时空位置的影响

节日民俗的形成与节日所处的时空位置有很大关系。任何节日都有一定的时空位置，“时”是指节日在历法中的日期，“空”是指节日流行地区的地理条件，它们是影响节日民俗构成的基础。节日民俗受到历法的影响，与天候、物候、气候关系密切。例如，清明节插柳、重阳节赏菊是受物候影响的节俗，因为杨柳是春天发芽的树木，菊花是秋天开放的花卉。端午节药浴是与气候相关的节俗。五月暑热将至，毒瘴开始滋生，人容易生病，此时以兰草、艾叶、菖蒲等药草煎汤沐浴、喷洒屋舍可以祛病除瘟，驱邪辟毒，达到防病保健的目的。冬至正临寒冬，外界气候寒冷，人体消耗热量多，需要多吃有营养的食品，以增强体力，抵御寒冷，冬至进补也是在气候影响下形成的习俗。

节日民俗的形成还受到地理条件影响。端午节划龙舟、吃粽子源起于南方，后来成了全国性的节日。但北方干旱地区限于地理条件，没有流行划龙舟；北方农村没有粽叶，也不能包粽子。北方替代粽子的食物是鸡蛋，端午吃蛋成了北方的习俗。与此相似的是，骑马、射箭等北方草原习见的节日民俗，在南方水乡就难以得到施展。

（二）社会生产和生活的影响

我国的传统节日中，有大量反映社会生产和生活活动的习俗，其中生产性的节日习俗涉及农耕、畜牧、渔猎、采集、伐木等，生活性的节日习俗涉及衣食住行、人际交往、婚丧嫁娶等，这些习俗是客观存在的社会生产和生活活动在节日习俗中的折射。

以生产性节俗来说，从事农业生产的民族的节日习俗受农事活动的影响，如春季有迎接春耕的节日典礼，秋季有庆贺丰收的节日典礼。农业民族所祀之神有土地神、谷神、稻神、棉花神、蚕神等，节日占候、禁忌等习俗也多与农桑有关。从事畜牧、渔猎等生产的民族的节日习俗没有春耕、秋收的庆典，但有关于畜牧生产或渔猎劳动等各种节俗。不同的社会生产在节日民俗中留下的印记是不同的。

社会生活对节日民俗形成的影响是多方面的。我国古代社会，鬼神迷信思想盛行，祭祀占卜、求神拜佛是社会生活的重要内容，因而传统节日中有大量这方面的习俗。古代社会重视人际交往，逢年过节的拜年贺岁、走亲访友，体现社会的世故人情，这都显示了社会生活在节日民俗形成中的重要影响。

（三）历史事件与传说的影响

历史事件与传说也是影响节日民俗形成的因素之一。比如，汉族地区春节拜年一般都从农历正月初一开始，但福建兴化等地，人们要迟至初六方才出门拜年。兴化人初六拜年的习俗据说形成于明代中期，其原因是某一年过年时，兴化遭倭寇屠城，待倭寇退走，民众返家后，须收殓、治丧。后来，兴化人为了纪念这一历史事件，改变了原有的传统，形成初六才开始拜年的习俗。

历史传说也可对节日民俗产生影响。我国的许多传统节日都有历史传说，有的节日传说还不止一个。如端午节的来历，有纪念屈原说，纪念伍子胥说，纪念东汉孝女曹娥说。种种历史传说给节日起源涂上了迷人的色彩。这些历史传说多数是后人附加于节日之上的，可是在民间流传很广，以至于影响节日民俗。如，民间普遍认为端午节的来源是纪念屈原，于是端午节形成祭屈原祠、在龙舟上挂屈原像等风俗，它们显然是在历史传说的影响下形成的。

（四）文化传播的影响

节日民俗的形成，除源自当地外，还可能因文化传播的影响，通过外来输入的途径建立。一种是通过自然的文化传播形成的节日民俗，如汉族过的春节、清明节、端午节、中秋节，许多少数民族共而有之。少数民族的不少节日也有原为一族后变为数族共有的，如火把节就是云南、四川两省的彝、白、佤、布朗、纳西、傈僳、拉祜等民族共有的节日。这些节日的传播媒介是文化接触，其节日民俗常因传播主体和传播对象的文化相容性、文化接触频率及文化势能高低而发生变化，相异之处较多。另一种传播是人为的，主要是宗教性的节日传播。在我国，通过人为途径传播的宗教节日主要是小乘佛教节日和伊斯兰教节日。由宗教传播的节日民俗差异性不大，如信奉小乘佛教的民族有泼水节、关门节、开门节等，主要节俗内容都是赕佛、礼佛、听佛爷讲经。信奉伊斯兰教的民族都过宰牲节和开斋节。

上述节日民俗的形成原因在实际情况下往往互相渗透、互相影响，共同对节日民俗的形成发生作用。

四、节日民俗的特征

节日民俗是一种文化，它在一定的文化环境中生成，带有鲜明的文化烙印，不同文化环境下生成的节日民俗具有不同的特点。我国汉族和少数民族的文化环境虽然略有差别，但都属于共同的中华文化体系。我国的节日民俗在这一大文化体系的影响下，形成了独特的风貌，主要有以下三项特征：

（一）节日民俗事象特别丰富

节日民俗是文化的历史沉淀，文化积累愈丰厚，节日民俗的事象便愈丰富。我国地域广大，历史悠久，民族众多，文化泽被极为深厚，这对于节日民俗的孕育发展是得天独厚的条件。在此丰厚的文化土壤中，我国的节日民俗得以充分发育，呈现出百花齐放、精彩纷呈的面目，表现为：

第一，时代跨度大。我国不少传统节日民俗起源甚早，传承至今已有上千年的历史，而且仍流传于现代社会中。如端午节划龙舟起源于龙图腾崇拜，在战国屈原投江前已存在。元宵节张灯起源于汉代宫中祭祀太一神，传承至今已有两千多年。

第二，数量多。我国是世界上节日文化丰富的国家之一，汉族和少数民族的节日合在一起有数千个，节日中含有的民俗活动更是难以计数。我国节日民俗中有一部分虽已随时代的推移而消失，但大部分节俗的精华经历代传承得以保留下来，而且各时代不断有新的节日民俗产生。

第三，内容丰富。我国的节日众多，节日民俗的内容异常丰富。不仅不同的节日有不同的民俗活动，而且同一节日在不同地区民俗活动也有很大差别。如中秋节的晚上，各地有以灯火为娱的节俗。香港人观看舞火龙，苏州等地点塔灯，广州小儿提着柚灯、茉莉灯满街跑。再以点塔灯来说，苏州、婺源、临川都有此俗，但做法各有不同。苏州人在旷野上，用瓦叠成七级宝塔，中间摆放地藏王像，四周燃灯。[①] 婺源人在塔灯前悬挂帐幔、匾额、对联及种种装饰

① 〔清〕顾禄：《清嘉录》卷八，上海古籍出版社，1986年。

品，供桌上还有果子饼饵，作为敬塔神的物品。夜间，塔内外灯烛一齐点亮，一片光明灿烂。[①] 临川人在用瓦片堆成宝塔后，置木柴于塔中燃烧，待瓦片烧红，再泼上煤油，火上浇油，使四野火红，照耀如同白昼，临川人称此俗为“烧瓦子灯”。[②] 点塔灯这一习俗在相邻不太远的几个地方便有如此之变异，可见全国各地的节俗变化是如何丰富了，这正如古代俗语所说：“十里不同风，百里不同俗。”

我国的节日民俗时代跨度大、数量多、内容丰富等特点正是我国文化大一统与文化多元倾向并存的格局在节日民俗上的反映。

（二）体现主体文化精神

我国的传统文化中，儒家思想文化具有主体文化的地位。儒家文化是一种德性文化，它重视伦理道德，提倡孝道，注重人际关系及群体意识。我国的节日民俗在这一文化传统的土壤中生长，自然受到其影响。

1. 重亲情，重人伦。我国的节日民俗十分重视亲情，过节是亲人团聚的重要时刻，有许多团圆的节俗活动。如元宵节家人一起相聚吃元宵，以元宵象征团圆。除夕，家人团圆的气氛就更浓了，除夕的年夜饭是全家团圆的重要时刻，一定要家人聚齐了一起吃。

我国的节日民俗对家庭人伦关系也十分注重。逢年过节，晚辈要向长辈拜年、送礼，已出嫁的女儿携带节礼回娘家，这是晚辈对长辈表达孝敬之意。长辈给晚辈压岁钱，留他们吃饭，也让他们捎回食品等节礼，表示对晚辈的爱心。

2. 注重人际交往。我国的节日民俗活动许多是以加强人际交往为目的的。如春节是喜庆的日子，大家都是高高兴兴的。此时的互相联络，能使原本相处不错的双方感情更好，使关系淡化的得以调整，有些即使平素有些隔阂，在节日的喜庆气氛中也易于互相谅解，重归于好。逢年过节，人们常请客送礼，以这一行为加强人际交往。送礼说到底是送人情，受礼方实为收受人情。双方互有馈赠，礼尚往来，给节日增添了浓浓的人情味。

3. 群体意识较强。传统节日的起源与人类的群体活动有关。初民社会，生产力极度低下，社群的团结、合作对于生存和营生极为重要。人类最初的渔猎、采集、农耕等都是群体性的劳作，祭祀活动也由集体公共进行。因此，在此基础上形成的最初的节日民俗，实质是群体遵守的、维护社群团结的方式。

① 胡朴安：《中华全国风俗志》下编，第276页，河北人民出版社，1986年。

② 胡朴安：《中华全国风俗志》下编，第290页。

但是后来，随着人类社会的经济细胞由氏族转变为家庭，节日民俗便突出了对于家庭和亲族的联系，其对于社群团结的功能退居其后。然而，这一功能并未消失。我国的节日民俗从小范围看，是家庭、亲族及其周围人群的交往和活动，但从大范围看，还是整个社群成员的集体活动。节日期间，一个地方的社群成员往往有共同的节日民俗，遵守共同的民俗规范，彼此间有一致的文化认同感。社群成员还一起组织、参加各种民俗活动，如一起庆丰收，一起逛庙会，一起舞龙、舞狮、竞渡，这些活动使人们置身于群体氛围中，集体意识得到增强，对于提高社会群体的内聚力具有重要意义。

（三）起到调节社会生活的作用

“文武之道，一张一弛”，是政治家们用来治国安邦、调控社会的方略。节日民俗对于社会生活可以起到同样的调节作用，所不同的是，节日民俗对于社会的调节完全是自然发生的。

其一，改善和调剂人们的物质生活。在我国的传统社会中，由于生产力水平和物质生活条件的限制，人们平日的吃穿用一般比较注意节俭，但节日时情况有所不同。节日期间，人们尽量吃好的，穿好的，追求生活的享乐。即使穷人，也往往要尽其所能地改善一下生活。节日改善生活成为人们过节的习惯，历代不绝。因此，对于生活艰辛的我国普通百姓来说，节日无疑成了一个增加营养、改善生活的机会。在此基础上，形成了我国的节日饮食特别丰富的饮食文化特色。

其二，改善和调节人们的精神活动。谋生的困苦、长期的劳作、居处的逼仄、人际关系的紧张，种种因素都可能使人紧张、疲劳、沮丧、压抑，损害人的心理健康。节日能调节人的情绪和心理。节日期间，人们可以通过娱乐活动宣泄情感，放松身心，或在庄严神圣的祭祀氛围中消除抑郁。节日的美食、新衣等可以使人心情愉快，家人团聚的融融亲情又引发人们的美好情感。因此，节日民俗能起到调节人的情绪的作用，有益于人的心理健康。节日民俗对人的情绪的调节是多途径的，其中以娱乐活动调节最为主要。

第二节　民俗节日的分类

我国民俗节日众多，节日民俗复杂且呈现综合性的特点，民俗节日和其他所有的复杂事物一样，可以从各个不同的层面、不同的角度加以审视、分类。

一、按节日的来历分类

节日是民俗节日的本源。我国的民俗节日不可胜计，节日的民俗活动极其丰富，但这些节日民俗不是凭空产生的，每个民俗追溯其本源，都可以和某个具体的节日相连。因此，可按节日的来历划分民俗节日。我们在上一节中，曾对节日的范畴做过探讨，把常见的节日划分为传统节日、现代节日、外来民俗节日以及伟人的诞辰、忌日和国际组织规定的活动日四种类型，它们的来历各有不同，可作为节日来历的类型区分。其中，与节日的民俗活动联系较为紧密的有传统民间节日、外来民俗节日、新兴节日（仅限具有民俗内容的节日，其他除外）三种。

传统民间节日。包括汉族的节日和少数民族的节日，它们传播范围广，传承时间长，是我国民俗节日的基本组成部分。

外来民俗节日。表现外国的节日风情。我国古代的一些外来节日如佛教、伊斯兰教节日在流传过程中已与我国文化有相当程度的融合，习惯上将其归入传统民间节日一类，因此，属于这部分的民俗节日并不多。

新兴节日。它是民俗节日的另一部分来源，又可称为准民俗节日。新兴节日的民俗活动有的取材于传统民俗，如上海静安民俗文化节在春节举行，展示春节的传统习俗，以春联、年画、“福”字、灯笼等渲染节日气氛，还有近百项民风民俗艺术表演和商品展销、特色小吃等。这些节日展示的节俗来自传统的节日，可称“新瓶装旧酒”。

新兴节日对民俗节日的重要不仅在于其能表演、展示传统的节日民俗，更重要的是它对传统民俗能推陈出新，或另辟蹊径，发展新的节日民俗。如哈尔滨冰雪节的民俗基础是该地原有的冰灯制作传统工艺，现代的冰雪节将这一传统工艺发展为冰雕、雪雕，大大扩展了冰灯的艺术魅力。同时，冰雪节又增加了赛冰帆、滑冰橇、滑雪橇、玩冰球等体育活动，使节俗内容的丰富程度大大增加。新兴节日还有大量新创的节日活动，围绕影视、摄影、啤酒、时装等现代社会的新事物。这些节日活动产生的时间不长，还不能称之为节日民俗，但是如能持续下去，将可能形成新的节日民俗。因此，从民俗节日的发展来看，新兴节日的重要性是无可置疑的。

二、按节日的族属分类

我国是一个多民族的国家，各民族都有自己的民族节日。然而，有一些节日是几个或多个民族共有的。因此，民俗节日按族属分类，可分成单一民族的民俗节日和跨民族的民俗节日两种类型。

单一民族的民俗节日常出现于一些民族独有的节日中。如，洗澡节是藏族特有的节日，每年夏末秋初的时候，藏族的男女老幼都背着帐篷，带着食品，兴高采烈地来到河畔溪沟欢度洗澡节。人们在河里洗澡、游泳的同时，还把家中所有的衣服被褥等带到河里清洗。这每年一次的洗澡节习俗便是藏族特有的节日习俗。

跨民族的民俗节日及节日民俗体现于各民族共有的节日中。它又有两种情形，一是数个民族共有，如泼水节为傣族、阿昌族、布朗族、德昂族的传统节日；二是数十个民族共有，其中以春节最为突出。春节是我国跨民族数量最多的传统节日，除汉族外，蒙古族、藏族、朝鲜族、赫哲族、满族、苗族、壮族、彝族、达斡尔族、鄂伦春族等20多个民族都过春节。春节的某些习俗在许多民族中流行，如拜年、守岁、放鞭炮、贴春联不仅是汉族的春节习俗，也是许多少数民族的春节习俗，属于跨民族的节日习俗。

当然，各民族在过共同节日时，由于所处的地理条件、民族传统不同，节日的民俗活动又有自己的特色。以春节为例，蒙古族以白色为吉祥色，春节时要穿白色的服装，互相赠送白色礼物，骑白马，以白色的马奶酒祭祀祖先。藏族过年家家都有一个木制的五谷斗，称“切玛”，斗外有彩绘花纹，斗内盛装糌粑、红豆、人参果等食品，上面堆满青稞穗，摆上以酥油花彩塑的羊头、牛头。“切玛”是藏族祈求丰年的象征。赫哲族过年食品有兽肉和从冰下钓来的鱼，还有一种以野果制作的饼子，称“稠李子”。过年期间，赫哲族人习惯聚在一起，听民间艺人演唱“伊玛堪”，年轻人则在一起玩溜冰、滑雪、射草靶等游戏。这些过年时民族特有的习俗体现了民俗共性中的个性，同时个性丰富了共性。因此，从节日民俗的角度看，各民族特有的民俗节日固然有单一民族的节日民俗，但跨民族的民俗节日也可以有单一民族的节日民俗。

三、按节日的时代分类

节日是与时代相连的。我国的节日中虽有不少跨时代的节日，如春节、清明、端午等从上古时代一直流传至今，但也有许多随着历史的发展而消逝，或者在某一历史阶段产生出的新节日。

节日有时代性，民俗节日及节日民俗自然也有时代性。民俗节日及节日民俗以时代特点区分有三种情况。

其一，历代传承至今的民俗节日及节日民俗。我国的传统节日中，有大量的民俗节日是由古代传承下来的，如春节、元宵节、清明节、端午节、中秋节等。节日民俗亦如此。如，春节的拜年、贴春联、放鞭炮，端午的划龙舟、吃粽子，中秋的赏月、吃月饼，重阳的登高、赏菊等习俗，都是古已有之，历代相传，至今仍然盛行不衰。这些民俗在民间有深厚的基础，是我国节日民俗的中坚部分。

其二，历史上曾经出现，现在已消失或渐趋衰亡的民俗节日。像唐代的千秋节到五代就消亡了。我国的传统节日民俗中，有许多已随历史的推移而不再流传。如寒食节禁火在上古时代曾十分流行。据《后汉书·周举传》称，东汉时期，太原地区寒食禁火长达一个月，后经许多有见识的政治家反对，禁火之俗日期渐渐缩短，唐宋时，寒食禁火缩短为三天，明代寒食节已不禁火，后来连寒食节本身也并入清明节，与清明融为一体。古代寒食习俗如今只能在清明节的吃青团中还能见到某些孑遗。

民俗节日与节日民俗的消失和时代的进步有很大关系。佤族过去曾有猎首祭，即将人头砍下作为祭品，随着时代的进步，这一落后的节俗逐渐被废止。现代社会中，人们的物质生活和精神生活的变化速度之快是过去几百年、上千年都未曾有过的，传统节日及节日中的民俗衰亡的速度因此大大加快。汉族地区过去春节总要祭神祀祖，现在这一现象已大大减少。汉族的其他传统节俗活动如正月十五妇女走百病，七月七日穿针、乞巧，七月十五做盂兰盆会、放河灯祭鬼等，在城市都已绝迹，农村中也只在偏远地区可以见到。这些节日及其民俗迟早将成为博物馆中的陈列品。

其三，现代新兴的民俗节日与节日民俗。民俗节日、节日民俗总是处于新陈代谢的发展中，古代社会发展缓慢，民俗节日、节日民俗的变化也较慢；现代社会变化迅猛，民俗节日、节日民俗新陈代谢的速度因而大大加快。现代社会中，一批旧的节日民俗逐渐被淘汰，同时，一些新的节日民俗也在产生。如春节拜年，过去都是上门拜年，现在出现集体团拜、电话拜年、通过微信拜年等新现象。中央电视台每年举办的春节晚会被称为全国大众的“年夜饭”，除夕，家家户户都围坐电视机前观看晚会节目。这些活动有的已成为新的节日民俗，有的可能是新节日民俗的萌芽。

新的节日民俗也可能在挖掘旧节俗的基础上产生。南通文化工作者利用旧的民俗活动“挂天灯”、“放河灯”的形式丰富元宵节的灯会，起到轰动效应。一时间，“街谈巷议，人人说灯会。扶老携幼，户户看花灯”[①]。这就是新兴节

① 张锡光、杨问春：《节日文化与民俗》，见高占祥主编：《论节日文化》，第71～72页，文化艺术出版社，1991年。

日民俗的成功例子。

相对新兴节日民俗而言，现代新兴民俗节日的发展要缓慢得多。如山东潍坊风筝节、江苏宜兴陶瓷节、南通民间艺术节、广西民歌节、拉萨藏族服饰节、洛阳牡丹节、长沙烟花节、安徽砀山梨花节、浙江湖州蚕花节等都是在传统民俗基础上发展起来的，且增长迅速，有固定的日期和丰富的民俗活动，基本上可以归入现代新兴民俗节日之列。然而由于这些节日多由官方主办，而非民间自发形成，一般民众参与度不够，还不能视为完全意义上的民俗节日。

四、按节日的主题分类

节日的主题是指节日活动的主旨，我国节日数量众多，节日内容十分繁杂，许多节日有几项或十几项活动内容，但其中必有一些是与节日主旨有关的内容，以此为据可将民俗节日分成以下几类。

（一）农事类节日

我国的传统节日多数在农业社会中形成，以农事活动为主题的节日较多。如春播和秋收的时候，农业民族常有节日仪式。汉族在立春日举行迎句芒神、鞭春牛的活动；壮族春播前有牛王节，人们去山上采集树叶，以煮树叶的水做成糯米“乌饭”，用以喂牛；侗族有“舞春牛”节俗，人们戴上象征春牛的道具，扮演春牛，另由一些人扮作农夫农妇，赶着春牛边舞边唱，把春牛送到各家各户。秋收时节，农业民族有庆丰收的节日。台湾少数民族的丰年节，姑娘们手执木制的长春米杵，环绕石臼跳起欢快的“春米舞”；藏族的望果节，人们手持青稞穗、蚕豆角等象征丰收的物品在田野里载歌载舞。

农事节日还包括林、牧、副、渔等行业的活动。东北地区的老把头节是庆贺山神爷的生日，这一日，山中伐木、挖参、打猎者要拿着酒、肉、香烛去老把头庙行祭。鄂温克族的米阔勒节是畜牧生产的节日，人们穿上节日的盛装，给牧畜去势（阉割）、烙印标记，剪马尾马鬃，并表演套马绝技。苗族的虾子节、杀鱼节等与渔业有关，彝族的采药日、景颇族的采草节与副业有关，其节日主题都属农事活动，可将它们归于一类。

（二）宗教、祭祀类节日

此类节日的范围很广，包括原始宗教影响下产生的节日，也包括人为宗教的节日。受原始宗教影响的节日有祭灶、木恼恼（又作“目脑”）、祭敖包等。祭灶是我国全民性的祭祀节日，周代礼制已将其列为“五祀”之一，时间是夏日，这和人类早期的火崇拜、太阳崇拜有关。后来，祭灶改为腊祭，灶君由火之主升格为一家之主，年年岁岁享受人间供奉的香火。祭敖包是蒙古族的节日，敖包以木石堆垒而成，被认为是氏族保护神，每年农历六七月间，蒙古族人要在各地草原举行隆重的敖包大祭。人为宗教的节日在我国主要是佛教、道教、伊斯兰教节日。佛教节日有浴佛节、涅槃节、中元节、成道节等。另有藏传佛教节日传大召、传小召、萨噶达瓦、灯节、丝邦节；小乘佛教节日豪瓦萨（关门节）、奥瓦萨（开门节）等。道教节日有老君圣诞、玉皇圣诞、蟠桃会（王母生日）、吕祖诞辰等。伊斯兰教节日有开斋节、宰牲节、圣纪节、盖得尔夜等。这些节日的特点是都有宗教的仪式，如举行法会、道场，参加诵经、礼拜等活动，其节日主题与宗教有关。

（三）纪念类节日

此类节日的主题是纪念重大的历史事件或人物，其中最有代表性的是锡伯族的杜因拜专扎坤节，为纪念该族清代由东北迁徙至新疆而设立；侗族的林王节，是纪念明代侗族起义英雄林宽；蒙古族祭成吉思汗陵，是为纪念蒙古历史上最杰出的领袖铁木真，这些都是名副其实的纪念类节日。纪念节日中还有一些是由历史传说的附会而产生纪念意义的，如端午节纪念屈原，清明节纪念介子推，也可列为纪念节日。

（四）文化游乐类节日

此类节日以文化游乐为主要节俗活动，有蒙古族的那达慕大会、藏族的林卡节、苗族的龙船节、侗族的花炮节、京族的哈节、哈萨克族的阿肯弹唱会等。“那达慕”在蒙语中意为“娱乐”、“游艺”，节日期间，举行著名的男子三艺竞赛：骑马、摔跤、射箭。藏族的林卡节，意为“世界快乐日”，过节时，人们穿上盛装，带着酥油茶、青稞酒和各种食品到绿树成荫的林卡（公园）野宴，欢歌曼舞，自娱自乐。这些节日的主题都是文化游乐。

（五）庆贺类节日

此类节日以喜庆活动为节日的主题，最突出的是各民族的年节。年节活动的内容非常丰富，主要内容是围绕纳喜迎福，具有浓郁的庆贺色彩。

（六）商贸类节日

此类节日是以商品贸易为节日主题的。传统节日中此类节日有白族的三月街、壮族的药市、纳西族的骡马会等。节日期间，人们以赶集、庙会等形式买卖农副产品和其他商品，进行物资交流。现代新兴的准民俗节日中有许多以土特产品命名的节日，如陶瓷节、啤酒节、黄酒节、药材节、荔枝节、葡萄节、阿胶节等，以及一些以饮食文化标榜的饮食节、美食节等，都属此类节日。

（七）生活社交类节日

此类节日以健康卫生、尊老爱幼、恋爱择偶等社会生活内容为节日主题。

如藏族的洗澡节、朝鲜族的流头节、达斡尔族的药泉会等是以健康为主题的节日；朝鲜族的老人节、回婚节，彝族的娃娃节，纳西族的牧童会是以尊老爱幼为主题的节日。有恋爱择偶等社交内容的节日就更多了。西北地区土、回、东乡、撒拉、保安等族的花儿会，西南地区白族的绕山林，侗族、哈尼族的姑娘节，布依族的跳花会，壮族的歌墟节，瑶族的歌堂节、赶乌节，苗族的踩山节、跳花节、芦笙节、姐妹节等都有男女相会，以歌舞游戏觅友，谈情说爱的内容。现代新兴准民俗节日中，陕西的敬老节在重阳节基础上增添敬老的节日活动，杭州的母亲节主题为尊母重母敬母，是属于新时代的生活社交类节日。

第三节 传统节日的流变

中国历史悠久，早在先秦时期，由于祭祀和生产的需要，以及历法的产生，便逐步形成了节日。后来随着国家的统一、历法的定型，许多地方性的节日逐渐演变成全国性的节日，并经久不衰。

一、春节

（一）年与春节

我们常把春节称作过年，但历史上的年与春节并不一致。“年”和“岁”在商代甲骨文中便已出现，陈梦家在《殷墟卜辞综述》一书中称“卜辞中的年如‘受年’、‘出年’即稔，即收获”。“‘岁’大多数是关乎年成的”。《说文解字》上也有“年，谷熟也”的说法。《榖梁传·宣公十六年》中说：“五谷皆熟为有年”，“五谷大熟为大有年”。所谓“有年”就是好收成，“大有年”就是大丰收。可见关于“年”的最初概念，是和人类生产劳动的周期性相关联的，因为作物生长的周期性和人类生产劳动的周期性，都是地球围绕太阳公转的周期性的客观反映。而年节最早也是起源于庆祝丰收，只不过当时虽有庆丰年的活动，却并无置于岁首的年节。《尔雅·释天》云：“夏曰岁，商曰祀，周曰年，唐虞曰载。”《周礼·大司徒》中有“正月之吉”之语。到了周代开始以年为计时单位，年节最终有了出现的可能。据《诗·豳风·七月》记载，到了每年的岁末，人们都要“穹室熏鼠，塞向墐户”，做好“改岁”的准备，然后“朋酒斯飨，曰杀羔羊。跻彼公堂，称彼兕觥，万寿无疆”，已初具今日年节的原形。但在汉武帝之前，正月在具体时间上与今之农历年节有所不同。且每到改朝换代，就要把月份次序更换一下。据《尚书大传·略说》和《史记》记载，夏把孟春之月定为岁首，称作正月，同我们现在的正月一致。商朝时期，则以阴历腊月（十二月）为正月。周朝又往前提了一个月，用仲冬之月（十一月）为正月。秦统一全国后，在全国颁布《颛顼历》，以十月为岁首，闰月放在九月后。到公元104年（西汉太初元年），汉武帝刘彻主持制定了《太初历》，将二十四节气订入历法，正式将每年的正月确立为“岁首”，正月初一为元旦。元者，始也；旦者，晨也。至此时，纪时与节气真正实现同步，年节的日期就从此确定不移了。而春节本来是指二十四节气中的立春，《后汉书·杨震传》中就有“春节未雨”的记载。1911年，辛亥革命推翻清统治，为了行夏历所以顺农时，从阳历所以便统计，各省都督集会南京，决定用公历、阴历并行。这样，就把农历正月初一定为春节，公历1月1日为元旦，春节与年这才成了同义词。1949年9月27日召开的中国人民政治协商会议第一届全体会议，决定建立中华人民共和国的同时，正式宣布采用公历，即采用世界上通用的公元纪年（即阳历）。1月1日是新年，叫作元旦。为了区分农历和阳历两个“年”，又因一年二十四节气中的立春恰在农历年的前后，故把阴历（农历）正月初一正式定名为春节。

（二）迎春活动

在我国民间传统节日中，最受人们重视的要算春节了。过节的时间比起其他节日来要长，一般从岁末开始，有的地方还更早，如江西永修一带乡村腊月二十五即开始过年，并有打赤膊之俗，一直过到正月上旬。民俗活动更为丰富多彩，具有特别浓郁的节日特色。吴自牧在《梦粱录》卷一《正月》中便叙述了当时临安过春节的情形：“士夫皆交相贺，细民男女亦皆鲜衣往来拜节。街坊以食物、动使、冠梳、领抹、缎匹、花朵、玩具等物沿门歌叫关扑。不论贫富，游玩琳宫梵宇，竟日不绝。家家饮宴，笑语喧哗。”这种春节民俗，基本为后人所沿袭。同时各地又形成了各地的民俗特色，如接神、敬天、扫尘、守岁、吃年饭、贴灶公、贴“福”字、贴对联、贴年画、拜年、放鞭炮、放焰火、走亲戚、点蜡烛、包饺子、点旺火、剪纸、赠送贺年片、耍社火、游春、舞龙、舞狮、踩高跷、逛花市、逛庙会等，至今盛行。

除了庆祝丰收之外，祭祖和驱鬼是古代过年最重要的主题。民间过春节的习惯，原本便是从原始社会时代的腊祭演变而来的。《礼记·月令》称：“腊先祖五祀，劳农以休息之。”郑玄注：“此《周礼》所谓腊祭也。”孔颖达疏：“腊，猎也，谓猎取禽兽以祭先祖五祀也。”《史记·秦本纪》：“十二年，初腊。”张守节正义：“十二月腊日也。……猎禽兽以岁祭先祖，因立此日也。”到了汉代之后，祭祖便从腊月转移到了除夕晚上和正月初一的白天。《初学记》卷四：

“崔寔《四民月令》曰：‘正月一日是谓正日，洁祀祖祢，进酒降神。’”周处《风土记》：“蜀之风俗，晚岁相与馈问，谓之馈岁，酒食相邀，谓之别岁。至除夕达旦不眠，谓之守岁。”清代潘荣陛《帝京岁时纪胜》载：元旦之日“士民之家，新衣冠，肃珮带，祀神祀祖，焚楮帛毕，昧爽阖家团拜，献椒盘，斟柏酒，饫蒸糕，呷粉羹”。直至民国以后，春节祭祖之风依然盛行不衰。

驱邪祛病则是春节的另一个主题，并引出了众多的民俗，正如王安石在《元日》诗中所写：“爆竹声中一岁除，春风送暖入屠苏。千门万户曈曈日，总把新桃换旧符。”古时人们抵御自然灾害的能力很差，在春冬之交青黄不接之时，常为冬天的寒潮所侵扰，又为粮食匮乏而担心，便以为是鬼神作祟，因此便有了腊月驱逐疫鬼的傩仪式。《吕氏春秋》卷十二《季冬纪》：“天子居玄堂右个……命有司大傩旁磔。”高诱注：“大傩，逐尽阴气为阳导也，今人腊岁前一日击鼓驱疫，谓之逐除，是也。”除夕之“除”，便是除祟。直到清代，我们仍能看到类似的活动。如同治《祁门县志》卷五载：“元日，集长幼列拜神祇，鸣钲出行，饮屠苏酒，谒祠宇，交相贺岁，傩以驱疫。”另一个与之相关的民俗是桃符和门神。据《论衡·订鬼》引《山海经》云：“沧海之中，有度朔之山，上有大桃木，其屈蟠三千里，其枝间东北曰鬼门，万鬼所出入也。上有二神人，一曰神荼，一曰郁垒，主阅领万鬼。恶害之鬼，执以苇索而以食虎。于是黄帝乃作礼，以时驱之，立大桃人，门户画神荼、郁垒与虎，悬苇索以御凶魅。”到了汉代腊祭傩疫时，已有设桃梗、郁垒、苇茭的活动。《战国策·齐策三》高诱注也云：“故使世人刻此桃梗，画神荼与郁垒首，正岁以置门户，辟号之门。”此后桃梗便演化为门神。南朝梁《荆楚岁时记》载：“绘二神贴户左右，左神荼，右郁垒，俗谓之门神。”此后又多了钟馗像，《梦粱录》卷六：“十二月尽，俗云‘月穷岁尽之日’，谓之‘除夜’。士庶家……换门神、挂钟馗、钉桃符。”桃符、门神逐渐转化成对联、年画，驱邪避恶的内涵也越来越淡。如清代顾禄的《清嘉录》卷十二称：“后世多画将军、朝官，复加爵、鹿、蝠、喜、宝马、瓶鞍之状，皆取美名，以迎喜祉。”还有就是爆竹。据《荆楚岁时记》载：正月一日“鸡鸣而起，先于庭前爆竹，以辟山臊恶鬼”。《清嘉录》亦云：“岁朝开门，放爆竹三声，云辟疫疠。”爆竹最早见于汉东方朔《神异经·西荒经》，可能始于汉代，“西方深山中有人焉，身长尺余。袒身，捕虾蟹”。“见人止宿，暮依其火，以炙虾蟹。伺人不在，而盗人盐，以食虾蟹。名曰山臊，其音自叫。人尝以竹著火中，爆扑而出，臊皆惊惮”。随着火药的发明，人们又用纸筒代替竹子，形成了其后的爆竹。宋嘉泰《会稽志》便云：“除夕爆竹相闻，亦以硫磺作爆药，声尤震厉，谓之爆杖。”岁末扫尘也是起源于驱除病疫。吴自牧《梦粱录》记载:“十二月尽……不论大小家,俱洒扫门闾,去尘秽,净庭户……以祈新岁之安。”至今民间流行着“腊月二十四,掸尘扫房子”的谚语。每临春节,家家户户都要开展一次大扫除,清洗家具,拆洗被褥,干干净净迎新春。

除夕,我国民间有守岁的习惯。在年三十这天夜里,一家老少围坐吃团圆饭,大家终夜不睡,以待天明,称之为“守岁”。除夕守岁,自古有之。古往今来,年年如此。周处《风土记》便有守岁之说。唐诗中对守岁习俗有不少的描写。白居易《客中守岁》诗:“守岁尊无酒,思乡泪满巾。”孟浩然则有“续明催画烛,守岁接长筵”的诗句。孟元老《东京梦华录》中说:除夕“禁中爆竹山呼,声闻于外,士庶之家,围炉团坐,达旦不寐,谓之‘守岁’”。而苏东坡的“儿童强不睡,相守夜欢哗”,就描述了当时守岁的情景。

春节另一重要活动是拜年,又称“走春”。《梦粱录》便有“士夫皆交相贺”之说,《清嘉录》则称:“男女以次拜家长毕,主者率卑幼,出谒邻族戚友,或止遣子弟代贺,谓之‘拜年’。至有终岁不相接者,此时亦互相往拜于门。门首设籍,书姓氏,号为‘门簿’。……薄暮至人家者,谓之‘拜夜节’。”受拜之人往往要给晚辈“压岁钱”。

春节期间不仅祭神、庆丰收,而且还有多种娱乐活动。宋《东京梦华录》卷六:“正月一日年节……间列舞场歌馆,车马交驰。向晚,贵家妇女纵赏关赌,入场观看,入市店饮宴,惯习成风,不相笑讶。”明《帝京景物略》卷二《春场》:“女妇闲,手五丸,且掷且拾且承,曰‘抓子儿’。丸用象木银砾为之,竞以轻捷。”清《清嘉录》卷一记录得更加详细:“诸丛林各建岁醮,士女游玩琳宫梵宇,或烧香答愿。自此翩翩征逐,无论远近,随意所之。城中玄妙观,尤为游人所争集。卖画张者,聚市于三清殿,乡人争买芒神春牛图。观内无市鬻之舍,支布幕为庐,晨集暮散,所鬻多糖果小吃,琐碎玩具,间及什物而已。而橄榄尤为聚处。杂耍诸戏,来自四方,各献所长,以娱游客之目。”此外还有各种节日饮食。如大年初一早上,山东部分地区吃素馅饺子,泰安一带吃黄面窝窝;河南泌阳县吃饺子煮面条,豫西一带吃饺子煮粉皮;闽中等地吃咸面拌素菜,漳州人则吃生蒜、香肠、皮蛋;苏州人在沏茶时,要往茶壶中放两枚橄榄,无锡一带吃炸元宵;上海人要吃年糕;湖南长沙吃辣鱼肉;浙江宁波吃豆粥;广东潮州吃“腐圆”,海丰则吃素食;贵州吃糯米粑粑。而最有名的则是北方的饺子。

除夕和正月初一是春节的高潮,随后几天,也受到人们的重视。如初二是出嫁女儿的归宁日,同时也是北方部分地方迎财神的日子。家家户户迎财神,还到庙宇中接财神。如清《燕京岁时记·祭财神》载："初二日，致祭财神，鞭炮甚夥，昼夜不休。"而大部分地区则是在初四夜初五凌晨有迎神特别是迎财神的习俗。《寿春岁时记》便称："正月初四日，接财神，具三牲肴籁，谓之'财神请酒'。"商家在接财神后，开市营业。福建莆田市视之过大年，"做大岁"。各地把初五作为"破五"日。《天咫偶闻》卷十："正月元日至五日，俗名'破五'。旧例食水饺子五日，北方名煮饽饽，今则或食三日、二日，或间日一食，然无不食者。""破五"以后，就可以正式炊煮，可以往户外倒垃圾。初七日为人日。所谓人日，据说最早出自汉代东方朔《占书》，即岁后八日，初一日为鸡，二日为犬，三日为豕，四日为羊，五日为牛，六日为马，七日为人，八日为谷。所以《荆楚岁时记》言："正月七日为人日，以七种菜为羹，翦彩为人，或镂金箔为人，以贴屏风，亦戴之头鬓。又造华胜以相遗。登高赋诗。"《燕京岁时记·人日》："初七日谓之人日。是日天气清明则人生繁衍。"初八日是群星聚会，北京人都到白云观拜星君。

二、元宵节

（一）节日由来

元宵节，又称上元节、元夕节、灯节，每年农历正月十五举行。

元宵节的起源很古老，可能源自远古人类在过节时以火把驱邪，正式形成应在汉朝。《汉书·乐志》："汉家常以正月上辛祠太一甘泉，以昏时夜祠，到明而终。常有流星经于祠坛上。使僮男僮女俱歌。"太一又称泰一、太乙，《史记·天官书》记载中宫天极星中，最明的一颗乃是"泰一常居也"。顾颉刚先生称："天一是阳神，地一是阴神，泰一更在阴阳之间，为阴阳所出，所以谓之最贵。《易传》里说：'易有太极，是生两仪'。泰一便是太极，天一和地一便是两仪。"① 后来，相传戡平诸吕之乱是在正月十五结束的，因纪念大捷，汉文帝"与民同乐"，元宵节影响越来越大。公元142年（汉顺帝汉安元年）张道陵创立道教，把正月十五元宵节改造为"上元节"，与七月十五"中元节"、十月十五"下元节"并称"三元节"。佛教传入后，佛教燃灯的习俗开始与汉代以来的正月十五节庆活动相融合。陈元靓《岁时广记》卷十引《僧史略·汉法本传》中称："西域十二月三十日是中国正月之望，谓之大神农变月。汉明帝令燃灯，以表佛法大明也。"此后，这种佛教礼仪便演变成元宵节的一项重要活动。

① 顾颉刚：《秦汉的方士与儒生》，第17～18页，上海人民出版社，1957年。

由于元宵节是民间节日、道教节日、佛教节日的综合，社会各界都很重视，节日活动非常兴盛。隋朝时，“窃见京邑，爰及外州，每以正月望夜，充街塞陌，聚戏朋游。鸣鼓聒天，燎炬照地。人戴兽面，男为女服。倡游杂技，诡状异形。以秽嫚为欢娱，用鄙亵为笑乐。内外共观，曾不相避。高棚跨路，广幕凌云……浸以成俗，实有由来。”① 以后各代经久不衰。孟元老《东京梦华录》描述北宋汴京人过元宵节的盛况：“正月十五日元宵，大内前自岁前冬至后，开封府绞缚山棚，立木正对宣德楼，游人已集御街两廊下。奇术异能，歌舞百戏，鳞鳞相切，乐声嘈杂十余里，击丸蹴鞠，踏索上竿……更有猴呈百戏，鱼跳刀门，使唤蜂蝶，追呼蝼蚁。其余卖药卖卦、沙书地谜，奇巧百端，日新耳目。至正月七日，人使朝辞出门，灯山上彩，金碧相射，锦绣交辉。面北悉以彩结山沓，上皆画神仙故事……又于左右门上，各以草把缚成戏龙之状，用青幕遮笼，草上密置灯烛数万盏，望之蜿蜒如双龙飞走。自灯山至宣德门楼横大街，约百余丈，用棘刺围绕，谓之‘棘盆’，内设两长竿，高数十丈，以绘彩结束，纸糊百戏人物，悬于竿上，风动宛若飞仙……”南宋辛弃疾《青玉案·元夕》词描述了当时的节日景象：“东风夜放花千树。更吹落，星如雨。宝马雕车香满路。风箫声动，玉壶光转，一夜鱼龙舞。”元宵节活动很多，除吃元宵、打太平鼓、观花灯、耍社火、猜灯谜、踩高跷、小车会、舞狮子、扭秧歌、唱大戏外，还有祭祀门户、逐鼠、牵钩（拔河）、迎紫姑等。

（二）灯火与灯谜

放灯和观灯是元宵节最著名的习俗活动。一般从正月十三“上灯”日开始，市面就挂出了各式花灯，供人购买，蔚为灯市。到了十四日的“试灯”，各处纷纷搭起牌楼、鳌山、灯棚，或放烟火，灯彩，预庆元宵。十五日开始算“正灯”，也就是灯节的正日，不但各处有灯会，比赛花灯，小孩们也纷纷提着灯笼，四处游行玩耍。这种热闹欢欣的情景一直要持续到十八日的“落灯”。《隋书·音乐志》记载：“每当正月，万国来朝，留至十五日于端门外建国门内，绵亘八里，列为戏场。百官起棚夹路，从昏达旦，以从观之，至晦而罢。其歌舞者多为妇人服，鸣环佩饰以花毦者，殆三万人。”唐代初期，仍沿用旧俗，朝廷还规定每年元宵节为国定假日，撤销夜禁，方便百姓观灯。唐韦述《西京记》载：“正月十五日夜敕金吾弛禁，前后各一日以睹灯。”元宵节期变成了三天。唐玄宗时，国势鼎盛，每逢元宵，就命人在禁城之内大张灯彩，用丝绢扎成灯楼二十间，高五十丈，上面悬挂珠玉、金银的穗坠等装饰品，微风

① ［唐］魏徵等：《隋书》卷六二《柳彧传》，第1483页，中华书局，1973年。

拂动，金玉交响，铮铮有声，如同奏乐，并有千余少女载歌载舞。《开元天宝遗事·百枝灯树》中说："韩国夫人置百枝灯树，高八十尺，竖立高山上，元夜点之，百里皆见，光明夺月色也。"当此良宵，长安城正如苏道味《正月十五夜》诗所描写的那样："火树银花合，星桥铁锁开。暗尘随马去，明月逐人来。游妓皆秾李，行歌尽落梅。金吾不禁夜，玉漏莫相催。"到了宋代，放灯又多了十七、十八两夜，而且规模愈加盛大。明太祖朱元璋甚至规定，从正月初八晚开始张灯，到十七日晚落灯。

花灯的样式也变化万千。据记载，西汉以后历代都有制彩灯工艺。唐朝时，除了用彩灯照明以外，还作为建筑艺术装饰。南宋周密在《武林旧事》卷二《灯品》里，提到当时形形色色的花灯："灯品至多，苏、福为冠，新安晚出，精妙绝伦。所谓'无骨灯'者，其法用绢囊贮粟为胎，因之烧缀，及成去粟，则混然玻璃球也。景物奇巧，前无其比……外此有魫灯，则刻镂金珀、玳瑁以饰之。珠子灯则以五色珠为网，下垂流苏，或为龙船、凤辇、楼台故事。羊皮灯则镞镂精巧，五色妆染，如影戏之法。罗帛灯之类尤多，或为百花，或细眼，间以红白，号'万眼罗'者，此种最奇。外此有五色蜡纸，菩提叶，若沙戏影灯，马骑人物，旋转如飞。又有深闺巧娃，翦纸而成，尤为精妙……"这些巧妙的花灯，和后世相较也毫不逊色。到了明清两代，花灯更臻奇妙。云南和江苏丹阳的料丝灯，南京的夹纱灯，杭州的羊皮灯，江苏的麦秸灯等各具特色。[①] 在争奇斗艳的花灯中，最精妙绝伦的数走马灯。走马灯的发明至少在1500年以前，由于灯罩的旋转，画在上面的马宛如在不停地奔驰，因此而得名。清《燕京岁时记》中描写得很清楚："走马灯者，剪纸为轮，以烛嘘之，则车驰马骤，团团不休，烛灭则顿止矣。"走马灯的关键部件，是放在蜡烛上方的一个纸轮。由于蜡烛燃烧，周围空气变轻而急速上升，引起灯内空气持续对流，这股热风推动风轮绕轴旋转，带动与轮轴连在一起的灯罩"拥骑飞绕"。李约瑟博士在其《中国科学技术史》中认为，走马灯是中国古代人民的一项重要发明。

与观灯相随的，还有猜灯谜。灯谜起源于西汉时期的隐语，以后逐渐发展成为民间谜语。刘勰《文心雕龙·谐隐》说："自魏代以来，颇诽俳优，而君子嘲隐，化为谜语。谜也者，回互其辞，使昏迷也。"南宋时，变成了元宵节的游戏之用。杭州文人们将谜语贴在节日的碧纱灯上，然后让人们去猜，故称"灯谜"。《武林旧事》说："有以绢灯翦写诗词，时寓讥笑，及画人物，藏头隐

① 殷登国：《岁时佳节记趣》，第25～34页，广西人民出版社，1987年。

语，及旧京诨语，戏弄行人。”到了明清时代，灯谜则更加丰富多彩，引人入胜。谜面上还往往还要注明用什么格，提示和启发猜射者思考的方式。顾禄《清嘉录》记吴中上元灯谜活动时说：“好事者巧做隐语，拈诸灯。灯一面覆壁，三面贴题，任人商揣，谓之‘打灯谜’。谜头皆经传、诗文、诸子百家、传奇小说及谚语、什物、羽鳞、虫介、花草、蔬菜，随意出之。中者，以隃麋、陟厘、不律、端溪、巾扇、香囊、果品、食物为赠，谓之‘谜赠’。”由于谜语在我国历史悠久，谜格不下几百种，名目繁多，不胜枚举。流传最广而至今还广泛使用的有粉底格、秋千格、卷帘格、白头格、徐妃格、谐音格、求凤格等等。

（三）吃元宵

元宵是元宵节必吃的食品。元宵又名“汤团”、“圆子”、“浮圆子”、“汤圆”。南方人用糯米制成大小和龙眼差不多的圆子，称作“汤圆”；北方人吃的圆子较大，里面掺有馅的称为“元宵”。取其圆形圆音，寓意全家人团圆、平安、吉利、美满之意。同时，也是人们对美好生活的一种向往。台湾民歌《卖汤圆》唱道：“一碗汤圆满又满，吃了汤圆好团圆。”元宵作为元宵节大众喜爱的应时食品，与春节时吃面糕叫“年糕”，中秋节吃饼叫“月饼”一样，都是以节日的名称来作为食品的称呼。据考证，元宵的历史可追溯到1600多年前。南朝梁宗懔所著《荆楚岁时记》里就有“正月十五作豆糜，加油膏其上”的记载。周密《武林旧事》称当时“节食所尚”有乳糖圆子、澄沙团子等。这种“糖圆子”因应节而做，便称为“元宵”。

元宵的制作分为两种：一种为实心，不带馅儿的，另一种是带馅儿的。有香、辣、甜、酸、咸五味。元宵通常以芝麻、白糖、枣泥、豆沙、白果、花生、杏仁、山楂等为馅，也有以酸菜、肉丁、火腿丁、虾米、豆干、茼蒿为馅的。用糯米粉包成球状，或用水煮，或用油炸，吃起来粉糯软滑，味美可口。它可带汤吃，也可炒吃、油汆或蒸吃。常见的桂花酒酿元宵，入口甜蜜、喷香；油炒元宵，酥松爽口。以肉馅、豆沙、白糖、芝麻、桂花、果仁组成的五味元宵，制作精巧；用芥、葱、蒜、韭、姜组成的五辛元宵，有表示勤劳、长久、向上之意。各地的元宵，风味也不尽相同。浙江宁波汤团以黑芝麻、白糖、猪板油为馅，汤内加少许桂花，煮熟后皮薄见馅，糯不粘齿，油润香甜，驰名遐迩。四川成都的“赖汤圆”、“郭汤圆”都是有名的小吃。安徽安庆的韦家巷汤团，汤汁鲜美，迥异于人。随着时间的推移，元宵已跳出应时食品，成为一种四时皆宜的点心小吃，并增加了许多饶有兴味的品种。如元宵外面滚上一层糯米，放锅里隔水蒸煮后，像颗颗珍珠，故名珍珠圆，又叫刺猬圆。

此外，各地还有许多不同的饮食习惯，陕西人吃“元宵菜”，即在面汤里放各种蔬菜和水果；河南洛阳、灵宝一带吃枣糕；云南昆明人多吃豆面团。

三、清明节

(一) 两节并一节

关于“清明”，最早文字记载出于《管子·幼官》。西汉刘安《淮南子·天文训》已有系统记载：“春分后十五日，斗指乙，则清明风至。”时间是在每年春分后15天，即今阳历4月5日前后。清明节包含两层意思，一是指节气，二是指节日。清明是二十四节气之一，清明一到，气温升高，雨量增多，正是春耕春种的大好季节。江南有“清明谷雨两相连，浸种耕田莫迟延”，“清明前后，种瓜点豆”，“植树造林，莫过清明”等农谚；华北也有“清明早，立夏迟，谷雨种棉正当时”的农谚。可见，在农业生产上，清明是一个相当重要的节气。在我国某些地区，还有“小清明”与“大清明”之分。《闽小记》说：“闽将乐、归化人以三月为小清明，八月为大清明。”就节日而言，清明包含了民俗活动，如扫墓、踏青、插柳、吃青团、斗鸡、打球、荡秋千、放风筝等。

在古代中国，清明前一二日还有寒食节。《周礼·司寇·司烜氏》：“仲春以木铎修火禁于国中”，可见早在周代就有禁火寒食了。到东汉，蔡邕《琴操》始将禁火与介子推联系起来。南朝梁时宗懔《荆楚岁时记》上说“晋文公与介子绥(推)俱亡，子绥割股以啖文公。文公复国，子绥独无所得，子绥作龙蛇之歌而隐。文公求之，不肯出，乃燔左右木，子绥抱木而死。文公哀之，令人五月五日不得举火”①。此条记载讲的是五月五日禁火。《后汉书·周举传》又提及太原一郡民间旧俗有“龙忌之禁”，在介子推死亡之月，咸言神灵不乐举火。周举亲自到介之推庙里进香，请求介之推把寒食改为三天，言“盛冬去火，残损民命，非贤者之意”。此寒食禁火又在严寒隆冬之时。尽管这两则资料反映的时间不一，但可以肯定在山西一带东汉时已经有纪念介子推的活动，活动的主要内容是禁火寒食。至三国时，魏武帝曹操占领并州，颁布命令，称：“闻太原、上党、西河、雁门冬至后百五日，皆绝火食寒，云为介子推。且北方冱寒之地，老少羸弱，将有不堪之患。”为此下禁绝火令，“令人不得寒食。犯者，家长半岁刑，主吏百日刑，令长夺一月俸”。② 据此可见，经过一段时间流传，节日的时间被固定下来了，即清明前的一日或二日。此后，沿袭不变。《荆楚岁时记》称：“去冬节一百五日，即有疾风甚雨，谓之寒食，禁火三日，造饧、大麦粥。”寒食节吃的主要是“饧”、“大麦粥”。“饧”为用麦芽、谷芽

---

① 〔梁〕宗懔：《荆楚岁时记》，第34页，山西人民出版社，1987年。

② 〔宋〕陈元靓：《岁时广记》，第295页，中华书局，2020年。

制的糖稀。“大麦粥”，又叫“干粥”、“麦糕”，用大麦或粳稻米磨成浆，煮成粥状，然后把少量捣碎了的杏仁浆倒进去，使它成为类似豆腐状的东西，等冷凝后即可切成块状、片状，吃的时候再浇上麦芽糖一类的糖稀。

到了唐代，因为寒食和清明日子相近，寒食中的活动又往往延续至清明。由于禁火，火种大都绝灭，到了清明这天，要钻木取火，谓之“新火”。皇帝还会在清明时将钻取的榆柳火种赐给近侍大臣，以示宠幸。“唐时，唯清明取榆柳之火，以赐近臣戚里之家。”① 韩愈《寒食直归遇雨》诗亦云：“唯将新赐火，向曙著朝衣。”久而久之，寒食、清明两个节日就合二而一了。白居易《寒食野望吟》诗即写道：“乌啼鹊噪昏乔木，清明寒食谁家哭。风吹旷野纸钱飞，古墓累累春草绿。”

（二）习俗活动

扫墓是清明节的主题。《帝京景物略》卷二有很详细的描述：“三月清明日，男女扫墓，担提尊榼，轿马后挂楮锭，粲粲然满道也。拜者、酹者、哭者、为墓除草添土者，焚楮锭次，以纸钱置坟头。望中无纸钱，则孤坟矣。哭罢，不归也，趋芳树，择园圃，列坐尽醉，有歌者。”墓前祭祀祖先，谓之祭墓，或称扫墓，目的是表示自己对先辈的尊敬和思念。

秦以前已有祭墓之事，但不一定在寒食日之后。东汉应劭《汉官仪》中就记有月底、月中、二十四节、伏日、社日、腊日等日子到坟前去“上饭”的事。到了唐朝，扫墓盛行。《旧唐书·玄宗纪》称，公元732年（唐开元二十年）下诏：士庶之家“宜许上墓，编入五礼，永为常式”。自此，寒食扫墓以诏令形式正式确定下来，扫墓成了重要的社会风尚。“清明时节雨纷纷，路上行人欲断魂”成了千古绝唱。到了宋代，规定从寒食到清明祭扫坟墓三日。当时，太学放假三日，武学放假一日，以便师生扫墓、郊游。《东京梦华录》记录：“清明节，寻常京师以冬至日后一百五日为大。寒食前一日谓之‘炊熟’。……自此三日，皆出城上坟，但一百五日最盛。”时至今日，扫墓风俗仍在沿袭。人们每逢清明，纷往陵园、墓地祭扫，缅怀先人。

扫墓时要为死者焚香、上供、烧纸钱、行拜礼、除草添土。先秦墓葬，陪葬的多为流通的帛布，到了汉代有了专门供丧葬的冥钱，叫“瘗钱”。这种“瘗钱”，像榆荚，故亦称“榆荚钱”，按流通钱币铸制，粘连在一起，钱型也小许多。唐代始有焚烧纸钱。《旧唐书·王屿传》云：“汉以来，葬者皆有瘗钱，后里俗稍以纸剪钱为鬼事。”王建《寒食行》也有“三日无火烧纸钱，纸

① 〔宋〕陈元靓：《岁时广记》，第328页，中华书局，2020年。

钱那得到黄泉”的诗句。此后，烧纸钱不仅十分普遍，花样形制也日益增多。《清异录》记载周世宗发引之日，“楮泉大如盏口余，令雕印字文文之，黄曰‘泉台上宝’，白曰‘冥游亚宝’”。后来有的剪为圆钱形，有的制为元宝形，形式多样，并发展为纸蟒，象征钱多。

清明之日，春回大地，草木皆绿，也是郊游踏青的好时光。传说，在很早以前就有清明踏青这一活动了。唐顾非熊《长安清明言怀》诗云：“明时帝里遇清明，还逐游人出禁城。九陌芳菲莺自啭，万家车马雨初晴。”描述了清明踏青的盛况。宋代，踏青风俗更加流行。《东京梦华录》卷七记载：“士庶阗塞诸门，纸马铺皆于当街用纸衮叠成楼阁之状。四野如市，往往就芳树之下，或园囿之间，罗列杯盘，互相劝酬。都城之歌儿舞女，遍满园亭，抵暮而归。各携枣锢、炊饼、黄胖、掉刀、名花异果、山亭戏具、鸭卵鸡雏，谓之‘门外土仪’。轿子即以杨柳杂花装簇顶上，四垂遮映。”著名画家张择端的风俗画《清明上河图》，就极其生动地描绘出以汴京外汴河为中心的清明时节的热闹情景。在这一画卷中，画面人物就达550多人，牲畜50余头，船20多艘，车、轿20多乘。宋词人柳永《木兰花慢·清明》描写了当时节日美景之胜与清明踏青的乐趣：“拆桐花烂漫，乍疏雨，洗清明。正艳杏烧林，缃桃绣野，芳景如屏。倾城，尽寻胜去，骤雕鞍绀幰出郊坰。风暖繁弦脆管，万家竞奏新声。盈盈，斗草踏青，人艳冶，递逢迎。向路傍往往，遗簪堕珥，珠翠纵横。欢情，对佳丽地，信金罍罄竭玉山倾。拚却明朝永日，画堂一枕春酲。”

到了明清时代，清明节俗已甚普及，且在各地多有变化。田汝成《西湖游览志余·熙朝乐事》记载寒食清明之日，“人家插柳满檐，青倩可爱，男女亦咸戴之。谚云：‘清明不戴柳，红颜成皓首。’”同时还有大量的娱乐活动。“苏堤一带，桃柳阴浓，红翠间错，走索、骠骑、飞钱、抛钹、踢木、撒沙、吞刀、吐火、跃圈、筋头、舞盘及诸色禽虫之戏，纷然丛集。而外方优妓，歌吹觅钱者，水陆有之，接踵承应。又有买卖赶趁，香茶细果，酒中所需。而彩妆傀儡、莲船、战马、饧笙、鼗鼓，琐碎戏具，以诱悦童曹者，在在成市。”到这时，祭扫新坟生离死别的悲酸泪，与踏青游玩的欢笑声，十分奇妙地融为一体。难怪张岱在《陶庵梦忆》卷一要说：“越俗扫墓，男女袨服靓妆，画船箫鼓，如杭州人游湖，厚人薄鬼，率以为常。”

四、端午节

（一）端午节的起源

农历五月初五日端午节，为我国的传统节日。“至清，则以端午、中秋与岁首并称三节。”①

“端午”词最早见于周处《风土记》：“仲夏端午。”古文“五”与“午”音通，农历正月建寅月，二月为卯，按地支顺序推算，五月为午，古人便把五月称午月，五月五日写成“端午”。《岁时广记》云：“京师市廛人，以五月初一为端一，初二为端二，数以至五，谓之端五。”“午月”和“午日”两个“午”字重复，又叫“重午”。又因是日用兰草汤沐浴的习俗，故又称沐兰节。唐宋时以此日“午时”为“阳辰”，端午又谓“端阳节”。明清时，北京一带因节俗活动中有装饰小儿女及请嫁女归宁之俗，故又称“女儿节”。道家又称为“地腊节”。有民谣云：“五月五日午，在师骑艾虎，蒲剑斩百邪，鬼魅入虎口。”故又有“菖蒲节”之谓。

端午节约始于春秋战国之际。关于端午节的起源，有很多种说法，归纳起来主要有四种：一说源于纪念屈原。持此种观点的占绝大多数。《续齐谐记》云：“屈原五月五日投汨罗水，楚人哀之。至此日，以竹筒贮米，投水以祭之……今五月五日作粽，并带楝叶五花丝，遗风也。”《荆楚岁时记》亦云：“五月五日竞渡，俗为屈原投汨罗日，伤其死所，故命舟楫以拯之。”二是龙图腾祭说。闻一多作《端午考》，列出有关典籍中的101条记载，证明端午节原是古代民族的“龙子节”。他的《端午的历史教育》文，进一步推论端午本是吴越民族举行图腾祭祀的节日。三说源于恶日。依据是《风俗通义》、《论衡》、《后汉书》等都涉及“不举五月子”的内容。四说端午源于夏至。依据是《后汉书·礼仪志》中说，汉代五月五日风俗源于夏商周时期的夏至节。此外还有纪念介子推、曹娥、伍子胥等说法。民间流行最广、最有影响的是第一种。这种传说把原有的风俗习惯与纪念屈原巧妙结合，反映了广大人民对屈原的热爱与怀念之情。所以，就连闻一多先生也非常赞同保持有关传说，佩服这些传说包含着“无上的智慧”和深远意义。到了唐代，因避唐玄宗八月五日生辰之讳，由宰相宋璟提议，将“端五”正式改为“端午”。到了宋朝，朝臣追封屈原为忠烈公，把五月五日定为端午节，传谕全国纪念屈原，并让人们佩戴香袋，表示屈原的品德节操如馨香溢世，流芳千古。

其实从端午节的各种风俗活动如吃粽子、躲午、赛龙舟、迎鬼船、戴艾蒿、挂菖蒲、佩香包、挂葫芦、驱五毒、饮雄黄酒、缠五色丝、悬钟馗、挂老虎素等看，端午节原本是古人寻求辟邪度夏的日子，因地域和社会环境的不同，被赋予了各种历史的、文化的含义，成为纪念性的节日。随着社会、经济

① 尚秉和：《历代社会风俗事物考》卷三十九，上海书店，1991年。

的发展，交流的增加，各地的风俗不断融合，才成为全国性的节日。2009 年 9 月 30 日，联合国教科文组织保护非物质文化遗产政府间委员会第四次会议，批准了 76 个项目纳入《人类非物质文化遗产代表作名录》，中国共 22 个项目入选，端午节作为中国首个入选人类非遗的节日，名列其中。

（二）挂艾蒲、吃雄黄酒

端午节的主题便是送灾和逐不祥。因为此时值初夏，高温潮湿，毒虫出没，细菌繁殖，人畜很容易得病。《后汉书·礼仪志》言之颇详："仲夏之夜，万物方盛，日夏至，阴气萌作，恐物不茂……汉兼用之。故以五月五日朱索五色印为门户饰，以难止恶气。"贾思勰《齐民要术》也指出："五月芒种节后，阳气始亏，阴匿将萌，暖气始盛，虫蠹并兴……是月也，阴阳争，血气散，夏至先后各十五日薄滋味，勿多食肥醲。"故《荆楚岁时记》便说"五月俗称恶月"。流风所及，连五月份所生的孩子也一身恶气。如《史记·孟尝君列传》："五月子长与户齐，将不利其父母。"民俗学家江绍原解释道："初民总不免把数目认为神秘之物。五月既为阴气始盛之月，则五之数显然与诸不祥有很密切的连锁；五月中与五有关系之日为五、十五、二十、二十五等日，此诸日之中又以初五为最，于是五月初五——重五——被认为阴气始盛之日，所以也是最宜于送不祥之日。"① 因此，端午节时人们要"采艾以为人，悬门户上，以禳毒气。以菖蒲或缕或屑，以泛酒"②。也就是挂艾蒲、佩朱索、吃雄黄酒，以求消灾驱邪。

艾叶，又称家艾、家蒿、五月艾，艾蒿，为菊科多年生草本植物，叶性微苦，温，芳香，无毒。在蚊香和烟熏剂中加入艾叶，能起到增效作用。而以艾茎和艾叶为主原料的中药消毒香，点燃后放出异香，能除蚊灭蛆，杀死跳蚤。习俗常用艾制成人形或虎形悬挂门上，也有剪彩为虎，上粘艾叶以随身佩戴，俗称艾虎。梁王筠《五日望采拾》便有"结芦同楚客，采艾异诗人"的诗句。

菖蒲，是天南星科的多年生草本植物，分石菖蒲和水菖蒲两种。石菖蒲以根茎入中药，性温，味苦辛，有开窍、豁痰之功，主治昏迷、癫狂、惊痫、热病神昏、耳聋等症。水菖蒲可制成高效农药。因菖蒲含有挥发性芳香油，有祛风、健胃、提神、通窍及杀菌的作用。习俗采之悬于门首，也用它来泡酒或做浴汤，有的还加工制作成蒲剑，形如利剑，悬挂辟邪。清《燕京岁时记·菖蒲·艾子》便称："端午日，用菖蒲、艾子插于门旁，以禳不祥，亦古者艾虎

① 江绍原：《江绍原民俗学论集》，第 225 页，上海文艺出版社，1998 年。

② 〔梁〕宗懔：《荆楚岁时记》，第 47 页，山西人民出版社，1987 年。

蒲剑之遗意。”《清嘉录》也称：“戴蒲为剑，割蓬作鞭，副以桃梗、蒜头，悬于床户，皆以却鬼。”

雄黄酒是用菖蒲根、雄黄与酒浸泡，放在太阳下晒制而成。古代炼丹家认为，雄黄、丹砂具有“杀精魅，去恶鬼”的功效。《白蛇传》里便有许仙给白娘子雄黄酒吃，现出白蛇原形，把许仙吓坏的故事。现代医学研究证实：雄黄有杀菌、解毒、清热作用，临床上配伍内服可治惊痫、咳嗽、痈疽疮毒；外用治蛇咬伤、神经性皮炎、蛲虫等。雄黄遇热或煅烧后，有“解百毒，避百邪，杀百虫”的作用。但因雄黄酒有毒，所以饮雄黄酒一定要慎重，以少饮或不饮为宜。除了喝雄黄酒外，有的地方还在端午清晨，把雄黄酒或雄黄水洒在屋子里外，涂在小孩耳、鼻、头额和面颊上，或者在额上画一个“王”字，以避除毒虫、蚊蝇叮咬，驱散瘟疫毒气。《清嘉录》：“研雄黄末，屑蒲根，和酒以饮，谓之‘雄黄酒’。又以余酒染小儿额及手足心，随洒墙壁间，以去毒虫。”在没有碘酒和红药水消毒的年代里，用雄黄酒洒房屋、涂抹皮肤被感染的部位，以及喝少许雄黄酒，还是有一定科学道理的。故俗谚云：“饮了雄黄酒，百病都远走。”

（三）吃粽子

吃粽子是端午节的传统风俗习惯。粽子又称“角黍”、“黏黍”、“筒粽”。角黍是因粽子形状有棱有角、内裹黏米而得名。筒粽是因为最初的粽子是用竹筒贮米烧煮而成。粽子在汉代已有了，《说文解字》称“粽，芦叶裹米”。到南朝时，楚人把它同纪念屈原联系起来，《续齐谐记》和《荆楚岁时记》都有记载。明代著名药物学家李时珍在《本草纲目·谷部四》中，曾对粽子的由来、形状做过描述：“古人以菰芦叶裹黍米煮成，尖角，如棕榈叶心之形，故曰粽，曰角黍，近世多用糯米矣。今俗五月五日以为节物，相馈送。或言为祭屈原，作此投江，以饲蛟龙也。”一般而言，早期的粽子是用芦叶裹着高粱米做成的。到了唐宋时代，粽子用糯米、黍米的都有，成了节日和市场上的美味食品。唐代长安有专营粽子的店铺，且技艺也相当高，粽子馅已有多种果仁。当时的长安人常吃一种“百索粽子”，这种粽子因上面缠有许多丝线或草索而得名。唐代皇宫中还常常在端午这天赶制许多粉团粽子，让人们用小角弓去射，谁射中哪只就吃哪只。唐人姚合的“渚闹渔歌响，风和角粽香”的诗句，表明了粽子已成为普及民间的食品。宋代，有用艾叶浸米裹的“艾香粽子”。陆游的“盘中共解青菰粽，衰甚犹簪艾一枝”，指的就是“艾香粽子”。南宋的饮食市场上有“巧粽”出售，当时粽子馅已有多种果仁，其味比只有黍米的好多了。元代的食谱中也有“艾香粽子”。明弘治年间，用芦叶裹粽子，粽馅的种类有豆沙、猪肉、松仁、枣子、胡桃、蜜糖等。时至今日，我们过端午节，几乎家家户户都要吃粽子，且花样不一，风味各异。经过千百年来的发展，粽子的品种已越来越丰富多彩，从用料上看，大体可分为三类：一是纯米粽子，陕西人叫“蜂蜜凉粽子”；二是有馅的粽子，即依不同地区的习俗，分别包有不同的馅心；三是夹果粽子，一般以枣、栗、柿、银杏等分别与糯米包裹而成。我国的粽子还有南北之别，馅则有荤素之分。在我国北方多用糯米或黍米，以红枣、豆沙为馅，也有用柿饼等果脯做馅的。南方粽子，有鲜肉粽子、鸡肉粽子、火腿粽子，还有夹沙粽子、什锦粽子以及不裹任何馅的凉粽等。江南粽子以苏州、宁波等地的最负盛名，其馅心多以糯米佐以豆沙、枣泥、咸肉、火腿等。北方以北京江米小枣粽子为佳，其馅心以小枣、果脯等最为常见。各地粽子有三角、四角、枕头形的，还有形若小宝塔的，长及尺许。个头大者每只重约一斤，小者一两可得四只。粽子还由华侨远传国外，成为中国传统文化的象征之一。

（四）赛龙舟

赛龙舟，又叫龙舟竞渡，是一项历史悠久的水上竞技活动。据赵东玉《中华传统节庆文化研究》总结，龙舟竞渡来源最少有八种说法。而一般最普遍的认为是与屈原有关，如前引《续齐谐记》与《荆楚岁时记》所言。《事物纪原·竞渡》则认为“楚传云，起于越王勾践”。闻一多也认为龙舟竞渡与越人有关。但是考古证明，龙舟并不仅为越人一地习俗。1935年在河南汲县（今河南省卫辉市）山彪镇战国墓葬中出土的铜鉴，1965年在四川成都出土的战国时的嵌错赏功宴乐铜壶上都有竞龙舟的图案。清人赵翼在《陔余丛考》中便认为“竞渡不独午日也……今江浙间多用春月，疑非本意”。从唐代开始，端午节龙舟竞渡已转化为纯粹游乐性质的习俗了。尚秉和指出，端午节“至唐则渐盛”，竞渡、斗草“由此二事，可证唐时端午节日民间之娱乐”①。唐代诗人张建封写的《竞渡歌》，生动地记叙了赛龙舟时热烈的场面：“五月五日天晴明，杨花绕江啼晓莺。使君未出群斋外，江上早闻齐和声。……鼓声三下红旗开，两龙跃出浮水来。棹影斡波飞万剑，鼓声劈浪鸣千雷。鼓声渐急标将近，两龙望标目如瞬。坡上人呼霹雳惊，竿头彩挂虹霓晕。”② 明清以降，苏、杭、扬等地的端午龙舟，大都装饰华丽，造型别致，专事新奇巧妙，还有戏曲、杂技等节目演出，吸引观众。李斗《扬州画舫录》卷十一便称当时的端午龙舟“尾长丈许，牵彩绳令小儿水嬉，谓之‘掉梢’。有‘独占鳌头’、‘红孩儿拜观

① 尚秉和：《历代社会风俗事物考》卷三十九，上海书店，1991年。

② 韩广泽、李岩龄：《中国古代诗歌与节日习俗》，第163页，天津人民出版社，1992年。

音’、‘指日高升’、‘杨妃春睡’诸戏”。

赛龙船的方式因地而异。湖南、湖北等地的龙舟，最长有十一丈五尺，短的也有七丈多，划动时有如游龙戏水。福建的龙舟，船首雕刻的龙，口能开合，舌能转动，栩栩如生。上海黄浦江上的龙舟竞渡，过去曾盛行夺标，在终点设有投标船，当竞渡的龙舟到达终点时，投标船就将标投入水中，让各船争夺。标又分红布活鱼标、活鸭标和铁标等。因此，龙舟上除划手外，还得挑选一个水性特好的人，专司夺标之职。活鱼标、活鸭标固然难捉，而铁标沉入水底，更非得有过硬的潜水本领不可。浙江各地的夜龙船上张灯结彩，穿梭碧波，桨声灯影，斑斓壮观。四川泸州地区，龙船上除桡手外，还有指挥者和擂鼓队。指挥者手执令旗，站在船头上喊号子领唱。漳州、厦门竞渡终点停一大木船，作为标船，以鸭子为标。龙船到达终点时，标船将鸭子抛入水中，桡手跃入水中追捉，观众呐喊助威。广西的龙船有男子队，也有女子队，有用手划的，也有用脚划的。新中国成立后，各地龙舟竞渡出现新的盛举。湖南屈子祠畔汨罗江上举行的龙舟竞渡，两岸观众达十万多人。龙舟竞赛现已列入国家比赛项目，每年湖南岳阳、湖北秭归等地都举办龙舟节。2011 年，国家体育总局和中央电视台体育频道共同推进了中华龙舟大赛。2014 年，首届国际龙舟联合会世界杯赛在福州举行。高水平龙舟赛事推动了龙舟运动在世界范围内的发展。

我国的端午节很早就传入朝鲜、日本、越南、马来西亚等邻近国家。如日本在五月初五这天要吃粽子，不过，他们的粽子是用米粉做成的，形状长圆，外边包以菇叶，缚以兰草。探亲访友时，也将粽子作为礼品赠送。日本长崎自 1655 年开始每年端午节都要举行一次规模盛大的赛龙舟大会。

五、中秋节

（一）中秋节探源

中秋节，又称仲秋节、秋夕、月夕、团圆节。“中秋”一词，始见于《周礼·夏官·大司马》：“中秋，教治兵。”因八月十五日，居秋季三月之中，故名叫中秋。

根据目前所掌握的文献资料来看，中秋成为节日应在隋唐之时，但其起源应该更早。中秋节的起源与我国古代秋祀习俗有关。《说文解字》释“秋”为“禾谷熟也”。在科学尚不发达的时代，无论是播种还是收获，人们往往要向土地神祈祷，前者为“春祈”，后者称“秋报”或“秋社”。八月中旬，正是秋粮收割之际，一年汗水抛洒在土地上，收获在即，因此，家家拜祀土地，答谢神的保佑。于是围绕“秋报”出现了一系列的仪式和风俗活动。《周礼·春官·龠章》便记载了中秋八月祭祀田祖的情景：“中春，昼击土鼓，吹豳诗，以逆暑。中秋，夜迎寒，亦如之。”

中秋节的另一渊源与我国古代拜月习俗有关。在秦汉之前，帝王有春天祭日、秋天祭月的礼制。《礼记》载：“天子春朝日，秋夕月。朝日以朝，夕月以夕。”夕月，即每年秋分这天的夜晚，天子要到国都西郊的月坛去祭月。赏月，实际上便是祭月之礼演变而来的。魏晋始有中秋赏月之举，据《晋书·袁宏传》记载：“谢尚镇牛渚，中秋夕与左右微服泛江。”到了唐宋之时，赏月之风渐盛。《开元天宝遗事》也有玄宗八月十五夜与贵妃临太液池，“凭栏望月不尽”的记载。

中秋节形成的另一重要因素与嫦娥、月亮的神话传说有关。嫦娥的原型可以追溯到常羲，是最早与月亮有关系的女神。《山海经·大荒西经》：“有女子方浴月，帝俊妻常羲，生月十有二，此始浴之。”袁珂先生对这条注释说：“《世本·帝系》篇云：‘帝喾下妃娵訾氏之女，曰常仪，是生帝挚。’羲、仪声近，常羲即常仪也，帝俊亦即帝馨也。《吕氏春秋·勿躬篇》云：‘尚仪作占月。’毕沅注云：‘尚仪即常仪，古读仪为何，后世遂有嫦娥之鄙言’。鄙言与否无论矣，然其说则诚不可磨也。是生月十二之月神常羲神话，乃又逐渐演变而为奔月之嫦娥神话。常羲本为天帝帝俊之妻，又一变而为其属神羿之妻。神话传说之演变无定，多如是也。”[①] 东汉张衡《灵宪》对这个神话的记载颇为具体：“后羿请不死之药于西王母，姮娥窃以奔月，将往，枚筮之于有黄，奋黄占之曰吉，翩翩归妹，独将西行，逢天晦芒，毋惊毋恐，后且大昌。姮娥遂托身于月，是为蟾蜍。”这是月宫又被人称为蟾宫的由来。张衡《灵宪》记载：“日者，阳精之宗，积而成鸟，像鸟而有三趾，阳之类，其数奇。月者，阴精之宗，积而成兽，像兔蛤焉，阴之类，其数偶”[②]。这是月中玉兔的由来。唐代又演绎出玉兔捣药及吴刚砍桂树的情节。《酉阳杂俎》记载：“旧言月中有桂，有蟾蜍，故异书言：月桂高五百丈，下有一人常斫之，树创随合。人姓吴名刚，西河人，学仙有过，谪令伐树。”随着月亮与嫦娥神话的丰富与定型，中秋赏月被注入灵动的活力，历代颇多歌咏。如李白《把酒问月》：“白兔捣药秋复春，嫦娥孤栖与谁邻？”李商隐《嫦娥》：“嫦娥应悔偷灵药，碧海青天夜夜心。”

---

① 袁珂：《山海经校注》，第405页，上海古籍出版社，1980年。

② 转引自郭明志：《中秋节民俗的诗意解释》，《学术交流》2003年第10期。

（二）赏月、拜月

中秋节正当秋分，太阳差不多是直射到月亮朝地球的一面，月亮看起来显得又圆又亮。每当人们仰望玉盘般的明月，自然会联想到家人的团聚。独在异乡旅居的人，也期望借助明镜般的皓月来寄托自己对故乡和亲人的思念之情。所以，中秋节又叫作“团圆节”。写中秋赏月最脍炙人口的莫过于苏东坡的《水调歌头》了：“明月几时有，把酒问青天，不知天上宫阙，今夕是何年。我欲乘风归去，只恐琼楼玉宇，高处不胜寒。起舞弄清影，何似在人间。转朱阁，低绮户，照无眠。不应有恨，何事长向别时圆。人有悲欢离合，月有阴晴圆缺，此事古难全。但愿人长久，千里共婵娟。”

中秋赏月到宋代已极为盛行。据《东京梦华录》记载：宋代开封的中秋夜，“贵家结饰台榭，民间争占酒楼玩月”。这天晚上，“丝篁鼎沸，近内庭居民，夜深遥闻笙竽之声，宛若云外。闾里儿童，连宵嬉戏。夜市骈阗，至于通晓”。《梦粱录》也描绘南宋时杭州中秋之夜：“八月十五日中秋节，此日三秋恰半，故谓之‘中秋’。此夜月色倍于常时，又谓之‘月夕’。此际金风荐爽，玉露生凉，丹桂香飘，银蟾光满。王孙公子，富贵巨室，莫不登危楼，临轩玩月，或开广榭，玳筵罗列，琴瑟铿锵，酌酒高歌，以卜竟夕之观。至如铺席之家，亦登小小月台，安排家宴，团圆子女，以酬佳节。虽陋巷贫窭之家，亦解衣市酒，勉强迎欢，不肯虚度。此夜天街买卖，直至五鼓，玩月游人，婆娑于市，至晓不绝。”无论富贵贫贱都把赏月作为必需的活动。

到了明清时代，赏月、拜月除设酒席外，或设供桌，摆上各种祭品，或向月亮跪拜，还备果物以助赏月之兴。明《帝京景物略》：“八月十五日祭月，其祭果饼必圆，分瓜必牙错瓣刻之，如莲花。纸肆市月光纸，绘满月像，趺坐莲花者，月光遍照菩萨也。花下月轮桂殿，有兔杵而人立，捣药臼中。纸小者三寸，大者丈，致工者金碧缤纷。家设月光位，于月所出方，向月供而拜，则焚月光纸，撤所供，散家之人必遍。月饼月果，戚属馈相报，饼有径二尺者。女归宁，是日必返其夫家，曰团圆节也。”清《燕京岁时记》：“京师之曰八月节者，即中秋也。每届中秋，府第朱门皆以月饼果品相馈赠。至十五月圆时，陈瓜果于庭以供月，并祀以毛豆、鸡冠花。是时也，皓魄当空，彩云初散，传杯洗盏，儿女喧哗，真所谓佳节也。”江南也设家宴赏月，设案拜月。《清嘉录》卷八：“中秋，俗称八月半。是夕，人家各有宴会，以酬佳节。人又以此夜之晴雨，占次年元宵阴晴。谚云：‘八月十五云遮月，来岁元宵雨打灯’。……好事者供小财神，大不逾尺。……比户瓶花、香烛，望空顶礼，小儿女膜拜月下，嬉戏灯前，谓之‘斋月宫’。”可见江南拜月称“斋月宫”，还加祭财神，这是江南商品经济发展的一种反映。祭月、拜月用的月光纸，是一种月神像，叫“月光马儿”。《燕京岁时记》称：“京师谓神像为神马儿，不敢斥言神也。月光马者，以纸为之，上绘太阴星君，如菩萨像，下绘月宫及捣药之玉兔，人立而执杵。藻彩精致，金碧辉煌，市肆间多卖之者。长者七八尺，短者二三尺，顶有二旗，作红绿色，或黄色，向月而供之。”祭拜的供品，在北方是“香灯品供之外，则团圆月饼也。雕西瓜为莲瓣，摘萝卜叶作娑罗。香果苹婆，花红脆枣，中山御李，豫省岗榴，紫葡萄，绿毛豆，黄梨丹柿，白藕清莲”①。在南方则是柚子、芋头、香蕉、柿子、菱角等果品。

（三）吃月饼

月饼是中秋佳节的特色食品。月饼在很早以前叫小饼或甜饼。月饼原来是祭奉月神的供品之一，唐代已有之。《洛中见闻》说，唐僖宗在中秋节吃月饼，味极美。他听说新科进士在曲江开宴，便命御膳房用红绫包裹月饼赏赐给他们。② 到了宋代，月饼已经相当盛行。《梦粱录》中已出现“月饼”一词。据该书记载，宋时已有“荷叶”、“金花”、“芙蓉”等花色名目。苏东坡也曾有“小饼如嚼月，中有酥和饴”的诗句。这种小饼与现在的酥皮月饼很相似。明代田汝成《西湖游览志余》也记载：“八月十五日谓之中秋，民间以月饼相馈，取团圆之义。”清代《燕京岁时记》中对月饼也有过描述：“中秋月饼以前门致美斋者为京都第一，他处不足食也。至供月月饼，到处皆有，大者尺余，上绘月宫蟾兔之形。有祭毕而食者，有留除夕而食者，谓之团圆饼。”到现代，我国城乡乃至海外侨胞，均有中秋吃月饼的习俗，形成了“八月十五月正圆，中秋月饼香又甜”的谚语。

月饼最初是在家庭中制作的。袁枚《随园食单》中就记载有月饼的做法，还记载了历史上有名的月饼，如清代刘方伯月饼：“用山东飞面作酥为皮，中用松仁、核桃仁、瓜子仁为细末，微加冰糖和猪油作馅，食之不觉甚甜，而香松柔腻，迥异寻常。”明府家制花边月饼：“用飞面拌生猪油子团百搦，才用枣肉嵌入为馅，裁如碗大，以手搦其四边菱花样。用火盆两个，上下覆而炙之。枣不去皮，取其鲜也；油不先熬，取其生也。含之上口而化，甘而不腻，松而不滞，其功夫全在搦中，愈多愈妙。”到近代，月饼在市面出售，且制作越来越精细，饼面上还印上“嫦娥醉月”、“银河夜月”、“三潭印月”、“西施醉月”、“天女散花”等各种图案。我国月饼的制作，风味各地不同，有苏式月饼、广

---

① 〔清〕潘荣陛：《帝京岁时纪胜》，第 29 页，北京古籍出版社，1981 年。

② 韩养民、郭兴文：《中国古代节日风俗》，第 252 页，陕西人民出版社，1987 年。

式月饼、京式月饼、宁式月饼、滇式月饼、潮式月饼等，月饼已成为广大群众所喜爱的传统糕点。

（四）其他节俗

经过漫长的历史演变，各地还形成了具有一些地方特色的中秋习俗。清代北京民间过中秋节时，街市上还卖一种俗称“兔儿爷”的泥兔。泥兔多用胶泥模压、焙烧定型后，涂以大白，进行彩画，有的身穿衣冠，有的身披甲胄，舞棒挑担，有坐有立。在东北一些地区，人们不单赏月，还要采摘葡萄、梨子等生果祭月。陕西地方，中秋节赏桂花，是日白天男子多爬山、划船，女子有中秋夜吃西瓜之俗。西北一带，当明月东升时，人们在院中供桌上摆上月饼，孩子们来偷月饼，主人不可生气。在安徽一些地区，流行“舞草龙”的儿童游戏。传说中秋节舞草龙可以避免旱灾。到了中秋节这天早上，孩子们就用稻草扎成草龙，外面糊以色纸，到了晚上，龙身插满蜡烛，高举着游街，并敲锣打鼓，燃放爆竹。深夜以后，将龙抛在河里。在苏州，中秋节晚上有“走月亮”的风俗。许多妇女打扮得花枝招展，三五成群，结队出游，或者拜访亲友。路上此来彼往，络绎不绝，直到东方发白。在广东农村有“竖中秋”的习俗。每到中秋，人们就用玻璃纸或彩纸扎成各种果品、鸟兽、鱼虫形状的花灯，有的用小灯串联成字，如“庆祝中秋”、“花好月圆”等。小孩用竹竿提着各种花灯在街上玩耍，而大人则喜欢在高处竖一旗杆，杆上挂一对小灯笼，以庆佳节。在潮州，家家都吃芋。芋头或与糖一起煮，称“糖芋”；或与鱼头一起煮，称“鱼头芋”。东莞的妇女相信“男女婚姻，月老为媒”，成年男女未有对象的，于中秋夜三更时，在月下焚香燃烛，乞求月老为其撮合。在广西，是日举办歌圩，男女青年山歌对答，互诉衷情。总之，各地中秋节的活动丰富多彩。

第四节　节日民俗与旅游

我国的节日民俗丰富多样，开发利用好民俗资源，可以极大地促进旅游事业的发展。

节日民俗与旅游具有天然的联系。首先，从节日与旅游的关系看，旅游本是节日的民俗活动内容之一，许多节日有旅游游乐的活动，节日以其特殊的有利条件和多姿多彩的民俗内容吸引旅游者，使其成为最佳的旅游时段。其次，从旅游对节日的影响来说，旅游能吸引更多的人参加节日活动，它能使传统节日（民俗节日）焕发新的活力，并能促使新的节日及新的节日民俗的发生发展。节日民俗和旅游可说是一对亲密的伙伴，两者存在着互相依赖、互相促进的联系。

一、节日是旅游的载体

节日有各种各样的民俗活动，旅游是其中之一。节日旅游在古今社会广泛存在。在古代社会，许多岁时节日都有相沿成习的旅游活动。春节是一年一度最热闹的大节，据《梦粱录》记载，南宋时，临安（今杭州）人已有春节出外游玩的风习，“不论贫富，游玩琳宫梵宇，竟日不绝”。《清嘉录》记清代苏州人过春节，“诸丛林各建岁醮，士女游玩琳宫梵宇，或烧香答愿。自此翩翩征逐，无论远近，随意所之”。《燕京岁时记》也称，清代北京过春节，有钱的官宦人家纷纷乘车马外出游玩，“貂裘蟒服，道路纷驰，真有车如流水、马如游龙之盛”。这些记载描述了古代春节游玩的快乐景象。

古代的春节活动从正月初一开始持续到十五，与元宵节相连。元宵节晚上张灯放焰火，把游乐活动推向高潮。古代城市为严格治安，平日多有宵禁，但元宵节允许市民通宵观灯，形成了家家外出、万人空巷的观灯盛景。连平时不大出门的妇女这时也纷纷联袂而出，结伴群游，俗称“走百病”、“走三桥”。从旅游的角度看，古人的元宵节是古代特有的全民夜游节日。

元宵过后至清明是春游的大好季节。《武林旧事》记载，南宋都城自收灯后，贵宦巨室皆争先去郊外游玩，谓之“探春”。“探春”过后，又有“放春”、“踏春”，都是春游之意。这段日子春游虽多，但相对集中的日子是花朝节、上巳节和清明节。花朝节在农历二月份，《梦粱录》卷一称，这一日，城里居民纷纷赶往郊外或城内名园观花赏柳。三月三日上巳节是古代的春游节日，人们多去郊外水边游憩。古人对清明踏青的记载就更多了。如《松窗梦语》卷七称，清明及霜降时节，杭州阖城士女尽出西郊，逐队寻芳，荡桨于西湖中，歌声满道，箫鼓相闻。《帝京景物略》记北京三月清明，男女前去扫墓，完毕后不急于回去，而是“趋芳树，择园圃，列坐尽醉”。《陶庵梦忆》也记载，绍兴人扫墓之后，必定就路之所近，游览庵堂、寺院与士大夫家的花园，这些扫墓实际已成了变相的旅游。

现代的节日旅游比古代更加丰富。现代社会不仅有自古代传承下来的传统节日旅游，而且有许多现代节日（准民俗节日）旅游。以法定假日为例，我国现今就有元旦、春节、清明节、端午节、劳动节、中秋节、国庆节 7 个。节日期间，街上人流熙攘，商场、餐馆、公园、剧场、电影院、展览馆等场所到处可以见到游玩的人，不少人还去外地甚至国外旅游度假。现代的新兴地方节日也有许多旅游活动的内容，有的新兴节日辟有旅游专线，在游览、住宿、餐馆、购物等方面实行一条龙服务，为旅游者提供方便。现代新兴节日中还有不少本身就是以“旅游”来命名的，如上海国际旅游节、安徽黄山国际旅游登山节、山东济南旅游书画艺术节、内蒙古草原旅游节等。这说明，在现代节日民俗中，旅游的地位越来越重要。

二、节日是最吸引旅游者的旅游佳期

旅游可以在节日进行，也可在平日进行，但节日旅游的人数总要超过平日，主要是受以下因素的影响。

第一，节日有丰富多彩的民俗活动。节日期间，人们可以参加各种平日没有的活动，特别是庆贺性、娱乐性的民俗活动，从中感受到欢快、热烈的气氛。节日还能见到平日不易见到的许多民俗风情，这对于满足人们愉悦身心的旅游要求和猎奇、思古等旅游心理是十分重要的。

第二，节日期间，人们有较多的闲暇时间。我国传统的岁时节日多处于农闲季节，与农耕生产的时间相协调。古代的政府机构、学校等逢重大节日多休假。现代社会，国家对许多重要的纪念节日或传统节日也规定了休假制度。因此，节日期间人们有较多的闲暇时间，能够参加旅游游乐的活动。当前，我国的法定节假日已增加至7个共11天，更使人们有了较长的集中休假日子，便于安排旅游活动。

第三，节日期间人们的消费观念异于平日。节日是一些特殊的日期，成年累月的节日民俗文化积淀在人们头脑中，形成了强烈的过节意识。过节时，人们花钱一般总是比较大方，有异于平日。过节的花费增加不仅用在吃、穿、送礼方面，而且用在旅游玩乐方面，这也是节日旅游兴旺的因素之一。

节日旅游具有的有利因素是其发展的重要条件。事实上，节日旅游无论在古代或是现代，都深受人们的欢迎。《雍洛灵异小录》记载，唐代元宵节放灯三日，京城内的寺观街巷到处张灯，士女倾城出游，车马塞途，观灯者被人流裹挟着前行。《清嘉录》亦记载，苏州人在端午节看划龙船，“男女耆稚，倾城出游。高楼邃阁，罗绮如云，山塘七里，几无驻足之地。河中画楫，栉比如鱼鳞，亦无行舟之路。欢呼笑语之声，遐迩振动。……入夜，燃灯万盏，烛星吐丹，波月摇白，尤为奇观”。古人过节游乐的热闹景象于今日读来仍使人感动。

现代节日旅游的盛况比古代更胜一筹。如前些年深圳举办的中国鼓文化节，邀请全国各地40多个不同鼓种的代表队前来表演。西安的鼓乐、延安的腰鼓、新疆的手鼓、湖北的渔鼓、湖南的花鼓、潮汕的苏锣鼓、广西的铜鼓、东北满族的八角鼓、福建和浙江的十番锣鼓等风格迥异的各种鼓乐竞相演奏。在鼓文化节的半个月中，深圳市始终沉浸在节奏强烈、振奋人心的阵阵鼓乐声中，吸引了众多游客前往观赏。

古今节日旅游的盛况表明，节日是对大众最有吸引力的旅游佳期，也是开展民俗旅游的最佳形式之一。

三、旅游赋予传统节日新的活力

我国是一个传统节日异常丰富的国家，常见的传统节日民俗旅游有以下几种：

逛集市庙会。传统节日的集市庙会上，有各种民间艺人表演游戏杂耍，小商小贩出售小吃、民间玩具、工艺品等，吸引游人驻足观览。这种逛街的游乐方式自古以来即存在。《清嘉录》记载，清代苏州春节时，玄妙观是游人云集的场所。观内三清殿上有卖字画的商铺，乡人争买芒神春牛图。空地上小商贩搭建帐篷，鬻卖糖果、小吃、玩具；卖艺者各献所长，表演高竿、走索、翻跟斗、吞剑、弄刀、弄瓮等绝技，还有猴戏、木人头戏、百鸟相声、西洋镜等各色演出，游客竞相观览，热闹非常。春节逛街等节日旅游方式至今仍然流行。

参加或观看文化游乐活动。文化游乐是传统节日民俗的内容之一，也是节日民俗旅游游乐的重要项目。文化游乐活动的种类有赛马、射箭、唱歌、耍龙、舞狮等。节日期间，人们或亲自参加这些活动，或以旁观者身份看他人表演，两者都是节日旅游游乐的方式。

参加祓禊、踏青、登高等活动。祓禊、踏青和登高是在野外进行的活动，具有亲近大自然的性质。少数民族节日也有此类活动，如藏族洗澡节去河里洗澡，林卡节去郊外野餐等。

参加烧香、拜神、还愿等活动。传统节日中有许多与宗教有关的节日，在这些节日中，善男信女要去寺庙、道观等处进香还愿，礼拜神佛。寺庙、道观多在风景优美之处，进香者往往借此机会旅游，这也是传统节日旅游常见的方式之一。

现代社会中，一些传统节日由于种种原因正趋衰落，特别是一些地方性的传统节日，由于多年不举行活动，只有一些老年人还能依稀记得。这些节日若不加以拯救，便有自然消亡的可能。拯救传统节日的出路何在？有些地方部门想到了旅游。他们把传统节日与旅游相结合，让传统节日中富有特色的民俗活动成为旅游观光的内容。这些尝试有的已获得成功。如浙江金华有斗牛的传统习俗，但近半个世纪以来，此项活动已销声匿迹，渐为人们淡忘。1986 年，金华市设立斗牛节，恢复了传统的斗牛活动，以后年年举行。斗牛节期间，全市挑选100头壮牛参加角斗，场面壮阔，吸引了大批中外游客前往观光。金华斗牛这颗古老习俗的明珠，在现代旅游的带动下重又恢复光彩。又如，浙江湖州在历史上有举办蚕花节的传统，每年清明前后，农村有造蚕花、选蚕花姑娘、祭蚕花娘娘、办蚕花展、踏排船比赛、在标杆船上演杂技等多项蚕花节民俗活动。蚕花节在一段时间里曾被作为封建迷信受到批判，停止了数十年。1995年后，当地政府决定恢复蚕花节。除了原有的民俗活动外，又新增科技交流、旅游、经贸等内容，使湮没多年的蚕花节重新焕发了活力。

旅游对于一些现代社会仍然流行的传统节日也有相当的促进作用。五月端午赛龙舟是经年不断的节日民俗，一些地方在此基础上做文章，把赛龙舟的旅游活动推向世界。如在湖南岳阳举行的汨罗江龙舟竞赛现已发展为国际性的龙舟节。自1989年开始，每年都有来自全国和世界各地的龙舟队参赛。龙舟节期间，前来参赛和观光的中外游客齐集汨罗江畔，给古城岳阳带来了前所未有的繁盛景象。

四、旅游促进新兴节日产生与发展

旅游对新兴节日（准民俗节日）及新的节日民俗的产生发展更是作用巨大。新兴节日的设置大多与各地发展旅游、商贸的目的有关，其中有许多是直接以“旅游节”来冠名的。据吴昌华编著的《节海导游》一书统计，1986年至1997年的10年间各地出现的各类新兴节日有374个。其中，以民俗活动为主题的有164个，冠以“旅游节”名称的有19个，名称中出现“国际”字样的有84个，出现“中国”字样的有76个。《中国节庆》杂志统计，2009年度全国约有1610个节庆，其中以文化艺术、旅游、民俗、物产命名的分别占22.05%、15.78%、14.41%、13.04%，[①] 基本与民俗活动有关。这说明各类新兴节日有许多是取材于传统民俗，也有许多是以旅游或国际交流为目的的。还有许多新兴节日尽管名称中没有相关字眼，但活动中有与旅游相关的内容。如上海从1989年起，每年金秋时节都举办上海食品节，内容有分布全市的参赛单位展销各自的名菜名点，开展以食品雕刻、烧烤和各种精致菜肴的展评，组织厨师操作表演、服务员表演、舞厅服饰表演、酒吧音乐舞蹈表演等活动。这些活动吸引了众多观众，尤其外来旅游者对此产生了浓厚兴趣。

---

① 王春雷、赵中华：《2009中国节庆产业发展年度报告》，第10页，天津大学出版社，2010年。

20世纪80年代下半期以来，新兴节日在各地大批涌现。新兴节日设置的目的多是为发展旅游，反过来，旅游又在很大程度上促进了新兴节日的产生发展。许多新兴节日就是在国家有关部门发起的旅游活动中出现的，如“中国友好观光年”、“百姓旅游年”、“红色旅游年”等大型旅游活动中，每次都有一大批新兴节日被确定为全国重要旅游节庆活动，还有许多新兴节日是直接由这些旅游高潮年催生的。以上海为例，20世纪80年代初，上海的新兴节日尚寥若晨星，现在已有了龙华庙会、上海南汇桃花节、上海国际茶文化节、上海桂花节、上海国际旅游节、龙华撞钟、长兴岛柑橘节、植物园牡丹花会、奉贤风筝节、豫园元宵灯会、静安迎春民俗文化节、上海啤酒节、上海食品节、松江方塔妈祖文化旅游节等一大批新兴节日，而且节日规模不断发展。如上海旅游节最初是在1990年为纪念世界旅游日在黄浦区举办的一次黄浦旅游节，1996年升格为市级旅游节，后又改名为国际旅游节。现今每年参加旅游节的中外游客已达千万人次之巨。

现代新兴节日的主题尽管多样，但内容多和旅游节庆相关，且多以展示民俗风情来吸引游客。其中大致可分为以下亚类型：

文化艺术类。新兴节日中有许多以文化艺术命名的节日，如中国民间艺术节、南京曲艺节、山东文化艺术节等，集中展示音乐、舞蹈、戏曲、杂技、工艺美术、民间收藏等内容，其中有不少中国特有的民俗。

历史文化类。新兴节日中有以历史文化命名的节日，如无锡唐文化节、河南安阳殷商文化节。节日中有古文化习俗的表演，如荆州楚文化节演出楚剧、楚乐，展示荆缎，再现楚文化风貌。

饮食文化类。新兴节日中有专门的饮食文化节，如上海饮食节、上海国际茶文化节、天津食品街美食节等。这些节日以弘扬我国传统饮食文化为宗旨，涉及饮食习俗的内容。

体育娱乐类。如内蒙古草原旅游节是在那达慕大会基础上改进而成，基本的节俗活动仍是赛马、射箭、摔跤三项传统体育比赛。此外还新增了骆驼队、马术队、安代舞等表演节目。贵阳白云风筝节、沈阳国际秧歌节以风筝、秧歌为节日主题，也属于民俗风情表演。

商品物产类。新兴节日中有许多以民俗商品、物产命名的节日，如中国江西景德镇国际陶瓷节、浙江绍兴黄酒节等。这些节日以展示传统民俗物品为主要旅游内容，如景德镇陶瓷节有参观古窑址、陶瓷博物馆，看陶瓷传统工艺表演等活动。

五、节日民俗旅游的开发——以春节为例

春节是我国传统节日中最重要的大节，十余年来，我国的春节旅游节节升温，国内一些居民不满足于春节家人团聚、拜年、吃喝等老的过节方式，希望走出家门，以旅游形式度假。海外旅游者参加春节旅游的人数也在逐年增加。

春节旅游市场的开发可以在春节民俗旅游上下功夫。因为，从春节游客的客源分析，国内游客多数是城市居民，不熟悉充满乡土气息的春节习俗，国外游客更是对中国民间习俗怀有某种神秘感，春节的民俗风情对于他们具有较大的吸引力。

在开发春节民俗旅游方面，上海等地曾有过一些尝试。上海 1990 年开始举办静安民俗文化节，以传统的春节民俗吸引中外游客。静安民俗文化节创办的原因是受到外商的启示。1990 年春节前，坐落在静安区的五星级豪华宾馆希尔顿酒店张灯结彩，迎接春节。只见酒店的大门两侧挂上数米长的春联，汉白玉石狮披红挂彩，大堂内悬挂红色灯笼、戏曲脸谱，两廊摆设剪纸、玉雕、草编、泥塑、鼻烟壶等中国民间工艺美术品。酒店为吸引顾客，还临时搭起富丽堂皇的中华门彩楼，推出春节组合大餐，组织传统民间艺术表演。如此中国化的春节布置在一家洋人开办的酒店出现，给静安区的领导很大启发，于是，就有了创办静安民俗文化节的设想。文化节组委会要求本区商店挂灯笼、贴春联，让春节吉祥物深入人心。结果，春节期间，静安区家家商店以大红的春联、“福”字布置一新。许多商店聘请知名书法家坐堂挥毫，书写春联赠送顾客，经理在店堂亲自向顾客拜年。静安公园内举办近百项民俗艺术表演和商品展销、特色小吃，吸引了成千上万的游客。喜庆的民俗文化营造了良好的购物环境。这一年春节，静安区的商业销售取得了良好业绩。此后，该节日年年举办，吸引大批市民、游客及海外人士参与，为春节增添了喜庆吉祥的气氛。

上海等地开发春节民俗旅游的成功是值得借鉴的。中国这么大，民俗资源这么丰富，春节民俗旅游的开发还远远没有达到应有的水平。特别是少数民族的春节民俗开发大有潜力。少数民族春节有许多特殊的节日风情，以文娱活动来说，就有苗族的斗牛、赛马、打年鼓、踩芦笙，壮族的舞狮、舞鸡、舞春牛，瑶族的耕作戏，土家族的摆手舞，藏族的跳锅庄、演藏戏等丰富多彩的形式。各民族的年夜饭也极富特色，如蒙古人年夜饭吃“手把肉”，彝族吃“坨坨肉”，壮族吃“压年饭”，赫哲族吃“吐火宴”。各民族还有色彩绚丽的节日服装和花样繁多的节日礼仪，是春节民俗旅游开发极其宝贵的资源。

开发春节民俗旅游可有两种方法。一是请出来，集中展示各地富有特色的

春节民俗。二是走出去，组织游客实地游览。前者近年来在一些新兴的文化节中已有尝试，如建立民族文化村、民俗风情园，仿造一批少数民族民居，请一些民族歌舞节目表演。这些做法起初观众相当火爆，但过后很快冷落。究其原因，是因为人工制作的景点和节俗活动缺乏真实感和生活气息。发展春节民俗旅游最好还是采用走出去的方法，让旅游者亲眼见到各地的真山真水，亲身感受当地富有魅力的民俗风情。此项活动虽不易开展，但其良好的发展前景是不容置疑的。

思考题

1. 节日的定义是什么？
2. 民俗节日与节日民俗有何不同？
3. 节日民俗的形成受哪些因素影响？
4. 节日民俗有哪些主要特征？
5. 民俗节日可从哪些角度对其进行分类？请于各类之下附举若干节日名称。
6. 祭鬼和驱邪是传统春节风俗的两大主题，试举例说明之。
7. 元宵节张灯是著名的习俗，试分析其演变及特色。
8. 试析清明与寒食之起源。
9. 关于端午节的起源有多种说法，试分析之。
10. 试析月饼的演变及特色。
11. 试以某一个节日为例，谈谈如何开发节日民俗旅游。

第八章

游艺民俗旅游

本章提要： 游艺民俗是旅游者最喜闻乐见的民俗活动之一，也是旅游地开展旅游宣传的主要素材。本章对中国的游艺民俗进行源流、类型与特点上的分析，并根据各地旅游与节庆对游艺民俗的利用状况，选择年画、花鼓、赛马、斗牛、山歌进行重点介绍。

在千姿百态的社会民俗中，我国各族人民喜爱的民间游艺活动就是一项重要内容。这些活动，大多是我们祖先创造并传承下来的，有的则是因现代社会的发展而有所创新。它们的共同特点是能强身健体，活跃人民生活，促进各地区、各民族的文化交流。

第一节 游艺民俗概况

作为民间文化娱乐活动总称的游艺民俗，广泛存在于社会生活的方方面面。它既可娱神，也可娱人。其所包容的讲、唱、演、嬉、赛等活动，莫不是人们喜闻乐见的。

一、游艺民俗的概念

游艺一词，古已有之，源自《论语·述而》中的“志于道，据于德，依于仁，游于艺”。孔子所讲的游艺是指置于礼、乐、射、御、书、数的六艺之中的含义。后世文人理解这一名词时，又有演绎，说是艺术上的修养与锻炼。这显然与今天游艺的概念有所不同，今天所讲的游艺泛指各种民间娱乐活动。《红楼梦》第四十八回“滥情人情误思游艺，慕雅女雅集苦吟诗”中的“游艺”，就是指一般的娱乐活动。

但是有关游艺民俗的概念，学术界分歧较大。乌丙安认为，凡是民间传统的文化娱乐活动，不论是口头语言表演的，还是动作表演的，或用综合艺术手段表演的活动，都是游艺民俗，游戏、竞技也不例外。[①] 张紫晨主张，游艺民俗为文艺游艺民俗的一大类，又可称为民间技艺民俗，包括竞技、游艺、游戏、体育、工艺等方面的内容，它往往充分表现在民间游艺和各种会、市的表演上。[②] 陶立璠指出，民间游艺民俗包括的项目很多，民间音乐、民间舞蹈、民间美术、民间竞技和民间游戏是此类民俗事象中比较突出的。[③] 由此可见，人们在游艺民俗的名称上歧异明显，在概念的外延方面，也有的广，有的窄。但总的来说，大家都肯定了“游艺”这种民俗的存在以及其核心内容。

游玩、娱乐活动，从口头的“讲”、“唱”，到民间游乐的“表演”；从儿童的“游戏”，到成人的“竞技”，都有多姿多彩的活动和自身的传承渊源。用游艺来统称民间口头文艺活动、民间游戏、民间竞技等活动，极富概括性，也有可行性。

因此，游艺民俗的定义可以这样表述：它是民间文艺活动、民间游戏、竞技等文化娱乐活动的模式化与传承行为的总称。它包括口头文学、民间音乐和舞蹈、民间游戏与竞技以及民间的工艺美术等内容。一般而言，游艺民俗有较强的娱乐性和群众性。由于这类民俗涉及人们生活的各个方面，因而它不仅可以反映广大劳动人民的生产、生活、理想和愿望，也可以表达人们的道德情操与审美意识，而且，对社会生活产生了直接的具有实用价值的多功能作用。

二、游艺民俗的类别

根据民间文化娱乐活动的内容与方式，游艺民俗可以从四个方面进行分类，即口碑民俗、歌舞活动、游戏竞技和民间工艺。每一类中又可分出一些小类。如民间工艺中，可以分出剪纸、年画、雕塑、皮影、刺绣和陶瓷等，内容十分丰富。

（一）口碑民俗类

口碑民俗，又称口头文学。它是民俗志和民俗学的重要组成部分，而我国的民俗学运动正是以搜集民间歌谣等口头文学为发端，以后又逐步扩展其搜集和研究的范围。

在民间产生与流传的口碑民俗，是一种口耳相传的活动，也就很自然地具

① 乌丙安：《中国民俗学》，第317～318页，辽宁大学出版社，1985年。
② 张紫晨：《中国民俗与民俗学》，第182页，浙江人民出版社，1985年。
③ 陶立璠：《民俗学概论》，第298页，中央民族学院出版社，1987年。

备了表演与娱乐的性质。按照它的表演形式，则有口头讲述与韵语歌唱两部分。在长期的世代讲唱过程中，这些活动都形成了一定的表演规程或范式，在传播者与受传播者之间构成了讲唱者和观听者的主客关系。

口碑民俗，与人们的日常生活内容紧密相关，是广大劳动人民创作、传承、运用的一种艺术。具体有以下四方面的内容：

1. 民歌。民间歌谣，古今皆有。这种群众性的娱乐形式，往往与婚姻和宗教祭祀联系在一起。在一些民族的传统节日里，除了对唱情歌、一般即兴歌之外，还流传着传统的神话歌、历史歌和各种知识歌。比如蒙古族的婚礼歌就是一套组歌，其中有序歌、劝嫁歌、迎新歌、求名对宴歌、献茶歌等，洋溢着人生大礼的欢快气氛。

2. 民间故事与神话。民间故事和神话，讲述了人们对天地的由来、万物的形成、民族生命本原的想象与理解，表达了人们对自然山川、创物发明、地方风情、历史人物的认识和情感。著名的民间故事和神话如孟姜女、牛郎织女、白蛇传、女娲补天、精卫填海等，具有优美动人的故事情节，反映着人们对一些重大事件和生活实际的感受和思考。

3. 谚语与谜语。谚语与谜语是口碑民俗中较具智慧性的形式，内容极为丰富。它不像神话、传说和民间故事等大多是虚构性的，而是直接从现实生活中取材，用非常的想象、比拟的手法和灵活的语言表现出来，并在流传过程中经过人们的增删与锤炼。从广义上说，只要是在社会上流传，并有一定形式的简练通俗而富有意义的语句，都是谚语。谚语包括社会生产谚语（如农谚、气象谚语等），社会生活谚语以及由其他民间文学转化而来的谚语。谜语是民间文学中特殊的韵文作品，一般分为物谜、事谜和字谜三大类，富有浓烈的生活气息和幽默的情趣。

4. 说唱与小戏。民间说唱是通过民间艺人的表演，把叙事体的口头文学传播给听众的独特形式。民间说唱涉及的面十分广泛，形式多样。历史上的宋元话本与明清以后的鼓曲段子，在民间一直有很大的影响。民间小戏，则是民间艺术中的综合表现，是由艺人直接创作，并由他们扮演。由于民间小戏长期在广大村镇流传，故又称“地方小戏”。它起源于劳动，后与节日、宗教活动发生了密切的关系。

口碑民俗，无论是民歌、韵文和说唱，从创作到流传，都要依赖口头的方式进行讲述或演唱，极富流动性。这显然与作家们书面文学的固定化传播方式有着很大的不同。因口头的缘故，这种民俗活动的存在必须有听众，有一定的场所和时机。它的传承依靠两种方式，一是家传方式，即通过父子或母子世代相传；二是社会传承，也就是以师徒关系为主导，以师承形式世代相传。当然这两种方式可以相互交叉，彼此依存。

口碑民俗是从人类生活中产生和发展起来的集体思想、情感和艺术才能的荟萃。在创作方式上，虽然有艺人的贡献，但也是群众集体在不同场合共同合作完成的。没有经过各项劳动生产、群众集会、祭礼、生活仪礼、歌墟、业余文娱等场合的集体智慧的不断修改、加工，口碑民俗就不可能有那样丰富的生活、文化底蕴。

（二）歌舞活动类

音乐、舞蹈和民间歌谣一样，产生得很早。《吕氏春秋·古乐》、《尚书·尧典》记载的“三人操牛尾”、“百兽率舞”、“投足以歌”、“击石拊石”，都是借助音乐舞蹈表现某种情绪的活动。直至今天，这种古老的传统并未改变。歌舞也有两类，一如我国鄂伦春族的黑熊舞，拉祜族的斗鸡舞，阿昌族的猴舞，独龙族的猴捉虱舞、喜鹊舞、孔雀舞、割小麦舞、打苞谷舞、薅秧舞、割谷舞等都是属于生产类舞蹈的范畴。这些活动主要是配合农业耕作、狩猎等活动进行表演的。二如江西和贵州等地的傩舞、景颇族的金冉冉舞、广西花山的水神舞等属于宗教仪式性舞蹈的范畴，带有巫术和娱神性质。

歌与舞往往综合表演。这种形式在全国各地十分流行，然而内容、风格各异。如湖北的扑蝴蝶、八虾闹鲢，陕西的牛斗虎、马社伙，江浙的大头和尚戏柳翠；瑶族的舞春牛，傣族的击招歌，布依族的唱筒歌，彝族的跑花山，苗族的踩山坪，侗族的抢花炮，景颇族的象脚鼓舞，佤族的圆圈舞，傈僳族的寡替，土家族的花灯，壮族的打谷榔鼓，以及流传各地的龙舞、花灯，莫不如此。扭秧歌是汉族具有代表性的一种民间舞蹈活动，多在春节期间举行，主要流行于我国北方地区。舞者扮成各种人物，手持扇子、手帕或彩绸等起舞。在表演形式上，开始和结束为大场，中间穿插小场。大场为变换队形的大型集体舞，小场是两三人表演的带有简单情节的舞蹈或歌舞小戏。如流传于晋北的踢鼓秧歌（表演时男角动作以踢为主，伴奏以鼓为主，故名），它的主要特点是表演具有戏曲的行当分工特征，动作具有浓厚的武术色彩。表演形式分为小场子、大场子、过街场子三种。小场子的表演人数为1～5人。一般是女角（称“拉花”）围绕男角（称“踢鼓”）表演，大多有较简单的故事情节，基本动作男角有“戴宗三亮式”、“腾空旋风”等，女角有“拔陷泥”、“兔儿旋窝”、“猛失惊”、“跌籽儿”等。大场子的表演人数一般在16～60人之间，主要表现队形的变化，有“满天星”、“八卦阵”、“单双圆场”等近70种。若在夜间各执彩灯表演，则可组成各种美丽的图案。过街场子的活动人数比较多，表演不分昼夜，多在街巷一类场地表演。

又如水北和合，是流行于江西南丰县的一种民间舞蹈，起源于城郊水北村，俗称“和合”，一般在每年腊月二十三（俗称小年）到正月十六演出。和合舞的基本内容和形式是儿童题材的古典双人舞。两个演员分别扮作金童玉女，上身穿阔袖斜襟便服，下穿紧口彩裤，头戴发绾双髻和天真嬉戏的面具。一手持花，一手持圆盒，在节奏欢快的音乐声中翩翩起舞：先摆下几色果品，你敬我让，既而猜拳争胜，既而又试图偷果，其中的“禾雀尾”、“揩痒”、“捉虱”等动作把儿童的天性表现得淋漓尽致。和合舞的伴奏只有两面小鼓和一副小铜钹。演奏时鼓声与钹声相间，发出的声音类似当地的方言“播种、播种、家家去”，象征春回大地，农家又要开始繁忙的耕耘。因此，和合舞成为农民祈求人寿年丰的一种祝福形式。后来流入城镇，表演道具中又增加了笔砚算盘以迎合商贾市民的趣味。

这些民俗活动都体现了歌、舞表演的综合性质。

（三）游戏竞技类

游戏竞技民俗的事象很多，如赛马、射箭、斗牛、摔跤、斗鸡、赛龙舟、踢球、打毽子等，表现为力量和技巧的角逐。它的形成与劳动生产、战争、祭祀、节日有关。

游戏竞技民俗产生于不同地区，也就具有了鲜明的民族特色和地域特征。如蒙古族的那达慕大会，把赛马、射箭、摔跤作为主要内容，这和牧业民族的生产、生活习俗密切相关。苗、瑶、壮等族的斗牛，则与他们的水稻生产、牛崇拜关系密切。游戏竞技民俗是我国民间的主要娱乐活动。

1. 民间游乐。这是偏重旅游方面的一项内容，包括春游、赏梅、秋游、看枫叶，还有群众性的游会活动。如民间花会，出名的有北京的花会，其间有表演高跷、跑旱船、小车会、扭秧歌等活动。又如放风筝，传说早在春秋战国时期就已出现，时称“纸鸢”。到五代时，由于纸鸢飞上天后，系在上面的竹哨迎风而响，声如筝鸣，故改称“风筝”。风筝制作讲究，从扎细竹骨架到其上糊以纸绢，涂以彩绘，调准提线，每一道工序都很重要。风筝有硬翅与软翅、有尾与无尾之分：硬翅风筝吃风大，易迅速飞高，软翅风筝不兜风，只能飞远而飞不高；无尾风筝易摇摆失控，有尾风筝稳定性强，易于升高，便于控制。其形象常见的有蝴蝶、燕子、蜈蚣等动物和孙悟空、猪八戒等人物。在我国，山东的潍坊风筝最为有名，历史也很悠久。现在潍坊每年都要举行国际风筝节，吸引了国内外大批风筝爱好者来潍坊进行放飞表演和游玩、观赏。潍坊成为扎、糊、绘、放这风筝四艺的中心和集散地。

2. 民间游戏。民间游戏是流传于广大人民日常生活之中的娱乐嬉戏活动。它是游艺民俗中最为常见、最具趣味性的娱乐活动，少年儿童与成人都能进行。许多游戏经过长期的发展而逐步完善，并形成了固定的形式和规则。

民间传统游戏民俗的种类相当多，一般又可分为玩耍性、智力性和赌博性三种。前者如捉迷藏：以毛巾或手帕一类织物，将一人双眼蒙住，令其在一定范围内捉摸他人，被抓者，与其对换，继续捉摸。江浙一带俗称“躲野猫”。还有击花鼓：众人围住一圈，圈外一人蒙眼敲鼓，众人随鼓声依次传花（或手帕），鼓停，花在谁手，谁即中彩，需当众表演一个小节目，不能表演者，学狗叫，众人捧腹大笑。这类游戏多是儿童玩乐的，可以在室内，也可以在庭院。在各地常见的还有老鹰抓小鸡、卖糖粥、躲妈虎子、造房子（也称跳房）、轧墙壁、摸瞎鱼、转瓢、猫捉鼠、升留级、烧野火、猎狗熊、跳毽子、弹球、抓石子、堆雪人、跑风车，等等。玩耍性游戏除少数为个人游戏，如女孩抱布头娃娃或“枕头娃娃”做母子游戏外，大多为自发性的集体追逐、竞赛性的游戏，参加的人数大致 2～4 人，有时还即兴表演，自己编排，反映了儿童的天真烂漫性格。

智力性游戏中，传统的有猜谜语、猜枚、急口令、填字、积木、下棋、射覆等。如元宵灯谜在各地有不同的称谓：河北宛平称“商灯”，以诗词隐语，粘于屋壁，令人破谜；上海嘉定把藏头诗句和赠送物件挂于墙上，待人猜中取去，称“弹壁”；广东各地称“灯信”；山东登州叫“打独脚虎”。花灯悬谜，问难于人，这种猜谜方式始于南宋。《武林旧事》曾提及元宵佳节临安（今杭州）为赏灯之会，将谜诗写在灯上，以烛光映照，挂列通衢，让人猜度。当时名为“灯谜”，是一种风雅的益智娱乐。延续到明清，还很普遍，现在也有，只不过在形式上已有了很多变化。智力性游戏以培养、启发人的智力为目的。培养、启发“智”的游戏，常与猜谜语的口头文艺活动结合起来，通常还用猜手指、猜掌中物、藏物找物等方法游戏。在民间还有许多计算性的测验游戏，如葫芦罐分油、大小马驮百瓦等数学游戏，都饶有兴味。培育“能”的游戏也很多，常见的是口头语言表达能力的游戏，如说急口令、绕口令、诵识数歌谣等。作业性游戏多见的有折纸、剪纸等民间工艺美术。折纸鹤在古代就已流行，折衣、裤、车、船、桌、椅、帽、猴等也较多见。剪纸游戏如剪窗花等，培养工艺审美能力。在农村，还有许多竹编、草编游戏，如用马莲叶编动物等。

赌博性游戏，是基于人们的赌赛输赢的心理而产生的一种游戏种类。这种游戏战国时有“六博”，以后又有了骨牌、掷骰子、叶子戏等赌博形式。叶子戏据说是扑克牌的雏形，相传在楚汉战争时期，韩信为缓解将士们的思乡之愁，而发明此戏。到唐代中期已很风行，且有不同的类型。明清以来，叶子戏又发展为108张，以梁山好汉命名。叶子即纸制赌牌。以后又以象棋子为赌具，并创制了竹块刻成的麻将等赌具，形形色色，玩法不一。古代博戏常与动物斗赛结合，如斗鸡、斗鹌鹑、赛马之类。赌博性游戏有竞赛、娱乐的一面，又有造成倾家荡产的危害。对这一类民俗行为应当有所禁止，更需要加以引导。

游戏民俗的一个重要方面在于各种玩具在游戏中的运用。玩具在游戏中是不可或缺的，游戏民俗的流行，对促进民间工艺尤其是各类玩具的制作很有帮助。纸玩具如风车、折纸蛇，布玩具如布娃娃及布老虎、狗、猴等动物，木竹玩具如各种假兵器和竹编物，塑玩具如泥娃娃、不倒翁、各种面具、傀儡人形等，金属玩具如笛、哨、小擦、小锣，皮玩具如小鼓及毛狗等，琉璃玩具如球丸之类等，都有非常突出的民族、区域特色。它们都可以成为民俗旅游的重要商品。

3. 民间杂耍。杂耍是集技巧性、灵敏性、表演性于一体的游戏活动。包括猴戏、杂技、戏法、皮影等。传统的“抓子”就是其中的一种，一般用小口袋装米、麦或沙，缝口而成，也有以光滑的砖、瓦、石子等物制成的“子”。通常设三子以上。玩耍的方法是将一子抛起，迅速抓起其他子后再接住抛起下落的子，以抓起其他子的多少而又能接住下落的子决胜负。

又如木偶戏，在我国历史悠久，种类繁多，保留至今的主要有提线木偶、掌中木偶和杖头木偶，各地又有不同。福建泉州流行提线木偶，漳州流行掌中木偶，而广州、高州流行的鬼仔戏，则属于杖头木偶。提线木偶戏也称“傀儡戏”或“嘉礼戏”，相传唐末王审知入闽时从中原带到福建。木偶由头、躯干和四肢三部分组成，头用刀刻和彩绘而成，髻子用毛发编结而成，发式多样；头像采用三段合并而成，既能活动又大胆夸张，弥补了肌肉不会动的不足；躯干分为胸部和臀部两段；手掌和足趾也是木刻的，手掌分为文掌和武掌两种，脚趾分为赤脚、靴脚、旦脚三种。木偶们由演员在幕后通过悬线牵引操纵，一般有16～24条基本提线，有的达30多条。在提线的牵引下，木偶活动自如，形象灵活逼真。提线木偶戏的配乐称“傀儡调”，采用闽南地方剧种音乐，类似南曲，但节奏比南曲明快，唱腔高亢。主乐器用唢呐，富有地方特色。流行于漳州的掌中木偶戏，又称“布袋戏”。演员将五个手指套在木偶身中，用食指托着木偶的头部，大拇指撑着左臂，其余三指撑着右臂，有时用另一只手作两脚行走动作。表演时再加上布内套的拉扯、张弛，木偶就能做出各种逼真的动作，技艺高超娴熟的老艺人甚至可以用双手同时表演两个不同角色的木偶，例如两人对打的动作。布袋戏的人物形象也分生、旦、净、末、丑，在写实基础上运用夸张手法来制作和表演。其表演道具也非常简单，只需木偶数个随身带即可随时随地表演。它既能唱、做、念、打甚至表达喜怒哀乐的感情，也能演出诸如骑马射箭、翻越城墙、转碟碗等较高难度的动作，惟妙惟肖，很受群众欢迎。①

4. 民间竞技。民间竞技活动是指民间各种形式的体育、技巧性的比赛活动。历史上的竞技活动是与生产活动、军事战斗活动结合在一起的。今天，许多竞技活动已发展成为丰富多彩的体育活动项目。按照力量、技巧、技艺等标准，民间竞技可分为各种不同的类型。

（1）竞智。竞智类的竞技活动，以各种民间棋类为代表。我国棋类最重要的是围棋、中国象棋。此外，还有区域性或民族性的棋类，如蒙古族的蒙祁勒夏特尔（蒙古象棋）和鲍格因吉勒格（鹿棋），藏族的藏棋，朝鲜族的朝鲜棋，鄂伦春族的玩班吉，青海互助土族自治县土族的喇吗趺和阿斯掏等。

我国古代棋戏、博戏极为相近，后来博戏逐渐向赌博发展，棋戏则形成竞技。围棋在春秋时代称“弈”，汉代仍称“弈”，弈风日盛，经常举行比赛，并开始评定棋手等级。明清时期，民间围棋赛盛行，棋风形成永嘉、新安、京师三大流派。象棋古称“象戏”，战国时已流行，不过与今天不同。与现代象棋接近的是唐“宝应象棋”，至宋，现代象棋定型，并日益普及。这些棋类得到了各阶层人民的喜爱，被列入了正式的比赛项目。

（2）竞技。竞技是以技巧、技能为竞赛内容的项目。如朝鲜族的跳板、荡秋千，傣族、汉族、满族的跳高，哈萨克族的叼羊，蒙古族的套马，汉族的武术，仡佬族的打蔑鸡蛋（打竹球），回族的打水球，傣族、白族的打磨球，汉族、壮族的打陀螺，汉族的踢毽子、跳绳等。

（3）竞速。比速度，看谁先到达终点。其中有利用器具的，也有不用的。最为人们所熟知的是赛马和赛龙舟。此外，还有甘肃南部保安、东乡、撒拉等族的羊皮筏赛，湖南、广西等地瑶族的独木滑水，东北朝鲜族的顶瓮竞走，贵州苗族的爬坡竿，福建沿海畲族的赛海马（“海马”是在海滩上捡拾海产品时用的滑板），新疆塔塔尔族的赛跳跑，内蒙古西部阿拉善盟蒙古族的赛骆驼，青藏高原上藏族的赛牦牛等。

---

① 林其泉：《八闽山水的民俗与旅游》，第100～114页，旅游教育出版社，1996年。

(4) 竞远。项目相对较少，有蒙古族的布鲁(投掷)，壮族的换漏介(打棍)等。

(5) 竞力。以力量为比赛内容的民俗活动，平日也很多见。如汉族的举石锁、举石担、拔河，蒙古族的摔跤，藏族的格吞（拔河)，柯尔克孜族的耶尔奥达利希（马上拉力)，土家族的斗角，京族的顶棍，哈尼族的拔腰，黎族的拉海龟，达斡尔族的颈力赛，仫佬族的象步虎，朝鲜族的索战（拔河)，等等。

(6) 竞准。这是比赛准确度的竞技体育民俗活动，以游牧民族的射箭（射弩）最流行。其他还有汉族的打弹弓，黎族的穿藤圈，保安、东乡等族的打石头，赫哲族的叉草球等。

(四）民间工艺类

民间工艺包括民间绘画、剪纸、雕刻、雕塑以及各种民间工艺品的制作和传承，形式十分多样。

在民间美术中，最引人注意的是年画和剪纸。这种民俗在我国民间特别是在农村，有着深厚的群众基础。年画起源于对神的偶像崇拜，表现了人们对生活的热爱，对善与恶、美与丑的认识和褒贬。年画的内容有以神像为主的，有体现喜庆的，有表现神话故事的，有反映农民生活的，等等。

民间剪纸比年画还要普及。特别是农村妇女，对剪纸艺术尤其喜爱。一般女孩子六七岁就开始学习剪纸技术了。剪纸不注重自然形态的模拟，而强调夸张、写意和装饰性，让人在似与不似之间展开丰富的联想，得到美感。

三、游艺民俗的特色

游艺民俗在中国虽然一年四季都有，但大多具有一定的季节性和节日性。其特色是多方面的，它不但具有社会性、群众性、娱乐性和季节性，而且还具有浓郁的地方特色和乡土气息。

(一）季节性与无季节性相结合

中国的游艺活动不少有明显的四季感。在春季，如赏梅，春台戏（请戏班演俗戏)，戴荠菜花（三月三，杭州等地妇女到野地摘荠菜花，做头饰，相互比艳)，春游戴杨柳球等。初夏斗百草，盛暑则有玩知了、响板等昆虫以及游泳。到秋季，最为出名的游艺是斗蟋蟀。重阳登高、赏菊花、笼养蝈蝈（俗名“叫哥哥”)、斗鹌鹑等，都是秋日游艺的重要内容。冬季，如踢毽子、抽陀螺。抽陀螺又叫“鞭陀螺”、“打猴”、“打皮猴”等，是儿童喜爱的游戏竞技活动之一。北方多在冬季冰上开展抽陀螺运动。宋代的所谓“千千”也属陀螺之类。陀螺是一种木制的圆锥体玩具，用质地坚硬的木头削成，大小如拳头或鸡蛋。玩时，用绳或布条均匀地缠绕陀螺，猛然抽出，将之抛掷地上，陀螺就嗡嗡旋转不停。要不断抽击陀螺，以旋转时间的长短来决胜负，或者双方先后抽击陀螺，使它们彼此相撞，被击倒者为败。

另外，在游艺民俗中有相当部分是四季通行的。如搓麻将、下象棋、练拳、舞剑以及很多儿童游戏，都是可供人们随时玩乐的。如纸牌游戏，是从明代中期就开始盛行的，俗称“马吊戏”，从城市至乡村都广为流传，且花样日多。但这种游戏往往流于豪赌巨博，有许多负面影响。

（二）竞技性与自娱性相融合

游艺民俗是最具观赏性的民俗种类。它之所以广为流传，经久不衰，根本原因在于游乐相戏中攀比的竞技性和群体的娱乐性。比如麒麟舞，这种习俗可能源于原始社会的百兽舞，也可能与图腾崇拜有关。麒麟象征着祥瑞，人们舞麒麟是为了表达一种美好的祝愿。安徽歙县地区流行的一种麒麟舞，一般在春节到元宵节期间举行。舞麒麟时，在悠扬的乐声伴奏下，头戴方巾身穿道袍的家仙和手拿云雾灯的云姑从漫天云雾中走出来，口念“麟凤呈祥”、“风调雨顺”等祝愿的话；紧随其后的是五路财神，手捧“宝物”，口念“五谷丰登”、“六畜兴旺”、“招财进宝”等语；魁星则戴着面具，敞胸露怀，一手拿笔，一手拿墨斗，在做腾云驾雾动作时在空中比画“天下太平”四个大字。家仙、云姑、财神和魁星登上高台后，由魁星高喊“金童带麒麟”，于是“麒麟”便翻着跟斗登场了。大头、大眼、头上有角、额上贴“丰”字的“麒麟”，是由两人装扮，做些口含、爪玩“八宝”之类的动作，有时也作仰面朝天状，俗称“麒麟望日”。表演时，观众云集。① 广西玉林一带春节也流行舞麒麟，用以恭贺新年，纳吉祈福。当地人们用竹篾扎成麒麟头，外糊纱，描上彩纹，在麒麟额头镶上一面镜子；麒麟口可以开合自如；麒麟的身躯和尾巴是用布或彩绸做成的，也镶上一面面小镜子，犹如龙鳞在闪闪发光。六个人组成一个麒麟队：一个鼓手，两个锣手，一人背麒麟，一人撑罗伞，一人装扮龟精赶着麒麟起舞。麒麟队走街串寨，边走边舞边唱。麒麟摇头摆尾、舔毛搔耳以及出洞、下山、采青等动作与扮相迟钝笨拙的龟精形成鲜明的对比，给人们带来了许多笑声和喜乐。②

① 丁剑、梅森：《江淮热土的民俗与旅游》，第228页，旅游教育出版社，1996年。
② 苏韶芬：《八桂边寨的民俗与旅游》，第180页，旅游教育出版社，1996年。

（三）以传统节日为高潮

岁时节日是人们日常生活中特定的日子，是人们进行休息、娱乐、庆典、祭祀等活动的日子，当然也是不同于平常日子的日子，有着特殊的文化意蕴和丰富内容，是社会生活与民情风俗的极好写照。通过对历史的考察，我们发现，在秦始皇统一中国以前，节日就已经产生了，而且也已固定化。从《诗经》、《礼记》等早期经典中，我们可以看到当时社会的“风”、“雅”、四时生活的规律和节奏安排，对节庆习俗或多或少都有所反映。到了两汉时期，通过历史的传承，以及政府的倡行，今天重要的节日，如元旦、中秋、除夕等，在那时大致都已定型。节日的周期固定在一些有特定分节意义的数字符号上。一些学者通过分析，发现有七个节日的日期是月、日同数的，即正月正、二月二、三月三、五月五、六月六、七月七、九月九。这样一种表达方式，除了容易记忆以外，确实也能在视觉上让人产生美感和亲切愉悦之情。① 除了这些，另外许多节日日期的确定还有“月内取中”、“年内对称”、“异月同日”、“重月之首日”等标准，② 也便于普通民众的掌握和记忆。在民俗学家们看来，中国传统的节庆活动可以分成很多类，但不外乎文化意义上的三个层面，即物质的、精神的和心态的。也有人将综合性的传统节日分成生产类节庆、宗教祭祀类节庆、驱邪祛病类节庆、纪念类节庆、喜庆类节庆、社交娱乐类节庆七大类。③ 我国民间盛行的游艺民俗，大多以节日为载体集中演出。在节日活动中，游艺活动往往是高潮所在。

我国民间传统节日三月三，也就是过去的上巳节，即农历三月上旬的第一个巳日，故称“上巳”，以此日临水祓除不祥，叫“修禊”。《论语》中有这样一段话：“暮春者，春服既成，冠者五六人，童子六七人，浴乎沂，风乎舞雩，咏而归。”这是对踏春郊游的一个典型描绘，但并未构成一个节俗。而在《汉书·礼仪志》的记叙中，我们可以发现，这个上巳节，已经具有官方钦定的性质了，是政府与民间都很重视的大节日。在曹魏以后，这个节日固定为三月三日，后来就变成了水边饮宴、郊外游春的节日。现在，各地在这一天都会举行丰富多彩的活动。其中以壮族三月三的歌圩和侗族三月三的抢花炮最富有民族特色。在每年农历的三月三，广西壮族要举行歌圩会，方圆数十里内的男女青年，身着盛装，自带五色糯米饭和红蛋、绣球等前来赛歌，物色对象。用红兰

① 赵玉东：《中华传统节庆文化研究》，第 3 页，人民出版社，2002 年。

② 吴慧颖：《中国数文化》，第 514～521 页，岳麓书社，1994 年。

③ 赵玉东：《中华传统节庆文化研究》，第 11～19 页，人民出版社，2002 年。

草、黄饭花、枫叶、紫蕃藤等植物的汁液浸泡糯米后炊熟，这种糯米饭相传是歌仙刘三姐爱吃的食物。吃了这种饭可以人丁兴旺，身体健康。因此对歌前人们先抬着刘三姐的神像游行一周，祈求她赐予歌才，保佑人人对歌顺利。接着人们才亮出自己的歌喉相互对唱。红蛋和绣球则是男女青年表达情感的方式。所以赛歌期间穿插着抛绣球、碰红蛋、踢毽子、抢花炮等娱乐性活动。这天侗民在河滩上划出一块抢花炮的比赛场地。抢炮队以寨为单位组成，每队约有队员10～20人。待吉时一到，花炮响起，扎有红绿布条的铁圈冲上天，队员们便竞相争抢下落的铁圈。有的队员虚张声势，互相掩护，有的队员则挤、钻、护、拦，使尽浑身解数，最后抢到铁环的将之投入对方的花篮里就算胜利。这是一场体力与智慧的较量。抢花炮极为惊险、激烈，故被外国人誉为“东方的橄榄球”，同时又蕴含着吉祥的意义：头炮表示福、禄、寿、喜，二炮表示升官发财，三炮表示人丁兴旺。当然，花炮节上还有吹芦笙、跳踩堂、对歌、唱彩调、斗马、斗鸡、拉鼓等娱乐活动。对歌、抢花炮成了节日中最精彩的内容。

实际上，节日活动中大量的游艺，都跟人们的信仰和现世生活密切相关。如昔时北京在农历四月份举行的妙峰山庙会活动，就是一个鲜明的代表：

> 四月初一日至十五日，京西妙峰山娘娘庙，男女答赛拈香者一路不断。由德胜门外迤西松林闸东，搭盖茶棚，以达山上。曲折百余里，沿途茶棚凡十数处。其棚内供奉神像、悬挂旗幡、花红绫彩，外列牌棍旄钺。昼则施茶，夜则施粥，以备往来香客之饮。灯烛香火日夜不休。助善人等于焚香献供时，或八人，或六人、四人，皆手提长绳大锣，约重数十斤，以小棒击之，其音如钟，声闻远近，在神前起站跪拜，便捷自若。其式同仪，其音同节，亦彼之小技也。至于施粥茶之际，数人同声高唱“虔诚太们，落座喝粥”等辞，与钟磬之声远闻数里，以令香客知所憩息。而香客多有裹粮登山，不但粥茶憩息得所，及遇风雨，亦资休避。其豪富者乘车至山下，则易二人肩椅，谓之爬山虎。夜间灯笼火炬照耀山谷。城内诸般歌舞之会必于此月登山酬赛，谓之朝顶进香，如开路、秧歌、太少狮、五虎棍、杠香等会。其开路，以人扮蓬头涂面，赤脊舞叉。秧歌，以数人扮头陀、渔翁、樵夫、渔婆、公子等相，配以腰鼓、手锣，足皆登竖木，谓高脚秧歌。太少狮，以一人举狮头在前，一人在后为狮尾，上遮阔布、彩色绒线，如狮背皮毛状。二人套彩裤作狮腿，前直立，后伛偻。舞动如生，有滚球、戏水等名目。五虎棍，以数人扮宋祖、郑恩等相，舞棍如飞，分合中式。其扛香，一人扮幞头玉带，横跨杠上，以二人肩抬之。好事者拦路问难，则谑浪判语，以致众人欢笑。凡此等会，以曾经朝顶者为

贵。外此，则西直门外斗府闸之万寿寺、五塔寺等，及西山中碧云寺诸禅林名刹者，亦同时拈香。游人麇集于山林木间，实京都一巨观也。①

从这段引文，我们可以看到，在这个庙会节日，既有传统的庙会活动内容，也有针对穷人、香客的施粥活动，更有民间艺人的踩高跷等游艺表演节目，对各阶层民众有着极大的吸引力，故而也就构成了庙会节日的常年事项，直到清末民初还是如此兴盛。

（四）浓郁的乡土特色

民间游艺在民间广为流行，具有强烈的乡土气息。地区的差异，又形成了种种别有情趣的地方游艺民俗。例如：舞龙是江南地区极其普遍的一种民间活动，但各地龙种都不相同，有布龙、板凳龙等，温州滨海地区的龙，龙头、龙尾都以小船为主。浙西地区的草龙最具特色。浙西的开化县苏庄镇每年中秋节都要舞草龙，舞草龙作为稻作文化的产物，表现的是送“五谷神”仪式，祈求庄稼生长良好。草龙的龙身也是用三根粗草绳扎成的，用竹制的圆圈分节，三根草绳分别扎在竹圈上。每节的草绳中间拦腰扎紧，整条龙有数十节之长。草绳周围插上密密的香枝，草绳仿佛是龙骨，香枝是龙肉。舞龙之前，在村头水口摆起香案祭天。“接龙”谓之“呼龙”，意将“龙”迎来村庄。“呼龙”者口念“五谷丰登、六畜兴旺、民安物阜、四时无灾”之类吉祥的话后，数支火铳响起，并点燃龙头、龙身及仪仗上的香火，之后火铳又响，鼓乐喧天，鞭炮齐鸣，众人一声大吼，将草龙高擎起来，从村头迎入祠堂，绕柱旋舞。然后由滚地绣球开路，草龙从祠堂大门而出，各种仪仗队在后，到庄外的稻田里进行“龙嬉戏”、“龙打串”、“九曲弯身”、“头翅为口”、“龙头药味”、“龙身打练”、“龙尾圈头”、“龙深入肚”、“大团圆”等舞龙套式。在香火熄灭前稻田舞龙就结束了，草龙被引到村尾河沿，抛入河溪让水冲走，意为送龙归海，舞龙的整个活动便结束了。广西仫佬族地区的舞草龙，与此大同小异，但舞龙多在春节。

（五）传统游艺民俗与该民族的地域分布大致相同

我国各民族的传统游艺活动具有鲜明的民族特色，在地域分布上，与该民族的地域分布有着紧密的联系，属于某个民族独有的项目更是如此。例如，跳板和顶瓮竞走是朝鲜族特有的民族传统体育活动，流行于东北朝鲜族聚居区；牦牛是青藏高原特有的动物，也是藏族人民长期驯养的牲畜，因此，只有藏族人民才进行赛牦牛这样的活动。

① 李家瑞：《北平风俗类征》，第59页，商务印书馆，1937年。

第二节 特色游艺之旅

我国的游艺民俗丰富多彩，类型多样，具有很高的旅游价值。游艺民俗已成为旅游者最喜闻乐见的民俗活动之一，也是旅游地开展旅游宣传的主要素材。本节择各地旅游与节庆常利用的几种游艺民俗予以重点论述，以明其旅游文化内涵。

一、年画

(一) 年画源流

年画可以说是中国画的一种，始于古代的“门神画”。到清代光绪年间，才正式称作“年画”，是民众喜闻乐见的艺术形式。“腊月二十八，家家贴花花。”每到春节，人们总是会在家中贴上年画，以示辞旧迎新，营造节日气氛，寄托美好愿望。由于一年更换一次，张贴后可供一年之用，故称年画。

我国的年画至今已有几千年的历史，是从门神的门画开始产生的。早在战国时期，中原一带逢年过节时，就有悬挂桃符的习俗。据古籍记载，桃符是一对用桃木板制成的，每块一寸宽，七寸长，上面刻有消灾降福的咒语和图案。挂在大门两旁，用以驱鬼避邪，一年一换。《礼记·丧服大记》中有“君释菜，礼门神也”的记载，说明我国在春秋以前就有“礼门神”的习俗。门神便是桃符所画的主要内容。《荆楚岁时记》记载：“正月一日，绘二神贴户左右，左神荼、右郁垒，俗谓之门神。”魏晋时，这种门神仍是直接画在桃木板或纸上，以桃符形式出现。到了唐代，出现了新的传说。据说唐太宗李世民夜闻寝宫外有神哭鬼吟之声，彻夜不能安睡。武将秦琼、尉迟敬德二人自告奋勇，身穿盔甲，手执兵器，夜立于宫门左右，宫中才得以平静。太宗感于二将的忠心，为免除二将监守宫门之苦，就命画工绘二将像挂于宫门替之。一时，大臣们争相效仿。后来，又传到民间。与此同时还出现了乐于为民除害，性好捉恶鬼的钟馗门神。至此门神已经有了三大题材。到了宋代，随着造纸业的发展，以及木刻印刷术的问世，才由桃符逐渐演变为用纸印的门神。据《东京梦华录》卷十记载，“近岁节，市井皆印卖门神、钟馗、桃板、桃符及财门钝驴、回头鹿马，天行帖子”。可见当时木版印刷的门神已成为商品在市井出售，而且出现了一批以印制门神为生的作坊和民间画工。实际上这就是年画的最初阶段。据称1909年（宣统元年）在黑水城遗址发现的南宋初期时的木版年画《四美图》，可以说是目前所能见到的我国最早的一幅木版年画。这幅价值极高的年画，现藏于俄罗斯东方博物馆。

年画的真正形成乃至更大发展是在明代，木版彩色套印技术的成熟使年画有了较为完整的艺术形式，且易为民间所接受。今天保存下来的还有明万历年间的《福禄寿三星图》、《天官赐福图》、《孟母教子》、《牛郎织女》等。这些年画构图饱满，刻工精致，色彩绚烂，迄今仍为民间所师法。清代是年画发展的兴盛时期，特别是雍正乾隆年间，年画表现的生活范围扩大，艺术性不断增强，广为人民所爱好。但这时年画仍未真正定型，各地名称也都有不同。北京人称年画为“卫画”。《帝京岁时纪胜》载：十二月“初十外则卖卫画门神”。卫画即杨柳青年画，因明代天津设卫，杨柳青属天津卫辖，故名“卫画”。苏州称年画为“画张”。《清嘉录》称：“城中玄妙观，尤为游人所争集。卖画张者，聚市于三清殿，乡人争买芒神春牛图。”李光庭在所著《乡言解颐》中说：“扫舍之后，便贴年画，稚子之戏耳。”这是“年画”一词最早出现于文字中。年画概念的创立与形成，标志着中国画里又增添了一个新的绘画门类，标志着世界艺术宝库中又诞生了一种新的表现形式。近代，年画在题材、表现形式、印制技术、市场等方面都受到了巨大冲击和挑战，特别是现代印刷术的引进和推广使木版年画剧减。然而，民族艺术毕竟具有很深的文化底蕴和强大的生机。到清末民初时，年画仍能继续发展。例如光绪年间的时事年画、改良年画，20世纪20年代由郑曼陀创始的“月份牌年画”就很风行。新中国成立后的第一个春节前，中央人民政府发布了《关于开展新年画工作的指示》。由于政府重视，加之年画工作者的努力，我国的年画得到了空前发展。在保留传统健康题材的同时，每年都有大量新技法的新年画印制应市，题材也求新求变。年画这一传统的艺术形式又焕发了青春，开始出现了万紫千红的繁盛局面。我国的年画如今已成为世界上读者最多和出版量最大的画种。这一民间艺术形式，不但在祖国大陆和港澳台地区备受推崇，就是在海外华人社区也很风行，早已构成一大艺术风景，令世人欣赏、效仿、收藏，甚至探究。

（二）四大年画中心

关于年画的产地，目前已有“南北两大中心”、“鼎足而三”、“三大流派”、“四大年画”、“五大产地”等说法。实际上，由于各地人民生活条件和风俗习惯的差异，各自形成的特色不同，所以年画产地几乎遍布全国。例如：天津杨柳青，北京丰台，河北武强、张家口，河南朱仙镇、灵宝，山东潍坊、泰安，山西临汾、大同，陕西凤翔、汉中，甘肃天水，安徽阜阳、宿州市，江苏苏州、南京，上海，福建泉州、漳州，江西九江、南昌，湖南邵阳，广东佛山，浙江绍兴，广西柳州，台湾台南，贵州，四川绵竹、夹江等地。这些地方的年画，题材内容都很丰富，艺术上各有风格特点，都曾著称于世。而最有名的就是天津杨柳青、苏州桃花坞、四川绵竹和山东潍坊杨家埠。

杨柳青年画，因产于天津市西杨柳青镇一带而得名。杨柳青镇，明代方志称“柳口”，因其地富产杨柳得名。因地处运河、子牙河、大清河沿岸，有水陆交通之便，又与北京、天津较近，故市肆纵横，街景殷繁。北京在辽金时就是北方的刻印中心，元明清三代宫廷中更聚集了大批画家。他们继承了宋代院画及民间绘画风格，精密不苟，不少人技艺上有相当造诣。因此杨柳青年画受北方版画和院体画的影响，逐步形成制作精工细腻，造型色彩甜美，兼印兼画等特点。由于受文人画的影响，杨柳青年画出现了题字、题诗等中国画常见的风格。清代流行于江南苏杭一带的评弹“杨柳青”小调，北方各地鼓词中的“白俊英画扇画”等，都是赞赏杨柳青风景优美、画品精美的俗曲，可见人们对杨柳青年画的喜爱。一般公认为杨柳青年画始自明万历年间，清代中期已形成规模，到光绪年间达到鼎盛。目前能见到的明代杨柳青刻制的年画，数量很少，基本上是以神像为主的，如《四十八艺神像》、《金仙菩萨》、《金阙帝君圣众》等均为竹纸墨印，字迹工整，线条纤柔，还保留插图艺术镌版之规范。清康乾时期的杨柳青年画题材越来越丰富，刻版中多吸收绘画风格，注重人物神情的刻画，画中人物的服饰都反映出当时服饰特点，而且画幅也多是整张粉帘纸的。同时，出现套版并增加多种颜色。杨柳青年画，除具有一般民间年画木版印刷黑线、套版印刷颜色特点外，还独具人工彩绘这道工序，即在套色印刷的色块上用水笔染出立体感和人工绘制人物形象，因而它不但保持木版年画的风格，还以人物传神、精工细腻而更具绘画特点。杨柳青一带的村民，无论妇女、儿童都心灵手巧，从事填色、开脸、出线，各具特色，一般可分为粗、细活两大类。经历代传承，子继父业，逐步形成了不同技艺流派。2006年，杨柳青年画被列入首批国家级非物质文化遗产名录。

苏州的木版年画起源较早，因缺乏文献考证，故其创始年代难以求证。但从北宋至明清的戏曲、小说印本的插图到世界各地博物馆的藏品中，可以见到苏州作坊印行的木版印品。可见，当时苏州的雕版印刷术已十分发达，以此推断，苏州年画最晚产生于明代中期。而桃花坞木版年画作为苏州年画木版手印技术成熟时期的杰出代表，约开始于明代后期。据传，桃花坞最早的一幅木版年画是明代杰出画家唐伯虎所作的《风流艳畅图》。桃花坞木版年画最早是笔绘出售，后改为刻版套色。清雍乾时期，填色者多，后来主要是彩色套印。在制作工艺上，一般选用优质梨木、桃木、椴木等材质，采用“单刀”雕刻线条，饾版法套印色彩。内容以城市风光为主，如《姑苏万年桥》《八仙图》等。其中，名画家王铁珊的《西湖风景》年画堪称一绝。此外，滑稽年画、时事年画、赏识年画等也都很有名气。在艺术形式上，桃花坞年画讲究革新，注重吸收西洋表现方法，品种不断推陈出新。桃花坞年画的画面效果更趋向于装饰性。这种装饰性主要受清宫廷传教士画家的影响。由于吸收了西洋画法，其作品中有的出现了阴影，有的仿铜版画，显得纤细华丽。在一些画面上还出现了“仿大西洋笔法”字样。雍正乾隆时期的作品，如《苏州阊门图》、《西湖十景图》等，明显吸收欧洲铜版画及透视画法，用细密的排线表现光暗、体积，并在透视上追求深远广阔的效果。清朝中叶以后，更多地向阳刻套色发展，线条洗练，善于用粉红、粉绿等色彩，鲜艳中不失典雅明丽的风采。桃花坞年画不仅畅销国内，还远销日本、新加坡、泰国等地。甚至在日本、英国、德国等国家博物馆里，也都珍藏着桃花坞年画。① 2006 年，桃花坞年画被列入首批国家级非物质文化遗产名录。

宋赵抃《成都古今记》中有四川十月酒市、十一月梅市、十二月桃符市的记载。② 而真正意义上的绵竹年画大概始于清乾隆嘉庆年间，到清光绪年间处于极盛。《民国绵竹县志》曾记载了绵竹以盛产“慈竹”出名。“竹纸之利，仰给者数万家，犹不足，则印为书籍，制为桃符，画为五彩神荼、郁垒，点缀年景。”这就为绵竹年画的发展繁盛打下了坚实的基础。绵竹有专门的民间年画组织“伏羲会”。当年在行会下有年画专业创作人员 900 多人，大小规模不等的作坊 300 多家。分布在县城及城郊和坂桥、孝德、清道、遵道等集镇。据记载，清宣统三年（1911 年），绵竹县城仍有年画作坊 120 余家，从业人员 1000 人以上。全县每年生产年画 1200 多万份，画条 200 万份以上。《民国绵竹县志》便称：“商贩远自陕甘滇黔，裹银币来市易，仲冬则接踵城南，购运者遍于五道百五十里。”③ 绵竹年画是以画工勾染为主，只用墨线印出画样，而后即着手工描绘，最多也不过在画完后加一金色套版而已，这与苏州桃花坞全以色版套印者恰恰相反。对于这种工序，许多老画师均积累了很多可贵的“画诀”和经验，特别是用色方面，如“一黑、二粉、三杏黄、五颜六色穿衣裳”等，成为我国民族绘画的宝贵遗产。④ 2006 年，绵竹木版年画被列入首批国

① 参见李永：《苏州桃花坞木版年画》，《装饰》2001 年第 4 期；倪明：《苏州桃花坞木版年画》，《东南文化》2000 年第 2 期。

② 王炎等：《蜀志类纂考释》，第 351 页，中华书局，2021 年。

③ 黄尚毅等：《民国绵竹县志》卷九《实业志后序》，巴蜀书社，1992 年。

④ 参阅范小平：《绵竹年画在中国美术史上的地位》，《美术》2003 年第 3 期；王树村：《年画史》，第 50 页，上海文艺出版社，1997 年。

家级非物质文化遗产名录。

杨家埠木版年画历史悠久，风格独特。据考证，杨家埠杨氏家族于明朝洪武初年从四川梓潼县迁居潍县促水河两岸。四川在宋代就是全国有名的雕版中心，杨氏素有家传的雕版印刷技术。他们迁居杨家埠以后，根据山东的风俗民情，发展出了独具特色的杨家埠木版年画。明末清初，杨家埠就有"洞顺堂"、"吉兴"、"太和"、"公泰"等30余家画店。在以后的半个多世纪里，杨家埠木版年画发展到"百家画店，千种年画"，成为山东东部木版年画的集散地。清朝末年时，年画年产量高达5000万份，除销售本省外，还售往江苏、安徽、河南、山西、东北等地。杨家埠年画主要是分色套版，在艺术表现形式上采用概括、夸张、象征等表现手法，构图饱满而富有装饰性，线条简洁洗练，色彩对比强烈。其代表作为《男十忙》、《女十忙》、《门神》等。在画法系统上，杨家埠年画属杨柳青的支派，制作方面比杨柳青粗糙一些，但适合了农民的欣赏水平和购买能力，占领了大片农村市场。杨家埠的画工除了有的模刻杨柳青的画稿外，还自己创作反映劳动生产、子孙繁昌、六畜兴旺、四季花开，画面上充满了欢乐幸福的气氛。他们根据中国历史故事画的年画造型赋彩，都有自己的风貌；用连环画形式表现的古典文学《西厢记》构图精致，人物配景纤细入妙，刀刻也硬整有力。[①] 现在杨家埠已是山东省民俗旅游的重要基地，年画是主打的旅游产品。2006年，杨家埠年画被列入首批国家级非物质文化遗产名录。

二、花鼓

（一）花鼓概述

花鼓是广泛流行于我国各地的一种歌舞形式。一般认为，花鼓的起源可以追溯到宋代的"讶鼓"（或称"迓鼓"）和"打夜胡"。据史料记载，讶鼓是流行于宋、元、明代的一种节庆时化妆表演的歌舞形式。宋朱熹就曾说："如舞讶鼓然，其间男子、妇女、僧道、杂色，无所不有。"[②] 明《词林摘艳》中称："社火将讶鼓敲，游人把灯乱跳。"山西昔阳县迄今还保留着一种击鼓、歌唱、舞蹈、朗诵四结合的古老的讶鼓形式，这些都与后来的娱乐性花鼓十分相像。而"打夜胡"在《东京梦华录》卷十中记载：十二月"即有贫者三数人为一伙，装妇人鬼神，敲锣击鼓，巡门乞钱，俗呼为'打夜胡'，亦驱祟之道也"。这又与乞讨性花鼓基本类似。

① 秦文贞：《杨家埠木板年画渊源探讨》，《潍坊学院学报》2002年第3期。

② 〔宋〕朱熹：《朱子语类》卷一三九，中华书局，1986年。

讶鼓、打夜胡和打花鼓都与民间的社事（即“社伙”或“社火”）有关。所谓社火，是指作为社的祭礼，由民间社团组织的各种庆典杂戏。宋范成大《上元纪吴中节物徘偕体三十二韵》自注就说过：“民间鼓乐谓之社火，不可悉记，大抵以滑稽取笑。”① 在清代，作为节庆娱乐的花鼓表演已经非常兴盛。惕斋主人《真州竹枝词引》记载：“俗尚花鼓灯，其前八人，涂面，扎抹额，手两棒，曰大头和尚，与戴方巾、穿红绿褎衣曰呆公子者，互相跳舞，厥后曰连相，曰花鼓，曰侯大娘，曰王二娘，曰渔婆，曰缝穷，曰疯婆娘，凡女装者，统曰包头；其男装者，曰瘸和尚，曰瞎道士，曰渔翁，曰补缸匠，曰花鼓老，相率串各戏文。……此即昔所谓社火也，世俗相沿，由来旧矣。”② 在北方有些地区成立了颇具规模的花鼓会。如天津西沽村的“花鼓”，每年农历三月二十三日都要参加天津天后宫举行的传统盛会“皇会”，八位演员扮成水泊梁山中的孙二娘、顾大嫂、李逵、燕青等英雄好汉，持花鼓、霸王鞭、小锣、太平鼓等，在笛子和檀板的伴奏下表演，观者如林。这种表演和《真州竹枝词》所言有非常相近的地方。后来，花鼓发生了分流，随着灾患与农业生产的衰败，部分地区的下层民众将其作为乞讨谋生的工具。这种乞讨性花鼓通常由一两个人表演，以走唱为形式，没有管弦伴奏，舞蹈、鼓点和歌唱都比较简单。它是旧中国逃荒者苦难生涯的体现，充满着背井离乡的悲凉。

一般而言，今天流传在各地的花鼓主要有以下两种形式：一是表演者自击鼓，击鼓动作是舞蹈的组成部分。如安徽的凤阳花鼓、湖北的三棒鼓、山东的鞭子鼓、山西的沁源花鼓、陕南的羊皮鼓、福建和台湾的车鼓及北方流行的太平鼓。鼓的形状、拿法和背法，各地不尽相同，打法也各有绝招。二是泛指南方地区流行的化装歌舞，少则二三人，多则十几人，表演者自己不击鼓。如湖南的地花鼓，江南的苏南花鼓、扬州花鼓，安徽的花鼓灯，陕南的花鼓子等。

（二）名花鼓

在各种花鼓类型中最有名的要算凤阳花鼓。凤阳花鼓，俗称“花鼓小锣”或者“双条鼓”，流行于旧时的凤阳府地区。根据民间传说，花鼓戏曾被用于朱元璋的朝贺宴庆活动中。朱元璋对于娱乐平素不甚喜欢，但对花鼓却情有独钟。定都金陵（今南京）后，濠州太平乡的百姓打着花鼓前去祝贺，到南京时，正好碰到朱元璋在设宴款待大臣。朱元璋就让他们“唱完再吃”，并许诺：“往后你们在家乡，有福的去做父母官，无福的就给我看守陵墓，种田的不要

① 参阅郭净：《中国面具文化》第十三章，上海人民出版社，1992 年。

② 王振忠：《凤阳花鼓新证》，《复旦学报》1995 年第 2 期。

交租税，年老的只管逍遥自在地喝酒。一年三百六十天，你们就唱着过吧！”① 在明代万历年间周朝俊所作传奇剧《红梅记》中便有凤阳人打花鼓的小戏，这是目前所知凤阳花鼓的最早文字记载，而美国波士顿博物馆也藏有明人顾见龙所绘《花鼓图》一幅。可见，明代凤阳人打花鼓为生已经是相沿成俗。至于人们常听到的《凤阳歌》“说凤阳，话凤阳，凤阳原是好地方。自从出了朱皇帝，十年倒有九年荒。（打锣鼓介）大户人家卖田地，小户人家卖儿郎；唯有我家没得卖，肩背锣鼓走街坊”，最早出现在1770年（清乾隆三十五年）由钱德苍增删改订的戏曲集《绘图缀白裘》第六集中的梆子腔《花鼓》中。自此之后，人们就把这一段《凤阳歌》看作是凤阳花鼓的代表作。旧时，凤阳地区多灾荒，许多凤阳人只好背起花鼓去讨饭，所以，江南一带到冬季便常听到凤阳花鼓，甚至北方地区也有。清李声振《百戏竹枝词》记载，在北京“打花鼓，凤阳妇人多工者”。凤阳花鼓通常由两个被称为“花鼓女”的妇女表演。其中一个左手持一小长鼓或小扁鼓，右手食指和中指间，以及无名指和小指间，各夹一根一尺半至二尺半长的缠着红绳的细竹棍，用来击鼓；另一个则敲小锣。演出形式有两种，一种叫“唱门头”，即挨门挨户唱奉承话或吉利话，唱舞结合，击鼓者变换各种姿势，有一定的技巧和难度，而演唱较简单，带即兴性。另一种叫“坐唱”，即坐在板凳上，以唱为主，通常要唱两小时左右，内容较“唱门头”生动，多有情节。表演完毕，花鼓女便向主人家或围观者索取钱粮。② 长途卖艺的生活使凤阳花鼓的唱曲有了广泛的来路，各地流行的民间小曲都囊括在内，其音乐也随花鼓女的足迹遍布各地。除了前述最有名的《凤阳歌》外，代表作还有《王三姐赶集》、《十杯酒》、《五更调》、《嫌贫爱富》等。现在，凤阳花鼓很少用作行乞的方式了，相反，它变为喜庆丰收时的一种娱乐活动。2006年，凤阳花鼓被列入首批国家级非物质文化遗产名录。

花鼓灯是流传于淮河流域的民间舞蹈，曾被周恩来誉为“东方芭蕾”，有“淮畔幽兰”的美誉。据新编《凤台县志》记载，花鼓灯“在清光绪之间就已经形成了一套完整的表演模式”③，出现了不少配备齐全的花鼓灯班子。每年中秋后至次年农历三月的每月中旬，花鼓灯班便登场演出。在庙会、元宵灯会中，甚至举行一百多班的大会演。花鼓灯班一般有十几名演员，女角称“兰

① 王振忠：《遥远的回响——乞丐文化透视》，第60页，上海人民出版社，1997年。

② 东方音乐学会：《中国民族音乐大系·歌舞音乐卷》，第91页，上海音乐出版社，1991年。

③ 凤台县地方志编纂委员会：《凤台县志》，第543页，黄山书社，1998年。

花”，梳大辫，上穿普通女褂，下穿裙子，不搽粉抹彩，左手执巾，右手持扇；男角称“鼓架”，穿随身衣服，系腰带，头上用毛巾扎成英雄结。“鼓架”按专长又分“伞把”、“大鼓架子”、“小鼓架子”、“丑鼓”。花鼓灯的表演形式有四种，演出时以这四种形式为序：一是大花场。由伞把子手擎黄罗伞，引兰花和鼓架子登场，表演群舞。二是小花场。花鼓歌演唱与小型舞蹈交替进行，舞时不歌，歌时不舞。三是盘鼓。舞蹈与杂技、武术穿插，“丑鼓”不时插入笑话、顺口溜以逗乐。四是后场。演小戏，戏前与戏后均由伞把子即兴唱伞歌。花鼓歌来自当地民歌，旋律抒情性较强，曲调有十余种，如“花鼓调”、“绣荷花”、“慢赶牛”等，同一曲调男女唱法不同。花鼓灯传统小戏有《推小车》、《小货郎》等。伴奏以打击乐为主，吹管乐为辅。有时加一件特别乐器“铜号”，当地叫“尖子”，形似唢呐，长五尺左右，音色浑厚。打击乐有可供单独演奏的锣鼓曲，如《十八番》、《十番》等，运用“闪板”、附点、休止，使节奏活跃跳荡，加上“闷锣”、“压鼓槌”、“闷鼓”等技巧变化，有极强的表现力。①

湖南花鼓戏已有二百多年的历史，经历了从民间歌舞到对子花鼓，直到能够演出一整本大戏这样一个从简到繁的过程。其叫法在湖南境内不完全一致，如由一丑、一旦表演的，在宁乡、益阳一带称“地花鼓”，在邵阳、衡阳则称“对子花鼓”；二旦、二丑表演的，桃江一带称“双花鼓”；一旦、一丑、一小生、一老生表演的，桃源称“穿格子”，而在湘西地区，类似的歌舞形式也有称作“花灯”、“茶灯”、“车子灯”的。丑角一般抹三花脸或小花脸，穿马衣彩裤，头戴皂帽，手持扇，以舞矮子步为特色；旦角穿彩衣彩裤，梳蝴蝶头或一条大辫子，头上插花，有时带花冠，手拿帕子和扇子。湖南花鼓戏曲调有二百多首，每个节目选用一个基本曲调反复演唱，常用的有《洗菜心》、《打铁歌》、《铜钱歌》等，带情节的小戏有《刘海砍樵》、《望郎》等。曲调中尤以湘中、湘东地区带微升徵音特性的语调旋律最有特色，这与湖南方言有密切联系，常被视为湖南民间音乐地方色彩的标志。伴奏乐器有锣、鼓、钹、大筒、唢呐、笛子、三弦、琵琶等，其中大筒是湖南花鼓戏的特色伴奏乐器。新中国成立后，湖南花鼓戏得到了蓬勃的发展，不但整理了如《刘海砍樵》、《打鸟》等传统戏，而且创作了《双送粮》、《姑嫂忙》、《三里湾》等不少现代戏，《打铜锣》、《补锅》、《送货路上》、《野鸭洲》等还摄制成影片。② 2006 年，湖南花

① 东方音乐学会：《中国民族音乐大系·歌舞音乐卷》，第 118～119 页，上海音乐出版社，1991 年。

② 东方音乐学会：《中国民族音乐大系·歌舞音乐卷》，第 133 页，上海音乐出版社，1991 年。

鼓戏被列入首批国家级非物质文化遗产名录。

车鼓，又名“大车鼓”，流行于闽南和台湾地区，通常由十一人化装表演。开场，一个老汉用一根中间粗两头细的鼓槌擂响大鼓，然后其他演员按角色的规定动作起舞：两个小丑拿钱鼓敲击肩膀和大腿，两腿一屈一伸交替运动。四个小旦，两个敲酒杯，两个击四块瓦，手臂弯曲胸前走台步。此外，还有两个小生打小锣，一个车公敲铜钟，一个车婆打拍板，踏节移步。自郑成功收复台湾后，大批闽南人移居台湾，车鼓也随同入台，大受欢迎，很快发展为“车鼓戏”。清代道光年间台湾《彰化县志》中有《车鼓诗》：“岁稔时平乐事多，迎神赛社旦高歌，哓哓锣鼓无音节，举国如狂看火婆。”反映了车鼓在当地迎神赛社活动中的演出盛况。近代，融合车鼓、锦歌、民歌小曲等民间音乐的歌仔戏在台湾兴起，又迅速传入祖国大陆，风靡福建。台湾车鼓所唱歌曲大多是流传在嘉南平原、由闽南移民带入的闽系民歌，如《桃花搭渡》、《车鼓调》、《五更鼓调》等，而闽南地区的车鼓如今则多采用台湾歌仔戏的曲牌演唱和伴奏，使用的乐器有唢呐、谷子弦、大筒弦、月琴、南三弦和打击乐器等。①

三、山歌

我国地域辽阔，由于各地各民族的历史发展、社会状态、自然环境、风俗习惯及语言诸方面不同，也就使得民歌显示出不同的色彩和情调。山歌是中国民歌的基本体裁之一，流传分布极广，文化内涵也极为丰富。江明惇《汉族民歌概论》认为，山歌是产生在山野劳动生活中，声调高亢、嘹亮，节奏较自由，具有直白晓畅地抒发感情特点的民歌。② 中国的山歌最有代表性的传播区及其品种有：内蒙古草原的各种长调，晋、陕、内蒙古西部的信天游、“山曲”、“爬山调”，宁、甘、青地区汉、回等族的花儿，新疆各民族的牧歌，陕南、川北的“姐儿歌”、“茅山歌”、“背二哥”，大别山区的“慢赶牛”，江浙一带的“吴山歌”，赣、闽、粤交界区的客家山歌，云、贵、川交界地带的“晨歌”（又名“神歌”）、大定山歌、弥渡山歌，藏族各聚居区的藏族山歌及广西的各族山歌等。

（一）信天游

在品种繁多的山歌中，最有名的就是信天游。信天游又叫“顺天游”、“小

① 东方音乐学会：《中国民族音乐大系·歌舞音乐卷》，第105～106页，上海音乐出版社，1991年。

② 江明惇：《汉族民歌概论》，第91页，上海文艺出版社，1982年。

曲子”，流行于陕西北部及宁夏、山西、内蒙古与陕西接壤的部分地区。陕北俗话：“穷开心，富忧愁，寻吃的（乞丐）不唱怕杆求；信天游，不断头，断了头，穷人无法解忧愁。”信天游其实是一个综合性的民歌体系，仅陕北的信天游就不下数十种。陕北还有一句俗语：“信天游，遍地流。”这一方面是说信天游的流传极广，另一方面也是说它的品种极多，有的地方，县与县就有不同的信天游，村与村的信天游也不尽相同，甚至在同一个村内，每个人唱出的信天游也有很大区别。但它终归有一个统一的形式，即多为七字一句（也有十余字一句的），一般为上下句结构，歌词常常为两句一段，短的只有一段，长的可达十几段。唱词上句起兴，下句点明主题。如“马里头挑马不一般高，人里头挑人就数哥哥你好”。曲调多建立在“徵—宫—商—徵”这样一种“双四度框架”上，上句分成两个腔节，并在头一个腔节上作较长的延伸，给人以辽阔悠远之感。下句一气呵成，在上、下句变化反复的歌唱中，歌手们倾注着自己的人生感慨。信天游的节奏大都十分自由，旋律奔放、开阔，扣人心弦、回肠荡气，这与沟川遍布的陕北地貌有很直接的关系。在当地，人们习惯于站在坡上、沟底远距离地大声呼叫或交谈，为此，常常把声音拉得很长，于是便在高低长短间形成了自由疏散的韵律，这种习惯自然会对信天游产生影响。因此，信天游的曲调悠扬高亢，粗犷奔放，韵律和谐，不加修饰地透着健康之美。《蓝花花》、《走西口》、《五哥放羊》、《赶牲灵》、《你看哥哥哪搭搭好》都是信天游的代表作。信天游的动人音调激发了许多诗人、作家、音乐家的灵感，他们因此创作出一批蜚声艺苑的佳作。信天游被誉为艺术的母亲，如李季的《王贵与李香香》、贺敬之的《回延安》等就是用信天游格式创作的。2008年，以信天游为代表的陕北民歌被列入国家级非物质文化遗产名录。

（二）花儿

花儿，又名“少年”，别称“野曲儿”，是流传在甘肃、宁夏、青海等地回、土、撒拉、东乡等族以及一部分汉族中的一种民歌。民谚有“陕西的乱弹（秦腔），河州的少年”之说。正如一首花儿中唱道：“黄河曲曲九道弯，弯弯里都有浪翻；河湟上下你来看，哪一个不唱少年。”由于分布面大，花儿按流行地区和歌唱形式分为河湟花儿和洮泯花儿两大流脉。同时，又依民族、音调风格分成若干支脉。早在明宪宗成化年间就有“轻鞭一挥芳径去，漫闻花儿断续长”的诗句流传，清人也有“花儿饶比兴”的记述，可见其历史久远。[1] 花儿的曲调称“令”，令有100多种，较为流行的就有40多种。这些令各具特

① 王文韬：《河湟“少年”音乐探析》，《星海音乐学院学报》2001年第4期。

色，多姿多彩。有时，同一首歌词可以用十几种曲令来演唱，这也是花儿的一个特征。所以，花儿有“三分歌词七分唱”的说法。唱词为四句民间格律体，即不是规整的七言句式，而是第二、四句采用“双字尾”，如：“上去高山望平川，平川里有一朵牡丹；看上去容易摘去难，摘不到也是枉然。”曲调则全部是上下句体，四句唱词分两遍唱完。它不仅语言朴素凝练，意味深长，而且善于选择准确、生动、形象的字眼，表达完整的内容。花儿格调的悲壮、声音的高亢颤动、形式的单纯，都是从游牧民族的歌唱脱胎而来。虽然在内容上也是以歌咏爱情为主题，但是直率豪迈的气概，流露于音色字眼之间，充分地表现了明朗爽快的西北精神，与其他各地的民风大异其趣。“花儿”的名称，来自爱情。生活在西北高原上的男女青年，经常用民歌作为传情达意的手段，向对方倾吐自己的爱情。在歌中，男方亲昵地称女方为“花儿”，女方称男方为“少年”。于是，对情人的称呼，就变成了这种民歌的名称。“花儿”与“少年”这两个富于情感的名称，也反映了这种民歌在内容上的基本特点，因此，情歌在花儿中的比重是很大的。花儿的传唱分平时和“花儿会”两种。花儿会最初是一种与庙会祭祀活动有关的民间集会，到后来，庙会的宗教色彩日趋淡薄，而唱花儿的成分却不断增加，最后逐渐演变成了花儿会。在河湟地区，每到民间节日，各地都在一些固定的日子里举办花儿会，各地的会期各有不同。每到花儿会期间，不仅本地区的歌手参加比赛，相邻省、县的歌手也前来打擂献歌。现代花儿在全国流传，则要归功于著名的民族音乐家、“西北音乐之父”王洛宾，他所作的《在那遥远的地方》是最有名的花儿。而根据河湟花儿曲调创作出的歌舞《花儿与少年》，演出后曾风靡全国，为广大群众所熟知。2009年，花儿列入联合国人类非物质文化遗产代表作名录。

（三）壮族山歌

壮族民歌特别发达，素有“歌海”的美誉，历史上，还涌现出不少像刘三姐、黄三弟这样被称为“歌仙”、“歌王”的著名歌手。壮族山歌由于南北部方言的不同而对山歌有不同的称呼：欢、西、加、比、论等。在壮族地区，每一个区或乡都有好几个调子，其中有叙事用的平调；有抒发欢快情绪的喜调，等等。据统计，各地不同调子加起来多达1000种以上。这些山歌调虽然是固定的，但它能表现不同的思想感情。其旋律与歌词相结合，能在听众中产生强烈的感染力。山歌的演唱方法，有独唱、重唱、领唱、合唱等方式，无论是支声式、和声式或者复调式，都丰富多彩，别具一格。其中，富宁皈朝山歌调、靖西马隘及汉隆山歌调、田阳古眉山歌调、马山山歌调、环江山歌调等尤其著名。壮族聚居村寨，到处都可以听到具有独特风格的山歌，不仅平时唱，家里唱，而且还有定期举行的唱山歌会，称为“歌圩”或“歌节”。歌圩的日期主要在农历三月初三，但在春节、四月八、中元节、中秋节以及婚嫁、满月、新房落成等喜庆吉日也都形成歌圩，有时甚至在赶集的路上也形成临时的歌圩。歌圩有日歌圩和夜歌圩之分。日歌圩在野外，以青年人“倚歌择配”为主要内容。夜歌圩在村子里，主要吟唱传授生产、生活知识和技能的生产歌、季节歌、盘歌和历史歌等。歌圩的社会功能是多方面的，但一直以青年男女通过公开聚唱来选择婚配为主。每到歌圩日，青年男女们便盛装艳服，三五成群地来到歌圩场，通过歌唱显示才能，披露心声，交流思想，找寻自己的意中人。歌圩上，对唱是主要的活动方式。对唱是一对一对进行的，当一对男女青年对唱的时候，双方的朋友都围在身旁相助，甚至还有歌师在旁出谋划策。对唱的程序是非常复杂而严格的。一般来说，从初交到初步确定恋爱关系，要经过下列对唱阶段：引歌、初会歌、大话歌、初问歌、盘歌、赞美歌、追求歌、初恋歌、结交歌、定情歌、赠礼歌、嘱别歌，等等。各个环节相对独立，又环环相扣，紧密相连。每个环节的歌都很长，很丰富，好的歌手可以唱几天几夜。2006 年，壮族歌圩被列入首批国家级非物质文化遗产名录。

（四）蒙古族长调

蒙古族歌曲分为两个主要品种，其一是乌日汀哆或称“长调”，其二是“短调”。“乌日汀”是长久永恒的意思，“哆”指代歌。作为与盛大庆典、节日仪式有关的表达方式，长调在蒙古族享有独特的、受人推崇的地位。婚礼、乔迁新居、婴儿降生、马驹标记以及其他蒙古游牧民族的社交活动和宗教节庆仪式上，都能听到长调的演唱。包含摔跤、射箭和马术比赛的狂欢运动会“那达慕”大会上，更能听到长调。

长调的历史可以追溯到 2000 年前，承袭了匈奴—高车游牧音乐文化的传统。《魏书·高车传》中称，高车“其人好引声长歌，又似狼嗥”，这就是长调的雏形。长调在 13 世纪以来的文学作品中已有记载。长调是抒情歌曲，由 32 种采用大量装饰音的旋律构成。它赞美美丽的草原、山川、河流，歌颂爱情和友谊，表达人们对命运的思索。它的特点是大量使用装饰音和假声，悠长持续的流动性旋律包含着丰富的节奏变化，极为宽广的音域和即兴创作形式。上行旋律节奏缓慢稳定，下行旋律常常插入活泼的三音重复句式，这是对草原生活步调的模仿。长调的演唱和创作与牧民的田园式生活方式紧密相连，这是蒙古族至今仍然广泛延续的生活方式。

直至今日，长调仍保留着丰富的地域风格，大致可以分成呼伦贝尔流派、锡林郭勒流派、阿拉善流派、扎木苏流派和鄂尔多斯流派。

2007年10月24日，中国首颗绕月卫星“嫦娥一号”带着三十多首歌曲飞向太空，其中一首便是有着三百多年历史、位居阿拉善八大长调民歌之首的《富饶辽阔的阿拉善》。2008年，蒙古族长调被列为联合国人类非物质文化遗产代表作名录。[①]

（五）客家山歌

客家人是汉民族的一个支系，所谓客家是与土著居民相对而言的。据有关资料介绍，客家人现有人口总数约5500万，分布在赣南、闽西、闽北、粤东、粤北、广西、四川、湖南、贵州以及台湾、香港、澳门等地，也有一部分侨居海外。客家山歌是客家人主要的民间文艺形式，分粤东北、闽西、赣南三个不同的系列。客家山歌流传之广、受群众喜爱之深、对人民生活的作用之大，在汉族山歌中都是十分突出的。到今天，《刘三妹》、《情哥下南洋》等山歌仍流传很广。客家山歌的音乐简朴直接，节奏自由，即兴变化的手法较多，字调和字义所做的旋律变化、句尾的润腔装饰变化以及句式结构、节拍结构的变化都较自由。客家山歌的旋律起伏度较小，基本音域大多在五度左右，大多为四声羽调式和五声徵调式。唱词讲究韵律和句式结构，与我国古代中原民歌很相似。[②]

四、赛马与斗牛

（一）赛马

《史记·孙子列传》记载有著名的“田忌赛马”故事，可见早在战国时期便有赛马活动。《盐铁论·授时》所说的“博戏驰逐”，也就是赛马博彩，说明赛马活动汉朝亦有。少数民族的赛马活动则更是兴盛，有20个少数民族把赛马活动列入传统的体育项目。

赛马是藏族民众十分喜爱的一项活动，它不仅是农牧民闲暇之余的集会，交流农牧业生产经验的场所，而且是藏民族精神的展示。在所有民间传承的藏族节日中，几乎都少不了赛马活动，而且还有专门的赛马节。传统的赛马节包括赛马、射箭和骑马射箭三项内容，今日的赛马节还增加了各种文体活动和物资交流。如今西藏地区的赛马节最著名的是江孜达玛节。达玛节，藏语意为跑马射箭，藏历四月十日至二十八日举行。相传始于1408年，到了1447年，娱

① 参见包达尔汗、乌云陶丽著，王文章主编：《蒙古族长调民歌》，文化艺术出版社，2013年。

② 江明惇：《汉族民歌概论》，第147～148页。

乐活动更为丰富，节目也开始定型。其内容主要是展佛轴画、跳神、角力、跑马射箭、抱石头等。藏北赛马节是藏北草原规模盛大的传统节日，故又称“草原盛会”，每年藏历六月举行，为期5～15天不等。比赛开始时，只见近百名骑手身着薄薄的黄色缎子藏装，头戴雁翎，外镶红、黄布面缎，头顶毡帽，脚穿毛线袜。女选手们打旗领队，小骑手们随后打鼓助威。他们分别由父亲牵马进入赛场。绕场一周后，再牵到指定地点，小骑手们便下马，整装待命。发令声一响，他们扬鞭抽马，疾驰狂奔，冲向终点。康定跑马山会，又叫康定跑马山赛马大会，每年五月十三日举行。传说原土司旧衙在今色多衙门，某年五月十八日山洪暴发，摧毁了城池。为了祈福于山神，永避水灾，明正土司决定在每年五月十日将康定百姓、寺僧齐集于跑马山，与四十八家锅庄头人共同祭祀“神山”。而当地百姓以此会为贸易交换之会。赛马会上，四十八家锅庄各出人马比赛，按锅庄大小分摊定额马匹人员。赛马者通常是十二三岁的小骑手。五月十三日一早，点马官即开始唱名，各锅庄选手依次牵马排列。赛马是沿跑马山的缓坡进行的，以对面山上鸣枪为号，一时众马齐发，在万众喧嚣的呐喊声中奔驰而去。因山道不宽，群骏相挤，每次途中落马的骑手不少，获胜者由土司赏以奖品。盘坡赛马节，又称盘坡草原盛会，还称峨堡会，是青海省门源回族自治县附近的藏族、蒙古族、土族、回族、汉族等各族人民盛大的赛马会，于每年农历八月间秋高气爽、膘肥马壮的时候举行。天祝赛马节是甘肃华锐藏区传统的民族盛会。人们为了纪念古代在抵御外部族的战斗中献身的十三位华锐英雄，于是在每年八月一日举行赛马会，并在开幕式上鸣炮十三响，以示对这十三位英雄的敬意。①

新疆的哈萨克族、蒙古族、柯尔克孜族、塔吉克族和维吾尔族等少数民族也都喜爱赛马，尤其是世代生长在天山、阿尔泰山草原上的哈萨克族牧民，更是酷爱赛马运动，其竞赛技艺之高超，令人叹为观止。哈萨克族除少数人从事农业已定居，大部分人从事畜牧业，过着游牧生活。因此，当地谚语说：“马是哈萨克的翅膀。”马在哈萨克族的生产生活中占有非常重要的位置。哈萨克族人外出活动，无不以马作为脚力。放牧羊、牛、马、骆驼等，都骑马跟群，管理牲畜。旧时，哈萨克族各部落每逢夏秋时，便利用肉孜节，集中在一起举行赛马活动。赛前，要选定时间、地点。参赛的骏马，鬃毛、尾巴扎着彩色布条，以资识别。骑手多是十一二岁的男女少年。比赛开始，众骑手勒马于一条起跑线上，一声令下，立即驱马飞奔。一般是绕场跑三圈或五圈，以先到终点

①　林继富：《西藏节日文化》，第125～126、129～133页，西藏人民出版社，1993年。

者为胜。颁奖仪式是给获胜的马披红挂彩，誉此马为“拜盖阿特”（最好的马）。

蒙古族的赛马也是草原上最激动人心的传统体育娱乐活动之一，多在那达慕大会举行。届时在内蒙古大草原上，远近百里以至几百里的牧民多赶来聚会，参加赛马活动。赛马场上，彩旗飘飘，鼓角长鸣，热闹非凡。参赛者不备鞍，不穿靴袜，但身着彩衣，头缠红绿绸飘带，人数不限，有的二三十人，有的达百余人，不分年龄性别均可参加。赛马是经挑选、调养和训练过的。赛程通常为六七十里，以先到达终点者为优胜。除速度比赛外，骑手们还进行马背倒立、双刀劈刺、马上射击、镫里藏身、跳马、俯身拾物等各种马术表演和比赛。比赛时，观众欢呼雀跃，热闹非凡。授奖仪式也很隆重，获奖的马匹和骑手要并排列队于主席台前，由专人在台上唱颂赞马词，并往获胜骏马身上撒奶酒或鲜牛奶。

我国的赛马多在草原地区，但贵州三都水族自治县的赛马也很有特色。三都水族生活在云贵高原苗岭山脉以南的都柳江和龙江上游，山岭纵横，溪流交错，自古以来马就是他们主要的生产工具和运输工具。每年农历八月至十月，县境水族各寨按先后顺序举行端节赛马活动。端节，水语叫“借端”（即水族的大年）。赛马的场地在端坡。端坡是一条山坡道，起点处一般比较平直，路面也较宽，但越来越狭窄，而且有斜坡，窄处只能容纳两匹马并行。赛程以端坡而定，有长有短，一般为200～300米。每次赛马之前，要举行“开道”仪式。通常是族中长老穿着崭新的青绸长衫、青绸马褂，头戴新的毡帽主祭。祭祀时，先在起点处设供桌，摆上酒菜，在端坡中插一竹标，然后由主祭者骑马拔去竹标，从端坡上跑过。当开道主祭者跑到尽头时，众骑手便纵马扬鞭奋蹄驰骋。骑手一般身穿轻装，不配马鞍和脚套。水族赛马的特色是，骑手不沿端坡跑马一次，而是循环往复地多次跑，自由结伴，陆续起跑。这样的赛马，不仅赛出马的壮弱、骑术的高低，而且还赛出对端坡的适应快慢。

（二）斗牛

提起斗牛，大家自然想到西班牙斗牛，其实中国的斗牛既丰富也精彩。

中国斗牛以浙江金华地区（金华、浦江、义乌、永康、武义、兰溪等）最为盛行。鲁迅曾说过：“看今年（1933年）的《东方杂志》才知道金华又有斗牛，不过和西班牙却两样的，西班牙是人和牛斗，我们是使牛和牛斗。任他们斗争着，自己不与斗，只是看。”① 金华斗牛始于宋明道年间，以后相沿成习。参与角斗之牛都是未经阉割过的公牛，多呈乌黑色，躯体硕大，肩上有峰高高

① 鲁迅：《伪自由书》，第1页，人民文学出版社，1980年。

突起，两眼睁圆，秉性凶悍。斗牛的时间一般从每年春播后“开角”（第一次斗牛），直至次年春播前“封角”（最后一次斗牛），除农忙季节外，几乎一月一大斗，半月一小斗。为提高公牛的战斗力，除平时注意饮食营养外，开斗之前更饲以黄酒、鸡蛋甚至参汤。《兰溪风俗志》详尽记载了白沙斗牛的情况：斗牛前，各牛主先牵牛至白沙殿，并挑肉桶，备酒饭、荤腥，点燃纸香，祭拜神像。参加角斗的牛多为黄牛，水牛较少，平日有专人护理饲养，一般不让其犁田耕地，其食料亦优于一般耕牛。斗前一日，则喂以陈黄酒、白糖或鸡蛋、人参等滋补品，使之兴奋、耐斗。斗牛装饰，一般是簪金花，束头牌一面，叫金牌或银牌，上书牛名。背上装饰略如马鞍，上披红布，讲究者披红绸，绣花刺字，手工精巧。红布上置一旗架，插三角旗四面，如舞台上的武将，状甚威武。有些牛还用丝织牛绳，戴金银制成的项圈和鼻圈，甚为豪华。斗牛场的东西两边，用竹或木竖起两门，上挂红布，叫“坊门”。斗时，先在坊门燃放鞭炮，然后由壮汉四人带牛入场角斗。评判胜负者，头缠青布，赤足短裤，俗呼“拆牛胞”。牛入场后，先在牛的额部束以皮套，名“皮斗”，又将穿鼻的铜圈改为麻圈，叫“软鼻”，以资保护，然后去掉牛绳，让牛认准对手。两牛相对，立即眼红耳竖，互相注视，或用鼻相互嗅触，接着牛性勃发，彼此角斗，进退旋绕，泥浆飞溅。善斗的牛，有的步伐稳定，进退不过数步，屹立如山；有的勇猛灵活，各施其技。牛主、拆牛胞站于两旁注视其胜负。当两牛相持不下、难以分开时，拆牛胞要一手抓牛领峰，一手抓牛腿，将牛拉住。牛斗之胜者如凯旋之将军，乡里引以为荣，牛主家于是张筵饷客，庆祝胜利。①

我国少数民族也盛行斗牛。侗族各村寨都饲养着善斗的“水牛王”，每年农历二月或八月逢亥日举办“斗牛节”。斗牛由邻近几个村寨轮流主办，参赛牯牛 6 头至 10 头不等。各村寨都很重视斗牛活动，平时对牯牛精心饲养护理，一般不用于耕作。临近角斗时，还以蜜糖、猪油及精饲料喂养，使之健壮好斗。届时，要给参赛牛披红挂彩，小伙子们则敲锣打鼓，吹奏芦笙，高举彩旗，前呼后拥地把斗牛送出村寨，赶往斗牛场。斗牛之前，各方选派人检查对方牛角（不得人工削尖或涂放毒药），检查验证后相互交换意见，商定有关事宜，俗称此为“比角”。比角结束，双方各给斗牛饮数斤米酒，使之眼红发威。准备完毕，鸣放三响铁炮，双方呐喊，拥牛入场。两眼发红的牯牛一见对方即奋勇冲上前去，撞头抵角，酣斗起来。两牛相斗，非死即伤，直斗得水花飞溅、田泥稀烂。经过决斗，无论胜负或平局，众人皆鸣锣击鼓，燃放鞭炮，牵

① 《金华地区风俗志上·兰溪风俗志》，第 33～35 页，金华地区群众艺术馆，1984 年。

牛绕场数周，并为胜者欢呼祝贺，场上一片欢腾。散场后，主寨邀请参赛各寨队伍入寨宴饮，共同庆贺。①

苗族也喜斗牛。传说从三国时起，苗族就有斗牛之戏。《民国八寨县志稿·风俗》中称白苗“祀祖，择大牯牛角端正者养之，饲及茁壮，约七年至十三年，则通知合寨，有牛者相斗于野，胜则喜，败则延巫师祝之，无论胜败，均杀之以祀祖先，食宾客”。贵州的都匀还有“西部斗牛城”的称号。苗族斗牛的特色是用树叶遮住牛眼，由主人牵到斗牛场，去掉树叶即斗。此外，回族也有斗牛，称为“损牛”，是回族民间传统体育项目之一，斗牛者用披风挑逗公牛，用鞭子抽打，使它发怒，类似于西班牙斗牛，多在喜庆节日举行。

牛是农耕文化的重要象征，斗牛的产生可能源自古代对神灵的崇拜，后来随着社会的发展，日益成为人民大众的自娱活动。斗牛既紧张、激烈，又带有很大的娱乐性，已经成了各地开展旅游活动的重要产品。

第三节　游艺民俗的旅游价值

民俗旅游目前已取得较大发展，其丰富多彩的活动正吸引着越来越多的旅游爱好者。游艺民俗是民俗旅游资源中最富观赏性、最具参与性、最有娱乐性的一种，它的旅游价值非同一般。游艺民俗旅游的开展，更使民俗旅游多姿多彩。

一、游艺民俗的旅游特性

旅游者一般都希望旅游活动的内容具有一定的娱乐性、刺激性和可参与性，这些恰恰都是游艺民俗的特点与优势所在。进行游艺民俗旅游是切实可行的。

（一）娱乐性

游艺民俗大都以流行在民间的群众性十分广泛的文化娱乐活动为内容，以人们广为喜闻乐见或自发参与表演的形式为标志，如民间游戏、民间竞技、民间歌舞、民间工艺等。从民间游艺的社会功能来说，主要的一点便是具有较强的娱乐性，娱乐性是贯穿于民俗事象之中的特质。也正是这一点，才使游艺民俗事象流传下来，经久不衰。民间游艺民俗散发着泥土的芳香，能以淳厚的地

① 覃彩銮：《侗族传统节日文化》，《广西民族研究》1994年第4期。

方特色和活泼向上、健康娱乐的生活气息叩动每一个旅游者的心弦，激发他们的旅游愿望。

（二）刺激性

游艺民俗，尤其是其中的竞技民俗，具有较强的刺激性。竞技民俗，不但对于本民族来说有强筋健体的实用价值，而且对国内外游人来讲，也很有观赏价值。贵州侗族的抢花炮，苗族的龙舟竞渡和上刀梯，仡佬族的打篾鸡蛋等，都十分热烈而刺激。盛行于北方一些游牧民族（哈萨克族、塔吉克族、维吾尔族、克尔克孜族等）中的传统叼羊活动，也很紧张激烈：将一只宰好的全羊放于规定地点，叼羊者骑马待命，等枪响后，即飞驰争夺，抢到羊后送至主持人所安排的地点，获胜者将烹煮羊肉，宴请宾客。在贵州东北的苗族人的节日中，大多有上刀梯活动，这是一项融合体育、舞蹈、杂技的表演项目。活动时于场地上竖一根高约 2 丈的大木杆，杆左右横插 36 把刀，刀口向上，刀刃锋利，可以断发。表演者赤脚上刀口，一步一步向上走，并表演“金猴观望”、“姜太公钓鱼”、“白鹤亮翅”等招式，攀缘至顶后，须脚无伤口。这些活动都能极大地刺激游客的观赏欲。

（三）参与性

绝大多数游艺民俗，活动内容不但有极强的观赏性，而且还有较大的参与性。旅游者可以亲身领略民俗活动的魅力，如一些游戏、杂耍、竞技，都可以直接参与其中，进行活动。扭秧歌是汉族人民的代表性民间舞蹈，有东北秧歌、河北秧歌、胶州秧歌等种类，多在农闲或新年时表演。表演时，秧歌队员左手舞绸，右手舞扇，踩着锣鼓点走场；歌手则伴随着唢呐、锣鼓声演唱民歌。游客可参与活动，共同分享秧歌舞的快乐。这也是广大中外游客喜欢中国民俗旅游的主要原因。

二、丰富旅游生活、增加旅游情趣

中国传统的游艺民俗，大多具有悠久的历史，传承复杂多变，在地区和民族活动的表现上，差异明显。地域性与民族性、丰富性与多样性均是游艺民俗在文化内涵上的反映。中国是以农业立国的国家，农业文化是中华文化的基本。中国人崇拜龙，视龙为兴云布雨的神物。舞龙源于汉代，一个主要目的是希望龙保佑农业丰收，五谷丰登。舞龙伴随着舞狮，狮在中国人眼中能辟邪镇妖。舞龙多在节日进行，一方面表示对龙的尊崇，另一方面也烘托节日的欢乐气氛。观看舞龙舞狮表演，能丰富旅游者的文化知识，增加旅游者的旅游情趣。云南省为更好地开发游艺民俗资源，还成立了专门的旅游歌舞团，表演当地的歌舞，丰富了游客的旅游生活特别是夜间生活，得到了游客广泛的好评。

三、游艺民俗的旅游资源挖掘

随着我国旅游业的发展，传统的旅游内容和景点，已不能充分满足旅游者的需求。这就要求旅游从业人员大力开发新的旅游资源，以适应旅游发展的需要。民俗旅游的开展正是这种要求的体现。

游艺民俗的内容极为丰富，形式千姿百态。凡民间故事、笑话、戏曲、谣谚、谜语、歌舞、游戏、竞技、杂艺等等，都属于民间游艺的范围，都具有浓厚的愉悦气氛和地方或民族特色。如广州岁暮“行花街”的风俗，在农历腊月二十七至年三十晚上举行，花市的规模十分盛大，男女老幼都倾城出动，争相竞往。又如元宵节灯会，一般在十三日那天就上灯，有的地方从十三日起龙灯和狮灯活动同时展开。也有很多地方的灯节是从正月十四日开始的，如河北昌平区（今北京市昌平区）民间是十四日“试灯”的。十五日为灯节的正日，称“正灯”，即所谓的望日上元，通衢张灯。湖北黄陂各村都有灯会，牙牌上书有“风调雨顺”、“国泰民安”、“五风十雨”和“万紫千红”等句，随后有高跷、锣鼓、龙灯等。浙江部分地区也有这种灯会。贵阳的长龙灯，龙眼比碗还大，须长三尺，吐出龙舌，龙前有人擎着宝珠，上下舞动，叫“龙抢宝”；龙灯经过时燃放“泥台花”，叫“接龙”。

上述的游艺民俗活动，具有鲜明的娱乐性质，对旅游者而言，不但有强烈的观赏吸引力，而且也会让人产生参与的欲望。因此挖掘游艺民俗旅游资源有两种形式：一是在游赏项目中增设游艺民俗节目，如三峡民族风情漂流线，除漂流、观赏古龙溪两岸的自然风光外，为增加旅游趣味，专门设立了土家巴山舞、山歌对唱、民乐吹打等节目，取得了较好的效果。二是举办专门的游艺民俗旅游节，集中展示游艺民俗的风采。这方面近年来各地都做了不少工作，有了一定的成效。如素有“灯彩之乡”之称的浙江海宁硖石，在每年的正月十三至十八日举办灯节，入夜一片灯海，迎灯队伍多至上千人。从附近的上海、杭州等地赶来观灯旅游的人多达十余万，堪称盛况。可见，传统的民俗活动化为新颖的旅游内容，会使人产生特别的旅游兴趣。可以认为，在今后相当长的一段时期里，游艺民俗旅游将始终是人们关注的话题和焦点之一。

思考题

1. 中国传统的游艺民俗的源起与中国传统节日风俗有什么关系？中国传统的游艺民俗具有哪些特点和不同的类型？

2. 现代游艺民俗是从传统节日庆典游艺活动中传承下来的，如何认识和开发其中的旅游价值？

3. 什么是年画？“年画”一词最早始见于何处？我国最主要的四个年画产地分别是哪里？各有什么特色？

4. 我国流行的花鼓主要有哪几种形式？试分别举例介绍。

5. 什么是山歌？中国主要的山歌有哪些？试举一至两例分别介绍。

6. 我国的斗牛和赛马主要流行在什么地方？各有什么特点？请举例说明。

第九章

农业民俗旅游

本章提要： 本章首先分析农业民俗的一些基本原理，包括农业民俗的概念、农业区的划分和农业民俗的主要特征，其次探讨中国农业生产中最为重要的稻作生产，以及其间衍生的农业规范和民间习俗，再次分析广泛存在于中国北方地区的小麦、玉米生产习惯和风俗以及南方的蚕桑生产习俗。

中国是个传统的农业大国，农业在国计民生中占有极其重要的地位。“以农为本”是我国千古不易的信条，由此而形成的农业民俗范围十分广泛。农业民俗属农业文明的范畴，以其特有的生态性、质朴性，为现代都市旅游者所喜爱。

第一节　农业民俗的基本原理

农业民俗是物质民俗的一个重要门类，是农业生产实践的产物。它随着生产工具及生产技术的进步，内涵不断丰富，同时日益显现行业特色。

一、农业民俗的定义

农业是产业中最基本的有机物质的再生产过程，结合了生物体、自然环境和人类社会劳动三大方面。其中，自然环境起着决定性的作用，它不但决定了农业生产的大方向，而且也影响了农业生产的部门结构、耕作制度、区域分异以及生产的技术措施。在一定的自然、社会条件下，人类可以按照自己的意愿，通过生产劳动和相应的技术措施来调节农业生产，进行植物栽培和家畜饲养的生物再生产过程。

由于受到自然、技术和经济三方面因素的综合影响，农业生产具有综合性的特点。可以说，自然是发展农业的基础，技术是发展农业的手段，社会经济条件则对农业发展起着主导作用。社会经济条件包括人口密度、居民的生产生活习惯、经济发展水平、交通运输条件、市场条件等内容。这些都强烈地影响着农业生产及其各个方面和各个环节，如自然资源的开发利用方式、农林牧渔各部门及各种农作物的地域结构与分布、各种农业生产技术措施的选用和推广等。

我国土地广袤，地形复杂，地域的差异、民族的众多，使各地在农业生产上的表征千差万别。这种差别主要体现在生产对象、生产工具、作业方法、产品物种等方面。由此构成的民俗惯制，自然是千差万别，涉及稻作、渔业、牧业、蚕桑、林业等方面。

农业民俗是人们在长期的农业生产实践中形成的，反映了农业生产的基本过程、生产经验等内容的模式化行为。

二、农业民俗区

我国地形高低悬殊，气候各异，农业民俗的区域特色鲜明。早在司马迁时代，中国的农业民俗区其实已有大致的区分。按照《史记》中的相关说法，那时的农业区主要分作(崤)山东、(崤)山西、龙门碣石以北、江南这四大块。这四大区域的民俗文化相应有各自的特色。后来，这种民俗区主要从地域生产特征的不同来分。现在，根据农业民俗形成的基本因素即自然条件和生产特征看，我国的农业民俗有三大一级区。

(一) 东部农耕民俗区

在大兴安岭—阴山—贺兰山—青藏高原东缘一线以东是我国传统的以农耕为主的农业区域，农业民俗以农耕为核心内容。东部农耕区范围广阔，各地也有差异，所以又可细分为：

1. 东北区。农垦历史较短，森林资源丰富。平原沃野主要种植耐寒的玉米、高粱、谷子、小麦、大豆等旱季作物，只有南部种水稻，因气候寒冷有冬闲积肥的习惯。森林茂密的山区，则以狩猎、伐木为主要生产方式，兼栽培、采集人参、木耳、猴头、蘑菇。

2. 黄淮海区。包括黄河下游、海河与淮河流域，平原辽阔，是我国历史上农业经济发展最早和文化最发达的地区，夏、商、周三个王朝就是从这里兴起、发展和嬗递的。但在战国以前，除平原地区的农业已具有相当规模外，其余广大地区都还被森林和灌木丛林所覆盖，植被情况良好。这可从西安半坡、山东泰安大汶口遗址，以及《诗经》、《山海经》、《禹贡》等文献的记载得到证明。在今天的山西、河南、山东、河北等省，都曾经是森林覆盖良好的地区。战国以后，人口日益稠密，农业得到大幅度的发展，土地的垦殖指数较高。这里惯种小麦、玉米、谷子、高粱和薯类等粮食作物及花生、棉花和烤烟等经济作物，是全国旱粮和棉花、油料作物的主产区，也是我国最大的温带水果和干果产区。农作物两年三熟。耕地方式常见有犁耕、耩耕、刨耕。灌溉工具以辘轳为代表。

3. 黄土高原区。这一地区，除陕西渭河平原、晋南和豫西外，大部分在战国以前属于畜牧区，森林和草原广布。秦汉时代大量汉民移入本区，设置郡县，发展垦殖，农牧界线一度北移至阴山以北和乌兰布和沙漠一带。河套及其以南地区因农业发达而被誉为“新秦中”，于是大片天然植被为栽培植被所替代。东汉以后，因游牧民族的内徙，农牧界线大体上恢复到战国后期的情况，次生的草原和灌木丛又大片取代了栽培植被。但因气候转寒、转干，已不可能恢复到秦汉以前的状况。北魏时代在河套地区也进行过垦殖，至隋唐盛世，农牧界线再度北移阴山一线。唐元和年间在河套屯田，垦田约 1320 公顷，以后又在陕北、银川平原开设屯田，黄河中游地区的植被又遭到大规模破坏。宋金以后本区的农牧界线长期维持在今陕西和内蒙古之间。由于宋、金、西夏间的长期战争，为修筑堡寨，屯垦戍边，廓清视野，又大肆砍伐残存的森林。陕北一带因此“山林无巨木”，今环县境内在当时已“不产材木”。从明代开始，长城以外地区，地方驻军每年进行烧荒，植被几乎破坏殆尽，以至沙地不断扩大，最后从断续的沙丘形成大片的沙漠。今天，这是一个大部分为黄土覆盖的丘陵和高原区。以小麦、高粱、谷子等旱杂粮生产为主，产量不稳不高。使用的牲畜多为驴、骡。

4. 长江中下游区。平原与丘陵及低中山地交错分布，热、水、土条件均较优越，历史上一直是森林生长茂盛的地带。由于这一带的经济开发比较晚，历史上在很长时期内人口稀少，经济发展缓慢。秦朝建立之前，这里先后兴起了楚、吴、越等国，农业都集中在长江中、下游的平原地区，其他地区基本上仍是“榛莽未辟”之地。唐后，随着人口的不断增多，平原、丘陵地区日益得到开辟。到宋代，农业地区不断扩大，并且随着经济重心的南移，这里成为全国主要的粮仓。明清时期，人口猛增，荒土日辟，并引种了甘薯、玉米，使山区迅速得到垦殖，进而使农业区逐渐扩展。如今，长江中下游地区成了全国经济、文化最发达的地区，农业、渔业都很发达，是全国闻名的鱼米之乡。农、林、牧、副、渔俱全。典型生产地区集中在江汉平原、洞庭湖平原、鄱阳湖平原、杭嘉湖平原、长江三角洲。普遍实行稻麦、水稻二熟耕作制。粮食作物以水稻为主，小麦为辅，经济作物多油菜、棉花、柑橘等，盛产茶叶、蚕茧。稻、茶、桑蚕生产习俗很有特色。

5. 西南区。西南区以成都平原为中心，也是历史上重要的农业区，但对外交通一直不便。战国时代，成都平原已物产富饶，为秦国所垂涎。公元前256年，蜀守李冰主持兴筑都江堰，使成都平原一跃成为可与关中平原相提并论的主要农业区。由于地处西南，自然条件优越，受各种战争的滋扰较少，农业经济长期不衰。这一地区以丘陵、山地为主，地形复杂，自然条件和农业生产垂直分异显著。既有广阔的稻作区，又有高地麦作区。生产区大多分布于河谷与坝子，历史也很悠久。刀耕火种的古老耕作习俗在部分山区仍有传承遗留。

6. 华南区。地处亚热带，四季常青，作物一年多熟，收获频繁。水稻是主要农作物，此外，还有番薯、玉米、高粱。经济作物以甘蔗、花生、麻为多。种植、生产亚热带、热带的荔枝、香蕉、柑橘、橄榄、菠萝、槟榔、椰子、可可、芒果等。农作多种经营，商品化程度较高。

（二）蒙、新、青、藏畜牧民俗区

内蒙古、新疆、青海、西藏基本上属高寒、干旱地区，地面植被以草为主。畜牧生产占首要地位，多放牧牛、马、羊、骆驼、牦牛，经营粗放。季节不同，放牧方式也有所不同。

（三）沿海渔业民俗区

我国海岸线绵长，海域辽阔，海岛众多，沿海及海岛渔业生产风险大，渔俗极富个性，尤其生产禁忌较多。如舟山，把捕捞季节称为“鱼汛”，一年分春、夏、秋、冬四汛。称渔船为“木龙”，造船开工要择吉日良辰，用三牲供祭。新船下水，称“赴水”，音谐“富庶”，举行揭红布或红纸仪式，向观众抛馒头。在船上不许将双脚荡在船舷外。若人数正好是七男一女则不准出海。

当然，不同的民俗区内部，仍有其类型差异及分布规律。就上述西南区而言，根据地理联系率和空间数据叠加法，可以进一步综合剖析其内在的分布规律。适合发展的农村旅游重点村落，在分布上具有明显的集聚特征，表现为“核心—边缘型”集聚形态；集聚核心包括贵州片区、西藏片区2个高密度区，以及重庆、四川2个次密度区；重点村类型以民俗文化类最多，其次是自然风景类和特色农业类；从省域层面的比较来看，重庆以特色农业类居多，贵州以自然风景类为主，四川、云南和西藏重点村类型相对均匀。地势和自然条件对大部分农村旅游点起着决定性作用，经济类型、人口发展、道路交通等因素的影响比较显著。①

① 罗丽、覃建雄、杨建春：《西南地区乡村旅游重点村空间分布及结构分析》，《中国农业资源与区划》2022年第5期。

三、农业民俗的特征

农业民俗的特征非常突出，主要有自然环境的制约性、社会生产的技艺性和日常生活的稳定性等。

（一）自然环境的制约性

农业生产在很大程度上受自然条件，诸如温度、湿度、土壤、植被等的影响，在地域上显示了差异。对于农业生产来说，自然环境提供了最基本的原料与场所，也为农业的地域分工奠定了自然基础。农业生产的季节性、不稳定性及生产周期长短，都是自然环境决定的。农业民俗自然也是如此。由于我国气候分布有着明显的地带性，自北而南，干湿冷热状况差别很大，因而土壤与植被也呈现出明显的地带性差异。以大兴安岭－阴山－贺兰山－乌鞘岭－巴颜喀拉山－唐古拉山－冈底斯山一线为界，其东南部是季风区，农业生产以种植业为主，农业生产民俗当然都与种植业有关；其西北部是非季风区，自然景观以草原和沙漠为代表，农业生产以牧业为主，生产民俗必然与牧畜相关。在东部，秦岭－淮河一线以北，是旱地区，以南是水田区。反映在农业生产民俗上，其作物种类、耕作方式、耕作制度、生产工具等自然也存在着差异。

（二）功利性

农业生产首先是物质经济的生产，因而很自然地具有功利性。农业生产过程是经济的再生产过程。现代社会由于生产力的高度发达，生产的分布范围迅速扩大，商品的地区专业化生产日益明显，从而形成了面向市场的农业生产专业化格局。这些变化体现在生产习俗方面，便是产生了新的习俗，或与传统相沿的习俗并存，功利性日趋明显。

（三）技艺性

农业生产民俗是随着人类的生产活动而逐步形成的。技艺在农业生产中占有重要的地位。就拿插秧来说，秧插得好坏，对水稻的生长影响很大。再如灌溉，最初人们种田是靠天降水进行耕灌的。后来，为抵御干旱，在淮河以南的广大地区出现了戽水的习俗。随着木制技术的进步，人们造出了水车灌水以代替费力的戽水。近代出现了更为先进的抽水机，灌溉方式也由以前的漫灌转变为喷灌、滴灌等多种形式。

（四）稳定性

原始时期的农业生产只能在一定的平原、丘陵以及为数较少的山区进行。当时的人们在焚烧过树木、枯草的地方播下种子，进行生产。这就是刀耕火种习俗。在以后漫长的历史时期，人们学会了护苗、除草、灭虫和抵御旱涝等各种方法，于是在生产过程中，土、水、肥、管等方面的习俗便渐渐形成，并依赖人们的口头或行为方式一代代延续下来。尽管其表象有过十分复杂的变更，但核心内容依然有所存留，且往往形成了固定的模式。只要你到山区的农村走走，就会发现他们使用的农具依然是汉代的模式。

（五）经验性

中国传统社会，农业生产规模很小，基本上是一家一户分散经营。而农民的文化水平较低，绝大部分是文盲。这就决定着农业生产知识、技术的传播把文化教育这种方式排除在外，主要靠农民自己的经验积累。无论是选种、栽培、田间管理，还是收获、储藏，莫不如此。

第二节　稻作生产民俗[①]

米饭是我国人民的主食。稻作生产又是我国重要的农业门类，且历史悠久，影响大。探究稻作生产的民俗很有意义。

一、稻种选留与储存

（一）稻作的种类与分布

我国种稻历史悠久，稻作分布极为广阔。稻作经过长期的自然选择和人工栽培，形成了许多不同生态类型的品种。根据我国稻作的地理分布及其受气候条件影响的情况，可将我国水稻划为籼、粳两大亚种；据品种的栽培季节和地带光热条件的不同，可分为早、中、晚稻；据栽培田水分条件的差异，可分为水稻、陆稻；依米粒淀粉生化特性，又可分为黏稻、糯稻。

总体而言，全国可划成南方稻区与北方稻区两大地区，但不同的地区对稻种的采用习惯并不一样。[②]

表 9－1　南北两大地区对稻种的采用习惯

稻区	南方稻区			北方稻区		
稻作带	华南稻作带	华中稻作带	西南高原稻作带	华北稻作带	东北稻作带	西北干旱稻作带

① 本节主要参考姜彬主编：《稻作文化与江南民俗》，上海文艺出版社，1996 年。

② 全国农业区划委员会、中国农业资源与区划要览编委会编：《中国农业资源与区划要览》，第 137 页，测绘出版社、工商出版社，1987 年。

续表

稻区	南方稻区			北方稻区		
分布地区	南岭以南及台湾	南岭以北、秦岭淮河以南	云南、贵州、西藏及四川甘孜地区	秦岭淮河以北、长城以南	长城以北大兴安岭以东	河西走廊以西、祁连山以北
栽培制度	双季稻为主	稻麦两熟及双季稻	稻麦两熟为主	单季春稻及稻麦两熟	单季春稻	单季春稻
稻种	籼稻为主，早、中、晚稻均有	籼稻、粳稻交错	低地多籼稻，高地多粳稻	高地中粳稻为主	早粳稻为主	早粳稻为主

（二）稻种的预备

在稻作的生产过程中，种子的预备非常重要，一般在春耕前稻种准备就已完成。这种活动一般都在室内进行。稻种不能太干，也不能太湿，因为太干或太湿都会影响出芽。

种子的多种特征，给农业生产带来了多样的栽培方法。这些方法的传授与改良，几乎都是在生产惯例中进行的。

（三）稻谷的收获与储藏

在江南地区，收割水稻的方式有两种。一是杭嘉湖平原、苏南、上海郊区流行的方式：先将稻子割倒，晒三天，再收捆起来，但不是马上挑到打谷场上去，而是将其堆放在一个地方。等到刮西风时，空气已很干燥，稻秆和稻穗中的水分去掉了大半，才上场打稻。另一种方法主要流行在安徽、江西、浙南等地区：稻子割下后立即脱粒——农民把供脱粒用的稻桶或打谷桶放在田里，割掉一批稻后，就把稻搬到稻桶前，随即甩稻，现在多用脱粒机，稻谷挑回家中，稻草冬季留在田中晒干，夏季有的挑到田埂上晒干，有的埋在田中作为肥料。

稻子除一部分预先作为种子保留外，其余都要加工储藏。

稻谷加工成米，有两道工序：先去掉外壳制成糙米，俗称砻谷；再去糙米的膜，也就是碾米，俗称舂米或做米。在江南地区，砻谷大多用木砻，时间在冬至前后。谷入砻被碾破外壳后，要立即用风车扬去外壳。谷壳称作“砻糠”，是很好的燃料。糙米还要进一步去除外膜，传统的方法是用石臼舂，这项工作多在腊月间进行。余下的便是如何保存了。过去最为普遍的储藏用具是用稻草编成的米囤。在新春来临时，农家用大红纸剪成双喜字、元宝、如意结等形状，贴在米囤上，插上松柏树枝、万年青，以预示新的一年将招财进宝，丰衣足食。也有许多地区，稻谷晒干不加工，直接储藏于谷仓中。

二、稻禾的栽种与田间管理

(一) 做秧田与栽插礼俗

有了好稻种，还要有好秧田，培育好秧苗。

江南农民做秧田是极为认真的，要选择用水方便、朝阳、地面高低适中、土质疏松、地力肥沃的田块。时间也有规定，浸种、做秧田都得适时。俗言“车秧田要打清明水”，这是因为人们认为清明节前的水性温凉，育秧不会生“火”，出苗好而整齐，少病虫害。在落谷前十天至半个月间必须做秧田，即使是最懒的农民也得提前三五天做好。秧田一般都要冬翻，开春后再充分捣碎、翻松，然后进行灌水。这样再经过耕耙、捣碎、平整土地、掏沟、削平、耘秧田、推秧板、刮秧板等七八道工序，才算完成做秧田。

待秧苗出齐，开始栽种时，便是以集体劳动形式为主的插秧活。在江南地区，插秧历来十分讲究，要达到“竖里直，横里挺”，“竖望一条线，横望也是一条线”的质量要求。因此，插秧需用杖杆和经田绳，来确定每埭田的宽度和横竖方向。一般两个人合用一根绳，以绳为标准，位于右侧的称“领埭”或“上手”，左侧的称“傍埭”或“下手”。在开始插秧时，第一埭秧要由东家第一个下田栽插，俗称“领头埭”，也可由东家的委托人代替。领头埭的意思是给其他人做个样子，定一个秧株大小、行距宽窄、速度快慢的标准。据传，东家领头埭会使当年的插秧工作顺当，以后秧苗也会长得好，收成自然好。因此在插第一埭秧时，其他人都须跟在东家后面插秧，忌讳超过东家。第一埭秧完成后，才由速度最快的人领插。

(二) 稻田的耘耥与施肥

在水稻移栽约 20 天后，稻已成活，这时要开始耘耥工作。江南地区，旧时耘耥集中在小暑到立秋的一个月间，一般要三耘三耥。其主要目的是松土与去除杂草。工作时，每人耥一埭，将耥放在稻勒之间，先沿左面稻根耥两个来回，再沿右面稻根耥两个来回，最后在中间拉一个来回，共称一勒五耥。耘稻是在耥稻后两三天进行。其方法有跪耘、弯腰耘（又称棚耘）和立耘。耥、耘是两项密不可分的工作，耥在前，可使土质松软，去除稻棵横向间的杂草；耘稻则是去除纵向间的杂草，或将杂草入泥，变草为肥。大概在立秋前，这两项工作就结束了。

在耘耥时及以后的稻作生长期间，都要施一定的肥料。这一方面是为了营养土质，使秧稻成长，另一方面则是为了治虫。过去，肥料以红花草、河泥、大粪等为主，追肥主要是猪粪便、豆饼、大粪等。从20世纪30年代开始，化肥的使用出现在稻作生产上，但直至20世纪50年代，农民们仍习惯使用传统的肥料和施撒方式。

江南地区气候湿润，夏秋季节气温较高，极易发生病虫害。在科学技术落后的过去，农民们为了治虫，都将掘起的稻根集中起来焚烧，使寄居在稻根中的虫蛹灭尽。但在水稻移栽后，如发生螟虫危害，农民就没有办法了。治病，则主要是针对矮缩病、黄枯病等，采取的方法多为搁田、换水等。一般要先搁田三天，放干田中水分，然后勤灌、浅灌，每天在田中换水，以保持田中的水质清新。这些传统的方法直至今天，仍可在一些乡间见到。

（三）稻作备耕习俗

江南农民的备耕阶段是从立春至清明，历时两个月。一年之计在于春，立春以后，人们开始谋划新一年的耕种，忙碌地整修农具，修补圩堤，希望在新的一年中有更大的丰收。

1. 整修农田。包括春翻、修岸、开河、挖沟、罱河(塘)泥等，都需于晴朗天气在野外作业。在江南农村，农家再忙也必须在清明节前将白板田翻过来，故有谚云“清明不春翻，难吃白米饭”。罱河(塘)泥则是江南养田的另一措施。每年农忙之前，摇只小船到潮水缓慢的河港或潮水涨落不大的小湖泊中罱泥，或到干涸的塘中挑塘泥盖田，是江南农村的一大特色景象。罱河泥需两人搭班，用一种浅仓木船，载重量多在1吨～1.5吨。若船太小，则来回奔忙；船太大，则运转不便，难以驾驭。两人一个罱泥，一个撑篙，互相调换。河泥被网夹罱上船后，就被翻拷到岸边挖好的泥潭中，有的直接用粪桶挑起，浇盖在田里；有的则加上杂草腐叶拌和，待其发酵后，在插秧前作为基肥。河泥中含有丰富的有机质，对改善土壤有较好的作用。农民罱河泥，还有一项好处，就是能捕到不少水产品。罱一天泥，运气好的话，能有十来斤的小鱼虾，即使受雇于东家，这些副业收入也归己所有，因此上船罱泥必带可抓小鱼小虾的鱼篦。

整修农田的目的是养田和护田。在农忙尚未开始之前，就要做好农田配套设施的整修，疏通淤浅的河道，修补排灌沟渠，加固增高圩岸、田埂。首先要开河，即疏浚河道，目的是使船能行驶出入，水车能戽水，以满足稻作生产的基本水利要求与日常生活所需。过去开河都要过了元宵节。开河之前，要确定疏浚的长度，划为若干段，落实到户，彼此包干；还要确定疏浚的深度，一般挖深30厘米左右。开工要确定吉日良时，不讲究的就查皇历，看哪一天是吉日宜动土；若讲究的，则请阴阳先生算卦，确定开工日。开工前一天须买猪头一个，香烛一副，到土地庙去祭拜一番，意为告知土地神明天要开河动土了，请土地神保佑开河顺利。祭毕，会餐，每户可派一人参加，将猪头分食，但猪舌头只能归阴阳先生享用。如不聚餐，就将猪头切碎，每户分一小碗。动工之日，家家户户必须到河塘。要疏浚的河段多为自然村与干河的连接段，工程一般不大，工期少则三五天，多则十来天。

在整修排灌系统的同时，农民们还要整修防潮防洪系统。大致亦可分为两类，一是增岸，主要是加高圩岸，以抗御高潮位侵袭；二是堆岸，主要是增加圩岸的宽度，以增强圩岸对洪潮的抗击力。在山地丘陵地区，主要是加筑塘坝，挑挖淤泥。

2. 整修农具。这项工作的内容也是很丰富的。如搓绳、制索、做草鞋等，一般年内所需的绳索大多在备耕时期完成。制索用的不是一般的稻草，而是用专门的供制索搓绳的特殊稻草，品种有“软皮糯”、“麻经糯”等。这些稻草质性坚韧耐磨，不易腐烂。在制索搓绳前，先要剔去败枝腐叶。然后在稻草上稍稍洒水，再用木榔头反复敲打，直到稻草发软。制索时需两人合作，一人手持摇柄，不断地朝同方向摇转；另一人不断加稻草，待粗坯到预定长度时方止。在粗坯三分之一处开始绞索，然后再将存余的三分之一绞上。这样就绞成一根结实耐用的三股索。制索劳动强度不大，但需要一定的技能。

米囤是用来装谷或米的，根据需要，直径小的仅 70 厘米至 80 厘米，大的则达 2 米以上。小米囤用稻草一直结到收口，高度多在 1 米左右，大米囤往往高2～3 米，往上用栈条加接或用米囤圈加接（栈条用竹篾，米囤圈用稻草扎成），以便于收藏和畚取。新制成的米囤如使用得当，可用上十来年。江南农民的草鞋可分成三类，一是供劳作时穿的称“草鞋”；二是供日常家穿的称“蒲鞋”，其形状如棉鞋，圆口，圆头，无系带，多在冬季穿着；三为绳草鞋，在雨天挑担时穿，防滑。

三、稻作工具

（一）稻作区的用水工具

稻作生产与水的关系最为密切，许多稻作民俗也都与水有关。过去水田的耕、耙等作业所用的畜力，多是适于水田活动的水牛。而灌溉是水稻生产中必不可少的环节，在过去水稻灌溉主要靠龙骨水车、筒车。龙骨水车俗称“踏车”，亦称“翻车”，长可达 7 米，有手摇、脚踏、畜力牵引等类型。这种水车在翻水时，若水车长度不够，可用若干架水车接力翻水，中间用小池倒水，凡临河、湖、塘的地段，都可使用。旧时南方地区，翻车、筒车到处可见。现在大部分地区用上了电动抽水机。

（二）稻作生产的运输工具

随着稻作生产规模的扩大，在河网密布的水乡泽国，船与稻作生产发生了密切的关系。由于手提肩挑的劳动强度很大，而且效率很低，因此船在这些地区中的作用显得很突出。农民从集市上购买农具或至田间劳动的往返及运输大小型农具和化肥、农药等，大多依赖船的帮助。过去农民从城镇上收集、装运粪肥，也主要依靠船。由于农家的居住地与农田往往有相当长的距离，所以在收获以后的运输工作中大多用船。农民交各种租税，也离不开船。丘陵山区则是另一番景象，运输主要用独轮车、双轮板车，有的干脆人挑。

（三）稻作生产的劳作工具

常用的有锄头、链铲、镢头、铁插、两齿锄、耙、犁、铁耙、镰刀、稻桶、围帐、箩箕、竹箩、畚箕、扁担等。

表 9-2　江南地区的稻作农具类型

稻作环节	农具名称	主要材质
浸种催芽	�笼、筲篮	竹
深耕熟田	江东犁、铁搭、耙、耖、碌碡	木、铁、石
灌溉中耕	拷桶、龙骨车、牵车、踏车、牛车、风车、耘爪、耘荡	竹、木
积肥施肥	泥罱、牵耙、粪桶、粪勺、绞草杆、捞草网	竹、木、麻
收刈	镰刀、稻桶、稻床、竹席、荞杆	铁、木、竹
脱粒清选	杈、梯、锨、稻耙、谷筛、簸箕、笤帚、连枷、风扇车	竹、木
加工	舂碓、脚踏碓、砻磨、捻磨、牵磨、推磨	竹、木、石
贮藏运输	仓、廪、扁担、木盆、篮筐	竹、木、芦苇
劳动保护	竹马甲、竹膊笼、秧马	竹、木

资料来源：丁晓蕾、孙建、王思明：《江南稻作农具民俗遗产的文化表现及其意义》，《中国农史》2015 年第 6 期。

总体而言，稻作农具有着鲜明的地域环境特色，除了生产工具的作用之外，已融入了地方民众的日常生活、精神信仰，成为区域文化的组成部分。稻作农具的民俗文化内容既丰富，又层次鲜明，有着传统时代人们沟通天、地、人、神的象征，具有不可替代的非物质文化遗产价值。[1]

① 丁晓蕾、孙建、王思明：《江南稻作农具民俗遗产的文化表现及其意义》，《中国农史》2015 年第 6 期。

四、稻作的民俗信仰

在生产力低下的条件下，稻作生产十分艰苦，又时刻面临着自然灾害的无情考验。对丰收的渴望和对虫灾、旱灾、涝灾、瘟灾、雹灾、风灾的恐惧，淳朴的农民产生了一系列有关稻作的信仰民俗。

（一）牛的信仰

在我国传统的农业生产中，特别是稻作生产中，农民常把牛作为自己的助手，利用牛来帮助自己耕作，因而对如何饲养牛、祈求牛平安亦有许多民俗，有的还以节日的形式传承下来。例如，农历十月一日，是仡佬族传统的牛王节。每到这一天，当地人民便要杀鸡、备酒，敬奉牛王菩萨，祈求它保佑耕牛身体康健，无病无灾。据说这一天是牛的生日，为了酬谢耕牛终年的辛劳，这天都要停止使役，并用最好的牧草和饲料喂牛，还要用上等糯米做两个糍粑，分别挂在牛的两只角上，并且把牛牵到水边，让它从水中照见自己的影子，然后取下糍粑，给牛吃掉，这就是替牛祝寿。如果附近没有水塘、水井、水田，也要打盆水放在家门口，让牛照影子吃糍粑。有的地方，还要放一串鞭炮，给牛披红挂彩，表示祝贺。

（二）田间信仰

在长江中下游、淮河中下游等地区，每年芒种前后，要择吉日插秧，并于插秧前举行“开秧门”的仪式。仪式由家长主持，焚香烛，放鞭炮，祭土地神。祭毕，全家（或全族）会餐，饮“开秧酒”。尔后，由德高望重的长者或家长至水田中插下第一棵秧苗，晚辈子孙接着插秧，唱插秧歌，男女对唱。年轻人相互撩秧田泥水泼洒，虽被泼得浑身淋漓，亦不恼怒，反认为是吉利。到完成插秧任务的那一天，还要举行“关秧门”的仪式。在一些少数民族地区，这一类习俗就更多了，如哈尼族的“索拉俄基多”（意为“三月喝秧酒”）和“栽秧号”，黎族的“利类挂嗒”（意为“插秧仪式”或“种田的习惯”），傣族的“巡田”，等等。

（三）水稻神信仰

江南地区多信水稻神，认为稻神专司水稻生长、发育、扬花、长穗等事。根据水稻成长的各个环节，浙江等地还给水稻神取上不同的名字。在秧苗时期，水稻神名叫“秧姑娘”；稻开花时，水稻神叫“稻花神”；水稻长出了稻谷，则叫“谷神”；稻谷碾制成米，叫“米娘娘”。传说八月二十四是稻神生日，此时在宁波各地都要举行稻花会。人们要抬着保稻之神、刘猛将军、梁山伯或赵公元帅出巡于田间，前有仪仗队作导引，后有祈祷的群众压阵，中间则有龙灯、狮子、亭阁等，锣鼓喧天，彩旗招展，十分热闹。江西农村农历六月，新谷登场，食新米，俗称“尝新”。饭前，要烧香摆菜敬“谷神”，以酬谢神的保佑。

此外，对雷神、水神、土地神的信仰，对农具的禁忌等，无不是农民祈求丰收、人畜平安的心理反映。

第三节 小麦玉米生产民俗

各种粮食作物对地理环境的适应性是不同的，体现在区域分布上就有许多差别。我国地域跨度大，各地对粮食品种自然有着不同的需求习惯。除水稻之外，小麦和玉米也是我国主要的粮食作物之一。小麦和玉米生产中的种种民俗也很有特色。

一、小麦生产布局

小麦是我国重要的粮食作物，其生产总量仅次于稻谷。它是我国北方人民的主食。其栽培历史也相当久远，早在3000多年前，今天的河南地区已有小麦生产。至公元16世纪，小麦生产就已遍布全国。

由于各地的小麦生产的发展情况各不相同，在空间分布上也有不同。大体说来，全国的生产情况可以分为以下的六大区：[①]

北方春麦区：主要是黑、吉、辽、甘、宁、内蒙古六个省区。

北方冬麦区：大体分布于冀、晋、京、津、陕五个省市。

黄淮冬麦区：主要是沪、苏、皖、鲁、豫五个省市。

长江中下游冬麦区：主要包括鄂、湘、浙、赣四省地区。

南方冬麦区：大致是云、贵、川、桂、闽、琼、粤七个省区。

西部冬春麦区：主要在新、青、藏三个省区。

二、小麦生产惯制

尽管小麦生产分布广泛，但共同的生产民俗仍然很多，尤以华北地区

① 中国农业科学院农业自然资源和农业区划研究所编：《中国种植业布局的理论与实践》，第91页，中国农业科技出版社，1994年。

为甚。

（一）耕地

在播麦之前需要耕地，其工具在现代拖拉机等工具普及以前，仍以畜力为主。常见的有畜力牵引的犁耕、耦耕、刨耕等。以犁耕最具代表性。

1. 犁耕：耕地的工具一般俗称“犁犋”，由犁铧、犁架、拖拖、镵头等组合而成；驾犁具有套绳、牛軛、轴辊、脖套等。农民们耕地时，都有一定的程序，通常是先取耕地正中一垅，不用犁铧，只用镵头先耕一趟，俗称“打犁沟子”。犁沟打成后，再用一个短棍（称“犁别子”）将犁铧别紧在镵头后面，然后一来一往，使犁起的土翻向犁沟一边。若犁得好，犁出的地土垡匀称、地面平整。

2. 耦耕：这是在战国之前就已普遍实行的以两人协作为特征的耕作方法。所以清代学者程瑶田认为：“言耕者必言耦，以非耦不能善其耕也。耦之为言并也，共事并行，不可相无之谓耦。”耦耕的用具俗称“豁子”，古称“耒耜”。这种耕地方式，一般在简单的犁架下只放镵头，由一人扶犁，一人牵引前行。

3. 刨耕：用具有镢，古称“镬”，各地有板镢、二叉镢、三叉镢、山镢等的区别。刨耕在许多地方称作“拄地”或“挝地”。也有用铁锨翻耕土地的，叫作“翻地”。

（二）耙、耢、耧、种、压

在犁耕之后，需要碎土、整平和保墒。碎土通常用耙，耙有“人耙”、“方耙”之分。如用“人耙”，人立在耙上，一手执鞭驱使牲畜，一手则拉套绳以左右方向，并且在耙上不断作踏足动作，使耙左右晃动，呈波浪式前进，以达到均匀碎土的目的。在平整、保墒时则要耢。耢是用荆条或树枝编在木耙梃或木架上，也用畜力牵引。但小片土地的平整则用铁钯。

在小麦播种时常用耧，又叫耧车，其部件有耧脚、耧腿、耧斗、扶手、拖板等。有时还装有耧铃，在播种时，发出铃声，远近相闻，互相唱和。

除使用耧车外，还有手点播种和瓠种等方法。如使用瓠种，取一个大葫芦，两头凿空，中贯一横木，一端由手握住，一端则用于泻种，十分有趣。在播种之后，为了保墒，还要进行镇压的工作。用具多为砘车，也有称作“轱轮”的，由人力牵引镇压。这种方式俗称“打石砘”或“打轱轮”。

（三）田间管理

在播种之后，便是经常性的田间管理工作。这种工作以春季最为繁忙。初春时节，土地刚化冻时，就要划麦，用二齿、三齿铁耙等工具，主要也是为了松土、增地温和保墒。土地彻底解冻后，锄麦成了这一阶段的主要工作，目的是去除田间杂草。北方有“春雨贵如油”的农谚，说明了小麦生产中雨水的重要性。由春至夏，在小麦生产的泛青、拔节、扬花、灌浆诸阶段中，遇到旱时都需要浇水。

辘轳是一种古老的提水灌溉工具。在山东农村地区，灌溉也是先有辘轳，后用水车的。在沿湖、沿河地带，还有戽斗之法。

（四）收麦

在临近收麦时，要先准备打麦场。打麦场多设在农村之中或村边的空旷地。在收麦时，工具也很多。山东地区大多用镰，因此在收麦开始时即称“开镰”。由于麦熟较快，且雨季与收获季节差不多同时，麦收就显得十分紧张，俗语“有钱难买五月旱”，“麦子焦了头，小姐下绣房”等，说的就是这种情况。

割麦之后是打捆，必须趁麦子尚软湿时进行。伴随着打捆的，是繁忙的运输工作，有人抬、肩挑、驴驮、小车推等种种景象。待麦子运到打麦场时，即在场边设一宽板凳，放上铡刀，将麦头铡入场中，剩下的则称“麦根子”。铡过的麦要平摊在场上晒，到傍晚就用麦叉挑着成垛。

收麦的高潮是打场。时间一般都在烈日晴空的正午时分。其方法，多用人工的连枷。而较大规模的打场，则用畜拉碌碡，由畜力牵引。打场人立在中心，既要喝令牲口，又要操纵指竿。由于工作疲劳，人们往往要喊上“打场号子”以活跃气氛，驱除劳累。

打场之后的工作便是收场，这需要看好风向，然后集中一旁打垛。

扬场是收场后技术性较强的工作，主要是将麦粒与麦秆分开。打过一次的麦子，还要打第二场，才算结束麦收。

三、玉米生产民俗

玉米作为粮食、饲料和经济作物，具有产量高、适应性强、用途广泛等特点，也是世界上最重要的谷物之一。它在16世纪初传入我国，最初主要在内陆地区种植，后来便扩种至南北各地。东北（包括内蒙古自治区东部）和黄淮海地区是我国玉米最集中的产区。玉米的俗名较多，有苞谷、苞米、蜀黍、棒子等。其种植分春茬和夏茬两种，以夏茬居多。

它的生产习俗与小麦有一定的相似性。北方地区在小麦打场时节，也正是玉米抢种时期。

（一）锄播

玉米播种时，为了争时抢地，因此大多不耕地，只用畜拉犁开沟，手播点种。在幼苗长出以后，即需锄地，去除杂草，要做到如农谚所说“头遍深、二遍浅、三遍四遍刮刮脸”的目的。在旱天锄地，可以松土保墒；在涝时锄地，则利于水分蒸发。

锄过头遍地后，要清苗；锄过三遍地后，要定苗。定苗之后，又要上肥。在玉米长到齐腰深时，需拥土培根，压埋杂草。

（二）收获

在刨倒之后，就是进行秋收工作了。在田间掰下穗儿，运到场上，便由妇女儿童剥去外壳，只留下几张柔韧的皮儿在尾端，然后编成辫子状，挂在屋檐下、树枝上，或在平地立柱挂晒玉米。

第四节　蚕桑生产民俗

我国蚕桑生产同样历史悠久，它的民俗表征也迥异于其他农业门类。

一、蚕桑业的历史

中国古代蚕桑的发祥地在黄河流域。早在6000年前西安半坡新石器时代遗址文物中，就有一件有纱罗印迹的陶碗。在山西夏县西阴村，考古工作者们还发现了同一时代的一枚被刀子割裂的蚕茧。安阳殷墟出土过一只雕琢逼真的玉蚕。甲骨文中已有了蚕、桑、丝、帛等象形字和祭祀蚕神的记载。当时不仅有朝廷设置的专门督察蚕事的农官，而且也有了用三头牛或三对羊祭祀蚕神以祈蚕茧丰收的古俗，表明在商代黄河流域已有了相当发达的桑蚕业。

长江流域的养蚕史也较为久远。1958年在浙江省吴兴县钱山漾新石器时代遗址中，发掘出已碳化了的丝绢残片、人字纹细丝带和丝线。经测定，这些都是约4700年前的遗物。

战国、秦汉时期已经形成了几个主要的桑蚕生产地区：齐鲁地区；河南地区；荆楚地区；成都平原。

两汉时期，桑树种植的北界大致在泾、渭河中游，山西中部和河北北部永定河流域。魏晋南北朝时期，黄河流域蚕桑生产最发达的是河北地区，当地生产的缣、绵、罗绮等均为上品。唐代的桑蚕主产区大致在河北、河南、江南、剑南四道，相当于今天的河北、河南、山东三省和淮河以北江苏、安徽两省，以及成都平原、太湖流域和钱塘江流域。但至唐代后期，蚕桑生产一向发达的关中、河东地区便渐趋衰弱了。宋以后长江流域的蚕桑生产大兴，黄河流域的生产水平已不及长江地区了。到了12世纪，黄河流域的气候逐渐变寒，影响了蚕桑生产。元以后，特别是在明清时期，长江流域成为全国蚕桑业和丝织业最发达的地区，尤其是在东南的杭嘉湖地区，农村甚至出现了以蚕桑为主、稻作为辅的现象。①

江南的苏州、湖州、嘉兴等地的蚕桑生产今天仍在全国占据着重要的地位。这一地带的桑蚕习俗的内容十分丰富，也是我国蚕桑民俗的典型代表。在嘉兴地区，农村中有做茧圆、吃蚕花包子、谢蚕花、演蚕花戏等重要习俗。清代桐乡县濮院镇诗人陈梓曾作《茧圆歌》说："今年生日粉茧大，来岁山头十万颗。"海宁地方所做的茧圆，有青、白两种，青的代表桑叶，白的则代表茧子，俗称"吃青还白"，寓"食桑吐丝"之意。蚕茧丰收后，要摆酒食祭谢蚕神，同时也是乡人聚餐的时节，俗称"吃蚕花饭"。在海宁、桐乡、海盐等地农村，在每年清明节前后或收茧后，经常要演蚕花戏。演戏结束后，蚕农们会向艺人讨演戏时用的绵纸，回家糊在蚕匾上，称"蚕花纸"，谓可致蚕事丰收。

二、惯种桑树

我国习惯上用来养蚕的桑树极为丰富，常见的有：②

鲁桑。以浙、苏、鲁等省栽种较多，是春、秋和稚、壮蚕兼用桑。

白桑。西北、东北、西南地区都有，桑叶可作饲养春、秋蚕用桑。

山桑。分布于长江、黄河中下游地区，发叶早，适合作春季稚蚕专用桑。

广东桑。分布于广西、广东、福建等地，以珠江三角洲地区栽培为最多，适合多次采伐养蚕。

蒙桑。遍及全国各省山区。

鸡桑。分布于黄河以南各省区。

华桑。分布于黄河以南地区。

长果桑。主要产于西南各省。

川桑。分布于西南各省山区。

① 邹逸麟：《中国历史地理概述》，第187～192页，福建人民出版社，1993年。

② 全国农业区划委员会、中国农业资源与要览编委会编：《中国农业资源与区划要览》，第185～189页。

三、育蚕程式

养蚕要盖蚕房，添置蚕匾、箩筐、蚕帘、蚕网、簇篷等用具。①

蚕匾是由竹篾编成，方形，三尺长，二尺宽；在使用前，要洗净晒干，还要喷洒药水进行消毒。蚕网是用粗稻草绳编成，每张蚕网要先浸入药缸，然后捞起曝晒，将其垫于匾上，可以通风透气，使桑叶不霉，蚕儿干爽不得病。将蚕网轻轻提起，就可将蚕粪清除干净，十分方便。一张蚕种，一般是一块七寸长、三寸宽的纱布，上面密附着二万三千多只蚕卵。过去，蚕农都是从游村串乡的“蚕种客人”那里买的，白天放在枕头底下保温，晚上睡觉时则由女人揾在胸前，用体温来孵幼蚕。因出壳的幼蚕身上是青绿的，故当地称孵蚕为“催青”。催青时，家家户户都要用糯米、红豆、红枣、栗子、糖熬蚕花粥吃。

从催青出蚁到吐丝作茧，蚕要经历四次休眠、蜕皮的发育过程。在这前后的 25 天里，蚕农要十分细心地照料幼蚕，如定时喂桑叶，升火调节室温，撒预防蚕病的药粉，清除蚕粪等。经过最后一次休眠的大蚕，会昼夜不停地吃桑叶，长得很快。这时，一张蚕种育出的二万三千条左右的大蚕，要分放五十个方形蚕匾了。等到大蚕蚕嘴变尖不吃桑叶时，吐丝的时候到了。此时蚕农铺开麻秆编的蚕帘，放上用稻草束做的伞状簇篷，将蚕撒于帘上，让蚕爬上簇篷去吐丝作茧。一俟蚕变成蛹，蚕农要立即采下茧子，装进插有草把以通风透气的箩筐，卖给收购者，并随即送入烘炉烘烤，以免蚕蛹化蛾，将茧子毁了。

过去在放蚕种之前，要在蚕箪上贴一张蚕猫。蚕猫其实是木板刻印的猫图。由于老鼠常在夜深人静时偷食幼蚕，因此，在蚕乡不仅家家养猫，而且不知从何时开始有了贴蚕猫以驱鼠的习俗。

桑叶是蚕的粮食，蚕农非常重视桑叶采摘与喂养。一般江南地区的蚕事，一年五熟：春蚕、夏蚕、早秋蚕、中秋蚕、晚秋蚕。其中，要数春蚕产量最高，质量也最好。有谚云：“上半年靠蚕，下半年靠田；蚕好用一年，田好吃一年。”每当收茧时节，家家照例要买鱼买肉，杀鸡置酒，庆祝一番。此时，在乡间小路上尽是挑着枇杷、灰鸭蛋、鱼肉和粽子来走亲访友的人。他们向亲友献上蚕花粽子，一是表示慰劳，二是问讯，即收了几分蚕花。这种习俗就叫作“望蚕讯”。

---

①　丘桓兴：《中国民俗采英录》，第 177～186 页，湖南文艺出版社，1987 年；顾希佳：《杭嘉湖蚕乡风俗初探》，见《浙江民俗》1986 年第 2～3 期；浙江省农业科学院蚕桑研究所等编：《浙江蚕丝简史》，见《浙江蚕业史研究文集》第一集，1980 年。

其实，蚕花并非花，只是形容蚕茧丰收的代名词。在蚕四眠之后，蚕农照例要捉蚕过秤。一斤大蚕，若日后能采蚕茧六斤，则叫六分蚕花；倘得八斤，则为八分蚕花。后来，蚕花作为丰收的标志和吉祥的口彩，不仅广泛用于蚕乡的岁时节日和种种蚕事活动之中，也有了插蚕花的习俗。如称养蚕女子为“蚕花娘子”。农历正月初一清晨，蚕花姑娘要依俗从外往里打扫蚕房，这叫“扫蚕花地”。据说这样扫地能把蚕花扫进来，这一年蚕茧就会获得丰收。

根据蚕的大小和食量，蚕农们要计算一天的采桑数，考虑是采嫩叶还是采老叶。到喂五龄的大蚕时，蚕农们不是摘叶，而是剪下桑枝。一月之后，新的桑枝又会长出来，新叶正好用来喂夏蚕。

四、蚕事禁忌

蚕事禁忌较多。即便是近邻也不相往来，各家都紧闭大门，摒绝亲友，以免外来人员带来不祥，影响蚕的生长。

春蚕伊始，一切蚕事显得十分庄重。过去索债催租的债主、官家，见到农家屋廊上插有一根据说能辟“冲克”的桃枝、门上贴有“蚕禁”或“蚕月知礼”的红纸以及庙祝送来的驱邪神符，都得退避三舍。在蚕房中的禁忌则更多了：忌生人进入蚕房；忌在蚕房附近割草、舂捣和挖土；忌在蚕室哭泣；忌敲门窗、捶蚕匾；忌在蚕室说脏话淫辞；忌燃皮毛乱发；忌酒醋辛辣和腥膻异味；忌用热汤泼洒灶灰；忌朝西晒日；忌忽冷忽热，等等。

浙江余杭一带在养春蚕前，每家都要买只小泥猫放在灶台上。在蚕室的窗上，要用红纸剪猫形窗花贴上。养春蚕期间，家人讲话忌说“老鼠”，而叫“夜佬儿”，晚餐不喂猫食，让它去蚕室捉老鼠，以保护幼蚕。家家户户关门闭户，从边门进出；养蚕女头髻上要插根鹅毛，互不来往走动。清明这一天，粪缸里、马桶上要插杨柳枝，人们认为这样妇女养蚕时，头发上带出蚕室的蚕宝宝就不会掉入粪缸或马桶。①

五、蚕神信仰

为使蚕宝宝能顺利地生长、吐丝、结茧，确保好的收成，蚕乡多有蚕神信仰。

蚕神在古代有蚕女、马头娘、马明王、马明菩萨、蚕花娘娘、蚕丝仙姑、蚕皇老太、蚕母、蚕三姑、蚕花五圣、青衣神等多种称呼，是中国古代传说中

---

① 浙江民俗学会编：《浙江风俗简志》，第 67 页，浙江人民出版社，1986 年。

的司蚕桑之神。其中，马头娘信仰在江南蚕桑区非常盛行。马头娘相传是马首人身的少女，在《通俗编·神鬼》所引《原化传拾遗》中，就有其起源的传说。每逢重要节日或活动时，都要祭祀蚕神、谢蚕神。过去，浙江杭嘉湖地区对蚕神的祭祀是十分繁盛的，但经过长期的发展简化，到了近代，已经演变为每年主祭二次。一次是在清明前后，蚕蚁孵出的这一天。蚕农在家中设立马头娘神位（一般是一种画有马头娘像的马幛，或称神轴，也有供塑像的），将蚕蚁供在神位前，点燃无气味的香，供三牲祭祀叩拜。也有不供蚕蚁，只是象征性地祭祀的，都称之为“祭蚕神”。另一次则在吐丝完毕以后（或采茧以后），将新丝或新茧陈列于神位前，供三牲香烛，祭祀叩拜，称之为“谢蚕神”。①

在浙江西部的海盐、海宁、嘉兴一带，民间有骚子歌手，专在赕佛或结婚、禳灾等礼俗仪式中演唱。② 这种古老的赕佛祭祀仪式中途往往有一个节目叫“接蚕花”。由骚子歌手一边将杆秤、一块红手帕、一张蚕花纸（在黄纸上插些柏树叶，上面插两朵红白相间的纸做蚕花）、一张蚕花马幛交给举办赕佛仪式的女主人，一边唱《蚕花歌》：“称心如意，万年余粮。蚕花马、蚕花纸，头蚕势，二蚕势，好得势。采得好茧子，踏得好细丝，卖得好银子，造介几埭新房子。包头包好，拿去藏在蚕房里。一瓣蚕花万瓣收，吃勿忧来着勿忧。”唱毕，女主人将蚕花纸和蚕花马幛拿去藏在蚕房里。直到蚕养好，丝做毕，女主人再买块肉，在家中供奉起那张久藏的蚕花马幛，祈祷一番后，把蚕花马幛和蚕花纸一并烧掉。这一习俗其实就是祭蚕神到谢蚕神的演变。

此外，杭嘉湖蚕乡尚有做茧圆的习俗，亦是谢蚕神的一种表现形式。蚕过三眠，俗称“出火”（因旧时养小蚕要在室内生火盆加温，蚕过三眠，即可撤出火盆，故谓“出火”）。届时蚕茧收成基本稳定，蚕农为谢蚕神，家家做茧圆。在桐乡、德清，茧圆是在腊月十二日做的。据《濮院志》转引清人陈梓的《茧圆歌》序云：“腊月十二俗传为蚕生日，作粉饵祀灶，呼曰茧圆。”③ 海盐、桐乡一带的茧圆是小粉圆，类似元宵。陈梓的《茧圆歌》云：“黄金白金鸽卵圆，小锅炊热汤沸然。”但在德清一带，茧圆是一种隔水蒸熟的大团子，一般实心无馅，形似蚕茧。茧圆均用糯米粉做成。

① 顾希佳：《杭嘉湖蚕乡风俗初探》，《浙江民俗》1986年第2～3期。

② 顾希佳：《骚子歌初探》，《民间文学论坛》1983年第3期。

③ 转引自顾希佳：《吴越蚕丝文化向日本的流播及其比较》，《农业考古》2002年第3期。

祭蚕神、谢蚕神的活动还往往发展为庙会。浙江桐乡芝村的龙蚕会就是其中较负盛名的一种。在芝村，有一个规模较大的龙蚕庙。每年清明节，当地蚕农在庙前的大河中用两只农船并列，加跳板连成一体；船上搭起神台，从庙中抬出蚕神，供上神台，祀以千张、豆腐干等素食。蚕农们从四面八方摇船汇集到社台前，向蚕神朝拜，祈求蚕桑丰收。祭祀仪式之后，将蚕神送回龙蚕庙，各地来的船只就在水上表演各种节目，尽情欢乐。节目名目繁多，如"摇快船"：每船八桨二橹，比赛快慢；"龙灯船"：船上扎起龙灯；"台阁船"，又称"地戏船"：船上搭起大型彩台，由儿童装扮戏文，稍作表演；"标杆船"：船上竖起十米高的粗毛竹，坚韧而有弹性，表演者在毛竹上表演各种惊险动作；"打拳船"：在船上表演各种拳术；"拜香船"：船上一群孩童，黑纱包头，额标悬红绒线，穿青衫白裙，在丝竹伴奏下唱"拜香调"，等等。活动一般持续三至五天，是当地蚕农的一大节日。

第五节　农业民俗与旅游

随着旅游向着专业旅游的方向发展，出现了休闲旅游、生态旅游等新形式和更为细化的旅游方式，农业民俗对旅游业开拓新领域的作用显而易见。

一、农业民俗旅游是现代旅游的新天地

农业民俗与旅游有着密切的关系。依照民俗旅游资源的界定，只要具有一定的观赏性、娱乐性和经济性，都可以列入旅游资源的范围。而农业民俗如稻作、蚕桑业、渔业等，都是符合这些要求的，自然也是亟待大力开发的宝贵资源。

我国是一个农业大国，农业生产的内容全面而丰富。农业生产民俗可以说是我国传统生产方式的全面反映。通过这些民俗，可以看出农业生产的流变和传承。当然，对旅游而言，这是原生形态的民俗景象。原始而古朴的农业生产方式，由于现代社会生产力的迅猛发展和科学技术的高度发达，正在不知不觉中慢慢消逝。这不但对农业生产民俗研究者而言是个危机，对广大有兴趣于此的旅游者来说也是一种遗憾。就目前民俗旅游的发展来看，观光农业日益受到关注，它能充分利用农村空地、农业自然资源和农村民俗风情、乡土文化，放大农村的观光旅游功能，满足不同游客的不同需求。具体内容上，不仅包括相对传统的农事活动，还包括现代农业的观光旅游以及相关事物，为游人提供有

地方特色的生活休闲与消费服务。[①]

因此，大力开展农业民俗旅游十分必要，而且农业民俗旅游还能以其独具的生态性、田园性、休闲性吸引越来越多的旅游者，成为现代旅游的新天地。

二、农业民俗旅游的开发

农业民俗旅游的开发，已引起旅游界的重视，像上海的南汇桃园游、山东荣成渔民节、湖州蚕花节就属于这一类。农业民俗旅游的开发，还是个新生事物，各地的经验比较少，一般说来应考虑到以下几个因素：

（一）地点的选择

农业区的风俗民情旅游，早在民国时期就被生活在大城市中的人们所偏爱。这种旅游被城市生活者认作是一种“极有益的消遣”。以一日为计的短途旅行，还不会耽误公事。[②] 就目前而言，这种旅游也以选在近郊区为宜，这样便于市民利用双休日时间外出旅游，也比较经济。同时，随着经济社会的发展、物质文化生活水平的提高、城乡交通条件的改善，休闲农场也成了现代农业发展的新形式、现代旅游发展的新态势。[③]

（二）景观的选择

农业民俗旅游的内容十分丰富，除了稻作、渔业、蚕桑等生产内容如参观水果园、茶园、农业园、捕鱼与耕种等外，农民的日常生活也可以列为一个重要的内容。实际上，农民的日常生活体现了农业民俗的丰富内涵，对城市旅游者来说，也是饶有兴趣的。

（三）季节的选择

农业生产的时令常节都是进行农业民俗旅游的良好时机。

近郊农业民俗旅游开发尽管前景广阔，但也存在着一些局限性，如原始味不足，不能完全展示农业民俗的风貌等。相信随着农业民俗旅游的进一步开展，影响的扩大，较远的农村，包括平原、山区和海岛将是一片新的农业民俗旅游热土。

三、农业民俗旅游的分类

农业民俗旅游在许多地方都已有开展，根据目前情况及旅游者的需要看，

---

① 孟瑶：《观光农业浅析》，《广东蚕业》2018 年第 3 期。

② 张启祥：《嘉定杂谭》，《绸缪月刊》1935 年第 4 期。

③ 俎怡诺：《我国休闲农场发展中存在的问题及其对策建议》，《南方农业》2022 年第 2 期。

大致有以下几类：

（一）观赏参与类

农业生产活动自预备阶段至最后收获的全过程因各地习俗的不同而各异，因而很有参观比较的意义。其间的一些活动，如插秧、养蚕、放牧、捕鱼等，可以吸引旅游者直接参与，得到另外一番欣赏农业民俗的乐趣。

（二）游乐祭祀类

农业生产中的众多传统活动具有较强的娱乐性，如嘉兴地区的“烧田蚕”、丽水地区的“尝新”、哈尼族人的吹“栽秧号”、山东渔村的“谷雨节”等。而繁多的农业祭祀活动则构成了农业民俗的另一景象。这种祭祀活动不仅娱神，更重要的是娱人。

（三）消闲欣赏类

优美的四时田园风光和日渐稀少的茅屋竹楼是观光游玩的绝佳之处，而平原地带的农村生产生活图景又与山区迥然有别。农业生产地区的平原、丘陵、高山、湖泊、高原以及沿海地带的渔村小岛等自然景观，都具有吸引人们深入旅游、体味其中恬美意境的强大动力。在传统农业基础上，休闲农业适应城镇化的快速发展，伴随市民生活品位的提升而悄然兴起。农村作为一种有别于城市聚落形态的经济地理单元，孕育出的民俗文化更加本真，更为淳朴，更能反映区域群体的精神面貌和价值理念。休闲农业的发展，有助于提高农民精神品质，给前来旅游者别样的精神体验。①

（四）购物饮食类

农业生产地区作物繁多，副食品极为丰富。除品尝当地的食品外，还可以买到一些颇具特色的生活用品，比如说棕榈帽、蓑衣、贝类工艺品、兽皮制品等。

不同的游客有不同的品位与爱好，对农业民俗旅游的选择是多方面的。因此，开展农业民俗旅游应该注意这类民俗旅游活动或节目具有一定的密集性和可参与性，这样才能获得良好的效益。

现在，农村经济体制改革不断深化，绿色共享发展成为时代趋势，这些进一步加深了民俗文化、乡村旅游以及生态农业的融合发展，使之发挥出优势资源的群聚效应，增加农村各类产业的综合收益。因地制宜地推动民俗文化传承、乡村旅游革新以及生态农业推广，可以强化多个产业之间的合作互补、协

① 由玉坤：《乡村民俗文化在休闲农业中的运用探索》，《农业经济》2019 年第 9 期。

同共进，助推乡村振兴战略稳步实施，驱动农村社会长效发展。[①] 富有情趣的农业民俗旅游越来越受到旅游者们的欢迎，开展农业民俗旅游的地区已由近郊向远郊和农村扩展，只要我们加大投入与开发，农业民俗旅游定能更上一层楼。

思考题

1. 中国农业民俗的概念与主要分类、特征应该从哪些方面来界定？
2. 分析我国南北方稻作习俗的异同。
3. 我国小麦生产有何习俗？
4. 以湖州蚕花节为例说明在旅游活动中如何利用蚕桑生产习俗。
5. 以浙江为例，谈谈对农业民俗旅游的看法。
6. 农业休闲如何利用农业民俗？

① 文凌云：《民俗文化旅游发展模式探析》，《农业经济》2019 年第 4 期。

第十章
民俗旅游资源

本章提要：旅游业是资源利用型行业，如果没有旅游资源，旅游的开展无从谈起。本章除阐述民俗旅游资源的定义外，重点探讨民俗转化为民俗旅游资源的要件，民俗旅游资源在旅游业中发挥作用的表现，分析民俗旅游资源的十大特点及其类型划分，并从方法论的角度研究如何认识和把握民俗旅游资源的价值。

民俗旅游在我国已得到了很大发展，并越来越受到重视。各地尤其是民族地区，都竞相发展民俗旅游，把民俗旅游作为发展地区经济和参加旅游业竞争的重要途径和有效手段来抓。发展民俗旅游的前提是民俗旅游资源开发，而民俗旅游资源开发又必须建立在对民俗旅游资源本身充分认识的基础上。

第一节　民俗旅游资源的概念

民俗旅游资源是构成民俗旅游地借以吸引旅游者的民俗旅游产品的基本要素，是我国各地发展民俗旅游业及开展民俗旅游服务的基础条件。一个地区的民俗旅游资源的丰富程度及开发潜力如何，直接影响着该地区民俗旅游的发展前景，甚至影响着该地区的旅游发展战略。从某种意义上讲，民俗旅游资源是一个地区旅游业成败的关键因素之一。

一、民俗旅游资源的界定

民俗旅游资源是旅游资源的主要组成部分，为旅游资源研究专门化而形成的一个专有名词。现代旅游学认为，旅游活动的主体是旅游者，旅游者到旅游目的地进行旅游，主要是为旅游目的地的旅游资源所吸引。界定旅游资源的基本概念，对我们理解民俗旅游资源很有借鉴作用和指导意义。

（一）旅游资源

何谓旅游资源？在国外，它多被称为旅游吸引物，指旅游地吸引旅游者的山岳风光、湖泊海景、人文胜迹、宾馆设施、交通设备、周到服务等所有因素的总称。在国内，旅游学者的表述繁多，不下几十种。如：

保继刚、楚义芳、彭华认为，旅游资源是指对旅游者具有吸引力的自然存在和历史遗产，以及直接用于旅游目的的人工创造物。它可以是有具体形态的物质实体，也可以是不具有具体物质形态的文化因素。[①]

杨振之这样写道：旅游资源对旅游者来说，就是旅游目的地及有关旅游的一切服务设施；对旅游地来说，就是客观存在着的客源市场。[②]

傅文伟做了如下归纳：凡是具有旅游吸引力的自然、社会景象和因素，统称为旅游资源。也就是说，旅游资源是指客观存在的包括已经开发利用和尚未开发利用的，能够吸引人们开展旅游活动的一切自然存在、人类活动以及它们在不同时期形成的各种产物之总称。[③]

杨桂华认为，旅游资源是在自然和人类社会中能够激发旅游者旅游动机并进行旅游活动，为旅游业所利用并能产生经济、社会和生态效益的客体。[④]

上列诸家的表述虽不尽相同，但都指出了旅游资源概念的一些基本点：

1. 旅游资源是一种客观存在，它的范围十分广泛，可以是物质的，也可以是精神方面的；既可以是已被开发利用的，也可以是潜在的。随着旅游业的发展，旅游者旅游观念的更新，新的旅游资源将不断涌现，旅游资源将更加丰富。

2. 旅游资源必须具有“有用性”。一方面，对旅游者来讲，旅游资源应当能满足旅游者的需要，如衣、食、住、行的需要，或安全健康的需要，或社会的需要，或精神文化需要，或探索需要……实现旅游者多方面的追求与愿望；另一方面，对旅游企业而言，旅游资源及其升级产品应是它们开展旅游经营的主要依据。旅游企业以此招徕旅游者，为旅游者提供导游、食宿等方面的服务，获得经济效益、社会效益。

3. 旅游资源应意含“吸引功能”。旅游资源与其他资源相比，较大的优点是能激发旅游者的旅游动机，吸引旅游者从居住地或住所前往旅游目的地旅

---

① 保继刚、楚义芳、彭华：《旅游地理学》，第52页，高等教育出版社，1993年。

② 杨振之：《旅游资源开发》，第33页，四川人民出版社，1996年。

③ 傅文伟：《旅游资源评估与开发》，第1页，杭州大学出版社，1994年。

④ 杨桂华、陶犁主编：《旅游资源学》，第5页，云南大学出版社，1994年。

游，使旅游动机转变为旅游行为。当然，由于旅游者的需求千差万别，同一旅游资源对于不同的旅游者，其吸引功能是不一样的。同样，同一旅游资源对不同时期的旅游者，它的吸引功能也存在着差异。旅游资源吸引功能的强弱直接影响着旅游经营。

4. 旅游资源经开发、组合后形成的旅游产品、旅游项目，应直接应用于旅游活动，出售给旅游者。那些纯粹服务于行政接待的消遣、观赏、娱乐性的所谓“资源”，应当排除在旅游资源的范畴之外。

这些构成了旅游资源的基本内涵。

（二）什么是民俗旅游资源

旅游资源按其属性大致分为自然旅游资源、人文旅游资源两大类，人文旅游资源又有历史文化与民俗文化旅游资源（以下简称民俗旅游资源）之分。什么叫民俗旅游资源呢？这个问题目前学术界讨论得不多，还没有一个公认的界定。基于前面有关旅游资源概念的论述，我们认为，民俗旅游资源是形成旅游者从客源地到旅游目的地参加民俗旅游的促进因素，是能为旅游企业所利用，具有一定的旅游功能和旅游价值，并可产生经济效益、社会效益的各类民俗事象的总和。

二、民俗旅游资源的文化内涵

我国民俗资源非常丰富，从衣、食、住、行等物质生活，到生产、商业、贸易等经济生活，乃至婚丧喜庆、岁时节令等社会生活以及游艺竞技等文体活动，无不有民俗存在，用“生生不息，取之不尽，挖之不竭”来形容也不为过。是不是所有民俗资源或事象都可以成为民俗旅游资源呢？回答是否定的。因为民俗资源既有精华，又有糟粕，只有具有下列文化内涵的才能称为民俗旅游资源。

（一）民俗资源应能给旅游者新鲜感

旅游资源有一个显著特点就是它存在于旅游目的地，并排除从客源地到目的地间的因素。[①] 民俗资源无时不有，无处不在。它对当地人民来说，因身处当地民俗氛围之中，早已司空见惯，不以为新鲜；而对外国旅游者、外地旅游者来讲，由于身居异域，生活环境不同，却感到十分新鲜，具有极大的吸引力。比如，城市中人住惯了高楼大厦，到农村住农家房，吃农家饭，就很感新鲜。江苏江阴华西村开展的田园旅游，上海市曹杨新村开展的让外国人“做一

① 保继刚、楚义芳、彭华：《旅游地理学》，第52页，高等教育出版社，1993年。

天上海人”，福建永定举办的客家风情游，就是利用三地民俗资源给旅游者的新鲜感而实施的民俗旅游项目。

（二）民俗资源应能给旅游者带来奇特感

民俗是一种群体性的模式化行为，是没有个人版权的群体文化积淀。不同的民族、不同的地区，由于地理环境的差异、社会历史发展阶段的不同、生产方式的区别，它们的民俗文化在长期发展中自成体系、风格迥异。民俗资源的奇特性，大大强化了它的旅游价值。例如，旧时我国许多地方曾流行新娘上轿时哭嫁的民俗，反映了母女分离时依依不舍的心情。其中，湘鄂川毗连地区的土家族哭嫁最富特色。土家女子在结婚日期确定后便开始哭嫁，到花轿将至男家，男家能听到新娘哭声时止，哭嫁时间少则 7～10 天，多则 1 个月。哭嫁时，不仅出嫁的姑娘要哭，亲朋好友得陪哭，而且还要唱“哭嫁歌”，男方须送“哭脸糍粑”到女家，分给参加哭嫁的人吃。民俗资源的奇特性正在于这种“唯我独有”，或者“人有我佳”。

（三）民俗资源应能给旅游者快乐感

民俗是我国各民族及民族不同区域群体的智慧结晶和文化创造。这种创造带有很大的功利性，不仅是为了物质生活需要，更重要的是享受人生。所以，在众多的民俗事象中，大多带有浓厚的娱乐色彩，尤其是节日民俗和游艺民俗，娱乐性最为突出。如瑶族的长鼓舞，侗族的多耶舞，彝族的火把节，壮族的“三月三”，蒙古族的“套马”、“叼羊”，傣族的泼水节，汉族的赛龙舟、拔河、跑旱船、踩高跷、太平鼓等等，娱乐成分都很浓。旅游的目的除增广见闻、猎奇探险外，还在于娱乐。民俗资源正好适应这种旅游需求。我们应该充分发挥民俗资源的娱乐功能，让旅游者身临其境，积极参与，切身体验。我国西南少数民族地区的旅游之所以取得成功，就是让游客在欣赏大西南绮丽的自然风光的同时，充分享受了民俗生活。

（四）民俗资源应能给旅游者以美的享受

美是人类的基本需要和追求，它有多种形式，如自然美、结构美、工艺美、伦理美等。旅游，就本质而言，就是一种旅游者的审美、知美、赏美的活动，亦即以“游”的方式，达到悦耳悦目、悦心悦意、悦志悦神。民俗作为一种社会文化现象，蕴藏着丰富的美学内涵，各种形式的美都能从中分别体现。徽州传统民居，背山，面水，朝阳，清一色的白色粉墙、青瓦、马头墙，墙体装饰色泽明快，屋檐、门楼、窗户砖雕、石雕、壁画相间，室内长案、八仙桌、罗汉椅置于厅堂前，中堂及中堂两侧、厅堂柱子悬挂匾额、楹联，既给人以自然美、结构美，又给人以艺术美、文化美的享受。游客热衷于徽州古民居旅游，就是为徽州民居的美所吸引。杨柳青、桃花坞的年画，芜湖的铁画，体现了民间意蕴和艺术美。游客乐于观赏、购买，就在于为它们的美所吸引。美总是与丑相比较而存在的。民俗中不光有美，也有丑——陋俗恶习，但它的主流是美。我们应当继承发扬美俗，摒弃陋俗。

综上所述，民俗的“新”、“奇”、“乐”、“美”四性构成民俗资源具有旅游吸引力的基础。民俗旅游资源的吸引力一旦被旅游者和旅游项目的开发组织者所感知，便迅即转化为行动，实现它的经济价值。因此，我们在考察民俗旅游资源时可以认定，凡是能反映旅游文化内涵“四性”的民俗，就是民俗旅游资源。

三、民俗旅游资源在旅游业中的地位

旅游现在已走进千家万户，成为人们生活中不可或缺的部分。国际旅游正从单纯的观光、休假向更高层次的专门旅游发展，旅游者对旅游景观的需求已不限于自然景观、名胜古迹，而更对异域他乡的民俗风情感兴趣。民俗旅游资源在未来的旅游业中将发挥越来越重要的作用。

（一）民俗旅游资源是发展旅游业不可或缺的重要资源

旅游是个大系统。在这个系统中，旅游者、旅游资源及景观、旅游介体，按照各自所处的位置，发挥着相应的作用。旅游者是旅游的主体，没有旅游者也就没有旅游活动及旅游业。旅游者又是多种多样的，他们的旅游兴趣五花八门，有的喜欢观赏自然风光，有的喜好浏览文物古迹，有的倾心于宗教活动，有的爱好访古探幽，有的喜爱观察民俗风情……旅游者的旅游兴趣和需求决定着旅游资源范围的广狭，影响着旅游景观的开发、供应。民俗风情既然为旅游者观光、考察的重要目标之一，民俗旅游资源也就必定成为一个地区发展旅游业不可缺少的重要资源。而且，随着旅游专门化发展步伐的加快，它的地位将与日俱增。

（二）民俗旅游资源充实和丰富着我国的旅游资源

旅游资源是旅游活动的客体，是构成旅游者观赏旅游对象的吸引物，是我国及各地区旅游业赖以存在和发展的基础。由于地质构造不同、地理环境的差异、历史文化状况不一，旅游资源有多有寡，有的甚至很单一，它直接影响着该地区的旅游感召力。民俗无时不有，无处不在。挖掘民俗旅游资源，发挥民俗旅游资源的旅游价值，就能够充实、丰富一个地区的旅游资源，改善该地区的旅游资源状况，增强该地区的旅游资源吸引力，吸引更多的旅游者前来该地区进行旅游，扩大该地区旅游资源的市场需求。

“桂林山水甲天下”，桂林的自然旅游资源量多质高。1985 年桂林市旅游局不满足于现状，进一步开发新的旅游内容。他们把开发重点放在民俗风情资源上，开辟了桂西北少数民族风情旅游线，兴建了民族风情园，取得了很好的经济效益和社会效益。

杭州西湖，原本是与杭州湾相通的浅海湾，后因泥沙淤塞而成湖。环湖有玉皇山、吴山、南北高峰等。湖光山色，风景绮丽。杭州市的旅游部门为使西湖旅游更上新台阶，重点挖掘了杭州市的民俗旅游资源，尤其是民间故事、神话传说，整理、出版了《西湖民间故事》、《杭州的传说》等资料，供导游选用。当泛舟游览湖光景色时，耳边传来“白娘子”、“寻太阳”、“西湖是一颗明珠”、“金牛湖”等神话传说，游客饶有兴致，西湖景致也更加迷人。

（三）民俗旅游资源能够提高旅游地的整体形象

一个旅游地的整体形象，往往不局限于其某方面的旅游景观，而是由该地的多种因素综合作用形成的。它既包括自然、人文旅游资源，也涉及旅游接待的设施、设备，还包含社会环境。民俗是一种文化，它体现了一个民族或一个区域群体的气质和心理，反映了一个民族或区域的历史和现状，具有无所不在的影响力。无论是自然旅游资源、人文旅游资源，还是旅游接待设备、设施、社会环境，无不有民俗的印记。民俗成了各种旅游因子组合为旅游地整体形象的黏合剂，而“异国情调”、“异地风情”也成为旅游地整体形象的代名词和吸引旅游者的驱动力。

第二节　民俗旅游资源的特征分析

旅游业是一个典型的以“优”、“特”取胜的行业，旅游资源唯有个性独特才有生命力。民俗旅游资源系旅游资源因子，它既受地理环境的影响，在空间分布上显现区域特征；又属于人文环境的一部分，处处打上了历史文化的烙印。

一、世界性与丰富多彩性

（一）民俗旅游资源的世界性

民俗旅游资源是人类群体在长期适应环境的历史过程中不断积累、积淀而来，并共同享有的一种创造成果，是人类群体的文化结晶，具有奇特性、新鲜性、美感性、娱乐性、民族性等多重品格。民俗旅游资源的这种多重品格特性，正好与现代旅游者的心理相合拍。“越是民族的，就越是世界的”。民俗旅游资源依托民俗的传承性得以延续和发展，凭借民俗的传播性得以广为流传，为大众所接受，形成一定的民俗旅游文化区。众多民俗旅游文化区的组合，构成了一个国家乃至人类共同的旅游文化体系。这就为不同民族之间、不同区域之间的相互理解和交往奠定了基础。旅游者愿意花时间、精力和金钱到不同国家或不同地区去民俗旅游，原因就在于民俗旅游资源的强大吸引力。民俗旅游资源的世界性是产生民俗旅游者的前提。广西桂东民俗旅游专线（桂林、梧州到富川、钟山、贺州），桂北民俗旅游专线（桂林到龙胜、恭城），柳州地区民俗旅游专线（桂林、柳州至金秀、融水、三江）自1991年相继推出以来，受到中外游客的欢迎，正说明了这一点。

（二）民俗旅游资源的丰富多彩性

民俗旅游资源是一种广泛的客观存在。民俗旅游资源的丰富多彩性，源于民俗综合性和民俗旅游者社会构成的复杂性，以及他们的民俗旅游需要的多样性。其主要表现有：

民俗旅游资源门类齐全。从民俗旅游资源的定义可以得知，民俗旅游资源是一个内涵非常丰富而广泛的集结概念，任何能够激发旅游者旅游动机与兴趣的、为旅游企业带来现实和潜在效益的民俗事象皆可成为民俗旅游资源。民俗旅游资源的范围十分广泛，几乎包括人类经济生活、文化生活、物质生活等各个领域和各个层面，可以毫不夸张地说，三百六十行，行行都有自己的民俗，也行行都有自己的民俗旅游资源。

民俗旅游资源的多民族属性。我国是个由56个民族组成的大家庭。56个民族在各自不同的历史发展与演变过程中，都形成并传承着各具特色的民俗习惯。不同的民族，由于生活的地理环境不同，历史发展阶段不一，社会环境存在着差异，民俗事象千差万别，少数民族的民俗更是绚丽多彩。旅游者乐于去他乡异族旅游，就在于享受不同民族的民俗旅游资源所给予的美感和新奇。

民俗旅游资源的区域差异性。我国地域广袤，地形变化大，气候复杂。民俗旅游资源受地理—经济环境的作用，既呈现全国共通性，又表现出区域的差异性。这种差异性的魅力首先就在于它是独特的，具有其他区域所没有的情调与色彩。如狗或鹿拉爬犁（雪橇）的民俗，为东北高寒地区的鄂伦春、鄂温克、赫哲人所独有，更重要的是那里有一种其他地方所无法复制的民俗氛围，又如在上海吃重庆火锅就没有在重庆吃火锅那番情趣，在北京看彝族歌舞就感受不到在四川凉山彝族自治州观赏彝族歌舞的那种味道。民俗旅游资源的区域差异性为我们开展民俗旅游提供了广阔的空间。

二、朴实性与无季节性

（一）民俗旅游资源的朴实性

民俗旅游资源是民间生活的体现与反映。民俗为普通百姓所创造、享有的一种文化，是人们维持生命和参与社会生活所不可或缺的基本手段与方式。民间生活的质朴性决定着民俗旅游资源的朴实性。民俗旅游资源的朴实性特征大抵有四种情形：民俗旅游资源应取材于民间，将帝王文化、官府文化排除在外；民俗旅游资源要有乡土气息，突出地方特点；民俗旅游资源应原汁原味，真实、自然地反映民间生活的原貌；民俗旅游资源要具有可靠性。重视民俗旅游资源的朴实性，就是维护民俗旅游资源的声誉，巩固民俗旅游资源的吸引力基础。我们在开发民俗旅游资源时，应坚决杜绝打着民俗的旗号去破坏、污染民俗文化的行为发生。

（二）民俗旅游资源的无季节性

旅游学者一般认为，旅游资源具有随季节变化的特征，并且影响到旅游活动的季节变化，这种季节变化性主要是由自然地理条件，特别是气候的季节性变化决定的。[①] 而民俗旅游资源则不尽然。民俗是人类生产、生活的反映，尽管就某一民俗事象而言，可能存在着季节变化，如洛阳牡丹盛会在四五月举办，其他季节则不可能，但从全国的整体看，民俗无处不有，无时不在，民俗旅游资源不存在季节性问题。

这里提出民俗旅游资源的无季节性，目的在于要求我们的民俗旅游工作者进一步挖掘民俗文化宝库，注意不同时段民俗事象的旅游价值，为民俗旅游提供更多更好的产品，突破旅游明显的淡季、旺季界线，变淡季为旺季，实现旅游的无季节化，进而促进和推动我国旅游业的大发展。

三、吸引力的定向性与易逝性

（一）民俗旅游资源吸引力的定向性

由于民俗旅游者（个体或群体）旅游需要以及旅游动机的多样性和伸缩性，民俗资源吸引力在某种程度上是一个相当主观的东西。就某项具体的民俗旅游资源而言，它可能对某些民俗旅游者吸引力很大，而对另一些民俗旅游者则吸引力不大甚至根本没有吸引力。如川菜以麻辣、麻酸、清香、味浓而著称，“一菜一格，百菜百味”，湖南、湖北、江西、贵州等地旅游者大多兴致盎

① 杨桂华、陶犁主编：《旅游资源学》，第28页，云南大学出版社，1994年。

然，而不少上海、江苏、浙江等地的旅游者望而却步。所以，任何一项民俗旅游资源都有吸引力定向的特点，只能吸引某些市场，不可能对全部民俗旅游市场乃至全部旅游市场都具有同样大的吸引力。

（二）民俗旅游资源的易逝性

民俗旅游资源的易逝性，是指民俗旅游资源在被开发和利用的过程中，因种种原因，很容易遭到破坏甚至消失。

从理论上讲，民俗旅游资源是无限的。时代在发展，社会在演进，能够成为旅游资源的民俗事象在不断形成和被人们所利用。从客观实际及某一具体民俗旅游资源事项来看，它又是有限的。如果对某一具体的、有限的民俗旅游资源利用、开发不当，就会质量下降，有损其应有的意义和吸引力，甚至被完全破坏。不仅有形的民俗旅游资源如此，无形的民俗旅游资源更是如此。对已经遭破坏的民俗旅游资源，即使通过科学研究、搜集资料等方法进行人工复原，也已不是原貌，终有遗憾。所以，在开发民俗旅游资源、发展民俗旅游时，应时时不忘民俗旅游资源的易逝性，提高维护民俗旅游资源安全的自觉性。

四、不可根移性与不可仿制性

民俗是地域的民俗，是民族的民俗，它总是与一定群体或民族久居的地域条件相适应。民俗一旦离开了它生长、存在的土壤与环境，就会成为无本之木，失去原有的魅力。民俗旅游资源的不可根移性决定了民俗旅游应是旅游者来旅游地观赏民俗旅游资源，而不是移民俗旅游资源去客源地趋向旅游者。

但在实际工作中确实存在着移民俗旅游资源趋向旅游者的问题。有些地方，主要是本地民俗旅游资源挖掘不足的地区，为了发展旅游业、增加旅游节目，或者请民族地区的演员进行民俗表演，如北京圆明园的民俗游乐活动；或者建立民俗主题公园，如深圳的中国民俗文化村，吸引游客。他们的这种行为，有的取得成功，有的效果不甚理想。

移民俗旅游资源趋向民俗旅游者的现象，就本质而言，并不是民俗旅游资源的“移动”，而是民俗旅游资源的仿制。因为民俗旅游资源的本体还在原地，他们“移动”的是形，而不是神。民俗旅游资源的民俗环境和民俗气氛是无法移动的。尽管民俗旅游资源的仿制，丰富了某一地的旅游内容，增加了旅游吸引力，但旅游者欣赏时已绝非原发生地、存在地的感受。①

① 参阅刘振礼：《创造性，旅游开发的灵魂——关于旅游资源移动性的商榷》，《旅游学刊》1994年第3期。

五、组合性与群体性

（一）民俗旅游资源的组合性

旅游的目的主要是休息、消遣、观光、娱乐、猎奇、增加知识，旅游者一般都希望在有限的时间里多参观些景点（景物）。旅游企业也指望多开发一些旅游资源扩大游客接待量，增加效益，因而孤立的、单一的旅游资源要素很难形成较大的吸引力。只有组合各种资源要素形成资源共同体，旅游资源才更具魅力。

一定地域的民俗旅游资源总是与该地域的自然、社会环境联系在一起的，一种民俗旅游资源与另一种民俗旅游资源之间，民俗旅游资源与其他类旅游资源之间，都存在着内在的联系。它们之间的相互依存、相互补充性构成了民俗旅游资源的组合基础。民俗旅游资源的组合性，就是不同种类民俗旅游资源间、民俗旅游资源与自然、历史文化旅游资源间的配套、组合。

民俗旅游资源组合的形式可以多种多样，既可以是节庆活动与游艺表演组合，又可以是节庆活动与欣赏自然风光组合；既可以是田园风光与农耕民俗组合，也可以是农耕民俗与“做一天农家人”相配套……组合成功的关键在于景点集中，类型多样，要素齐全，整体和谐。

（二）民俗旅游资源的群体性

民俗是群体的创造物，并依群体的民俗行为而流传。民俗旅游资源的群体性来源于民俗的集体性。民俗旅游资源无论是岁时节日、人生礼仪，还是衣食住行、游艺竞技都具有社会性。除部分民俗旅游资源可以个人单独实施民俗行为外，大部分民俗旅游资源的民俗行为，如傣族的泼水节、彝族的火把节、汉族的舞龙舞狮、蒙古族的那达慕大会等，都需要群体的共同参加。

第三节 民俗旅游资源的类型

对民俗旅游资源进行科学分类，是民俗旅游资源评估、规划、开发、保护的一项基础性工作，是发展民俗旅游的基本依据。民俗旅游资源的分类，取决于民俗的存在形态、表现形式以及民俗旅游者的需要、旅游开发企业的目的。缘于不同的视角，它可以有多种分类标准和分类方案。

一、按民俗旅游资源的本体属性分类

民俗旅游资源的本体为民俗。民俗是群体的文化，渗透性极强，涵盖面极

广，其外延几乎包括一定群体生产、生活的各个方面。根据民俗的种类，民俗旅游资源可分为三大类型。

（一）物质民俗旅游资源

这一类型的民俗旅游资源又有两种类型：

行业民俗，包括农耕民俗、畜牧民俗、渔猎民俗、手工业民俗、商业民俗等；

消费民俗，包括服饰民俗、饮食民俗、居住民俗、行旅民俗等。

（二）社会民俗旅游资源

这一类民俗旅游资源也可分为四种类型：

人生礼仪民俗，含有育儿礼俗、成年礼俗、婚姻礼俗、寿庆礼俗、丧葬礼俗等；

岁时节日民俗，含有传统岁时节日、现代节日等；

社会结构民俗，含有家庭民俗、亲族民俗、乡里民俗、社团民俗、帮会民俗等；

游艺民俗，含有游戏民俗、竞技民俗、歌舞民俗、工艺民俗、技艺民俗、谣谚、神话传说等。

（三）意识民俗旅游资源

这一类民俗旅游资源可分为三种亚型：

原始信仰民俗，包括自然崇拜、图腾崇拜、祖先崇拜等；

宗教信仰及民间信仰民俗，包括对道教、天主教、佛教、伊斯兰教等宗教的信仰及民间信仰；

禁忌民俗，包括生产禁忌、生活禁忌、宗教禁忌及民间信仰禁忌等。

这是比较常见的一种分类方法，便于操作。

二、按民俗旅游者的需求方式分类

旅游者是民俗旅游活动的主体，是民俗旅游地旅游企业的衣食父母，旅游者的旅游动机直接影响民俗旅游地的经济发展、民俗旅游业的兴衰。在第一章中，我们曾经以旅游者的行为动机把民俗旅游划定为消遣观光型、参与（体验）型、考察型、娱乐型四种类型。这里，我们可以按照同样的方式将民俗旅游资源划分为基本对应的五种类型。

（一）消遣观光型民俗旅游资源

民俗的范围十分广泛，种类也很多，其中有许多具有外在的视觉特征，如民居、服饰、庙会、节日活动等。民俗的外在视觉特征越明显，民俗的文化氛围就越浓烈，其旅游价值也就越高。消遣观光型旅游者正是为民俗的外在视觉特征所吸引而去民俗旅游地旅游的。所以，消遣观光型民俗旅游资源是指具有外显特征，较容易引起旅游者的注意，并能满足旅游者消遣观光需要的民俗事象。

（二）参与型民俗旅游资源

参与是旅游者对旅游资源提出的进一步要求。民俗旅游资源的群体性意味着其中有许多集体性的民俗活动，如赛龙舟、拔河、斗鸡、泼水节、火把节、歌圩、叼羊、放风筝等，既富观赏性，又具参与性。旅游者可以通过参与这类民俗活动，在视觉、触觉、嗅觉等感官方面，感知、体验民俗文化的意蕴，从而进一步提高民俗旅游的情趣。参与型民俗旅游资源所特有的体验性、休闲性已日益受到旅游界的重视，它的价值也越来越显现。

（三）考察型民俗旅游资源

属深层的民俗旅游资源。这种旅游资源比一般性的民俗旅游资源更具民族性、地域性、神秘性和原始性，更能反映某一区域或某一民族群体的文化内涵和特质。它的消费者，多为有较高文化的、善于思考的知识型旅游者。考察型民俗旅游资源种类众多，包括民间信仰、传统聚落、方言土语、神话传记、社团、宗族、传统民居、耕作习惯等等，其中不乏开发开放的，但更多的还处在待开发状态中。

（四）娱乐型民俗旅游资源

娱乐是一种重要的旅游动机，现代旅游的一个重要特征就是娱乐。中国民俗活动的主流为娱乐，即使是一些比较凝重的和严肃的民间宗教习俗和丧葬礼俗，也充斥着娱乐内容。娱乐型民俗旅游资源十分丰富，广泛存在于物质、社会、意识民俗之中。它不仅为我国各族人民世代享用，而且极具旅游价值，对国外旅游者尤具吸引力。在各类民俗旅游资源中，这种类型是开发、利用得较多的一种。

（五）商品型民俗旅游资源

旅游购物既是旅游的一种动机，又为现代旅游的伴生物。在我国民俗旅游蓬勃发展的今天，有些民俗旅游者在观光、考察的同时，对民俗商品产生了浓厚兴趣，激起购买欲望；有些民俗旅游者，则纯粹为旅游地的民俗商品所吸引而前去购买。所谓商品型民俗旅游资源，是指具有旅游吸引力并富实用性、纪念性、工艺性的民俗商品。我国这类资源很多，主要是民间工艺品（如年画、花灯、风筝、刺绣品、编织、雕刻品等），文房四宝，土特名产，服饰等。民俗旅游者购买民俗商品的主要目的是留作纪念、馈赠亲友和文化享受。

三、按旅游者的体验分类

1979 年美国学者德赖弗提出，游客的心理体验是划分旅游资源类型的重要标准。按此标准，旅游资源可以分为五大类：原始地区、近原始地区、乡村地区、人类利用集中地区、城市化地区。我们借鉴德赖弗的方法，将民俗旅游资源分为以下四种类型。

（一）近原始型民俗旅游资源

中国民俗是多民族的文化结晶，但由于各民族生活区域的自然条件和经济发展水平不很平衡，民俗差异也很大。我国的少数民族历史悠久，多处于自然环境比较恶劣的边远山区，经济、社会发展比较迟缓，古老的原始遗风大量存在。中国历史早期阶段的民俗依然可在少数民族的民俗中找到它们的影子。民俗的时代差异造就了少数民族地区近原始型民俗的极高旅游价值。所以，开发少数民族地区的近原始型民俗旅游资源大有可为，前景十分美好。

（二）乡村型民俗旅游资源

乡村是民俗的土壤，是民俗生生不息的源泉。乡村民俗的粗俗性、朴实性，符合现代旅游者返璞归真、回归自然的心理需求。开展乡村民俗旅游已成民俗旅游发展的主要方向。乡村型民俗旅游资源，依空间区域又可分为平原亚型、山村亚型、水乡亚型、草原亚型、渔村亚型等。它所包括的民俗内容涵盖了民俗的所有大类。江苏南通市开发农村旅游，推出三条旅游专线，其中的吕四渔港风情游就属于此类旅游资源的利用。

（三）市镇型民俗旅游资源

市镇是乡村商品经济发展的产物，为基层商品交换的场所。我国自宋代以后，市镇不断增多，密度越来越高，市镇经济越来越繁荣，市镇民俗也越来越丰富，“趋利性”日浓。就开发价值而言，江南市镇、珠江三角洲市镇、运河沿线市镇、西南山地市镇的民俗旅游资源价值较高。

（四）都市型民俗旅游资源

都市是市镇的扩大，为一定区域的政治、经济、文化中心。都市相比乡村的广阔而言，犹如沙漠中的片片绿洲，但城市生活不同于日出而作，日落而息的乡村的传统民俗，城市生活丰富多彩，娱乐性更强，更具时代气息。开发都市民俗旅游资源应当成为我们发展都市旅游业的重要抓手。

四、按民俗旅游资源的价值分类

根据民俗旅游资源的价值可以分为以下两种。

（一）物质享受型民俗旅游资源

它指具有旅游享受价值的物质形态的民俗事象，包括民俗食品、土特名产、民间工艺品、民俗旅游设施等。这种资源一方面能满足旅游者的生理需求，另一方面还能给旅游者以物质上的享受。比如，中国美食，讲究色、香、味、形、器，它既让旅游者的生理需要得以满足，又使这种需要升华为享受。

（二）精神享受型民俗旅游资源

它是以精神享受和满足为主要价值特征的民俗旅游资源类型，可以概括为审美享受、心理享受等亚型。例如，一位旅游者到一家餐馆品尝当地风味特产，他既享受到形、器之美，又得到了温馨、愉悦的心理体验。

民俗旅游资源分类方法还有很多，如根据开发程度可分为已开发、潜在民俗旅游资源；按照民俗旅游资源的存在形态可划分有形、无形两种，以组合情况可分为纯民俗型、民俗·历史文化混合型、民俗·自然景观混合型……

以上几种分类尝试各有特点和作用，在开发实践中，应根据具体情况灵活运用。

第四节　民俗旅游资源的评估

民俗旅游资源的种类繁多，具体某一地方，其丰富程度有差异，珍稀度也有不同，其价值也有高低之分。因此，认识和评估民俗旅游资源的旅游价值，无疑是民俗旅游地规划建设的前提。

一、民俗旅游资源评估的意义与目标

（一）评估的定义

民俗旅游资源评估是指在民俗旅游资源普查的基础上，按一定的原则，以一定的方法，对某一特定区域的民俗旅游资源进行分析、辨别，就其价值做出评判结论。民俗旅游资源评估是民俗旅游资源开发链条中的重要环节，评估的结果将直接关系到开发的程序、规模、方法。

（二）评估的意义

有关旅游资源的评估，在以往几乎为旅游处女地综合资源评价一统天下，旅游学者对评估方法的研究也多把重点放在这方面。随着国内旅游业的发展，民俗旅游的地位越来越重要。这样，作为旅游地旅游资源主要组成因子的民俗旅游资源的开发评估，就显得日益紧迫和必要。

民俗，客观存在着，且在不断发展。民俗旅游资源的评估是科学、客观地认识区域民俗文化现状和发展规律的重要途径。评估研究工作每前进一步，我们对民俗旅游资源的认识就跃进一步，民俗旅游资源开发的潜力就随之增大，民俗旅游发展就能进入一个新阶段。

民俗旅游是依托民俗旅游资源而发展的，如果没有民俗旅游资源，民俗旅游就成了无本之木，民俗旅游资源是组织各项民俗旅游活动、节目的必备条件。我国历史悠久，民俗文化丰富而奇妙。要使资源优势转化成现实的经济优势，需要经过一个民俗旅游资源的开发过程。但是，我国专门的民俗旅游十分年轻，民俗旅游资源开发还存在着这样和那样的问题，还要经历一个完善的过程。在这种情况下，人们都在寻求民俗旅游资源开发健康发展的办法，加强对民俗旅游资源开发的论证、决策工作。而对民俗旅游资源开发要做出科学的论证、决策，则离不开对区域民俗状况的调查、分析。特别是在旅游业突飞猛进和旅游者的旅游兴趣不断翻新，旅游市场迅速变化的形势下，就更需要准确和及时地掌握市场信息，评估民俗旅游资源的开发价值。因此，以鉴定民俗旅游资源的旅游价值为核心的评估工作，就成了搞好民俗旅游资源开发的可行性论证、开发决策的基础条件。

评估是为了弄清民俗状况，分析民俗问题。它是一个全面、科学的认识深化过程，也是一个实事求是的过程。民俗旅游资源评估有助于民俗旅游规划，有助于民俗旅游资源的保护和利用，也为防止开发的片面性、主观性、盲目性，增强开发的科学性提供了重要依据。

（三）评估的目标

对区域民俗旅游资源评估的基本目标是确定该区域民俗旅游资源的旅游开发价值。① 具体为：

1. 确定民俗旅游资源的民俗类型与资源类型。民俗旅游资源开发的一个基本原则为多样性与专题性相结合。按这一原则去开发，其前提必须是具有这两种特性的民俗旅游资源。因而，开发之前须调查民俗旅游资源，分析资源，划分民俗的类型和民俗旅游资源的类型。民俗类型与民俗旅游资源类型的确定应本着有利开发、方便操作的原则。

2. 去伪存真，确定民俗旅游资源的范围。民俗系历史的积淀，自然、社会环境的反映，其中传承着大量的优秀文化传统，体现了我国各族人民的智慧

---

① 参阅张捷：《区域民俗文化旅游资源的定量评价研究》，《人文地理》1998 年第 1 期。

和高尚品质，但也存在着糟粕和封建迷信。开展民俗旅游的目的是弘扬中华民族的优良民俗文化，宣传中华儿女的民俗创造。不是所有的民俗资源都可成为民俗旅游资源的。因此，对民俗资源必须鉴别，去伪存真，去粗取精，把民俗的精华开发成民俗旅游产品。

3. 确定民俗旅游资源的总体特色。民俗文化具有民族性、区域性、传承性、历史性及变异性，而这些特征也恰恰是旅游资源的吸引力所以存在的内在要素。就特定的区域而言，民俗文化的这些特征在表现形式上有着差异，影响有大有小。民俗旅游资源评估，就是要从民俗的历史年代、历史地位、影响范围、丰富程度等多重角度给民俗旅游资源定位，确定它的观赏性、可参与性、稀有性、典型性特色。特色越明显，其旅游价值就越大，旅游开发的价值也就越大。这属于民俗旅游资源本身品位的内部评价。

4. 确定民俗旅游资源在当地整个旅游资源中的地位。旅游资源是一个国家或地区发展旅游业的物质前提，它能为旅游业所利用，并产生经济、社会效益。旅游资源一般有三大类：自然旅游资源、历史文化旅游资源、民俗风情旅游资源。但对某一特定的区域来讲，三种旅游资源的分布是不均衡的。有的以自然资源为主，民俗资源为辅；有的历史文化资源、民俗资源并重；有的民俗资源奇特，自然资源、历史文化资源一般；有的历史文化资源丰富，民俗资源、自然资源平平。评估的一个重要任务，就是将民俗旅游资源同本区域内的自然旅游资源、历史文化旅游资源做比较，确定民俗旅游资源的整体地位，以及与历史文化资源、自然资源的关系，便于日后民俗旅游资源与其他资源的组合开发。这就是民俗旅游资源开发价值的外部评价。

5. 确定民俗旅游资源的规模和级别。效益原则是旅游业的基本规则，它与旅游资源的规模、级别密切关联。确认民俗旅游资源的规模、级别，理当成为资源评估的一个重要目标。要认定民俗旅游资源的规模、级别，关键在于对民俗资源进行系统分析，将民俗资源同本区域及国内、世界上的同类资源相比较。在比较中，确认本地的民俗旅游资源的规模水平，在国内和国际上有什么特色，居于什么样的地位，资源结构的合理性如何。

6. 确定可能开发的民俗旅游项目及其潜在的经济价值。通过对民俗旅游资源的分析，以及相关条件的综合考察，评判民俗旅游资源的潜在经济价值，并以此为基础，将其中可能转化为民俗旅游项目的资源进行归纳排比，初步确定它们的开发顺序和步骤。

总之，民俗旅游资源的评估应有针对性，为民俗旅游资源开发的可行性论证服务，为发展民俗旅游服务。

二、民俗旅游资源的评估原则

民俗旅游资源评估，技术性高，政策性强，重要而复杂。它涉及面广，需要解决的问题多，而评估者的评价方式又各不相同，为确保评估结论的客观公正，它应当遵循如下原则：

（一）实事求是原则

评估是一项认识民俗旅游资源的实践活动，又是一个创造性地探索民俗旅游资源奥秘的科学研究过程。为此，进行民俗旅游资源评估就要求具备实事求是的科学态度。

民俗旅游资源天天出现在人们面前，不管你承认也好，不理会也好，它都是一种客观存在。我们评估民俗旅游资源时，必须真正地从客观实际出发，实事求是地评价它的特色、价值。

坚持实事求是的原则，就是要求我们在评估过程中有广阔的视野、坚忍不拔的精神，不从个人片面的感性认识出发，不从主观想象出发，不从一知半解出发，不从地方长官意志出发，而是全面、系统地分析丰富而翔实的民俗旅游资源资料，得出符合客观实际的、既不夸大又不缩小的结论。

（二）综合性原则

旅游业为一个综合性的行业。旅游者的需要多种多样，也具有综合性的特点。民俗旅游资源涉及物质生产消费、社会生活、精神世界三大方面，内容包罗万象，能够满足不同层次、不同需求的旅游者的旅游需求。民俗旅游资源评估应运用多种学科，如地理学、历史学、民俗学、民族学、美学、资源学等的理论与方法，从多种角度、多种层次来进行研究。比如，从价值角度鉴别，区域民俗旅游资源分为具有观赏价值、消遣价值、体验价值、求知价值、娱乐价值、收藏价值等类型，可进行相类似的开发。而民俗旅游资源开发，除对资源本体的要求外，还要考虑其所处的区位条件、客源市场、交通条件等。所以，民俗旅游资源评估只有本着综合、全面的原则，才能正确地反映资源的价值，达到理想的目的。

（三）前瞻性原则

人们生活的社会，是一个变化着的活动机体，民俗随之发展演变，客源市场在变，游客的旅游要求不断更新，民俗旅游产品的市场适应性也在变化。因而，民俗旅游资源开发要不断进行，不断更新，再添生命力。这对民俗旅游资源开发的基础工作——评估，提出了更高的要求。评估应能跟上市场与社会生活的变化节拍，具有一定的预见性和前瞻性。不仅要对现时民俗旅游资源的旅游价值做出恰如其分的评价，而且能不囿于现状，着眼于未来，预测其开发潜力。这样的评估，既稳妥，又积极，现实意义更大。

（四）定性分析与定量分析相结合原则

辩证唯物主义认为，任何具体的事物都是一定的质与量的统一体。一般来说，我们把有关事物的总体描述性研究称之为定性研究，把有关事物的量化指标性研究称之定量研究。民俗旅游资源是客观存在的事物，对它的研究当然既可采用定性的研究方法，也可运用定量的研究方法。但是，要客观准确地探索民俗旅游资源的本质，减少民俗旅游资源评估中的主观色彩、个性色彩，以及评估工作的随意性，还是将定性研究与定量研究相结合为好。民俗旅游资源的定性与定量分析结合是评估工作不断深入的需要，也是民俗旅游研究进步发展的重要表现之一。

（五）效益原则

民俗旅游资源开发的目的是发展民俗旅游，取得经济效益和社会、文化效益，而作为开发的前期工作之一的评估工作则是为开发服务，为开发进行必要的准备。评估必然涉及效益问题，尤其是经济效益，否则，评估就失去存在的必要。民俗旅游资源评估遵循效益原则，即要求在评估过程中尽量核算投资收益率，供开发决策参考。假如某区域的民俗旅游资源评估收益率过低或为负数，那么开发就要慎重。

三、民俗旅游资源的评估体系

开发民俗旅游资源需事先评估，评估也得有一定的标准。民俗旅游资源的价值构成因子，也就组成了它的评价体系。

（一）珍稀度

这是指民俗旅游资源在世界或全国范围内存在的价值水平，包括绝无仅有的、罕见的、珍贵的民俗事象。人类由民族构成，分布在五大洲。由于自然环境的差异，不同的民族既有共性，也有个性。共性即各民族都要经历相同的历史阶段，有过相类似的生活方式。只是由于种种原因，有的民族发展较快，有的民族社会发展相对滞后。这样，有些民俗事象在某些民族还存在着，在另一些民族却很早就消失了。例如，刀耕火种本是原始时期人类共同的农业生产习俗，在汉族早就没有了，而在鄂西土家族还有遗存，称“烧火畲”，这就弥足珍贵了。

（二）古悠度

古悠度指在一定地域范围内民俗旅游资源形成的历史年代情况。民俗是历史的产物，在不同时代，民俗有不同的时代特点，反映着相异的时代面貌。民俗的时代性越早，历史古悠度就越大，特色层次也越多，其旅游价值自然越大，旅游开发的成功率也越高。

（三）奇特度

这是由于地域条件和社会环境、历史传统的相异而形成的民俗旅游资源的差别程度。旅游心理学告诉我们，距离产生差异，差异形成吸引力。民俗旅游者出游的重要动机为好奇、求新，也就是说，民俗旅游资源那“唯我独有”或“你有我优”的特色常常能打动民俗旅游者，促使他们离开自己的常居地去民俗旅游地旅游。所以，距离越远，差异越大；差异越大，奇特度越高；奇特度越高，吸引力越大；吸引力越大，可开发性就越高。

（四）密集度

密集度指在一定地域范围内不同民俗旅游资源或不同地域的民俗旅游资源的集中程度。一般讲，民俗无处不有，在同一地域，同类民俗不存在疏密问题，但不同种类的民俗旅游资源有规模上的差异；在不同的区域，因自然环境等多方面的原因，民俗旅游资源的密集程度之差异就更不用说了。密集度中的“最”型资源，构成了一系列景观极值，其开发的可行性比一般民俗旅游资源大得多。

（五）完整度

这是指民俗旅游资源的保存完好程度。民俗有两个重要特征：传承性和变异性。民俗作为群体的模式化行为一旦形成，便具有很强的稳定性，相沿积久。然而，民俗无不是历史的产物，时代变了，社会环境变了，民俗也会随之产生变异。传承与变异构成了民俗的对立统一体。民俗旅游资源的完整度取决于民俗的传承性。民俗传承越久，其完整度越高，反之，则低。一般讲，完整度不是对现世产生的民俗而言的。凡现世之前形成的民俗，越是完整地保存下来，其特色越鲜明，旅游价值越大。

（六）观赏度

观赏度，又称美观度，指民俗旅游资源的美感程度。旅游者出游的重要心态是观赏景物的美。美有多种形态，有自然美、社会美、艺术美，又有形式美、结构美，还有动态美、静态美，等等。民俗旅游资源有“物化”和“活化”两大类，无论是其形态特征、结构、环境，还是色彩、工艺以及文化内涵，无不是美的体现，无不给旅游者以各种美的享受。美观度是民俗旅游资源最基本的价值构成因素。

（七）愉悦度

旅游心理学认为，娱乐是一种重要的旅游动机。旅游者期望通过旅游活动，暂时离开尘世的喧闹，摆脱社会的烦恼，消除身心的疲惫，获得欣喜愉悦。一般说来，旅游资源让游客得到娱乐越多，其特色越显著，旅游吸引力越大。各族民俗充斥着娱乐内容，极具愉悦性。像朝鲜族的荡秋千，汉族的赛龙舟、舞龙舞狮，壮族的对歌，黎族的打竿，苗族的跳芦笙，等等，皆能让旅游者融入欢乐的海洋，达到“目悦”、“心悦”、“神悦”。

（八）组合度

开发可以是单一资源开发，也可为多项资源开发。从效益上讲，多项开发具有规模效应，而单项开发虽也能形成景观点，但缺乏呼应，效果不一定理想。这里说的组合度既指各类民俗旅游资源间的组合，又指民俗旅游资源同其他旅游资源的组合。它强调的不仅是数量，更重要的是组合的质量，即协调、和谐程度。如，黄山市将民居与黄山、齐云山、太平湖组合成旅游资源群体，很有特色，游客络绎不绝。总之，凡是组合度最集中、最协调的民俗旅游资源，其市场吸引力也最大。

（九）饱和度

饱和度，又称旅游容量、旅游承载力，指在一定时空界限内，使游客的最低游览要求和资源环境的最低保护要求得到实现的能力。它主要包括民俗旅游资源地的容客程度，即允许多少游客进入为佳，要建多少设施，才能满足游客的需要。

（十）可进度

影响民俗旅游资源开发的因素很多，可进度也是评定其价值的一个重要方面。其指标为气候条件的好坏，交通便捷与否，安全保障如何，距中心城市的远近等。可进度好，则民俗旅游资源的附加价值就高，开发的可能性就大。反之，即使民俗旅游资源的观赏价值很高，但游客也会裹足不前。

以上十条标准相互联系，构成了民俗旅游资源完整的评价体系。我们评估时，应根据实际情况综合、灵活运用。

思考题

1. 在都市旅游中如何发挥民俗旅游资源的作用？
2. 从资源的角度谈谈对民俗神秘性的看法。
3. 运用所学知识评估泸沽湖摩梭人民俗的旅游价值。
4. 任何民俗都可成为旅游资源吗？请谈谈你的看法。
5. 请思考民俗文化与非物质文化遗产在旅游资源属性上的关系。

第十一章
民俗旅游开发

本章提要： 任何国家和地区发展民俗旅游业，都必须扬长避短，发挥优势，突出其特有的民俗文化特色。民俗旅游开发就是启动这种优势的必要手段。本章从分析民俗旅游开发的特点、内容、历史与现状着手，探索民俗旅游开发的原则、步骤、方法以及可采用的模式，并就民俗旅游开发中出现的问题，进行对策性的研究。

中华文化光辉灿烂，民俗旅游资源丰富多彩，种类繁多，蕴藏着很高的旅游价值和旅游功能。它既是我国发展旅游业的宝库，又是我国招徕国际游客的优势与长处。如何挖掘民俗旅游资源，变资源优势为经济优势，以适应社会发展的需要，是摆在我们面前急需研究的一个重要课题。这一课题的核心，即为探究民俗旅游资源的开发、保护的方法措施，实现资源的产品化和确保民俗旅游的可持续发展。

第一节　民俗旅游开发概述

民俗旅游的开发是伴随着民俗旅游活动的开展而进行的。在旅游业飞速发展的今天，利用民俗的旅游价值，开发民俗旅游资源，建立民俗风情旅游点，设计民俗旅游线，规划民俗旅游区，不仅仅是旅游学界、民俗学界的共同心声，时代的需要，而且还是我国旅游业进步的重要标志。

一、民俗旅游开发的特点

民俗旅游资源是我国发展民俗旅游事业的原材料，它犹如天女散花、繁星点点地散存在各行各业、各处各地。正由于这种星散性，我国的民俗旅游资源尽管十分丰富，旅游价值也很高，但它的魅力难以充分发挥出来，也就影响了旅游者的观赏效果，不利于民俗旅游的促销。因此，对民俗旅游资源进行深加工，以有利民俗旅游的开展，显得十分必要。

民俗旅游开发，是民俗旅游的一项基础性工作，是以特定的旅游战略思想为指导，在一定地域范围内，通过某种或多种方式，对散存在民间的各种形态的民俗旅游资源进行开拓和建设，使其转化为民俗旅游产品，具有较高吸引力的景观功能的诸种行为的总和。它既表现出开发者的思维活动，又体现了民俗旅游本身由低层次走向高层次的发展进步过程。

民俗旅游开发，不仅有旅游资源开发的总体特征，而且还有自己的特点。

（一）坚持原则性

民俗旅游开发是项复杂的基础性工作。在从事开发的人员中，因为开发思想和偏爱不同，在开发的手段和方式上，往往存在着明显的差异。在热衷民俗旅游的人群中间，由于需求不同，对民俗旅游景观的选择也不一，开发的市场导向也有相当大的差别。不同地区的民俗旅游资源的特性和区位条件也存在着差异。这些都直接影响开发的方式途径的选择。所以，民俗旅游的开发必须以科学的态度坚持原则。这包含了两个层面的内容：一是遵循民俗旅游开发的一些基本原则，如特色性原则、保护性原则、参与原则等；二是民俗旅游的开发者要深入实际，“入乡随俗”，尊重资源区的民俗风情。只有自己先遵守原则，才能开发出高质量的民俗产品。

（二）是一项文化工程

民俗旅游是一种高层次的文化旅游，国外旅游者千里迢迢来到中国，国内旅游者到其他省区去旅游，他们一个非常主要的目标就是追寻文化需求的满足。他们企望通过“游”的方式，咀嚼、体会中国各地民俗文化的内涵，实现审美、知美和自我人格的完善。作为“生产”民俗旅游产品的基础工作，民俗旅游开发既是一种经济行为，同时又是一种文化行为，肩负着多重历史使命：开发不是为开发而开发，而是以开发的形式，宣传民俗文化，让世界各地的游客了解、感悟中国民俗文化的意蕴；开发并不是盲目开发，而是有目的开发，是摒弃民俗文化中的愚昧、落后成分，把纯洁、文明、优秀的民俗文化介绍给游客；开发既是把现实中的民俗文化推向世界，又是挖掘各历史时期的民俗文化，展示我国历史上的文化创造。民俗旅游开发的确是一项了不起的文化工程。

（三）无地域的绝对限制性

旅游资源无论是自然资源，还是历史文化资源、民俗文化资源都具有地域性的特征，但由于各自表现形态的异质，反映在开发的方式方法方面也存在着差异。自然资源的开发肯定在资源地进行，不可能移动。历史文化资源是人类创造的，相对于自然资源而说，某些历史文化资源在开发时可以被复制，如深圳的“锦绣中华”由观景区、商业区、食街和园艺造景区组成，面积30万平方米，就是我国各地建筑、名胜古迹等景观的浓缩。不过，历史文化资源的复制开发毕竟数量、规模很有限，不足以动摇它的地域限制。民俗文化既有“物”的形态，又有“活”的形态。根据民俗旅游资源的“不可根移性”的特点，民俗旅游开发就本质而言，应是就地开发。然而因民俗的传播性和动态性，民俗旅游开发已突破了地缘制约，频频出现了此地仿制开发彼地民俗旅游资源、彼地仿制开发此地民俗旅游资源的现象。

（四）具有大众参与性

民俗是种大众文化。人民大众既是民俗文化的创造者，又是民俗文化的载体，他们在现实生活中的一举一动，大多反映和体现着一个地区或民族的民俗行为。民俗旅游开发实质上就是将民众所掌握及民众言行所表现的民俗旅游资源转为民俗旅游项目和产品。一个民俗旅游项目或产品的开发，专家、学者的指导、设计固然很重要，但项目或产品的构成要件：民俗的载体——民众，则是决定性的。比如“土家婚礼”，由哭嫁、过礼、戴花酒、开脸、背新娘、迎亲、拜堂、坐床、闹洞房、回门等节目组成，主角是新娘、新郎，配角则很多，有双方父母亲戚，还有全寨相好的兄弟姐妹等。如果当中有人配合不到位、投入不够，或者干脆中途退出，小则影响质量，大则项目失败。因此，民俗旅游开发不可能像自然资源、历史文化资源开发那样由专业人员独立进行，它必须由专业人员与当地民众共同参与才能完成。甚至可以这样认为，民众的参与是影响民俗旅游资源开发成败的关键因素。

不少论著将民俗旅游资源开发与利用两个名词不加区别地混用，认为民俗旅游资源开发等于民俗旅游资源利用。但细究起来，两者还是有差别的。

利用，即为物尽其利，民俗旅游资源利用，就是以一定地域或民族的民俗旅游资源为凭依，通过对民俗旅游资源和民俗旅游者的能动作用，或者民俗旅游者的主观努力，实现民俗资源开发者和民俗旅游者某种需要的行为。

民俗旅游资源开发与民俗旅游资源利用关系密切，前者是手段，后者为目的；前者是单向的，后者为双向的，开发是利用的前提。

二、民俗旅游开发的内容

民俗旅游开发是一项系统工程，除单纯的民俗旅游景观的开发外，还必须对相关的景观、设施、设备进行开发、建设。只有配套开发，才能使纯民俗旅游资源的开发取得成功，使民俗旅游地形成较大的接待能力，以获取可观的经济效益与社会效益。

民俗旅游属专项旅游，民俗旅游开发也系专门旅游开发。因而，在开发的内容上，既要照顾面，又应强调专。民俗旅游开发内容十分丰富而广泛：

（一）民俗旅游景观（含景点、节目）的开发

它是民俗旅游开发的中心工作，是旅游地形成接待力的基础。由于民俗旅游资源多种多样，各地的开发范围、开发规模、开发重点、开发条件不同，民俗旅游景观开发的方式也有较大的差异。按民俗的内容来分，民俗旅游景观的开发途径很多，常见的有：

服饰景观开发——服饰民俗是区域或民族的自然环境、经济条件、文化修养和审美观念的综合反映，不同民族有不同的服饰，同一民族不同的历史时期服饰也有较大变化。服饰民俗景观的开发，不仅可以展示不同民族的文化、审美风貌，而且能反映民族的历史，给游客以美和历史知识的享受。

饮食文化景观开发——我国是“饮食文化王国”，不仅有十大菜系，不同地方有不同的风味，有不同的时尚，而且讲究饮食与审美、艺术、礼仪、禁忌的结合。什么样的场合，饮什么样的酒，使用什么餐具、酒具、茶具，配合怎样的礼节，都有一套完整的惯制。中国的饮食既是物质享受，又是美的熏陶。饮食文化景观的开发大有可为。

民居景观开发——民居是人类的主要生活空间，是艺术、文化、科技的综合体现，是人类文化进步的纪念碑。我国民居样式繁多，北方有窑洞、四合院、蒙古包、土坯房子篱笆寨，南方有土楼、竹楼、木楞房、石头房、碉房等。民居的艺术性和直观性，最能显示区域风情，它的景观效果也特别好，应为民俗旅游资源开发的重点之一。

交通景观开发——主要是对民俗范畴中的交通工具及设施的开发。我国的传统交通工具总体上讲，是南船北马，此外还有滑竿、牦牛、骆驼、爬犁、雪橇、双轮车等；交通设施有古栈道、风雨桥、木桥、石板桥、绳索桥、旅舍等。它们都有很高的旅游价值，游客可观赏，也可体验。

商贸民俗景观开发——商贸为人类社会经济生活中的一个重要内容，涉及面也较广。作为民俗景观开发的，多为具有观赏性、参与性、娱乐性的商贸行为与用具等，如庙会、店铺、集市、会馆等。

节日庆典开发——节日庆典是综合性的民俗，是民族或区域民俗生活的集中展示。我国节日庆典活动极为丰富，几乎每年每月都有节日。节日中丰富多

彩的活动，丰盛的饮食，热闹、愉悦的氛围，不仅让人从中获得知识，得到休息、快乐，而且交流了情感，增进了友谊。节日庆典构成了民俗旅游资源中最绚丽多彩的一道风景线，是民俗旅游资源开发的重中之重。

歌舞景观开发——民间音乐、舞蹈、曲艺、戏剧是人们喜闻乐见的艺术形式，种类多，源远流长，特色鲜明，具有独特的韵味和特殊的感染力。古朴、优美的曲调，热情奔放、精湛、诙谐的表演，生活化的内容，使人得到莫大的艺术和文化享受。歌舞景观的开发，不仅能满足游客精神文化需求，而且能丰富“白天看庙、晚上睡觉”的单一旅游生活。歌舞景观的开发，在西南省区较为成功，已积累了相当多的经验。

体育游戏景观开发——指利用民间体育游戏的竞技性与娱乐性特点，开发旅游项目（节目），以满足现代旅游者的参与、娱乐、刺激需求。我国的体育游戏很多，仅少数民族就有摔跤、马球、赛骑、秋千、爬竿、跳灯、斗鸡、射箭等200多项。[①] 体育游戏景观的开发，投资少，见效快，应列为开发重点。山东潍坊的风筝开发就非常成功，成为潍坊市最重要的旅游景观，取得了良好的经济、社会效益。

信仰景观开发——信仰是多方面的，有对山川日月的信仰，有对祖先的信仰，有对图腾的信仰，有对神灵的信仰，还有民间宗教信仰。信仰是一种精神（意识）民俗，但它的表现形态多为物化的，如岩画、傩戏、祭祀、祈祷、庙宇等，可供旅游者参观、考察。

民俗商品景观开发——民俗商品既是旅游购物的主要对象，同时又因其所特有的实用性、艺术性、观赏性，具备景观构成的基本要素，是一重要的民俗景观资源。如，牡丹是洛阳市的市花、著名土特产，种类近300种，年生产60余万株。自1983年始，洛阳市于4月15日至25日举办牡丹花会，游客如云。1988年花会期间，至洛阳赏花的中外游客达320万人次。2007年又将会期调整为4月1日至5月10日，接待游客达1281万人次。民俗商品作为游客的购物品开发，旅游界相当重视，但作为景观开发，目前还认识不足，未引起充分的重视。

此外，喜庆（包括育儿礼、婚礼、寿礼），家族，社团，农耕，渔猎，手工业等民俗景观有所开发，然而还很不够。尤其是随着民俗、生态旅游的发展，这些方面的开发应进一步加强。

---

① 徐万邦、祁庆富：《中国少数民族文化通论》，第236页，中央民族大学出版社，1996年。

（二）民俗旅游地的可进入设施开发

它具体体现为民俗旅游的交通开发，包括交通工具、交通线路、游览线路等。现代旅游强调旅游交通要安全、高效、快速、方便、灵活、舒适，所以民俗旅游地的交通须做到“进得来，出得去，散得开”。也就是说，要使民俗旅游者能方便到来，在民俗旅游地逗留期间活动自如、畅通无阻，旅游结束时能很快离开。影响民俗旅游可进入的因素很多，主要有：

1. 客源地与民俗旅游地及其所依托的中心城市间的距离；
2. 从客源地到民俗旅游地所需的时间；
3. 民俗旅游地到中心城市及客源地的交通状况；
4. 民俗旅游地内的道路交通状况，包括车行道路、步行道路等；
5. 民俗旅游地对外、对内的运输工具的数量和承载力；
6. 客源市场的流向与流量。

我们进行开发时，要对这些因素进行认真分析，综合研究。[①] 目前，我国开发的民俗旅游地主要分布在东北、西北、西南等少数民族地区，这些地区因自然条件较差，交通设施落后，提高可进入性的任务十分艰巨。

（三）民俗旅游地的旅游设施开发

旅游设施是指旅游者在民俗旅游地游赏期间必须使用，否则无法进行正常旅游生活的设施，主要包括旅游饭店、宾馆、招待所、旅游饮食服务设施、交通工具停靠站场、旅游商店、旅游娱乐场所等。民俗旅游地的旅游设施开发为民俗旅游资源开发的一个重要配套方面，它的开发可从四方面入手：

1. 设施的民俗化，也即按民俗旅游者的旅游心理需要来规划设计，将当地的民俗文化内涵融入设施的形态、风格之中。

2. 设施的风格应与旅游地的自然环境、文化环境相协调。

3. 设施档次多样化。目前民俗旅游开展的地区遍布全国，游客的经济实力也较以往有较大的提升，在大中城市及经济发达地区，设施应高中低层次相结合，以中高层次为主；在经济相对欠发达地区，设施开发应因地制宜，与本地总体经济水平相适应。除少数高档次外，应以中低档次为多。再者，民俗旅游者多抱着入乡随俗的心态而来，追求淳朴、自然，对旅游设施的档次一般没有太多的苛求。

4. 设施的规模应与民俗旅游地的区位及可进入性程度相适应。它与中心

① 参阅李天元、王连义：《旅游学概论》，第100页，南开大学出版社，1991年；杨振之：《旅游资源开发》，第188页，四川人民出版社，1996年。

城市或客源地的距离近，可进入的条件好，其设施的规模可大些，反之则小些。

旅游设施的开发当与民俗景观的开发同步进行，不能偏废。

（四）民俗旅游地的人力资源开发

民俗旅游资源若从广义上理解，不仅仅限于各类民俗事象，还包括民俗旅游地的人力资源。人力资源是民俗旅游最宝贵的资源之一，只有人，才能使民俗景观、旅游设施发挥效用，形成接待能力。人力资源开发的范围非常广泛，既包括民俗旅游的导游人员、住宿接待人员以及其他方面的服务人员，还包括民俗旅游景观的主要载体——普通民众。为什么范围这么宽呢？这主要是由民俗旅游及民俗旅游资源的大众性、广泛性特点决定的。也就是说，民俗旅游地的所有人员都是人力资源开发的对象。人力资源开发的内容、形式可以多种多样，一般有讲座、培训班、外派学习等形式，以提高民俗旅游有关人员的文化素养、专业技能、敬业精神为目标。

（五）民俗旅游资源图书资料的开发

民俗是种生活文化，体现在旅游景观上可以观看，体现在文字上便可阅读。对于旅游者来说，到民俗旅游地去观赏民俗景观，是了解、领略该地民俗风情的主要途径，若再加上阅读目的地民俗旅游资源的文字材料，更可帮助他们理解民俗的意蕴，助长游兴，丰富旅游生活。有关民俗旅游资源图书资料的开发，各地都较重视，出版的书不少。

三、民俗旅游开发的成果

在我国的旅游开发中，自然旅游资源和历史文化旅游资源开发得较早，并且一直作为我国旅游基础工作的主体受到广泛的重视，而民俗文化旅游资源的开发则相对滞后。民俗旅游开发是伴随着民俗旅游活动的开展而兴起的，它经历了一个由无意识开发到有意识的自觉开发的过程。

真正意义上的民俗旅游则是20世纪70年代末以后的事。十一届三中全会以来，随着我国改革开放的深入，旅游业迅速发展，并成为一个重要的国民经济门类。民俗旅游也从自然风光旅游、历史文化旅游的附庸和补充，而一跃形成专门的旅游种类，尤其是1995年国家旅游总局协同各省、自治区、直辖市旅游局推出“95中国民俗风情游”，在全国范围内开展数十项民俗旅游活动，大大促进了我国民俗旅游的发展进程。据国家旅游局统计，当年入境旅游人数4638.65万人次，比1994年增长6.2％，外汇收入87.33亿美元，较上一年增长了19.3％，创历史最高纪录；国内游客达6.29亿人次，旅游收入1375.70亿元人民币，分别比上年增长20%和34.4%，也创历史新高。① 此后，发展民俗旅游成为各省、自治区、直辖市旅游同行的共同行动，民俗旅游业已与自然风光旅游、历史文化旅游并称中国旅游的三大支柱，共同推动了我国旅游业的快速发展。浙江、江苏、云南、广西、贵州、四川、安徽、陕西、甘肃、辽宁、黑龙江、宁夏、新疆、重庆等24个省（自治区、直辖市）在制定发展规划时，多已把旅游业作为支柱产业或第三产业中的重点产业优先发展，民俗旅游在其中占重要地位。如内蒙古，从“十五”到“十二五”旅游业发展很快，2005年旅游业总收入185亿元，2012年达到1128.51亿元，旅游收入占生产总值的比例达到7.05%，② 成为我国开展民俗旅游的主要地区。其旅游业“十二五”规划中就明确规定：“充分挖掘内蒙古独特的民族风情和文化资源，建设成为国家重要的草原文化和民俗体验旅游区。”③ 2019年接待国内外游客更增长至19512.5万人次，实现旅游业总收入4651.5亿元。④

民俗旅游尽管历史悠久、源远流长，但民俗旅游开发的历史却比较年轻，大约在古代旅游的鼎盛时期——唐宋时开始了无意识的开发。例如，元宵节张灯是汉朝时形成的习俗，主要目的为祭神。到了唐代，元宵节从神秘气氛中解放出来，成了真正的佳节良辰，张灯是为了供人们观赏。这样，每年的元宵节，各地都要举行盛大的灯会，家家户户纷纷出门观灯，元宵节成了民俗旅游节。崔知贤《上元夜效小庾体》：“今夜启城闉，结伴戏芳春。鼓声撩乱动，风光触处新。月下多游骑，灯前饶看人。欢乐无穷已，歌舞达明晨。”⑤ 这首诗是唐代元宵节万人空巷赏灯游乐狂欢景象的真实写照。宋代元宵节的游乐项目更多。仁宗康定年间，知州段少连在广州组织了大型灯火晚会，城乡前往游赏的人数以万计。在南宋临安则由官府支钱搭建灯山，组织大批艺人，编成数十支歌舞队，穿梭灯市间，进行化装表演。明人好游，民俗旅游资源得到进一步的开发利用。农历六月二十日，传说为荷花神的生日。这一天，苏州人无不借祭荷花神泛舟荷花荡，游赏荷花。一些远方来的游客，因雇不到船只好在岸上

① 《中国旅游年鉴（1996）》，第29页，中国旅游出版社，1996年。

② 《去年内蒙古旅游业总收入突破1000亿》，http：//www.northnews.cn/2013/0305/1058739.shtml。

③ 《内蒙古自治区“十二五”旅游业发展规划》，http：//www.nmg.gov.cn/main/nmg/zhauntizhuanlan/125zt/125zx/2012－04－16/2 _ 139616。

④ 《内蒙古自治区2019年国民经济和社会发展统计公报》，http：//tj.nmg.gov.cn/tjyw/tjgb/202102/t20210209 _ 886021.html? slh＝true。

⑤ 《全唐诗》卷七十二，第785页，中华书局，1960年。

徘徊远眺。南京的秦淮灯船天下无双，每年的端午节、六月十三、中秋节，画舫、小篷船都挂上彩灯，众船首尾相连，如火龙蜿蜒。这一盛景吸引着远近游客，一时间秦淮两岸游者如云，通宵达旦。①

有意识的、自觉的民俗旅游开发则更晚。新中国成立后的相当长时间里，我国的旅游业属外事接待工作，主要以接待外国访问团体、外国友人、华侨、港澳同胞为主。为满足他们对我国历史文化、民情风俗的了解需求，政府和有关部门曾有意识地开发一些民俗旅游节目以供观赏，如杂技、相声、少数民族歌舞等。不过，那时的民俗旅游开发还是局部的、零星的，仅仅是外事接待工作的一种补充。

1978 年以来，由于国内、国际旅游业的发展，民俗文化越来越受到旅游者的青睐，民俗旅游资源的文化优势也越来越突出，各地旅游部门转变观念，紧跟旅游业的发展方向，加大了民俗旅游开发力度，使民俗旅游开发无论是数量还是质量都有很大程度的提高，取得了巨大的成绩和进步，从而保障了我国旅游业尤其是民俗旅游的发展。其主要成果有：

（一）开发规模不断扩大，涌现出一批著名的大景观

改革开放前及改革开放之初，民俗旅游项目规模很小，可供观赏的时间也很短。例如，云南路南不仅有驰名中外的石林，而且有丰富多彩的彝族民俗。当时仅在服饰上做了一点开发，让导游小姐穿上彝族服饰。因形式单一，彝族民俗没能像石林那样给游客留下难以忘怀的印象。近年来，民俗旅游开发开始上档次、上台阶，规模日趋扩大，各地形成了一批著名景观和民俗旅游线。如，云南昆明的云南民族村、西双版纳的傣族风情游，贵州凯里的天然民族村、西江的千户苗寨、雷山的郎德上寨，广西的桂北、桂东民俗风情旅游专线，深圳的中国民俗文化村，福建的永定土楼游，海南三亚中华民族文化城，湖南的岳阳国际龙舟节，河南的中原民俗游，北京的妙峰山庙会，江西“做一天鄱阳湖渔夫之旅”，甘肃敦煌的西北民俗文化村，江苏无锡吴文化公园，安徽黟县古民居游，浙江海宁观潮放风筝之旅，宁波的中国渔村，河南开封的宋都御街，上海的弄堂风情游等等。

（二）开发的区域遍及全国

民俗无时不有，无处不在。根据各地自然、经济、文化环境同一性与差异性，我国大致可分为东北、西北、内蒙古、青藏高原、西南、华北、华东、中

① 参阅陈宝良：《飘摇的传统——明代城市生活长卷》，第 213～214 页，湖南人民出版社，1996 年。

南、华南等九个民俗旅游资源区。从宏观角度看，九大资源区的民俗旅游项目都有所开发，但并不平衡。西北、西南、东北区及华南、中南的部分地区，由于少数民族聚居，民俗神奇、多彩，民俗旅游项目开发较多，民俗景点分布较密。如，广西龙胜1993年就开发了北面瑶寨民俗风情游、金竹壮寨风情游、银水沟侗寨民俗风情游。1995年5月至8月，四川阿坝藏族羌族自治州推出了三个民俗旅游项目：汶川羌族文化节、若尔盖草原赛马节、中国红原国际牦牛文化节。华东、华北及华南、中南大部分地区为汉族居住区，民俗虽不及其他区奇特，但也有自己的优势。旅游部门一方面大力挖掘汉族的民俗传统和本地的特色，开发出高品位、高文化内涵的民俗旅游项目，如无锡的吴文化公园中设有稻作文化民俗馆、蚕桑文化民俗馆、住俗文化民俗馆、渔文化民俗馆、福寿山庄、吴地艺术百花馆等，北京胡同文化发展公司推出“胡同游”项目；另一方面移植仿制少数民族民俗，建设民俗风情园，设立少数民族民俗旅游节目，丰富民俗旅游活动内容，如1998年3月北京中华民族园举办的苗族姐妹节，贵州安顺苗家姑娘表演的姐妹饭、敲板凳、踩芦笙、跳竹竿等节目即属此类。

（三）开发的形式、内容多样化

如前所述，新中国成立之初所开发的民俗节目仅为观光接待的补充，开发形式单一，节目的内容贫乏，歌舞即歌舞，没有其他项目相配套。20世纪80年代以来，由于旅游市场竞争加剧，各地都把发展民俗旅游作为参与市场竞争的重要手段，民俗旅游开发趋于多样化，不仅有单项开发，如贵州兴义市马岭河的贵州民族婚俗博物馆；也有综合开发，如1998年5月辽宁省旅游局、沈阳市旅游局举办的“98华夏城乡辽宁民俗旅游月”，为游客呈现了苗族滚刀表演、佤族夹脚舞、傣族龙舟表演、朝鲜族秋千表演、满族秧歌表演等；还有民俗与山水风光等的组合开发，三峡民族风情漂流即为一例。该项目1994年开发，以漂流为形式，以观赏两岸古木野草、奇峰异石和土家族巴山舞、对歌、民间吹打乐等为内容，将原始风光与古朴乡风融为一体。从民俗旅游资源的类型看，既有消遣观光型开发、参与型开发、考察型开发，又有娱乐型开发、民俗商品的开发。民俗旅游景观的内涵也一改以往的单调之风，变得丰富多彩。国际旅行社上海分社开发的让外国人“做一天上海人”就很有代表性：清晨手提菜篮到自由市场买菜，与菜贩讨价还价；逛完菜场，到街心公园学打太极拳；之后，逛花鸟市场，游览市容、豫园、玉佛寺；中午，在市民家做家务，做饭、包饺子、烧菜，与主人同桌进餐，拉家常；饭后，随主人去上班，看看中国的工作环境。短短一天的民俗旅游，让外国游客了解了普通上海人的生活，享受到难以忘怀的乐趣。①

（四）开发主体的多元化

“大众旅游，大家办”。民俗旅游属于一种大众性旅游，民俗旅游的开发已不单是旅游部门的职责，社会各界也多乐此不疲，因而开发主体日益多元化，如中国国际旅行社成都分社开发出“坐茶馆”，上海新世界旅行社推出“美食游”，香港中旅集团开发了锦绣中华、中国民俗文化村，北京胡同文化发展公司推出“胡同游”，安徽黟县西递村自办“西递古民居游”，浙江金华市诸葛村自办“诸葛八卦村游”，北京亮马河大厦推出“湖南食品节”，贵州省与中央民族学院联合开发关岭“滑石硝寨布依族文化村”。值得注意的是，旅游涉外饭店也是一支民俗旅游开发的生力军，民族服饰、歌舞、曲艺、地方风味等都是宾馆、饭店经常开发的项目，收效也较为显著。

四、民俗旅游开发中的败笔

我国的民俗旅游开发虽然取得了令世人瞩目的成绩，但因起步较晚、经验不足，以及认识上的偏差，还存在着不少急需解决的问题。

（一）民俗的庸俗化

民俗旅游开发本应尊重民俗，弘扬民俗文化，但个别地方却打着民俗的旗号去亵渎民俗文化，盲目地利用现代光电技术，低格调地猎奇，将民俗随意地庸俗化。如在许多民俗村，“村民”们打着婚俗表演的旗号，拉游客参与表演，“喝交杯酒”、“抱新娘”、“入洞房”……而每一个环节都要缴纳一定的费用，还号称“有根有据”。这样一方面使游客对该民俗有了错误的认识，另一方面也让被“宰”过的游客对该项目产生了极坏的印象。②

（二）项目（节目）过于艺术化、舞台化

民俗的本色在于乡土气息和原始气息，而目前的民俗项目，尤其是民俗村、民族村特别注重外表形象。这样，游客进入民族村，如同进入一个舞台布景区，其中活动着的各民族“村民”们，从服装的色彩、质地、装饰，到着装者的相貌、神情，都像是在演出舞台剧。这类“艳丽、光彩照人”的服饰无言地告知游客，“村民”们的活动内容不是在反映日常生活，而是在进行表演。③

① 刘丽川：《民俗学与民俗旅游》，第159～160页，同济大学出版社，1990年。

② 王秋实：《“民俗游”存在5大蒙钱陷阱》，《新民晚报》2005年4月19日。

③ 杨虹：《论昆明旅游业中的民族文化资源开发》，《云南民族学院学报》1996年第3期。

（三）匆忙上马，开发粗糙

民俗旅游资源开发是一项严肃认真的科学工作，容不得半点马虎。在开发之前，邀请专家论证，进行可行性研究是必不可少的工作步骤。但自深圳锦绣中华、中国民俗文化村取得巨大成功后，有些地区的旅游部门急于富起来，不考虑所在地的区位条件、可进入程度，不做精心、细致的调查研究，纷纷仿效，一时间，各种民俗村、寨、城、宫、园等相继“攻城略地”。由于上马匆忙，题材大多重复，缺乏新意与独创性，真正获得成功的不多。

（四）开发重点不突出

民俗是地域的民俗，不同的地域，民俗各有特点。民俗的地域特色是吸引游客的主要动力，自然也应成为民俗旅游开发的重点。在这方面，各地的有关部门已有所意识，但在具体开发操作上还嫌不足。不少地方热衷仿建，而忽视本地民俗特色资源的发掘和开发。

（五）民俗旅游商品雷同化

民俗旅游商品既是旅游者购买的物品，又是一种重要旅游吸引物，它的双重性决定着它在民俗旅游开发中的重要地位。令人遗憾的是，现在的民俗旅游商品开发虽然很热闹，但雷同现象十分普遍。只要到各旅游地走走，你肯定会发现，民俗旅游商品大都似曾相识，没有个性。这不能不说是种缺憾。

以上问题是我们民俗旅游资源开发前进、发展中的问题，只要我们正视眼前的不足，认真钻研，就一定能把我国的民俗旅游资源开发推向新高度。

第二节　民俗旅游开发的原则与方法

民俗旅游开发是一项非常周密细致的科学工作，对它的重要性人们已形成共识。为使我国富饶的民俗旅游资源发挥应有的旅游效用，并最终为国民经济的发展和人民的物质、精神文化需求的增长贡献力量，对民俗旅游资源实施开发除了积极参与、高度重视以外，还应进行一番理性思考，以避免或减少走弯路。

一、民俗旅游开发的原则

对民俗旅游开发的理性思考之一，就是研究按什么样的原则来开发民俗旅游资源，实现民俗旅游资源的价值最优化。针对我国的国情和民俗旅游资源的开发现状，在开发民俗旅游资源时，应当遵循以下一些原则。

（一）因地制宜原则

我国地大物博，民族众多，各地、各族的民俗旅游资源既千姿百态，又千差万别。民俗旅游资源开发，通俗地说，就是对已评估的民俗旅游资源按一定方式进行组合，使其具有招徕游客前来观光、实现开发者主观愿望的能力。俗话说“靠山吃山，靠水吃水”，开发民俗旅游资源必须因地制宜，根据当地的实际情况来开发。也只有因地制宜地开发，各地的民俗旅游才有特色，我国民俗旅游景观的布局和配置才合理。因地制宜开发民俗旅游资源，应注意以下几点：

1. 就地取材。民俗旅游资源开发要依靠当地所固有的资源，即从当地的资源特点出发，利用当地所特有的优势。如，安徽黟县西递村有明清民居120多幢，深宅大院，栋宇鳞次，布局精巧，砖石木雕琳琅满目，堪称古代民居宝库，具有很大的旅游景观价值。西递民俗旅游开发，民居理所当然为首选。这样的开发，体现了西递的民俗特色，保存了民俗的原汁原味。

2. 从当地客观实际出发。民俗旅游资源开发属于区域开发的一个方面，离不开当地地理、经济、社会等因素的制约。因此，开发应统筹规划，充分考虑当地的自然条件、交通运输条件、区位条件、经济基础条件，不能盲目地、不顾客观实际地“妄为”。像云南宁蒗是全国著名的贫困县之一，交通条件比较差，所属的泸沽湖区虽然风景秀美，摩梭母系民俗文化很有特色，知名度高，但在相当长的一段时期里只能做一些保护性开发。

3. 重发掘，轻仿制。民俗散存民间，就本体而言，大都有旅游价值，但对来自不同地区或国家的游客来说，民俗的旅游价值有高有低。因而，民俗旅游资源开发要强调、重视发掘，善于平中见奇。仿制不是说不能搞，然而要少搞，切忌跟风模仿，造假欺世。多搞势必使游客大倒胃口，影响我国民俗旅游的声誉。

游客到民俗旅游地旅游，希望所见的民俗是当地生活的真实，出入方便自如。这就是我们开发民俗旅游资源要因地制宜的出发点。

（二）特色原则

民俗旅游不能千篇一律、大同小异，民俗旅游资源开发应遵循特色性原则。特色性原则是民俗旅游景观焕发吸引力的基础、葆有长久生命力的灵魂。民俗旅游景观的特色性越明显，其开发行为也就越成功。

特色是中国民俗旅游的根本。什么是特色？特色为一个地方或民族或国家历史、地理、政治、经济、文化、社会等方面的真实的综合反映，是一地或一族或一国古今人事物独特个性的集合体，或者说集中表现。对民俗旅游资源开发而言，特色原则指利用“人无我有，人有我优”的资源优势，开发出独具个性的民俗旅游产品。这种独特个性，不外乎三方面内容：一是民族特色，二是地方特色，三是历史特色。

民俗是民族的民俗，民俗自然有民族特色。我国有56个民族，民族数量之多，分布地域之广，举世罕见。每一个民族都有自己的特色民俗。如节日，土家族有社巴节，仫佬族有后生节，汉族有春节、元宵节、清明节、重阳节等等。据统计，汉族节日约500个，少数民族民间节日有1200多个，节日数量之多，在世界上首屈一指。[①] 这正是我国民俗文化享誉世界，发展民俗旅游的优势所在。坚持民族特色，突出民族个性，是开发民俗旅游资源的基本方向。只有这样，我们才能在激烈的市场竞争中取胜。

"一方水土养一方人"。我国幅员广阔，各地的自然条件纷繁复杂，不同的地理环境、经济背景孕育着不同的风俗习惯。"十里不同风，百里不同俗"，即对我国民俗地域差异的准确概括。比如地方戏剧，由于各地文化不同、方言各异，我国地方戏剧种类很多，安徽有黄梅戏、徽剧，浙江有越剧，上海有沪剧，江苏有淮剧、锡剧，四川有川剧，湖南有花鼓戏，河南有豫剧，陕西有秦腔……它们的风格大不相同。民俗的区域差异构成了民俗的地方特色，这种特征正是民俗旅游的生命所在。开发抓住了这种特征，也就发挥了地方优势。

就历史特色而言，中国是世界四大文明古国之一，有悠久的历史，灿烂的文化。民俗是历史文化的积淀，体现文化传统，且不同的时代，民俗也有自己的特点。所以，开发民俗旅游资源还要做好"突出民俗历史特色"这篇文章，尽可能地保持民俗的历史原貌，挖掘历史上的民俗，丰富民俗景观。许多外国人到中国来，不是为了看高楼大厦，而是为反映中国历史的四合院、竹楼、土楼、抢婚等所吸引。

总之，特色性源于民俗的差异性，差异性又是旅游者旅游动机的形成引力。特色的把握，关键在于对民俗旅游资源全面的了解与综合分析、比较。特色性原则的总要求，就是在开发过程中最大可能地突出民俗旅游资源的特色，树立独特性意识。

（三）游客中心原则

民俗旅游的主体为游客，民俗旅游资源开发理当以游客为中心，按游客的需要开发适销对路的民俗旅游产品。根据现代旅游心理学者的研究，旅游者的旅游心理虽然复杂多样，但最基本还是求似、求异、求古、求体验等心理。我

---

① 徐万邦、祁庆富：《中国少数民族文化通论》，第306页，中央民族大学出版社，1996年。

们在开发时应当充分利用游客的这些心理，充分开发近似、特异、拟古、体验的资源，增加民俗旅游景观（产品）的魅力。

旅游心理学认为，两种知觉对象假如相似，容易为人们所知觉，并乐于接受，这就是求似心理。旅游者到目的地旅游，看到似曾相识的民俗景观（产品），就会自觉不自觉地同自身联系起来，产生一种亲切感，一种宾至如归的感觉。这对侨居异域的华人以及迁居其他省市县的本地人来说，往往由此激发起强烈的归属感、民族感、乡土感和爱国心。对这类游客，开发的民俗景观与他们脑中的固有民俗越近似越好，以充分满足寻根求源的欲望。至于求异，旅游活动的本质就是一种求异的欣赏活动，这对外国游客来说特别重要，他们往往猎奇求新心理强烈。对这类旅游者，民俗旅游资源开发要在新、异方面多思考，开发出具有诱发旅游者猎奇心理的民俗景观。当然，在追求新、异时，一定不能违反民族政策，不能搞伪民俗。求古或求旧，是游客的另一种心理需求。当今的人们生活在现代文化的氛围中，对过去的历史都有一种怀念心理，对于越古旧的东西越喜爱。因此，民俗旅游资源开发应尽量体现历史特色，保持原貌，民俗景观以古拙为宜。①

"体验"也很容易理解，它指参与各种活动获得的一种心理满足。参加探险，参加娱乐活动等，均属体验的方式。随着现代旅游的发展，"走马观花"已不能完全满足旅游者的需要了，他们渴望参与到旅游节目活动中去，亲自去体验旅游节目带给他们的趣味。民俗旅游资源的一个主要特点是群体性与参与性。民俗中绝大部分活动都可以让旅游者参与其中，通过亲身体验与感受，领悟中国民俗的文化内涵和特有韵味。所以，我们在开发民俗旅游景观时，应以游客的体验要求为导向，注重景观（节目）的可参与性，应多开发一些能让游客试一试、尝一尝、跳一跳，置身民俗氛围中的民俗景观（节目）。

（四）文化原则

日本学者梅泽正在《企业文化论》中讲，对于企业来说，文化就是个性，文化就是气氛，文化就是素质，文化也就是一种经济战略。法国前文化部部长郎哥更强调："文化是明天的经济。"对旅游，尤其是民俗旅游而言，文化是它的灵魂。

"旅游者和经营者之间所达成的协议虽然是经济的，但在服务内容上则是要求满足其精神文化享受的需要。"② 人类群体的生存环境包括自然环境、社

① 参阅章彩烈：《论民俗特色旅游的开发》，《民族团结》1994年第11期。

② 温锦英：《文化，民俗旅游开发的灵魂》，《广东民族学院学报》1997年第3期。

会环境和文化环境三部分，其中文化环境是各群体以自己的方式创造的，它与自然环境、社会环境从一开始就受到文化习尚的再塑和重塑，同时也使人类旅游行为获得更深层次的内涵，促使旅游与文化在深度和广度上的进一步结合。旅游与文化的有机联系及其作用机制，使现代旅游产业中的文化意识具有比经济意识更深刻和更全面的意义。旅游的开发者和经营者，必须具有一定的旅游文化意识，把旅游产业视为一项文化性很强的事业。特别是随着旅游业的深度开发，以文化旅游为内涵的旅游将会超越以观光为特点的旅游。近年来我国许多旅游区、点和企业，都在不断注入文化游乐内容，其中有的已形成文化游乐产业。即使是以自然观赏为主的旅游点，融入文化旅游内涵，也将取得纯自然风景无法取代的社会效应。①

民俗旅游本身是一种文化旅游，它的魅力就在于民俗旅游景观所体现的深厚文化内涵。因此，开发民俗旅游资源必须遵循文化原则：开发者应有较强的文化意识，对民俗文化有较全面的了解，对民俗文化于民俗旅游的重要性有充分的认识；开发者当从多学科，如史学、民俗学、社会学、文学等角度来研究某地区或某类民俗事象，发掘民俗内容，丰富民俗旅游项目的文化意蕴；民俗旅游项目要创造和实现一种文化氛围，让旅游者无论是观赏民居、歌舞表演，品尝风味小吃，还是在参与工艺制作、游戏活动，都感觉到是在享受文化；项目开发不仅具有民俗的“形”，而且还要有民俗的“神”，也就是“神”、“形”合一，把民俗文化的精华完整地表现出来。

现在，有些地方对民俗旅游资源开发的文化原则认识不足，只把民俗视为一本万利的摇钱树，盲目建设，结果造成民俗旅游资源不同程度地被破坏，以及民俗旅游项目的文化品位低，以致最终“门前冷落鞍马稀”。这种现象必须及时加以纠正，否则，将影响民俗旅游资源开发工作的健康发展。

（五）多样性与专题性相结合原则

这是民俗旅游资源开发的一项重要原则。多样性和专题性是既对立又统一的两个方面，结合得好，多样性不仅不会冲淡专题性，而且还能起到衬托专题性的效果；反之，专题性也能丰富多样性，使多样性既有广度又有深度。

民俗旅游资源开发的多样性，源于旅游者的多样性及他们需要的繁纷性。现代旅游已步入大众旅游的时代，旅游者的成分复杂，上至政府官员，下到公司职员、教师、学生、工人、农民、医生等，无不是旅游活动的积极参加者。

① 卢云亭：《国内旅游业兴衰意识思考》，见蔡雄等主编：《国内旅游理论与实践》，第73页，漓江出版社，1994年。

由于他们的职业不同、层次不同、阶层不同、文化素质不同、年龄不同、民族不同、国籍不同，旅游者对旅游景观的需求五花八门，有的喜欢欣赏湖光山色，有的喜爱观赏民居，有的爱好歌舞，有的热衷游戏，有的喜好民间曲艺，有的好尝风味饮食……同一类的旅游者，因他们个人喜好各异，对旅游景观的需要也有差异。例如知识类的旅游者，其中甲喜欢音乐，他就对民间音乐、戏剧特别感兴趣，而乙则好热闹，所以他更倾心于歌舞、游戏活动。即使是同一位旅游者，在不同的时间段里，他对旅游景观的选择也是不同的。因此，民俗旅游资源开发应针对游客需求的多样性，走多样化开发的道路，不仅有观光消遣型的，还有参与型、娱乐型、考察型、物品型等等。这里的多样性包括了两层次的内容：一是民俗景观（节目）丰富多样，类型不单一；二为民俗景观与其他自然、历史文化景观的多形式组合。

专题性是指为满足某类旅游者的需求或旅游者的某一方面需求而实施的专项开发。专题性开发的最大优点为，主题鲜明，独特性突出，容易在旅游者中引起共鸣。因而，专题性景观的旅游价值大，能给游客留下较深刻的印象，争取更多的回头客。山东潍坊市的风筝节即此类开发较成功的一例。

（六）开发与保护相结合原则

开发，就是民俗旅游资源的产品化，它的根本目的是为民俗旅游服务，为当地发展经济、改善人民生活服务，为民俗的继承、发展服务。但开发的另一面，又存在着不加珍惜、不妥善保护，甚至进行破坏性、掠夺性开发的现象。开发地的民俗旅游资源受到外来文化强烈冲击，有的甚至到了令人吃惊的程度。如广西一些侗族地区，把清代建的鼓楼、风雨桥拆下卖掉，以钢筋混凝土的砖房和拱桥取而代之。因此，抢救和保护民俗旅游资源的任务迫在眉睫。

保护，就是对民俗旅游资源进行维护、修缮、抢救，防止被同化和消亡。民俗旅游资源开发的保护原则有两重含义：其一是指对民俗旅游资源的保护；其二是指民俗生存空间的保护。世界上许多国家都把保护旅游资源及其生存环境看作旅游发达兴旺的生命线。瑞士国家旅游局局长瓦尔特·勒先生说：“破坏了名胜古迹，就失掉了旅游业赖以生存的属性和环境。”实为至理名言。所以，在开发民俗旅游资源时，必须以保护为前提，把保护工作放在首位，贯彻始终。没有保护的开发是掠夺性、破坏性的开发，即使已开发了，也不会长久。①

① 薛群慧、张晓萍：《浅析民俗旅游资源的开发》，人大复印资料《旅游经济》1998年第1期。

要做到开发与保护相结合，当然很不容易。首先，应解决一个认识问题。要广泛宣传其必要性，克服这方面的一些错误观念，使开发与保护并重成为开发者的自觉行为。其次，发挥规划作用，尽可能地减少开发所带来的负面效应。

（七）经济效益、社会效益、文化效益相结合原则

获取经济效益是民俗旅游资源开发的重要目的。开发必须考虑效益问题，如是否值得开发？需要投资多少？投入后的产出如何？等等，都要认真考虑。衡量开发的经济效益的指标主要有：开发的有效成果与开发消耗的比较；开发的有效成果与劳动占有的比较；开发的有效成果与开发周期的比较；开发的有效成果与其他类开发有效成果的比较。民俗旅游资源的开发者要有经济头脑，尽量以小的投资获取最大的经济效益，或在相同投资的情况下，能吸引更多的游客。但是，我们也绝不允许只顾争取经济利益，而忽视社会效益、文化效益。任何破坏民俗文化环境、损害社会、公共利益的开发行为，都必须坚决禁止。要从可持续发展的角度来看待开发问题，把经济效益、社会效益、文化效益协调统一起来。

二、民俗旅游开发的程序

民俗旅游开发是项技术复杂的综合性工作，还是一项为民造福的千秋功业。它涉及面广，工作量大，质量要求高，任务也十分艰巨。它不能一哄而起，仓促上马，也不可以毫无头绪地、杂乱无章地蛮干。有些地方的民俗旅游开发工作大起大落，开发的同时破坏了环境，损害了资源，都与开发工作没有周密计划有关。民俗旅游开发像农事一样有播种、田间管理、收获等环节，像工业生产有工艺流程一样，必须有一定的步骤和程序。以下就一般性的操作程序介绍如下：

（一）建立开发机构和遴选人员组织班子

开发民俗旅游是旅游地的一件大事，也是当地官员的一项重要政事。抓组织落实，建立一个高效的、具有领导素质、文化素质和办事能力的工作班子，是民俗旅游开发工作的第一步。

由于民俗旅游开发的决策性、综合性、协调性、技术性、客观性，涉及社会的方方面面，所以，开发机构的建立必须在旅游地党委和政府的直接领导、支持下进行，组成人员包括：党政主要领导、有关部门（如交通、邮电、电力、环保、文化等）领导和专家以及旅游学界、民俗学界的学者。只有他们通力合作，发挥各方面的积极性，民俗旅游开发才有组织上的保证。

开发机构的主要职责是：协调社会方方面面的关系；对民俗项目开发进行决策；聘请专家进行民俗项目设计、建设，并予以监督；负责民俗项目中参与人员的培训与业务学习。

（二）宣传民俗旅游的意义，唤起社会各界对民俗旅游开发的支持

前章我们已论述了民俗旅游产品（景观）的主要载体是民众，他们的一言一行、一举一动，都关系着民俗旅游产品的质量高低、民俗旅游地的声誉。因此，开发民俗旅游必须大造舆论，宣传民俗旅游对当地经济发展和文化建设的积极意义，唤起民众对投身民俗旅游及其资源开发的热情，为民俗旅游开发创造一个良好的社会环境。

（三）开发的可行性研究

这是民俗旅游开发的一项重要的前期工作。进行这项研究的目的，是为开发规划提供可靠的客观依据，以避免因论证不足而造成投资决策失误。也就是说，有了充分的可行性论证，开发的成功便会更有把握。

可行性研究是针对民俗旅游开发而实施的，它主要包括以下内容：

1. 民俗旅游资源的调查。要把民俗旅游资源开发成民俗旅游产品（景观），首先要对资源情况进行普查，摸清家底。这是民俗旅游开发的基础，没有它，开发就无从着手。普查的内容涉及民俗的类型及其具体表现、民俗的区域分布、民俗的利用状况及其存在的问题等等。凡是属于民俗范畴的各种事象都在普查之列。普查的方法多种多样，主要有两种：一是田野作业法——又称直接观察法、实地调查法，即调查者走出办公室，深入民间社会，对民俗事象做细致的调查。田野作业法搜集的是现实社会中传承的民俗资料，是有关民俗的第一手资料。二是文献检索法——收集文献资料中有关当地的民俗资料，这是调查民俗历史资料的常用方法。记载民俗现象的文献资料很多，如正史、地方志、游记、笔记、诗文、小说、神话传说等都是我们搜罗民俗资料较主要的文献。而民俗资料的汇编，为我们进行民俗旅游资源调查带来了很大的便利。

普查的方式也很多，常见的有：

（1）观察调查。调查者通过照相、摄像和感官，系统地、全面地记录民俗事象的全貌和民俗活动的全过程。

（2）座谈访问。在直接观察调查基础上，调查者走访民众，或召开座谈会，按事先所列的调查提纲，逐一进行调查，并详细记录。

（3）发放调查表。调查者拟就项目精要、内容明了的调查表格，分发给民众，让他们填写。

民俗旅游资源普查对开发的重要性是不言而喻的，所以普查一定要严肃认

真，并注意综合调查与专题调查相结合、个别访问与座谈会相结合、文字记录与影像记录相结合。

2. 相关情况调查。民俗旅游开发是个系统工程，除民俗旅游资源本身外，还涉及交通、旅游设施、环境等众多方面。所以，在做可行性论证时还须对有关方面进行一番调查。例如：

区位条件。民俗旅游资源地所处的地理位置是影响民俗旅游景观开发的一个重要因素，资源地是否靠近中心城市，成了衡量或评定资源地区位条件好坏的主要标准。靠近大中城市的民俗资源地，因距客源地近，交通便利，潜在的客源多，民俗旅游景观开发的成功概率大，反之，则小。

交通条件。交通是民俗旅游资源地可进入性的首要条件。凡交通便捷，则可进入性强，游客愿意来旅游。相反，即使民俗旅游资源丰富，游客也不便前来。

旅游设施条件。这里主要指接待设施，能供游客食、宿的设施。

经济状况。资源地的经济状况，包括各行各业情况、居民生活水平、经济收入等。凡对开发有一定影响的，都应作为调查的内容之一。

其他旅游资源。民俗旅游资源仅是旅游资源的一个重要方面，作单一开发当然可以，如果有其他旅游资源相辅，则景观效果更佳，吸引力更强。

3. 客源市场调查。游客是民俗旅游的主体，游客的多少，游客需求类型如何，直接影响到民俗旅游的开发规模、类型和形式，客源市场是民俗旅游资源开发的导向。所以，在可行性研究时必须调查、分析客源市场的规模与结构等。

游客来源。即调查游客与潜在游客的客源地情况，如客源地分布，客源地与民俗旅游资源地的距离，资源地对客源地的影响力等。

客源类型。由于游客的成分、结构复杂，对民俗旅游景观的需要各不相同。弄清游客的需要类型，无疑有助于民俗旅游资源开发类型的决策。

市场规模。市场大小决定着民俗旅游景观开发规模和开发的序列。市场规模又同资源地的区位条件、可进入性、民俗旅游资源的吸引力、客源地经济水平密切相关，调查应当从多角度着手，不能孤立地看数字。

游客消费水平。基于客源地的总体经济水平，调查游客在旅游时的消费情况，潜在客源的旅游消费意向，以及游客的旅游消费时段。

4. 同类民俗旅游地的情况调查。同类民俗旅游地之间既有相互借鉴，又有互相竞争分流客源的关系。民俗旅游开发必须考虑资源地周围一定距离内的同类旅游地的情况：其一，同类旅游地的综合调查评估；其二，两地的资源特点比较；其三，彼此间是互补还是替代。

5. 民俗旅游开发的可行性论证

在做好上面几项工作后，接下来就要分析资料，进行可行性论证报告的写作。论证报告的总要求是：立论客观，论证严密，富有逻辑性，条理简明清晰，观点和资料统一。报告应含有以下主要内容：

（1）民俗旅游资源的类型、分布，民俗旅游资源的价值分析及资源的开发潜力。

（2）客源市场的现状，客源市场的需求态势分析、预测，以及市场开拓的方向。

（3）民俗旅游资源地的社会经济与环境承载力分析，它应包括开发者的实力分析、交通条件评估、旅游设施评估、法规政策评估、民众参与性评估、民俗旅游中介体评估等。

（4）可行性分析。在以上三方面分析基础上，评估现有的民俗旅游景观能否满足目前的市场需求，能否满足未来市场的需求，资源能否为日益扩大的市场提供新的供给，确认开发的经济效益可行性和环境效益可行性。

（5）经分析论证具有开发潜力的，论证报告还应提出初步的开发方案，就开发量、投资与收益、资金的筹措等拟出设想，以供民俗旅游资源开发领导机构参考。

（四）制订民俗旅游资源开发规划

这是在可行性论证之后，具体项目开发之前必须进行的程序。民俗旅游开发规划就是根据民俗旅游资源地的总体经济文化发展规划，顺应民俗旅游发展趋势，依照本地民俗旅游资源的优势和特点，充分考虑民俗旅游开发的外部条件，对资源地进行总体部署，确定资源地的开发范围、开发方向、开发规模。其具体内容主要有：规划的指导思想与基本原则；民俗旅游资源及有关因子的总体评价；规划范围及功能区的划分，规划建设的分期计划；环境容量分析与预测；近期开发的项目和投资预算；近期建设项目的实施方案；资金筹措方法与管理；环境保护的措施。

民俗旅游开发规划的制订必须贯彻小规划服从大规划、以可行性论证为基础的原则，既积极又稳妥，规划方案应广泛征求意见，力求科学化和具有一定的前瞻性。

（五）分步骤地组织实施

分步骤地组织实施，逐项按要求开发。开发后进行评估，反馈改进意见。

三、民俗旅游开发应该注意的问题

民俗旅游开发是项复杂的工作，任何一个环节出错都会影响开发的质量。为此，除了遵循一些基本原则和方法外，还应注意以下几个问题：

（一）项目（景观）应体现乡土性、古朴性

民俗是日常生活和劳作的反映，带有浓厚的乡土与古朴色彩。民俗旅游项目（景观）的开发当立足乡土，展现民俗的本来面貌，坚决杜绝两种倾向：一为过分艺术化、舞台化，逆回归自然、返璞归真的旅游发展潮流而行。这种丧失原汁原味的开发，势必影响游客的好奇兴趣，降低民俗旅游景观（项目）的文化品位。二为洋化，将西方的东西掺进中国的民俗之中，这在歌舞、游艺活动及工艺品方面尤为明显。失去了乡土气息和原始气息，也就意味着民俗的淳朴美不复存在。

（二）开发应总揽全局，统筹兼顾，合理布局

民俗是自然、社会、文化环境相互影响的产物。中国民俗既有地区差异性，又存在共通性的特点。由于共通性的存在，民俗旅游景观（项目）就有雷同的可能，因此，民俗旅游资源开发不仅要注意发挥区域特色，而且不能忽视各地民俗的共通性，在同一民俗旅游区，民俗旅游景点、景观的布局上，要多样化，要尽量避免重复。相邻的民俗旅游区，景点、景观也应各具特色，互为补充。合理、科学的景点（景观）布局，对我们这样一个大国、发展中国家来说相当重要，它有利于资源的合理利用，民俗旅游的可持续发展，也有利于减少因重复开发所致的经济损失。

（三）开发应是由点到线、到面，循序渐进

在开发之初，对点、线、面应有通盘考虑。民俗旅游点是民俗旅游区的形成基础，一般选择在民俗旅游资源比较丰富、特色比较鲜明、交通较便利的地区。民俗旅游线，通常围绕民俗旅游中心点，数个县市联合开发，将各民俗旅游点串联成线。民俗旅游的面，由民俗旅游点、线与同地区的自然景观、历史文化景观构成，以发挥旅游地的综合优势。①

（四）针对客源市场，灵活运用开发形式

民俗旅游的客源市场十分复杂，有国内市场，也有国际市场；有老年市场，也有中青年市场；有知识分子市场，又有职工、农民市场；有团体市场，又有散客市场。不同的市场对民俗旅游景观（景点）的需求有一定的差别。比

---

① 章彩烈：《论民俗特色旅游的开发》，《民族团结》1994年第11期。

如，知识分子阶层的主要旅游动机是考察各地的民俗文化，探索民俗文化发展的奥秘，而职工、农民则更多是观光、娱乐。同样是国际市场，海外华人、华侨多为寻根，而外国人多属观赏、猎奇。为此，民俗旅游开发形式不能过于单一，应多种形式同时灵活运用。民俗旅游开发形式很多，常见的有：

民俗观光开发。利用民俗的外显特征，开发观赏性的民俗旅游景观，让游客开阔眼界、增长知识。这种形式最为普遍，如民俗村、民俗博物馆、民俗展览、民俗表演等均属此类。

民俗活动开发。民俗中有许多集体活动，这些民俗活动既富观赏性又具参与性。开发民俗活动，让游客参与其中，亲自体验，增强游兴。

土特商品开发。土特商品是民俗的物化，充溢着浓浓的民族味，重重的乡土情，极具收藏价值和纪念意义。它既可满足游客的观赏欲望，又能增加旅游收入。土特商品的开发大有可为。

民俗服务开发。即提供民俗的旅游服务，如歌舞茶座、"三道茶"迎宾式，营造民俗氛围，增强旅游的民族特色。

以上形式可同时并举，也可以某种形式为主，其他为辅。

（五）按区位，梯次开发

我国民俗旅游资源丰富，区域特色鲜明，开发价值和潜力都很大。但由于各地的地理环境不同，经济水平不一，交通条件悬殊，市场知名度有差异，民俗旅游资源开发应按区位，区别先后、主次，有计划、有步骤地开发。区位条件好的，一般优先开发，重点扶持，积累经验，树立民俗旅游的良好形象。区位条件差的，可搞些保护性开发，等时机成熟了，再扩大开发规模，增加客量。在开发时，切忌不顾区位条件，一哄而起，遍地开花。这势必有损于我国民俗旅游的声誉，浪费宝贵的民俗旅游资源。

（六）宣传与开发同步

中国有句俗话叫"酒香不怕巷子深"。这在小农经济和卖方市场情况下，可算是金科玉律。但在市场经济发达、竞争白热化的今天，我们已不能再固守这一老规矩，自恃中国民俗文化博大精深，不怕外国人不来。必须改变观念，变"酒香不怕巷子深"为"酒香也怕巷子深"，加强宣传，招徕中外旅游者。民俗旅游景观的宣传应与景观的开发同步进行，应当注意运用大型节庆、电视专题片、报纸广告、宣传图片等多种宣传手段，以提高民俗旅游景观知名度，扩大社会影响。宣传是一项持久长期的工作，必须做得细致、扎实。只有有效宣传，开发的民俗旅游景观才能扩大影响，并经旅游者一传十，十传百，闻名遐迩。

（七）正确处理好古今关系

开发民俗旅游资源必然涉及古今问题。这方面存在着两种极端的思想方法论：一是厚古薄今，二是厚今薄古。持厚古薄今的认为，民俗文化的精华是古代民俗，开发民俗旅游资源当重点挖掘古代民俗。目前，旅游界出现的仿古热就是这种思想的反映。而厚今薄古者正好相反，他们全盘否定传统民俗，认为传统民俗都是糟粕，应完全抛弃，只有现代的才是进步的，有吸引力的，开发应标新立异。这两种倾向都失之偏颇。正确态度应是，继承发扬民俗文化中的优秀成分，抛弃民俗文化中的落后、消极成分。① 在开发民俗旅游资源时，当古今并重。然而，由于我国地域广阔，各地情况千差万别，开发应因地制宜，侧重点应各有所重。一般少数民族区域以现实社会中的民俗资源开发为主，古代的民俗资源为辅，汉族地区则可适当增加古代民俗资源的开发力量。

此外，人才的培训问题，民族政策问题，集中与分散问题，雅与俗的问题，等等，也是值得我们重视的。

第三节　民俗旅游资源开发的模式

民俗旅游资源开发是民俗旅游开发的中心工作。如何将评估确认为有旅游开发价值的民俗旅游资源开发成适销对路的民俗旅游产品，是非常值得探讨的理论课题。目前，我国的民俗旅游正蓬勃发展，民俗旅游开发也是社会关注的热点。各地对民俗旅游项目的建设均倾注了很大的物力、人力和财力，新的民俗旅游景观在不断涌现。从资源的开发方式看，我国民俗旅游资源大致可以按五种模式进行开发。

一、本原式：天然民俗村寨、原生民俗

当今的旅游是一种跨区域、跨国界的大众旅游。旅游者之所以要跨地旅游，最根本的是要满足求新、求异、求乐、求知的心理需求。这种“新、异、乐、知”，在很大程度上可以从民俗旅游中获取。所以，开发民俗旅游项目尤其是原汁原味的项目，不仅能使游客的心理需求得到满足，而且能提高游客的返游率。

① 薛群慧、张晓萍：《浅析民俗旅游资源的开发》，人大复印资料《旅游经济》1998年第1期。

民俗旅游资源开发的本原式，是最常见的也是最能激发游客兴致的模式之一。它以民俗文化的原样开发而成，强调民俗的原版性，原汁原味性，要求绝对完整地展示民俗的风貌，不能有任何形式的篡改。本原式按其内容又有两种情形：

（一）天然民俗（民族）村寨

天然民俗（民族）村寨，源于国外的露天博物馆。最早的露天博物馆建设于1891年瑞典斯德哥尔摩市的基尔哥登岛，由瑞典语言学家、历史学家哈契利乌斯创建。中国天然民俗（民族）村寨的开发始于20世纪80年代。经三十余年的开发，天然民俗（民族）村寨已分布于许多省区，尤其以少数民族地区为多，如广东连南三排苗寨、乳源必背山瑶寨，贵州安顺市娄家庄苗寨、凯里市郎德苗族村、锦屏隆里侗寨、六枝梭戛苗族社区，广西龙胜金竹壮族民俗村、龙脊壮寨、融水贝江长赖苗族民俗村、礼泉县袁家村，云南大理周城白族村、鹤庆县新华民俗村、云龙县诺邓白族民族村，重庆秀山梅江民族村，四川绵竹市年画村，湖南湘西吉首市德夯民俗村，福建永定高北村，上海金山区中洪村，安徽黟县西递村和宏村，浙江金华市诸葛八卦村、琐园村，江苏高淳区兰溪村，山东安丘市石家庄民俗村、泰安市埠阳庄民俗村、高密市扑灰年画村，江西婺源县晓起、思溪及李坑、乐安县流坑、吉安市美陂村，陕西千阳县曹家塬村、凤县马场村、甘肃天祝天堂村，山西吉县太度村，等等。

天然民俗（民族）村寨，属于一种原地保护型的民俗旅游资源开发。这种开发对于我们这样一个民族众多、区域差异悬殊、民俗类型繁杂纷纭，又在迅速发展，不断受到外来文化影响的国家来说，既十分重要，又要相当审慎。因为，天然民俗（民族）村寨的开发，当然可以给这些地方带来可观的经济收入，促进经济发展，但也可能因受外来风习的冲击，使本地的古朴民俗气氛淡化。天然民俗（民村）村寨的开发要适度，布局要合理。

我国天然的民俗（民族）村寨很多，遍布全国各地，但并不是所有的村寨都具有眼前的开发价值。天然民俗（民族）村寨的开发应注意以下方面：

1. 村寨的民俗事象要典型、集中，有很强的外显特征，特别是在建筑、服饰上。民族特色、区域特色鲜明的建筑、服饰能给人耳目一新的感觉，只要游客一接触，便能为它们所吸引，情不自禁地进入村寨探幽访奇。现已开放的民俗（民族）村寨无不如此。

2. 村寨的位置相对偏远，但又不能过于偏远。离交通线和县城、中心城镇应有一定的距离，以车程一两小时以内为宜。交通有改善的前提和条件。

3. 村寨以村民的自然生产、生活和村落的自然形态为旅游内容。也就是说，以原生态的自然风光、传统民居、服饰、饮食、礼仪、节令、生产、游艺等，展现民俗（民族）村人民活生生的现实生产、生活与环境。如，贵州安顺地区关岭滑石硝寨，石板房岿然错落，石阶路穿插蜿蜒，布依族风俗淳朴感人，又近黄果树瀑布景区，古树参天，风景优美，充满自然情趣。①

4. 民俗的主要载体是人。为了让游客有真实感，村寨应给游客有很大的自由活动度，让游客与村民打成一片，自由交流，甚至同吃、同住、同玩，参与劳作。

5. 村寨的旅游内容要丰富，同时须有一定的规模。它不能成为一个孤立的旅游点，应与其他景点构成一条旅游线或旅游区。例如，安徽黟县西递民俗村与宏村、屯溪宋街、歙县徽城镇组成的民俗旅游线在海内外市场颇受欢迎。

6. 村寨管理既不能太死，也不能放任自流。目前可行的是，在旅游管理部门的指导下，成立以村支部书记、村主任为核心的旅游管理小组，负责管理、协调，聘请工作人员，处理利益分配等问题。

从郎德苗族村、西递民俗村及其他天然民俗村寨的经营情况看，我国天然民俗村寨的开发还是比较成功的，取得了较好的经济效益和社会效益。

（二）原生俗开发

这是指因旅游活动的需要，为让游客在同中求异，在异中求同而开发的原生民俗旅游项目。这种开发模式很有特点：

其一，适应面广。在民俗的原生地可以开发供民俗旅游专用，又可作为自然风光旅游、名胜古迹游的补充。在非民俗原生地，也可以发出邀请，将原生地的民俗旅游项目搬过来做短时期的表演。如云南大理白族接待宾客的“三道茶”俗：客人落座，喝头道茶。这道茶汤色如琥珀，滋味苦涩，叫苦茶，即雷响茶，一般敬三次。它寓意做人的一个真理：“先吃苦，后立业。”。二道茶叫甜茶，即乳扇茶——用乳扇切片加红糖、松子等冲泡而成。茶杯八分满，敬予客人。它寓意：“人生在世，要先苦后甜。”三道茶叫回味茶，取蜂蜜、姜汁、松子、核桃片、桂皮末适量用茶水冲沏成。这道茶甜、苦、麻、辣，各味皆全，寓意人们要常常回味自己的人生历程，即使事业成功了，也要记住先苦后甜，不应当忘记吃过的苦。三道茶制作十分考究，茶须优质的云南沱茶、“苍山雪绿”、感通茶，以木炭生火，铜壶烧水，砂罐烤茶，配料用本地特产。品茶时，主人双手举杯，“请”字邀客，一饮而尽，客人也双手举杯，以“请”

① 徐万邦、祁庆富：《中国少数民族文化通论》，第369页，中央民族大学出版社，1996年。

回敬，或干杯或慢慢品味。茶礼始终贯穿“礼”、“真”、“美”，充分体现白族的文明、好客特点。“三道茶”最初被开发用来接待外宾，后来随着云南旅游业的发展，在宾馆茶座、文艺晚会、接待仪式等都有“三道茶”表演。① 目前，大理洱海的游览船上也能欣赏到“三道茶”表演。

其二，种类多样，方式灵活。原生俗开发不像天然民俗村寨建立那样严格，必须以原村寨的民俗为开发基础，而有较大的灵活度。它既可用本地民俗开发，也可以其他地方的民俗为开发素材；既可开发婚丧喜庆，也可开发衣食住行、信仰禁忌……凡是具有旅游价值的民俗均在开发之列。像南通市开辟的放哨火之旅、放风筝之旅、放河灯之旅、出海捕鱼之旅、吕四港风情游等，就是这种开发模式的灵活运用。

其三，品位高。由于是原生俗开发，其内容最自然、最朴实、最原始，也最容易令人感到新奇。这样的旅游项目不仅能让游客一饱眼福，而且越看越有滋味，为深奥博大的民俗文化所陶醉。

二、主题公园式：民俗文化村

主题公园，又称微缩园或人造景观，是指充分利用现代科学技术将自然、人文遗产和文化以及各种可能融入的景物融会在一起，以突出某一个或多个主题的人造景观。②

人造民俗文化村、民俗园（以下简称“民俗文化村”），属主题公园的范畴，是一种新兴的民俗旅游资源开发模式。它指在旅游点兴建的，把某一时期或某一民族或某一区域的民俗文化，依照一定的方式和风格，加以集中反映的人造旅游景观。

（一）民俗文化村开发状况

自从1950年荷兰海牙“小人国马都洛丹”和1955年美国加利福尼亚迪士尼乐园开放以后，带来了主题公园在全世界的昌盛。民俗文化村在世界各地纷纷建设，如泰国的曼谷民俗村、美国夏威夷的波利尼西亚古文化村、约旦的安曼民俗文化村、韩国的水源民俗村等。这些民俗文化村大多成为各国开展民俗旅游的重要场所。

我国台湾地区对民俗文化村的开发研究相当重视。20世纪80年代初，台湾人类学家李亦园就给民俗文化村做了界定：“通俗所说的文化村，在术语上

① 苏松林：《白族“三道茶”文化特征初探》，《云南民族学院学报》1991年第4期。
② 杨振之：《旅游资源开发》，第53页，四川人民出版社，1996年。

应称为‘模型文化’，其意义就是把某一时期或某一民族的文化生活状况以‘模式’的方式保存或重建起来，以作为展示；把真实的文化生活状况展示出来大半是不可能的或不易做到的，所以只有以‘模型’来作为代替。”台湾较著名的民俗文化村有九族文化村、台湾山地文化园、金门民俗文化村等。九族文化村位于日月潭附近，按雅美、阿美、泰雅、赛夏、邹、布农、卑南、鲁凯、排湾等台湾少数民族九部族设九个村寨，每个村寨都有各类生活风情表演。该村是岛内外绝大多数旅游者必到之地。①

我国兴建民俗文化村约始于20世纪80年代末90年代初，较早起步的是广西桂林和深圳。桂林利用其所属12县少数民族聚居的优势，建了漓江民俗风情园，引进壮、瑶、苗、侗等少数民族的建筑、歌舞乐曲、工艺特产、斗马、斗牛等习俗活动，供游客参观。深圳则建立了影响巨大的锦绣中华、中国民俗文化村，将20余个民族的民居、园林、礼仪、歌舞、生活场景等民俗融为一体，成为深圳两大胜景，吸引了海内外众多旅游者。自此，各地的民俗文化村建设风起云涌。从现有的民俗文化村看，有建设得比较成功的，有经营得比较得法的，也有许多是失败的。其中有许多经验教训值得总结。

（二）民俗文化村的理论思考

中国地域辽阔，自然条件千差万别，交通状况悬殊，民族众多，分布广泛，民俗旅游资源在布局上具有“大分散”、“小集中”的特点。再加上现代社会生活、工作节奏很快，出去旅游大多有一定的时间和资金限制。因而，旅游者不可能随心所欲地想到哪里就能到哪里，也不可能想花多少时间就花多少时间。对相当部分旅游者来说，他们都期盼在有限的时间内，少走些路程，而又能观赏到尽可能多的、丰富的民俗文化景观。建设民俗文化村，将各类民俗事象缩微、简化在有限的时间、空间内，集中表现，供游客观赏、游乐，应该说有不少优点，也是可行的，不失为发展民俗旅游的一个重要方式。

民俗文化村在我国已存在了一段时间，从理论上看，有两种建设类型：

第一为传承民俗浓缩型。即按照一定的比例尺度建设某一地域或某一民族的独特村寨和民居，把该地或该族的衣食住行、生产生活、宗教礼仪、音乐舞蹈等典型民俗汇入一村，向游客集中展示该地或该族的民俗文化，帮助游客在很短的时间里领略其民俗精华。如深圳的中国民俗文化村，云南昆明的云南民俗村，广西桂林的刘三姐文化景观园，陕西扶风的关中风情园、兴平的马嵬驿

① 徐万邦、祁庆富：《中国少数民族文化通论》，第365、370页，中央民族大学出版社，1996年。

民俗文化体验园、渭南的桃花源民俗文化园，宁夏银川的西部影视城，甘肃庆阳的天富亿生态民俗文化旅游村，山东济南的九顶塔民族风情园、安丘的青云山民俗乐园、临沂的圣能乐园、营南的沂蒙乡村风情园、潍坊的杨家埠民间艺术大观园等，都属此类。

第二为民俗资源恢复型。即通过文献资料、考古报告和器物的搜集、整理，将湮没失传的古代民俗旅游资源挖掘出来，加以恢复、再现，让游客了解原本已看不到的历史民俗，满足他们求新、求异、求奇的心理。如，甘肃敦煌鸣沙山的西北民俗文化村，在堡坞式建筑中设有小药铺、小茶馆、杂耍铺等，店铺门前幌子高悬，员工着古装，统一用古钱币消费，向游客表现了古丝绸之路的传统民俗。河南开封的清明上河园，以北宋张择端《清明上河图》为蓝本建造，设有校场、虹桥、民俗、宋都等四个文化区，集中展现宋代历史文化与民情风俗，游客可以欣赏、体验到各种民俗文化。

这两种形式各有所重，各地在建设民俗文化村时应根据实际情况因地制宜。一个民俗文化村的开发要取得成功，除资金和广告策划宣传外，还取决多方面因素：

1. 目标市场。也就是民俗文化村接待的游客是以海外为主，还是以国内为主？民俗文化村由于是民俗的荟萃，能给初次接触中国民俗或异地民俗的，文化层次比较一般的游客以惊喜和满足，但对层次高又富于游历的游客来说总显缺憾。因而其目标客应以观光旅游者为主，国内、国际并重为宜。

2. 选址。村址的择定，在一定程度上决定着民俗文化村的成败命运，一定要审慎。从现有民俗文化村的教训看，村址一定要靠近或位于客源主市场，村址所在区域要么传承民俗旅游资源贫乏，远离资源集中特色区；要么传承民俗旅游资源质量中等，而过去的民俗文化却斑斓多彩。深圳中国民俗文化村、无锡吴文化公园的成功就是明证。

3. 开发指导思想。民俗文化村的建设是一种民俗旅游资源的移动和仿制行为，它要仿出真来，仿出美来，仿出趣来，就必须以“源于生活，本于生活”为指导原则。在村寨布局、景点设置和“村民”着装等方面，应尽量现实化、生活化，创造出一种真实而富有情趣的生活气息，切忌舞台化。

4. 建设艺术。民俗文化村不论是浓缩哪个民族、地区的民俗，首先必须形象生动。村寨、民居式样必须依原样按比例建造，歌舞、工艺等民俗活动按原型表演；其次应“神合”，体现资源地的民俗文化内涵，亦即村寨建筑与周围的自然环境要和谐融洽，民俗表演要具有原地的民俗氛围。要做到神、形合一，不能失去原汁原味。

5. 总体定位。即以客源市场的需求确定民俗文化村的规模、功能、档次。一般而言，民俗文化村应针对观光、消遣客而建，集食、游、娱、艺、购于一体，满足游客多方面的需要。如此，民俗文化村就能增加规避风险、扩大营业收入的能力。当然，食、游、娱、艺、购五大方面亦要搭配得当，不能顾此失彼。比如，西南某省的一个民族村，处处皆有柜台卖工艺品，民族村简直成了工艺美术商场了。

此外，对民俗，尤其是少数民族民俗的尊重程度，区域、民族或历史特色体现得如何，“村民”的相对稳定性及其成分的真实性，多学科的协作情况，管理的理念，等等，都是民俗文化村开发应充分注意和思考的。

三、资源凝聚式：民俗博物馆

博物馆是人类文化发展到一定阶段的产物，是收藏、展览、研究文物的收藏、宣传教育和科学研究机构。最早冠名的博物馆为17世纪牛津大学阿什莫林博物馆。旅游学认为，博物馆收藏的文物系历史的见证，反映了一个国家或一个民族、地区的文化创造。随着旅游业的发展，游客对它的兴趣越来越浓，博物馆成为日渐重要的旅游景观。

博物馆以收藏、展示文物为己任，所征集的文物包括岩石、化石、标本、文献手稿、照片、工具、产品等，反映不同历史时期的自然、政治、经济、文化、人物、事件等方面的器物，一个地方或民族的诸如生活方式、宗教信仰、工艺美术等民俗文物也在收集、陈列之列。民俗文物构成了博物馆这种人文旅游景观的重要内容之一。

由此得到启发，一种新型的民俗旅游资源开发模式——专以民俗文物为收藏对象的民俗博物馆诞生了，如山东安丘石家庄民俗博物馆、深圳民俗博物馆等。特别是中国文物旅游年、中国民俗风情旅游年的举办，更推动了这种模式的发展。

民俗博物馆与民俗文化村的不同之处在于，一个采用凝聚方式，一个采取缩微方式；一个主要按固态形式展示，另一个以活态形式表现，二者可以互为补充，相辅相成，共同为民俗旅游服务。

从博物馆学看，民俗博物馆属于专业性或专门性的博物馆范畴。但就民俗学、旅游学而言，民俗博物馆还是个大概念，依据不同的分类标准，民俗博物馆还可分为多种不同的类型。比如，以区域范围分，有全国性的和区域性的；以民族划分，有汉族的、苗族的、满族、壮族的、蒙古族的等等。这里简要介绍以内容划分的两种类型：

（一）综合性民俗博物馆

这类民俗博物馆不受民俗单一种类所限，征集、展示一个地区或一个民族或多个民族甚至全国的各类民俗文物。综合性民俗博物馆所藏的民俗文物，门类众多，涉及广泛，举凡从遥远的古代到现实生活，从物质生产到精神生活，从实物到资料，都是收藏、陈列的对象。这样的博物馆在全国比较多，例如：北京民俗博物馆、山西汾西县丁村民俗博物馆、山东安丘石家庄民俗博物馆、苏州民俗博物馆、深圳民俗博物馆、山西祁县乔家堡博物馆、海南通什民族博物馆、湖南永顺土家族民俗博物馆、吉林延边朝鲜族民俗博物馆、绍兴民俗博物馆、江西南昌豫章民俗博物馆、洛阳民俗博物馆等。

综合馆既然以民俗文物的广博性为特色，其陈列自然多从民俗学出发，按民俗内容进行分类，大类之下再分小类，像丁村民俗博物馆即是如此。

丁村民俗博物馆，位于山西襄汾县郊，与旧石器中期丁村文化遗址在一个村。1983 年购村民明清四合院 19 座 300 余间设置，1985 年 10 月正式对外开放。藏品达万件，体现晋南一带民俗风情。其陈列共分四部分：岁时习俗，展位设在建于 1745 年（清乾隆十年）的院子；婚姻礼俗，展位设在建于 1723 年（清雍正元年）的院子，展示明末至民国初年临汾、襄汾从说媒、定亲、换帖、纳彩、纳吉到迎亲、拜堂、合卺、喜筵、酬客等一系列婚俗；人生礼仪，展位设在 1730 年（清雍正八年）建的院子，包括育儿、寿诞、疾病侍奉、丧葬、兄弟析居等民俗；游艺民俗，展位设在建于 1771 年（清乾隆三十六年）的院子，展出绣品、剪纸、木版画、皮影、眉户戏等实物与资料。该馆开放至今，已接待大批中外游客，成为晋南旅游的一个重要景点。

（二）专题性民俗博物馆

即以民俗的某一专门内容为征集、收藏、展示对象的博物馆。它所搜集、展示的藏品既可以是全国范围的，也可以是区域范围内的，或某一民族的。能够形成专题性博物馆的民俗事象很多，常见的有婚姻、丧葬、民居、交通、戏剧、工艺美术、手工业、民间信仰等。

20 世纪 80 年代以前，我国的综合性民俗博物馆很少，而专题性的更是空白。随着改革开放的深入，旅游业的发展，民俗博物馆的建设日益受到各方面的重视，专题馆不断涌现，如有浙江嵊泗县越剧博物馆、安徽潜口民居博物馆、山东潍坊风筝博物馆、河南安阳民间艺术博物馆、贵州酒文化博物馆、安顺蔡官地戏博物馆、平坝天台山民族戏剧博物馆、黄平飞云崖民族节日博物馆、安顺文庙蜡染博物馆、镇远青龙洞民族建筑博物馆、台江民族刺绣博物馆、陕西关中民俗艺术博物院、河南许昌中原农耕文化博物馆、禹州钧瓷窑炉博物馆等。

专题馆文物资料的陈列没有统一形式，各自按自己的特点与惯制而行。例如，节日是一种综合性民俗，包含着丰富的民俗内容。贵州民族众多，节日丰富多彩。黄平飞云崖民族节日博物馆据此将展厅分为五个部分：一为节日盛况，展示苗族“过苗年”、水族“瓜节”等各族重大节日；二为节日娱乐用具，有芦笙、芒筒、绣球等；三为节日服饰，有挑花盛装、蜡染盛装、银角帽等；四为节日工艺品，有织锦、绣花鞋、泥哨、龙头帽等；五为饮食器皿，有牛角酒壶、竹碗、牛角勺等。

民俗博物馆的建设，作为民俗旅游资源开发的重要模式，其选址相当关键。一般情况下，应建在民俗旅游资源丰富、特色明显的地区，而且要在临近现有的旅游线上，或者在规划区域内。博物馆建筑应具有地方特色和民族特色，与周围环境融为一体。馆址地势稍高，地下不阴湿，便于文物保存。博物馆的面积既能满足目前需要，又要留有余地，以便将来的发展和充实。展厅、库房要有保证，还应准备一定的空间，供游客歇息。

藏品的陈列，以实物为主，配以文字、照片、图画、模型、录音、录像和幻灯片。展厅间注意连贯，以免看完第一部分，找不到第二部分。陈列设计要做到五个结合：学术性与观赏性相结合，知识性与趣味性相结合，思想性与艺术性相结合，共性与个性相结合，复原与展览相结合，并在坚持以展示、演示为主的前提下，适当开展一些参与活动，以提高游客的兴致。

四、元素嵌入式：历史文化街区、民俗客栈（民宿）、民俗餐厅

随着我国国民经济的快速发展和人民收入水平的大幅度提高，旅游日益成为人们的生活需要，旅游已进入大众旅游时代。为适应旅游业的大发展，满足游客吃、住、行、游、购、娱的需求，各地多将旅游业当作支柱产业来抓，各种旅游项目如雨后春笋般涌现。民俗作为一种文化资源、文化元素受到开发经营者、设计者的高度重视，被广泛地嵌入旅游项目中。嵌入式民俗文化利用，主要是开发旅游项目时通过对在地民俗的挖掘、解读、提取、抽象、设计，赋予该项目鲜明的民俗文化主题与风格，以丰富、强化旅游产品的文化品位与独特性，使游客获得多重体验，同时也弘扬了民俗文化。

（一）历史文化街区

历史文化街区，又称历史文化风貌区，属于城镇街区系统的一部分，一般是指具备一定的规模与范围、保留较丰富的历史遗存、历史风貌传承较完整的地域。它是历史文化名城（镇）保护体系下的一个概念，渊源于“历史地段”。

《中华人民共和国文物保护法》（2002）规定："保存文物特别丰富并且具有重大历史价值或者革命纪念意义的城镇、街道、村庄，由省、自治区、直辖市人民政府核定公布为历史文化街区、村镇，并报国务院备案。"国家标准《历史文化名城保护规划规范》（GB50357—2005）进一步明确，历史文化街区应具备以下条件：①有比较完整的历史风貌；②构成历史风貌的历史建筑和历史环境要素基本上是历史存留的原物；③面积不小于 $1hm^2$；④文物古迹和历史建筑的用地面积宜达到保护区内建筑总用地的60%以上。2015年4月，国家住房城乡建设部、国家文物局公布第一批中国历史文化街区30个，如北京市皇城历史文化街区、天津市五大道历史文化街区、上海市外滩历史文化街区、重庆市磁器口历史文化街区、长春市第一汽车制造厂历史文化街区、南京市梅园新村历史文化街区、苏州市平江历史文化街区、黄山市屯溪老街历史文化街区、福州市三坊七巷历史文化街区、厦门市鼓浪屿历史文化街区等，自此形成了国家与省的两级历史文化街区格局。

鉴于历史文化街区蕴含丰富的文物古迹、非物质文化遗产，以及体现城镇个性的历史风貌，具有重要的历史价值、文化价值与经济价值，各地都重视历史文化街区的旅游开发利用。历史文化街区多已是所在城市的旅游名片、旅游休闲的中心，如鼓浪屿历史文化街区成为游客赴厦门旅游的首选，平江历史文化街区成为体验苏州风情的重要旅游地，屯溪老街历史文化街区几成游客到黄山市旅游的必游之地。尤其是2018年后，文化与旅游融合加速，历史文化街区更成了落实文旅融合国家战略的重要载体。各历史文化街区都积极地挖掘文化资源，增加旅游休闲设施，调整业态布局，民俗文化多被利用嵌入相关的旅游设施或项目之中。

黄山市屯溪区的黎阳in巷，原是黎阳镇的老街，地处横江、率水交汇处，皖浙赣三省通衢之地，在唐宋时形成市镇，明清时期街长两里有余，商业繁华，与屯溪老街隔江相望。后因交通路线与行政中心的迁移，逐渐衰落，甚至有些破败，但传统历史街区风貌仍存留。2010年，黎阳老街实施开发改造，2013年开始接待游客。黎阳in巷占地60亩，由徽文化体验街区、特色美食街区、酒吧休闲街区构成，民俗文化的利用随处可见。在建筑与设施上，街区有一些现代建筑（如教堂、金逸影城、滨江广场等），大部分还是传统建筑与仿古建筑。传统建筑主要在水街两侧，如百年建筑石宅、贾宅、梁宅、李氏医寓等，被开发为徽州乡贤馆、艺术馆、民俗客栈、书店、商店，完整保留徽州民居风格；仿古建筑多在汪华广场、黎阳老街西段，主要用作戏台、商店、餐厅、客栈、酒店等，沿袭徽州民居建筑习俗，如"三进合院"、"天井明堂"等基本空间结构，保留粉墙黛瓦、黑白灰三色、徽州三雕（木雕、石雕、砖雕）等建筑符号，营造了一个地方特色浓郁的文化空间。还有一些旅游设施，如河畔串城、相识徽菜馆、养生锅、徽州酒文化研究院（花山谜窟）、和春书香居等，在新建筑中嵌入徽州民居习俗符号。在商业与文化布局上，除了引进咖啡、酒吧、奶茶、瑜伽、理疗、健身等符合现代人休闲需求的业态外，徽州传统特色的业态，如徽菜馆、徽州小吃（毛豆腐、高汤小馄饨等）、徽州土特产（茶叶、文房四宝、石头粿、烧饼、酱菜等）、非遗工作室（漆艺、歙砚、木雕等）等被科学分布。在节庆活动中活化民俗是该街区的一大特色。每年举办的节庆活动有汉服秀、黎阳嬉戏节、民谣节、美食节、文化节等，徽剧、黎阳仗鼓、长街宴、灯会、踩桥、舞龙舞狮、叠罗汉、传统手工艺制作等民俗得到了展示，让游客在欢乐中享受民俗文化盛宴。据报道，2021 年共开展音乐节、民俗节和体育赛事等 60 余场，艺术团常态化演出 246 场，累计接纳游客 520 万人次，消费额达 1.52 亿元①。2022 年，黎阳 in 巷荣获首批国家级旅游休闲街区、国家级夜间文化和旅游消费集聚区、全国首批“非遗旅游街区”称号。

（二）民俗客栈（民宿）

客栈（民宿）是不同于传统酒店、提供非标准服务的一种住宿业态，最近一二十年来增长迅速。早先多分布于大城市周边郊区及旅游景区附近，后随着旅游业向纵深发展，以及乡村旅游的推进，客栈（民宿）掀起发展的热潮，遍布城乡，涌现出如云南大理、浙江德清、福建鼓浪屿等著名客栈（民宿）旅游地。其风格也多种多样，在地文化、传统文化的汲取与利用日益受到青睐。

民俗客栈（民宿）系以民俗文化为主题或设计理念而打造的客栈（民宿），载体多为民居，也有仓库、厂房等建筑。从经营者视角看，目的是丰富住宿产品的文化内涵，提高竞争力；就顾客而言，则是多了一种选择、一种体验，游客可以在住宿过程中加深对当地民俗文化的理解与感知，提高传承与弘扬民俗文化的自觉性。近年来民俗客栈（民宿）大受欢迎，开发也渐多，如北京 BBK35 民宿、杭州靓芷·翠陌民宿酒店、丽江悦庭轩精品客栈、大理天谷喜院民宿、晋中平遥会馆、昆山祝家甸民宿、黄山铜陵山居、婺源天净沙古民居驿站、花田溪民宿等。山东临沂鄅国文化旅游特色小镇还专门规划了民俗客栈

① 吴晗：《黎阳镇赋能“in 巷”打造旅游休闲街区新标杆》，https：//mp. weixin. qq. com/s? _ _ biz＝MzI2OTY3NTQ1NQ＝＝&mid＝2247496811&idx＝1&sn＝5ce2e93f56795e82aeaa2663234338a0&chksm ＝ eade0abbdda983ad93c10a1dfe0bc304f3b5f9e2c891c35c4f46fe2a0f1f7aa8f598f4fec90f&scene＝27。

区。按建设形式分，民俗客栈（民宿）有两种类型：

一是传统民居微改造型。即以所在地的传统民居为基础，继承原民居建筑风格与特征，保留原民居的主要空间格局，根据住宿与休闲服务的要求对原民居的局部进行改造，或增加功能性空间。改造过程中，将民俗文化考虑进去，按照民俗文化主题实施建设与陈设装饰。改造区域与主体民居建筑的风格一致。黄山市屯溪区黎阳 in 巷的徽堂一号民俗客栈，以体验徽文化、享受慢生活为宗旨，完整保留原民宅的“H”型空间结构与外立面风貌，将一层的厢房改建为 7 间大床房，二层的厢房和厅堂改建成 3 间标准房、2 间套房，套房的客厅按徽州民居习俗布置，中堂挂画、匾额，摆条案、八仙桌和两张靠背椅，条案上放置摆钟、青花瓷瓶、镜子以及帽架。为便利游客，客房均加建独立卫生间，公共活动空间的装饰也用传统文化元素。①大理永祥居客栈、喜洲杨家登精品酒店、剑川重遇客栈、沙溪茶马驿栈、黟县南薰绣楼民宿、宏村一品更楼客栈、婺源九思堂等也属此类。

二为重建型。即拆除原房屋建筑，或保留小部分原建筑，以民俗文化为主题而重建。这种类型主要适用于原房屋已经破败不堪，或原房屋不宜简单改造，建筑的地方特色不鲜明，吸引力不大。云南大理不少客栈采用这种建设方式，如栖居客栈的外观采用白族民居“青瓦白墙”风貌，但将“照壁”修建成休闲咖啡吧，传统的窗户改为落地窗；双廊蓝影客栈的一部分系老屋改建，一部分为新建，雕花木窗、隔扇门、白墙青瓦的白族传统民居元素被运用到新建筑中，体现了当地的文化特色②。德清大乐之野莫干山碧坞店，原属二十世纪七八十年代的浙北民居，仍完整保留了浙北民居的木框架结构与白墙黛瓦风格，2 号楼的 4 个大床房分别以“立夏”、“芒种”、“秋分”、“小雪”命名，配备当地产的茶叶，为便于山景透入室内，把传统木窗改成落地玻璃窗。歙县九月徽州客栈系利用塌损严重民居新建而成，三层木制结构，11 间客房。被使用在客栈天花板和板壁上的木材，大多采自当地拆建下的古民居。公共空间与客房保留徽州文化元素。

（三）民俗餐厅

民俗餐厅是主题餐厅的重要组成部分，在我国现代旅游业还没有发展起来前就存在了，清真餐厅、回族面馆等都属于这一类。20 世纪 80 年代后，随着

---

① 牛亚庆：《徽州传统民居改造成民俗客栈的设计研究》，北京建筑大学硕士论文，2017 年，第 19～24 页。

② 施淑君：《大理外来客栈与本土客栈文化的比较研究》，《新农业》2017 年第 13 期。

旅游业的发展与人民生活水平的提高，主题餐厅逐步流行起来，主题种类越来越多，包括异域风情类、怀旧复古类、农家田园类、历史故事类、地方文化类、运动康体类、动漫音乐类、生态环境类，等等，民俗餐厅也是遍地开花。

民俗餐厅是以民俗文化为主题、满足消费者五感（视觉、触觉、听觉、味觉、嗅觉）体验的饮食休闲场所，属于民俗文化与餐饮、风味小吃相融合的产物。以所处场所分，民俗餐厅有两大类：一是大型酒店宾馆中的民俗餐厅，如上海丝绸之路大酒店的敦煌中餐厅、成都拉萨大酒店的逸香轩餐厅、屯溪华山徽宴酒店的披云徽府餐厅等；二为分散在街道、旅游景区里的民俗餐厅，如北京西城区陕西民俗文化餐厅、怀柔伊户人家民俗餐厅、和美山居民俗餐厅、海淀区四世同堂餐厅、上海松江醉黔飨、西安骊山十三花民俗餐厅，郑州熙长安主题餐厅、北疆饭店、昆明小瓦喳、醉云喃滇味民俗餐厅、福清三千客民俗餐厅、长沙相约在邻舍、张家界印象鲵宴、阿拉善通湖草原旅游区四大汗国蒙古餐包等。其主题比较杂，有些笼统地用民俗文化，有些以某某民族（如白族风味餐厅），有些用菜系（如屯溪徽菜馆）表示，相当多的则是选某个土特产或名菜名吃作主题，如大理“火烧猪”白族风味餐厅、永平“黄焖鸡”风味餐厅、“土八碗”餐馆、屯溪黎阳 in 巷程氏“毛豆腐”、徽州“臭鳜鱼”、三江聚缘“油茶”餐馆，等等。

此外，还有以民俗为主题的特色酒店，如成都拉萨大酒店以藏族民俗文化元素为主格调，中庭设有布达拉宫缩微景观，墙面挂有西藏传统手工艺品唐卡画，藏文化主题餐厅 2008 年荣获“中国最具特色酒店餐厅”称号。西安东晋桃源国际园林酒店的主体建筑和戏楼展现浓郁的关中民俗特色，设有秦腔音乐喷泉万人广场。延安杨家岭石窑宾馆依山而建，将上下 8 层的陕北民居窑洞打造成现代版窑洞文化主题酒店，游客可以领略到淳朴的陕北风土人情。

嵌入式开发的成功与否，关键在于对民俗文化的挖掘程度，与旅游设施、项目的融合度，在相关旅游项目、设施、活动中的展示度，以及能否成为一道亮丽的风景，营造独特的文化氛围，能否增加娱乐性，给游客带来有价值的、难忘的体验。

五、演艺式：民俗表演

旅游演艺是文化与旅游产业相融合的产物，是旅游目的地开发的一种重要旅游吸引物。所谓旅游演艺，即旅游目的地为丰富旅游产品，利用区域旅游资源尤其是历史文化资源，通过文化创意，策划、开发的具有表演性、艺术性、商业性的文化表演节目与演出活动。民俗旅游表演是其中的重要组成部分，区分的主要依据就是看其主题、内容是否与民俗文化相关。

我国现代意义上的民俗旅游表演萌芽于20世纪80年代。1980年，上海南京东路上的和平饭店组建老年爵士乐团，为酒吧客人演奏二十世纪三四十年代的爵士名曲。1982年，陕西省歌舞剧院推出《仿唐乐舞》。此后伴随着旅游业的发展，一些旅游景区、旅游城市意识到“白天观光，晚上睡觉”的旅游供给不足，继而从旅游市场出发，开发出一系列的民俗表演项目，如1988年丽江大研古城大院子推出“纳西古乐”演出，大理推出白族“三道茶”表演，1989年深圳锦绣中华推出“民族歌舞表演”，1991年形成了“白天游览，夜晚赏秀”的全新旅游生态。当时的民俗表演基本属于原生态演出，规模较小，表现形式较单一。2002年，张艺谋执导的大型“山水实景演出”《印象·刘三姐》，历经109次修改，2004年3月正式公演，并取得巨大成功。当年接待观众30万人次，门票收入1000万元，入选全国首批“国家文化产业示范基地”；次年，观众增至49万人次，门票收入4000多万元，获文化部“创新奖”、中国演出家协会“中国十大演出盛事奖”。[①] 至此，我国的民俗表演进入百花齐放、高歌猛进的时代。综观各地的民俗表演，大致有以下五种类型：

一为景点景区演出型。包括自然型、历史人文型景区（景点）、主题公园、度假区中的广场、游道、室内进行的各种演出，如鄂尔多斯响沙湾《鄂尔多斯婚礼》、成吉思汗陵《永远的成吉思汗》、西安高家大院“皮影戏表演”、吉县壶口“旱地行船”表演、陇县李家下村“社火演出”、杭州宋城《宋城千古情》、丽江千古城《丽江千古情》、九寨沟宋城《九寨千古情》、深圳锦绣中华《龙凤舞中华》、张家界土家风情园《风土苗韵》、张家界宝峰湖《武陵魂·梯玛神歌》、黔江土家十三寨“民俗表演”、凯里民族文化园《银·秀》、黔东南郎德上寨“苗族风情演出”、三江程阳八寨《侗恋程阳》等。

二为剧场演出型。既包括历史街区、旅游小镇中的专业剧场，也涉及景区、历史街区、旅游小镇外的专业剧场，如张家界《魅力湘西》、《烟雨张家界》，重庆《巴渝情缘》，南宁《锦宴》，黄山《徽韵》，丽江《丽水金沙》，大理《蝴蝶之梦》，九寨沟《藏谜》，平遥《又见平遥》，成都宽窄巷子《宽戏窄曲》及川剧表演等。

三是山水实景演出型。选择适宜的地形打造演出舞台与观众席，以自然山水为舞台背景，如桂林《梦幻漓江》、阳朔《印象·刘三姐》、三江《坐妹三

---

① 舒锡慧：《文化资源的旅游深度开发研究——以广西刘三姐文化为例》，华东师范大学硕士论文，2007年，第29页。

江》、巴马《梦·巴马》、丽江《印象·丽江》、武夷山《印象·大红袍》、张家界《天门狐仙·新刘海砍樵》、通道《行歌·玩月》、宜昌《梦·三峡》、黟县《宏村·阿菊》、沐川《乌蒙沐歌》、昆山《四季周庄》、登封《禅宗少林·音乐大典》、婺源《梦里老家》、恩施《龙船调》、招远《金山佛谕》等。

四为驻演与巡演结合型。如《多彩贵州风》、《云南印象》、《香巴拉映象》、《功夫传奇》等。

五是其他种类，涉及酒店、餐厅、茶馆、节庆等，常见的形式为“场所＋演艺”，如北京老舍茶馆＋演艺，西安青曲社茶楼＋演艺，西安尚友秦腔茶楼＋秦腔表演，成都千禧新东方大酒店＋演艺，等等。这种类型一般规模都比较小，节目也较精练，多民营。

民俗表演作为一种旅游产品，开发的主要目的是满足游客的需求，丰富旅游供给，延长游客的逗留时间，扩大旅游消费，其开发策划应做到以下方面：

1. 有表演空间。民俗是以人的群体为载体的文化事象，民俗事象的开展都在群体的生产生活空间中进行，而展现民俗的空间一般是不固定的。旅游背景下的民俗表演，其观赏、服务的对象为游客，为便于游客观赏、体验，民俗表演的空间就需要固定下来。重庆黔江土家十三寨于 2010 年开始筹备民俗表演队，选择四合院建筑摆手堂作为表演场所，后因摆手堂内所能容纳的观众数量有限，景区对摆手堂进行维修，改建成土家民俗歌剧院，又修建开放式的何家寨山歌广场，土家民俗歌剧院、山歌广场成了目前景区歌舞表演的主要场所。[①] 一般景点景区中的民俗表演场所，或为开放式的广场、游道，或为封闭、半封闭的室内。剧场演出型多会选择专业剧场，剧场的位置多处于交通便捷、商业繁华、游客相对比较集中的地方，如黄山《徽韵》演出地在屯溪区西海路 29 号香茗大剧院，临近黄山学院、著名文化休闲街区黎阳 in 巷、屯溪老街；重庆《巴渝情缘》2006 年起在巴渝剧院上演，该剧院位于市中心的洪崖洞民俗风貌区。山水实景演出的规模都比较宏大，对演出场地、观众席的占地面积要求也比较多，且还要有比较好的景色。《印象·刘三姐》演出场地选在漓江与田家河交汇处，以著名风景带漓江、书童山为依托，有较广的平地、山坡、水面可以利用，适宜建筑演出设施；昆山《四季周庄》演出场所属于半开放的空间，在周庄古镇景区外的边缘。空间需要进行装饰设计，如建筑设施风格、背景、舞台装饰、灯光、音响等，以营造民俗文化氛围。

---

① 向通：《乡村振兴背景下民俗旅游发展的调查研究——以黔江土家十三寨为例》，重庆工商大学硕士论文，2022 年，第 19～24 页。

2. 有稳定的表演主体。民俗表演除极少数外，多为群体性演出，人数从几人到数百人不等，需要组建稳定的演出队伍。《印象·刘三姐》演出人数超过700人，其中400名左右为当地农民、渔民，其余为张艺谋漓江艺术学校的学生，基本无专业演员。重庆黔江土家十三寨民俗表演队的成员，2020年以前主要由何家寨、摆手寨两个村寨的40岁以上居民构成，多时有100余人，基本稳定在25人，之后主要由小南海镇内的年轻居民组成，队伍维持在30人左右。[①] 大型全景式原创歌舞《巴渝情缘》则是由120名专业演员组成演出团队。民俗表演的主体在小型演出中以民俗文化的传承群体为主，剧场演出则以受过民俗文化培训的专业演员居多，山水实景演出则比较多样，既有当地居民，又有专业演员及艺术学校的学生。

3. 表演内容需要设计。一个地方的民俗文化十分丰富，种类也繁多，除了游艺民俗可以直接进行表演外，其他民俗都需要进行适当选择、改编。民俗表演开发的重要工作就是从满足游客需求与展现本地优秀民俗文化的角度，参考周边产品的竞争态势，确定表演主题，按照主题设计表演的篇章，串联内容素材。《印象·刘三姐》以刘三姐文化为主题，以《序·山水传说》、《红色印象·山歌》、《绿色印象·家园》、《蓝色印象·情歌》、《金色印象·渔火》、《银色印象·盛典》、《尾声·天地唱颂》七部分精彩呈现刘三姐山歌及广西民俗文化、自然山水。《天门狐仙·新刘海砍樵》用《狐王选妃》、《仙山奇遇》、《月夜相思》、《背叛旋风》、《千年守望》五大篇章，结合桑植民歌、花鼓戏、土家族舞蹈等民俗文化，辅以声、光、电、风的渲染，演绎了樵夫刘海与白狐相恋的主题。《巴渝情缘》则以《序》、《江上往事》、《千古一梦》、《巴山雾月》、《市井民俗》、《天人合一》形象地展示了重庆地区的主要民俗文化。

4. 要有运营的团队。民俗表演尽管是旅游地民俗文化的呈现，通过表演传承、传播了民俗文化，但毕竟属于商业行为，也得讲求经济效益。演出的成功及可持续与否，与运营有相当的关系。《印象·刘三姐》由桂林广维文华旅游文化产业有限公司负责经营，到2019年7月共接待观众1800万人次，实现营业收入20多亿元。黄山茶博园投资有限公司开发的《徽韵》，2010年入选文化部和国家旅游局联合发布的“全国文化旅游重点项目支持名录——旅游演出类”，2021年又与中惠旅集团合作，运营升级《徽韵》演艺、香茗酒店，共同打响“新安月夜”旅游品牌。无论演出的规模大小，都需要构建团队进行演

① 向通：《乡村振兴背景下民俗旅游发展的调查研究——以黔江土家十三塞为例》，重庆工商大学硕士论文，2022年，第29～30页。

出经营、营销、人员培训。

民俗表演与原生民俗项目相比较，在内容上具有浓缩化、聚集化，在表现形式上更趋艺术化、时代化，在功能上体现出旅游化、经济化[①]；与一般的文艺演出相比，场景更具在地民俗化，内容上兼具原真性与艺术性的统一，表演上重视观赏性、趣味性与参与性，演出形式上趋向故事化与融合时尚新元素，重视民俗文化内涵的挖掘，尽力为游客呈现民俗文化盛宴。

六、节会式：节庆、集会

现代旅游的重要特征在于娱乐，追寻异域文化的情和趣。节会凝聚着一个地区或民族的民俗风情精华，是该地区或民族民俗文化的集中展现，旅游者参与其中，不仅能便捷地了解和考察异域他乡的民俗文化，而且在大众性的狂欢中受到感染和熏陶，获得情感的共鸣、交流，身心的愉悦。利用节会模式，开发民俗旅游的定时定点产品，应是我们民俗旅游资源开发的主要发展方向。

（一）节庆开发

节庆，顾名思义，就是节日庆典。它是某一区域或民族的人民为庆祝农业丰产、祭祀祖先，或出于某种需要而举行的纪念性的庆典活动。节庆场面壮观，节目精彩，娱乐性强。开发节庆为旅游服务，首先是传统节日。

中华传统节日源远流长，数目繁多，俗谚有“大节月月有，小节三六九”之说，且地方特色强、民族特征鲜明、风情浓郁。开发传统节日，从宏观上说，应把重点放在东北、西北、西南等少数民族聚居区，这是因为汉族虽有丰富多彩的节日，但不及少数民族节日多，在千姿百态、质朴自然、神秘原始等方面也有差距，因而率先开发少数民族传统节日最能发挥资源优势，取得较好的成效。从微观上看，目前应有重点地加以开发，如傣族的泼水节、哈尼族的扎勒特节、彝族的火把节、朝鲜族的老人节、藏族的雪顿节、苗族的芦笙节、瑶族的达努节……把主要节日的日期和活动地点确定下来，广为宣传，使之成为海内外游客必不可少的旅游项目之一。每到节期，游客就慕名前来，争睹盛况。另一方面，要重视与其他旅游景观、旅游线路的组合，也就是游览地点的搭配，时间的协调，景观类型的互补，尽量延长游客的逗留时间，让他们得到多方面的旅游心理满足。

节日活动的安排，一般以传统内容为主，适当增加新节目，要注意提高节日的思想性、艺术性、娱乐性。在节日中，民俗活动的气氛应有一个由温到热

① 麻益兵：《民俗文化的现代旅游表达》，北京大学出版社，2008 年，第 173～174 页。

的过程，逐步把旅游者真实的观赏、娱乐体验推向高潮。

泼水节是云南傣、阿昌、布朗、德昂等族辞旧迎新的节日。云南开发泼水节，将主办地定在傣乡的景洪市，时间安排在4月13日至4月15日。第一天赛龙舟、跳孔雀舞；第二天进入高潮，举行泼水活动，全城狂欢；第三天赶摆，举行男女求爱活动，放火花、放高升、放孔明灯，预祝光明和吉祥。与节日配套，开设了景洪—打洛中缅边境1日游等5条游览线，丰富泼水节的旅游内容。景洪泼水节现已成为云南王牌民俗旅游节目，深受国内外游客的喜爱。

在现代旅游开发中，利用节日形式，注入现代生活内容，举办诸如云南大理白族火把节、民族美食节、洱海开海节、剑川石宝山歌会美食文化节，广西阳朔漓江渔火节、恭城桃花旅游节、月柿节，浙江嵊泗的海鲜美食文化节，南京金陵灯会、国际梅花节、灵古桂花节、江心洲葡萄节、雨花石艺术节、金秋旅游月等各种艺术节、文化节、旅游节已成时尚，大都取得了相当好的经济、社会效益。

不过，从现代节日主办者的构成看，大多是政府操办的，或政府部门委托专业机构承办；从内容考察，有相当部分节日，如服装节、电影节、科技节等，与民俗毫不相干。对这些节日，只能以一般性的“现代式”节庆视之。还有部分节日，如苏州同里旅游文化节、北京苗族姐妹节、延边朝鲜族民俗节、拉萨民族风情节、资源河灯歌节等，虽然带有现代生活气息，但在形式和内容上仍然承袭了民俗文化传统。对这些节日，我们尽管不能把它们归入传统民俗节日之列，但也还算得上是民俗旅游资源的开发与利用成果。这里姑且称之为“衍生性民俗节日”或“准民俗节日”，这种开发方式也权以定名为“传统节庆衍生式”。

（二）集会开发

集会包含两层意思，一是庙会，二是市集。它们的共同之处为有明确的举行日期、地点，有丰富多彩的活动；相异之处是，一个依托宗教场所、宗教活动，一个凭借镇市。

庙会，又称“赶山”、“赶会”、“逛庙会”，原为祭拜庙观神佛而举行的定期的集会。会间善男信女摩肩接踵，人流不绝，商贩吆喝、艺人耍唱连声不断，形成了祭神、游乐、贸易三位一体的群众性民俗活动。如，安徽九华山庙会，北京白云观庙会、地坛庙会，苏州玄妙观庙会，南京夫子庙庙会，开封相国寺庙会，上海城隍庙庙会，丽江龙王庙庙会，大理古城武庙会、宾川鸡足山朝山会，湖南衡山庙会，甘南拉卜楞寺法会，曲阜孔林林门会等等，都具有浓郁的地方气息，很强的感染力。

庙会在新中国成立以前比较普遍，此后一度大为减少，近年又有所恢复。开发庙会是借庙会这种形式，增加民俗旅游项目，促进旅游娱乐、旅游购物的发展。北京昌平区妙峰山庙会是华北地区著名的传统庙会，展现了昌平地区浓厚的民俗风情，吸引着四面八方的来客。1925 年 4 月，顾颉刚等学者曾专门组团进行调查。1985 年，北京为发展旅游，恢复了妙峰山庙会。1995 年由中国旅游文化学会与北京市旅游局等单位主办的首届中国民俗旅游节还将参观、考察妙峰山庙会作为旅游节的四大主要内容之一，庙会期间，有 40 余档民间花会做了表演，游客达 10 多万。龙潭庙会也是北京传统庙会之一，1987 年春节起恢复。庙会期间，游人如织，盛况空前。京剧折子戏、评剧、相声、天津快板、山东快书、京韵大鼓、声乐、器乐此起彼伏，杂技、魔术、母子冰车、羊拉龙舟、鹿拉爬犁和化装花样滑冰等让观众叹为观止。庙会不仅成为游客怀旧的场所，而且是增长知识、休闲、娱乐、购物的好去处。这里还须指出的是，开发庙会还有一个思想导向问题，切忌搞封建迷信。

市集，遍布城乡各地，名目繁多，有叫“场”，有称“圩”，有名“市”，有称“集”，是城乡人民进行物资交易的定期例会。在城市一般有固定的场所，时间有常年的，也有定期的。在乡村，或逢一，或逢五，或逢十，或逢二、八，或逢四、六。大集全天或数天，小集到中午即散。市集上买卖的商品琳琅满目，“市声”不绝于耳。若遇大集，四方商贾辐辏，各种商品云集，人来人往，车水马龙，好不热闹。开发、开放市集，前景广阔，只可惜才刚起步。

七、物品式：民俗商品

吃、住、行、游、购、娱是旅游的六大要素。旅游与购物总是相伴而行，既相互补充，又相互促进。旅游购物不仅能增加旅游气氛，而且也是一种重要的旅游动机，有相当部分旅游者就是为满足购物欲望而外出旅游的。近些年来，我国旅游业发展迅速，旅游购物也快速增长，但与世界旅游发达国家和地区相比仍存在着较大的差距。我国目前旅游购物占旅游消费的 18%左右，而香港却达到 60.3%。其主要原因在于对民俗旅游商品的开发认识不足，各地旅游商品雷同，缺乏个性。

旅游商品与其他一般商品的区别点，在于它的实用性、纪念性和工艺性三者的有机结合。[①] 如果在这三者的基础上，再赋予民俗特色，那么这样的旅游商品就富有个性，游客乐于购买。

---

① 刘丽川：《民俗学与民俗旅游》，第 209 页，同济大学出版社，1990 年。

民俗的形态多样，可以是有形的，也可以是无形的；既有物化的，又有观念上的；可以为固化的，又可为活化的。那些有形的、物化的民俗事象，如工艺品、食品、生活用品等，就可以开发为民俗旅游商品，以满足游客之需。其实，我国民俗旅游资源中像北京的景泰蓝、景德镇的瓷器、贵州的蜡染制品、苏绣、湘绣、杨柳青的年画、歙县的徽墨等等，早就转化为民俗旅游商品，闻名遐迩，为游客所喜爱，只是数量少、规模小罢了。今后，只要我们下工夫从深层次上挖掘、开发，民俗旅游商品一定会大有市场，激发旅游者的购买需求，实现我们的理想目标。

民俗旅游商品开发作为民俗旅游资源开发的组成部分，理应遵循开发的基本原则，然而此处所讲的商品还具有不同于民俗旅游景观的独特之处，它的开发还应注意以下几方面：

开发形式多样。民俗旅游商品传统上多为手工制作，充分表现出我国各族人民的创作技艺。随着旅游消费的增长，工厂化生产在所必需。为提高旅游者的兴趣和纪念意义，甚至可以设立作坊，让游客自己制作所要的民俗商品。

以纪念性为开发侧重点。旅游，可以说是旅游者怀着一种心愿付诸实施的过程。当心愿得以实现，人们的心中总是充满着难以言表的喜悦，总是希冀亲朋好友能一道分享自己的快乐。这时，绝大多数旅游者都会购买民俗旅游商品，以作为美好记忆的实物见证。所以，纪念性要贯穿其开发之始终。

以创新为主流。民俗旅游商品以地方特色和民族特色为灵魂，以民俗特性产生诱惑力，占领旅游购物市场。但是，由于民俗旅游商品有相当部分具有不可专利性，容易被别人模仿，尽管很难达到以假乱真的水平，但也会在一定程度上冲击民俗旅游商品市场，因而民俗旅游商品的开发时刻要有创新意识，把产品创新当作常务来抓。当然，创新还需一定的规则。民俗旅游商品的创新要符合市场变化的规律，要以民俗文化为素材，有丰富的文化韵味。只有当民俗旅游商品为旅游者爱不释手时，我们的开发才算成功。

第四节　民俗旅游开发负面效应的防范

民俗风情是我国独具优势的旅游资源。民俗旅游开发，促进了各地旅游业的发展，也带动了相关产业的发展。同时，它又导致了民俗旅游资源的破坏、民俗文化的变异。民俗旅游面临着十分艰巨的任务。

一、指导理论

民俗旅游资源是民俗旅游发展的基础，保护民俗旅游资源就是保护民俗旅游，确保我国旅游事业的永续发展。对民俗旅游开发与开展所带来的负面效应，目前无论是指导部门，还是普通民众，都认识不足。其实，这一问题已经相当严重，必须引起高度重视。但要解决这一问题，还得深入研究，以先进的理论——主要是可持续发展理论进行指导。

可持续发展理论是20世纪70年代末80年代初，人们鉴于工业文明对人类生存环境的破坏，进行深刻反思后提出的。它的概念首次出现在1980年国际自然与自然资源保护同盟（IUCN）的“世界自然保护大纲”（WCS）中。它的基本思想有两大方面：（1）环境问题必须与经济问题、社会问题统一考虑，并且在经济、社会的发展中求得解决，要正确处理眼前利益与长远利益、局部利益与整体利益的关系，使得经济、社会和环境问题协调发展。（2）世界上富足的人应当把他们的生活方式控制在生态环境资源许可的范围内，减少其资源消耗量，并且应当使人口数量和人口增长同生态系统生产潜力的变化协调一致，要从整个生态系统考虑环境问题，开展环境规划的研究与实践，制定协调经济发展和保护生态环境的长期政策，重视自然资源的合理利用和持续利用，以生态的改善保障持续发展目标得以实现，各国开展经济建设应摒弃传统的“先污染，后治理”的模式，走既要保护又要发展的道路，确保经济建设与生态环境的协调发展。①

可持续发展理论的提出，立即引起社会各界的关注，并运用到相关领域。旅游的可持续发展理论近年来也有较大的进展，1995年4月28日，联合国教科文组织、环境规划署和世界旅游组织（WTO）召开的“可持续旅游发展世界会议”，通过《可持续旅游发展宪章》和《可持续旅游发展行动计划》，构建了旅游可持续发展理论的基本内容：

旅游资源是有限的，不可再生的。发展旅游必须建立在生态环境的承受能力之上，符合当地经济发展状况和社会道德规范。

发展旅游要循序渐进，注意维护地方特色、文化遗产和传统习惯，力求旅游与自然、文化和人类生存环境的整体平衡。

保护自然、文化资源就是保护旅游业持续发展的基础。为了使旅游业能可持续发展，从事这项事业的人们应当团结一致，相互尊重，积极参与，尤其要

① 杨桂华、陶犁主编：《旅游资源学》，第256～257页，云南大学出版社，1994年。

尊重当地的社会与自然结构，尊重当地的居民。

旅游具有双重性，一方面能促进社会经济、文化的发展，另一方面又加剧了环境损耗和地方特色的消失。发展旅游要采取与可持续发展原则相协调的模式。

对环境和文化易受破坏的地区，无论在现在还是在将来，在技术合作和资金援助方面都要给予优先考虑，使环境与文化得到保护，消除旅游所带来的负面影响，应积极鼓励有利于环境和文化的旅游供给与需求的发展。

可持续发展理论以及旅游可持续发展理论是人类发展和旅游事业发展认识深化的产物，是人类发展道路的战略思考。民俗旅游在我国已走过初创阶段，进入快速发展时期，其中有许多辉煌，然而也留下了不少难以抹平的创伤。医治创伤，减少以至避免新创伤的发生，可持续发展理论具有很好的指导作用。

二、负面效应的表现

在我国各地，民俗旅游正以前所未见的速度蓬勃发展，但因可持续发展工作的被忽视，加上工作中的某些短视行为，民俗旅游开发也产生了一些负面效应，显示出进行民俗旅游资源保护的迫切性。

（一）民俗风情的同化

民俗风情的同化是指本地或本民族的民俗风情受异族、异地的民俗与风尚影响，并为其所取代的现象。现代社会，国家与国家之间、地区与地区之间、民族与民族之间，政治、经济、文化的交往日益频繁，人民的交流也日渐增多，民俗取向的某些方面的同化不可避免。尤其是随着旅游业的发展，外来旅游者的大量涌入旅游地，外国以及我国其他地方或民族的文化、思想意识、生活习惯的带入，民俗旅游地的民俗风情逐渐被同化以至消亡的现象屡有发生。在所有民俗事象中，衣、食、住、行的同化最明显、最迅速。如福建惠安县东部崇武妇女的服饰特征是头戴圆形尖顶竹笠与蓝白、红绿头巾，身穿短小的斜襟衫和宽大的黑裤，腰束彩色编织带或银链带。而今天，随着旅游者的大批到来，日常穿着传统服饰的女性越来越少了。云南傣族的民居属干栏式建筑，以竹、木为构架，茅草盖顶，上层住人，下层用作畜厩或堆放农具杂物。现今，受汉族民居的影响，墙体用砖石砌筑，或用泥土夯筑，屋顶用瓦盖，室内摆设用上了组合家具、沙发、地毯等，已开始现代城市化。饮食方面，过去多喝自家酿制的米酒、烧酒，现在啤酒、饮料等已进入了傣族人的家庭。[1]

这些对于发展民俗旅游来说是不利的。外国人来华，希望领略中华民族的独特风情，国内的旅游者前往某一旅游地，也同样希望亲眼看一看异地他乡的特色民俗。假如旅游者看到的都是趋同的民俗，那他们的感受就可想而知了。

（二）传统民俗风情的淡化

第一章我们已讲过，民俗旅游是个系统，是民俗风情和民俗旅游者、民俗旅游介体构成的一个复杂的供需环形链。其中，民俗旅游地与民俗旅游者之间的交流与影响就是链中的重要一环。一般而言，旅游者在民俗旅游地逗留的时间很有限，接触的本地人也很少，受民俗旅游地的民风习俗的影响较小。而民俗旅游地则长期接待一批批来自不同地区和民族的旅游者，旅游者所带来的异地文化强烈冲击、影响着民俗旅游地的文化，其传统民俗风情也渐渐地淡化。

河北涞水县野三坡，长期以来一直保持着明代的民俗习惯，号称“外化之地”。这引起了国内外旅游者的浓厚兴趣。1985 年野三坡开始搞旅游，对外开放，1988 年被列为国家重点风景区。经过数年外来旅游者的潜移默化的影响，野三坡的传统民俗民风在退化，原来的“三坡服”仅作为接待用服，平时多穿流行的夹克衫、西服，乡邻关系由紧密变疏远，淳朴之风削弱了，经济意识增强了。

爱唱歌本是我国少数民族的传统，日常生活的一部分，无论是谈情说爱，还是赶场、坐夜、上山砍柴，无不唱歌、对歌。可如今，由于旅游业的发展，少数民族同胞同外界接触频繁起来，唱传统歌的兴趣淡了，哼流行歌曲的多了。

传统民俗的淡化，也就意味着民俗旅游资源特色的减弱，特色的减弱势必造成旅游吸引力的衰退，影响旅游的可持续发展。从发展旅游的角度看，弘扬优秀传统民俗文化，预防人为的破坏，是时代的要求、事业的需要。

（三）虚假民俗

民俗旅游资源能给旅游地和旅游企业带来巨大财富已成共识。但在发展旅游业、开发民俗旅游资源过程中，有些地方或企业为了达到某种目的，任意扭曲民俗。一方面，它们随意地拼凑、编造，将他地民俗说成本地民俗，把不同地方或民族的民俗生搬硬套、肆意拼合成本地的民俗，以此招徕旅游者，让旅

---

① 参阅薛群慧：《民俗风情旅游资源的保护与开发探析》，人大复印资料《旅游经济》1998 年第 2 期；郑向敏：《旅游对风情民俗资源的消极影响及对策研究》，《旅游学刊》1996 年第 3 期。

游者大上其当。例如，在西南地区的某些景点，在门前或广场一角立两根或若干根所谓的图腾柱，乍看起来高大、神秘，深入研究一下，完全没价值，无非是把西南民族的傩面具搬来，从柱顶到柱根，随意拼凑而成，与图腾柱离题千里。① “桂林西山公园利用声、光、电等高科技手段虚拟的所谓鬼、怪文化，就是典型的虚假民俗，破坏了西山公园作为佛教文化与休闲的民俗环境。”② 另一方面，它们打着民俗旅游的旗号，把许多林林总总的非民俗旅游当作民俗旅游，造成游客对民俗旅游的误解，亵渎了民俗风情。1995 年国家旅游局推出中国民俗风情旅游年，本是从肯定民俗的旅游价值出发，要求各地突出地方特色，大力开发新的民俗旅游产品，可有些地方没有把工夫花在民俗旅游资源的开发上，却将属于名胜古迹游、宗教名胜游的“华山脚下寻根游”，“黄河金三角观光游”，“保国寺、天一阁游”等冠以民俗游，有违初衷。

开发民俗旅游资源最基本的原则是尊重民俗文化的原貌，弘扬民俗文化。开发中虚假民俗现象的存在，严重干扰了民俗旅游资源开发，以及民俗文化的发展进程。杜绝虚假民俗现象的产生，就是维护民俗文化的正常秩序，维护我国民俗风情旅游资源的声誉。

（四）建设中的破坏

十余年来，我国各地的经济建设突飞猛进，成绩斐然，然而，由于规划不足，以及某些人的无知、某些人的熟视无睹，民俗文化遗产受到了不同程度的影响和破坏。特别是景观特征非常明显的古民居受破坏最严重。这方面的例子无论在城镇，还是在乡村都有，举不胜举。如，徽州传统民居，砖木结构，一色白墙、马头墙、青瓦顶、洞门、漏窗，屋内木板分隔房间与厅堂，房窗多雕花，是典型的明清风格民居。十年前，这种传统民居村落遍布徽州的山间与平地，后来随着经济发展，民宅建设的加速，许多地方把旧房拆毁，改建了钢筋水泥的楼房，徽派民居的风格荡然无存。“北京琉璃厂原本是一条很有名的古文化一条街，但后来全部拆掉，重建了一条整齐划一的‘古街’。结果，老顾客说‘味道’变了，新顾客则根本不感兴趣。”③

---

① 郑向敏：《旅游对风情民俗资源的消极影响及对策研究》，《旅游学刊》1996 年第 3 期。

② 钟宏声：《民俗文化环境保护与民俗旅游的可持续发展》，《广西民族研究》2000 年第 1 期。

③ 陆地：《中国旅游景点开发警示录》，《文化报(武汉)》1994 年 5 月 20 日。

（五）民俗旅游资源环境受到不良影响

民俗旅游资源环境是指形成民俗风情的自然环境和人文环境。民俗旅游的开展，既有利于改善资源环境的一面，又有破坏、污染资源环境的一面。交通条件的改善，车队的不断驶入，载来了成千上万的旅游者，也同时排放了大量的废气。旅游者的涌入，创造了不少就业机会，带来了丰厚的财富，但也留下了可观的垃圾，造成物价飞涨，居民心态的失衡，文化价值观的改变。如，一些民俗旅游地办起了许多歌舞厅、美容院、KTV，有的不惜以色情、赌博招徕旅游者，这些都严重污损了民俗旅游地的环境，不利于民俗旅游的发展。

三、防范负面效应的原则

尽快有效地制止对民俗旅游资源的破坏，切实维护民俗风情的正常发展秩序，继承优秀传统民俗，以利于民俗旅游的可持续发展，是民俗旅游资源保护的重要任务。我国有悠久的历史、灿烂的文明，拥有世界上无与伦比的民俗旅游资源，价值连城。但是，由于种种原因，民俗旅游资源在不断地变异、消亡。面对如此形势，我们不仅应当对民俗旅游资源加倍珍惜，而且要及时抢救、妥善保护。民俗旅游资源的保护在我国才刚刚开始，以后的路还很长，有许多东西值得探究。保护的原则，根据各地的经验，主要有以下三点。

（一）抢救、保护与开发协调一致的原则

文化变迁理论告诉我们，人类在发展，文化也在发展，文化的变化、变迁是人类文明永恒的现象。导致文化变迁的因素很多，有内部结构变化而引起的文化变迁，有自然环境和社会环境变化，以及与其他群体接触、意识形态的更替而造成的文化变异。但不同的民族、不同的区域由于所处社会经济发展阶段不同，历史长短不一，其文化变迁的方式各异，变迁的文化内容也各有差异。有的民族现在发生的文化变迁，在另一民族可能于十年前或更长时间以前就已发生。换而言之，有些文化现象在此民族属旧文化的范畴，现今已没有了，而于彼民族却才刚流行。从历史学、旅游学角度分析，这种文化变迁的时间差异性，很有学术意义和现实意义：彼民族某些流行文化成了人们研究此民族历史文化的“活化石”，旅游者通过考察能从中了解人类文化变迁的奥秘，激发旅游者的旅游动机转为旅游行为。

民俗文化虽然无时不有，无所不在，但每时每刻都处在变迁之中。不同的民族和地区间，民俗的古老性、奇特性千差万别，这正是民俗风情之所以吸引人之所在。对于古老的、奇特的、濒临灭绝的民俗文化，如传统砖雕工艺、刺绣手法等等，应首先抢救，不能让其消失，否则既有愧于子孙，又有愧于历史。对现在已受或正受到破坏、冲击的，具有旅游价值的民俗，我们要加强保护，以确保民俗旅游的可持续发展。在抢救、保护基础上，大力开发民俗文化，发挥民俗文化的旅游价值。抢救、保护是基础，开发是目的。没有抢救、保护的开发是破坏性开发、掠夺性开发，这种开发只能是动摇破坏民俗旅游的基础，阻碍旅游事业的发展。不讲开发，单纯强调抢救、保护，也脱离中国的现实，实际上也办不到。只有抢救、保护、开发协调发展，形成良性循环，民俗旅游资源才能长期发挥应有的效用。

（二）群众性保护为主与专业部门重点保护为辅的原则

民俗是一种群体文化，其载体主要是人。民俗的五彩缤纷，是由人的行为与活动表现出来的。没有群众，也就没有民俗的一切。因此，保护民俗旅游资源不仅是个别专家、学者或旅游工作者的事，而应成为全民族、全社会的共同行动。

文化总是在变迁，但某些文化现象在相当长的时期内相当稳定。一种文化现象之所以能长期传承、得到保护，归根结底在于它有用。民俗文化的重要特征之一为实用性，能够满足人们的需要。尽管时代风云变幻，民俗文化仍在我们的生活中起到相当大的作用。当然，也有许多民俗正在减小或者即将丧失其在现实社会中的功能。但是，通过发展民俗旅游，加深人们对民俗文化的认识，塑造民俗文化的新功能，保护民俗文化及民俗旅游资源的紧迫性、必要性就能为人民群众所理解，人民群众就会把保护民俗旅游资源变为自觉行动，从我做起，从我们地区做起。

对于特别重要珍贵的民俗旅游资源，还当在群众普遍保护的前提下，依靠政府专业部门的力量，凭借其技术和资金方面的优势，实施重点保护。重点保护面不能太广，也不能搞“一刀切”，应按具体情况，实施不同的重点保护方案。

（三）保护精华的原则

中华民族有着悠久的传统文化，民俗风情是传统文化的积淀，是传统文化的表现形式之一。其中有反映中华民族吃苦耐劳、积极向上、勇于创造的精华，也有落后、保守、愚昧的封建糟粕。对诸如娃娃亲、冥婚、迷信等糟粕，应当坚决予以批判，予以革除。对各种优良民俗，我们应当继承并进一步弘扬。

旅游是一种高雅的文化娱乐活动。我们开展民俗旅游是旅游业发展的需要，也是满足旅游者旅游需求之所必需。它的目的是使旅游者通过参观、考察，领略中国的民俗风情景观，了解中国的民俗风貌，知晓中国的民俗文化。旅游者不远千里来到旅游目的地是为了观赏、考察当地的民俗精华，而不是来看低级趣味的。旅游地所供给的民俗景观也应当是当地的优良民俗。所以，就开发而言，开发的对象为广泛存在于社会并起积极作用的优良民俗；就保护而言，其目标也应如此，绝不能精华、糟粕混杂，更不能把糟粕当精华加以保护。保护民俗精华的基础是正确地区分精华和糟粕。区分原则的主要标准是看其是否违背辩证唯物主义和历史唯物主义的基本原则，是否有利于促进社会的进步，是否有利于旅游业的发展，是否有利于中华民族文化地位的提高。

四、防范的对策

针对民俗旅游所带来的消极影响，我们应当积极采取防范措施和相应对策，加强对民俗变异的引导调控，尽可能地减少民俗旅游的负面效应，使民俗旅游资源的经济效益和社会生态效益和谐地统一起来。

(一) 宣传民俗文化价值，提高人们保护民俗旅游资源的责任感与自觉性

旅游地的民俗文化变异、消亡的原因是多方面，有些是开发者行为不当造成的，有些是外来文化冲击所致，但更多的是因对民俗文化的旅游价值不了解造成的。这就促使我们向旅游地的居民广泛地开展宣传教育，宣传民俗旅游资源的珍贵价值及其保护的必要性和意义；宣传除极少数野蛮、愚昧的民俗外，各民族的民俗文化只有个性不同、风格相异，没有优劣好坏之分，都是世界文化宝库中的重要成分；宣传世界是由民族组成的，只有民族的才是世界的，失去独具特色的民俗文化，也就意味着丧失了旅游的吸引力。另一方面，我们还要宣传，民俗受外来文化的影响不可避免，各地或各民族民俗文化之间的交流、碰撞就是相互借鉴、学习的过程。借鉴和学习是本民族或本地区的发展所必不可少的，但借鉴、学习绝不是精华、糟粕一并照收，以外来文化取代传统文化。正确的态度应是在保持自己民俗文化特色的基础上，适当吸取外来文化的精华，发展自己的民俗文化。

要通过宣传，让人们明白，一个国家，一个民族，一个地区，在其发展过程中，其他任何东西都可以创造，唯独以往的历史遗迹和传统民俗不能再创造，它们一旦被破坏和污染，就难以复原。所以，务必珍惜民俗文化，妥善保护民俗文化，变要他们保护为自觉参与保护。

2005 年 12 月，国务院下发了《关于加强文化遗产保护的通知》，决定从 2006 年起每年 6 月的第二个星期六为中国文化遗产日。2006 年 5 月 25 日，国务院公布了首批国家级非物质文化遗产名录，民俗类有春节、火把节等 70 项入选。2008 年 4 月 22 日，国务院总理温家宝签署国务院令，颁布《历史文化名城名镇名村保护条例》。这些措施有力地促进了对民俗文化旅游资源的保护，进一步唤醒了人们的民俗文化保护意识。

(二) 完善旅游规划，合理开发民俗旅游资源

旅游规划是旅游建设事业中的一项重要工作，是一个国家、地区为发展旅游业而做的战略部署，是调节区域范围内各方面的资源，促进有秩序开发的构想。旅游规划涉及面很广，包括景观、风景区规划，饭店、餐馆、商场、娱乐场所等旅游设施规划，交通、通讯、邮电、供电、供水等配套设施的规划等等。旅游规划有综合性规划、专题性规划两种。对绝大多数地区而言，以编制综合性规划为主。就民俗旅游专区而言，则要编制民俗旅游规划。

旅游规划的中心任务之一是合理地配置旅游资源。从总体上讲，旅游地的旅游资源丰富而具体，有潜在的，也有现实的；有自然风光，也有古迹名胜，还有民俗风情，而民俗风情又多种多样，从物质生产到社会生活、精神意识无所不有。如何合理地配置民俗风情等旅游资源十分重要，它直接关系到本地旅游业的近期发展和长远发展战略。有旅游资源就全面开发的做法是不可取的。民俗风情等旅游资源必须按市场需求状况、本地的区位条件，有层次、有重点、有区分地进行配置，按步骤地进行开发。

中心任务之二为保护民俗风情等旅游资源。规划还应根据资源的配置情况，合理地划定资源的保护范围，确定资源保护的轻重缓急，制定相应的保护措施。规定在规划保护区内或受保护的方面，严禁破坏、污染。

完善的旅游规划是确保民俗风情等旅游资源得到有效保护的第一步，但保护目标的实现还靠对规划不折不扣地执行。规划一经批准通过就应严格遵守，不要随意改变。

民俗风情具有巨大的旅游吸引力已众所周知，开发所致的负面效应又客观存在，解决开发与保护这一矛盾的最佳切入点就是在科学规划的基础上合理地开发。所谓合理开发，即指在旅游地的民俗旅游资源开发中要正确把握本地的资源特色，结合本地及周边地区的旅游环境，按旅游规划所定近期、中远期目标，实施有节律的开发。开发的民俗旅游产品既能满足市场需求，又不过剩，而且独具特色，在相当长的时期内具有难以替代性。

(三) 利用经济杠杆保护民俗文化环境

民俗文化环境是实现民俗旅游资源永续利用的基础。“在市场经济条件下，政府及有关部门对民俗文化环境的保护，主要不是通过行政手段来干预，而是可以采用多种经济手段，直接地对利用民俗文化环境资源开展旅游活动的行为进行控制与调节。民俗旅游经济活动与民俗文化环境保护之间存在的矛盾，既有认识上的原因，也有经济利益问题。某些单位或个人为了自己的内部经济利益，破坏了民俗文化环境的平衡性和整体性。可以认为采用经济杠杆手段保护

民俗文化环境是一种比其他手段更有效的方法。当前，需要政府对民俗文化环境保护提供补贴、信贷、保险、奖励，需要政府尽快制定征收民俗文化资源使用税方案，建立民俗文化环境保护基金。对从事民俗文化活动的单位或个人污染、破坏民俗文化环境行为要处以高额罚款或赔款。”①

（四）建设一批原始型民俗村、民俗博物馆，保留传统民俗文化的火种

建设原始型（天然型）民俗村、民俗博物馆既是民俗旅游资源开发的主要模式之一，又是保护民俗旅游资源的好办法。从 2003 年起，建设部和国家文物局就开始组织评选，将较完整保存传统风貌和地方民族特色的村寨纳入中国历史文化名村，安徽省黟县宏村镇宏村、江西省乐安县牛田镇流坑村、福建省南靖县书洋镇田螺坑村等 169 个村寨先后入选。这是一项重要举措。我们知道，没有一成不变的民俗，民俗始终处于变化之中。我们要做的工作就是尽量延长传统民俗的传承时间，为全人类保护文明的“活化石”，为旅游者留住能让他们感怀历史、增长知识和见闻的考察、观察对象。原始型民俗村，即将散处全国各地的传统民俗文化氛围浓郁的村落辟为传统民俗文化保护区，制定专门保护规划，延缓传统民俗的变异。这种方法尤其适用于少数民族的聚居村落。民俗博物馆，适用面更广，无论是地域民俗还是专题性、行业性民俗的保护都能采用。它可以运用录像、录音、摄像等多种现代科技手段把传统民俗如实地记录下来，保存下去，当然也能以此向旅游者宣传、展示传统民俗。

（五）举办民俗活动，加深民众的民俗文化意识

传统民俗是根植于农业社会的大众文化。随着时代的发展，工业文明越来越发达，对传统民俗的影响也越来越大，现代青年多热衷于唱流行歌曲、穿时装、喝啤酒、看电影、过圣诞节等时尚，而对“六礼”、重阳节、民歌、传统服饰等民俗仅知皮毛，不了解其内涵，更谈不上重视。所以，应多举办一些民俗活动，如民俗表演、民俗知识竞赛等，组织群众特别是青年人参加。通过亲身参与，加深对传统民俗的了解，感受传统民俗的文化气氛，增强他们弘扬传统民俗文化的自觉性。

此外，制定和完善有利于民俗旅游资源保护的旅游政策，建立与健全保护管理机构，严格执行有关旅游资源保护的法律法规，加强民俗旅游资源保护的技术研究等，都是我们保护民俗旅游资源应积极采取的防范措施。

总之，民俗旅游开发要在对民俗旅游价值充分认识的基础上，采取多种形

① 钟宏声：《民俗文化环境保护与民俗旅游的可持续发展》，《广西民族研究》2000 年第 1 期。

式与模式，注意民俗旅游开发中的资源保护与保护中的资源开发，促使民俗旅游走上可持续发展道路。

思考题

1. 简述我国民俗旅游兴起的过程与特点。
2. 简述民俗旅游开发的必要性。
3. 试谈民俗旅游开发与旅游开发的异同。
4. 民俗旅游开发中如何体现特色性？
5. 如何看待民俗旅游开发中的区位条件？
6. 谈谈对目前我国古镇旅游开发热的看法。
7. 你认为我国举国办节庆有必要吗？
8. 传统民俗风情的淡化是社会进步的表现吗？
9. 民俗博物馆如何才能适应体验旅游的需要？
10. 旅行社怎样参与庙会旅游？
11. 如何理解民俗旅游的真实性问题？
12. 请以某个民俗旅游项目为例研究民俗旅游者的消费行为。

第十二章

民俗旅游区划

本章提要：民俗旅游区划是根据民俗旅游资源的种类与特点的差别，对一定地域进行的旅游区区域划分。进行民俗旅游区划，应遵循多级序等五项原则，并使用确定分区指标、划定区域界限等三种方法。在实际进行民俗旅游区划时，可以把中国划分为东北、华北、西北、华东、中南、华南、西南、内蒙古和青藏高原等九个民俗旅游区。每个民俗旅游区的旅游资源，都具有自身的典型特征。民俗旅游区划对民俗旅游资源开发、旅游企业的区位选择、民俗旅游线路设计、旅游设施布局等，具有非常直接的影响，同时也能够为旅游者的民俗旅游决策提供有效的参考。

迄今为止，从总体上看，中国民俗旅游资源开发利用的水平已经有了很大的提高，但仍有许多有旅游价值的民俗资源没有引起应有的注意，开发得不尽如人意。科学合理地开发民俗旅游资源，其基础是对民俗事象的内容、特征、品质及分布地域有系统的了解和把握，即必须在民俗旅游区划的框架内进行规划与开发，才能取得良好的经济效益和社会效益。

第一节　民俗旅游区划的基本理论

民俗旅游区划的基本理论，是进行民俗旅游区划研究及对民俗旅游区进行实际划分的基础。尤其是旅游业在开发和管理民俗旅游资源时，有关政策和法规的制订，企业区位的选择，资源的规划，旅游线路的设计等等，都离不开民俗旅游区划的基本理论的指导。

一、区划的一般概念

区划最简要的解释就是地区的划分。不同的学科，从自己的理论和研究对象出发，提出了各种各样的区划概念，如地理区划、经济区划、文化区划、行政区划、旅游区划等等。地理区划是根据地理环境的特点进行的地理区域的划分；经济区划是对客观存在的生产地域和经济综合体进行区域区划；文化区划是根据生产方式、语言、宗教、政治形态、民俗等的差别，对文化进行的区域划分；行政区划是为实行国家的行政管理、治理与建设，对领土进行合理分级的划分；旅游区划是把空间上客观存在的旅游环境和旅游活动的差别人为地表现出来。综合分析上述区划的概念，我们认为区划主要包含下面几方面的内容：①区划涉及一定面积的区域，区域是进行区划的基础；②区划的根据是自然现象或社会现象的特点，脱离这一根据，无法科学合理地进行区划；③区划强调区域之间的差别，区划必须凸显不同区域之间自然现象或社会现象特点的不同之处；同时，这也意味着同一区域内部自然现象或社会现象的特点，必须是相同或相似的；④区划存在不同层次，根据实际情况，每一个层次都存在进一步细分的可能性。因此，可以把区划定义为，人们根据自然现象或社会现象特点的差别对一定地域进行的区域划分。

在世界范围内，最早关注区划问题的是地理学。19 世纪以来，区划概念为多门学科所接受，如经济学、政治学、法学、社会学、民俗学等等。在我国历史上，最早讨论区划问题的是成书于战国时代的《尚书·禹贡》。据《禹贡》记载，大禹分天下为冀、兖、青、徐、扬、荆、豫、梁、雍等九州，对每一州的山川水土、交通物产、贡赋等级、民俗风情等等，均有概要叙述，奠定了中国传统地理学区划研究的基础。1954 年，世界性的区域科学学会在美国成立，标志着专门以区划等区域问题为研究对象的新学科的诞生。区域科学的主要任务是收集研究区域性资料，为决策者做出区域发展政策与区域空间调整策略提供理论基础；希望人口、资源、经济活动等等有合理的空间分布，避免造成空间冲突和空间不经济现象①。对区划的研究，应超越地理学等单一学科的范围或多学科合作的模式，进入区域科学的领域。使用区域科学的方法，可以对区划有更全面深刻的认识，既能够提高区划的理论水平，又能够使区划有更高的应用价值。

二、民俗旅游区划

民俗旅游区划是区划概念在民俗旅游资源开发与管理中的应用，是根据民

---

① 于宗先：《经济百科全书·空间经济学》，第 2702 页，台北联经出版事业公司，1986 年。

俗旅游资源的种类与特点的差别，对一定地域进行的旅游区区域划分。通过区域研究，可以进一步深入了解各个区域的民俗旅游资源，以便因地制宜，发挥优势，综合开发，在区域合理分工的基础上，促进民俗旅游的整体发展。民俗旅游区划有很多种类，但主要有四种。按照民俗旅游区划所涉及的民俗旅游资源的种类，可以分为单项区划和综合区划。以一种民俗旅游资源为主体的民俗旅游区划是单项区划，如饮食民俗旅游区划、居住民俗旅游区划等等。以多种民俗旅游资源为主体的民俗旅游区划是综合区划，如东北民俗旅游区划、华北民俗旅游区划等等。根据民俗旅游区划所涉及的地域大小和应用的领域，可以分为认识性区划和应用性区划。[①] 认识性区划的重点是旅游资源形成的机制、地域分异规律、旅游区的特征与功能、旅游资源的层次与结构，以及旅游地区的性质与发展规模等等，以加强对旅游资源全面而深入的了解，为制定区域民俗旅游发展政策做好必要的准备。认识性区划适用于大范围的旅游区划，如把中国划分为几个旅游地区，就是认识性区划的主要任务。应用性区划适用于较小范围的旅游区划，如风景区或旅游景点等等，区划要直接为开发效力，必须具有实用价值和操作性，为民俗旅游商品的生产提供基础。

三、民俗旅游区划的原则

民俗旅游区划的原则，是划分民俗旅游区的理论依据。由于民俗旅游区划的原则是主观性的东西，它随人们对客观存在的旅游区域的认识不同而不同，因此在区划原则所应包含的具体内容方面，存在较大的意见分歧。但是，不论分歧多大，正确的标准只有一个，那就是看区划原则的具体内容是否符合民俗旅游区形成及发展的规律性，是否符合民俗旅游区的实际范围。尽管对民俗旅游区划原则的认识分歧较大，但开展民俗旅游区划原则的讨论和研究，对于最终确定正确的区划原则应是非常有益的，而且对民俗旅游资源的开发与管理来说，也是必不可少的。基于上述观点，我们认为进行实际的民俗旅游区划时，应该遵循下列原则。

（一）多级序原则

民俗旅游资源的相似性和差异性是相对的，一般情况下，区划单位的等级由高到低，相似性逐渐增大，差异性逐渐减小。所以，只有按照一定的层次等级划分民俗旅游区，才能真实反映出不同等级的民俗旅游区的区域内相似性和区域间差异性的大小，以及区域之间的实际关系。

---

① 邹积林：《旅游区划问题探讨》，《旅游学刊》1990 年第 2 期。

（二）区域内资源相似性原则

我国幅员广大，民族众多，民俗旅游资源极其丰富，反映在地域上，呈现出千差万别的状况。然而民俗旅游资源在空间分布上存在着一定的规律性，在某一范围内总能找到若干相似性较大而差异性较小的区域，合并成一个民俗旅游区，并与其他区域区别开来。相似性包括民俗旅游资源种类的共同性，特征的类似性，内容与形式的共通性，以及发展方向的一致性等多重含义。在民俗旅游资源分区时，区域内部，其民俗旅游资源相似性最大而差异性最小；区域之间，则民俗旅游资源差异性最大而相似性最小。反映在民俗旅游资源区域等级系统中，高级单位区域内部相似性小而差别性大；低级单位区域内部相似性大而差异性小。①

（三）保持行政区划的完整性原则

民俗旅游区划的终极目的是便于人们更好地开发利用民俗旅游资源，对旅游区进行有效的管理。现代条件下，任何国家开发和管理民俗旅游区时，大部分是在一定的行政区域内部进行的。跨越行政区域的开发与管理，很容易造成矛盾与冲突。因此，在进行民俗旅游区划过程中，适当考虑保持行政区划的完整性是非常必要的，即民俗旅游区的划分尽可能按行政区范围进行，不轻易打破行政区的界限。如在全国性的分区中，尽量保持省、自治区和直辖市的完整性，在各大区域内部继续细分区域时，尽量保持地区、市和县行政区的完整性。即使在迫不得已的情况下要打破行政区划的完整性，也必须力争保持县级行政区的完整性。

（四）旅游区域完整性原则

旅游区域完整性强调三个方面，一是旅游中心的重要性；二是旅游区层次结构的完整性；三是同一区域的地域相连性。旅游中心是民俗旅游区的核心，是旅游管理和旅游活动的基地，具有多种功能，缺少旅游中心的民俗旅游区，不能成为真正意义上的旅游区。因此，有无旅游中心是衡量旅游区域完整性的首要标准。旅游区域应具有完备的层次系统，旅游区内应包含多个民俗风景区及民俗旅游景点。如果民俗旅游区内的风景区和景点太少，就无法形成完整的旅游区，这对旅游者的旅游活动、旅游企业的经营管理和旅游区的建设和发展是不利的。最后，对于一个民俗旅游区来说，地域的相连性可以使同一旅游区的地域保持完整，民俗旅游点、线、面结合，有利于民俗旅游资源的开发与管理。②

---

① 苏文才、孙文昌主编：《旅游资源学》，第249～250页，高等教育出版社，1998年。

② 李润田主编：《现代人文地理学》，第338～339页，河南大学出版社，1992年。

（五）与区域远景发展相结合的原则

民俗旅游区划是一项实践性很强的工作，它不能仅仅局限于对区域民俗旅游现状的认识，更主要的目的在于预测各个民俗旅游区的远景发展方向，为进一步合理开发利用民俗旅游资源提供科学依据。因此，进行民俗旅游区划，既要立足于现状，更要放眼未来，要充分考虑到未来区域民俗旅游发展的方向，并与之保持一致。[①]

四、民俗旅游区划的方法

从理论上讲，划分民俗旅游区的工作，要在全国民俗旅游资源普查的基础上，遵循民俗旅游区划的原则，才能够顺理成章地完成。但是，这样一来，其工作量的庞大和繁杂简直难以想象，短时间内根本无法做到，而旅游业和旅游者都早已等不及了。因此，科学地运用区域民俗旅游资源的研究方法，合理地选择民俗事象的地域样本，尽快地归纳总结民俗事象的内容、形式、种类、特征及分布规律，就可以在减轻工作量的基础上，迅速找到民俗旅游资源的区域界限，划定民俗旅游区。具体的操作方法如下：

（一）确定分区指标，划定区域界线

民俗旅游区的分区指标是划分各级区划单位的定量与定性标志，是区划原则的体现，也是区域之间划定界限的根据。但是，到目前为止，还没有比较普遍的旅游区分区指标体系，而且现有的指标都是定性指标。宋德明等人提出，一级旅游区的划分指标是地理位置、资源特色及区域的旅游协作关系；二级旅游区的划分指标是旅游中心城市或占突出地位的旅游资源及其吸引范围；三级旅游区的划分指标是旅游资源的联系性、交通的便捷性、旅游活动的完整性及旅游管理的方便性。[②] 这一指标体系突出了区划中旅游资源的中心地位，适用于所有旅游区划，民俗旅游区划当然也不例外。构成民俗旅游资源的主要民俗事象包括衣、食、住、行、生产、商贸、岁时节日、宗教信仰、人生仪礼、竞技游戏以及言语类民俗，划分民俗旅游区时，应以上述民俗事象为依据。因此，我们认为，划分一级民俗旅游区的指标，是构成民俗旅游资源的民俗事象的内容与种类的相似性；划分二级民俗旅游区的指标，是构成占突出地位的民俗旅游资源的民俗事象的形式、种类和特征的相似性，以及分布的密集性；划分三级民俗旅游区的指标，是构成民俗旅游资源的民俗事象的内容、形式、种

① 马勇主编：《旅游学概论》，第114～115页，高等教育出版社，1998年。

② 苏文才、孙文昌主编：《旅游资源学》，第252～253页，高等教育出版社，1998年。

类、特征的相似性，以及分布的高度密集性，即在突出区域民俗旅游资源相似性的基础上，充分考虑其他区划原则，划定民俗旅游区的界线。

（二）划分民俗旅游区的等级系统

由于我国地域辽阔，历史悠久，民族众多，民俗旅游资源呈现出多样性、复杂性和分布广泛的特点，旅游区的地域结构系统自然是多级存在的。根据旅游区划的原则，考虑到民俗旅游资源的开发和管理，而且要能够客观地反映民俗旅游资源的分布规律，其级数不能太多，也不能太少。级数太多，不利于民俗旅游资源的开发和管理；级数太少，又不能准确反映民俗旅游资源的分布规律。参照其他旅游区的等级划分，可以把民俗旅游区划分为三个层次：一级民俗旅游区，由一个或几个省组成，界限以省级行政区划为界，地域上相互连接，自然与社会条件相似；二级民俗旅游区，一般位于一省之内，基本保持地市级行政区划的完整性；三级民俗旅游区，应由一个或几个风景区构成，其中包含多个交通便捷、联系密切、性质相似的旅游景点，大体上要保持县级行政区划的完整性。但是，实际进行民俗旅游资源的规划开发时，可能会出现旅游区跨越两个以上县级行政区划单位的情况，给开发和管理带来麻烦。在这种情况下，基于现有条件，最好由上级政府部门出面统一协调，促使各县共同投资，统一管理，利益分成，以免开发和管理不善，造成民俗旅游资源的浪费，甚至是破坏。

（三）民俗旅游区的命名

民俗旅游区划定以后，必须进行命名，以方便管理和宣传。旅游区命名的方法很多，如地理命名、资源命名、行政区划命名、项目命名以及其他方式的命名。基于民俗旅游区资源单一性的特点，而且我们所提区划方案又以一级民俗旅游区为主，所以采用地理命名法，如东北民俗旅游区、西北民俗旅游区等等。有些一级民俗旅游区地域广大，内部差异较大，需要涉及二级民俗旅游区时，主要采用行政区划命名法。三级民俗旅游区，基本上涉及不到，但由于它和规划开发关系密切，对旅游从业者利益攸关，应该受到重视。因此我们提出的命名建议是：在命名三级民俗旅游区划时，可以采用行政区划加资源特色或具体项目的双重命名法，突出地理位置和商品特色，以吸引旅游者的注意。

第二节　民俗旅游区划方案

民俗旅游资源具有典型的区域特征，不同区域的民俗旅游资源，在内容、形式、种类等方面存在着显著差异。根据民俗旅游资源的区域特征，遵循民俗旅游区划的原则，可以把中国划分为东北、华北、西北、华东、中南、华南、西南、内蒙古和青藏高原等九个民俗旅游区。这一区域方案属于综合性区划和认识性区划，进行民俗旅游资源开发和管理时，还必须在此基础上进一步做应用性区划。此外，我们在区划方案中，区域之间的分界，采用了行政区划的界线，不同区域之间截然分开，而实际上民俗旅游区之间的界限是模糊的，具有较大的过渡地带。

一、东北民俗旅游区

包括辽宁、吉林、黑龙江 3 个省份。东北地区平原辽阔、森林密布，夏季短暂而凉爽，冬季寒冷而漫长。大规模的开发，始于明代，盛于清代，尤其是清末，大量华北汉族移民涌入东北，奠定了今日东北民俗的基础。东北民俗是当地自然条件、生产方式、民族结构和文化融合的产物，其基本格局是以汉族为主体，兼有其他少数民族的民俗风情。

（一）冰天雪地中的衣、食、住、行

首先，东北人的冬季服饰最能体现当地服饰民俗的特征，既要保暖御寒，又要美观大方。通常情况下，人们穿棉衣、棉裤、棉鞋，男人戴各种皮帽，女人围上棉或毛的围巾，或者穿皮衣、皮裤、皮鞋或皮靴。另外，还要戴上厚厚的手套。其次，在饮食民俗方面，偏爱面食，最喜欢吃饺子。副食比较单调，有白菜、萝卜、胡萝卜、土豆、卷心菜等适于储藏的蔬菜。比较流行的家常菜有酸菜氽白肉、猪肉炖粉条等，口味独特，受人欢迎。最有特色的果品是冻梨。男人豪饮成风。第三，东北民居大多为三间平房，墙体厚实，中间为厨房，两边是居室。火灶与居室的火炕相连，烧菜烧饭和取暖相结合。朝向阳光的窗户宽大，适于采光和取暖。第四，冬季出行主要使用马车、驴车、自行车、爬犁、雪橇或骑马。路途不远时，人们宁愿步行，因为步行既安全，又暖和。

（二）独具特色的冰雪节日

东北地区的冰雪节日，主要有哈尔滨冰雪节和吉林雾凇冰雪节。冰雪节以冰雕和雪雕艺术，以及滑冰、滑雪、冬泳等冰雪运动为主，观赏性与参与性并重，[①] 集中体现了东北地区的冰雪奇观、冰雪艺术和冰雪运动。

---

① 张德成：《黑龙江滑雪旅游的现状及发展态势》，《旅游学刊》1998 年第 5 期。

（三）白山黑水的民族风情

东北地区主要的少数民族，有朝鲜、达斡尔、鄂伦春、鄂温克和赫哲族等等。朝鲜族以稻米为主食，爱吃辣椒和狗肉，善于腌制各式咸菜。他们偏爱白色服饰，有白衣民族之称。达斡尔族是农牧结合的民族，经常吃泡牛奶的热稷子饭，手扒肉是节日和待客的佳肴。喜欢歌舞，每年七八月间举行敖包会。他们的服饰中，有一种叫“其卡觅”的靴子很有特色，靴底用牛皮制成，靴面靴腰用狍腿皮拼成，里面垫乌拉草，轻便而暖和。鄂伦春族和鄂温克族，以狩猎为生。他们信奉萨满教，每年农历四月要举行祭神敬神会。赫哲族以渔猎为生，以鱼肉为主食，生鱼是最上等的菜肴，喜爱穿鱼皮的衣裤、鞋袜。

二、华北民俗旅游区

包括北京、天津、河北、河南、山东等5个省市。华北地区是中华民族的发祥地之一，是中华文明的摇篮。历史悠久，物产丰富，民俗事象丰富多彩。

（一）古迹众多，建筑民俗群星荟萃

华北地区是中华民族先民的主要活动区域，北京人至少在20万年前就在这里生产、生活。从旧石器时代起，众多的文化遗址遍布华北大地，如龙山文化、仰韶文化、大汶口文化等。这一地区还集中了众多的各类民俗建筑，如河北的赵州桥，北京的四合院、胡同，以及广大乡村的瓦房、草房、泥顶房。

（二）中国功夫，名扬天下

华北是武术之乡，很多地方尚武成风。少林武术，历史悠久，博大精深，集中国武术外家功夫之精华。与少林武术齐名的陈氏太极拳，在国内外都有广泛的影响。此外，河北沧州自明清以来就是著名的武术之乡。现在沧州武风依然兴盛，各类武术学校遍布城乡。①

（三）驰誉中外的民间艺术、戏曲和曲艺

河北吴桥县是名扬中外的杂技之乡，杂技艺术非常普及，而且名家辈出。中国四大年画中心，华北就有两个：天津的杨柳青和山东潍坊杨家埠。潍坊的风筝、天津的泥塑和砖雕、唐山的皮影、蔚县的剪纸、洛阳的唐三彩、汝州的汝瓷、禹州的钧瓷等，都是华北民间艺术的典型代表。民间戏曲有京剧、评剧、河北梆子、河南梆子、豫剧、京韵大鼓、山东快书、山东梆子、山东大鼓、相声等等，深受各地人民的喜爱。

① 《河南风物志》，第268~273页，河南人民出版社，1985年。

三、华东民俗旅游区

包括江苏、浙江、江西、安徽和上海等五个省市。华东地区是中国的经济文化中心，平原与丘陵相间分布，水网密集，交通便捷，工农业生产非常发达，自古就有“物华天宝，人杰地灵”的美誉。这一地区自然风光秀丽，人文景观丰富，是令人向往的旅游目的地，旅游产业起步早、规模大、效益好，而且是最早开展民俗旅游活动的地区之一。

（一）民间工艺，巧夺天工

华东地区的瓷器、织锦、刺绣、木雕、紫砂陶、漆器、文房四宝等，制作精巧，名扬四海。江西景德镇自北宋起，就是中国瓷业中心之一。其瓷器瓷质缜密，色泽晶莹，造型优美，装饰典雅，向来以“白如玉，明如镜，薄如纸，声如磬”而闻名。其中青花瓷器、青花玲珑瓷器、粉彩瓷器和颜色釉瓷器最为著名，习称景德镇四大名瓷。苏州的宋锦、南京的云锦和四川的蜀锦并称三大名锦。宋锦分为大锦、合锦和小锦三类，开始于南宋时代，主要用于装裱书画。云锦起源于元代，盛于明清，历史悠久，技艺精湛，最华美的代表品种是妆花、库锦和库缎三种。苏绣是苏州一绝，已有2600多年的历史，宋代就曾设立绣局，专管苏绣生产。浙江东阳是木雕的传统产地，被称为“雕花之乡”。东阳木雕多以历史故事和民间传说为题材，图案采用满花手法，画面布满花纹，艺术风格独特，产品多为日常生活用品。江苏宜兴以陶器制作著称，均陶、紫砂陶、精陶是当地的主要产品。扬州漆器西汉时已有很高的水平，明清时代进入全盛时期。主要品种有百宝镶嵌、螺钿、刻漆、彩绘勾雕、骨石镶嵌等。造型古朴典雅，做工精巧，纹样优美。安徽皖南地区的文房四宝，宣笔、宣纸、徽墨和歙砚，唐代以来流传天下。此外，湖笔、铁画、石雕、玻璃雕、玉器、灯彩等等也是华东民间工艺的精品。

（二）茶丝产品，畅销世界

华东地区自古以来就是中国的丝绸业和茶业的中心。桑蚕养殖主要集中在太湖流域，形成了很多有关桑蚕生产的民俗事象，如嘉兴地区的戴蚕花、祀蚕神、接蚕花等，湖州地区的祭嫘祖和蚕花娘娘、点蚕花灯、过蚕花生日、预卜蚕事等等；近年来又每年举办蚕花节，吸引海内外游人赴湖州观光旅游，进行经济文化交流。明清时代就有“江南丝绸，衣被天下”的说法，而今江南丝绸早已不仅衣被天下，而且畅销世界。茶叶生产则遍及华东，名优品种众多，受到广泛欢迎。如西湖龙井、黄山毛峰、庐山云雾、太湖碧螺春、苏州茉莉花茶、祁门红茶等名茶饮誉海内外。

（三）民间戏曲，奇葩争艳

华东地区是南戏的故乡，宋代和北方杂剧遥相呼应，浙东沿海产生了南戏，又称温州或永嘉杂剧。元明之际，南戏逐渐传承衍化的结果，产生了四大声腔，即昆山腔、余姚腔、海盐腔和弋阳腔。在华东地区流传广泛、为人喜闻乐见的戏曲还有越剧、黄梅戏、绍剧、婺剧、沪剧、扬剧、锡剧、淮剧、赣剧、花鼓戏、评弹等等。除此之外，江南丝竹细腻、婉转、圆润、悠扬，演奏以笛、箫、二胡、琵琶和古琴为主。代表曲目，如《小霓裳》、《梅花三弄》、《春江花月夜》、《二泉映月》、《花信风》、《雨打梧桐》等，曲声中飘逸着恬淡清雅、幽逸潇洒的水乡风韵。

四、华南民俗旅游区

包括广东、广西、福建、海南和台湾等五个省和自治区以及香港和澳门两个特别行政区。华南地区位置优越，经济活跃，信息与交通发达，是我国经济特区、沿海开放城市和经济发达地带最集中的地区，是当代改革开放的窗口，也是著名的侨乡。传统文化和欧风美雨在这里碰撞交融，众多民族在这里和睦相处，从而使华南民俗异彩纷呈。

（一）融会中西、兼收并蓄的粤菜

粤菜有三个分支，广州菜、潮州菜和东江菜。原料丰富是其首要特点，只要是可吃之物，无一不可入菜。烹饪方法中西合璧是其第二个特点，如盐焗、酒焗、锅烤、软炒等西洋烹饪法融入传统方法中，并被发扬光大。调料众多，而且惯用复合味调料是其第三个特点，此外，粤菜擅长烹制各式海鲜，风味独特。粤菜不仅在国内独树一帜，海外的中国餐馆大多也以粤菜为主。

（二）民族风情，多姿多彩

华南地区民族众多，壮、苗、瑶、高山、黎、彝、侗等民族世代生息在这片土地上，在生产生活中，他们创造了各具特色的民俗事象，曾让无数到过此地的外乡人为之赞叹倾倒。苗族的服饰和蜡染，侗族的棉布、鼓楼和风雨桥，瑶族的长鼓舞，彝族的十月太阳历、祭公节和打磨秋游戏，黎族的船形屋和跳竹竿等，对旅游者都有极大的吸引力。

（三）别开生面的南国音乐和戏剧

广东音乐清新流畅，欢快明秀，是民乐的典型代表。泉州的木偶戏木偶制作精美，形象生动，线位布局合理，线规程序严谨，表演准确、细腻、传神、逼真，富有独特的艺术魅力，有提线木偶和布袋木偶两大类。泉州木偶戏的传统剧目有800余出，影响遍及福建、台湾，在全国也独树一帜，并多次荣获国际大奖。台湾的南管源于闽南的南曲，主要乐器有洞管、琵琶、二弦、三弦和拍板，是最受欢迎的民间音乐。各种南音社、南管社遍布城乡，多在凉爽的夏夜或月圆的秋夜，在室外花前月下演出。弦管歌声幽雅清越，或嘹亮激越，或悠扬清丽，或哀怨凄清，令人悠然神往。

（四）五光十色的奇异民俗

惠安女子服饰在海内汉族中独此一家。民谣曰“封建头，民主肚；节约衫，浪费裤”，说的就是惠安女的服饰特色。惠安的婚俗，传统上采用不落夫家的婚姻形式。结婚以后，没生孩子前，女子不能住进丈夫家。客家人也是汉族中比较特殊的一支，他们的语言保留了很多汉晋唐宋时代的语法、语汇和语音。民居建筑以土楼为主，造型奇特，规模庞大，往往是举族聚居。男子外出谋生，女子进行田间和家务劳动。港澳地区，中西交汇，五方杂处，民俗驳杂。各种宗教在这里友好相处，民间信仰见缝插针，黄大仙祖籍金华，在本地香火冷落，在香港却大行其道。天妃信仰，落地生根。博彩公开营业，风靡民间。各种宗教及社会团体花样繁多，语言则在广东话中夹杂英葡语汇语法，初到此地者往往如堕五里雾中。

五、西南民俗旅游区

包括四川、重庆、云南和贵州等四个省市。西南地区地形崎岖，气候多变，自然条件复杂，民族众多，交通不便，民俗分布错综复杂且区域狭小，要进行普遍性的典型概括非常困难。本区除汉族外，有30多个少数民族，分别来自羌、苗和百越三个族源，文化传统千差万别。但是，相似的生产方式，共同的自然环境，中原文化的辐射，各民族的交流，使西南地区形成了大量相同或相似的民俗事象，在和其他地区的比较中，显出了自己的特色。

（一）民族风情，中国之最

民居建筑多种多样，如彝族的土掌房、白族的三坊一照壁、傈僳族的“千脚落地”木楞房、傣族的竹楼、基诺等民族的大房子等等，形式不一，但最普遍的建筑形式大多属于干栏式或吊脚楼。民族节日丰富多彩，活动的内容往往是文化艺术和体育运动的盛会，如白族的绕三灵、纳西族的七月会、景颇族的放纵戈、摩梭人的转山节、藏族的央勒节、傈僳族的刀杆节等等。西南地区民间信仰的内容、形式和仪式复杂多样、千差万别。但总的来说，宗教色彩淡薄，更多的是属于多神崇拜和祖先崇拜。如羌族的白石信仰、瑶族的盘王信仰、彝族的火神信仰、布依族的创世神力嘎崇拜、基诺族的祖先阿嫫腰白崇拜、苗族的巫鬼崇拜等等。从平原到大山，到处都有动人心弦的民族歌舞，如彝族的民歌、侗族的行歌坐月恋歌等等，歌声质朴清新，像山野的清风，让人百听不厌。民间舞蹈种类繁多，如彝族的阿西跳月、丝弦舞和铜鼓舞，傣族的孔雀舞和象脚鼓舞，普米族的锅庄舞，拉祜族的芦笙舞，哈尼族的扇子舞，瑶族的铜铃舞，纳西族的东巴舞，傈僳族的琵琶舞等等。其中孔雀舞意境优美，舞态多姿，程式规范，多次获得国内外的艺术大奖。民族服饰绚丽多彩，造型奇特，制作精美。

（二）香飘四海的烟酒茶菜和小吃

西南地区物产丰饶，烟、酒、茶、菜，天下知名；风味小吃口味独特、种类繁多。川菜名列八大菜系，目前已有4000多个品种，其中名菜就达300余种。川菜以味多、味广、味道多变著称。名酒众多，是西南的又一特色。四川的五粮液、泸州老窖、剑南春、郎酒、全兴大曲，素有中国十大名酒中的“五朵金花”之誉。云南的土壤气候适于烟叶生长，烤烟和卷烟生产居全国第一。西南也是重要的茶叶产地，云南的普洱茶、沱茶，四川的工夫红茶、蒙顶茶等等，都是相当著名的茶叶。风味小吃之丰富，西南当数第一。云南的过桥米线、汽锅鸡、砂锅鱼、石屏豆腐，贵州的肠旺面、羊肉粉、绿豆粉、花江狗肉，四川的泡菜、赖汤圆、龙抄手、担担面、韩包子、牛肉煎饼、蛋烘糕、油茶、叶儿耙、蒸蒸糕、麻婆豆腐、挂炉鸡、怪味胡豆等，大有让人闻名垂涎之势。

（三）民间工艺，百花争艳

西南地区最著名的民间工艺，首推蜀锦和蜀绣。蜀锦已有1000多年的历史，根据其图案、可以分为方方、雨丝、条花、散花等几类，几何图案和纹饰结合，构成蜀锦的特点。蜀绣的历史则有2000多年，是四大名绣之一。针法严谨，色彩淡雅，线条流畅，水墨丹青的格调是其特有的艺术风格，让人赏心悦目。重庆的研磨彩绘漆器和玻璃工艺器虽然历史不长，但制作精美，影响很大。云南保山的围棋子称“云子”或“永昌棋子”，是中国最著名的棋子，质地结实，古朴深厚。白子洁白如玉，黑子乌黑带碧。造型雅致，着盘铿锵，重扣不碎，手抚冬温夏凉。贵州苗族、水族和布依族的蜡染，制作精美。黔东南苗族侗族自治州的丹寨是最著名的苗族蜡染之乡，其蜡染工艺品有“东方第一染”之称。

六、中南民俗旅游区

包括湖南和湖北两个省份。两湖居于中国的中心地带，物产丰富，历史悠久。这里是绚丽多姿的荆楚文化的故乡，是中华文化的主要源头之一。元明以来，中南地区成为和江南鼎足而立的经济中心，民谚有“两湖熟，天下足”，高度评价了这一地区的农业成就。两湖人民勤劳勇敢，聪明智慧，民风质朴而又强悍。

（一）龙舟竞渡，纪念屈原

端午节是中南地区盛大的岁时节日之一，相传这一天是屈原在汨罗江投江自沉的日子，所以，中南各地都要举行龙舟竞渡，以纪念屈原。最典型的龙舟竞渡以屈原故里秭归和屈原沉江的汨罗为代表。竞渡的船只雕成龙形，据说是为了感谢洞庭龙王帮助人们找到了屈原的遗体。秭归的龙舟竞渡，是在归州镇的屈原沱上。端午这一天，人们穿着节日的盛装，吃着粽子，在屈原沱两岸为参赛的龙舟队呐喊加油，观看龙舟比赛。汨罗的龙舟竞渡更是规模盛大。近年来又连续举办汨罗国际龙舟节，吸引了大量海内外旅游者，使龙舟竞渡成了一个中外共赏的民俗旅游项目。

（二）湘绣汉绣，姐妹花开

湘绣产于长沙一带，有2000多年的历史，主要有日用品和欣赏品两大类。湘绣强调概括写实，突出绣线的光学特性，远观气氛浓厚，近看出神入化。在针法上，以掺针为主，两针衔接处长短不一，互相交错，因而表现出较强的真实感。湘绣图案以狮、虎、鸟等动物为主。汉绣起源于汉口，清代曾设织绣局于汉口，1949年后，洪湖成为汉绣中心。汉绣以人物和花卉见长，以平金夹绣为主要表现形式，针法与四大名绣不同。传统产品主要是小件装饰性挂件和戏剧服装。

（三）烟花爆竹响天下

湖南浏阳是著名的烟花爆竹生产中心，清代中叶就已闻名全国，拥有庞大的生产队伍，素有“十家九爆”的说法。清末，浏阳爆竹不仅行销全国，而且出口海外。现在济阳的烟花爆竹有300多个品种。爆竹类有单响、双响、连响、鞭炮、排炮、卷庄炮，著名品种有加花快引、雷鸣、时升、顿鞭、花皮炮等；烟花分为礼花弹、大型火轮、盆花、架上烟花、高低空火箭、地面烟花、手持烟花、旋转烟花、舞台烟花、发令纸和土火箭12类。浏阳的烟花爆竹为人们的节庆活动增光添彩，受到普遍欢迎。

（四）土家民俗，别具风情

土家人喜穿青蓝色衣服，衣料为溪布或洞布。姑娘出嫁时，要穿露水裙。男女都喜欢头缠黑色或白色的长帕。土家人的民居多为坐北朝南，或坐南朝北，房子为三间，中间叫堂屋，左右叫人间。富裕人家的正房左右前侧还建厢房或吊脚楼。主食以大米和玉米为主，重视晚餐，爱吃辣椒、酸菜、腊肉和大块的炒肉和蒸肉等等。土家人习惯表亲结婚，有“姑家女，伸手取；舅家要，隔河叫”的说法。丧葬本来流行火葬，清后实行土葬。坟前修筑坟台，四周种植松树。

七、西北民俗旅游区

包括山西、陕西、甘肃三个省和宁夏回族自治区与新疆维吾尔自治区。这里是全国最大的民俗旅游区，也是仅次于西南的多民族地区。西北地区自然环境复杂，经济发展相对滞后，区内交通条件较差。在进行民俗旅游资源开发时，有必要把西北民俗旅游区进一步细分为晋、陕、甘民俗旅游区、宁夏民俗旅游区和新疆民俗旅游区。但是，我们在概括典型的民俗旅游资源时，只能以一级民俗旅游区为基础，适当考虑二级民俗旅游区。

（一）祖先崇拜的典型

祖先崇拜是中华民族中多数民族的主要信仰，其典型代表莫过陕西黄陵县黄帝陵及其祭祀活动。每年国务院和陕西省政府都要举行盛大的黄陵祭祀，慎终追远，告慰先祖，激励国人。山西洪洞县的大槐树，因为是明初七次大规模移民的出发地，几百年来，也是许多中国人魂牵梦萦的圣地，每年都有很多人不远千里万里，奔赴洪洞，凭吊遗迹，追念祖先。

（二）歌舞戏剧西北风

西北民歌高亢奔放，朴实优美，直接来源于生活，歌唱的是人民的喜怒哀乐。流传最广，深受欢迎的民歌，主要有信天游和花儿。信天游又称顺天游或山曲，流传在陕北地区。当地人说：“信天游，不断头；断了头，穷人无法解忧愁。”花儿流传在甘肃、宁夏，深受众多民族的喜爱，是一种独具风采的高腔山歌。民间舞蹈的主要形式有秧歌、腰鼓、社火、单鼓舞等等。陕北人最喜欢秧歌，称之为闹秧歌或闹红火，每逢春节或丰收，都要举行秧歌活动。腰鼓在全国都有流传，而以陕北的安塞腰鼓最为著名。社火主要集中在甘肃和宁夏，有踩高跷、浪头车、跑竹马、跑旱船、狮子舞、太平鼓、转轮台、空中戏驾和高抬等具体表演形式。西北戏剧种类繁多，如秦腔、汉剧、蒲剧、晋剧、陇剧、花灯戏、皮影戏等等，而秦腔是最有代表性的剧种。秦腔和京剧、豫剧并称北方三大剧种；秦腔和昆腔、弋阳腔、青阳腔并列为我国的四大声腔。秦腔的音乐和唱腔慷慨激昂，苍劲悲壮，粗犷雄浑，高亢激越，但也能很好地表现细腻柔和、缠绵悱恻的意境。

（三）衣食住行特色多

服饰上最突出的特色是女子头上多围鲜艳的头巾，男子头上缠着白色的毛巾，回族男子则戴白色的圆顶帽。饮食民俗以面食、醋和牛羊肉著称。羊肉泡馍、秦式月饼、兰州牛肉面、平凉酥饼、锅盔、浆水面、羊杂碎水面、揪面片等面食，以及水盆羊肉、甘草霜烧牛肉、肉珊瑚、发菜山、腊肉、涮羊肉、手抓羊肉、红烧羊羔肉、腊汁肉、腊羊肉等肉食，都是西北人喜欢的风味。西北民居中，窑洞最有特色，关中列入八怪之一的“房子半边盖”也颇为特殊。交通民俗中，西北人以驴、马、骡和骆驼为工具，水上交通则以黄河上的牛、羊皮筏子最有特色。

（四）伊斯兰教信众的民俗

宁夏、新疆是中国伊斯兰教信众最为集中的地区，又以回族、维吾尔族和哈萨克族人数最多，其民俗风情最为典型。伊斯兰教的主要节日有开斋节、古尔邦节和圣纪节。每年的教历9月是信众的斋月，称为莱麦丹月，一个月中日出之后禁食封斋，日落之后进食开斋。和宗教有关的禁忌，以饮食禁忌最典型。有能力的信众，一生之中起码要去一次麦加朝圣，从而获得“哈吉”的称号。民居方面，牧区以毡房、木房、地窝子、土房、石房为主。农区和城市住房比较讲究，其中维吾尔族土石住房一般呈方形，开天窗，屋顶平坦，砌土炕，开壁龛，铺挂各式图案的地毯、挂毯等。维吾尔族的木栏雕花式木屋精美舒适，极富民族特色。维吾尔族、哈萨克族也是酷爱歌舞音乐的民族。维吾尔族的乐舞《十二木卡姆》，是维吾尔族音乐之母，名扬中外。冬不拉是哈萨克族的重要乐器，每年都要举行阿肯弹唱会。

八、内蒙古民俗旅游区

内蒙古民俗旅游区只有内蒙古自治区一个区。内蒙古高原莽莽，草原辽阔，牧场丰饶，畜牧业发达。这里是很多游牧民族的发祥地，是蒙古族人民世代栖居的故乡。古老的歌谣形象地描绘了内蒙古草原的生产生活风貌：“敕勒川，阴山下。天似穹庐，笼盖四野。天苍苍，野茫茫，风吹草低见牛羊。”今天的内蒙古是蒙古族的最大聚居地，能歌善舞、剽悍热情的蒙古族民族风情，构成了本区民俗旅游资源的鲜明特征。

（一）一年一度那达慕

那达慕的意思是游戏、娱乐。每年七八月间，草原各地都要举行盛大的那达慕大会。届时，牧民们身穿节日盛装，乘车骑马，从各地来到会场，搭起帐篷，挂起彩旗，宁静的草原变成了人欢马叫、歌舞飞扬的欢乐的海洋。赛马、摔跤、射箭是蒙古族男子传统的竞技项目，是那达慕大会的核心。套马、叼羊、长跑、蒙古象棋、歌舞、史诗说唱等，也是那达慕大会的竞技或娱乐项目。那达慕大会是蒙古族民俗的集中体现，是民俗旅游的最佳资源。

（二）草原歌舞动人心

民歌语言质朴，旋律优美，歌唱茫茫的草原，歌唱自己的生产和生活。如《查干套海，我的家乡》、《成吉思汗的两匹小青马》、《科尔沁婚礼歌》、《嘎达梅林》、《达那巴拉》等，都是流传广泛、深入人心的著名民歌。通俗幽默的好来宝，是牧民喜闻乐见的民间说唱。著名的民间舞蹈主要有矫健朴实的安代舞、典雅优美的盅碗舞、欢快热烈的筷子舞。史诗《江格尔》的说唱隆重热烈，专门的说唱者叫"江格尔奇"，在牧民中受到尊敬和欢迎。马头琴是蒙古族特有的乐器，音域辽阔低沉，音色柔和优美，琴声悠扬动听，犹如草原上的轻风，从牧场的深处吹来，吹进人的心灵。

（三）牧民的信仰与生活

蒙古族的宗教信仰是藏传佛教格鲁派，大小寺院遍布草原。民间信仰中最重要的是敖包。敖包是用石块、泥土、柳条等堆积而成的圆形建筑，顶端竖一根长杆，杆头上系着牲畜毛角和经文布条，通常排开 13 堆石丘，也有 9 堆至 27 堆的。牧民认为敖包是部落保护神所在地，或是山神、猎神、牧神、牲畜保护神的住所。经过敖包时，要膜拜、祝词，添加石块，绕石堆祈祷。传统民居的主要形式是毡房，即蒙古包。饮食以牛羊肉和奶制品为主，粮食和蔬菜为辅，喜饮浓茶烈酒，待客热诚，不醉不欢。无论男女，都穿蒙古袍。出行喜欢骑马，或使用勒勒车、杭盖特日格等车辆。牧羊犬和骏马是他们的宠物。丧葬有火葬、土葬和天葬三种形式。

九、青藏高原民俗旅游区

包括青海省和西藏自治区。青藏高原地域辽阔，地势高峻，群山屹立，草原宽广，是中国重要的牧业生产基地。青藏高原生活着汉族、回族、蒙古族、藏族、土族、撒拉族等多个民族，尤其是藏族人民的主要聚居区。以青海的日月山为界，东部是农业区，与西北地区的民俗相似，但有较多藏族文化的色彩；西部包括青海的大部分地区和西藏全区，以牧业生产为主，以农业为辅，是藏族文化的发源和传播的主体地区，民风民俗表现为典型的藏族风情。

（一）虔诚的宗教信仰

藏族笃信喇嘛教，生产生活中随时随地可见其存在。青藏高原圣地圣迹，比比皆是，前来朝觐的香客络绎不绝。寺院数千，顶礼膜拜者摩肩接踵。玛尼堆处处可见，经文贝页悬于树枝，有如垂缨，经幡横挂山口、街道，如同迎宾的彩旗。

（二）独特的生活习俗

藏族人的生产生活安排，主要以藏历为依据。元月1日称为国王新年，是一年中最重要的节日。人们穿上节日的盛装去寺庙朝佛，在街上歌舞，青年男女手捧却玛和青稞酒相互拜年。元月15日是酥油灯节，各地举行灯会、对歌比赛，热闹非常。此外还有各种节日，如7月1日藏戏节，8月是丰收节，届时人们要带着经书和唐卡等法器，在田间巡游，尽情歌舞，还举行赛马、赛牛、射箭、抱石、摔跤、赛歌等活动，集游戏、竞技、敬佛、娱乐于一体，是重要的民俗节日。藏族人名字多取自佛典，多在名前加上出生地或职业。藏族农区以糌粑为主食，牧区以牛羊肉为主食，喜欢喝青稞酒。男女都穿肥大的藏袍，蓄辫，妇女以辫多为美。男子穿裤，女子穿裙，男女均穿氆氇长靴。民居以土、石、木结构的碉楼和黑色牛毛帐篷为主。交通工具主要有牦牛、驴骡和牛皮船，也有独木舟。桥梁形式有悬桥和索桥，悬桥又叫挑桥或飞桥，多用于山高水深、不易打桩的江河上，有浓郁的民族特色。其丧葬有天葬、火葬、土葬、塔葬和水葬五种形式，火葬是僧人和贵族的葬法，天葬是最普遍的民间葬法。藏族待客热情，客人进门，就送上奶茶、酸奶，或酥油茶、青稞酒，对尊贵的客人，还要献洁白的哈达，表示尊敬与欢迎。

（三）雪域高原的艺术之花

藏戏犹如高山上的雪莲，形式独特，个性鲜明，是高原艺术的瑰宝。藏戏唱腔高亢，舞蹈雄浑，多在广场旷野或草坪园林演出。藏族的歌舞，从音乐的角度，可以分为噜和谐。噜泛指节奏不规整的歌谣，如山歌、牧歌；谐泛指节奏规整的歌舞曲。从舞蹈的角度，可以分为谐(歌舞)、卓(舞蹈)、噶尔(乐舞)和羌姆(跳神，宗教舞）等四类。藏族的壁画和唐卡内容广泛，构图严谨、均衡、丰满；布局疏密有度，活泼多变；设色富丽，金碧辉煌。壁画和唐卡代表了藏族民间绘画的最高成就。藏族的民间文学更是绚丽多姿，其中《格萨尔王传》结构宏伟，情节奇特，语言优美，歌颂民族英雄，赞美人间正义。

第三节　民俗旅游区划与旅游业

民俗旅游区划的根本目的在于揭示各个旅游区的民俗旅游资源的特征及其组合规律，分析区域的基本优势，探索合理的民俗旅游的区域分工，从而为旅游业生产与销售民俗旅游商品提供科学的依据。民俗旅游区划和旅游业的方方面面都有千丝万缕的联系，尤其对民俗旅游资源开发，民俗旅游线路设计，旅游企业的区位选择，旅游设施布局等，有非常直接的影响。同时，民俗旅游区划也可以为旅游者的民俗旅游决策提供参考。

一、民俗旅游区划是民俗旅游资源开发的基础

民俗旅游资源开发必须制定科学合理的规划，而规划中的大部分内容，如规划的范围、总体项目布局、旅游区主题形象的确定等等，都与民俗旅游区划有密切的关系。

第一，民俗旅游区划不仅可以为旅游资源开发规划提出合理的区域范围，而且可以指明旅游区在全国或地方旅游业中的地位和作用，为旅游区根据自己的发展条件，制定适宜的发展战略和发展模式提供有效的参考。

第二，民俗旅游区划中对区域民俗旅游资源的研究，有助于旅游区旅游项目的选择和项目的总体布局，使旅游项目从点到线，进而联成面，形成以旅游中心为核心的多层次结构，增强吸引力。如贵州的民俗旅游，根据当地民族风情比较集中的资源条件，在清水江上举办苗族龙舟竞渡活动，在凯里市的郎德镇建立民族村寨博物馆，黄平则建立了民族节日文化博物馆，台江开设了刺绣博物馆，形成了以贵阳为入口，以凯里为核心的民俗旅游区，结构清晰，层次分明地向旅游者展示了贵州的民族风情，吸引了越来越多的海内外旅游者。

第三，在开发规划和开发操作中，民俗旅游区划的概念贯彻始终。因为在民俗旅游区中，必须进行景区细分，即把一个旅游区划分为若干个旅游亚区和小区，每个亚区和小区要有不同的功能。而且，每个亚区和小区又必须划分为若干功能各异的景区，以便丰富民俗旅游区的旅游功能。离开了区划的概念、原则和方法，是无法进行合理的旅游区功能区划的。

第四，民俗旅游区划有助于旅游区主题形象的确立。民俗旅游区的主题形象是旅游区的生命所在，是形成旅游区竞争优势的主要因素。主题形象必须凸显和依据民俗旅游区的主体旅游资源。所谓主体旅游资源是指在旅游区中地域分布最广，开发价值最大，资源特征最典型的旅游资源。而研究主体旅游资源的特征、组合规律、地域分布等等，正是民俗旅游区划最基本的工作。如根据民俗旅游区划的研究，开展冰雪民俗旅游只能选在东北地区，开展佛教信仰民俗旅游最好选在青藏高原，只有这样，民俗旅游区的主题形象才容易确立，主体旅游资源也易于凸显。因此，民俗旅游区划是民俗旅游资源开发的基础。

二、民俗旅游区划是民俗旅游线路设计的依据

旅游线路是指在一定的区域内，为使旅游者能以最短的时间获得最大的旅

游收获，用交通线路把若干个风景点或风景区合理地联结起来。旅游线路设计既是旅游规划的工作，也是旅行社和旅游管理部门的工作。旅游线路的分类有很多种，用不同的标准可以划分出不同的类别，主要的类别有下面几种：第一类，根据旅游线路的距离，可以划分为短程旅游线路、中程旅游线路和远程旅游线路；第二类，根据旅游时间，可以划分为一日游旅游线路，二日游旅游线路等等；第三类，根据旅游项目的性质，可以划分为普通旅游线路和专题旅游线路；[①] 第四类，根据旅游者的行为特点，可以划分为周游型旅游线路和逗留型旅游线路。实际设计民俗旅游线路时，必须以民俗旅游区划为依据，在民俗旅游区划的框架内，注意解决以下几个问题：

第一，旅游线路的主题内容必须鲜明。每一条民俗旅游线路都要有典型的游览内容，尽量避免与其他旅游线路主题雷同或相近，从而形成特色鲜明、个性突出的旅游线路。如冰雪风光游，主要集中在东北民俗旅游区，以冰雪风光、冰雪运动、冰雪节庆、冰雪民居等为主体资源，成功地凸显了旅游线路的冰雪特色，是其他旅游线路无法学习模仿的。

第二，旅游线路的长短，应充分考虑旅游者需要的特点。现代旅游者选择旅游线路时，主要看线路中的旅游项目游览价值的大小，交通是否方便，消费是否经济，安全舒适是否有保证等等。节省时间、路程较短、安全舒适、商品物美价廉是每一个旅游者最基本的需要。因此，设计旅游线路时，应该尽可能地设置在同一个民俗旅游区内，力争用最短的线路，涵盖区域内部最有代表性、观赏性和参与性的旅游项目。如各类民族风情旅游线路，涉及的地域就不宜太大，以免造成旅游者身心和经济负担过重，或让人望而生畏，从而失去市场。

第三，各个民俗旅游区之间要做好衔接。全国有九大民俗旅游区，每个旅游区既有相同或相似的资源，又有独具特色的资源，怎样用旅游线路把它们衔接为一个整体，是一项复杂的工作。传统上是用跨区域的旅游线路进行衔接的，如寻根朝觐之旅涉及湖南(炎帝陵)、陕西(黄帝陵)、河南(岳飞故里)等地域跨度很大的三个省，虽然商品质量极高，但销售效果并不理想。这种旅游线路对团队旅游还有一定的号召力，但对日益庞大的散客市场，几乎毫无吸引力。最好的衔接方法，首先是增加传统线路的选择性，把旅游线路设计成分段拼合式的线路，使旅游者有更多的选择机会。其次，传统的方法是静态的衔接，把同质化的民俗旅游资源串在一起，对市场考虑不多。应该从市场出发，

---

① 马勇主编：《旅游学概论》，第128～129页，高等教育出版社，1998年。

突出各个民俗旅游区的民俗旅游资源的异质性，用区域内有特色的短程线路，诱导旅游者跨区域的连续旅游行为，从而使各个民俗旅游区动态地衔接在一起。

三、民俗旅游区划有利于旅游企业区位选择

区位论是有关产业布局的理论，主要研究人类怎样选择生产行为的场所，其中心是以最少的投资，获取最大的效益。最早系统阐述区位理论的是杜能，他在《孤立国》一书中论证农业生产的区位受商品售价、产地生产成本和交通费用三个因素的制约。此后韦伯把区位论引入工业布局，认为工业企业的区位选择受到运费、劳动费和集聚（或分散）的影响。进入 20 世纪以后，各种区位理论层出不穷。有关旅游业的区位选择，美国人克劳森提出了三种指向，德福特提出五条原理，我国学者卢云亭也做过相当精辟的论述。但是，所有的区位理论都是在严格的假设条件下才能成立并加以应用，同时，这些理论都共同关注交通费用、生产成本、供求关系等因素对企业区位选择的影响。[①] 从区位理论出发，我们认为，影响旅游企业，主要是民俗风景点或风景区区位选择的因素，有民俗旅游资源的质量、交通状况和同类企业的布局。民俗旅游资源的质量体现在资源本身的特色、组合规律和地域分布状况上，它决定了民俗旅游商品供给和需求的关系，也同时决定投资和效益的关系。民俗旅游资源的质量高，相应商品的市场需求大，企业就可以扩大生产，增加供给，从而取得良好的投资效益。深圳锦绣中华和中华民俗村的成功就是最好的例证。交通状况包括客源地到目的地的距离和民俗风景点或风景区的可进入性。民俗风景点或风景区应尽量靠近客源地并有良好的可进入性，才能保证企业的生存和发展。由于民俗旅游的客源市场以其他区域的国内市场和国际市场为主，距离相对遥远，因此，提高可进入性，是改善交通状况的最佳方法。同类企业的布局包括企业数量的多少和地域分布结构。在同一区域内应尽量避免重复建设，并使同类企业合理分布，从而力争使民俗风景点或风景区能够形成点、线、面结合的地域分布结构，给旅游者更大的选择性和回旋空间，增加旅游商品的吸引力和旅游者的逗留时间。结合民俗旅游区划有关民俗旅游资源的研究，民俗风景点或风景区的区位选择，应遵循以下几条原则：区位应尽量靠近区域内部的旅游中心城市，加强交通方面的可进入性；投资开发的民俗旅游资源应代表区域民俗的典型特色；风景点或风景区应符合民俗旅游资源的地域分布规律，并力争

① 李润田主编：《现代人文地理学》，第 332 页，河南大学出版社，1992 年。

建成民俗旅游中心，形成旅游热点地区，进而带动温点和冷点地区的旅游发展。

四、民俗旅游区划有利于旅游基础设施的合理布局

影响民俗旅游发展的基础设施包括旅游饭店、旅行社、旅游交通、旅游娱乐设施，以及供水、供电、通信等设施，基本上涵盖了旅游业的六要素。虽然民俗旅游商品的性质是单一的，但民俗旅游所涉及的基础设施却是复杂多样的。其中旅游饭店、旅行社和旅游交通是构成现代旅游业的三大支柱，是区域旅游业赖以生存和发展的基本物质条件，民俗旅游当然也不例外。离开良好的基础设施，无法正常地开展民俗旅游活动。如陕北佳县的白云观及其庙会活动，民俗风情极为浓郁，在西北地区，乃至于全国都有一定的知名度，但由于旅游基础设施比较落后，一直难以开展大规模的民俗旅游活动。山西永济的普救寺是晋南地区的一座千年古刹，又是《西厢记》故事发生的地方，集宗教信仰民俗与戏曲艺术和民间故事于一身，资源质量很高，当地旅游部门又极力宣传，并推出了“西厢新婚旅游”等项目，但影响依然局限于山西及其邻近省份。这种现状和当地的旅游基础设施水平不高有密切的关系。诸如此类的事例在民俗旅游的区域发展中简直是不胜枚举。一个民俗旅游区形成并产生强大的吸引力，往往需要投入大量的资金用于旅游基础设施的建设。如黑龙江省为了开展冰雪旅游，已经建成 15 家滑雪场，各类宾馆有 2000 多张床位，滑雪专用索道 16 条，滑雪道 47 条，但还只是初级水平，很多滑雪场因交通不便，设施简陋，经营活动举步维艰。那么，旅游基础设施和投资规模多大比较合适？这些设施安排在什么地方？投资建设的次序应该怎样？这些都是民俗旅游区建设过程中无法回避的问题。通过民俗旅游区划，可以充分说明各个民俗旅游区的性质、等级、大致客容量、资源特征及开发现状、前景与重点，为旅游基础设施的投资建设及合理布局提供切实可行的科学依据。从旅游业的实践来看，旅游从业者在建设民俗旅游区时，正是从民俗旅游区划出发，制定并执行相应的旅游基础设施规划，按照民俗旅游发展的地域分工、旅游区的发展规模与方向、客源量及旅游者的消费水平等，确定相应旅游基础设施的数量、规模、档次、区位和建设次序。由此可见，科学合理的民俗旅游区划，有利于基础设施的合理布局，为投资决策提供依据。

五、民俗旅游区划可以为旅游者的决策提供参考

旅游者同时也是决策者，旅游决策就是旅游者做出有关旅游的决定。旅游

决策是一个心理过程，可以分为三个阶段。第一步是认识自己的旅游需要和偏爱的阶段，即对自己需要和偏爱什么旅游商品做出判断。第二步是信息收集阶段，旅游者从多种媒介收集有关旅游的信息资料。第三步是评价决策阶段，旅游者对各种收集到的信息资料进行反复分析比较，对各个旅游目的地、旅游线路和旅游方式等进行选择并做出决策。

民俗旅游区划对各个旅游区的典型民俗旅游资源和开发现状的研究与介绍，对旅游者民俗旅游决策的三个阶段都有非常有效的参考作用，为旅游者提供切实的帮助。首先，民俗旅游区划可以帮助旅游者明确认识自己的旅游需要和偏爱。旅游者如果有民俗旅游的需要和偏爱，那么他们将面对复杂多样的民俗旅游商品，如信仰民俗、生活民俗、生产民俗、节日民俗、民间文艺、民间艺术等等，而且，诸多的民俗旅游商品在不同区域和民族中，又有差异极大的形式、组合和分布规律。没有翔实可靠的有关资料，旅游者将陷入一片茫然，无法准确认识和判断自己到底对怎样的民俗旅游商品需要和偏爱的程度更高，从而难以做出让自己满意的决策。旅游者如能以民俗旅游区划为指南，上述问题也就迎刃而解了。其次，民俗旅游区划可以大大节约旅游者收集民俗旅游信息的时间和精力。一般情况下，旅游者收集信息的渠道和对象主要是各种大众传播工具、旅行社、导游手册、有关书籍、亲友、有经验的旅游者等等，即从商业环境和社会环境进行信息收集工作。这需要花费大量的时间和精力，而且，收集到的信息零散杂乱，难以直接使用。此外，商业环境提供的信息倾向性明显，有时难以保证客观公正；社会环境提供的信息主观色彩浓厚，别人喜欢的旅游商品，未必自己也喜欢。但是，民俗旅游区划提供的民俗旅游信息，因为是从科学研究的角度出发，对民俗旅游进行的区域性整理和总结，相对来说比较客观公正，条理清晰，应用性更强，参考价值更大。因此，旅游者如果从民俗旅游区划收集信息，只需花很少的时间和精力，就可以获得大量的可以直接使用的有效的民俗旅游信息。最后，民俗旅游区划可以减轻旅游者信息分析比较的负担，加快决策过程。民俗旅游区划对各个民俗旅游区的典型资源或商品的总结概括，本身就是在全国民俗旅游资源的框架中，通过区域之间的相互比较做出的，每个旅游区或目的地独具特色的典型资源或商品，可以一览无余。所以旅游者以民俗旅游区划为指南，不需要花费大量的时间和精力，就可以很快做出让自己满意的民俗旅游决策。

思考题

1. 什么是区划?
2. 什么是民俗旅游区划?
3. 简述民俗旅游区划的原则和方法。
4. 举例说明各个民俗旅游区的资源特征。
5. 试论民俗旅游区划在旅游业中的作用。

附　　录

案例评析

案例一　周庄[①]

周庄，隶属江苏昆山，是中国历史文化名镇。作为江南水乡古镇之一，周庄以其旖旎的水乡风光、特有的人文景观、传统的建筑格局、淳朴的民俗风情成为中外知名的古镇旅游目的地，享有“中国第一水乡”之称。

一、概况

周庄位于江苏苏州城东南 30 公里处昆山市南境，地处上海青浦区和江苏苏州市吴江区、昆山市的交界处，处于澄湖、白岘湖、淀山湖、南湖的怀抱中，是名副其实的水乡泽国。周庄古镇面积仅 0.4 平方公里，人口达 4000 人。

---

① 本文主要参考了庄春地:《周庄》，中国摄影出版社，2002 年；李瑞、王义民：《旅游资源规划与开发》，郑州大学出版社，2002 年；赵伟东：《周庄镇旅游经济何以蓬勃发展》，《华东经济管理》1997 年第 5 期；徐庚达：《水乡周庄的开发与档案》，《档案与建设》1998 年第 8 期；阮仪三、邵甬：《精益求精、返璞归真——周庄古镇保护规划》，《城市规划》1999 年第 7 期；陈建中：《古镇保护与旅游开发》，《现代经济探讨》2001 年第 11 期；阮仪三、邵甬、林林：《江南水乡城镇的特色、价值及保护》，《城市规划汇刊》2002 年第 1 期；熊侠仙、张松、周俭：《江南古镇旅游开发的问题与对策——对周庄、同里、甪直旅游状况的调查分析》，《城市规划汇刊》2002 年第 6 期；李丽雅、黄芳：《论江南水乡古镇旅游资源的开发与保护——以周庄和同里为例》，《桂林旅游高等专科学校学报》2003 年第 2 期；张立功：《水乡周庄——“东方威尼斯”》，《建筑科技》2003 年第 8 期；江五七、陈豫：《江南水乡古镇旅游传统遗韵的开发与保护》，《商业研究》2003 年第 8 期；田喜洲：《论古镇旅游开发中的问题与对策》，《社会科学家》2004 年第 2 期；周玲强、朱海伦：《江南水乡古镇旅游开发经营模式与案例研究》，《浙江统计》2004 年第 5 期；陆建伟、沈晓艳：《略论江南水乡古镇旅游市场中的整合营销》，《市场周刊》2004 年第 7 期。

春秋战国时期，周庄境内为吴王少子摇的封地，称“摇城”，之后又名“贞丰里”。据史书记载，1086年（北宋元祐元年），周迪功郎信奉佛教，将庄田200多亩捐赠给全福寺作为庙产，百姓感激其恩德，将这片田地名为“周庄”。元朝中期，江南富豪沈万三之父沈祐，由浙江湖州南浔迁至周庄，因经商而逐步发迹，使周庄出现了繁荣景象，形成了南北市河两岸以富安桥为中心的集镇。沈万三继承父业，利用江河运输之便，出海贸易，将周庄变成了一个粮食、丝绸、陶瓷及手工业品的集散地和贸易中心，促使周庄的手工业和商业得到了迅猛的发展，周庄成为苏州葑门外的繁荣城镇。①

由于水网隔绝，周庄避开了历代战火的毁坏，古镇风貌一直保存完好，成为江南水乡古镇的典型代表。20世纪80年代初，由于缺乏科学的管理和规制，周庄的水乡风貌几乎被淹没。1986年上海同济大学专家为抢救这些历史文化遗存，与周庄政府合作制定了“保护古镇、建设新区、开辟旅游、发展经济”的总体规划。经过十几年的发展，周庄不仅完整地保存了小桥流水、粉墙黛瓦的原有古镇建筑及其独特的格局，而且使人居环境日益优化。1998年，周庄被建设部命名为“中国历史文化名镇”，并被联合国教科文组织列入《世界文化遗产预备名录》。2000年6月，周庄荣获迪拜国际改善居住环境最佳范例奖的最佳范例称号。2010年，周庄又被住建部和旅游局共同评为“全国特色景观旅游名镇”。2012年，入选美国有线电视新闻网旗下生活旅游网站(CNNGO)“世界十大最美小镇”、联合国可持续发展大会“全球优秀生态旅游景区”。

二、主题景区

为了展现周庄的中国江南历史街区和水乡历史古镇的特色，周庄在进行旅游开发时注重突出周庄古镇的四大内涵：江南典型水乡之镇、明清繁华贸易之镇、文人雅士寄寓之镇、民风淳朴生活之镇。因此在景点开发上主要将原有的分散景点加以系统组织，结合新开发的旅游景点，从而形成六个各具特色、主题突出的景区。②

① 庄春地：《周庄》，第3页，中国摄影出版社，2002年。

② 节选自阮义三编著：《江南水乡古镇保护与规划研究》，参见李瑞、王义民：《旅游资源规划与开发》，第265～271页，郑州大学出版社，2002年。

（一）古镇溯源

该区北起“贞丰泽国”牌楼，南至后港北岸，西至周庄中学，东到太平桥，位于古镇区接近新区的门户。该区的项目设置重点是位于全福路和后港街转角处的文化广场。该广场集游憩、集会、观演、美食、娱乐、购物于一体。广场内设有石雕、碑文，向游人展示周庄900年的悠久历史。

（二）水乡风情

该区北起后港南岸，南至中市街，西到渔民村，东到城隍棣。该区内的迷楼、三毛茶馆、澄虚道院和叶楚伧故居都是著名景点。在项目设置上以原有景点为中心，开辟由福洪街至中市街的水乡民居游览路线，以一系列传统庭院空间展示水乡古镇的“巷里别趣”。

（三）艺苑茶香

该区北起全功桥，南至双桥，主要为全功桥、白蚬江沿河两岸的重要地段。该区的项目设置围绕原有的电影院、已建茶楼和待建的民俗文化馆，将周庄的茶文化和民间曲艺文化结合，使游人在品尝香茗的同时还可以欣赏江南曲艺。并利用全功桥桥头茶楼的临水长廊，设置临水戏台，使来往游客坐于船头便能欣赏茶楼内的精彩表演，充分领略吴韵乡音的精妙。

（四）世家古宅

该区北起双桥，南至南湖园，西到白蚬江，东至银子浜。以张厅、沈厅的豪宅深院氛围和南北市街的繁荣商埠为该区的游览主题，再现明清时期周庄商贾云集、民生兴旺的生动画卷。除已为人们所知的张厅、沈厅外，还开放其附近的赵厅、迮厅，作为该区的新景点。在项目设置上，注重烘托繁荣兴隆的大家风范，以鳞次栉比的店铺、庭院深深的豪宅与中市街一带亲切婉约的民居风情形成鲜明对比。

（五）南湖佛音

南湖即现在南湖岸边的南湖园，佛音指全福寺。该区的项目设置充分发挥其资源优势，取消了报恩桥上的铁栅栏，增加南湖园的开放性和公共性，恢复了“全福晓钟”、“指归春望”等著名景致，丰富全福寺的游览活动内容。

（六）名人游踪

该区的项目设置以历史上著名文学家陆龟蒙、张瀚的纪念堂为中心，以亲水开敞的九曲长廊联系“南湖秋月”、“张瀚垂钓处”等各个景点，并利用人工造池挖出的土方塑造起伏的地形，结合翠竹、青枫等植物配置，达到掩映的效果。在该区西部还设莼鲈食府，推出以“莼鲈之思”为特点的南湖美食，营造恬静淡泊的水乡古镇生活氛围。

三、经营战略

周庄是江南水乡古镇中率先进行旅游开发的古镇。为了发展旅游业，1985年11月，周庄镇成立了文史资料征集小组，深入苏州、昆山、吴县等地档案馆收集了150余万字的档案资料，对古镇的旅游资源进行系统整理和研究，并请同济大学的专家制定了总体规划与开发计划。1989年4月1日，周庄的清代建筑沈厅在经过5年的修复后，正式对外开放。此后，又有明代建筑张厅（1994年）、澄虚道院、迷楼、棋苑（1995年）、全福寺（1996年）、天正收藏馆（1997年）等经过修复或重建，逐步向游人开放。① 同时周庄注意利用一些大规模的艺术节、摄影节等活动，以扩大其影响力和知名度，这些活动的开展有力地打开了周庄在国内乃至国际上的旅游市场。

从周庄旅游的发展历程中可以看出，周庄旅游的开发模式主要是以观光为主的古镇传统旅游模式，在旅游开发中全面引入工商企业管理的概念，将古镇旅游作为产品来营销，打造古镇旅游地独特的品牌。②

（一）率先把旅游业作为支柱产业来抓

在改革开放之初，各地工作的重点都是发展工业、农业，旅游业根本不在考虑之内。经过一段时间的摸索，周庄镇扭转了当时社会上流行的两种思想倾向：一是只注重工业、农业，忽略第三产业，包括旅游业，认为旅游业发展不起来，只有发展工业才有出路；二是认为即使发展了旅游业，也不能为多数人谋福利。早在1985年，镇政府就提出发展旅游，并请同济大学的专家制定古镇规划。1988年，将旅游业纳入党委、政府议事日程，率先在江苏省内成立了第一家乡镇旅游服务公司——周庄镇旅游发展公司，全权负责周庄镇的旅游开发，正式把旅游业作为支柱产业。1997年，镇政府提出了“以旅游经济带动整个经济和社会事业的全面发展”的总战略，从而进一步确立了旅游经济在全镇三大产业中的领导地位，周庄人从此走上“旅游兴镇”之路。周庄镇的旅游经济之所以取得今天的骄人业绩，主要得益于周庄镇在发展过程中，时机把握得好，决策果断，战略定位准确。③

---

① 李丽雅、黄芳：《论江南水乡古镇旅游资源的开发与保护——以周庄和同里为例》，《桂林旅游高等专科学校学报》2003年第2期。

② 周玲强、朱海伦：《江南水乡古镇旅游开发经营模式与案例研究》，《浙江统计》2004年第5期。

③ 赵伟东：《周庄镇旅游经济何以蓬勃发展》，《华东经济管理》1997年第5期。

（二）突出本地民俗资源特色，大力开发特色旅游产品

周庄的民俗旅游资源主要有水路交通民俗旅游资源、居住民俗旅游资源、游艺和节日民俗旅游资源以及饮食民俗旅游资源，这些资源基本保存完好，具有浓郁的地方特色，对旅游者有着巨大的吸引力。

1. 水路交通民俗旅游资源。周庄地处水乡，镇内四条井字形的河道将古镇划分为八条大街，形成四通八达的交通格局。为了便于船只通行，利于行人上下，在众多的河道、水乡之上，遍布着大大小小、形态各异的石拱桥。周庄至今仍保存着元、明、清的石桥 14 座。其中拱桥就有 10 座，如富安桥、隆兴桥、报恩桥、世德桥、太平桥、贞丰桥、梯云桥、通秀桥等。旅游者前往周庄既可以泛舟河道，也可以欣赏古桥。在众多精美的桥梁中，最有代表性的当推双桥、富安桥和贞丰桥。

双桥，俗称钥匙桥，由石拱造型的世德桥和石梁造型的永安桥组成，位于周庄镇东北部。清澈的银子浜和南北市河在这里交会成十字，河上的石桥联袂而筑，造型优美。因为桥面一横一竖，桥洞一圆一方，极似古代的钥匙，因此当地人称其为"钥匙桥"。这两座石桥始建于明万历年间，后多次重修。世德桥长 16 米，宽 3 米，跨度为 5.9 米；永安桥长 13.3 米，宽 2.4 米，跨度为 3.5 米。双桥中，石拱桥横跨南北市河，桥东端有石阶引桥，延伸入街巷；永安桥平架在银子浜口，桥洞仅能容小船通过，桥栏由麻条石建成。站在市河一侧可将双桥和不远处的太平桥同时收入镜头。1984 年，美籍华人油画家陈逸飞创作了以周庄双桥为题材的油画《故乡的回忆》，并在美国展出，引起极大的轰动，于是双桥成为周庄的重要标志。

富安桥位于周庄镇中市街，横跨南北市河，通南北市街，始建于 1365 年（元至正十五年），后由沈万三之弟沈万四出资重建。桥长 17.4 米，宽 3.8 米，跨度为 6.6 米，为单孔石拱桥。桥身四角有桥楼，造型优美，粉墙黛瓦，飞檐朱栏，雕梁画栋，一派古色古香，为江南水乡仅存的桥楼合璧的立体形建筑。

2. 居住民俗旅游资源。从建筑风格上说，周庄古镇的民居是在江南水乡自然环境基础上所产生的楼阁式建筑与传统文化中受礼制影响而形成的庭院式建筑的融合，呈现出自然而又不失和谐的建筑形态。① 同时由于古镇的生活围绕着商业活动和商业区域，所以在建筑规划上也体现出极为实用的商业色彩。周庄民居大多为一二层的砖木结构、瓦顶房屋。为适应江南湿润多雨的气候，民居一般设有天井，呈院落布局，屋盖青瓦，外墙用砖砌，屋顶、屋檐及墙的

① 张立功：《水乡周庄——"东方威尼斯"》，《建筑科技》2003 年第 8 期。

高矮大多数有变化，高低错落，精巧别致。在建筑装饰上，周庄与北方建筑通常采用朱、金、蓝的色调相反，以黑、白、灰三色的搭配，形成了素雅、亮丽而又柔和的色感。木质材料的油漆也接近于旧木本色的栗色，不与主色争辉，维护了建筑色彩整体的素雅与和谐。

在周庄近千户民居中，明清和民国时期的建筑占60%以上，古宅院第有近百座。厅堂陪弄所构成的民居大都临河濒水，从而形成了一派清静幽雅的艺术氛围。其中，沈厅、张厅、连厅、章厅和叶楚伧故居等是周庄民居的代表。

沈厅位于富安桥东堍南侧南市街，由沈万三后裔沈本仁于1742年（清乾隆七年）所建。整个宅院为七进五门楼，大小100多间房屋，分布在100米长的中轴线两侧，占地2000多平方米。整个厅堂是典型的前厅后堂建筑格局。前后楼屋之间均由过街楼和过道阁连接，形成了一个环通的走马楼式。沈厅的主体建筑为松茂堂正厅，占地170平方米。屋面为两坡硬山顶，前后有廊，气势恢宏。正厅前的砖雕门楼，高达6米，三间五楼，上覆砖飞檐，刁角高檐，下承砖斗拱，两侧有垂花莲，下面是五层精美的砖雕，布局紧凑，是沈厅五门楼中最宏伟的一座，具有较高的艺术价值。

张厅位于北市街双桥和沈厅之间，坐东朝西，原名怡顺堂，为明代中山王徐达之弟徐逵后裔所建。清初转让给张姓，改称玉燕堂，俗称张厅，为江苏省重点文物保护单位。整个宅院沿河临街，占地1884平方米，前后七进，共有房屋70余间。整体建筑为前厅后堂格局。正厅旁有一条箸泾小河穿屋而过，河水中段拓有一丈见方的水池，供船只交会和调头用。小河过屋之处，河埠入水，上方建有过河廊棚。廊棚两侧设置有“美人靠”的木椅栅栏，栏旁有一派敞窗。游人可凭栏俯首，观细流绕足、扁舟摇荡，也因此出现了“轿从门前进，船自家中过”的奇景。

针对这一类型资源开发出的旅游产品主要是古民居参观和水乡生活体验，旅游者可以从古民居中感受江南水乡的传统生活气息。

3. 游艺和节日民俗旅游资源。摇快船是周庄人的重要习俗，起源于清初。这一习俗最早出现是为了适应战争的需要，兵贵神速，千帆竞发，争分夺秒，才能赢得战争的胜利。战争之后，人们在水上进行摇快船比赛，以庆祝凯旋。经过悠悠数百年的沿袭，摇快船已经成为周庄民间良辰佳节、喜庆丰收、婚嫁迎亲时群众喜闻乐见的大型娱乐活动。比赛前，由手巧艺高的工匠在船上搭起花棚，称“花快”。船棚上挂彩灯、彩旗、流苏、幢幔。舱中有锣鼓乐队。每船配有十五六名橹手，身穿紧身衫衣，脚蹬绣花布草鞋，颇显威风。每逢节庆佳日，南湖和急水江等地锣鼓喧天，人声鼎沸，来自周庄附近农村的数十条快船云集水面，竞放异彩。参赛的快船在锣鼓声中奋勇争先，岸上人山人海，场面蔚为壮观。此外，划灯船也是反映周庄水乡风情的民俗游艺活动。而在节日民俗资源方面，周庄的“花快”庙会（农历三月二十八日、七月十五日）是极具地方特色的民俗节日。

除了传统的民俗节日外，周庄还从20世纪90年代中期开始每年举办国际艺术节，成为吸引旅游者的一大盛会。以2002年的周庄国际旅游艺术节为例，当年艺术节的主题是弘扬优秀的民间艺术，挖掘和展示江南传统文化和风土人情，令游人在领略“小桥、流水、人家”水乡风貌的同时，品味到温馨的民俗风情和多彩的民间艺术，游客既可静态观赏，又可亲自体验一番“做一日周庄人”的滋味。该届国际艺术节于2002年4月7日隆重开幕，来自海内外的宾客汇聚在一起，共品水乡风情。早上8时30分，设在小镇11处地点的几十个表演项目陆续开演。“中华鼓王”敲出喜庆的鼓点，舞龙队舞出欢快的音符。身着水乡民族服装、脚穿绣花布鞋的大娘、大嫂，在绿柳依依的小河旁，打起腰鼓，扭起秧歌，摇起莲厢。水乡人还别致地将表演放到船上，演员们坐在船上表演江南丝竹和昆曲唱段，随船摇橹而下，优美的唱腔洒了一路。在文化街上，有“一线贯全局”的中国结编制，有“面人李”栩栩如生的面塑，有“贞丰土布坊”的手织棉布衣，还有手制木梳和铁匠铺等，这些都充分体现了周庄悠远而醇香的文化韵味。

4. 饮食民俗旅游资源。周庄丰饶的物产和深厚的文化积淀形成了周庄独具特色的饮食民俗。周庄人历来有喝阿婆茶、讲茶、喝喜茶、喝春茶、喝满月茶的习俗，被称为江南茶道。无论在市镇还是在农村，人们经常看到六七十岁的老太太们聚在一起吃茶，因此被称为“阿婆茶”。据说不喝阿婆茶就不算真正到过周庄。周庄人爱喝茶，而且吃茶的方式很讲究。茶具越古越好，煮水要用陶器瓦罐，燃料要用竹片树枝，沏茶要先点茶头，隔数分钟后，再用开水冲泡，这样可以保证茶的色、香、味，品茶时则配以瓜子、酥豆、各种蜜饯和点心，边饮边食，悠然自得。

在风味小吃方面，三味圆、万三蹄、万三糕、白蚬汤、腌菜苋、莼菜鲈鱼羹等都富有浓郁的地方特色。其中，万三蹄是周庄首选名菜，原为周庄过年、宴庆中的主菜，意为团圆，后变为招待贵宾的上乘菜肴，因传为沈万三家中待客必备菜肴而得名。万三蹄以精选的猪后腿为原料，配以佐料，经过煨煮或蒸焖而成。肉质酥烂脱骨，汤色酱红，肥而不腻，咸甜相宜，香酥味美，十分可口。三味圆则用水面筋做皮，馅心以鸡脯肉、鲜虾仁、猪腿肉、剁细的葱姜加黄酒等调料精制成圆，在鸡汤内煮熟。三味圆皮薄肉嫩，晶莹剔透，集点心、菜肴、鲜汤于一盆，鲜美至极。这些风味小吃已经成为深受旅游者喜欢的旅游商品。

根据上述各类民俗旅游资源，结合旅游者的需要，周庄已开发出游览古镇水巷、观光传统民居、体验水乡生活、购买民俗商品等多种特色旅游产品。

（三）突出战略管理，建立适合周庄旅游地开发与管理的机构

战略管理是宏观管理层面的重要支撑，水乡古镇区域内所有旅游开发行动都从属于这一战略体系之下。在旅游开发之初，旅游资源与基础设施的条块分割严重，管理混乱，客源市场拓展缓慢，为便于统一管理和对外营销，1994年周庄镇成立了旅游发展总公司，统一行业管理、开发旅游资源，建立了一系列管理制度，如《市场管理考核制度》、《各景点服务规范》、《卫生评比制度》、《干部考核制度》、《职工考勤考核制度》等。同时在各部门、景点干部、职工中，开展评“五佳”（最佳售票员、最佳检票员、最佳服务员、最佳导游员、最佳船工），创“三优”（服务优质、环境优美、秩序优良），讲“三礼”（讲礼貌、讲礼仪、讲礼节）活动，重点整治了“三乱”(乱设摊、乱搭建、乱张贴)，取缔了“三无”（无证导游、导吃、导住）以及无证经营的非法机动、手摇船只等等。这些举措为周庄镇旅游业的发展创造了良好的外部环境，提高了内在服务质量。① 到2001年4月，又引进现代企业管理制度，组建江苏水乡周庄旅游股份有限公司。该公司由周庄镇政府控股，并由来自昆山以及上海的云都实业、汇银国际两家企业共同投资组建，负责对周庄古镇保护与旅游开发的统一管理。在旅游项目开发上，公司建立了严格的制度、规范的程序，力求保持景区原汁原味的文化品位，避免古镇旅游的无序、多头开发。

（四）树立以“旅游者为中心”的营销观念，重视加大整体营销的力度

周庄从其旅游发展之初就十分重视品牌树立和旅游营销。周庄旅游发展的契机是陈逸飞先生的那幅油画——《故乡的回忆》。1984年10月，此画在美国西方石油公司董事长阿曼德·哈默所属的哈默画廊展出时引起轰动。当年11月，哈默访华时便以高价将此画买下赠送给邓小平同志。1985年5月，此画又被选为联合国和国际邮票节首日封图案，于是周庄古镇得以闻名于世，逐渐成为国内外民俗旅游的热点。② 周庄抓住了这一难得的发展机遇，开始大力发展古镇旅游，经过十几年的开发，赢得了“中国第一水乡”的称号。在此基础上周庄又根据旅游消费者的不同特点，积极探索多种营销方式，制造卖点以吸引旅游者。周庄注重利用旅游节会、景点竣工、广告媒介等载体，开展大容

① 赵伟东：《周庄镇旅游经济何以蓬勃发展》，《华东经济管理》1997年第5期。

② 徐庚达：《水乡周庄的开发与档案》，《档案与建设》1998年第8期。

量、集中性的新闻式促销，利用展览会、博览会等开展捆绑式促销，通过文学作品和热播影视剧进行文化促销，此外还联合周边的同里、南浔等古镇进行水乡古镇的整体形象包装，实行对外联合促销。如1996年俄罗斯著名油画家周庄写生节、中国苏州周庄国际旅游艺术节暨摄影大赛，1997年中国苏州周庄国际旅游艺术节暨书画大赛，2000年“周庄好风光”电视片创作比赛，2010年《周庄——水洗出来的诗画水乡》世博案例展，2012年“周庄印象”中国旅游工艺品大赛等都是周庄营销方面的重大举措。这些营销活动极大地提高了周庄的知名度，有效宣传了周庄的形象，吸引了数以万计的海内外游客，有力地促进了周庄镇旅游事业的发展。①

四、成就

经过多年的开发，周庄古镇已具备了民居、商业、餐饮、旅馆和观光游览等功能，旅游业已经成为周庄的支柱产业，它在给周庄带来巨大经济效益的同时，也赢得了长远的社会效益。

（一）快速发展的旅游经济

周庄古镇自旅游开发以来，由于资源优势和促销有力，市场需求旺盛，旅游业给周庄带来了越来越多的旅游者，旅游收入也有了快速的增长。1989年周庄接待的游客数仅为5.5万人次，1995年就达到40万人次，并且从1995年开始，连续6年游客增长量保持在20%左右，2000年接待游客高达150万人次，全社会旅游收入达到4.2亿元。自2006年以后，每年接待游客总数基本稳定在300万人次以上，并呈逐年上升趋势。尤其是2010上海世博年，周庄接待游客创纪录地达到592.3万人次，旅游总收入达21.5亿元。人民生活水平有了显著提高。

表附-1 周庄旅游业历年发展情况统计表②

年份	接待人次（万人）	门票收入（万元）	旅游总收入（万元）
1989	5.50	2.40	330.00
1990	12.50	6.06	875.00

① 赵伟东：《周庄镇旅游经济何以蓬勃发展》，《华东经济管理》1997年第5期。

② 李丽雅、黄芳：《论江南水乡古镇旅游资源的开发与保护——以周庄和同里为例》，《桂林旅游高等专科学校学报》2003年第2期。周庄旅游发展有限公司：《周庄打造“中国第一水乡”品牌的发展路径》，http：//www.zx.suzhou.gov.cn/szzx/infodetail/？infoid=29ef35d4-3d9c-45e9-8207-830ce91da168&categoryNum=014004004。

续表

年份	接待人次（万人）	门票收入（万元）	旅游总收入（万元）
1991	20.00	23.26	1600.00
1992	25.00	24.00	2000.00
1993	30.00	26.00	3000.00
1994	35.00	210.00	4550.00
1995	40.00	234.15	6400.00
1996	50.00	384.30	9000.00
1997	80.00	573.75	16000.00
1998	100.00	1730.75	22000.00
1999	125.00	2655.80	31250.00
2000	150.00	5311.20	42000.00
2001	208.00		52000.00
2002	263.00		65800.00
2003	181.00		45300.00
2004	260.00		70000.00
2005	265.00		78800.00
2006	308.00		111000.00
2007	335.50		120800.00
2008	340.00		121000.00
2009	336.50		121200.00
2010	592.30		215000.00

（二）成功塑造了“中国第一水乡”的旅游品牌

旅游产品同其他产品一样不仅要有可靠的质量，而且还需要包装，需要品牌，而品牌在相当程度上又代表了产品的质量和社会影响度。周庄从发展旅游之初就非常注重旅游品牌的塑造。该镇根据“镇为泽国，四面环水，港汊分歧，湖河联络，咫尺往来，皆须舟楫”的自然条件，以及悠久的历史，丰富的历史人文景观和“小桥、流水、人家”的浓郁江南民俗风情的独特旅游资源，确定了古镇水乡游的旅游主题，并借助著名画家吴冠中所称“黄山集中国山川之美，周庄集中国水乡之美”（1985 年），打出了“中国第一水乡”的旅游品牌。为使“中国第一水乡”的旅游品牌得到社会的认可，周庄做了大量的基础性工作，如把有损古镇完整风貌的工厂迁出古镇街区，清洁河道，推出摇快船、放河灯、水上巡游等活动，打造水乡周庄的生活场景，借助陈逸飞的名画《故乡的回忆》，著名作家三毛、学者费孝通和余秋雨等的来访及其著作、题词，适时地宣传造势。除了办节、办比赛外，出版宣传周庄的书、画册就达20余种。几经努力，周庄声名鹊起，成了游览江南古镇的首选。特别是1998年周庄被联合国世界遗产中心列入世界文化遗产预备名单，2000年被评为首批国家4A级旅游景区，2001年6月APEC贸易部长非正式会议在周庄召开2005年荣获我国第一个综合性环保大奖“中华环境奖”，2007年以唯一旅游古镇入选国家首批5A级旅游景区，2008年又获得全国低碳旅游示范区、美国有线电视新闻网旅游节目（CNNGO）评出的“世界十大最美小镇”，2012年再获“全球人居环境奖”等等，进一步巩固和提高了周庄的品牌优势。正由于周庄成功地塑造了其旅游品牌，国内外的游客源源不断。

（三）奠定了可持续发展的基础

旅游发展的基础是旅游资源及其环境，如果旅游开发急功近利，盲目发展，势必竭泽而渔、杀鸡取卵，影响旅游的可持续发展。周庄在旅游开发的过程中，较早地注意了旅游资源保护，尤其是古镇风貌的保护。1983年6月，周庄制订了《周庄乡市镇建设总体规划》，对古镇保护提出了“在老街道要保持古镇特色，不准翻建洋式房屋”，“对有污染的工厂要采取措施，限期治理、迁移”等具体规定。1986年，在同济大学的帮助下，更加科学、详细地制订了以“保护古镇，建设新区，发展经济，开辟旅游”为主旨的总体规划。1992年后，随着旅游和社会生活的发展，周庄又多次修订、调整了规划方案，先后投入6000多万元把古镇区中的银行、邮局、学校等单位迁往新区过渡地区，又从过渡地区向新区搬迁了化工、皮革、铜材、机械等23家易产生污染的企业。同时依据《周庄古镇保护暂行条例》等地方性法规，每年投入门票收入的10%设立“古镇保护基金会”，采用“修旧如旧”的办法，修复了周庄古戏台等一系列的古建筑。此外，也新建了南湖园、南湖秋月等10多处人文景观，修复了10座古石桥、5100米石驳岸、201处河埠，保持了水乡独特的人居环境。规划的制定、实施以及古建筑的修复、旅游资源的挖掘，一方面为周庄镇旅游业的蓬勃发展提供了重要保证，另一方面也为周庄旅游经济的可持续发展奠定了基础。

五、案例评析

周庄旅游的发展，极大地提升了周庄在全国，乃至全世界的知名度。正是由于周庄取得的巨大成就，才使得全国陆续出现了古镇旅游开发的热潮。

周庄之所以能够成功，除了有丰富的旅游资源，尤其是民俗风情旅游资源，适时地抓住了发展契机外，最为重要的是注意根据市场变化进行产品创新，从而得以实现持续的发展。随着旅游者人数的不断增长，周庄投入50亿元巨资，一方面在核心旅游区不断挖掘传统历史文化、民俗风情，开发具有水乡特色的旅游产品。如1986年首办国际旅游艺术节，以艺术促旅游；1989年修复有“江南民居之最”的沈厅对外开放；2000年恢复贞丰斋、宏成琴行、张记铁铺、陶艺馆、圆木坊、竹器铺等具有江南水乡氛围的手工艺表演和民俗活动；2001年把APEC会议船舫（周庄舫）推向市场，并以昆剧被评为世界口头文化遗产为契机，重建古戏台；2003年又继续开发出“昆剧水上巡演”，2007年6月隆重推出大型实景表演节目《四季周庄》，使夜游文化活动成为周庄旅游又一大亮点，等等。另一方面，在古镇周边地区打造多个大型项目，主要包括“江南人家”、“富贵园”、“上下五千年主题文化公园”、“钱龙盛市”等。其中，“江南人家”以全方位体验旧时江南风情来吸引游客，而“钱龙盛市”则着眼于在周庄打造一条世界名品街，吸引全球顶级名牌进驻。新项目的开发目的是使周庄从以观光为主的古镇传统旅游模式，转型为以休闲度假为主的新旅游模式，从而既缓解古镇目前的接待压力，又可起到延伸旅游内涵、丰富旅游资源的作用，有利于实现旅游经济的升级。

周庄在赢得一片赞誉的同时，也收到了人满为患、过度商业化、旅游商品单一等批评意见。周庄对此相当重视，持续采取措施予以改善。

第一，拓展空间，发展全域旅游。借上海世博会的东风，2010年周庄古镇迎来了592万人次的历史高客流，可谓游人如织，摩肩接踵。有专家指出：“周庄的最佳生态容量在300万人左右，这也意味着周庄目前的客流量已经基本饱和。”① 旅游容量饱和，造成了古镇的环境问题，也影响了旅游者的满意度。周庄镇政府也意识到这种状况难以持久，主动求变，结合国家“美丽乡村”创建、“省特色田园乡村”、“水乡特色小镇”建设，谋求“全境旅游”的新旅游发展路径，有计划地将旅游项目落地在乡村地区，将客流引向古镇区外的乡村。2011年，上海容邦实业有限公司的“上膳源有机农场”在复兴村澄尚自然村投资建设，开展农业体验、娱乐休闲、餐饮服务、会务接待等业务。2013年，周庄祁浜村村委会与周庄旅游股份公司合作启动“香村·祁庄”项目，2016年1月13日开门迎客，被列入昆山市乡村旅游示范点。2018年，实施“全域旅游建设三年（2018—2020年）提升工程”。目前，已形成以古镇区“水乡生活小镇”为龙头，以环太史淀湿地新城片区“水乡江南湖区”为龙身，以同周公路沿线、泛天花荡区域“北水乡田园乡村”为龙尾的全域旅游格局，旅游流的空间分布趋向合理。

---

① 《“中国第一水乡”古镇名声在外 周庄转型》，http：//news.cd.soufun.com/2011—10—31/6217284.Htm。

第二，调整古镇旅游业态，纠偏过度商业化、旅游商品特色缺乏。随着周庄成为国内热点旅游目的地，给当地带来了巨大的商机，景区一度有饭店150家，商店1800多家，可谓户户开店，家家经营。店铺出售的多是丝绸、服装、周庄特产“万三蹄”、“万三糕”，商品雷同现象十分普遍。为改变这种浓重的商业气息侵蚀古镇自然环境和人文氛围的状况，镇政府专门设置“周庄旅游管理服务中心”，赋予古镇保护、经营业态管控、协调商户间矛盾、管理镇直属公房营业房等职能，凡是新开店或经营范围的调整均须得到该中心的同意。镇政府控股的周庄旅游股份公司出资收购一批房产，开发“江南文化体验街区”、“特色文化艺栈”，注入文化项目。据对核心街区北市街、福洪街、南市街、后港街、蚬园弄的调研，2019年9月共有225家店铺，其中餐饮类45家，占总店铺数的20%；民宿客栈类30家，占总数的13.33%；旅游购物类117家，占总数的52%；文化娱乐休闲类33家，占总数的14.67%；未见古玩店；丝绸、蚕丝被、陶瓷之类店铺也是少数；卖“万三蹄”、“万三糕”的周庄特产店各街均有，但仅有几家。[①] 旅游业态结构趋向多样化。

第三，尽量延长游客的逗留时间，提高游客的二次消费率。游客停留时间短，重游率低，人均花费少，是古镇旅游的普遍现象。周庄也不例外，也在试图做出自己的努力。一方面，通过与其他产业的融合，如绿洲庄生态休闲农庄、鼎丰现代农业园、“香村·祁庄”等“+旅游”，让乡村与特色农业成为乡村农业休闲游的舞台，丰富旅游产品供给。还在旅游空间植入现代生活要素和时尚旅游元素，形成新的旅游生产力。2012年引入台湾的“纸箱王”，台湾商人陈维林将江南水乡元素与台湾纸艺融合起来，设立“纸箱故事馆”、“蜜蜂故事馆”、“创意餐饮”、“艺术客栈”等项目，把玱珩山庄打造成一个奇妙的“纸上周庄”创意园，2018年获评“江苏省优秀亲子旅游产品”。另一方面，实施亮灯工程，发展夜间经济。2018年9月1日，以古镇夜景、光影秀、《四季周庄》演出、昆曲表演、水乡晚宴组合成的“夜周庄”产品上线。《中国文化报》评论：“‘夜周庄’将观赏的脚步从白天延续到夜晚，放慢了的时间给予游客更多机会去感知、体验周庄所承载的精致、开放的吴文化。比起小桥流水古建筑而言，这是周庄想让世界看见的更深层次的风景。因为‘夜周庄’，周庄更周庄。”[②] 2021年，周庄成为首批国家级夜间文化和旅游消费集聚区。

---

① 巴兆祥：《周庄旅游业态的现状调查》，《复旦旅游学集刊》第9辑，上海辞书出版社，2020年。

② 《一昼一水乡，一夜一周庄》，http：//www.360doc.com/content/19/0813/17/1147381_854657785.shtml。

总之，从旅游目的地建设的角度看，周庄重视民俗文化资源的挖掘，吃、住、行、游、购、娱六大要素的供给与配套完善，旅游休闲产品丰富，已经完成了由观光地到旅游休闲度假地的转型，但在游客心目中离著名的度假休闲目的地尚有一段距离。建构游客心目中的“著名度假休闲目的地”形象，周庄还有不少路要走。

案例二 上海新天地[①]

新天地作为上海一个知名度极高的新兴景点，已经成为中外游客游览上海、体味海派文化的必游之地。它既是实现城市民俗旅游发展的典型案例，也是实现历史街区保护与利用的成功范例。

一、背景

历史街区又称历史文化地段，是城市文化资源的重要组成部分，可体现一个城市深厚的文化底蕴。但在大规模的城市建设和开发过程中，代表城市特色的历史街区正在逐渐消失。[②] 而随着文化素质的不断提高，人们越来越喜欢到古老的街区去体会其丰富的民俗风情和文化内涵，因此越来越多的城市将历史街区作为旅游景点加以保护和开发。

然而从现阶段来看，对历史街区进行保护会面临许多的问题，其中最突出的问题是城市土地的价格级差与历史街区保护的矛盾非常突出。[③] 由于历史原因，许多文化价值极高的历史文化遗存往往坐落于城市中人口最为密集、地价

① 本文主要参考了罗小未：《上海新天地广场——旧城改造的一种模式》，《时代建筑》2001 年第 4 期；徐琴：《历史文化名城的城市更新及其文化资源经营》，《南京社会科学》2002 年第 10 期；沈苏彦、沙润、魏向东：《历史街区旅游开发初探》，《资源开发与市场》2003 年第 4 期；彭建东、陈怡：《历史街区的保护与开发模式研究》，《武汉大学学报（工学版）》2003 年第 6 期；金秋梅：《上海新天地成功四诀》，《人民文摘》2004 年第 2 期；谢栋涛、林永乐：《关于中国城市历史地段改造的探究——对上海新天地改造的一点质疑》，《长安大学学报（建筑与环境科学版）》2004 年第 2 期；王英伟：《港资参与内地建设个案研究——上海新天地》，《城市规划》2004 年第 6 期；上海新天地网站：http：//www. xintiandi. com。

② 沈苏彦、沙润、魏向东：《历史街区旅游开发初探》，《资源开发与市场》2003 年第 4 期。

③ 徐琴：《历史文化名城的城市更新及其文化资源经营》，《南京社会科学》2002 年第 10 期。

最为昂贵的中心地区，商业开发具有巨大而且是直接的经济效益。历史文化遗存较为集中的城市地区的保护，虽然从长远目标和根本目标看，也将为城市带来巨大的经济效益，但从近期看，获得理想经济效益的难度较大。同时，由于其所处地段的高昂地价，搬迁居民和企业所需支付的补偿金额也相应高昂，这些都使得这类城市或街区的保护具有的难度更大。而且，如果开发方式不当，也会给历史街区保护带来不小的负面影响，这主要体现在两个方面：(1) 将历史街区开发混同于普通旅游景点开发。由于利益的驱动，加之城市历史文化旅游资源的匮乏导致游客量过速增长，从而影响街区的生态文化价值；(2) 将历史街区开发商业化，使街区的文化氛围受到侵蚀①。因此，如何处理好历史街区的保护与利用的关系就成为有待深入研究的一个难题。正是在这一背景下，上海新天地的成功开发，为中国历史街区的保护和开发利用提供了宝贵的经验。

二、开发过程

新天地是由香港瑞安集团和上海复兴建设发展有限公司合资开发的，总投资约 1.5 亿美元。它位于上海市中心淮海中路的南面，东临黄陂南路，南临自忠路，西靠马当路，北接太仓路。其主入口在太仓路上，距淮海中路最繁华的地段和地铁出口仅 170 余米。整个新天地分为南里和北里两个部分。南里以现代建筑为主，石库门旧建筑为辅。北部地块以保留石库门旧建筑为主，新旧建筑交相辉映。南里建成了一座面积达 25000 平方米的购物、娱乐、休闲中心，于 2002 年中正式开幕。目前这座充满现代感的玻璃幕墙建筑物已经进驻了很多各有特色的商户。除了来自世界各地的餐饮场所外，更包括了年轻人最爱的时装专门店、时尚饰品店、美食广场、电影院及极具规模的一站式健身中心，为本地和外地的消费者及游人提供了一个多元化和颇具品位的休闲娱乐场所。北里由多幢石库门老房子所组成，并结合了现代化的建筑装潢和设备，化身成多家高级消费场所及餐厅，菜式来自法国、美国、德国、英国、巴西、意大利、日本以及我国的台湾和香港，充分展现了新天地的国际元素。值得一提的是，新天地南里和北里的分水岭——兴业路，是中共一大会址的所在地，正是由于有凝结历史文化与艺术的石库门建筑和见证历史发展的一大会址，新天地

① 彭建东、陈怡：《历史街区的保护与开发模式研究》，《武汉大学学报(工学版)》2003 年第 6 期。

所在的两个地块被划入了上海市思南路历史风貌保护区。①

新天地原是上海太平桥地区改造项目的一部分。太平桥改造项目坐落在上海市中心的卢湾区，繁华的淮海路商业街的南侧，东面到西藏路，南面至合肥路，西面至马当路，北面是淮海路背后的兴安路再到崇德路。1996 年，香港瑞安集团受卢湾区政府委托，邀请了国际著名的美国 SOM 公司对整个地区做了规划，规划占地 52 公顷，总建筑面积约 130 万平方米，目标是将这一片旧城区改造成一个标志性的现代化综合园区，以配合上海发展成为国际大都市的需求。

瑞安集团在 1997 年就提出了一个石库门建筑改造的新理念：改变原先的居住功能，赋予它新的商业经营价值，把百年的石库门旧城区，改造成一片充满生命力的新天地。瑞安挑选了美国旧房改造专家本杰明·伍德建筑设计事务所和具有东方文化背景的新加坡日建设计事务所进行设计，并邀请同济大学建筑设计院担任顾问。建筑设计师们从保护历史建筑的角度、城市发展的角度以及建筑功能的角度多方面考虑，把新的生命力注入这些旧建筑，以符合新世纪消费者的需求。建筑设计师们最后决定在整体规划上保留北部地块大部分石库门建筑，穿插部分现代建筑；南部地块则以反映时代特征的新建筑为主，配合少量石库门建筑，一条步行街串起南、北两个地块。1999 年初，新天地开始动工。瑞安为动迁这个地块上居住的 2300 多户、逾 8000 名居民，所费超过 6 亿元（折合约 7500 万美元）。瑞安考虑未来经营场所的需要和功能后，对这些原来是住宅的建筑，像修剪大树的枝叶似的做了有条理的改动。拔去几幢房子后，原本淹没在弄堂内的一座漂亮的荷兰式屋顶石库门建筑便跃然显现；拆去违章建筑，市区不多见的弄堂公馆重见天日。这样，被保留下来的旧建筑各具特色，仿佛一座座历史建筑陈列馆。保留下来的石库门由于历史较长，加之过度使用，缺乏保养，已面目全非了，部分必须重建。为了重现石库门弄堂当年的形象，瑞安从档案馆找到了当年由法国建筑师签名的原有图纸，然后按图纸修建，整旧如旧。石库门建筑的清水砖墙，是这种建筑的特色之一，为了强调历史感，瑞安决定保留原有的砖、原有的瓦作为建材。在老房子内加装了现代化设施，包括地底光纤电缆和空调系统，确保房屋的功能更完善和可靠，同时保存了原有的建设特色，以达到了"整旧如旧"的目的。

新天地自 2001 年面市以来，由于保留了上海独有的历史及文化，同时又适应了上海迅速发展成为大都会的时代要求，提供了集餐饮、购物、文化及娱乐的时尚服务，迅速成为引领上海时尚潮流的场所，吸引了国内外媒体的广泛

① 罗小未：《上海新天地广场——旧城改造的一种模式》，《时代建筑》2001 年第 4 期。

关注，同时也获得了一系列的荣誉和奖项。2001年12月19日，由《新周刊》、阳光卫视和新浪网三家媒体联手打造的2001中国年度新锐榜，评选各个领域的创新年度奖，上海新天地荣获年度建筑奖。2002年11月22日在香港举行的美国建筑师协会年度荣誉颁奖庆典上，上海新天地广场被授予文化遗产建筑奖。该奖项肯定了新天地对历史建筑的创造性改造，认为新天地对石库门的保护、再利用促进了公众保护古建筑的意识，产生了积极的社会效益，是一项贡献卓著的建筑改造项目。2003年11月3日，上海新天地北里荣获美国Urban Land Institute（城市土地研究院）所授予的2003年度ULI Award for Excellence国际大奖，成为中国大陆首个获此殊荣的项目。后更入选美国哈佛大学教学案例库。①

三、特色景观和活动

新天地作为上海近年崛起的时尚休闲旅游地，其吸引力主要来自特色景观和丰富多彩的活动。

（一）石库门民居为旅游者创造了独特的民俗旅游氛围和环境

石库门是具有海派文化精髓的特色民居，它脱胎于中国传统的院落建筑与欧洲联列式住宅。19世纪后期，在上海开始出现用传统木结构加砖墙承重建造起来的住宅。由于这类民居的外门选用石料为门框，故称“石库门”。石库门多为砖木结构的二层楼房，坡形屋顶常带有老虎窗，红砖外墙，弄口有中国传统式牌楼。大门采用两扇实心黑漆木门，以木轴开转，常配有门环，进出发出的撞击声在古老的石库门弄堂里回响。门楣做成传统砖雕青瓦顶门头，外墙细部采用西洋建筑的雕花刻图。二楼有出挑的阳台。总体布局采用了欧洲联列式风格，土地利用率高。这种中西建筑艺术相融合的石库门作为建筑和文化的产物，在中国近代建筑史上留下了深深的烙印。经过一个多世纪的发展，石库门成为上海最具本埠韵味又富欧式风格的建筑标志，也成为上海近代文化的标志之一。但是随着时光的流逝和社会的发展，石库门建筑设备简陋而又破旧，已不能满足现代人的居住要求，于是破旧的石库门建筑群就在旧城改造中逐渐消失。如何在城市建设快速发展的同时，保留石库门这一海派文化的“化石”，使都市里弄居住民俗得以传承，新天地做了很好的尝试。

新天地石库门建筑群的修复和改造是在改善其内部设施的前提下，保护了富有上海特色的弄堂文化遗产。由于建筑师运用了先进改造理念和科学的修复

① 根据上海新天地网站（http：//www.xintiandi.com/）相关资料。

方法，使得这片占地 3 万平方米，建筑面积 6 万平方米的石库门建筑群既保留了当年的风貌，又按照二十一世纪现代都市人的生活方式、生活节奏、情感世界对每座建筑的内部进行了装饰设计，使其成为画廊、时装店、主题餐馆、咖啡馆、酒吧……门外是风情万种的石库门弄堂，门里是完全的现代化生活方式，旅游者来到新天地就仿佛进入了时光隧道，可以体验旧上海的民俗风情氛围。

（二）展示馆、博物馆为旅游者提供了一个体验旧上海城市民俗的好去处

石库门屋里厢展示馆，由一幢建于二十世纪二十年代的石库门老房子保留、改造而成。整个展示馆占地面积 367.2 平方米，建筑面积为 513.9 平方米，按照二十世纪二十年代里弄单元一户住户为模式建成，主要展示房间七间，分别是客堂间、书房、老人房、主人房、女儿房、儿子房、灶披间，以一个石库门家庭的故事，贯穿参观始终。它不仅展示了上海独特的石库门建筑文化，重现了当年上海人的生活空间和生活方式，也介绍了上海新天地项目的理念和改造开发过程。展示房的所有陈列实物，无论是炉灶、小孩的课本，还是口红、烟缸，全是二十世纪二三十年代石库门弄堂里所存留的旧时实物。坐在二楼主人房的梳妆台前，把玩那精致的百雀灵胭脂和镶着绿玉的发簪，一旁的留声机放着轻快的爵士乐，这一切，仿佛让旅游者亲眼见到了一个讲求细节、懂得享受生活的那个年代的中产阶级现代派女子。而从女儿房里刊登着好莱坞剧照的英语杂志和老式缝纫机上，不难猜出这是一位时髦而充满活力的青年女性。通过分布在各展示点的多媒体、效果音响、馆内投影机，旅游者可以听到、看到一个娓娓道来的石库门生活。无论走进哪间房间，逼真的形象仿佛还原了历史，让人犹如亲身经历这间房的主人当年的生活。徜徉其中，可谓有限空间，无限遐思，从而让旅游者能够身临其境地体会旧上海的弄堂情结。

上海邮政博物馆新天地分馆，即新天地邮政所，位于兴业路、黄陂南路口。该馆主要用于邮政文物展览、邮政信件业务收寄、集邮品与明信片的出售。与一般的邮局不同，这里的室内结构全部采用老青砖砌柱。所有木质框架均是木榫镂花结构，陈列柜与营业柜台是采用老房子的木料仿造民国时期老式柜台制成。在面积不大的大厅内，陈列了五幅珍贵照片，其中有 1917 年上海最早使用的邮政运输汽车、1919 年 8 月的邮用汽艇鸿飞号等。同时，北侧的两个立柜内还陈列着可供出售的特色集邮品：《孙子兵法》、《茶文化》、《上海题材画册》及《吴昌硕》、《黄宾虹》等老一辈国画大师的作品邮册。此外，以路口的老式邮筒为式样缩小制成的小邮筒亦作为纪念品出售。在博物馆内，除了可以了解邮政百年历史外，还可尝试现代技术带来的乐趣。而最具特色的要数这里的个性化自助明信片制作，它的规格大小与其他明信片一样，上面也有

邮戳，但邮票却是一张一寸的个人照片。拍摄原理与地铁里的快照差不多，你只需坐定在机器前，选择您想要的背景（共有四大类64种图案可供选择），按下拍摄键，一张独一无二的明信片便制成了。更可即时把明信片拿到柜台，盖上以石库门为图案的“新天地”文字地名日戳和“新天地邮政所”风景日戳，留念珍藏，别有一番情趣。

（三）餐厅、酒吧、店铺既能感受上海本地特色，又能体验多元化的异域风情

新天地的开发商对招商和经营点的安排既考虑了消费者的需求，又注重文化氛围的营造。欧陆风情、日本文化、东方古典艺术等通过餐饮、娱乐、购物、文艺演出在这里得到了有机组合。

新天地中的商店以餐饮店为主，尽量为旅游者营造一种轻松、休闲的生活基调，人们可以放慢生活节奏，有充分的时间去享受生活、品味民俗风情。在这里，有经营上海本帮菜的新吉士酒楼，有体现地中海文化的璐娜餐厅，以及西班牙和意大利的西菜馆、日本彩虹乐队的Ark音乐厅、乐美颂法国歌舞餐厅、McCafé美式连锁咖啡……其中不乏代表世界各地地道口味的品牌店家，如金象苑泰国餐厅位于新天地最南端的一幢古色古香的老房子里，一尊温柔敦厚的镏金大象在餐厅门口迎接客人，热带植物丛中的鲜花瓣散落在水面，空气中飘荡着南国特有的香。位于新天地广场南里1号楼的百草传奇则是一家养生文化主题餐厅。跨入百草传奇餐厅，外厅的百草文化廊展示着罕见的草药真品及四时养生常识，内厅的主题墙描绘着历史名人的饮食美谈，再搭配上书法图案的地砖与隔间。百草传奇整体所营造的是既古典又现代、既深思又随性的独特文化气息。百草传奇的菜肴大部分都是用中草药调配的，以30余种香润温腴的珍品炖汤为主，配上既赏心悦目又美味的创意菜，以及好喝的保健风味茶。

在购物方面，旅游者可以在新天地买到世界知名品牌服饰、中国传统服饰、各类富有个性家居用品和林林总总精致的手工艺术品和装饰品等。这里的各类商店都十分注重店面装潢和所出售商品的品位与特色。如经营木雕的雅木轩不用任何显眼招牌，只以淡淡木香吸引着往来过客。雅木轩所有工艺品都出自上海本土艺术家之手。木的单纯，漆的明丽，浓郁乡情凝结着中国魅力。店铺的一半供陈列用，陈列的都是天然质朴的木雕装饰品，有的以石库门最富艺术美的门楣山花为主题，精雕细刻的立体花饰配以石库门清水砖墙的背景，惟妙惟肖。有的以中国传统文化中的吉祥事物为主题，无论是动植物形象，还是汉字匾额，都寄寓着美好的向往和祝福。这些木雕都选用防虫防腐蚀的樟木，可以长久保存。雅木轩的另一特色商品是中国漆画。这种工艺品以天然漆为主

要原料，辅以蛋壳、贝壳、木片、金属片、彩石片，以及金银粉等材料，结合传统中国漆器工艺和现代绘画技法，精工细作而成。色彩明亮雅致，形象生动逼真，饶有趣味。

坐落在新天地广场中心位置的逸飞之家由著名画家陈逸飞开设，是一家以出售时尚家居产品为主的专卖店。该店一楼右侧是一个小巧而温馨的吧台，而陈逸飞那尊著名的上海少女雕塑则摆放在逸飞之家的另一扇门前，静观来往的时尚男女。大厅里光线明亮而柔和，造型别致的花瓶、瓷器、餐盘、蜡烛等家居用品摆满了各个角落，处处显示了店主的生活品位。一楼楼梯转角处，挂着好几幅陈逸飞的油画。楼上设计成大户小姐的闺房，摆设着各式各样款式独特、质料优良的服装。在这一融合中西文化、充满艺术气息的“家”里，顾客可暂时忘却工作的压力，累了，还可以在吧台边坐下，享受轻柔的音乐，获得片刻心灵的宁静。

而上海组合则位于新天地太仓路入口旁，主要销售以中国传统手工刺绣为主、具有中国特色及现代感的时尚饰件及家居饰品。步入店堂，顾客可以感受到强烈的亲切感。这里跟一般的商店不同，它的装饰犹如一个普通的人家，以家居饰品为主的商品随意地摆设在竹子和朴实的红色农家方桌之间，营造了一种简洁自然的氛围。尤其有趣的是，店里到处挂满了披肩和手工刺绣的被子。据来自法国的女主人说，多年前，当她第一次来到上海时，一到晴天，便会看到上海的弄堂里、马路边晒着居民自家的被子，留给她相当深刻的印象，因此在自己的店里也采用了这样的陈列方式。

（四）各类节庆活动和文艺演出让旅游者体验到旅游休闲的乐趣

举办各种有创意的节庆活动和文艺演出也是新天地吸引游客的重要举措。游客在此不仅身心得到放松，而且能感受多种文化活动所带来的欢乐。如2003年9月新天地举行了“狂欢·九月”活动，包含了一些系列的精彩节目。如“平湖月，天地情”新天地中秋节，以“许仙与白娘子断桥相会”、“齐天大圣大闹龙宫”以及“展昭大破金龙寺”等京剧精彩片段吸引众多中外游客，并在那行云流水般的民乐旋律《茉莉花》、《花好月圆》中一起度过一个温馨的中秋节。9月13日，在2003上海旅游节开幕式上，新天地举行了以“未来与历史同游，时尚与精彩并进”为主题的花车巡游。花车设计传承了新天地新旧交融、中西合璧的理念，艺人们精彩的互动表演让花车所经之处都有无数游客欢呼雀跃。德国艺术家Roswitha Steinkopf还将“What is ART”这个艺术活动从意大利、纽约带到新天地，向游客征集简短的、未经深思熟虑的、个性化的回答。300块答案板上写满了来自各个国家的游客用本国语言诠释的艺术的概念，一名两岁儿童更用漫画彩虹来表达心目中的“艺术”。9月14日举办的“抬轿也疯狂”新天地慈善抬轿比赛也别有创意。与传统意义上的抬轿比赛不同，这次比赛装扮的新奇创意和啦啦队的投入与疯狂程度给人留下了深刻印象，还特地设立了最酷扮相奖和最炫啦啦队奖。9月20日，新天地啤酒节则与拥有一百多年历史的德国啤酒节同步进行，它将浓郁的德国巴伐利亚风情带到新天地人工湖畔。美酒佳肴，欢歌乐舞，吸引着无数热情友好的人们在这里举杯畅饮，享受美好生活。① 2008年2月21日为元宵节，恰逢世博会开幕倒计时800天。上海世博局与上海市文广局、卢湾区政府等单位举行了盛大的“上海世博会倒计时800天暨市民闹元宵活动”活动，来自世博园区所在地的五里桥街道居民在这里树起世博心愿墙，广大游客将“心愿瓶”漂浮在太平湖上祝福世博会。② 2010年4月至8月，新天地举办“世界风尚，尽在新天地”的迷你世博，英国创新节、香港周、法国周、韩国周、美国周等活动吸引了很多游客，使得到新天地的海内外游客突破1000万人次，创历史新纪录。③ 2019年11月20日至2020年1月12日，新天地与全球著名的法国里昂灯光节、荷兰阿姆斯特丹灯光节合作，以“逐光筑梦”为主题，举办“光影上海”灯光艺术节，将全球最前沿的灯光艺术作品带到上海，助力打造上海城市文化艺术名片。

（五）打造引领社会时尚的风向标

随着社会的发展，人们收入水平的大幅提升，追求时尚成为都市人普遍认可的休闲方式。追求时尚不仅能满足他们的身份认同感，而且更能丰富他们的闲暇生活，开阔眼界，增长知识。香港瑞安集团和上海复兴建设发展有限公司在新天地已成为上海旅游新地标的基础上，开发了新天地三期：新天地时尚购物中心。该中心2010年11月16日盛大开幕，分为地上两层、地下两层，建筑风格沿用了上海新天地一贯的中西合璧、新旧结合的特色，有众多时尚个性品牌入驻。上海市商务委副主任顾军在开幕式上致辞：新天地时尚购物中心“与新天地一脉相承，发挥它独特的商业文化作用，期待它在未来的发展之中不仅能够成为拉动时尚设计产业的引擎，更能够发挥更大的潜力价值，成为孕育中国自己设计师品牌的摇篮。”④ 在随后的经营中，新天地努力向国内市场传

---

① 《狂欢·九月精彩回顾》，http：//www.xintiandi.com。

② 《元宵节恰逢世博会开幕倒计时800天　“迎世博、参与世博”掀新高潮》，http：//www.expo2010.cn/a/20080529/002982.htm。

③ 根据上海新天地网站（http：//www.xintiandi.com）相关数据。

④ 《新天地时尚购物中心隆重开幕》，http：//www.ppwy.cn/html/new/43842_1.htm。

递国际时尚产业的前沿信息，努力扮演中国设计师走向世界助推器的角色，并为消费者提供了一系列个性化定制服务。如2011年7月15日至8月31日举办“购物嘉年华”，邀请有“吐司艺术之毕加索”（Toast Art Picasso）之称的莫里斯·班奈特（Maurice Bennett）特别创作“时尚吐司”艺术品（由6000块吐司面包做成玛丽莲·梦露画像）；引入“私人形象顾问”（personal shopper）概念，与东华莱佛士学院资深设计师合作，为顾客打造独一无二的时尚搭配方案；开办美丽课堂，聘请时尚造型师讲解时尚造型与最新时尚趋势，并进行街拍活动，找寻最时尚、最潮流、最有范儿的时尚达人。[①] 2011年3月，上海市政府主办上海国际服装文化节暨上海秋冬时装周，新天地连续举办12场汇集中外设计师品牌的时装秀，社会反响热烈。自此，新天地成为上海时装周长期合作的时尚发布基地，2012年后，上海时装周的主秀场就从以往的复兴公园移师新天地太平湖公园。2019年，邀请美国涂鸦传奇大师 OG slick 为新天地南里广场和新天地广场分别打造了3 SLICK PIG GIES 和 Love Gloves 装置，给游客时尚空间的体验。[②] 新天地已经成为上海名副其实的时尚与潮流之地。

四、案例评析

上海新天地的成功得益于上海的国际地位、中西合璧的海派文化、迷人的旧上海风情，以及关注生活形态的更新与重建的开发理念。经过改造后的新天地，让游人切身感受到了上海的昨天、今天、明天，也在一定程度上成为上海的城市名片。

正是由于新天地的成功使得国内的许多地方都在开始考虑复制新天地的这种开发模式，然而克隆上海新天地是需要一定条件的，并不是将其原样搬过去就会成功的。新天地能够取得成功除了创造性地保护和利用了老上海石库门建筑外，还因为它具有极佳的地理位置，面向的目标群体是上海本地的高收入人群、居住在上海的外籍人士以及慕上海之名而来的中外游客。新天地紧邻热闹的淮海南路，处于“市中心的中心”。淮海路是上海高档消费的成熟商业区，新天地将其定位为有国际知名度的、以时尚文化为主题的社区性购物中心，这与淮海路的消费群体大体吻合。如果换了别的城市，如果没有

---

① 《新天地时尚购物中心　型购嘉年华》，http：//lux.hexun.com/2011－07－14/131435862.html。

② 王旭：《都市消费空间下的民俗研究：以上海新天地为例》，《现代商贸工业》2021年第14期。

类似的消费水平，这样的开发就很难有合理的回报。[①] 因此，上海新天地不能复制的最主要的原因并不是资金，而是当地的地域文化和消费水平，这也是为什么同样是由瑞安集团开发的杭州“西湖天地”人气远不如上海新天地的原因所在。

上海新天地改写了石库门的历史，为本已走向历史文物的石库门注入了新的生命力。如今新天地已成为上海的新地标，被公认为中外游客领略上海历史风情和现代生活形态的最佳去处之一，也是体验上海民俗文化和异域民俗风情的标志性景点。新天地模式为历史街区的保护和利用提供了一种新的方式，但是别的城市的“新天地”只能借鉴，不能照搬，必须根据当地的消费水平和地域文化来进行理性规划。

案例三　中国民俗文化村[②]

中国民俗文化村坐落在风光秀丽的深圳湾畔，毗邻著名的锦绣中华微缩景区，占地面积20万平方米，是由香港中国旅行社与深圳华侨城经济发展总公司投资建造的主题公园式的民俗旅游景点。

一、景区建设

（一）概况

深圳是我国改革开放的先锋，1989年9月香港中旅集团投资开发的锦绣中华对外开放，吸引了大量的海内外旅游者，取得了巨大的成功。随后，1990

---

① 金秋梅：《上海新天地成功四诀》，《人民文摘》2004年第2期。

② 本文主要参考了杨永祥、盛海涛：《深圳中国民俗文化村的规划设计》，《建筑学报》1993年第1期；陈政勇：《“锦绣中华”和“中国民俗文化村”为什么取得巨大成功》，《广州财贸管理干部学院学报》1993年第1期；姜檝：《中国民俗文化村的现状与发展前景》，《中南民族学院学报》1993年第4期；王渝飞：《实现再现情感的审美意义——浅谈中国民俗文化村的美学意义》，《暨南学报》第16卷第4期；李海瑞、王兴斌：《深圳三景区成功的奥秘》，http：//www.nowedu.com/Thesis/Article/ZuGou1118.html；陈南江：《从“百艺盛会”、“欧洲之夜”谈旅游景区娱乐走向》，《旅游学刊》1997年第2期；保继刚等：《旅游开发研究——原理·方法·实践》，科学出版社，2000年；余敏：《旅游主题公园系统开发剖析——以深圳华侨城为案例透视》，《西南民族学院学报》2002年第10期；http://www.chinafc V.com/;http://www.nowedu.com/Thesis/Article/ZuGou1118.html/。

年5月香港中旅集团又根据国际旅游发展和锦绣中华成功的经验和我国地域辽阔、民族众多、民俗风情各异的特点，在锦绣中华的旁边兴建中国民俗文化村，1991年10月1日正式开幕。

中国民俗文化村是国内第一个荟萃各民族民俗风情的大型民俗文化游览区。它以“源于生活，高于生活，汇集精华，有所取舍”作为建村的指导原则，从不同角度反映我国多民族的民俗文化。景区按原景观的1∶1比例，建有我国汉族、蒙古族、朝鲜族、维吾尔族、藏族、哈萨克族、土家族、黎族、景颇族、佤族、哈尼族、白族、纳西族、侗族、苗族、瑶族、布依族、彝族、壮族、傣族等24个各具特色的村寨、庭院和街市。在这个民俗大观园中，黎族的船形屋和佤族的干栏式草楼相映成趣，再现了人类古老的建筑文化；白族雕刻精美的“三坊一照壁”和汉族的四合院，则表现了高水准的中国传统民居建筑设计工艺。而伴随着这些民居的，则是成片的海南椰林，参天的西双版纳古榕，开屏的孔雀和漫步的大象，以及云南石林、千手千眼观音、徽州牌坊群、民族音乐激光喷泉等等。景区内山峦起伏，瀑布跌宕，绿水蜿蜒，舟楫竞渡。游客可以乘车、步行，也可以乘船游览。游客在村寨里，可观赏汉族的牌坊群、北京的四合院，布依族的石头寨，摩梭人的木楞房，哈尼族的蘑菇房，傣族的竹楼，哈萨克族的毡房，土家族的水上街市，蒙古族的蒙古包，藏族的喇嘛寺，彝族的土掌房，以及侗族的鼓楼、风雨桥，扬州的木桥，浙江的石桥，独龙族的藤桥，江南水乡的石拱桥等建筑风格，还可以参与民族工艺品制作，品尝民族风味食品，观赏民族艺术大游行、专业水平的歌舞晚会、民俗陈列馆等，领略56个民族多姿多彩的文化艺术。民俗村内有十多个手工作坊，有二十多项民间手工艺和民间小吃制作表演，如维吾尔族手绣、苗族蜡染、傣族竹筒饭等。每当夜幕降临，气势恢宏的民族歌舞艺术大游行开始，豪放的鼓乐队、欢快的龙灯队、诙谐的民间社火、端庄典雅的民族时装队，在民俗村内缓缓前行，喷泉随着民族音乐喷出五色水柱，景区夜空的光束把游客带进欢乐的高潮，带进中华民族民俗生活的美妙诗篇之中。①

（二）布局

中国民俗文化村地势北高南低，起伏不大。按功能要求，民俗村分入口

① 姜樾：《中国民俗文化村的现状与发展前景》，《中南民族学院学报》1993年第4期；http：//www.chinafcV.com/。

区、村落区和管理区：①

1. 入口区。中国民俗文化村有东西两个出入口。东入口区包括大门和门前广场。东大门是民俗村的主入口，也是一座标志性的建筑，构成民俗村一景。该门以一棵高18米、树冠覆盖达900平方米的人工大榕树为标志，利用地形高差，将入口广场设计成二层，顶层行人，底层停车，并在顶层设计了花池、花架及图腾等小品。游客尚未入园，就可初步领略民俗村的风姿。进入东大门，首先映入眼帘的是宽敞的民族文化广场、北京四合院和徽州街。门前广场主要供人流集散及车辆停放。西入口很有特色，设计成石林山洞，和入园后的石林连成一气，广场中亦散落几块山石，将入口山洞推向了石林景观的纵深处。

2. 村落区。是民俗村的核心景区，由道路、聚落、湖泊、表演区组成。

道路。民俗村的道路分为三类。一是主干道，以东西门为连接点，呈两个弓形环状贯穿全园的主要景点，路宽5米，可以行驶电瓶车，为有特殊需要的游人代步。二是游览道，连接各村寨景点，路宽2.5米左右，便于游客自由地领略各民族的风情。三是林间小路，或环水，或盘山，供游客漫步。为增加道路的景观效果，在临水处设置了桥梁，有平水石桥、拱形石桥、独木桥、垛木桥、伸臂桥、竹桥、吊索藤桥等多种形态。

聚落。民俗村的聚落有两类，主要是村寨。村寨多依山傍水，是传统的聚居模式，也是现实村落环境的写真。我国拥有56个民族，民俗村的地皮有限，不可能将所有各民族的村寨一并建在园中，在比较了各族的建筑文化和民俗风情的特色后，民俗村分别建设了布依族石头寨、苗族村寨、侗族村寨、瑶族村寨、纳西族民居、摩梭人木楞房、哈尼族蘑菇房、佤族村寨、景颇族村寨、黎族村寨、白族民居、傣族竹楼、哈萨克族毡房、蒙古包、藏族民居、维吾尔族民居、朝鲜族民居、汉族的北京四合院和陕北窑洞、壮族村寨、彝族土掌房以及云南的“一颗印”。此外是街衢。民俗村选择了徽州民居和土家族民居作街衢式布置。对徽州民居以“旱街”形式，即民居沿道路两侧排列，而对土家族民居则沿河道两侧布置成“水街”。两条街建筑造型不同，规划手法各异。这样既避免了雷同，又增添了水上游园的情趣。从这些聚落的选择不难看出，入选的标准完全是商业性与文化性的，主要是看聚落的建筑是否有民族特色和地域特色，其次是以聚落为生活空间的村民的民族文化和风俗习惯是否独特，是否具有较高的表演和观赏价值，能否满足游客的猎奇心理。如摩梭人的民居得

---

① 参阅杨永祥、盛海涛：《深圳中国民俗文化村的规划设计》，《建筑学报》1993年第1期。

以入选，是因为摩梭人仍旧维持和延续着母系社会的生活方式，而且其木楞房也比较独特，具有较高的观赏性。台湾少数民族民居的入选，除了要体现其是中华民族大家庭的一员外，更因为预期会有大批台湾游客，要让他们有亲切感。而回族、满族民居的落选，则可能是旅游者太熟悉了，少了新奇感。

由于受用地和投资的限制，不可能将每个民族的民居都建成一个小型聚落的样子，只能多者三五栋，少者一二栋，以摹写各民族的居住文化，所以在布局上，将建筑造型、用材基本相似的民居适当集中，互为背景，形成聚落。例如西南的少数民族哈尼族、佤族、景颇族、侗族、苗族、布依族等都生活在山区，其建筑用材和造型有其内在的联系，因此将景颇大屋、佤族、哈尼族等民居依次建在土山的山腰和山顶上，使村寨布局高低错落，近似自然村寨。游客攀山路而入寨，恰如临其境。黎族民居，则模拟其地理位置，设计在景区的最南端滨海而建。根据这样的原则并结合地形，民俗村的聚落基本上以翠湖以东比较密集，主要分布北京四合院、朝鲜族民居、维吾尔族民居、蒙古包、哈萨克毡房等北方民居，以及云贵一带少数民族的民居，翠湖沿边及以西则是部分西南民居和风雨桥、藤桥、石林景观。

湖泊。民俗村中有一翠湖，水面达2万平方米，可以行舟观赏两岸景色。另在园区东部辟河引水，挖一小型的月湖。翠湖与月湖相连，既分割空间，又将分散的村寨景点由水路有机地贯穿在一起。

表演区。由民族文化广场和中心剧场组成，向游客展现各民族的歌舞。民族文化广场供举办大型文艺表演用。中心剧场位于月湖北侧，是一个小型舞台，造型朴实无华，能满足一般的民族歌舞演出。

为使景色错落有致，民俗村在设计上运用了多种园林造景手法，如办公楼的围墙南侧堆山，在深圳湾大酒店的洗衣房、锅炉房及翠湖饭庄几栋建筑前筑一高达20多米的石林等就是“障景”；在大观楼（茶楼）下门洞的河道内设涌泉，水从几层叠石上跌落而下，形成水帘瀑布，凸缓部位石面光滑者形成薄薄柔滑的水膜，粗糙者则形成珍珠般的水花，就是“理水”；在西门设一宽6.5米、落差15米的瀑布，高挂于石林上，直下翠湖，就运用了“添景”手法，给游人以翠湖之水天上来的感受，使翠湖平添了勃勃生机。月湖南岸山上的七级砖塔（高36.7米），是园内的制高点，登上顶层可俯瞰全园，其本身就是一景，而且还是其他景物“借景”的重要素材。植物是造园必不可少的，民俗村各村寨多尽可能地栽植当地富有特色的植物，如黎寨的椰林，傣寨的竹，侗、苗寨的杉树，朝鲜民居的松，以及维吾尔族民居前的葡萄棚、蒙古包周围的草地等，让村寨与环境氛围相融洽。

3. 管理区。集中在东北角，东大门的右侧。

二、经营之道

中国民俗文化村建成开放后，以其浓郁的民俗风情和游客的可参与性，引起了海内外游客的极大兴趣，游客纷至沓来。迄 2011 年 10 月，累计接待游客 7000 多万人次，营业收入累计超过 35 亿元，利润总额近 12 亿元，上缴国家税收近 3 亿元，[①] 取得了巨大的经济效益和社会效益。时至今日，民俗村已经开业二十余年，仍然生意兴隆，游客不断，其中有许多值得称道的经营之道。

（一）科学规划，精心施工

中国民俗文化村系华侨城旗下的重要景区。香港中旅集团和深圳华侨城公司，为了体现深圳是中国改革开放的前沿，让外国人集中地了解中国，海外侨胞集中地了解自己的根与民族文化，中国人集中地了解世界，制定了先后开发锦绣中华、中国民俗文化村和世界之窗的蓝图。为确保这一发展战略的科学实施，他们多次召开论证会，邀请海内外的古建筑、历史、文化、地理、文物、园林、民俗、旅游等学科的专家参加研讨，听取意见，精心编制总体发展规划。从宏观上，中国民俗文化村紧密依托华侨城，利用华侨城的行、玩、住、食、购、娱等各方面的支持，形成景区周围的大配套，组成旅游优势。华侨城的旅游配套设施，采取的是成片开发、分期建设。前期建有华夏艺术中心、杜鹃山雕塑公园、深圳湾大酒店、海景酒店、艺苑酒店、新桥酒店、旅游商品开发公司和华侨城中国旅行社，中期建有沙河酒店和面积 35 万平方米的中旅广场、步行街、世界风味美食街、现代化超级购物中心、会议展览中心和酒店等，后期建有深圳湾度假村、保龄球馆、港澳客运码头、华侨城医院和深圳湾俱乐部等。[②] 从微观上，中国民俗文化村的规划依据世界旅游发展的潮流、中外游客的心理需求，以最具外显特征的民居作为民俗村的主要景观，并根据代表性、奇特性、文化性的原则，从我国 56 个民族中选择 21 个民族的 24 个村寨、街市进行布点。非但如此，设计者们还很注重村寨周围小环境的营造，使之与所在民族自然环境、人文环境相吻合。民俗村内除民居景物外，还从旅游的六大要素出发规划了艺萃街、小卖摊档、娱乐场所，达到了景点与配套设施

① 沈勇：《民俗村 20 年：让世界看懂中国之美》，http：//www.szwen.gov.cn/engine/gettemplate.jsp? temp_Id=43&guid=｛CB5B2D31－FFFF－FFFF－A7A5－8F9B000000CC｝。

② 李海瑞、王兴斌：《深圳三景区成功的奥秘》，http：//www.nowedu.com/Thesis/Article/ZuGou1118.html。

的和谐统一。

在科学规划的先导下，民俗村精心组织施工建设。对每一民居建筑，不仅按原貌1∶1建设，对其外形、建筑材料、室内布置以及环境气氛的营造也相当重视，力求在造型、布局、色彩上同环境氛围相协调。甚至小到庭园、林间小路、路牌、路灯柱、小摊档、休息椅、电话亭、垃圾箱、洗手间和花草树木，无不精心设计、精雕细琢。"'中国民俗文化村'有大量建筑，反映祖国各地的文化。领导对村寨的建筑精益求精，除请专业人员设计外，还请建筑物所在地的工程队施工，例如苏州工程队建苏州街，请北京工程队建北京四合院……每个村寨中的生活用具，尽管是复制品，但都在当地定做，验收合格才安放上去，给人真实可靠的感觉。"①

高瞻远瞩的科学规划，精心的设计，高质量的建设，是民俗村一开始便走上良性发展道路的基础。

（二）观光与体验、参与性产品相结合，确保高质量

20世纪90年代初正值我国对外开放的初期，中国对境外而言，还是个陌生的国度，境外的旅游者对中国充满着好奇，观光性旅游产品能够满足游客消费的需要。中国民俗文化村在旅游产品开发上又上了新台阶，一方面有静态的陈列与展示，也就是观光性旅游产品，游客到民俗村能够观赏到各式各样的村寨、民居、桥梁、寺庙、街市，以及民居建筑上的各种装饰，如剪纸、年画、雕刻等；另一方面，民俗村又增加了动态的表演与展示。在"这些村寨里，除了看到各民族民居的真实情况外，还可欣赏各民族的工艺品，如苗族的蜡染，黎族的筒裙，摩梭人的金银器皿等；品尝各民族的风味食品，如新疆维吾尔族的烤羊肉串，贵州布依族的'花江狗肉'，云南白族的'三道茶'等；欣赏和参与各民族的歌舞表演等。……假如你到白族的村寨去，秀气的白族姑娘就会献上一盅用小砂罐焙烤出来的'三道茶'，饮之感觉头苦、二甜、三回味，余味无穷。品茶之余，还可欣赏霸王鞭、手绢舞等白族歌舞"②。为提高游客的快乐感受，使游客自己能够在游览的过程中融入各民族的特色日常生活当中，以切身的感受来体验不同民族间的民俗文化，民俗村还进一步开发了参与性旅游产品。这主要是通过模拟各个民族的生活场景，组织节日庆典、婚嫁喜宴等活动供游客参与来实现的。每个民族都有自己的传统节日和喜庆活动，民俗村

① 陈政勇：《"锦绣中华"和"中国民俗文化村"为什么取得巨大成功》，《广州财贸管理干部学院学报》1993年第1期。

② 叶春生、丘桓兴：《岭南百粤的民俗与旅游》，第229页，旅游教育出版社，1996年。

每月举办一次大型的民间节庆活动，如傣族的泼水节、彝族的火把节、苗族的芦笙节、景颇族的木脑节、中国鼓文化节、中国民间艺术节、民间绝活艺术周、华夏民族大庙会等。这些活动隆重、浪漫、喜庆、吉祥，组织游客参与其中，让游客尽享欢乐，也为争取回头客打下了基础。“把游览观光活动推向高潮的是每晚艺术大游行和中心剧场演出，以及各种不定时的节庆活动。这是这一旅游产品最为光彩夺目的组成部分，是产品不可分割的动态部件。民俗歌舞，民族服饰……五彩缤纷，淋漓尽致。许多游客都要等到晚上看完演出才兴尽而去。这种动静结合的产品结构大大提高了观赏效果，也使大批游客留在华侨城的饭店过夜，提高了产品的附加效益。”①

为保证旅游产品的质量，民俗村始终坚持高标准、严要求。“每天定时间、定地点、定节目，依时演出，决不轻易改变活动内容。为了使游客未入园之前了解情况，在景区门口有安民告示，详细列出每天演出节目的时间，让游客心中有数，也便于游客监督。”对于重大活动节目，民俗村更是精益求精，一般要经过从收集旅游市场信息到方案构思等一系列的策划过程，并多方论证，不断修改、调整。为了真实地反映各民族的风情习俗，民俗村还专门从 21 个民族中招收了数百名工作人员，安排在各民族村内从事各种服务工作或进行各种表演。“由于管理有方，生活照顾得好，使他们能每天精力充沛地进行演出，获得中外游客高度的赞扬。”②

（三）不断更新产品，打造展示特区窗口

任何旅游产品都有生命周期，而生命周期的长短取决于这个产品的知名度、文化品位、区位条件。主题公园这类人造景观，一般以观光性旅游产品为主，游客的重游率比较低，且在其开业之初因新鲜感较强，游客较多，一段时间后，随着新鲜感的淡化，游客将逐渐减少。这是主题公园旅游产品的一般发展规律。中国民俗文化村的开发管理者当然也意识到这一问题，他们在民俗村开业不久就突破景观观赏层面的思维定式，在参与性娱乐层面和文化性生活层面上对旅游产品进行不断调整、更新，从而不断增强旅游产品的新鲜感。他们主要是在节庆和歌舞活动方面做文章，不断策划新节目。如 2004 年推出：1 月 1 日 139 对新人集体婚礼“龙凤大典”，新春佳节“大庙会·火把节”春节

---

① 李海瑞、王兴斌：《深圳三景区成功的奥秘》，http：//www.nowedu.com/Thesis/Article/ZuGou1118.html。

② 陈政勇：《“锦绣中华”和“中国民俗文化村”为什么取得巨大成功》，《广州财贸管理干部学院学报》1993 年第 4 期。

系列活动，3月8日“盛装女儿歌舞节”，4月23日“五一新疆文化风情节”，7月9日“西双版纳风情月”，8月7日“青春中华”文化周，10月1日“内蒙古草原文化风情节”，等等。在大型节目上着力更多，开业以来，中国民俗文化村陆续推出的“中华百艺盛会”、“四季回旋曲”、“八面来风”、“蓝太阳”、“新中华百艺盛会”及“绿宝石”均受到当代中国舞蹈界和社会各界的一致好评，堪称中华民族歌舞艺术的精品。这些歌舞表演或气势恢宏，或富于哲理和诗意，将游客的游园活动推向高潮，营造了一个狂欢之夜。如“中华百艺盛会”，“以民俗文化为主线，配合灯光、音响，在中心广场上采取歌舞杂技表演与彩车队列大游行相结合的花会形式，展现了中国丰富多彩的民间杂技及民俗文化，参加演出人数达500人，包括工程费用在内总投资达800万元，气氛欢快、热烈、隆重。在1995年7月8日推出之前，深圳及香港电视上均以较高频率播发了广告，形成了一定的影响，使7月的入园率比6月猛增75%。在景区客源量基本呈现下降趋势的背景下，推出百艺盛会的7月份入园率比1994年同期上升17.16%，效果十分明显。”① 同时，他们利用各种渠道，进行积极的营销与宣传，从媒体上可以经常看到中国民俗文化村的各种活动，如中国新闻网2004年3月7日报道“中国女排在深圳民俗文化村欢度三八节”，中国广播网2004年8月5日报道“青春中华——首届中国青年文化周新闻发布会”，《南方都市报》2004年12月27日载“深圳小姐26日晚在中国民俗文化村中心剧场揭晓”，贵州新闻网2005年3月25日报道“三都水族将落户深圳中国民俗文化村”，《深圳晚报》2005年2月9日载“到民俗文化村过地道中国年”。这一系列的报道和宣传，不仅扩大了民俗村的影响，提升了自己的社会形象，销售了民俗村的旅游产品，而且也体现了深圳不断奋发创新的城市精神。中国民俗文化村既成了展示我国民俗文化的平台，又是展示深圳对外开放的窗口。

（四）科学化与人性化的景区管理

民俗村从创建之始就以迪士尼等外国先进的旅游景区为榜样，结合中国的实际，探索适合自身的管理模式：②

---

① 陈南江：《从“百艺盛会”、“欧洲之夜”谈旅游景区娱乐走向》，《旅游学刊》1997年第2期。

② 陈政勇：《“锦绣中华”和“中国民俗文化村”为什么取得巨大成功》，《广州财贸管理干部学院学报》1993年第4期；李海瑞、王兴斌：《深圳三景区成功的奥秘》，http://www.nowedu.com/Thesis/Article/ZuGou1118.html。

首先，建立合理的管理体制。民俗村是合资开发建设的，为避免多头领导，减少不必要的行政干预，实行董事会领导下的总经理负责制，机构以精简效能为原则，没有上下对口部门，人员精干。管理者不是坐在办公室瞎指挥，而是手提对讲机，走在第一线。重视现场管理是这里的一个特色。

其次，分区考核管理。民俗村在景区管理上实行分片负责、三位一体、记分考核的管理制度，将景区依自然地形划分成片，每片为一管理组。各组将景点管理、环卫管理、洗手间管理三者合一，分工不分家，奖罚分明。同时实行记分考核制，将各工种的劳务分解成若干个考核项目。如将环卫的劳务分解为“考勤、劳动态度、清洁、烟蒂纸屑、标牌擦洗、石凳擦洗、灯具擦洗、景点兼护、文明礼貌”等，每天检查记分，按月累计，从而细化每个工种的服务要求。

在强化规章制度的同时，还引进了人性化管理的理念。在日常管理中，以疏导代替防范，充分尊重了游客，创造了宽松、和谐的游览环境，化解了可能出现的纠纷，达到了高效管理的目的。在这里红袖章、吹哨子、吆喝、警告牌、罚款牌等那些使游客反感的阻吓式管理方式不见了，清洁工默默地跟在游客后面“跟踪式清扫”，洗手间里窗明几净，一尘不染，有盆栽绿树、轻柔音乐和阵阵幽香，还有梳子、针线包、电吹风、小药箱等免费服务，体现了“游客至上”的服务精神。

对于员工管理强调的是情感的投入。他们根据民族员工的特点，制定了“真诚爱护，加强教育，善于引导，严格管理”的方针，对少数民族实行倾斜，取消试用期。生活上充分尊重民族习俗，为伊斯兰教信仰者建清真食堂，为他们举办自己的民族节日活动，使得景区内的员工能够体会到管理的人性化，同时又自觉地把这种情感带入为游客的服务和表演当中。

三、“深圳模式”可复制吗

中国民俗文化村开业后仅用1年半的时间就收回了全部投资，其建设速度之快，投资收益率之高，不仅创国内旅游业之最，在国际上也是罕见的。其所创造的“深圳模式”成为我国主题公园开发的范例。这里需要进一步探讨的是，深圳中国民俗文化村为何能取得成功，它的开发模式能在全国范围推广吗？

（一）区位优势是民俗村取得成功的客观条件

深圳中国民俗文化村之所以成功，原因是多方面的，除了经营管理的科学与得法外，最主要是选址的准确、区位条件的优越。

其一，中国民俗文化村地处深圳，而深圳又毗邻香港，是港澳台同胞、海外侨胞和外国人来中国探亲、经商、旅游的必经之地，1991 年至 1997 年间实行了港澳同胞 72 小时免签证入境的特殊政策，近年随着改革开放的不断深化，又增至 144 小时，使深圳成了他们南进祖国大陆的首选登陆地，其口岸优势特别突出，市场广阔。

其二，腹地广阔。深圳地处珠江三角洲，这里是我国经济改革开放发轫之地，经济发展迅速，人口稠密，生活富裕，人均收入高，旅游需求旺。

其三，通达性好。交通条件是影响游客选择出行线路的重要因素，也是景区生存的关键。深圳对外、对内交通都很便捷，已经形成海陆空立体交通运输网。海路方面，深圳拥有 8 大商业港区和码头，有蛇口、盐田、赤湾等海港通往各地；航空方面，建有黄田国际机场，有众多的国际国内航线，国际国内主要城市每周都有很多航班抵达深圳；铁路则有广九铁路纵贯市境，广深海高速铁路、平南铁路、盐田港疏港铁路贯通；公路有广深高速公路、深汕高速公路等。广州至深圳，汽车 1 小时，火车 1.5 小时即可到达。市内公共交通也极为方便，深圳市内通过民俗村附近路段的中巴线路有 26 条，大巴线路有 7 条，此外还有数十条不固定巴士的线路。至于的士，招手即至。便捷的交通，游客来去自由，缩短了感知距离，为客源市场的开拓创造了良好的条件。①

（二）特区的城市形象是民俗村持续、平稳发展的关键

深圳原来是宝安县下的小村镇，伴随着改革开放的春风，从 20 世纪 80 年代初至今，短短的二十几年时间，人均国内生产总值已超过北京、上海两地，一跃成为国际著名的现代化城市。深圳无论是在城市规划与建设方面，还是在银行、证券、保险等金融服务方面，电子、服装、建材等工业的技术引进与招商引资方面，还是在旅游开发方面都创造了中国的奇迹，积累许多宝贵经验。深圳成了我国改革开放的旗帜，全国学习改革开放经验的基地。这样来深圳经商的、学习考察的、体验“深圳速度”的人络绎不绝。深圳流动人口，特别是经商、会议、参观考察的比例很大。2010 年，深圳旅游总收入达 628 亿元，年接待游客人数 7698 万人次，居全国大中城市首位。②

中国民俗文化村所在地块位于深圳市区至蛇口工业区的交通要道之上，地

---

① 余敏：《旅游主题公园系统开发剖析——以深圳华侨城为案例透视》，《西南民族学院学报》2002 年第 10 期；李海瑞、王兴斌：《深圳三景区成功的奥秘》，http：//www. nowedu. com/Thesis/Article/ZuGou1118. html。

② 《深圳去年旅游收入破 600 亿　接待游客人数全国居首》，http：//www.china. com. cn/travel/txt/2011－01/28/content _ 21837801. htm。

理位置优越。这里原是游乐场，经营不善，香港中旅集团和华侨城公司在锦绣中华开业不久，毅然决定铲平地基，建设民俗村，一年建设，一年半收回全部投资，创造了旅游开放高效率的奇迹。民俗村的开发在某种程度上可视为“深圳速度”的一个缩影。自然，到深圳来的人没有不去民俗村看看的，这样，每年 500 万人次左右到深圳的国内出差人员、参观人员和观光客就成了中国民俗文化村良性发展的保证。此外，一批批党和国家领导人、外国政要和社会名流的来访，进一步强化了中国民俗文化村的旅游感知形象，慕名而来的旅游者接踵而至。

（三）远离资源地与主题鲜明是民俗村获得成功的基础

深圳是个平地而起、高速发展的移民城市。“深圳市民有足够的收入支付生活必需品以外的开支。而且快节奏、高收入的后面是严酷竞争、是压力……必然寻找放松和解脱的途径，释放压力。旅游度假是最好的选择之一，由此催生了新兴的旅游市场。”[①] 而深圳旅游资源贫乏，既没有省级风景名胜区，也没有什么古迹、遗址，无法满足城市居民本身的旅游休闲需求，同时深圳由于其特殊地位又吸引了为数众多的商务客、参观考察者和普通的旅游者，这是一笔巨大的经济资源，因此建造主题公园便成了上佳的选择。

中国有众多的民族，民俗文化旅游资源丰富多彩，其中少数民族的民俗风情更加神奇多姿，旅游吸引力大。但其绝大部分生活在边远地区，路途遥远，交通不便，而且很分散，一般的旅游者很难去，即使去了，也不过是到一个地方，不可能都去。再者，现在生活节奏加快，工作时间紧，大多数旅游者也没有时间、精力去那遥远的少数民族地区旅游。深圳远离少数民族聚居区，民俗文化村荟萃中国 21 个民族的民俗风情于一园，且以“弘扬民族文化，让世界更了解中国，促进中国旅游事业的发展，增进中国与世界各国人民之间的友谊，向世界展示中国”为宗旨出现在世人面前，主题非常鲜明，又有一定的娱乐性，对那些初次来华的境外旅游者和汉族地区尤其是来自城市的普通旅游者还是有吸引力的，他们中的多数一般不会舍近而求远。

（四）“深圳模式”不具有普遍的效法意义

深圳中国民俗文化村的成就的确值得深圳人自豪，值得内地学习与借鉴，但是以中国民俗文化村为代表的旅游开发的“深圳模式”并不具有普遍效法的意义。因为，前文我们已经分析了深圳中国民俗文化村是在特殊的历史背景、

① 余敏：《旅游主题公园系统开发剖析——以深圳华侨城为案例透视》，《西南民族学院学报》2002 年第 10 期。

区位优势、旅游资源条件下开发的，为旅游者提供的是“快餐式”的旅游消费服务，而我国绝大部分地区不仅不具备深圳那样的开发人造景观的优势，反而劣势明显，如旅游资源丰富、与风景名胜近距离、本地客源市场条件不良，况且随着我国旅游消费由初级阶段向中高级阶段发展，旅游者对原汁原味的、身临其境的旅游景观的需求随之增高，那种“快餐式”的旅游消费也越来越不能令旅游者满足。深圳中国民俗文化村在1993年后游客人数呈下降到平稳的趋势、昆明云南民族村开业不久就难以为继也说明了我国旅游的这一发展过程。① 要不是深圳的边际优势过于明显，不断更新、丰富旅游产品的内涵，深圳中国民俗文化村的效益也不会如此长期地平稳。所以，内地采用“深圳模式”开发民俗文化旅游资源一定要审慎，必须进行科学而系统的可行性论证。

思考题

1. 周庄与南浔、同里、西塘、乌镇等江南六镇属同一类型的古镇，六镇间如何进行错位旅游开发？

2. 周庄旅游转型升级的做法对其他古镇有什么启示？

3. 上海新天地的开发模式能在二、三线城市复制吗？

4. 主题公园性的民俗村如何才能走出困境？

---

① 何叶：《我国主题公园发展初探》，《西安航空技术高等专科学校学报》2004年第6期。

主要参考文献

〔宋〕孟元老：《东京梦华录》，商务印书馆，1936年。

〔宋〕吴自牧：《梦粱录》，商务印书馆，1939年。

〔清〕富察敦崇：《燕京岁时记》，北京古籍出版社，1981年。

〔清〕潘荣陛：《帝京岁时纪胜》，北京古籍出版社，1981年。

江明惇：《汉族民歌概论》，上海文艺出版社，1982年。

乌丙安：《中国民俗学》，辽宁大学出版社，1985年。

张紫晨：《中国民俗与民俗学》，浙江人民出版社，1985年。

〔清〕顾禄：《清嘉录》，上海古籍出版社，1986年。

王文宝：《中国民俗学论文选》，中国民间文艺出版社，1986年。

胡朴安：《中华全国风俗志》，河北人民出版社，1986年。

浙江民俗学会编：《浙江风俗简志》，浙江人民出版社，1986年。

《中国大百科全书·交通》，中国大百科全书出版社，1986年。

〔梁〕宗懔：《荆楚岁时记》，山西人民出版社，1987年。

韩养民、郭兴文：《中国古代节日风俗》，陕西人民出版社，1987年。

陶立璠：《民俗学概论》，中央民族学院出版社，1987年。

惠西成、石子：《中国民俗大观》，广东旅游出版社，1988年。

王明德、王子辉：《中国古代饮食》，陕西人民出版社，1988年。

陈勤建：《中国民俗》，中国民间文艺出版社，1989年。

陈久金、卢莲蓉：《中国节庆及其起源》，上海科技教育出版社，1989年。

熊达成等：《中国水利科学技术史概论》，成都科技大学出版社，1989年。

刘丽川：《民俗学与民俗旅游》，同济大学出版社，1990年。

李天元、王连义：《旅游学概论》，南开大学出版社，1991年。

高占祥主编：《论节日文化》，文化艺术出版社，1991年。

陈诏：《美食寻趣：中国馔食文化》，上海古籍出版社，1991年。

王树村：《中国民间年画史图录》，上海人民美术出版社，1991年。

东方音乐学会编：《中国民族音乐大系·歌舞音乐卷》，上海音乐出版社，1991年。

王其钧：《中国民居》，上海人民美术出版社，1991年。

祖友义主编：《中国民居》，北京科学技术出版社，1991年。

莫福山主编:《中国民间节日文化辞典》,中国劳动出版社,1992年。
胡申生主编:《社会风俗三百题》,上海古籍出版社,1992年。
王会昌:《中国文化地理》,华中师范大学出版社,1992年。
李润田主编:《现代人文地理学》,河南大学出版社,1992年。
陈鸿彝:《中华交通史话》,中华书局,1992年。
〔日〕中山时子主编:《中国饮食文化》,中国社会科学出版社,1992年。
陆元鼎主编:《中国传统民居与文化》(第二辑),中国建筑工业出版社,1992年。
陈明芳:《中国悬棺葬》,重庆出版社,1992年。
韩广泽、李岩龄:《中国古代诗歌与节日习俗》,天津人民出版社,1992年。
〔宋〕陈元靓:《岁时广记》,中华书局,2020年。
保继刚、楚义芳、彭华:《旅游地理学》,高等教育出版社,1993年。
王学泰:《华夏饮食文化》,中华书局,1993年。
林继富:《西藏节日文化》,西藏人民出版社,1993年。
《中国建筑史》编写组:《中国建筑史》,中国建筑工业出版社,1993年。
傅文伟:《旅游资源评估与开发》,杭州大学出版社,1994年。
杨桂华、陶犁主编:《旅游资源学》,云南大学出版社,1994年。
郭兴文:《中国传统婚姻风俗》,陕西人民出版社,1994年。
苏克明:《寿·寿礼·寿星——中国民间祈寿习俗》,四川人民出版社,1994年。
袁杰英:《中国历代服饰史》,高等教育出版社,1994年。
阮仪山主编:《中国历史文化名城保护与规划》,同济大学出版社,1995年。
刘修明:《中国古代的饮茶与茶馆》,商务印书馆,1995年。
杨振之:《旅游资源开发》,四川人民出版社,1996年。
徐万邦、祁庆富:《中国少数民族文化通论》,中央民族大学出版社,1996年。
赵杏根:《中华节日风俗全书》,黄山书社,1996年。
高曾伟主编:《中国民俗地理》,苏州大学出版社,1996年。
姜彬主编:《稻作文化与江南民俗》,上海文艺出版社,1996年。
邓永进、薛群慧、赵伯乐:《民俗风情旅游》,云南大学出版社,1997年。
高春明:《中国古代的平民服装》,商务印书馆,1997年。
王树村:《年画史》,上海文艺出版社,1997年。
吴昌华:《节海导游》,山东友谊出版社,1997年。
苏文才、孙文昌主编:《旅游资源学》,高等教育出版社,1998年。
马勇主编:《旅游学概论》,高等教育出版社,1998年。
邵骥顺:《中国旅游历史文化概论》,上海三联书店,1998年。

陆建松：《魂归何处：中国古代丧葬文化》，四川人民出版社，1999年。
〔清〕袁枚：《随园食单》，江苏古籍出版社，2000年。
秦永洲：《中国社会风俗史》，山东人民出版社，2000年。
杨琳：《中国传统节日文化》，宗教文化出版社，2000年。
薛麦喜：《黄河文化丛书·民食卷》，山西人民出版社，2001年。
吴良镛：《人居环境科学导论》，中国建筑工业出版社，2001年。
赵珩：《老饕漫笔》，北京三联书店，2001年。
庄春地：《周庄》，中国摄影出版社，2002年。
李瑞、王义民：《旅游资源规划与开发》，郑州大学出版社，2002年。
杨耀：《明式家具研究》，中国建筑工业出版社，2002年。
徐怡涛：《中国建筑艺术史》，宁夏人民出版社，2002年。
赵东玉：《中国传统节庆文化研究》，人民出版社，2002年。
保继刚等：《旅游开发研究——原理·方法·实践》，科学出版社，2003年。
范用：《文人饮食谭》，北京三联书店，2004年。
万建中、周耀明：《汉族风俗史》第五卷，学林出版社，2004年。
韦荣慧：《中国少数民族服饰》，中国画报出版社，2004年。
央西：《中国少数民族体育》，中国画报出版社，2004年。
李允鉌：《华夏意匠》，天津大学出版社，2005年。
周和平主编：《第一批国家级非物质文化遗产名录图典》，文化艺术出版社，2006年。
贺琛：《民间服饰》，中国社会出版社，2008年。
麻益兵：《民俗文化的现代旅游表达》，北京大学出版社，2008年。
王文章主编：《第三批国家级非物质文化遗产名录图典》，文化艺术出版社，2012年。
吴良镛：《中国人居史》，中国建筑工业出版社，2014年。
王文章主编：《第二批国家级非物质文化遗产名录图典》，文化艺术出版社，2015年。
周立军、陈烨：《中国传统民居形态研究》，哈尔滨工业大学出版社，2017年。
洪涛、苏炜：《民宿运营与管理》，旅游教育出版社，2019年。

后　记

转眼间，我们在大学教授“中国民俗旅游”或“旅游民俗学”、“民俗旅游学”课程已经二十多年。回想起 1998 年我们复旦大学、华东师范大学、同济大学等高校长期从事民俗旅游、民俗学和历史文化地理教学、研究的专家、学者一起研讨《中国民俗旅游》写作大纲、撰写体例时的认真、热烈场面还是历历在目，如今多已两鬓斑白。值得欣慰的是，这部教材推动了各高校民俗旅游的教学与学术研究，此后民俗旅游的教材与学术著作不断涌现。

“十里不同风，百里不同俗”，了解旅游目的地的民俗以及游客的风俗习惯是旅游管理专业的基本知识体系之一；与此同时，民俗又是重要的旅游资源、旅游项目与活动的开发策划基础，民俗旅游成了旅游学研究的重要对象，我们在编《中国民俗旅游》时基于教材的普适性与专著的学术性进行了探索，并不断追踪民俗旅游的产业实践与学术研究前沿，再摸索、再调整，相继出版了《中国民俗旅游（新编）》、《中国民俗旅游（新编 第二版）》。非常荣幸的是，《中国民俗旅游（新编）》于 2011 年被评为上海高校优秀教材二等奖，又作为《旅游管理专业课程体系建设》成果的组成部分之一于 2013 年获评上海市优秀教学成果奖二等奖；《中国民俗旅游（新编）》、《中国民俗旅游（新编 第二版）》还为吴忠军《中外民俗》、田中娟《古堰画乡非遗保护与旅游开发》、史宁《杭嘉湖蚕歌史话》、郭璟睿《凯里民俗旅游者动机、感知和满意度的实证研究》、赵乙龙《民俗旅游可持续发展评估体系的构建及应用研究：以陕州地坑院为例》等众多教材、学术专著、研究生学位论文所参考、借鉴。

第三版以重视民俗文化传承、创造性转化和创新性发展为引领，本着学术性、通用性、适时性兼顾的原则，有的章节进行了重写，有的章节进行了增补、更新或修订。组织架构仍然采用上次的形式，由我任主编，负责全书的统稿与定稿，并邀请邱扶东任副主编。具体执笔：第一章巴兆祥；第二章第一、二、三节沈振辉，第四节巴兆祥；第三章第一、三、四、五节林涓，第二节沈振辉；第四章叶舟；第五章邱扶东；第六章陆建松；第七章第一、二、四节沈振辉，第三节柳浪和叶舟；第八章第一、三节冯贤亮，第二节叶舟；第九章冯贤亮；第十章巴兆祥；第十一章巴兆祥；第十二章邱扶东；案例一罗辑、巴兆祥，案例二罗辑、巴兆祥，案例三巴兆祥。

本书自初编之日起，就得到了著名民俗学家、原中国民俗学会名誉理事长、原国家非物质文化遗产保护工作专家委员会副主任委员、原辽宁大学民俗研究中心主任乌丙安教授的热情关怀，并赐序予以鼓励。《中国民俗旅游（新编 第三版）》的出版，也是我们后学对乌丙安教授的最好缅怀。

教材的编写尽管很重要，但在考核“数论文”的当下，并不是个普遍受重视的工作，要静下心来认真编研十分不易。这里要衷心感谢团队的精诚合作，复旦大学历史学系、旅游学系领导以及丛书编委会主编沈祖祥先生、福建人民出版社史霄鸿、郑翠云老师所给予的大力支持和帮助。本书写作、修订过程中曾参考、引用了大量的学术成果，在此向这些学术成果的作者表示我们的谢意！

巴兆祥

2023 年 12 月于复旦大学光华楼西主楼

图书在版编目（CIP）数据

中国民俗旅游 ：新编 / 巴兆祥主编. -- 3 版. -- 福州 ：福建人民出版社，2024. 8. -- ISBN 978-7-211-09431-8

Ⅰ. F590. 7

中国国家版本馆 CIP 数据核字第 20240MX471 号

21 世纪大学旅游教材

中国民俗旅游（新编 第三版）

ZHONGGUO MINSU LÜYOU

主　　编：巴兆祥

责任编辑：郑翠云　　　**美术编辑：**王　玮

责任校对：陈　璟

出版发行：福建人民出版社　　　**电　　话：**0591－87533169（发行部）

网　　址：http://www.fjpph.com　　　**电子邮箱：**fjpph7211@126.com

地　　址：福州市东水路 76 号　　　**邮政编码：**350001

经　　销：福建新华发行（集团）有限责任公司

印　　刷：福州印团网印刷有限公司

地　　址：福州市仓山区建新镇十字亭路 4 号

开　　本：730 毫米×990 毫米　1/16

印　　张：28

字　　数：511 千字

版　　次：2024 年 8 月第 3 版

印　　次：2024 年 8 月第 1 次印刷

书　　号：ISBN 978-7-211-09431-8

定　　价：56. 00 元

本书如有印装质量问题，影响阅读，请直接向承印厂调换。